내 아이를 위한
한 페이지 묵상
365

ONE YEAR PRAYING THROUGH THE BIBLE FOR YOUR KIDS
by Nancy Guthrie

Originally published in the U.S.A. under the title:
One Year Praying through the Bible for Your Kids, by Nancy Guthrie

Copyright ⓒ 2016 by Nancy Guthrie
Korean edition ⓒ 2021 by Word of Life Press, Korea with permission of
Tyndale House Publishers, Inc.
All rights reserved.

Translated and published by permission.
Printed in Korea.

내 아이를 위한
한 페이지 묵상 365

ⓒ 생명의말씀사 2021

2021년 12월 30일 1판 1쇄 발행

펴낸이 ㅣ 김창영
펴낸곳 ㅣ 생명의말씀사

등록 ㅣ 1962. 1. 10. No.300-1962-1
주소 ㅣ 서울시 종로구 경희궁1길 6 (03176)
전화 ㅣ 02)738-6555(본사)·02)3159-7979(영업)
팩스 ㅣ 02)739-3824(본사)·080-022-8585(영업)

기획편집 ㅣ 김민주, 박경순, 이주나
디자인 ㅣ 조현진
인쇄 ㅣ 영진문원
제본 ㅣ 보경문화사

ISBN 978-89-04-16786-9 (03230)

저작권자의 허락없이 이 책의 일부 또는 전체를
무단 복제, 전재, 발췌하면 저작권법에 의해 처벌을 받습니다.

성경통독과 함께하는 자녀기도

내 아이를 위한
한 페이지 묵상
365

◆◇◆

낸시 거스리 지음
구지원 옮김

생명의말씀사

추천의 글

당신이 이 영적인 기초 위에 작성된 기도문들로 자녀를 위해 기도한다면 은혜의 보좌 앞에서 깊고 단단한 확신을 얻을 것이다. 하나님께서 당신의 기도를 듣고 계심을 아는 것은 당신의 마음을 소망 가운데 두게 해준다.

_펀 니콜스(Fern Nicols)
국제 기도하는 엄마들(Moms in Prayer International) 설립자

당신이 공감할 만한 말이 있다. 경건한 부모는 좋은 부모이고 싶어 한다는 것이다. 하지만 하루를 마칠 무렵 우리는 자신이 얼마나 부적합한 부모인지 처절히 깨닫는다. 우리는 자녀의 마음을 변화시킬 수 없다. 우리는 자녀를 신앙으로 데려갈 수 없다. 우리가 아무리 꾸준히 가르친다 해도, 자녀의 마음은 우리 손에 달려 있지 않다. 그게 바로 이 보석 같은 책이 우리에게 중요한 이유다. 이 책은 당신의 신앙 성숙을 위해 매년 성경을 읽으라고 독려할 뿐만 아니라, 자녀 양육에 있어서도 가장 중요한 일을 권한다. 다름 아닌, 기도다. 묵상과 기도가 담긴 이 책은, 내 친구 낸시가 당신에게 주는 값을 매길 수 없을 만큼 소중한 선물이다. 당신은 365일 내내 당신의 작은(혹은 큰) 아가들을 위해 성경을 읽고 기도할 수 있다. 그들의 마음의 주인이신 주님이 놀라운 일을 행하실 것이다.

_엘리즈 피츠패트릭(Elyse Fitzpatrick)
『Good News for Weary Women』의 저자이자
『Give Them Grace』(『자녀교육, 은혜를 만나다』, 생명의말씀사)의 공동저자

줄곧 A 학점을 받을 거라 확신했던 다른 인생 과목들과는 달리, 자녀 양육은 나에게 하나님 아버지의 도움이 필요함을 너무나도 절실히 보여준다. 엄마가 되는 것만큼 나를 무릎 꿇게 만든 것도 없었다. 이 책에서 낸시가 우리에게 알려 주려는 것은 기도 방법 혹은 자녀 양육 방법 이상이다. 우리가 단순히 이 책을 읽는다고 해서 그것이 안전한 자녀, 성공하는 자녀, 순종하는 자녀를 보장해주지는 않는다. 그러나 이 책은 우리에게 생명의 말씀을 바라보라고 가르쳐준다. 거룩을 위해 싸우는 매일의 전쟁터에서 우리가 부모로서 겸손과 소망을 가지고 하나님께 우리의 간구를 아뢸 때 성경의 모범을 적용하도록 도와준다. 우리의 말이 잠잠해진 그곳에서 하나님의 말씀이 우리의 필요를 채울 것이다.

_젠 윌킨(Jen Wilkin)
『None Like Him』(『주 같은 분 없네』, 예수전도단)의 저자, 성경 강사이자 네 아이의 엄마

낸시 거스리는 '성경으로 기도하기'를 취해서 그것을 특별히 '자녀와 함께 그리고 자녀를 위해 하나님의 말씀으로 기도하는' 부모에게 적용했다. 나는 그 점이 참 좋다. 이 책은 사용이 편리하고 간단하다. 성경 구절을 짤막하게 인용했고, 묵상이 한 단락 정도 이어진다. 그리고 말씀에 기초한 낸시의 기도문이 나온다. 심지어 빈칸을 두어서 기도할 때 자녀(들)의 이름을 넣을 수 있게 해놓았다. 나는 카피(Caffy)와 내가 딸을 키울 때 이 책을 읽었더라면 얼마나 좋았을까를 생각한다. 나는 손자 손녀를 위해 이 책을 딸과 사위에게 꼭 선물할 생각이다.

_도널드 휘트니(Donald S. Whitney)
남침례신학교의 성경적 영성 교수이자 『Praying the Bible』(『오늘부터, 다시, 기도』, 복있는사람)의 저자

서문

나는 학창시절에 19세기 덴마크 작가인 쇠렌 오뷔에 키에르케고르(Søren Aabye Kierkegaard, 1813-1855)의 저널 한 문단을 읽고 깜짝 놀랐던 기억이 있다. 그는 자녀가 경험할 수 있는 "가장 큰 위험"은 "자유 사상가"(특히 종교 문제에 있어서 권위나 관습을 따르지 않고 자기만의 생각과 사상을 가진 사람 - 역주)를 부모로 갖는 것이 아니라 정통 신앙을 가진 아버지를 갖는 것인데, 왜냐하면 그 자녀는 정통 신앙을 가진 아버지의 인생으로부터 부지불식간에 하나님은 무한한 사랑이 아니시라는 결론을 도출해내기 때문이라고 썼다. 키에르케고르는 비범한 사람이었다. (그는 자기 묘비에 **단독자**[The Individual]라는 말을 원했다!) 비범한 사람들은 종종 비범한 통찰력을 소유한다. 그리고 그 통찰력은 내게 그때부터 지금까지 여운을 남겼다.

크리스천 부모가 되는 것에 대해 생각할 때 성과주의 사고방식에 휘말리기란 매우 쉽다. 크리스천다운 옳은 일들을 말하고 행동하는 과정에서 키에르케고르가 묘사했던 그런 집안 분위기를 만들어 내기 때문이다. 자녀들이 호흡하는 영적인 분위기는 바로 부모가 들이마시고 내쉰 그 공기다. 성부 하나님이 누구신지에 대하여, 구주 예수님의 사랑에 대하여, 성령님의 도우심에 대하여 부모가 들이마시고 내쉰 영적인 공기로 자녀들은 호흡한다. **아니면 그 반대인지도 모른다.** 정말 정직하게 말하자면, 자녀 양육 전문가들이 제공하는 상담 자료 및 크리스천 부모가 되는 매뉴얼에는 바로 그 요소가 빠져 있다. 우리는 "옳은 일"을 하기 위해 우리 인생이나 우리 가정을 프로그램화하려 한다. 하지만 자녀 양육이란, **존재**와 크리스천으로서 **정체성**, 그리고 우리와 하나님과의 친밀함에 관한 문제다. 자녀 양육이란 그분을 우리의 아버지로 신뢰하는지, 예수 그리스도를 우리의 구주이자 주님으로 사랑하는지, 성령님이 성경을 통해 우리에게 주신 지혜를 따라 걷고 있는지에 관한 문제다.

우리 자녀는 올바른 테크닉으로 조작할 수 있는 원자나 분자가 아니다. 사실, 놀랍게도, 우리가 만약 그 아이들의 생부모라면, 우리는 하나님의 형상을 품은 영원한 피조물을 존재하게 만드는 데에 동참한 거다. 우리가 만약 입양부모라 해도, 여전히 우리는 영원히 존재하도록 운명 지워진 꼬마 사람들을 가정 안에 그리고 마음 안에 받아들인 거다. 그리고 그들로 하여금 영원토록 살 준비를 시켜주는 게 우리가 인생에서 맡은 가장 우선적이고 가장 숭고하며 가장 까다로운 임무다. 그렇다. 자녀 양육은 **그만큼 중요하다**. 게다가 자녀 양육의 핵심은 우리가 먼저 하나님과 동행하는 것이다.

당신이 『내 아이를 위한 한 페이지 묵상 365』를 집어들고 책장을 넘기기 시작했다면 이제 낸시 거스리가 등장할 차례다. 당신이 아직 그러지 못했다면, 나는 당신 자신을 위해 이 책을 살 것을 강권한다! 왜냐하면 이 책은 어마어마한 사랑의 수고의 열매이기 때문이다. (낸시뿐만 아니라 그녀의 남편인 데이비드도 함께했다.) 이 책은 "어떻게 할 것인가"의 방법론적 매뉴얼이 **아니다**. 이 책은 "어떻게 될 것인가"의 존재론적 안내서다. 우리가 누구인지, 우리는 어떤 존재가 되어야 하는지, 그리고 자녀 양육의 기쁨과 시련, 부담과 기도 속에서 어떻게 하나님을 잘 알아가야 할지에 관한 책이다. 이 책은 성공적인 크리스천 부모가 되기 위해 해야 할 일들을 제시하는 낮은 길을 취하지 않는다. 오히려 성경 전체의 메시지를 통해 매일 꾸준히 우리를 안내하는 높은 길을 취한다. 이는 우리가 아침에 눈을 떠서 밤에 잠자리에 들기까지 엄마와 아빠로 살아가는 모든 생생한 경험과 관련해 성경을 묵상하고 성경으로 기도하게 하기 위함이다.

이 책에서 낸시는 "온전한 크리스천이 되는 데에는 성경 전체가 필요하다"라는 격언을 인용하면서 그것을 자녀 양육에 적용시킨다. 그녀는 구약성경의 스토리를 잘 이해하고 있고, 우리의 기도에 있어서 시편의 중요성 및 자녀 양육에 있어서 잠언의 중요성을 제대로 평가하고 있다. 낸시는 그런 깨달음을 이 책에 잘 엮어 넣음으로써 성경을 처음부터 끝까지 읽으라고 (계속해서 읽어가라고, 어쩌면 난생처음으로) 격려하고 도전한다. 조언은 간단하다. (하나님의 말씀을) 들이마시고 (하나님의 사랑을) 내뱉으라는 것이다. 치체스터의 리처드(Richard of Chichester, 1197-1253)는 자기의 간구를 가장 필수적인 것들로 간추렸다. "세 가지를 기도합니다. 당신을 더욱 분명히 보게 하소서. 당신을 더욱 간절히 사랑하게 하소서. 당신을 더욱 가까이 따르게 하소서." 『내 아이를 위한 한 페이지 묵상 365』는 성경 가르침에 대한 주석과 낸시의 진솔한 기도의 안내를 따라 그 세 가지를 해내도록 돕는다.

마지막으로 덧붙이겠다. 낸시 거스리는 대규모 여성 집회 강연자로 유명하고 하나님의 말씀에서 발견한 보물들에 깊은 사랑과 기쁨을 느낀다. 그래서 그녀가 슈퍼우먼이라는 우월한 집단에 속한다고 믿을 수도 있을 것 같다. 하지만 거스리 부부와 가까이 지내는 사람들은 그들이 상처 입은 부모들을 대상으로 사역을 하고 있음과 그들 자신도 인생의 무게를 짊어지고 순례의 길을 가고 있음을 안다. 이 책에서 낸시는 그저 자신이 직접 마셨던 샘물을 우리에게 안내해줄 뿐이다. 바울이 고린도교회에 쓴 편지를 보여주면서, 낸시는 하나님께서 그녀에게 하셨던 위로와 도전, 하나님께서 그녀에게 주셨던 기쁨과 말씀을 우리 모두와 나눈다. 낸시는 완벽한 아기의 어머니도 칼이 그녀의 마음을 찌르는 경험을 하였다(눅 2:35)는 것과, 자신의 슬픔을 끌어안고 살던 여인이 은혜로 "마침 이 때에 나아와서 … 예루살렘의 속량을 바라는 모든 사람에게 그에 대하여 말하"(눅 2:38)는 안나 선지자가 된 것을 알고 있다.

자, 이제 한 해의 여행이 시작된다. 당신을 안내해줄 가이드의 안전한 손을 잡으라. 그녀는 하나님의 말씀이라는 최고의 안내서를 들고 있다. 이 책을 읽기 위해 매일 시간을 들이라. 그리고 이 책으로 자녀를 위해 기도하라. 그렇게 한다면, 당신은 낸시 거스리가 기울인 이 어마어마한 사랑의 수고에 대단히 감사하게 되리라 믿는다. 그리고 하나님의 지혜와 은혜에는 더 깊은 감사를 올리게 될 것이다.

싱클레어 B. 퍼거슨(Sinclair B. Ferguson)
목사이자 작가, 교수, 아버지, 그리고 할아버지

책을 든 당신에게 낸시가 보내는 편지

자녀 양육은 믿을 수 없는 기쁨, 형언할 수 없는 환희를 가져온다. 하지만 우리에게 자녀란 너무나 중요하기 때문에, 자녀 양육은 감당하기 버거운 도전을 주기도 하고 심지어는 파괴적인 가슴앓이를 가져오기도 한다. 자녀 양육이 이토록 중요한 임무이기에, 우리는 우리의 생각과 태도, 꿈과 열망이 성경에 의해 빚어지도록 해야 한다. 그래서 나는 이 책을 썼다. 하나님께서 대단히 중요한 이 임무에 매일매일 말씀해주실 수 있도록 말이다.

『내 아이를 위한 한 페이지 묵상 365』를 펴내는 과정에서 나는 나부터가 절실한 책을 쓰기로 했다. 내가 자녀에게 품은 열망과 기대 중 많은 부분이 경건할지 모르지만, 내가 깨달은 건 그 열망과 기대가 내 주변의 문화, 다른 부모들과의 왜곡된 경쟁의식, 자녀 양육과 부모의 역할에 대한 부적절한 이해, 그리고 나만의 우상과 맹점에 의해 쉽게 부패한다는 것이다. 그래서 나에겐 내 안에서 역사하면서 자녀를 향한 나의 깊은 욕망을 다시 빚어줄 '성경'이 필요하다. 뿐만 아니라 나의 자녀 양육에 관해 매일 관점을 점검하고, 매일 소망을 주입하고, 매일 은혜를 일깨우는 것이 필요하다.

나는 내 자녀의 단점에 과몰입하기 쉽기 때문에, 나 자신의 죄를 깨우쳐줄 '말씀'이 필요하다. 나는 변화가 필요한 사람은 내 아이뿐이라는 생각에 빠지기 쉽기 때문에, 나에게 변화를 도전해줄 '말씀'이 필요하다. 내 죗값이 그리스도의 죽음으로 다 치러졌고 장차 내 소망은 그리스도의 부활에 단단히 닻을 내렸다는 복음을 내게 일깨워줄 '말씀'이 필요하다. 왜냐하면 나는 나보다 내 자녀에게 더 복음이 필요하다고 생각할 때가 있기 때문이다.

혹시 당신도 그런가. 그렇다면 『내 아이를 위한 한 페이지 묵상 365』는 당신을 위한 책이다.

내가 이 책을 이런 방식으로 쓰기로 한 또 다른 이유는, 내 자녀에 대해 염려보단 기도가 필요하다는 걸 깨달았기 때문이다. 우리는 막연히 하나님께서 약속대로 행하실 거라고 생각하기보다는 하나님께 그 약속을 이루어달라고 기도해야 한다. 내 자녀의 인생에 관한 염려를 다른 사람들에게 말하기보다는 내 자녀의 인생에서 오직 하나님만이 하실 수 있는 일에 대해 하나님과 대화해야 한다. 하지만 최근 몇 년 동안, 내 기도는 성경에 잠기기보다는 자기주도적이었다. 그 말은 곧, 내가 똑같은 기도를 되풀이했다는 뜻이다. 내 기도는 하나님께서 그분의 자녀들에게 품으신 광대한 목적에 따랐다기보다는 내가 내 자녀에게 품은, 좁고 때로는 이기적인 욕망에 따를 때가 많았다. 그래서 나에게 기도를 가르쳐주고 지도해줄 뿐만 아니라 내가 꾸준히 기도하도록 격려해줄 '성경'이 필요하다. 참신한 단어들로 채워주고 매일 자녀를 위해 기도할 열정을 새롭게 해줄 '하나님의 말씀'이 필요하다.

혹시 당신도 그런가. 그렇다면 『내 아이를 위한 한 페이지 묵상 365』는 당신을 위한 책이다.

내가 원하는 게 내 자녀의 "좋은 결과"라면, 해야 할 일과 바꿔야 할 성품의 목록은 더 이상 필요가 없다. 자녀가 자존감을 갖고 마약을 멀리하고 혼전성관계를 거부하고 신앙을 지키게 하기 위한 요령을 알려주는 책은 나에겐 필요가 없다. 내가 그것을 원하지 않아서가 아니다. 자녀 양육이라는 어려운 과업에 어떻게 접근할 것인지를 알려주는 참신한 아이디어나 전문적인 조언*을 기피하기 때문도 아니다. 이는 훌륭하고 경건한 부모들이 키운 자녀들이 큰 갈등 속에 신앙을 떠나버리는 걸 너무 많이 보았기

---

* 사실, 나는 이 책을 쓰는 동안 '성경'이 자녀 양육에 관해 무엇을 가르치는지를 탐구하면서 크리스천 자녀 양육 고전부터 성경주석, 설교까지 광범위하게 자료를 찾아보았다. 참고서적 목록과 직접 인용한 자료의 출처는 '주'(384쪽부터)에 적어놓았다.

때문이다. 뿐만 아니라, (감히 말하지만) 경건하지 않은 부모들이 키운 자녀들이 기막히게 멋지게 성장하는 걸 너무 많이 보았기 때문이다. 그 결과, 나는 자녀 양육에는 절대 단순한 공식이 없다는 걸 알게 되었다.

나에겐 좋은 충고 이상이 필요하다. 현재의 자녀 양육에 안주하지 않게 해줄 '성경'의 명령과 요구가 필요하다. 자녀 양육에서 오는 죄책감으로부터 나를 건져줄 '성경'의 은혜와 자비가 필요하다. 자녀가 잘해서 그 공로를 나에게 돌리려는 유혹을 받을 때 내 안에서 솟아나는 교만을 박살내줄 '성경'이 필요하다. 또한 자녀가 곤경에 빠져서 그 모든 책임을 나에게 돌리려는 유혹을 받을 때 나를 침몰시키려고 위협하는 절망으로부터 건져줄 '성경'이 필요하다.

내가 영향력을 행사하고 책임을 떠맡으려할 때, 나에겐 자녀 혹은 자녀의 세계와 관련된 어떤 것에 대해서도 통제권이 없음을 일깨워줄 한결같은 말씀이 필요하다. 나는 자녀에게 성경을 가르칠 수는 있지만 자녀의 인생에서 성령님이 될 수는 없다. 변화되어야 할 자녀의 악한 행동 양식에 맞설 수는 있지만 지속적인 변화로 이끌어줄 경건생활을 만들어낼 수는 없다. 오직 성령님만이 그 일을 하실 수 있다. 내가 할 수 있는 일은 자녀를 위해 기도하고 내가 아는 최선의 방법으로 양육하는 것이지만, 그것은 언제나 불완전하다.

이때 내가 할 수 있는 일은 하나님을 신뢰하는 것이고, 내가 할 수 없는 일을 하나님께서 하신다는 것을 계속해서 신뢰하는 것이다. 내가 자녀에게 가장 원하는 것은 오직 하나님만이 하실 수 있다. 그래서 나는 오늘도 하나님께서 그렇게 해주시기를 신실하고도 집요하게 간구한다.

혹시 당신도 그런가. 그렇다면 『내 아이를 위한 한 페이지 묵상 365』는 당신을 위한 책이다.

하나님의 음성 듣기와 기도로 반응하기

부모인 우리는 하나님께서 우리에게 주시는 말씀이라면 전부 다 듣기를 원한다. 그래서 매일 하나님의 말씀을 펼쳐 마음을 열고 듣는 일에 꾸준히 성장하기를 원한다. 나는 『내 아이를 위한 한 페이지 묵상 365』를 집필하면서 특별히 자녀 양육과 관련된 구절을 찾지 않았다. 사실, 그런 구절이 그다지 많지도 않다. 오히려 이 책은 일 년 단위로 성경 전체를 훑는다. 부모의 자리에서 통찰력을 얻기 위해 매일 정한 분량의 성경을 파헤치는 것이다. 나는 당신이 매일 성경을 읽으면서 하나님의 말씀은 "헛되이 내게로 되돌아오지 아니하고 나의 기뻐하는 뜻을 이루며 내가 보낸 일에 형통함"(사 55:11)을 성취하신다는 하나님의 약속을 알아가기를 강권한다. 하루 혹은 그 이상의 분량을 놓친다 해도, 포기하지 말라! 메우려고도 말라. 그저 할 수 있을 때 그날의 분량을 읽으라.

매일 기도문은 그날 분량의 성경을 꿰뚫고 들어가, 부모로서 붙잡을 진리와 소망의 보물을 찾아낸다. 그날의 성경 본문에 기초해서 자녀를 위한 기도를 시작하게 해줄 신선한 단어들을 매일매일 공급한다.

이런 식으로 말씀 앞에 나아옴으로써, 우리는 자기 입맛에 맞는 일부분이 아니라 하나님의 온전한 조언을 받게 된다. 문제는 하나님께 맡기고 하나님과의 대화에 초점을 맞추게 된다.

하나님께서 하시려는 말씀에 귀를 기울인 후에는, 좋은 관계라면 늘 그렇듯, 반응한다. 기도문에는 빈칸이 있는데, 거기에 자녀(들)의 이름을 넣어서 기도하면 된다. 내 아이를 위해 기도하는 이런 특별한 방법을 통해 당신의 기도 역량을 키우고 성경에 기초해서 기도하는 습관을 계발하게 될 것이다.

읽으면서 조정하기

이 책은 폭넓은 독자층을 위해 쓰였기 때문에, 읽다보면 조정이 필요할 수도 있다. 곳곳마다 다양한 대명사와 복수형을 사용한 이유는 가능한 한 포괄적이고, 가능한 한 방해 요소를 빼서 복잡하지 않게 문장을 쓰고 싶었기 때문이다. 또 가능한 한 각자에 맞게 기도하기를 원해서이므로, 필요한 수정을 거치기 바란다.

나는 부부가 아침 준비를 마치고, 또는 낮에 전화기 너머로, 밤에 잠자리에 들면서, 또는 자녀가 잠든 후에 함께 기도문을 읽기를 바라는 마음으로 기도문에 '우리'를 사용했다. 하지만 나도 많은 엄마와 아빠가 홀로 읽게 되리란 걸 알고 있다. 배우자가 함께 읽으려 하지 않기 때문일 수도 있고, 싱글맘이나 싱글대디이기 때문일 수도 있다. 당신이 홀로 이 책을 사용하게 되거든, 내가 기도문에 사용한 '우리'를 '나'로 조정하기를, 그래서 '우리'라는 단어가 당신에게 거리낌이 되지 않기를 바란다.

성경을 폭넓게 적용할 때 또 하나의 도전은 모든 가족과 자녀가 서로 다른 영적 형편에 놓여 있다는 것이다. 사실, 우리는 자녀의 현주소를 알기가 참 어려울 때가 많다.

아무리 이해심이 많고 경청하는 부모라도 자녀의 영적 상태라는 내면으로 들어가 투명하게 들여다볼 수가 없다. 이 책이 한결같이 초점을 맞추는 바는 우리 자신과 자녀를 구원하고 거룩하게 해달라고 하나님께 간구하라는 것이다. 자녀를 하나님께로 가까이 이끌어달라고 하나님께 기도하는 것은 자녀가 아직 그리스도께 오지 못했으니 구원해달라는 의미가 아니다. 그 기도는 성경이 구원에 대해, 하나님께서 과거에 완성하셨고, 현재 이루고 계시고, 미래에 이루실 것에 대한 깨달음을 포함한다. 하나님은 우리의 죄를 그리스도께 전가하시고 그리스도의 의를 우리에게 전가하심으로써 우리를 **구원하셨다**. 하나님은 그분의 말씀과 성령으로 우리를 거룩하게 하심으로써 우리를 **구원하고 계신다**. 그리고 하나님은 우리를 영화롭게 하셔서 부활의 때에 우리를 영원한 본향으로 데려가심으로써 우리를 **구원하실 것이다**.

이 책을 읽는 어떤 이는 자녀가 믿음으로 안전하게 그리스도와 연합되어 있음을 확신할 것이다. 또 어떤 이는 그런 일이 일어났기를 소망하긴 하지만 솔직히 확신하지 못할 수도 있다. 또 어떤 이는 자녀가 아직 그리스도를 붙잡지 않고 있음에 애통해 할 수도 있다. 어떤 범주에 속한 부모라도 자기 자녀에게 딱 맞는 기도의 언어를 찾아낼 수 있도록 기도문을 쓰는 것이 나의 바람이었다. 우리 모두는 자녀가 그리스도께 이끌리기를, 일단 그분의 권속에 속한 후에는 경건하게 자라나서 점점 더 그리스도의 형상을 닮아가기를 바라는 바람을 공유한다. 이것이 하나님의 뜻이기에, 우리는 또한 이것이 하나님께서 기쁘게 응답하실 기도임을 확신할 수 있다.

『내 아이를 위한 한 페이지 묵상 365』는 자녀의 연령대를 한정해서 쓴 책이 아니다. 자녀가 태어난 날부터 그들이 우리가 무덤에 들어가는 것을 볼 날까지, 우리에게는 자녀를 인도하고 격려하기 위한 경건한 지혜가 필요하다. 마찬가지로, 자녀 역시 언제나 성령님께서 그들의 삶에서 역사하시게 해야 할 필요 가운데 있다. 오직 그분만이 하실 수 있기 때문이다. 그러므로 자녀의 나이가 얼마가 되었건, 성경은 우리를 도와 계속해서 그 아이들을 하나님께로 이끌어달라고, 하나님의 형상으로 변화시켜달라고, 언젠가는 하나님께 데려가달라고 기도하게 한다.

시작하는 당신을 위한 나의 기도

『내 아이를 위한 한 페이지 묵상 365』를 집필하면서, 나의 자녀 양육을 위해 진리를 연구하고 내 자녀를 위해 기도문을 쓴 것도 맞지만, 오직 나만을 위해서는 아니었다.

이 책을 읽을 당신을 비롯한 다른 모든 부모를 위해서기도 했다. 또 나는 기도했다. 당신이 자녀 양육이라는 이 길에서 특별한 기쁨과 만족을 누리기를, 도전에 맞서고 두려움에 저항하기를 말이다. 그리고 지금도 나는 기도한다. 올 한 해가 당신이 자녀 양육에 관한 새로운 통찰력을 발견하는 해가 되기를, 그래서 당신을 덮는 은혜에 관해 새롭게 이해하게 되기를 말이다.

이 일은 당신을 위한 나의 기도가 성경에 의해 빚어질 때에만 가능하다. 그래서 나는 내 친구인 당신을 위해 에베소서 1장으로 다음과 같이 기도한다.

이 책을 읽는 여러분을 위해 기도합니다. 우리 주 예수 그리스도의 영광스러운 아버지이신 하나님께서 여러분에게 부모로서의 영적 지혜와 통찰력을 주셔서 하나님을 아는 지식에서 자라가기를 기도합니다. 여러분의 마음을 빛으로 흘러넘치게 하사 여러분이 하나님께서 그 부르신 자들(하나님의 풍성하고 영광스러운 기업이 된 거룩한 백성)에게 주신 확실한 소망을 이해할 수 있기를 기도합니다.

또한 여러분이 믿는 우리에게 베푸신 하나님의 능력의 지극히 크심을 이해하게 되기를 기도합니다. 여러분이 자녀를 양육하는 현장에서 그 능력을 경험하기를, 여러분의 자녀가 그 능력의 역사를 보기를 기도합니다. 그 능력은 그리스도를 죽은 자들 가운데서 다시 살리시고 하늘에서 하나님의 오른편에 앉히신 것과 동일한 능력입니다. 이 부활의 능력이 올 해 여러분과 여러분의 가족에게 새 생명을 가져오기를 기도합니다.

낸시 거스리

내 아이를 위한
한 페이지 묵상
365

ONE YEAR PRAYING THROUGH
THE BIBLE FOR YOUR KIDS

1월 1일

● 창세기 1:1–2:25 / 마태복음 1:1–2:12 / 시편 1:1–6 / 잠언 1:1–6

혼돈, 공허, 흑암

태초에 하나님이 천지를 창조하시니라 땅이 혼돈하고 공허하며 흑암이 깊음 위에 있고 하나님의 영은 수면 위에 운행하시니라(창 1:1–2).

　태초에 하나님께서 무(無)로부터의 천지창조를 말씀하셨을 때, 땅은 날것 그대로의 혼돈이었고, 아무 형체도 없는 어둡고 황량한 광야였다. 그러나 땅은 가능성이 넘쳤다. 하나님의 영이 '말씀'을 기다리면서 선행하는 능력으로서 그 위에 운행하고 계셨기 때문이다. 이윽고 하나님께서 말씀하셨다. "빛이 있으라." 그러자 빛이 있었다. 하나님의 말씀의 능력은 흑암을 뚫고 들어가 뿌리째 뽑아냈다. 하나님께서 말씀하시는 동안, 피조세계의 혼돈은 땅과 하늘의 질서로 바뀌었다. 공허는 식물과 동물과 사람으로 채워졌다.

　지금도 하나님의 말씀은 만들고 채우고 비추는 능력을 발산한다. 오늘도 하나님의 영은 혼돈과 공허와 암흑에 잠긴 가정과 가족 위에 무(無)로부터 유(有)를 창조하는 능력으로 운행하신다. 올 한해도 하나님의 영은 말씀을 통해 일하실 것이기에, 그렇게 나타난 것은 심히 좋았더라고 할 수 있다.

◆ ◇ ◇ ◆

창조주 하나님, 우리 가정에 오직 당신만이 하실 수 있는 창조적인 일을 해주시길 기도합니다. 우리가 올해 매일 하나님의 말씀을 펼칠 때마다 하나님의 영이 운행하시기를 기도합니다. 우리 가정에 빛이 있게 하옵소서. 어두운 구석구석 빛이 비치어 숨겨진 것이 드러나게 하옵소서. 하나님을 그리고 서로를 무질서하게 대하던 우리 방식에 질서를 가져다주옵소서. 공허한 자리를 당신의 아름다움과 생명력으로 채워주옵소서.
우리는 부모로서 ＿＿ 안에 경건함을 창조할 능력이 없습니다. 오직 당신만이 하실 수 있사오니 ＿＿ 안에 창조의 역사를 베풀어 주옵소서. ＿＿의 인생을 당신의 영광을 위해 아름다운 무언가로 빚어주옵소서. ＿＿의 눈을 밝히사 당신을 보게 하옵소서. ＿＿의 인생을 당신의 선한 선물들로 채워주옵소서.

1월 2일

● 창세기 3:1–4:26 / 마태복음 2:13–3:6 / 시편 2:1–12 / 잠언 1:7–9

부끄러워하지 않음

여자가 그 나무를 본즉 먹음직도 하고 보암직도 하고 지혜롭게 할 만큼 탐스럽기도 한 나무인지라 여자가 그 열매를 따먹고 자기와 함께 있는 남편에게도 주매 그도 먹은지라 이에 그들의 눈이 밝아져 자기들이 벗은 줄을 알고 무화과나무 잎을 엮어 치마로 삼았더라(창 3:6-7).

하나님의 첫 번째 자녀인 아담과 하와가 금지된 열매를 먹음으로써 하나님께 반역했을 때, 그들은 벌거벗었으나 부끄러워하지 않다가 자기들이 벗은 줄을 알고 수치스러워했다. 그들은 하나님과 친밀하게 교제하다가 하나님으로부터 멀어지게 되었고, 축복 가운데 살다가 저주 아래에 살게 되었다.

그렇게 이야기가 끝날 수도 있었다. 그런데 그것은 은혜라는 새로운 이야기의 시작이었다. 거기 에덴동산에서, 하나님은 불순종한 자녀의 벌거벗음을 동물의 가죽으로 덮어주셨다. 그것은 단번에 의의 옷을 제공하신, 더 큰 희생제사의 예고편이었다. 그리고 하나님은 그들에게 약속을 주셨다. 언젠가 하와의 후손으로 오는 자가, 우리처럼 시험을 당하나 반역 대신 순종함으로 저주를 자신에게 돌리고 모든 피조세계에 침투한 악을 끝장낼 것이라는 확약이었다.

저주의 한복판에서도 주님은 은혜의 말씀, 소망의 말씀을 베푸셨다. 당신 가족의 갈등이 얼마나 깊고 오래되었든 간에, 오늘 주님은 당신에게도 동일한 은혜를 베푸신다.

하나님 아버지, 당신께서 불순종하는 자녀를 둔 부모의 마음을 이해하심을 아는 것이 얼마나 도움이 되는지요. 부모가 악한 것으로부터 보호한다고 생각하지 않고 좋은 것을 빼앗는다고 생각하는 아들딸을 둔 부모의 비통함과 실망감을 당신도 아시지요.

하나님 아버지, 오직 당신만이 당신의 순종하는 아들의 의로움을 통해서 ___의 수치를 덮을 옷을 주실 수 있습니다. ___가 자신의 모든 수치는 십자가에 달리신 그리스도께로 전가되었고 그래서 당신 앞에 용서받고 죄책 없이 설 수 있음을, 더는 숨을 필요가 없음을 받아들이고 믿도록 도와주옵소서.

1월 3일 ● 창세기 5:1-7:24 / 마태복음 3:7-4:11 / 시편 3:1-8 / 잠언 1:10-19

은혜

여호와께서 사람의 죄악이 세상에 가득함과 그의 마음으로 생각하는 모든 계획이 항상 악할 뿐임을 보시고 땅 위에 사람 지으셨음을 한탄하사 마음에 근심하시고 이르시되 내가 창조한 사람을 내가 지면에서 쓸어버리되 사람으로부터 가축과 기는 것과 공중의 새까지 그리하리니 이는 내가 그것들을 지었음을 한탄함이니라 하시니라 그러나 노아는 여호와께 은혜를 입었더라(창 6:5-8).

사람은 전적으로 철저히 악하다. 선함도 없고 친절함도 없고 기쁨도 없다. 끝을 모르는 이기심과 만족을 모르는 집착만 있다. 노아가 태어난 세상이 그러했고 노아가 타고난 본성이 그러했다. 노아는 주변의 모든 사람처럼 죄인으로 태어났다. 동일한 이기심이 태생적으로 그에게 왔고, 동일한 방탕함이 그를 유혹했다. 하지만 노아는 주변 사람과는 달랐다. 노아의 인생은 환경이나 물려받은 기질을 따르지 않았다. 노아는 여호와께 은혜를 입었다. 어쩌면 은혜가 노아를 찾았다고 말하는 편이 나을 수도 있다.

하나님께서 사람들을 굽어보시다가 그분을 기쁘시게 하려고 애쓰는 누군가를 찾아내셨고, 그래서 노아에게 은혜를 베푸시고 방주의 구원을 제공하신 게 아니다. 은혜가 선량함보다 앞서 왔다. 노아는 하나님께로부터 은혜를 얻어낸 게 아니었다. 그것은 선물이었다. 순전하고 단순하고 과분한 선물 말이다. 하나님의 은혜는 노력과 돈으로 얻어낼 수 있는 것이 결코 아니다. 그것은 언제나 선물이다. 노아가 입은 은혜는 노아를 변화시켰다. 사실, 그것은 노아의 인생과 정체성 전부를 형성했다. 그가 죄악과 허물에 둘러싸여 있었음에도 불구하고, 노아의 인생에 역사한 은혜는 그의 내면에 스스로를 순수하고 정결하게 지키려는 열망을 심었다.

◆ ◇ ◆

하나님, ___가 당신께 은혜를 입게 하옵소서. 선행으로 얻어낼 수 없는, 그래서 악행으로도 잃어버릴 수 없는, 당신의 은혜를 ___에게 주옵소서. 노아처럼 당대에 흠 없는 사람, 당신과 동행하는 사람이 되도록 ___가 입은 은혜로 ___를 변화시켜주옵소서.

1월 4일

● 창세기 8:1-10:32 / 마태복음 4:12-25 / 시편 4:1-8 / 잠언 1:20-23

지혜가 부른다

지혜가 길거리에서 부르며 광장에서 소리를 높이며 … 나의 책망을 듣고 돌이키라 보라 내가 나의 영을 너희에게 부어 주며 내 말을 너희에게 보이리라 (잠 1:20, 23).

모든 사람은 태생적으로 어리석다. 하지만 하나님은 너무나 선하셔서 우리가 어리석은 채로 버둥거리도록 내버려 두지 않으신다. 하나님은 우리에게 오셔서 지혜를 주신다. 게다가 하나님은 그보다 훨씬 더 적극적이시다. 지혜를 주겠다고 알리실 때 속삭이시지 않는다. 길거리에서 부르신다. 마치 트럭 뒤에 서서 손을 흔들면서 인생이라는 고속도로를 내달리는 걸 멈추라고, 우리만의 방식대로 선택하는 걸 멈추라고 알려주시는 것 같다. 그래야 하나님께서 우리에게 다른 방향을 가리켜주실 수 있을 테니 말이다. 하나님은 막다른 길이 안내하는 결말로부터 우리를 구원하기 원하신다. 하나님은 우리가 본향으로 가는 길, 곧 그분께로 가는 길을 찾아내기 원하신다.

성경 곳곳을 보면, 특히 잠언에서 하나님은 가장 높은 곳에서 우리와 우리 자녀에게 소리치신다. 인생에는 오직 두 갈래의 길이 있는데, 하나는 죽음과 불행으로 인도하는 길이고 다른 하나는 생명과 기쁨으로 인도하는 길이라고 말이다. 우리가 인생길에서 그분의 임재를 누리고 최종 목적지에서 그분을 온전히 발견하기까지, 하나님은 우리가 길을 가는 동안 필요한 바를 정확하게 공급하신다.

모든 지혜의 하나님, 우리는 당신께서 길거리에서 부르시는 소리를 듣습니다. 우리에게 당신의 마음을 나눠주어 우리를 지혜롭게 빚으신다고 말씀하시는 소리를 듣습니다. 우리가 자녀를 참 많이 사랑하지만, 당신께서 그 아이들을 사랑하시는 방법대로 사랑하기 원합니다. 그러니 당신의 마음을 우리에게 나누어주옵소서. 또한 우리가 자녀를 지도하고 이끌기 원하지만, 당신께로부터 온 지혜 없이는 그것을 할 수 없다는 걸 압니다. 그러니 우리를 지혜롭게 하옵소서.
주님, 길거리에서 ___를 부르기를 멈추지 마옵소서. 당신께로 오라고, 당신의 조언을 들으라고 소리쳐주옵소서. ___에게 매일 당신의 말씀을 듣고자 성경을 펼치려는 의지를 주옵소서. ___가 지식을 싫어하는 어리석은 자가 되지 않게 하옵소서. ___를 지혜롭게 하옵소서.

1월 5일   • 창세기 11:1-13:4 / 마태복음 5:1-26 / 시편 5:1-12 / 잠언 1:24-28

하나님의 복

여호와께서 아브람에게 이르시되 너는 너의 고향과 친척과 아버지의 집을 떠나 내가 네게 보여 줄 땅으로 가라 내가 너로 큰 민족을 이루고 네게 복을 주어 네 이름을 창대하게 하리니 너는 복이 될지라 너를 축복하는 자에게는 내가 복을 내리고 너를 저주하는 자에게는 내가 저주하리니 땅의 모든 족속이 너로 말미암아 복을 얻을 것이라 하신지라(창 12:1-3).

창세기 11장에서 우리는 바벨 사람들의 이야기를 읽었다. 그들은 자기 이름을 내고자 하늘에 닿는 탑을 쌓았다. 하나님께로 가는 길을 만들려고 했던 것이다. 그 후 창세기 12장에서 우리는 근본적으로 다른 무언가를 발견한다. 하나님은 자신을 찾지도 않던 한 사람에게 내려오셨고 그에게 믿을 수 없는 약속을 주셨다. 하나님은 아브람에게 그의 이름을 창대하게 하고 그를 복이 되게 하겠다고 말씀하셨다. 하나님은 아브람의 담보가 되어주겠다고, 그의 인생을 의미 있게 해주겠다고 약속하셨다. 하나님의 복에 대한 약속은 순전히 은혜의 선물이었다.

우리도 당연히 자신을 위해 그리고 자녀를 위해 그런 명성과 복과 의미를 원한다. 자기 힘으로 쌓은 명성은 원하지 않는다. 자기 힘으로 모은 담보나 부도 원하지 않는다. 우리는 하나님의 일하심의 산물인 하나님의 복을 원한다.

주님, ___ 앞에 놓인 인생에 대해 생각하다보면, 그 아이가 성공하기를 바라는 제 자신을 발견합니다. 저는 그 아이가 훌륭한 사람이 되기를 원합니다. 재정적 안정과 관계적 안정을 만들어내는 데 필요한 것을 해주기 원합니다. 하지만 동시에 저는 ___가 오직 성취지향적인 인생을 살기는 바라지 않음을 깨닫습니다. 오히려, 당신만이 하실 수 있는 방식으로 ___에게 복 주시기를 간구합니다. 그리스도 안에서 우리의 소유가 된 복들로 ___를 채워주옵소서. ___의 인생이 당신께서 이미 이루신 것, 이루실 것, 그리고 주실 것이 되게 하옵소서. ___의 인생을 당신의 은혜와 선하심으로 늘 인도하옵소서.

1월 6일

● 창세기 13:5-15:21 / 마태복음 5:27-48 / 시편 6:1-10 / 잠언 1:29-33

의로 여기심

그를 이끌고 밖으로 나가 이르시되 하늘을 우러러 뭇별을 셀 수 있나 보라 또 그에게 이르시되 네 자손이 이와 같으리라 아브람이 여호와를 믿으니 여호와께서 이를 그의 의로 여기시고(창 15:5-6).

  아브람은 하나님께서 그에게 주신 약속들을 찬찬히 살펴보고는 무시할 수도 있었다. 이루어지기엔 너무 좋은 것들로 여기고는 그냥 묵살할 수도 있었다. 하지만 아브람은 직관과 논리와는 반대로, 자기가 보고 느낀 것과는 반대로 갔고, 하나님을 믿었다. 아브람은 하나님의 약속을 신뢰했다. 많은 자손을 보게 되리라는 약속뿐만 아니라 그 자손 중 하나가 세상의 복이 되고 구세주가 되리라는 약속을 신뢰했다.

  아브람이 하나님을 믿었기 때문에 경이롭고 신비로운 거래가 발생했다. 아브람이 의롭다고 "여겨진" 것이다. 하나님의 관점에서, 아브람의 영적 계좌에 '의'라는 보증금이 들어왔다. 그건 아브람이 노력해서 얻어낸 임금이 아니었다. 그렇다고 근거 없이 등장한 무언가도 아닌, 참된 의였다. 그런데 그건 아브람의 의가 아니었다. 아브람은 하나님을 믿었고, 그의 믿음은 누군가의 완벽한 의를 받는 통로가 되었다. 그리스도께서 오셔서 죄 없는 순종의 삶을 사시고 하나님께 사랑의 헌신을 하셨을 때, 아브람에게 입금된 의의 참되고 완벽한 근원이 드러났다.

  오, 하나님, ___에게 이 구원하는 믿음을 주시옵소서. ___에게 당신의 약속을 찬찬히 살펴보고 단단히 붙잡을 믿음을 주시옵소서. ___에게 아브람의 계좌에 넣어주신 것과 동일한 의, 그리스도의 의를 허락해주옵소서.

1월 7일

● 창세기 16:1−18:15 / 마태복음 6:1−24 / 시편 7:1−17 / 잠언 2:1−5

이렇게 기도하라

하늘에 계신 우리 아버지여 이름이 거룩히 여김을 받으시오며 나라가 임하시오며 뜻이 하늘에서 이루어진 것 같이 땅에서도 이루어지이다 오늘 우리에게 일용할 양식을 주시옵고 우리가 우리에게 죄 지은 자를 사하여 준 것 같이 우리 죄를 사하여 주시옵고 우리를 시험에 들게 하지 마시옵고 다만 악에서 구하시옵소서 (마 6:9−13).

정말 단순해 보인다. 기도는 하나님께 아뢰는 것이라니. 그런데도 우리는 기도를 놓고 씨름한다. 음식을 앞에 두고 가족이 함께 기도할 때, 우리의 기도는 찬양과 감사와 회개와 간구로 우리의 아버지와 연결되고 싶다는 진정한 갈망 없이 그저 정해진 동작을 거치는 것같이 들린다. 오래된 기도인 "일용할 양식을 주셔서 감사합니다"처럼 말이다.

하지만 우리는 자신과 자녀를 위해서 훨씬 더 많이 갈망해야 한다. 우리는 자녀가 하나님과 기도로 진실하게 교제하는 방법을 알기 원해야 한다. 예수님의 제자들처럼, 우리도 기도하는 법을 배워야 한다. 우리의 요구사항이 아니라 그분의 영광으로 기도를 시작하는 법을 배워야 한다. 그분의 나라의 임재를 환영하기 원하고 그분의 뜻이 우리 가정과 우리 마음 안에 이루어지기를 구해야 한다. 하나님께서는 우리가 그분께 의지함을 기뻐하시고 우리의 궁극적인 공급자가 되신다는 사실을 우리 자녀가 알아야 한다. 우리의 죄와 용서받을 필요와 용서할 필요에 대해 솔직한 가족이 되기를 바라야 한다. 그래서 부모인 우리가 먼저 자신을 겸손히 낮추어 우리의 죄를 고하고 용서를 구한다. 주님께서 건져주셔야 할 유혹과 나의 연약함을 정직하게 고한다.

◆ ◇ ◇ ◆

하나님 아버지, 우리로 하여금 당신의 이름을 거룩히 여기게 하옵소서. 우리 가정이 하나님 나라의 전초기지가 되게 하시고, 가족 구성원 모두 당신의 뜻과 방법에 기쁘게 순복하게 하옵소서. 당신은 우리가 필요로 하는 모든 것의 근원이시므로, 당신께서 보시기에 적합한 방식으로 공급해주시기를 간구합니다. 오직 당신만이 우리에게 용서를 베푸시는 분이며 우리가 서로를 용서할 은혜를 베푸시는 분입니다. 오직 당신만이 죄로 가득한 욕망에 '노'(No)를 외칠 수 있는 능력의 근원이시며, 우리와 우리 자녀를 영원히 자기 소관에 붙이려는 사탄으로부터 건져주실 유일한 근원이십니다.

1월 8일

● 창세기 18:16-19:38 / 마태복음 6:25-7:14 / 시편 8:1-9 / 잠언 2:6-15

숨겨진 위험들

그러나 롯이 지체하매 그 사람들이 롯의 손과 그 아내의 손과 두 딸의 손을 잡아 인도하여 성 밖에 두니 여호와께서 그에게 자비를 더하심이었더라(창 19:16).

창세기 13장으로 돌아가면, 롯은 요단 골짜기의 비옥한 지역을 바라보고 그곳을 정착지로 택했다. 모세가 후에 기술하듯이, "소돔 사람은 여호와 앞에 악하며 큰 죄인이었더라"(창 13:13)는 사실을 롯은 알지 못했을까? 그렇다. 그곳은 비옥했지만 동시에 위험했다. 롯은 눈에 보이는 안락함에 깊이 현혹되어 숨겨진 위험들을 무시했다.

롯과 그의 가족은 소돔에 자리를 잡아가면서 만연한 죄와 악에 둔감해진 게 틀림없다. 소돔의 사악함이 딸들을 위협했을 때도, 임박한 파멸에 대해 경고를 받았을 때도, 롯은 떠나기를 "지체했다." 롯과 그의 가족에게는 소돔에 끌리는 그들의 마음을 이겨내게 해줄 구원자가 필요했던 게 분명하다. 그들이 자기의 지혜, 자기의 반응, 자기의 선택을 의지했다면 소돔과 마찬가지로 멸망당했을 것이다. 하지만 이 무시무시하고 역겹기까지 한 이야기의 한복판에서 우리는 소망을 발견한다. 롯과 그의 아내와 딸들이 소돔의 매력에 유혹당하고 무뎌져서 그 위험을 무시했을지라도, 소돔의 악으로부터 달아나는 데 지나치게 느렸을지라도, 주님은 은혜로우셨다. 주님은 세상에 보금자리를 펴면서 위험에 대해 눈감아버린 그들을 자비로 구원하셨다.

주님, 우리 자녀가 집을 떠나 세상으로 나아갈 때, 표면적으로는 선해 보이는 것 안에 감추어진 위험들을 볼 수 있는 눈을 주옵소서. ___에게 뛰어난 분별력을 주사 주어진 기회들을 현명하게 판단하게 하옵소서. ___가 세상에서 소금과 빛이 되고자할 때조차, 짠맛을 잃지 않게 하시고 세상의 틀에 갇히지 않게 하옵소서. ___가 죄와 악에 둔감해지지 않게 하옵소서. 당신께서 우리 가족의 이야기를 기록하실 때, 그것이 당신의 은혜의 이야기가 되게 하옵소서. 우리를 둘러싼 환경의 영향력과 타협하거나 그것에 압박당하지 않도록, 당신의 자비로 이겨내게 하옵소서.

1월 9일

● 창세기 20:1-22:24 / 마태복음 7:15-29 / 시편 9:1-12 / 잠언 2:16-22

너무 어렵다고?

여호와께서 말씀하신 대로 사라를 돌보셨고 여호와께서 말씀하신 대로 사라에게 행하셨으므로 사라가 임신하고 하나님이 말씀하신 시기가 되어 노년의 아브라함에게 아들을 낳으니(창 21:1-2).

우리가 성경에서 사라를 만날 때, 그녀는 불임으로 규정된 것 같다. "사래는 임신하지 못하므로 자식이 없었더라"(창 11:30). 하나님께서 그녀의 남편에게 하늘의 뭇별과 같이 많은 후손을 주겠다고(창 15:5), 그 후손은 사라에게서 태어난 아들로부터 시작될 거라고 약속하시는 본문을 읽다 보면 그녀의 상황은 더더욱 가슴이 아프다. 그 약속은 불가능해 보였다.

사라는 자기 몸을 알았다. 늙고 쇠한 자신이었다. 임신을 한다는 생각 자체가 우스웠다. 그래서 하나님께서 그녀의 죽은 듯한 태에서 생명이 나올 것이라고 말씀하셨을 때, 사라는 웃었다. 사라의 불신의 웃음소리를 들으시며 하나님은 사라에게 "여호와께 능하지 못한 일이 있겠느냐?"(창 18:14)라고 물으셨다. 사라는 임신이 자신과 아브라함에게 너무 어렵지 않은가에 주목했다. 의문의 여지가 없었다. 어려웠다. 하지만 주님은 그녀의 시선을 보다 중요한 질문으로 돌리셨다. "내가 할 수 있느냐?" 당연히 주님은 하실 수 있었다.

이삭의 출생은 하나님의 기적이었다. "죽은 자와 같은 한 사람으로 말미암아 하늘의 허다한 별과 또 해변의 무수한 모래와 같이 많은 후손이 생육하였느니라"(히 11:12). 그리고 하나님은 지금도 불가능한 일, 사망으로부터 생명을 창조하는 일을 인간의 노력과는 무관하게 성취하고 계시다. "… 하나님이 … 허물로 죽은 우리를 그리스도와 함께 살리셨고 … 이것은 너희에게서 난 것이 아니요 하나님의 선물이라"(엡 2:4-5, 8).

◆ ◇ ◇ ◆

주님, 우리가 ___에게 기대하는 성장과 변화는 불가능해 보이고 심지어 우스워 보일 때도 많습니다. 인간의 관점에서 불가능한 것이 당신께는 그리 어려운 게 아님을 믿는 믿음이 우리에게 필요합니다. 진실로 우리 자신을 향한 소망과 ___를 향한 소망은 당신께서 지금도 불가능한 일을 가능케 하신다는 진리에 기초합니다. 당신은 사망으로부터 생명을 창조하십니다. 그것은 인간의 노력에 의한 것이 아닙니다. 당신께 어려운 일은 없습니다!

1월 10일

● 창세기 23:1-24:51 / 마태복음 8:1-17 / 시편 9:13-20 / 잠언 3:1-6

당신은 저를 깨끗하게 하실 수 있나이다

한 나병환자가 나아와 절하며 이르되 주여 원하시면 저를 깨끗하게 하실 수 있나이다 하거늘 예수께서 손을 내밀어 그에게 대시며 이르시되 내가 원하노니 깨끗함을 받으라 하시니 즉시 그의 나병이 깨끗하여 진지라 (마 8:2-3).

    그의 질병은 어쩌면 불과 몇 개의 환부에서 시작했을지 모른다. 그런데 그 환부에서 감각이 사라졌다. 서서히 그의 몸은 뭉그러진 덩어리가 되었다. 예수님 당시에 나병환자가 된다는 것은 미래도, 소망도 없다는 뜻이었다. 병은 점점 더 악화되고 외모는 흉측해져 가고 마음은 절망에 빠질 뿐이었다.

    한 사람의 육체에 나병이 퍼지는 것은 한 사람의 영혼에 죄가 퍼지는 모습을 생생하게 보여준다. 단 한 군데의 환부가 모든 육체가 나병에 잠식되었음을 보여주듯이, 우리의 단 한 가지 죄가 전 존재를 잠식해버린 영적인 질병을 드러내준다. 우리의 생각과 감정과 의지는 모두 죄에 감염되었다. 나병과 마찬가지로 죄는 전인격을 감염시킨다. 죄는 흉하고 혐오스럽고 비도덕적이며 모든 것을 오염시키고 멀어지게 만든다. 궁극적으로 죄는 우리를 사망으로 이끈다.

    그래서 예수님은 나병을 치료하기 위해 손을 내미심으로써 그분의 손길이 우리의 가장 파괴적이고 치명적인 질병(죄라는 질병)을 낫게 할 수 있다는 사실을 보여주셨다. 예수님이 우리에게 손을 대실 때, 우리는 그분과 이어져 그분의 생명과 건강이 우리 안에 흘러들어올 수 있다. 우리가 자녀의 신체적인 건강과 온전함을 위해 정말 열심히 기도하지만, 예수님과의 연결이 무엇보다도 중요한 건강이자 온전함이라는 것을 깨달아야 한다.

◆ ◇ ◇ ◆

주님, 오직 당신만이 죄라는 치명적인 질병을 해결하실 수 있는 분임을 알기에, 우리는 당신께로 나아옵니다. 우리에겐 당신의 치유의 손길이 너무나 필요합니다. ___에게 손을 대시어 죄가 남기고 간 흉측한 상처를 치유해주시고, 사망으로 이끄는 죄로부터 ___를 깨끗하게 해주시옵소서. ___에게 당신의 생명과 건강을 주옵소서. 이런 치유가 평생에 걸친 과정인 것을 우리는 압니다. 하지만 간구하오니, 우리가 완전히 치유되고 온전케 될 날을 고대할 때 당신의 치유의 손길을 미루거나 거두지 마옵소서.

1월 11일

● 창세기 24:52-26:16 / 마태복음 8:18-34 / 시편 10:1-15 / 잠언 3:7-8

에서와 같이 망령됨

에서가 이르되 내가 죽게 되었으니 이 장자의 명분이 내게 무엇이 유익하리요 야곱이 이르되 오늘 내게 맹세하라 에서가 맹세하고 장자의 명분을 야곱에게 판지라 야곱이 떡과 팥죽을 에서에게 주매 에서가 먹으며 마시고 일어나 갔으니 에서가 장자의 명분을 가볍게 여김이었더라(창 25:32-34).

    에서는 장자로서 아버지 이삭이 죽으면 가산(家産) 중에 두 배 몫을 받을 자격이 있었다. 그런데 이런 장자권은 돈이나 가축이나 토지 그 이상의 의미를 지녔다. 바로 언약의 문제였다. 하나님은 에서의 조부인 아브라함에게 믿기 힘든 약속을 하시며 복을 주셨고, 그 약속은 그의 아들 이삭에게로 이어졌다. 하지만 그 약속을 받아들이고 하나님께서 온 세상에 복을 주시는 일의 일부가 되는 것이 에서에게는 아무런 가치가 없었던 게 분명하다. 그에게 하나님의 약속은 막연하고 비현실적이었다.

    반면, 그의 동생 야곱은 그 약속을 믿었고 그것에 참여하기를 원했다. 야곱의 문제는 그 약속이 부정한 조작 없이도 그의 것이 될 수 있다고 생각하지 않은 것이다. 하지만 흥미롭게도 신약에 가면, 책망을 받는 것은 야곱의 속임수가 아니라 에서의 망령됨이다. 히브리서의 저자는 당시 사람들에게 다음과 같이 경고한다. "한 그릇 음식을 위하여 장자의 명분을 판 에서와 같이 망령된 자가 없도록 살피라"(히 12:16).

    그리스도 안에 있는 모든 사람에게는 에서와 마찬가지로 상속자로서 매우 귀중한 장자권이 주어졌다. 우리에겐 우리를 위해 하늘에 예비된 영원한 기업이 있다. 부모인 우리가 자녀에게 간절히 바라는 것은 그들이 믿음의 눈을 가지고 그 기업의 믿기지 않을 만큼 놀라운 가치를 보는 것, 그리고 일시적인 갈망을 채우기 위해 그것을 맞바꾸기를 거절하는 것이다.

◆ ◇ ◇ ◆

하나님, 당신께서 약속하시고 당신을 사랑하는 자들을 위해 준비하고 계신 모든 것은 놀라운 가치가 있습니다. 그러나 우리에겐 그것을 볼 수 있는 믿음의 눈이 필요하고, 이 세상이 즉각적인 만족을 약속할 때에도 그것을 기다릴 수 있는 의지가 필요합니다. ___가 당신의 위대한 약속을 듣고 사모하는 가정에서 자랐지만, 주님, 우리는 ___가 스스로 그 가치를 깨닫고 그 약속을 꼭 붙들어야 한다는 것을 압니다. 주님, ___가 부정직하거나 에서와 같이 망령되지 않게 하옵소서. 그리스도의 온갖 복을 일시적인 갈망을 채우기 위해 맞바꾸지 않게 하옵소서.

1월 12일   ● 창세기 26:17-27:46 / 마태복음 9:1-17 / 시편 10:16-18 / 잠언 3:9-10

어느 것이 쉽겠느냐?

네 죄 사함을 받았느니라 하는 말과 일어나 걸어가라 하는 말 중에 어느 것이 쉽겠느냐 그러나 인자가 세상에서 죄를 사하는 권능이 있는 줄을 너희로 알게 하려 하노라 하시고 중풍병자에게 말씀하시되 일어나 네 침상을 가지고 집으로 가라 하시니 그가 일어나 집으로 돌아가거늘(마 9:5-7).

중풍병자의 친구들이 병자를 예수님께 데려왔을 때 그들은 자기 친구에게 가장 중요해 보이는 문제(걸을 수 없다는 것)를 예수님께서 해결하실 수 있고, 해결하실 거라고 믿었다. 예수님께서 자기 친구에게 첫 마디로 "작은 자야, 안심하라! 네 죄 사함을 받았느니라"라고 하셨을 때, 그들은 서로를 쳐다보면서 예수님께서 상황 파악을 잘못하신 것 같다며 혼란스러워했을 게 틀림없다. 하지만 실제로 예수님은 육체의 중풍병을 통해 훨씬 더 근본적인 문제인, 죄로 인해 야기된 영혼의 중풍병을 보실 수 있었다. 예수님은 그 병자의 건강을 회복시키는 일이 그를 고통의 **세월**로부터 구원하는 것인 반면, 그의 영혼을 회복시키는 일은 그를 **영원한** 고통으로부터 구원하는 것임을 아셨다.

우리는 자녀의 인생을 보면서 가장 중요해 보이는 문제에 관심과 노력을 기울이려는 경향이 있다. 학습 능력 부진, 적은 친구 혹은 잘못된 친구들, 건강 문제, 반항적인 태도, 수그러들 줄 모르는 완벽주의 등에 주목한다. 어쩌면 예수님께서 자녀의 가장 깊은 필요이자 우리 모두의 가장 깊은 필요(죄 사함의 필요)를 다루시는 건 거들떠보지도 않거나 절실하게 느끼지 않을 때가 많은지 모르겠다.

◆ ◇ ◇ ◆

주님, 우리가 당신의 용서를 당연하게 여기는 것을 용서해주옵소서. 우리를 향한 당신의 은혜는 우리에게 그렇게 밝히 보이지 않을 때조차도 우리의 가장 중요한 필요를 다루십니다. 우리 가정이 가진 다른 많은 문제를 당신 앞에 가지고 올 때 우리에게 올바른 관점을 주셔서, 당신의 치유 사역이 ___의 영혼 안에서 이미 완료되었고 그것이 지금, 그리고 영원토록 가장 중요한 문제임을 깨닫게 하옵소서.

1월 13일

● 창세기 28:1-29:35 / 마태복음 9:18-38 / 시편 11:1-7 / 잠언 3:11-12

더 많은 일꾼

무리를 보시고 불쌍히 여기시니 이는 그들이 목자 없는 양과 같이 고생하며 기진함이라 이에 제자들에게 이르시되 추수할 것은 많되 일꾼이 적으니 그러므로 추수하는 주인에게 청하여 추수할 일꾼들을 보내 주소서 하라 하시니라(마 9:36-38).

   예수님은 의지할 곳 없이 혼란스러워하는 무리에 둘러싸여 계셨다. 죄의 결과로 절름거리고 하나님을 기쁘시게 해드리는 방법을 모르는 사람들이었다. 예수님은 그들을 위해, 그리고 그들과 함께 상함을 입으셨다. 하지만 그들의 필요는 너무나 많아서 예수님 곁의 제자들만으로는 역부족이었다. 그래서 예수님은 열두 제자에게 영혼의 추수를 책임지시는 분께 기도할 것과, 밭에 더 많은 일꾼들을 보내주실 것을 요청하라고 말씀하셨다. 사도행전의 끝부분에 가면 그들의 기도가 응답되었다는 게 분명해진다. 일꾼들은 세상의 방방곡곡으로 흩어져 복음을 전파했다. 점점 더 많은 양들이 목자의 음성을 듣고 교회라는 안전한 곳으로 나아왔다.

   오늘날에도 여전히 의지할 곳 없이 혼란스러워하는 수많은 무리가 있다. 그리고 여전히 예수님의 긍휼은 일꾼들이 안락한 집을 떠나 새로운 문화와 언어를 배우게 한다. 여전히 추수하는 주인은 일꾼들을 보내신다. 그들은 하나님 나라에 관한 복음을 선포하기 위해 박해당하고 오해받으며 기꺼이 자기 생명을 내어주는 일꾼이다. 우리는 여전히 추수하는 주인에게 밭으로 더 많은 일꾼을 보내달라고 청해야 한다. 어쩌면 그렇게 할 때 비로소 자신만의 일에서 벗어나서 그분의 일에 더욱 마음을 쏟게 되기 때문일 것이다. 밭에 더 많은 일꾼을 보내달라고 기도하는 데 헌신한다면, 다름 아닌 우리가 그 일꾼이 되겠다고 기도하고 우리 자녀가 안전한 집과 친밀한 공동체의 울타리를 떠나 밭으로 일하러 가겠다고 기도하는 데 마음이 열릴 것이다.

◆◇◆◇◆

   주님, 당신은 많은 영혼의 추수를 책임지시는 분입니다. 오직 성령님만이 죄인을 부르시고 죄를 깨닫게 하시고 회심하게 하실 수 있지만, 이를 위해 성령님은 말씀의 전파자를 사용하십니다. 그래서 저는 더 많은 일꾼과 복음전파자를 보내주셔서 영혼을 추수하는 일에 동참하게 해달라고 기도합니다. 하지만 더 많은 일꾼을 위해 기도하기 전에, 당신의 밭에서 일하는 것이 무슨 의미인지 먼저 보여주옵소서. 또한 ___를 위해 기도하기 전에, 설령 일꾼의 삶이 불편함과 값비싼 대가를 요구할지라도 그를 당신의 일꾼으로 먼저 드리게 하옵소서.

1월 14일

● 창세기 30:1-31:16 / 마태복음 10:1-23 / 시편 12:1-8 / 잠언 3:13-15

반드시 가져야겠어

라헬이 자기가 야곱에게서 아들을 낳지 못함을 보고 그의 언니를 시기하여 야곱에게 이르되 내게 자식을 낳게 하라 그렇지 아니하면 내가 죽겠노라(창 30:1).

   우리는 행복해지기 위해 반드시 가져야 할 것이 무엇인지 알고 있다고 생각한다. 야곱은 행복해지려면 라헬을 가져야 한다고 확신했다. 그래서 라반이 그를 속여 라헬의 언니 레아와 결혼하게 한 뒤에도 라헬과 결혼하기 위해 또 다른 7년을 기꺼이 일했다. 레아는 행복해지려면 남편의 사랑을 가져야 한다고 확신했다. 그래서 남편에게 계속해서 아들을 낳아주며 그 아이들이 남편의 마음을 자기에게로 향하게 해주기를 바랐다. 라헬은 이에 대해 겉으로 드러내 말했던 사람이다. 그녀는 자기가 갈망하는 가정을 갖지 않으면 죽겠노라고 확신했다.

   가정이 우리 인생에 가져다줄 수 있는 기쁨이 크지만, 만약 우리의 만족이 행복을 위해 반드시 가져야 한다고 생각하는 가정에 달려 있다면, 우리는 결코 행복해질 수 없을 것이다. 우리의 우상이 우리의 기대와 관계를 집어삼킬 것이기 때문이다. 가정은 행복의 주된 원천이 되는 무게감을 감당할 수 없다. 사실, "행복해지기 위해 이것을 반드시 가져야 해"라고 말하는 모든 것이 우상이다. 우상은 결코 우리가 바라는 바를 가져다주지 않는다. 우상은 공급하기보다는 노예로 만들고, 약속을 지키기보다는 실망시킨다.

   주님, 우리가 자녀에게 우리의 행복을 거는 짓을 하지 않도록 보호해 주옵소서. 당신이 우리 행복의 중심이자 원천이십니다. 당신만이 우리가 반드시 가져야 하고 갖지 않으면 죽게 될 대상이십니다. 그러므로 우리는 몇 명의 자녀를 갖겠다고, 혹은 갖게 될 자녀가 건강하거나 똑똑하거나 성공해야 한다고 주장하지 않겠습니다. 우리의 행복이 자녀의 경건이나 그릇됨에 달려 있지 않습니다. 자녀의 생활방식이나 변화 의지에 달려 있지 않습니다. 우리 인생의 의미와 이 세상에서의 가치는 우리가 만든 가정으로부터 오지 않습니다. 당신만이 영원한 의미이자 가치를 제공하십니다.

1월 15일 ● 창세기 31:17-32:12 / 마태복음 10:24-11:6 / 시편 13:1-6 / 잠언 3:16-18

나보다 더

아버지나 어머니를 나보다 더 사랑하는 자는 내게 합당하지 아니하고 아들이나 딸을 나보다 더 사랑하는 자도 내게 합당하지 아니하며 또 자기 십자가를 지고 나를 따르지 않는 자도 내게 합당하지 아니하니라 자기 목숨을 얻는 자는 잃을 것이요 나를 위하여 자기 목숨을 잃는 자는 얻으리라(마 10:37-39).

예수님은 제자들과 시간을 보내시는 중에 이미 제자들과 함께 있지 않을 때를 대비하기 시작하셨다. 예수님은 자신이 떠난 후에 제자들이 예수님을 따르기 위해 치러야 할 대가가 크다는 걸 알고 계셨다. 어중간한 사랑과 반쪽짜리 헌신은 그분의 이름으로 부름받은 모든 자 앞에 놓인 박해와 거절을 견뎌내는 데 필요한 용기에 불을 붙일 수 없다.

예수님은 제자들이 엄청난 압박을 견디지 못하고 자신을 따르는 것을 잊고 유대교로 돌아가게 되는 걸 원하지 않으셨다. 초대교회에서 그리스도를 믿은 유대인들은 더 이상 회당에서 환영받지 못했다. 회당은 그들의 가족이 수 세기 동안 보금자리와 소속감을 발견해온 곳이었다. 많은 이들이 부모를 만족시킬 것인가 그리스도를 따를 것인가 사이에서 매우 고통스러운 선택을 해야 했다.

오늘날에도, 우리 자녀들을 향한 예수님의 부르심은 그들이 성장함에 따라 예수님을 더 사랑하라는 것이다. 어디에 살지, 어떻게 살지, 무엇을 하며 살지 등 우리 자녀가 자기 삶에 대해 갖고 있을 계획과 부모인 우리가 자녀에 대해 갖고 있는 계획에 매달리지 말라고 하시며 예수님은 그들을 부르신다.

◆ ◇ ◇ ◆

주님, ___가 우리를 사랑하는 것보다 당신을 더 많이 사랑하게 해달라고 기도하는 것은 조금 이상하게 들릴지 모르지만, 당신께서 그것을 위해 ___를 부르신 것을 우리는 압니다. 뿐만 아니라, ___가 당신을 향한 사랑 때문에 우리에게보다 당신께 순종하기로 결단하면 할수록, 자기의 계획과 꿈을 우리를 위해서보다 당신을 위해서 포기하기로 결단하면 할수록, ___는 복된 삶을 살 것입니다. 우리가 ___에게 원하는 모습이 바로 그것입니다. 그러니 주님, 우리는 ___를 당신께 드립니다. 당신을 향한 그런 사랑과 헌신으로 ___를 채워주시기를 간구합니다. 그 무엇도 그 누구도 (부모조차도) 하나님 나라를 위해 헌신하는 삶을 단념시키지 못하게 하옵소서.

1월 16일 ● 창세기 32:13-34:31 / 마태복음 11:7-30 / 시편 14:1-7 / 잠언 3:19-20

당신이 내게 축복하지 아니하면

야곱은 홀로 남았더니 어떤 사람이 날이 새도록 야곱과 씨름하다가 자기가 야곱을 이기지 못함을 보고 그가 야곱의 허벅지 관절을 치매 야곱의 허벅지 관절이 그 사람과 씨름할 때에 어긋났더라 그가 이르되 날이 새려하니 나로 가게 하라 야곱이 이르되 당신이 내게 축복하지 아니하면 가게 하지 아니하겠나이다 (창 32:24-26).

    야곱은 평생 씨름해왔다. 형과는 장자권을 놓고 씨름했고, 아버지와는 인정의 말을 놓고 씨름했고, 장인과는 아내를 놓고 씨름했다. 하지만 어두운 밤에 치러진 이 씨름은 전혀 달랐다. 야곱은 그의 생명보다 하나님의 축복이 더 큰 의미가 있음을 발견할 곳에 이르렀다. 이곳에서 야곱은 단 하나의 복을 경험하기 위해 자신의 모든 것을 걸었다. 바로 하나님을 알고 하나님께 아는 바 되는 것이었다.

    야곱은 고통스럽지만 은혜 충만한 이 하나님과의 만남의 흔적을 자기 몸에 지니게 되었다. 그 만남에서 살아남은 것 자체가 승리였다. 야곱은 남은 평생 다리를 절었다. 하지만 우리는 "거기서 야곱에게 축복한지라"(29절) 하신 말씀을 읽는다. 진정으로 하나님의 복을 받는다는 것은 인생의 씨름에서 상처 하나 없이 나오는 게 아니다. 오히려 하나님께 더 깊이 박힌 채 나오는 것이다. 진정으로 하나님의 복을 받는다는 것은 더 간절히 그분을 찾게 되는 것이다. 우리는 지고 그분이 이기셔서 우리의 정체성이 그분의 승리로부터 새롭게 되어 나오는 것이, 우리의 건강과 지위와 생활방식을 완벽하게 보존한 채로 씨름에서 이기는 것보다 훨씬 더 가치 있다.

    자신의 자녀도 인생에서 씨름해야 한다는 생각에 기뻐할 부모는 없다. 그 씨름의 흔적이 남기를 바라는 이도 없다. 하지만 인생의 어둡고 어려운 곳이 우리로 하여금 하나님을 간절히 찾게 만들고, 결국 가장 선한 방법으로 우리를 변화시킨다는 것을 우리는 알고 있다.

◆ ◇ ◇ ◆

주님, ___가 다리를 절며 삶을 헤쳐나가게 하고 싶지 않습니다. 하지만 ___가 결단과 씨름과 때로는 고난을 통해서만 찾아오는 친밀한 방법으로 당신을 알기를 원합니다. 그러니 주님, ___를 몰아가기 위해 당신께서 해야만 하는 일을 하옵소서. 그래서 ___가 인생에서 당신의 축복을 받는 것이 자신의 모든 것을 걸 만한 가치가 있는 일임을 알게 하옵소서. 삶을 변화시키는 당신과의 만남에 의해 새롭게 규정된 정체성을 ___에게 주옵소서.

1월 17일 ● 창세기 35:1-36:43 / 마태복음 12:1-21 / 시편 15:1-5 / 잠언 3:21-26

나의 백성

야곱의 아들은 열둘이라 레아의 아들들은 야곱의 장자 르우벤과 그 다음 시므온과 레위와 유다와 잇사갈과 스불론이요 라헬의 아들들은 요셉과 베냐민이며 라헬의 여종 빌하의 아들들은 단과 납달리요 레아의 여종 실바의 아들들은 갓과 아셀이니(창 35:22-26).

우리는 언제 어디서 태어날지 스스로 선택하지 않았다. 우리 자녀도 마찬가지다. 하나님이 골라주셨다. 하나님은 아브라함을 본가로부터 불러내셔서 새로운 가족을 세우셨다. 특별하게도 하나님께서 "나의 백성"이라고 부르시는 가족이었다. 언젠가 하나님은 이 가문의 후손인 한 여인, 한 처녀의 태 속으로 들어가실 것이었다.

하나님은 자신이 태어날 가족을 선택해야 했을 때 어떤 가족을 택하셨을까? 우리가 창세기에서 그들의 이야기를 읽다보면 왠지 더 나은 가문을 선택해드려야 할 것 같은 생각이 든다. 성경의 기자는 그 가문의 초상을 그리면서 어떤 각색도 하지 않았다. 그들은 속임수, 근친상간, 매춘, 질투, 살인, 강간, 형제간 경쟁, 우상숭배, 사기, 불화 등으로 얼룩진 일부다처제 무리였다. 세상에 하나님의 이름을 드러낼 만큼 신뢰감을 주는 사람들이 전혀 아니었다. 그들은 하나님의 백성이 되는 명예에 합당하지 않아 보였다. 우리는 이를 어떻게 받아들여야 할까?

우리는 여기서 소망을 발견하고 그 소망을 자녀에게도 알려주어야 한다. 그 열두 아들(열두 지파의 조상이자 하나님의 백성이 된, 바로 우리가 입양된 가족)의 이야기는 하나님께서 흠도 점도 없는 완벽한 사람들을 그분의 가족 구성원으로 찾으신 게 아님을 보여준다. 그 가문에서 오직 한 아들만이 완벽함을 갖추고 태어났다. 하나님의 자녀라고 불릴 만한 자격이 있는 유일한 아들이었다. 그런데 그 아들이 우리의 형제다. 그는 믿음으로 자신과 연합된 모든 사람에게 하나님의 가족이 되는 자격을 주셨다.

◆◇◆◇◆

주님, 당신께서 태어나기로 선택하셨던 가족을 찬찬히 살펴보니, 당신께서는 당신의 가족으로 완벽한 사람들을 찾으시는 게 아님을 깨닫습니다. 오히려 당신의 가족, 당신의 교회를 불완전하지만 회개하는 사람들, 부도덕하지만 용서받은 죄인들로 채우십니다. 우리 자녀가 죄를 지을 때, 비록 우리가 당신께 걸맞지 않더라도 당신은 여전히 당신의 백성 가운데 거하기를 원하신다는 것을 기억하게 도와주옵소서. 그리스도와 연합하게 하셔서 하나님의 자녀 되는 자격을 주심에 감사드립니다.

1월 18일

● 창세기 37:1-38:30 / 마태복음 12:22-45 / 시편 16:1-11 / 잠언 3:27-32

그를 더 사랑하므로

요셉은 노년에 얻은 아들이므로 이스라엘이 여러 아들들보다 그를 더 사랑하므로 그를 위하여 채색옷을 지었더니 그의 형들이 아버지가 형들보다 그를 더 사랑함을 보고 그를 미워하여 그에게 편안하게 말할 수 없었더라(창 37:3-4).

야곱은 자기 아버지 이삭이 형 에서를 편애했던 그 실패의 경험이 자기에게 끼친 고통을 기억했어야 했다. 야곱은 부모의 편애라는 고통을 자기 아들들에게는 안겨주지 않겠다고 결단했어야 했다. 그러나 그는 그러지 않았다.

편애. 그것은 우리가 자녀를 양육하면서 저지르는 여러 가지 죄 중 하나다. 자녀에게 부정적이고도 영속적인 영향을 끼친다. 그렇다면 우리의 죄가 자녀에게 영향을 끼침으로 우리가 겪는 내적 고뇌의 문제를 어떻게 해결해야 할까? 그 문제에 대해서는 요셉이 도움을 준다.

요셉의 형들이 요셉을 향해 살인적인 증오를 느끼고 그를 노예로 팔아버리게 만든 것은 편애라는 야곱의 죄였다. 하지만 나중에 요셉의 형들이 애굽에 왔을 때, 요셉은 그들에게 이렇게 말한다. "당신들이 나를 이 곳에 팔았다고 해서 근심하지 마소서 한탄하지 마소서 하나님이 생명을 구원하시려고 나를 당신들보다 먼저 보내셨나이다"(창 45:5). 요셉은 하나님께서 그가 당한 죄의 영향력까지도 사용하셔서 그의 인생과 하나님의 백성을 향한 그분의 선한 목적을 성취하시는 것을 볼 수 있었다.

요셉의 하나님은 우리의 하나님이시다. 우리는 그분이 우리가 부모로서 저지른 죄와 실패(우리의 비일관성, 우리의 위선, 심지어 우리의 잔인함까지도)를 사용하셔서 우리 자녀의 인생을 향한 그분의 선한 목적을 성취하실 것을 신뢰한다.

주님, 성경을 읽고 또 읽을 때마다 당신이 최악의 상황을 회복시키시고 가장 고집스런 사람을 돌이키시는 것을 봅니다. 하지만 제가 자녀의 인생에 끼친 해악들을 과연 당신께서 회복시키실 수 있을지 신뢰하기 어려워하는 저를 발견할 때가 많습니다. 제 태도와 행동이 ___에게 어떤 고통을 주었는지, 그리고 언젠가 ___가 부모가 될 때 그의 정체성에 어떤 영향을 줄지 보여주옵소서. 그리고 당신의 은혜가 제게 역사했던 것을 기억하며 ___를 향한 당신의 섭리를 신뢰하는 믿음을 제게 주옵소서.

1월 19일

● 창세기 39:1–41:16 / 마태복음 12:46–13:23 / 시편 17:1–15 / 잠언 3:33–35

큰 악

그 후에 그의 주인의 아내가 요셉에게 눈짓하다가 동침하기를 청하니 요셉이 거절하며 자기 주인의 아내에게 이르되 내 주인이 집안의 모든 소유를 간섭하지 아니하고 다 내 손에 위탁하였으니 이 집에는 나보다 큰 이가 없으며 주인이 아무것도 내게 금하지 아니하였어도 금한 것은 당신뿐이니 당신은 그의 아내임이라 그런즉 내가 어찌 이 큰 악을 행하여 하나님께 죄를 지으리이까(창 39:7–9).

요셉은 젊고 잘생겼다. 가족을 부양하거나 책임질 필요가 없는 사람이었다. 그런 그에게 주인의 아내가 열렬히 그를 따라다니며 동침하자고 졸랐다. 하지만 요셉은 거절했다. 그런 결단은 어디서 왔을까?

첫째, 요셉은 자신이 프리랜서가 아니라 위임받은 종이라는 사실을 알았다. 그의 주인의 선함은 요셉에게 충성심을 심어주었고 그는 그걸 깨고 싶지 않았다. 둘째, 요셉은 자기에게 요구되는 일의 진짜 본질을 명확히 알았다. 그 일의 본질은 무해한 즐거움이나 러브스토리가 아니었다. 요셉은 그것을 "큰 악"이라고 불렀다. 셋째, 요셉은 그것이 자기가 사랑하는 하나님께 대한 엄청난 죄라는 것을 알았다. 요셉은 죄에 대해서 부주의하게 접근하기에는 하나님을 참 많이 사랑하고 경외했다. 요셉은 즐거움으로 포장된 그 일이 얼마나 흉한지를 꿰뚫어볼 수 있었다. 그는 잠깐의 즐거움 너머 그의 주인에게 가져올 고통과 그의 하나님께 지을 죄악을 보았던 것이다.

우리 자녀들에게 세상 문화의 메시지가 물밀듯이 들이닥치고 있다. 결혼했건 안 했건 성관계를 적극적으로 하라고, 그것이 정상이라고, 심지어는 온전한 인생을 사는 데 필수적이라고 말한다. 아이들은 악한 문화와 유혹에 계속해서 직면한다. 오, 그 큰 악이 우리 자녀를 끈질기게 쫓아올 때 그들이 그것을 깨닫는 명석함을 소유하기를!

◆◇◆◇◆

주님, 저는 ___가 받는 모든 유혹으로부터 ___를 보호할 수 없습니다. 유혹이 ___를 끊임없이 쫓아올 때 죄를 짓지 않겠다는 결심을 ___에게 주입시킬 수도 없습니다. 오직 당신만이 훔치고 죽이고 파괴하려는 원수로부터 ___를 보호하실 수 있습니다. 오직 당신만이 우리 자신을 기쁘게 하려는 열망보다 더 큰, 당신을 기쁘시게 해드리려는 열망을 ___에게 불어넣어 주실 수 있습니다. ___에게 성적인 죄의 악함을 깨닫는 명석함을 주시옵소서. ___에게 순결한 삶을 살고자 하는 결단을 주시옵소서. 당신에게 반하는 죄를 짓는 걸 생각조차 하지 못할 만큼 당신을 향한 더 큰 사랑으로 ___를 채워주시옵소서.

1월 20일

● 창세기 41:17-42:17 / 마태복음 13:24-46 / 시편 18:1-15 / 잠언 4:1-6

극히 값진

천국은 마치 밭에 감추인 보화와 같으니 사람이 이를 발견한 후 숨겨 두고 기뻐하며 돌아가서 자기의 소유를 다 팔아 그 밭을 사느니라 또 천국은 마치 좋은 진주를 구하는 장사와 같으니 극히 값진 진주 하나를 발견하매 가서 자기의 소유를 다 팔아 그 진주를 사느니라(마 13:44-46).

　(우리 자녀를 포함해서) 우리는 누구나 끊임없이 거래한다. 일의 완성도를 위해 프로젝트에 시간을 할애하는 거래를 하거나, 경기에서의 승리나 신체적인 목표 달성을 위해 운동량이나 연습을 분배하는 거래를 한다. 돈과 음식, 옷, 서비스 등을 맞바꾸는 거래를 한다. 어떤 때에는 매우 좋은 거래를 해서 이문을 남길 때도 있다. 또 어떤 때에는 어리석은 거래를 해서 얻은 것이 잃은 것과 별 차이가 없을 때도 있다.

　하지만 예수님은 우리가 그분을 더 얻기 위해 포기한 것 때문에 결코 실망하지 않을 거라고 약속하신다. 지금으로부터 영원히 예수님을 왕으로 모시는 데에 우리가 그분의 권위에 복종하고 그분의 경영을 받아들일 만한 가치가 있다고 약속하신다. 만일 우리가 이 세상이 말하는 가치(명성, 기회, 부, 권력, 매력)를 잃을지라도, 예수님 한 분을 소유한다면 영원한 행복을 보장하는 모든 것을 소유한 것이라는 소식이 바로 그리스도의 복음이다.

　사도 바울은 이 세상의 가치를 그리스도와 비교하면서 이렇게 말했다. "또한 모든 것을 해로 여김은 내 주 그리스도 예수를 아는 지식이 가장 고상하기 때문이라 내가 그를 위하여 모든 것을 잃어버리고 배설물로 여김은 그리스도를 얻고"(빌 3:8). 오, 우리 자녀가 무한하고 영원한 가치를 가진 것이 무엇인지(정확하게는 **누구인지**)를 볼 수 있는 안목을 소유하기를. 그래서 그리스도를 얻기 위해 모든 것을 잃는 행복한 거래를 발견하기를!

　주님, ___가 당신을 알고 당신의 다스림을 받는 그 위대한 가치를 알기 원합니다. 뿐만 아니라 저 역시도 그것을 알고 또 믿기를 원합니다. ___가 손해 보는 걸 지켜보고 싶지 않은 마음에, ___가 세상이 제공하는 모든 것과 함께 그리스도 안에서 발견되는 모든 것도 소유하기를 원하는 제 자신을 발견합니다. 얼마나 어리석은지요. 주님, 당신을 소유하는 것이 ___에게 모든 것을 잃는 대가를 요구한다고 할지라도, ___는 당신을 놓치지 않을 것입니다. ___가 온 세상을 다 갖고도 자기 영혼을 잃는 일이 없게 하옵소서.

1월 21일

● 창세기 42:18–43:34 / 마태복음 13:47–14:12 / 시편 18:16–36 / 잠언 4:7–10

그가 손을 펴사

그가 높은 곳에서 손을 펴사 나를 붙잡아 주심이여 많은 물에서 나를 건져내셨도다 나를 강한 원수와 미워하는 자에게서 건지셨음이여 그들은 나보다 힘이 세기 때문이로다 그들이 나의 재앙의 날에 내게 이르렀으나 여호와께서 나의 의지가 되셨도다 나를 넓은 곳으로 인도하시고 나를 기뻐하시므로 나를 구원하셨도다(시 18:16–19).

자녀가 어릴 때, 우리는 아이들이 고사리 같은 손으로 뜨거운 난로를 만지지 못하게 했고, 횡단보도에서는 좌우를 살피게 했으며, 모르는 사람과는 대화를 나누지 못하게 했다. 우리는 자녀의 보호자였고 구제자였다. 하지만 자녀가 성장함에 따라 그런 위협은 더 늘어났고 다양해졌다. 그래서 이제 우리에게는 모든 잠재적 위협이나 공격으로부터 자녀를 안전하게 지켜낼 능력이 없다. 우리 자녀에게는 그들을 더 잘 건져내는 자, 더 강한 구원자가 필요하다. 감사하게도 우리 자녀에게는 바로 그런 분이 계시다.

시편 18편은 "여호와께서 다윗을 그 모든 원수들의 손에서와 사울의 손에서 건져 주신 날에 다윗이 이 노래의 말로 여호와께 아뢰어 이르되"로 시작한다. 이 시편에서 다윗은 고난의 때를 지날 때마다 자기의 의지가 되신 하나님을 찬양하고 있다. 하나님께서 그를 싸움터에서 끌어내어 왕좌에 앉히신 후에도, 다윗은 신하의 반란과 적군의 침략과 자기 아들의 쿠데타를 견뎌냈다. 다윗은 자기 힘으로 환난의 심연에서 벗어난 게 아님을 잘 알았다. 그는 하나님의 손이 계속해서 그를 깊은 물과 재앙에서 건져내셨음을 알았다.

자녀가 고생길에 들어서면 우리는 기어를 높이고 아이를 구출해내려고 한다. 아니면 적어도 해결책을 찾아내려 한다. 하지만 우리 자녀에게 가장 필요한 것은 하나님의 건져내심, 하나님의 도우심이라고 다윗의 경험은 전한다. 주님께서 우리 자녀를 건져내실 때 그들은 자신이 하나님의 기쁨의 대상이라는 사실을 알게 된다.

◆◇◇◆

주님, 저는 인간적인 해결책을 찾아내거나 상황에 개입하면 된다고 생각하는 실수를 합니다. 하지만 그것은 ___에게 가장 필요한 것이 아닙니다. 우리 모두에게 가장 필요한 것은 당신에게서 오는 도움을 경험하는 것입니다. 주님, 도움을 주고 간섭하려는 제 마음을 언제 어떻게 억제해야 하는지, 제게 알려주옵소서. 그래서 ___가 당신의 도움과 안전을 경험할 수 있게 하옵소서.

1월 22일
● 창세기 44:1-45:28 / 마태복음 14:13-36 / 시편 18:37-50 / 잠언 4:11-13

영원히 죄짐을 지리이다

아버지의 생명과 아이의 생명이 서로 하나로 묶여 있거늘 이제 내가 주의 종 우리 아버지에게 돌아갈 때에 아이가 우리와 함께 가지 아니하면 아버지가 아이의 없음을 보고 죽으리니 이같이 되면 종들이 주의 종 우리 아버지가 흰 머리로 슬퍼하며 스올로 내려가게 함이니이다 주의 종이 내 아버지에게 아이를 담보하기를 내가 이를 아버지께 데리고 돌아오지 아니하면 영영히 아버지께 죄짐을 지리이다 하였사오니 이제 주의 종으로 그 아이를 대신하여 머물러 있어 내 주의 종이 되게 하시고 그 아이는 그의 형제들과 함께 올려 보내소서 그 아이가 나와 함께 가지 아니하면 내가 어찌 내 아버지에게로 올라갈 수 있으리이까 두렵건대 재해가 내 아버지에게 미침을 보리이다(창 44:30-34).

유다의 흔적을 찾아 동생 요셉의 이야기를 샅샅이 뒤지다 보면, 우리는 위의 장면에서 유다 안의 무언가가 바뀐 것을 깨닫게 된다. 유다는 몇 년 전 요셉을 노예 상인에게 팔자는 아이디어를 냈던 사람이다. 며느리 다말을 창녀로 여겨 동침하고는 다말이 임신하자 불태워 죽이려 했던 자가 유다였다. 그는 야곱이 요셉을 놓고 애도하던 그 모든 세월 동안 형제들과 더불어 침묵했다.

무언가 확실히 변했다. 유다는 야곱의 강렬한 애정이 또 다른 동생 베냐민을 향할 때 더 이상 분노하지 않았다. 아버지의 편애를 없애기 위해 더 이상 초조해하지 않았다. 오히려 그는 아버지가 또다시 아들을 잃는 고통을 겪는 것을 견딜 수 없어 했다. 그래서 유다는 아버지를 사랑하는 마음으로 또 다른 동생을 대신하여 자신이 애굽에 머물겠다고 제안했다. 그는 기꺼이 죄짐을 지려고 했다. 얼마나 그리스도를 닮았는가.

하지만 슬프게도 야곱에게는 아직 바뀌지 않은 게 있다. 그의 생명은 여전히 편애하는 아들의 생명과 하나로 "묶여" 있었다. 그리고 다른 아들들은 그것을 알았다. 그 아들이 죽으면 그 아버지에겐 삶의 이유가 없어진다는 걸 그들은 알고 있었다.

◆ ◇ ◇ ◆

주님, 제가 자녀를 너무 사랑하기에 더더욱, 오직 당신만이 앉으실 자리에 아이들을 놓지 않게 하옵소서. 저의 정체성이나 행복이 자녀에게 "묶여" 있지 않도록 저를 보호해 주시고, 저를 계속해서 변화시켜주옵소서. 더욱 긍휼히 여길 줄 아는 사람, 더욱 자기를 부인할 줄 아는 사람으로 만들어주옵소서. 마찬가지로, ___가 더욱 그리스도를 닮도록 ___의 평생에 걸쳐 당신이 일하신다는 사실을 신뢰하게 하소서.

1월 23일

● 창세기 46:1-47:31 / 마태복음 15:1-28 / 시편 19:1-14 / 잠언 4:14-19

입에서 나오는 것들

외식하는 자들아 이사야가 너희에 관하여 잘 예언하였도다 일렀으되 이 백성이 입술로는 나를 공경하되 마음은 내게서 멀도다 … 입에서 나오는 것들은 마음에서 나오나니 이것이야말로 사람을 더럽게 하느니라 마음에서 나오는 것은 악한 생각과 살인과 간음과 음란과 도둑질과 거짓 증언과 비방이니(마 15:7-8, 18-19).

예수님은 종교의식을 엄격하게 지키는 사람들에게 말씀하고 계셨다. 그들은 예수님께서 자기들의 규범을 따르지 않는 것에 불만을 품고 있었다. 하지만 예수님께서 염려하신 것은 그들이 율법을 다루기 쉬운 행동 수칙 체계로 만들어버리려고 했다는 점이었다. 그들은 하나님과 이웃을 향해 굳어진 마음은 무시한 채, 그런 규칙을 통해 하나님께 받아들여진다고 생각했다. 그들이 주장하는 종교적 헌신과 진정한 마음의 상태 사이에는 엄청난 단절이 있었다. 그들의 입에서 나오는 말들이 그 명백한 증거였다.

우리가 피하고 싶어 하는 것이 바로 그 단절(예수님은 '외식'이라고 하셨다)이다. 우리는 아이들이 올바르게 행동하는지, 교회생활에 잘 어울리는 지에는 지대한 관심을 기울이지만 진짜 문제는 놓칠 때가 있다. 바로 자녀의 마음이 성령의 능력으로 새롭게 되어야 한다는 것이다. 오직 성령의 능력으로 마음이 새로워져야만 악한 생각이 점점 거룩한 생각과 열망으로 변화한다.

우리는 표면적 순응이 내적 반항심을 은폐해버려서 그 반항심의 존재 자체를 모르거나 문제 삼지 않는 가정을 원하지 않는다. 우리는 하나님께서 성령과 말씀으로써 우리와 자녀에게 새 마음, 순결한 마음, 신실한 마음을 주셔야한다는 사실을 진정으로 믿고 겸손하게 깨닫기를 간절히 원한다.

◆ ◇ ◆

주님, 아이들이 매일 듣는, 제 입에서 나오는 것들에 대해 생각해봅니다. 그 말들이 저의 진짜 마음 상태를, 특히 제 속에 뿌리를 틀고 있는 죄들을 드러냅니다. 진정한 회개 없이 교회 활동에 참여하는 외식으로부터, 중요한 문제에 대해서는 기도하지 않으면서 식기도는 빠뜨리지 않는 외식으로부터, 당신의 주권 아래 살아가지 않으면서 당신의 계명들을 암송하는 외식으로부터 저를 구해주옵소서. 그리고 주님, ___가 규칙을 지키는 것을 거듭남과 회개로 착각하지 않게 하옵소서. 돌 같이 굳은 마음을 부드러운 마음으로 바꾸실 수 있는 분은 오직 당신뿐입니다. 오늘 ___ 안에서 그 일을 행해주시길 기도합니다.

1월 24일

● 창세기 48:1-49:33 / 마태복음 15:29-16:12 / 시편 20:1-9 / 잠언 4:20-27

온몸을 집중시켜라

모든 지킬 만한 것 중에 더욱 네 마음을 지키라 생명의 근원이 이에서 남이니라 구부러진 말을 네 입에서 버리며 비뚤어진 말을 네 입술에서 멀리 하라 네 눈은 바로 보며 네 눈꺼풀은 네 앞을 곧게 살펴 네 발이 행할 길을 평탄하게 하며 네 모든 길을 든든히 하라 좌로나 우로나 치우치지 말고 네 발을 악에서 떠나게 하라(잠 4:23-27).

"운전 중에 문자하지 마라." 이건 우리가 자녀에게 술 취하지 말라고 하는 것과 같은 종류의 지시다. 우리는 아이들이 운전하는 중에는 자기 앞의 길에 온전히 집중하기를 원한다. 마찬가지로 잠언 4장의 화자인 아버지는 아들에게 자기 앞의 길을 주의 깊게 살펴서 인생에서 길을 잃지 말라고 말한다. 만약 그 아들이 하나님께서 쓰실 만한 온전한 삶을 살기 원한다면, 그는 자기 전부를 하나님의 방향에 맞춰야 한다.

아버지는 몸의 여러 부분이 하나님의 방향을 향하도록 훈련하고 몰두함으로써 그 일을 해낸다. 마음은 세상을 사랑하는 것으로부터 지켜내야 하고, 입은 비뚤어진 말을 해서는 안 되며, 눈은 하나님께서 주시는 위로부터의 상급에 고정해야 하고, 발은 세상이 주는 유익보다는 하나님을 더욱 경험할 수 있는 곳에 내디뎌야 한다. 우리와 우리 자녀가 그리스도를 따르겠다는 결심은, 단순히 우리가 우리 힘으로 계획한 인생에 그리스도를 초대한다는 의미가 아니다. 그리스도는 우리의 변함없는 동반자일 뿐만 아니라 우리의 종착지가 되셔야 한다.

우리는 다 연약해서 하나님의 일에 대해 차갑게 식은 마음과, 그리스도를 깎아내리는 말을 하는 입과, 말씀에 집중하기보다는 여기저기로 옮겨가는 눈과, 그리스도의 발자취를 따르지 않는 발을 가진 존재다. 하지만 성경은 우리의 온몸을 거룩한 산 제물로 드림으로써 그리스도를 좇는 데 사용하라고 요구한다.

◆ ◇ ◇ ◆

주님, 당신께서는 ___를 위한 삶의 여정을 시작하셨습니다. ___로 하여금 무엇이 당신을 향한 마음을 차갑게 만드는지에 주의하게 하옵소서. ___의 입을 은혜의 말로 채우시고 구부러진 말을 없애주옵소서. ___의 눈을 당신의 약속에 온통 고정시켜주시고, ___가 당신을 향하여 나아가게 하옵소서.

1월 25일

● 창세기 50:1–출애굽기 2:10 / 마태복음 16:13–17:9 / 시편 21:1–13 / 잠언 5:1–6

제 목숨을 잃으면

이에 예수께서 제자들에게 이르시되 누구든지 나를 따라오려거든 자기를 부인하고 자기 십자가를 지고 나를 따를 것이니라 누구든지 제 목숨을 구원하고자 하면 잃을 것이요 누구든지 나를 위하여 제 목숨을 잃으면 찾으리라 사람이 만일 온 천하를 얻고도 제 목숨을 잃으면 무엇이 유익하리요 사람이 무엇을 주고 제 목숨과 바꾸겠느냐(마 16:24-26).

베드로는 지금 막 예수님이 누구신지 견고하게 고백하는 홈런을 날렸다. "주는 그리스도시요 살아 계신 하나님의 아들이시니이다"(16절). 예수님은 베드로에게 네가 복이 있다고 칭찬하셨다. 그런데 그 후에 예수님이 곧 예루살렘에 올라가 종교지도자들의 손에 죽임을 당하리라고 말씀하시자, 이번에는 베드로가 받은 칭찬을 날려버렸다. "주여, 그리 마옵소서. 이 일이 결코 주께 미치지 아니하리이다!" 이에 예수님께서는 "사탄아, 내 뒤로 물러 가라! 너는 나를 넘어지게 하는 자로다. 네가 하나님의 일을 생각하지 아니하고 도리어 사람의 일을 생각하는도다!"(23절)라고 말씀하셨다. 그러고는 제자들에게, 누구든지 예수님을 따르려는 자들은 예수님과 마찬가지로 자기 목숨을 잃어야 한다고 하셨다. 그러나 예수님을 위해 목숨을 잃으면 사실상 자기 생명을 구할 것이라고도 하셨다.

예수님은 그분을 둘러싼 제자들로부터 지금 우리 가정마다 둘러앉은 제자들에 이르기까지, 메아리처럼 울려 퍼지는 질문을 던지신다. "사람이 만일 온 천하를 얻고도 제 목숨을 잃으면 무엇이 유익하리요?" 이것이 바로 잠재적인 비극 아닌가. 그래서 우리는 세상이 자녀에게 속삭이는 행복이 얼마나 공허한지를 지적하며, 우리 자녀 앞에 매일 그리스도의 보물을 놓아두어야 한다. 바로 그리스도를 위해 기꺼이 고난당하고 기쁘게 그리스도를 따르는 모든 이를 위한 약속으로서, 우리는 모든 것을 얻게 되리란 걸 알기에 모든 것을 잃을 수 있다는 사실이다.

◆ ◇ ◇ ◆

주님, 솔직하게 말하자면, ___가 당신을 따르기 위해 무언가를 잃는다는 것이 싫습니다. ___가 얻지 못하는 것을 놓고 제 마음이 상할 때, ___가 상속받게 될 것과 ___가 결코 잃지 않을 것과 사실상 당신 안에서 얻게 될 모든 것을 볼 수 있는 눈을 제게 주옵소서. 이 세상의 가치가 일시적이라는 것과 당신을 소유하는 것의 가치가 영원함을 알 수 있도록 ___를 어떻게 도와줘야 할지 제게 보여주옵소서.

1월 26일

● 출애굽기 2:11-3:22 / 마태복음 17:10-27 / 시편 22:1-18 / 잠언 5:7-14

하나님을 예배하라고 건짐받다

여호와께서 이르시되 내가 애굽에 있는 내 백성의 고통을 분명히 보고 그들이 그들의 감독자로 말미암아 부르짖음을 듣고 그 근심을 알고 내가 내려가서 그들을 애굽인의 손에서 건져내고 그들을 그 땅에서 인도하여 아름답고 광대한 땅, 젖과 꿀이 흐르는 땅[…]에 데려가려 하노라 … 하나님이 이르시되 내가 반드시 너와 함께 있으리라 네가 그 백성을 애굽에서 인도하여 낸 후에 너희가 이 산에서 하나님을 섬기리니 이것이 내가 너를 보낸 증거니라(출 3:7-8, 12).

    히브리 백성이 뜨거운 태양 아래서 바로를 위해 매일 노역하는 걸 본 사람이라면, 이 백성이 불과 한 세대 후에 젖과 꿀이 흐르는 땅, 그들이 안식할 수 있는 땅에 정착하리라고 누구도 기대하지 못했을 것이다. 애굽에서 이 백성의 생활을 본 사람이라면, 애굽 신들의 문화에 깊이 젖어있던 그들이 여호와께서 그들의 조상 아브라함에게 하셨던 약속을 신뢰하게 되리라고는 누구도 믿지 못했을 것이다. 그리고 분명한 건, 하나님의 개입이 없었다면 그건 정말 불가능했다.

    어쩌면 우리 가족도 소비주의와 외모지상주의의 노예가 되어 하나님을 명예롭게 하지 않는 방식으로 돈과 시간을 쓰는 뿌리 깊은 패턴에서 벗어날 길이 보이지 않을지 모른다. 나와 자녀가 기쁨으로 예배하는 가정, 하나님을 찬양하고 기쁘시게 해드리는 것에서 가장 큰 행복을 발견하는 가정으로 변화될 수 있을 거라고는 상상할 수 없을지도 모른다.

    하지만 창세기부터 요한계시록까지 성경을 펼쳐보면, 자기 백성을 돕기 위해 개입하시는 하나님을 발견할 수 있다. 그분이 오신다. 그분은 자기 백성 가운데 거하기 위해 성막에 오셨고, 자기 백성을 건져내기 위해 예수 그리스도의 위격으로 오셨다. 지금도 그분은 구원하고 구속하기 위해 영으로 함께하신다. 지금도 그분은 죄의 노예인 백성의 삶에 오셔서 그들을 자유로 인도하시고 기쁨의 예배자들로 변화시키신다.

◆ ◇ ◇ ◆

주님, 상황이 우리가 바라는 속도와 방식으로 변하지 않을 때, 우리는 당신께서 과연 우리 가족의 필요를 보셨는지, 우리의 부르짖음을 들으셨는지 궁금해합니다. 하지만 우리는 당신께서 보시고 들으시고 건져내신다는 것을 압니다. 우리를 악한 것의 노예가 되게 하는 것들로부터 건져주옵소서. 기쁨으로 예배하는 가정으로 변화시켜주옵소서.

1월 27일

● 출애굽기 4:1-5:21 / 마태복음 18:1-20 / 시편 22:19-31 / 잠언 5:15-21

어린아이와 같이 자기를 낮추는 사람

그 때에 제자들이 예수께 나아와 이르되 천국에서는 누가 크니이까 예수께서 한 어린 아이를 불러 그들 가운데 세우시고 이르시되 진실로 너희에게 이르노니 너희가 돌이켜 어린 아이들과 같이 되지 아니하면 결단코 천국에 들어가지 못하리라 그러므로 누구든지 이 어린 아이와 같이 자기를 낮추는 사람이 천국에서 큰 자니라 (마 18:1-4).

예수님의 제자들은 큰 자가 되기를 원했다. 하지만 그들은 큰 자에 대해 깊이 오해했다. 인간적인 노력과 성취와 지위의 관점에서 보았던 것이다. 그래서 예수님은 천국에서는 누가 크냐는 그들의 질문에 대해, 천국에 들어가기 위한 자격을 설명하시며 시각적이고 언어적인 꾸짖음으로 답하셨다. 그들에게 요구되는 것은 어린아이와 같은 믿음이었다. 교만한 어른들은 겸손하게 자신을 의탁하며 하나님께 나아가야 했다.

우리 역시 큰 자가 되기를 갈망한다. 우리 자녀가 우리더러 위대한 부모였다고 말해 줄 날을 바란다. 주변 사람들이 우리를 위대한 부모로 봐주기를 원한다. 거울을 들여다보면서 자녀 양육이라는 이 벅찬 임무를 훌륭하게 잘해내고 있다고 스스로에게 말해줄 수 있기를 원한다.

하지만 우리를 진짜 큰 자로 만들어주는 것은 무엇일까? 좋은 자녀 양육의 핵심인, 우리 자녀를 천국으로 인도하는 일을 어떻게 하면 가장 잘할 수 있을까? 항상 옳은 일을 하고 자녀에게 우리의 실수를 보여주지 않는 것일까? 아니다. 우리의 탁월함으로써도 결코 아니다. 오히려 우리에게 하나님이 필요함을 인식함으로써, 우리의 자녀 앞에서 어린아이와 같이 하늘에 계신 우리 아버지께 의탁하며 살아감으로써다.

주님, 저는 비록 부모이지만, 아이처럼 당신께로 나아갑니다. ___에게 가장 필요한 것이 뭐든 잘하고 항상 올바른 부모가 아님을 압니다. ___에게 가장 필요한 것은 저의 어린아이 같은 믿음, 저의 연약함, 당신의 도움과 가르침과 힘 없이는 전진할 수 없는 저의 무능함을 보는 것입니다. 주님, 저의 자기의존으로 인해 당신의 자녀들이 자기만족의 죄에 빠지지 않기를 원합니다. 저에게 은혜를 베푸사 저를 겸손케 하옵소서. 그래서 제가 어린아이와 같이 당신을 믿고 의지하며 살고 있음을 ___가 보게 하옵소서.

1월 28일
● 출애굽기 5:22-7:25 / 마태복음 18:21-19:12 / 시편 23:1-6 / 잠언 5:22-23

나의 목자, 나의 주인

여호와는 나의 목자시니 내게 부족함이 없으리로다(시 23:1).

다윗은 목자였다. 그러나 그는 자신이 위대한 목자의 돌봄을 받는 양이라는 것도 알았다. 그런 선한 목자의 돌봄을 받는 기쁨을 표현한 다윗의 기도는 우리도 그와 같이 기도하도록 영감을 불어넣어 준다.

◆ ◇ ◇ ◆

주님, 당신은 저만의 목자가 아닌, ___의 목자이기도 하십니다. 게다가 당신은 선한 목자이십니다. 부주의하고 무자비하고 불완전한 목자가 아니십니다. ___가 당신을 목자로 모셨기에, ___는 자기에게 필요한 모든 것을 가진 자입니다.

목자이신 당신은 ___를 풍성함과 아름다움과 쉼으로 인도하십니다. 당신은 ___가 힘이 없을 때 말씀을 먹이심으로써 ___의 힘을 새롭게 하십니다. 당신은 ___를 의로운 삶으로 인도하심으로써 ___의 삶을 통해 영광 받으십니다.

당신께서 ___의 목자이시기에, ___가 사망의 음침한 골짜기를 지날 때에도, 큰 위험에 직면할 때에도, ___는 두려워할 필요가 없고 저 역시 두려워할 필요가 없습니다. 당신께서 ___의 바로 옆에 계시기에 그 아이는 결코 혼자가 아닙니다. 저는 그 아이와 항상 함께할 수 없으나, 당신은 항상 함께하십니다.

선한 목자이신 당신은 지팡이를 사용하셔서 ___를 훈련시키시고 보호하시고, 막대기를 사용하셔서 ___를 제어하시고 당신께로 가까이 이끄십니다.

당신은 선한 목자이실 뿐만 아니라 선한 주인이십니다. 당신은 ___를 당신의 우리 안에 안전하게 품으실 뿐만 아니라 당신 집의 풍요로움으로 기쁘게 맞이하십니다. 당신은 ___가 거짓된 만족을 약속하는 원수들에게 에워싸일 때에도 그리스도의 상한 몸과 피라는 구원의 만찬으로 ___를 먹이십니다. 당신은 ___의 존재를 당신의 영으로 채우시고, ___의 인생을 분에 넘치는 은혜와 축복으로 충만하게 하십니다.

미래를 생각할 때 저는 거의 아무것도 확신할 수 없지만, 한 가지 확실한 것은 ___의 평생에 당신의 선하심과 인자하심이 반드시 ___를 따른다는 것입니다. 이 땅에서 제 삶이 끝난다 할지라도, ___에겐 자기를 인도하시고 도우시는 목자가 계시고 영원히 거할 집을 마련해주시는 주인이 계십니다.

1월 29일

● 출애굽기 8:1–9:35 / 마태복음 19:13–30 / 시편 24:1–10 / 잠언 6:1–5

부유하고 경건한 관리

어떤 사람이 주께 와서 이르되 선생님이여 내가 무슨 선한 일을 하여야 영생을 얻으리이까 … 예수께서 이르시되 네가 온전하고자 할진대 가서 네 소유를 팔아 가난한 자들에게 주라 그리하면 하늘에서 보화가 네게 있으리라 그리고 와서 나를 따르라 하시니 그 청년이 재물이 많으므로 이 말씀을 듣고 근심하며 가니라 (마 19:16, 21–22).

한 젊은이가 예수님께로 와 질문을 던졌다. 그는 우리 문화가 우리더러 자녀에게 바라야 한다고 말하는 모든 것을 가진 듯 보였다. 그는 부자였고, 경건했으며, 관리였다. 안락한 생활을 누릴 재정이 넉넉했고, 타인을 존중하는 도덕성과 독실함이 충만했고, 타인에게 자기 뜻을 행사하는 데 사용할 권력이 충분했다. 그뿐 아니라, 그는 훌륭한 질문을 던졌다.

그는 영생을 얻으려면 무엇을 해야 하는지를 알고 싶어 했다. 그의 삶의 다른 모든 것은 꽤나 다루기 쉬웠고 얻기 쉬웠던 것 같다. 그리고 그것은 우리 아이들에게도 그런 식으로 보일 수 있다. 우리 문화는 아이들에게 자신을 믿고 그 꿈을 좇기만 하면 원하는 건 뭐든지 될 수 있고 뭐든지 이룰 수 있다고 말한다.

예수님은 이 젊은이에게 일생일대의 기회를 제공하셨다. 그의 마음을 지배했던 세상의 부와 강력한 지위를 내려놓으라고, 그래야 예수님을 따를 수 있다고 말씀하셨다. 하지만 그 젊은이는 근심하며 떠났다. 전부를 포기하고 싶지는 않았던 것이다. 이 젊고 부유한 관리가 자기 소유에 집착함으로 인해 놓쳐버린 놀라운 경험(예수님과 함께하는 기쁨, 예수님의 가르침을 받는 것, 예수님께 쓰임 받는 것 등)이 무엇일지 상상해보라. 큰 인물이 되어 높은 자리에 있으면서도 그리스도와의 풍성한 교제, 그리스도의 권위 아래 사는 삶을 놓친다면 그 얼마나 비극인가!

◆◇◇◆

주님, ___를 놓고 세상의 꿈을 좇는 저를 구원해주옵소서. 저는 ___가 재정적인 안정이나 특권을 좇으며 살기를 바라지 않습니다. ___가 부유하기를 원하지만, 결코 잃어버리지 않을 상급과 당신과의 교제에 부요하기를 원합니다. ___가 다스리기를 원하지만, 이 세상의 일이나 사람을 다스리기보다는 새 하늘과 새 땅에서 당신과 더불어 공동상속자이자 공동관리자가 되기를 원합니다. ___가 경건하기를 원하지만, 고아와 과부를 환난 중에 돌보고 세속에 물들지 아니하는, 당신께서 보시기에 정결하고 참된 경건을 소유하기를 원합니다.

1월 30일

● 출애굽기 10:1-12:13 / 마태복음 20:1-28 / 시편 25:1-15 / 잠언 6:6-11

무엇에 야망을 품는가?

그 때에 세베대의 아들의 어머니가 그 아들들을 데리고 예수께 와서 절하며 무엇을 구하니 예수께서 이르시되 무엇을 원하느냐 이르되 나의 이 두 아들을 주의 나라에서 하나는 주의 우편에, 하나는 주의 좌편에 앉게 명하소서(마 20:20-21).

　야고보와 요한의 어머니는 분명 자기 아들들에 대한 야망을 품었다. 하지만 그녀가 대담한 요구사항을 가지고 예수님께 왔을 때, 그 아들들은 어쩌면 예수님께서 그 점잖은 부인에게는 '예스'라고 말할 거라고 생각하며 어머니의 등을 떠밀고 있었을지도 모른다. 예수님은 그녀에게는 에둘러서 말씀하셨고 아들들에게는 직접적으로 말씀하셨다. "너희는 너희가 구하는 것을 알지 못하는도다! 내가 마시려는 잔을 너희가 마실 수 있느냐?" 하지만 그들의 야망은 하나님 나라에 대한 이해를 왜곡했을 뿐만 아니라 자신에 대한 인식도 부풀렸다. "그들이 말하되 할 수 있나이다"(마 20:22).

　우리는 누구나 자녀에게 야망을 품는다. 내 아이가 팀에 발탁되고, 원하는 학교에 들어가고, 주인공 역을 맡길 바란다. 우리 자녀에게 야망을 품는 것이 반드시 나쁜 것은 아니다. 문제는 '그 야망이 세상 나라에 의한 것인가 아니면 하나님 나라에 의한 것인가'이다. 예수님은 세상 사람들은 타인 위에 군림하려 하지만 그건 하나님 나라의 방식이 아니라고 말씀하신다. "너희 중에 누구든지 크고자 하는 자는 너희를 섬기는 자가 되고 너희 중에 누구든지 으뜸이 되고자 하는 자는 너희의 종이 되어야 하리라 인자가 온 것은 섬김을 받으려 함이 아니라 도리어 섬기려 하고 자기 목숨을 많은 사람의 대속물로 주려 함이니라"(마 20:26-28).

　우리의 문화는 계속해서 우리 자녀가 학업이나 운동이나 사회적으로나 탁월하기를 바라며 성공의 사다리를 오르는 것에 집중하게끔 밀어붙인다. 하지만 예수님은 그 사다리에서 내려와 타인의 필요를 섬기라고 요구하신다.

◆ ◇ ◇ ◆

　주님, 저는 ___를 향해 소망과 꿈을 품을 수밖에 없습니다. 하지만 제 마음에서 비롯된 다른 모든 것과 마찬가지로, ___를 향한 저의 야망도 당신에 의해 정결케 되어야 합니다. 저에게 은혜를 베푸사 당신을 향한 사랑에서 비롯된, 타인을 섬기는 열망을 품을 수 있도록 인도하옵소서. 뿐만 아니라, ___가 받게 될 면류관을 확신하며 십자가를 지는 인생이 진정 훌륭한 삶인 것을 이해하게 하옵소서.

1월 31일 ● 출애굽기 12:14-13:16 / 마태복음 20:29-21:22 / 시편 25:16-22 / 잠언 6:12-15

여호와께서 그 피를 보시면

모세가 이스라엘 모든 장로를 불러서 그들에게 이르되 너희는 나가서 너희의 가족대로 어린 양을 택하여 유월절 양으로 잡고 우슬초 묶음을 가져다가 그릇에 담은 피에 적셔서 그 피를 문 인방과 좌우 설주에 뿌리고 아침까지 한 사람도 자기 집 문 밖에 나가지 말라 여호와께서 애굽 사람들에게 재앙을 내리려고 지나가실 때에 문 인방과 좌우 문설주의 피를 보시면 여호와께서 그 문을 넘으시고 멸하는 자에게 너희 집에 들어가서 너희를 치지 못하게 하실 것임이니라 (출 12:21-23).

그날 밤 히브리 가정마다 무슨 일이 있었을지 상상해보라. 하나님께서는 각 가정에 어린양을 택하라고 지시하셨다. 그리고 4일 후, 해가 지기 시작할 무렵 아버지는 가족 모두가 아끼는 그 무죄한 어린양을 잡아야 했다. 어쩌면 맏아들이 이렇게 물었을지 모른다. "아빠, 이 어린양을 꼭 잡아야 하나요? 이 양은 그런 일을 당할 만한 짓을 하지 않았는걸요." 이에 아버지는 대답할 것이다. "아들아, 이 양이 죽지 않으면 네가 죽는단다."

이스라엘이 어린양을 죽여서 그 피를 뿌리는 것은 믿음의 행위였다. 문 인방과 좌우 문설주에 바른 피는, 그들이 하나님의 임박한 심판과 어린양의 죽음으로써 제공하실 보호에 대한 말씀을 받아들인다는 증거였다. 그리고 그것은 우리에게도 마찬가지다. 심판이 오고 있다는 하나님의 말씀을 우리가 믿는다면, 어린양의 피가 우리의 덮개요 피난처요 보호의 근원이 된다는 것도 받아들여야 한다. 우리의 삶에는 그 피가 뿌려졌다.

많은 사람이 크리스천은 하나님을 믿고 선하게 살려고 애쓰는 사람, 혹은 십계명이나 산상수훈을 지키며 사는 사람이라고 생각한다(누군들 그게 가능할까!). 하지만 우리와 우리 자녀가 반드시 알아야 할 사실은, 크리스천은 자신이 하나님의 두려운 심판 외에는 아무것도 받을 자격이 없는 죄인임을 알고 하나님의 어린양, 곧 예수 그리스도의 피에서만 안식을 구하는 사람이라는 것이다.

◆ ◇ ◇ ◆

주님, 저는 제 아이들이 심판에서 벗어날 수 있다면 눈에 보이는 무슨 일이든지 할 수 있습니다. 하지만 그 대신에 저는 당신께서 죄를 대속하는 하나님의 어린양을 준비해주신 것을 믿고 감사드립니다. ___가 자기 삶에 그 피가 뿌려져야 함을 깊이 깨닫게 하옵소서.

2월 1일

● 출애굽기 13:17-15:18 / 마태복음 21:23-46 / 시편 26:1-12 / 잠언 6:16-19

여호와께서 미워하시는 것

여호와께서 미워하시는 것 곧 그의 마음에 싫어하시는 것이 예닐곱 가지이니 곧 교만한 눈과 거짓된 혀와 무죄한 자의 피를 흘리는 손과 악한 계교를 꾀하는 마음과 빨리 악으로 달려가는 발과 거짓을 말하는 망령된 증인과 및 형제 사이를 이간하는 자이니라 (잠 6:16-19).

    여호와께서 미워하시는 것의 목록을 읽다 보면, 타인을 미워하고 상처 입히는 태도와 행동을 해온 신체 각 부분을 정확하게 조준한 탓에, 우리는 마치 누군가가 우리 집에서 벌어지는 일을 엿보았던 것 아닐까 하는 생각이 든다. 어쨌든 우리는 우리 자신과 자녀에게서 그런 죄들을 보아왔다.

    우리는 눈알을 굴리며 우리를 노려보는 자녀의 교만한 눈을 보았다. 우리는 자녀의 터무니없는 거짓말을 잡아냈다. 우리의 자녀는 유치원에서 다른 친구를 때렸고, 놀이터에서 다른 친구를 괴롭혔으며, 인터넷에서 다른 친구를 험담했다. 우리는 갈 곳을 속이는 자녀의 계획을 알아냈고, 가지 말라고 한 곳에 가기 위해 문을 박차고 뛰어나가는 자녀를 보았다. 우리의 자녀는 진실을 왜곡해서 고자질하고 끊임없이 형제자매들과 싸움질을 해왔다.

    그 목록을 읽다보면, 하나님께서 죄는 미워하시지만 죄인은 사랑하신다는 게 사실이기를 바라게 된다. 감사하게도, 여호와께서 미워하시는 것들로 더럽혀진 자들에게도 소망이 있다. 죄인들을 위한 은혜가 있다. 그 은혜는, 교만한 눈을 회개의 눈물이 그득한 눈으로 변화시키는 은혜, 거짓된 혀를 진리를 말하는 혀로 탈바꿈시키는 은혜, 무죄한 자의 피를 흘리는 손을 깨끗하게 하는 은혜, 차가운 마음을 녹여 하나님을 기쁘시게 하려는 뜨거운 마음으로 바꾸는 은혜, 악으로 빠르게 달려가는 발의 방향을 바꾸어 그리스도를 좇게 하는 은혜, 트러블 메이커를 피스 메이커로 바꾸는 은혜다.

◆ ◇ ◇ ◆

오, 주님, 우리 가족에게는 당신의 변화시키는 은혜가 필요합니다. 깊은 마음의 변화를 경험하려면, 특히 서로 관계 맺는 법에서 변화를 받으려면 은혜가 필요합니다. 우리가 서로에게 이기적으로 굴고 상처를 줄 때, 성령님께서 우리의 죄를 깨닫게 해주시옵소서. 우리 안에 성령님께서 일하셔서, 점점 더 당신께서 사랑하시는 것을 사랑하고 당신께서 미워하시는 것을 미워하게 해주옵소서.

2월 2일

● 출애굽기 15:19-17:7 / 마태복음 22:1-33 / 시편 27:1-6 / 잠언 6:20-26

불평과 은혜

여호와께서 모세에게 말씀하여 이르시되 내가 이스라엘 자손의 원망함을 들었노라 그들에게 말하여 이르기를 너희가 해 질 때에는 고기를 먹고 아침에는 떡으로 배부르리니 내가 여호와 너희의 하나님인 줄 알리라 하라 하시니라(출 16:11-12).

    하나님은 자기 백성의 울부짖음을 들으셨고 애굽의 종살이에서 그들을 구출해줄 구원자를 보내셨다. 바닷물로 벽을 세우사 홍해를 마른 땅으로 건너가게 하셨고, 그들을 에덴동산과 같은 오아시스로 인도하사 쓴 물을 달게 바꾸시어 갈증을 해소해주셨다. 그들은 감사하고 또 감사해야 마땅했다. 그런데 오히려, 하나님의 백성은 불평했다. 하나님이 그들을 광야로 이끌어서 굶어 죽게 하신다고 비난했다.

    하나님은 바로 그 사막에서 그들을 굶어 죽게 내버려 두실 수도 있었다. 하지만 하나님의 은혜는 백성의 불평보다 컸다. 백성의 불평에 대해 하나님은 은혜로 반응하셨다. 그들에게 초자연적으로 공급하셨던 것이다. 그들은 그날의 필요를 채울 만큼만의 만나를 모았고, 잠자리에 들 때는 다음 날 주실 만나를 기대했다. 그런 하루하루를 보내면서 그들은 하나님의 공급하심에 대한 믿음으로 사는 게 무엇인지를 배워갔다.

    우리는 자녀가 믿음으로 사는 것의 의미를 배우기를 갈망한다. 옳은 게 무엇인지를 알고 옳은 길대로 행동한다면 그게 믿음으로 사는 것의 전부인 양 착각할 때가 있다. 하지만 믿음으로 사는 것은, 오직 하나님만이 매일의 필요를 공급하실 수 있다는 사실을 깨닫는 게 전부 아니던가? 우리는 자녀의 불평불만에 매우 민감하다. 하지만 우리의 불평불만을 자녀는 얼마나 자주 듣고 있을까? 어질러진 방, 짜증 나는 이웃, 우리 자신의 부모에 대해 우리는 얼마나 자주 불평하는가? 우리 모두에게 필요한 것은 불평을 몰아낼 감사다.

◆◇◆

주님, 당신께서 (우리의 가장 큰 필요인 "하늘에서 내려온 살아 있는 떡"인 예수님을 포함해) 우리에게 필요한 모든 것을 공급하실 때, 당신께 불평하는 우리를 용서해주옵소서. 주님, ___에게 당신에 대한 절실한 갈망을 주시고, ___가 오직 당신의 공급하심만이 영양을 채우고 영혼을 만족시킨다는 것을 알도록 도와주옵소서. ___가 당신께서 공급하신 그리스도의 살과 피를 받아먹을 때마다, 당신만이 '여호와 나의 하나님'이심을 고백하게 하옵소서.

2월 3일
● 출애굽기 17:8-19:15 / 마태복음 22:34-23:12 / 시편 27:7-14 / 잠언 6:27-35

하나님께서 가장 원하시는 것

그 중의 한 율법사가 예수를 시험하여 묻되 선생님 율법 중에서 어느 계명이 크니이까 예수께서 이르시되 네 마음을 다하고 목숨을 다하고 뜻을 다하여 주 너의 하나님을 사랑하라 하셨으니 이것이 크고 첫째 되는 계명이요 둘째도 그와 같으니 네 이웃을 네 자신 같이 사랑하라 하셨으니(마 22:35-39).

만약 누가 당신의 자녀에게 '너희 부모님이 너희에게 가장 원하시는 게 무엇이니? 너희가 부모님의 말이나 행동을 보고 판단한 대로 말해보렴' 하고 묻는다면, 아이들은 어떻게 대답할까? 당신의 아이들은 깨끗한 방, 좋은 성적, 잠재력의 실현이 당신에게 가장 중요한 것이라고 생각하지 않을까?

아니면 당신이 가장 자주 하는 명령이 곧 당신이 그들에게 가장 바라는 바라고 생각하지는 않을까? 당신의 행동과 말과 태도는 당신이 가장 기뻐하는 것이 곧 하나님을 가장 기쁘시게 해드리는 것(자녀가 하나님을 가장 사랑하는 것)임을 과연 제대로 보여주고 있을까?

우리는 아이들이 십계명에 순종하기를 바란다. 엄마와 아빠를 공경하고, 미래의 배우자에게 신실하려는 마음으로 성적 순결을 지키고, 진실을 말하고, 갖지 못한 것을 탐내기보다는 가진 것에 만족하기를 바란다. 아이들도 우리의 마음을 알고 있을 것이다. 하지만 우리의 지극한 사랑은 확실히 전달해주지 못했을지도 모른다. 우리가 자녀를 교회에 데려가고 성경을 읽어주는 이유가, 그들이 하나님을 알게 됨으로써 하나님의 아름다우심과 완전하심이 그들 안에 넓고 큰 사랑을 불러일으키기를 원하기 때문임을 확실히 전달해주지 못했을지도 모른다.

주님, 제 아이들은 제가 무엇을 즐거워하는지, 무엇에 분노하는지, 무슨 생각을 하고 무슨 말을 하는지, 무엇에 노력을 기울이는지 항상 보고 있습니다. ___가 제 안에서 발견하기 원하는 것은, 제가 온 마음을 다해 당신을 사랑하는 것, 곧 미지근한 마음으로 시늉만 하는 게 아니라 당신과 진정으로 사랑하는 관계를 맺는 모습입니다. 제가 온 목숨을 다해 당신을 사랑하는 것, 곧 저의 가장 깊은 존재가 당신에게 열중하는 모습을 ___가 보기 원합니다. 제가 온 뜻을 다해 당신을 사랑하는 것, 곧 제가 좋아하는 팀이나 활동이나 음식보다 당신을 더 많이 생각함을 ___가 보기 원합니다. 주님, 당신을 향한 저의 사랑이 가정에서 널리 퍼져 ___가 온 마음과 목숨과 뜻을 다해 당신을 사랑하게 하옵소서.

2월 4일

● 출애굽기 19:16-21:21 / 마태복음 23:13-39 / 시편 28:1-9 / 잠언 7:1-5

두려워하지 말라

못 백성이 우레와 번개와 나팔 소리와 산의 연기를 본지라 그들이 볼 때에 떨며 멀리 서서 … 모세가 백성에게 이르되 두려워하지 말라 하나님이 임하심은 너희를 시험하고 너희로 경외하여 범죄하지 않게 하려 하심이니라(출 20:18, 20).

 하나님께서 자기 백성에게 율법을 주시려고 시내산에 내려오시자 땅이 진동했다. 산 밑에 모인 이스라엘 백성은 새겨진 돌판을 보고 하나님께서 그들에게 전적인 충성을 요구하셨음을 알 수 있었다. 그뿐 아니라 불과 연기를 보고 율법을 어긴 자들에게는 심판이 기다리고 있음도 알 수 있었다. 산에 가까이 가면 그들은 죽을 것이었다. 그러니 그들이 두려워하는 것도 당연했다.
 하나님은 선하신 하나님인 동시에 공의의 하나님이시다. 중재자인 모세는 여호와께서 그들에게 율법을 주신 것은 그들을 멸망시키기 위함이 아니라 그분께 기쁘게 순종하는 삶을 살게 하기 위함이라고 말했다. 율법은 그들이 하나님의 선하심에 동참하게 하기 위해 주어진 것이었다. 하나님은 우리에게 무엇을 해야 할지를 말씀하셨다. 문제는 우리가 그것을 해낼 수 없다는 것이다! 만약 우리가 율법을 지킬 수 있다면, 우리는 율법으로 구원받을 수 있을 것이다. 하지만 우리 힘으로 율법을 지킬 수 없기에, 우리는 율법의 저주밖에 받을 수가 없다. 다행히도 우리에겐 모세보다 뛰어난 중재자가 있고, 옛 언약보다 뛰어난 새 언약이 있다(롬 8:3 참고).
 우리가 히브리서에서 배우는 것은, 새 언약 아래 사는 우리는 모세 시대에 그 백성들이 했던 것처럼 시내산에서 하나님께로 가지 않는다는 것이다. 우리는 다른 산으로 간다. 시온산이다. 시온은 지금 예수님께서 하나님의 우편에서 통치하시는 곳이다. 그분은 자비가 풍성하시고 거룩히 빛나신다. 그리스도께서 율법을 완성하셨기에, 우리는 하나님께 다가갈 수 있다.

◆ ◇ ◇ ◆

하나님, 당신은 소멸하는 불이십니다. 당신은 순전하시고 거룩하십니다. 당신은 완벽함을 요구하십니다. ___가 당신 앞에 설 날이 오겠지요. ___가 그리스도를 자신의 중재자로 붙듦으로써 그날을 준비하기를 갈망합니다. ___가 그리스도의 순종이라는 완성된 율법을 입은 채 당신 앞에 서게 하옵소서.

2월 5일

● 출애굽기 21:22–23:13 / 마태복음 24:1–28 / 시편 29:1–11 / 잠언 7:6–23

유혹

여러 가지 고운 말로 유혹하며 입술의 호리는 말로 꾀므로 젊은이가 곧 그를 따랐으니 소가 도수장으로 가는 것 같고 미련한 자가 벌을 받으려고 쇠사슬에 매이러 가는 것과 같도다 필경은 화살이 그 간을 뚫게 되리라 새가 빨리 그물로 들어가되 그의 생명을 잃어버릴 줄을 알지 못함과 같으니라(잠 7:21-23).

    이 잠언에서 아버지는 어느 날 창문 밖을 내다보다 어느 순진한 젊은이가 어리석은 짓을 하는 것을 보았다. 그 젊은이는 가던 길에서 벗어나 부도덕한 여자의 집 가까이로 갔다. 호기심이 많았던 그는 어리석게도 자신의 연약함을 알지 못했다. 이 장면은 오늘날 우리가 부모로서 마주하게 되는 상황과 딱 들어맞는다. 우리가 인터넷 사용 기록을 보다가 자녀가 포르노를 검색했다는 걸 알게 되었다고 하자. 현명한 부모라면 어떻게 할까?

    이 잠언의 현명한 아버지는 아들의 성적 순결을 보호하기 위해 가르침의 자리를 떠나지 않는다. 그는 성(性)을 파는 자들의 공격적인 전술에 대해 그리고 자기 아들의 취약함에 대해 잘 알았다. 그래서 그들이 아들에게 어떻게 접근할 것인지를 상세하게 설명하고 아들이 깨어있도록 준비시킨다. 아들이 어떤 제안을 받을지, 그것이 그의 욕구를 어떻게 자극할지, 그리고 그게 얼마나 아름답고 즐거워 보일지 미리 설명해준다. 하지만 그 유혹을 따르게 될 때 지불해야 할 대가가 얼마나 큰 지도 분명하게 말해준다. 성적인 죄는 그 순간에는 즐거울지 모르나, 치명적인 영향을 끼친다. 생명을 더하기보다는 빼앗는다.

    우리의 아들들은 스스로를 영리하고 자제력 있다고 생각하겠지만, 우리는 그들이 유혹에 취약하다는 걸 안다. 그러므로 우리 자신과 그들을 위해 성적인 죄의 길이 어디로 인도하는지를 가르쳐 주는 동시에, 실제적인 안전장치를 세우는 게 현명하다.

◆ ◇ ◇ ◆

아버지, 성적인 이미지를 쉽게 찾을 수 있고 성을 파는 자들이 공격적으로 접근해오며 왜곡된 성을 쉽게 수용하는 이 세상에서, ___를 어떻게 순결로 인도해야 할지 당신의 지혜가 필요합니다. 성적인 유혹을 이겨내기 위해 당신의 능력이 필요하다는 고백을 저부터 할 수 있는 지혜를 주옵시고, 성적인 죄를 지은 자들도 용서함을 받고 깨끗하게 될 수 있음을 알려줄 수 있는 말을 제게 주옵소서.

2월 6일

● 출애굽기 23:14-25:40 / 마태복음 24:29-51 / 시편 30:1-12 / 잠언 7:24-27

선한 의도

모세가 와서 여호와의 모든 말씀과 그의 모든 율례를 백성에게 전하매 그들이 한 소리로 응답하여 이르되 여호와께서 말씀하신 모든 것을 우리가 준행하리이다(출 24:3).

이스라엘 백성은 모세를 통해 하나님의 율법을 들은 후 선한 의도를 가졌다. 하나님께서 그들을 거룩한 나라요 보배로운 소유로 규정하셨고, 그들은 그 방식대로 살기를 진심으로 갈망했다. 하지만 다른 신들을 섬기지도, 만들지도 않겠노라고 약속한 지 40일이 채 안 되어, 그들은 금고리를 녹여 금송아지를 만드는 불 옆에 서 있었다.

우리도 마찬가지로 선한 의도를 갖는다. 그럼에도 우리는 투자 포트폴리오라든지 다른 사람의 의견 같은 것들을 신으로 삼는다. 스스로를 크리스천이라고 부르지만, 레스토랑에서 마땅한 서비스를 받지 못했을 때는 전혀 크리스천답지 않게 행동한다. 결혼 서약 밖의 성관계를 당연하게 여기는 문화에 잠겨 있다. 자신을 좋게 보이기 위해 다른 사람을 희생시키는 농담을 해서 진실을 흐려놓는다. 더 편한 차, 더 큰 집, 더 좋은 몸매를 탐낸다. 우리는 율법을 어긴 자들이다.

다행히도, 예수님께서는 율법이 할 수 없는 일을 하실 수 있다. 우리 안에서 역사하시는 하나님의 은혜가 "자유롭게 하는 온전한 율법"(약 1:25)에 순종할 능력을 주신다. 그리스도께서 우리를 죄의 종살이에서 해방하셨기 때문에 우리는 전심으로 하나님을 예배하고 그리스도 안에서 안식을 누릴 수 있다. 그리스도께서 아버지를 향하신 그 사랑으로 우리의 마음을 채우셔서 우리가 부모를 공경할 수 있게 하신다. 우리를 그분의 신실함으로 채우셔서 우리가 성적으로 순결하게 살도록 하신다. 자녀를 나의 잘난 양육 기술의 증거가 아니라 소중한 선물로 다루게 하신다. 그분 안에서 영원한 소유를 발견하게 하셔서 우리가 이 땅의 한시적인 것들을 탐내지 않을 수 있다.

◆◇◇◆

주님, 우리 가정에는 선한 행동 규칙과 선한 의도 이상이 필요합니다. 성령님께서 우리 마음에 당신의 율법을 써주셔서 우리가 당신께 순종할 수 있게 하옵소서. 당신의 거룩한 율법이 우리 마음의 보이지 않는 곳과 우리 가정의 습관에 작동하기를 원합니다. 그래야 우상숭배와 성적인 부도덕, 무례함과 부정직함으로부터 해방될 수 있을 테니까요. 우리는 죄를 짓지 않을 자유를 누리는 거룩한 백성이기를 갈망합니다. 그것은 오직 우리 삶에서 당신의 은혜가 역사할 때에만 가능합니다.

2월 7일

● 출애굽기 26:1-27:21 / 마태복음 25:1-30 / 시편 31:1-8 / 잠언 8:1-11

맡겨진 것

> 또 어떤 사람이 타국에 갈 때 그 종들을 불러 자기 소유를 맡김과 같으니 각각 그 재능대로 한 사람에게는 금 다섯 달란트를, 한 사람에게는 두 달란트를, 한 사람에게는 한 달란트를 주고 떠났더니(마 25:14-15).

예수님께서 제자들에게 이 비유를 가르치신 때는 "먼 길을 떠나시려고" 준비하실 때였다. 이제 며칠 후면 예수님의 십자가 죽음과 그 뒤를 잇는 부활, 승천이 있을 것이다. 예수님은 부활과 재림 사이, 즉 그분의 부재 시 제자들이 그의 종으로서 어떻게 살아야 할지를 가르치는 중이셨다. 우리의 현 위치가 바로 그분의 부재중 아닌가.

우리의 주인 되신 예수님은 재림 때까지 하나님 나라의 성장에 투자할 수 있는 자원을 우리 각자에게 맡기셨다. 우리는 청지기로서 능력, 기회, 경험, 건강, 힘, 지성, 장점 등 많은 것을 받았다. 문제는, 우리의 주인께서 하나님 나라를 위해(우리를 위해서가 아니라) 이익을 남기라고 우리에게 맡기신 것을 우리가 어떻게 투자하고 있느냐다.

소유와 자립을 중시하는 서구 세계에서, 우리는(그리고 우리 자녀는) 성령님께서 우리 안에서 일하시게 함으로써 우리가 돈과 시간과 능력과 기회의 소유주가 아니라 청지기임을 알아야 한다. 성령님께서 우리에게 주어진 것으로 세상 나라를 건설하려는 마음의 욕망을, 우리에게 맡겨진 것으로 청지기로서 하나님 나라를 확장하려는 열정으로 바꾸시게 해야 한다. 성령님께서 이 비유에 담긴 진리를 통해 우리 마음속에서 역사하시기를, 그래서 우리의 주인께서 "잘하였도다 착하고 충성된 종아"라고 말씀하시는 것을 듣기를 갈망해야 한다.

◆ ◇ ◇ ◆

주님, 당신은 참 많은 것들로 제게 그리고 제 자녀에게 복을 주셨습니다. 저는 이 가정의 선한 청지기가 되고 싶습니다. 그래서 우리 가족이 확장하는 하나님 나라에 참여하면 좋겠습니다. 저는 당신께서 ___에게 경험과 능력과 기회를 맡기신 것을 봅니다. ___가 이 모든 것이 자신에게 속한 게 아니라 자신에게 맡겨진 것임을 알게 도와주옵소서. 그래서 자신에게 맡겨진 것을 자기 나라를 세우기 위해 사용하는 것이 아니라 하나님 나라의 유익을 위해 투자하게 하옵소서. ___안에 언젠가 "잘하였도다 착하고 충성된 종아"라는 당신의 음성을 들으려는 갈망을 심어주옵소서.

2월 8일 ● 출애굽기 28:1-43 / 마태복음 25:31-26:13 / 시편 31:9-18 / 잠언 8:12-13

주의 손에

여호와여 그러하여도 나는 주께 의지하고 말하기를 주는 내 하나님이시라 하였나이다 나의 앞날이 주의 손에 있사오니(시 31:14-15).

자녀가 신생아일 때부터 우리는 그 아이들이 어떻게 성장하는지 관심을 기울인다. 갓 태어났을 무렵에는 백분율표의 몸무게와 키에 집중한다. 독서나 언어나 신체 능력에서 앞서는 것처럼 보일 때는 자랑스러워한다. 우리는 그 아이들이 계속해서 밝은 미래를 향해 나아가려면 무엇을 해야 할지(무엇을 먹일지, 무엇을 가르칠지, 어떻게 훈련할지) 알고 싶어 한다. 학령기에는 부모로서의 두려움이나 자신감이 자녀의 학업 성취와 운동 능력, 사회성, 신체 성장도에 따라 오르락내리락한다. 청년기가 되면 그 아이들이 시간표에 맞춰 교육과정을 끝내기를, 짝을 만나기를, 경력을 쌓기를 바란다. 그 모든 과정에서 우리는, 자녀의 인생길을 만들고 성취하는 게 다 우리와 우리 자녀한테 달린 것처럼 생각하고 행동하고 느낄 때가 많다.

하지만 다윗은 그렇지 않았다. 그는 과거를 돌아보면서 자신이 어떻게 선택받아 양치기에서 이스라엘의 기름 부음 받은 왕이 되었는지를 기억했다. 그는 재앙과 불확실성으로 가득한 자신의 현재 상황을 찬찬히 살펴보면서 자신을 그분의 소유로 삼으신 하나님을 신뢰하기로 결단했다. 그리고 미래를 바라보면서 자신에게 궁극적인 통제권이 없음을 깨닫고, 하나님께 "나의 앞날이 주의 손에 있사오니"라고 고백했다.

때때로 우리는 자녀의 인생에서 주님의 자리를 차지하고 싶어 하고, 또 어리석게도 실제로 그럴 수 있으리라고 생각한다. 하지만 자녀의 미래는 우리의 손에 있지 않다. 우리의 통제 아래 있지 않고 우리의 책임도 아니다. 게다가 궁극적으로 자녀의 미래는 자녀의 손에 있지 않다. 오직 하나님의 손에 있다.

◆ ◇ ◆ ◇ ◆

주님, 제가 ___의 미래에 대해서 당신을 신뢰한다고 말하고 싶습니다. 하지만 사실, 저는 ___가 어떤 사람이 될지, 무슨 직업을 가질지, 어디에 살지 등에 대해서 강박을 갖고 있는 자신을 발견합니다. 솔직히 말하면, 저는 ___의 인생에 대해 저 나름의 기대와 시간표를 갖고 있습니다. 하지만 ___의 미래가 제 손에 있지 않다는 것을 압니다. 가장 안전한 곳, 호의와 축복이 있는 곳은 당신의 손안입니다. 그렇기에 오, 주님, 당신을 신뢰하는 마음으로 저는 "당신은 ___의 하나님이십니다. ___의 앞날이 당신 손에 있습니다"라고 고백합니다.

2월 9일
● 출애굽기 29:1-30:10 / 마태복음 26:14-46 / 시편 31:19-24 / 잠언 8:14-26

나의 원함 그리고 아버지의 계획

조금 나아가사 얼굴을 땅에 대시고 엎드려 기도하여 이르시되 내 아버지여 만일 할 만하시거든 이 잔을 내게서 지나가게 하옵소서 그러나 나의 원대로 마시옵고 아버지의 원대로 하옵소서 하시고(마 26:39).

    우리는 자신이 진짜 선하고 경건하다면 하나님께서 우리의 기도에 '예스'로 응답하실 거라고 생각하는 경향이 있다. 하나님으로부터 원하는 응답을 받는 비결은 하나님과 친밀한 관계를 유지하기 위해 최선을 다하는 거라고 생각한다. 하지만 예수님이 겟세마네 동산에서 성부 하나님께 올린 기도를 보면 그런 가정이 틀렸음을 알게 된다. 예수님만큼 선하고 경건한 사람이 누가 있을까? 예수님만큼 성부 하나님과 친밀한 관계를 유지한 사람이 누가 있을까? 그럼에도 예수님의 간구에 하나님은 침묵으로써 '노'라고 말씀하셨다. 예수님께서 자기의 삶(그리고 죽음)에 대한 하나님의 계획을 놓고 갈등하셨음을 아는 것은 우리에게 도움이 된다. 우리 역시 우리 삶에 대한 하나님의 계획을 놓고 순복하려 애쓰면서도 갈등한다.

    어쩌면 우리는 이런 게 궁금한 건지도 모른다. **하나님, 청구서 비용을 지불할 돈이 없을지도 모르는 게 당신의 계획일 수 있나요? 완벽하지 못한 결혼생활에 몇 년을 허비하는 게 당신의 계획일 수 있나요? 자녀가 인생을 순항하는 게 아니라 고군분투하는 게 당신의 계획일 수 있나요?** 하나님께서 당신의 기도에 '노'라고 말씀하실 때 당신은 어떻게 수용의 자리로 나아갈 수 있는가?

    예수님께서 어떻게 하셨는지를 살펴보자. 예수님은 하나님께 자기의 바람을 말씀드리며 갈등하실 때도 자기의 가장 큰 바람에 대해 확고하셨다. "그러나 나의 원대로 마시옵고 아버지의 원대로 하옵소서"(마 26:39). 예수님은 자기의 바람을 더 큰 바람에 순복시키셨다. 예수님께는 우리를 대신해 하나님의 심판을 견디는 것을 피하고 싶다는 바람을 이기는 더 큰 갈망이 있었다. 그렇게 하나님의 목적과 계획을 성취하셨다.

◆ ◇ ◇ ◆

아버지, 당신의 완벽한 계획과 목적에 대해 확신을 갖기 원합니다. 그래서 제가 올바른 관점에 제 소망을 둘 수 있으면 좋겠습니다. 당신의 선하심과 의로우심에 대한 제 믿음이 더욱 선명해지게 하시고, 두려움이나 억울함 없이 저와 우리 가족을 당신께 맡기게 하옵소서. 당신의 뜻에 순복하는 기쁨이 그 무엇보다도 가치 있음을 진심으로 믿도록 도와주소서.

2월 10일 ● 출애굽기 30:11-31:18 / 마태복음 26:47-68 / 시편 32:1-11 / 잠언 8:27-32

죄를 깨닫는 은혜

허물의 사함을 받고 자신의 죄가 가려진 자는 복이 있도다 … 내가 입을 열지 아니할 때에 종일 신음하므로 내 뼈가 쇠하였도다 주의 손이 주야로 나를 누르시오니 내 진액이 빠져서 여름 가뭄에 마름 같이 되었나이다 (시 32:1, 3-4).

 죄를 깨닫는 것, 우리의 이기적인 행동과 반항적인 태도 이면의 죄 된 본성을 분명하게 감지하는 것이 꼭 달가운 일은 아니다. 우리는 자신이 짓는 죄의 흉측함을 볼 때 차라리 눈을 감으려 한다. 죄를 밝히는 것은 우리가 어리석고 이기적이고 반항적이라는 사실을 인정하는 일이다. 그것은 스스로를 낮춰야 하는 불편한 일이다.

 어쩌면 죄를 깨닫고 고백하면서 느끼는 고통의 일부는 우리가 그 죄를 버리도록 부름받았다는 인식에서 비롯할 것이다. 사실, 우리는 죄를 좋아한다. 우리는 죄에 대해 영원히 '안돼'라고 말하고 싶어 하지 않는다. 적어도 얼마 동안은 죄가 우리 인생에 도움이 되는 것처럼 보인다. 시편 32편에서 다윗이 표현하고자 했던 바를 이해하게 될 때까지는 그렇다. 다윗은 당시에는 즐거워 보이는 죄가 결국엔 고통을 낳는다고 말한다. 우리 인생에 도움이 된다고 여겼던 것이 결국 우리에게서 인생을 앗아간다.

 하지만 죄를 깨닫는 것은 성령님께서 일하고 계시다는 증거다. 죄를 고백하기를 주저하는 중압감을 경험하는 것은 하나님의 선물이다. 우리는 자녀가 이와 동일한 중압감을 경험하고 죄를 깨닫는 불편한 은혜를 경험하기를 원한다. 우리는 성령님께서 우리 자녀를 끝까지 쫓아가셔서 그들과 하나님 사이에 장벽을 쌓는 모든 것을 버리게 해 주시기를 원한다.

◆◇◇◆

 주님, ___가 당신의 용서하심의 기쁨을 몸소 알게 되기를 얼마나 갈망하는지요. 깨끗한 양심은 죄를 멀리 도말하시는 당신의 일하심에 의해 가능하다는 것을 깨닫기를 얼마나 원하는지요. 저는 그것이 죄 고백에만 뒤따르는 특별한 기쁨임을 압니다. 그러니 주님, 성령님을 보내사 ___의 인생에서 죄를 깨닫게 하시는 역사를 일으켜주옵소서. ___가 자신의 죄의 무게를 느끼게 하시고, 죄를 고백하면 당신께서 반드시 용서하신다는 확신 또한 느끼게 하옵소서.

2월 11일
● 출애굽기 32:1-33:23 / 마태복음 26:69-27:14 / 시편 33:1-11 / 잠언 8:33-36

하나님 없는 인생

여호와께서 모세에게 이르시되 … 너희를 젖과 꿀이 흐르는 땅에 이르게 하려니와 나는 너희와 함께 올라가지 아니하리니 너희는 목이 곧은 백성인즉 내가 길에서 너희를 진멸할까 염려함이니라 하시니(출 33:1, 3).

모세가 산 위에서 성막에 관한 하나님의 계획(하나님께서 성막에 내려오셔서 그분의 백성과 함께 거하실 것이라는)을 듣는 동안, 산 아래에서는 악한 일이 벌어지고 있었다. 이스라엘 백성이 하나님을 대신할 금송아지를 만들었던 것이다. 그들의 충격적인 우상숭배는 그들을 하나님의 백성 되게 하는 유일한 것, 바로 그들 중에 거하시는 하나님의 임재를 잃어버릴 위험에 처하게 만들었다.

그럼에도 하나님은 여전히 그들에게 약속하신 땅을 주기로 하셨다. 그들이 소유할 땅에서 풍족한 삶을 누릴 수 있도록 그 땅에서 적들을 쫓아내실 것이다. 그런데 한 가지, 하나님께선 그들과 함께 가지 않겠다고 하셨다. 그 말인즉슨 이 세상에서 최고의 것을 얻을지라도 하나님과의 관계는 누리지 못하리라는 뜻이었다.

이스라엘 백성은 하나님 없는 인생에 직면했다. 그 장면을 읽으며 우리는 그것이 우리와 우리 자녀를 향한 테스트임을 깨달아야 한다. 우리는 그저 하나님께서 주시는 좋은 것들을 원하는가, 아니면 진정으로 그분을 원하는가? 실제로 많은 사람이 그분의 공급과 보호를 원하면서도 그분의 임재에는 관심이 없다. 그래서 우리는 부모로서 다음을 깊이 생각해보아야 한다. 하나님과 그분의 축복에 관해 말할 때 그리고 하나님께 복을 구할 때, 진실로 하나님의 임재가 (성령님이라는 위격으로 우리 인생에 거하시면서, 성경을 통해 우리에게 말씀하시고, 우리를 그리스도와 연합시켜주시고, 위로하시고, 가르치시고, 죄를 깨닫게 하심이) 우리가 가장 사모하는 축복임을 자녀에게 확실히 보여주고 있는가?

◆ ◇ ◇ ◆

주님, 당신의 축복보다 당신을 더욱 사랑하도록 우리를 도와주옵소서. ___에게 하나님의 임재를 향한 지칠 줄 모르는 열망을 주옵소서. 그래서 세상이 ___에게 당신과는 무관하게 무언가를 제공할 때, 그것은 결국 자신을 공허하게 만들 뿐임을 깨닫게 하옵소서. 주님, 우리는 당신께서 주시는 축복을 사모합니다. 하지만 가장 사모하는 것은 당신께서 영으로 우리에게 임재하시는 것입니다.

2월 12일 ● 출애굽기 34:1-35:9 / 마태복음 27:15-31 / 시편 33:12-22 / 잠언 9:1-6

부모의 죄

여호와라 여호와라 자비롭고 은혜롭고 노하기를 더디하고 인자와 진실이 많은 하나님이라 인자를 천대까지 베풀며 악과 과실과 죄를 용서하리라 그러나 벌을 면제하지는 아니하고 아버지의 악행을 자손 삼사대까지 보응하리라(출 34:6-7).

   모세는 하나님의 영광을 보게 해달라고 간구했다. 모세가 하나님의 영광을 온전히 보면 살아 있을 수 없기에, 하나님은 모세가 그 영광을 살짝 엿보도록만 허락하셨다. 그리고 모세에게 위 말씀을 하셨다. 그것은 그분의 성품의 핵심적 본질을 드러낸 말씀이었다. 그분은 자비의 하나님이시다. 그분의 존재 가장 깊은 곳에서부터 우리를 동정하신다는 뜻이다. 그분은 은혜의 하나님이시다. 우리가 마땅히 받아야 할 벌을 주지 않으신다는 뜻이다. 그분은 사랑을 아끼지 아니하시고 반역을 용서하신다. 그런데 우리는 다음에 오는 말씀에 의아해진다. 부모의 죄를 자녀와 손자녀에게 보응하신다니. 하나님께서 죄 없는 자녀를 그들의 부모의 죄 때문에 벌하신다는 뜻일까?

   하나님은 당신이 마땅히 받아야 할 벌을 당신의 자녀에게 넘기지 않으신다. 당신이 그리스도와 연합한 자라면, 하나님께서 당신이 받아야 할 벌을 그리스도께 넘기셨다는 것을 확신해도 좋다. 그것이 십자가에서 이뤄진 거래였고, 그 거래는 완료되었다.

   하지만 부모의 죄의 결과는 태생이라는 과정을 통해 그들의 자녀를 오염시키고 부패하게 만든다. 슬프게도 우리가 지은 죄의 행위와 태도는 우리 자녀에게 돌아간다. 확신컨대, 이 구절은 성경의 모든 말씀 중 자녀를 사랑하는 부모들이 가장 정신이 번쩍 드는 구절일 것이다. 죄를 버려야 할 이유이자, 그리스도를 따라야 할 가장 강력한 이유다.

◆◇◇◆

주님, 자녀의 인생에서도 발견되는, 제 죄의 패턴을 보여주옵소서. 그리고 제게 참된 회개의 마음을 주옵소서. 뇌리에 맴도는 제 죄와 그것이 자녀에게 미치는 결과에 대해 두려워하는 마음이 들 때, 당신을 더욱 붙잡는 은혜를 주옵소서.

2월 13일

● 출애굽기 35:10-36:38 / 마태복음 27:32-66 / 시편 34:1-10 / 잠언 9:7-8

두려움에서 건지심

내가 여호와께 간구하매 내게 응답하시고 내 모든 두려움에서 나를 건지셨도다 그들이 주를 앙망하고 광채를 내었으니 그들의 얼굴은 부끄럽지 아니하리로다(시 34:4-5).

  우리는 그리스도를 신뢰함으로써 그리스도에 대한 믿음의 삶을 시작했다. 우리는 이 세상과 다음 세상에서 그분을 믿고 싶다고 고백했다. 하지만 자녀 양육이라는 길을 걸으면서 우리는 모든 면에서 하나님을 진실로 의지하지 못하게 만드는 새로운 장애물을 계속해서 맞닥뜨린다. 영원한 미래를 두고 하나님을 신뢰한다고 말씀드리는 것이, 우리가 자녀로 인해 직면한 갈등에 대해 그분을 신뢰하는 것보다 훨씬 더 쉬워 보인다.

  자녀에게 부정적 패턴이 자리 잡아가는 것을 볼 때, 변화가 더딜 때, 우리에겐 두려움이 밀려오기 시작한다. 두려움은 우리의 관점을 바꾸고, 감정을 지배하고, 반응을 왜곡시킨다. 문제를 두고 보고 싶지도, 두려움에 사로잡히고 싶지도 않은 우리는 어떻게 하는가? 자연스럽게 걱정하고, 대책을 세우고, 조종하고, 최악의 상황을 상상하기 시작한다. 하지만 오히려 우리가 해야 할 일은 우리의 모든 두려움을 기도로 바꾸는 것이다. 자녀의 상황뿐 아니라 기쁨과 평안과 안식을 앗아가는 우리 자신의 두려움을 놓고서 도움을 구하기 위해 하나님을 바라보아야 한다.

  당신은 곤고함을 느끼는가? 시편 기자는 2절에서 말한다. "곤고한 자들이 이를 듣고 기뻐하리로다." 8절에서는 "그에게 피하는 자는 복이 있도다"라고 말한다. 당신은 하나님의 비할 데 없는 힘과 끝없는 목적을 의지함에서 복을 발견하는가? 아니면 최악의 미래를 상상하는 일에 빠져서 매일 고통을 한 움큼씩 삼키고 있는가? 10절에서 시편 기자는 장담한다. "여호와를 찾는 자는 모든 좋은 것에 부족함이 없으리로다." 쉼과 안전과 소망과 축복은, 여호와의 말씀을 묵상하면서 그분에 대한 신뢰를 키우는 가운데 발견된다.

◆ ◇ ◇ ◆

주님, 당신께 기도합니다. ___의 건강, 안전, 친구 관계, 미래에 관한 제 모든 두려움에서 저를 건지시기를 간구합니다. 도움을 바라며 당신을 바라봅니다. 근심으로 그늘진 얼굴에서 당신 안에서 기쁨과 확신으로 가득 찬 얼굴로 저를 변화시켜주시기를 간구합니다.

2월 14일 ● 출애굽기 37:1-38:31 / 마태복음 28:1-20 / 시편 34:11-22 / 잠언 9:9-10

제자 삼으라

예수께서 나아와 말씀하여 이르시되 하늘과 땅의 모든 권세를 내게 주셨으니 그러므로 너희는 가서 모든 민족을 제자로 삼아 아버지와 아들과 성령의 이름으로 세례를 베풀고 내가 너희에게 분부한 모든 것을 가르쳐 지키게 하라 볼지어다 내가 세상 끝날까지 너희와 항상 함께 있으리라 하시니라(마 28:18-20).

예수님께서 성부 하나님의 우편으로 승천하시기 전 제자들에게 주신 대위임령에서 우리는 한 가정으로서 우리에게 주신 사명을 발견한다. 부모의 최고 임무는 자녀를 제자 삼아 그들이 그리스도 및 그분의 몸과 연결되어 자신의 정체성을 찾도록 돕고, 그리스도께 순종하며 살도록 가르치는 것이다. 우리는 하나님 나라의 권위가 우리 가족 모든 구성원의 마음 안에서 최고의 통치권을 갖기를 원한다.

이 위임령은 우리 가정에 대한 부르심이기도 하다. 다양한 가정이 그들만의 독특한 상황과 위치와 계절과 은사와 열정을 반영한 각자의 방식대로 이 부르심을 살아낼 것이다. 그리스도의 명령은 우리가 어떻게 돈을 사용하는지, 무엇을 하며 휴가와 여가를 보내는지, 무엇이 학문적 추구와 직업적 목표에 동기를 부여하는지에 영향을 끼쳐야 한다. 그 말은 곧 우리가 좋은 직업, 몇 명의 자녀, 멋진 집, 안락한 생활이라는 아메리칸 드림을 추구하며 살 것이 아니라, 우리 가정의 문화를 아직 그리스도를 모르는 이웃들을 제자 삼고 그들에게 그리스도께 순종하는 삶의 의미가 무엇인지를 가르치는 데 맞추어야 한다는 뜻이다.

다행히도 제자들은 자기 힘으로 완수해야 할 불가능한 임무를 받은 게 아니었다. 그들은 그리스도께서 힘 주시고 인도하실 거라고 확신했다. 마찬가지로 우리는 부모로서의 부르심과 가정으로서의 부르심을 우리 힘으로 살아내도록 남겨진 게 아니다. 예수님은 우리에게 명령하신 것을 우리가 할 수 있도록 준비시켜주신다.

◆ ◇ ◆

주님, 우리 가정이 제자 삼는 임무를 우리 존재와 일의 핵심으로 지켜나가야 한다는 것을 깨닫습니다. 우리에겐 당신의 도움이 필요합니다. 잘못된 우선순위를 다시 조정해주시고, 잃어버린 자들을 향한 차가운 마음에 불을 지펴주시고, 당신을 따르지 못하게 만드는 두려움에서 건져주옵소서. 주님, 우리가 ___의 인생에 우리의 꿈과 욕망을 여러 가지 방법으로 투영하려 했음을 돌아봅니다. 우리의 진짜 소망이 당신의 명령과 일치되도록 우리 안에서 일하여 주옵소서.

2월 15일

● 출애굽기 39:1-40:38 / 마가복음 1:1-28 / 시편 35:1-16 / 잠언 9:11-12

우리의 제사장

그들은 여호와께서 모세에게 명령하신 대로 청색 자색 홍색 실로 성소에서 섬길 때 입을 정교한 옷을 만들고 또 아론을 위해 거룩한 옷을 만들었더라 … 에봇에는 어깨받이를 만들어 그 두 끝에 달아 서로 연결되게 하고 … 그들은 또 호마노를 깎아 금 테에 물려 도장을 새김 같이 이스라엘의 아들들의 이름을 그것에 새겨 에봇 어깨받이에 달아 이스라엘의 아들들을 기념하는 보석을 삼았으니 여호와께서 모세에게 명령하신 대로 하였더라(출 39:1, 4, 6-7).

    성막(나중에는 성전)에서 섬기는 모든 제사장은 에봇을 입었다. 에봇은 소매가 없는 긴 앞치마나 어깨 위로 끈이 달린 조끼와 같았다. 어깨받이 끈에 달린 두 개의 준보석에는 열두 이름(이스라엘 부족들의 이름)을 새겼다. 에봇의 정면에는 열두 개의 보석이 박힌 흉패가 붙어있었는데, 각각의 보석은 이스라엘 부족을 뜻했고 그들이 하나님께 소중했음을 상징했다. 그래서 어떤 의미에서 제사장이 성막의 지성소인 하나님의 임재 안으로 들어갈 때, 그는 하나님의 백성을 자기 어깨와 가슴 가까이에 지니고 들어가는 것이었다. 당신이 당시 이스라엘 백성이라고 가정해보자. 대제사장의 흉패에서 당신 부족의 이름을 본다면, 당신은 그가 하나님 앞에서 당신을 대신해 제사장의 일을 수행하고 있음을 확신할 수 있을 것이다.

    새 언약 아래 있는 신자인 우리에겐 훨씬 좋은 제사장이 계신다. 그분은 자신의 어깨에 우리의 짐을 지시고, 우리의 관심을 하나님의 마음 가까이에 두게 하신다. 그분은 훨씬 더 좋은 안식처, 하늘의 안식처로 들어가셨다. 그것은 부모인 우리에게 좋은 소식이다. 우리는 자녀의 필요라는 짐을 온전히 감당하지 못한다. 우리는 할 수 없다. 그런데 우리 자녀의 필요와 관심에 마음이 움직이는 이가 우리만은 아니다. 그리스도 안에서 우리의 자녀에게는 위대한 대제사장이 계신다. 그분께서 우리 자녀의 짐을 지시고 그들의 관심을 그분의 마음 가까이에 두신다.

◆ ◇ ◇ ◆

아버지, 우리에겐 예수님이 필요합니다. 우리를 위해 당신의 거룩한 존전에서 탄원하시는 위대한 대제사장이신 예수님이 필요합니다. 예수님께서 개입해주셔야 합니다. 우리가 받아 마땅한 대우가 아니라 예수님께서 받으셔야 할 대우로써 우리와 우리 자녀를 대해달라고 당신께 간구해줄 중재자가 필요합니다.

2월 16일

● 레위기 1:1-3:17 / 마가복음 1:29-2:12 / 시편 35:17-28 / 잠언 9:13-18

두 가지 길

미련한 여인이 떠들며 어리석어서 아무것도 알지 못하고 자기 집 문에 앉으며 성읍 높은 곳에 있는 자리에 앉아서 자기 길을 바로 가는 행인들을 불러 이르되 어리석은 자는 이리로 돌이키라 또 지혜 없는 자에게 이르기를 도둑질한 물이 달고 몰래 먹는 떡이 맛이 있다 하는도다 오직 그 어리석은 자는 죽은 자들이 거기 있는 것과 그의 객들이 스올 깊은 곳에 있는 것을 알지 못하느니라(잠 9:13-18).

아버지는 잠언을 통해 자기 아들에게 그의 앞에 두 가지 길이 열려 있고 둘 중 하나를 선택하게 될 것임을 가르쳐준다. 한 가지는 지혜의 길, 곧 생명으로 인도하는 길이다. 하나님은 이 길로 행하라고 소리치시고 이 길을 택한 자들과 함께하신다. "그는 … 행실이 온전한 자에게 방패가 되시나니 대저 그는 정의의 길을 보호하시며 그의 성도들의 길을 보전하려 하심이니라"(잠 2:7-8). 이 길을 따르는 자들은 이 길이 똑바르고 안전하며 복된 삶으로 인도함을 발견한다.

다른 하나는 어리석음의 길이다. 어리석음 역시 모두에게 소리친다. 이 길은 "어두운 길"(2:13)이요 "구부러진 길"(2:15)이라고 불린다. 이 길에는 악한 행동을 즐거워하는 자들과 겉으로는 좋아 보이나 종국에는 해를 가져올 감추인 덫이라는 위험이 도사리고 있다. 무엇보다도, 이 길의 종착지는 곧 죽음과 파멸이다. "어떤 길은 사람이 보기에 바르나 필경은 사망의 길이니라"(14:12).

자녀가 어릴 때 우리는 그 아이들의 손을 꼭 잡고 길을 건넌다. 아이들이 커감에 따라 정해진 목적지에 도달하는 기술을 가르쳐준다. 그러나 그들이 더 성장하면, 그들은 스스로 어느 길을 갈지 선택하기 시작한다. 오, 그들이 옳은 길을 선택하기를 간절히 바란다.

◆ ◇ ◇ ◆

주님, 제가 제 아이를 대신해서 계속해서 선택할 수 있기를 얼마나 바라는지요. ___가 당신의 길로 행하기를 원합니다. ___가 즐거움이라는 거짓을 약속하는 어리석음의 목소리를 분별하기를, 그 약속은 결국 고통만을 가져다준다는 것을 깨닫기를 원합니다. ___가 당신의 길로 행하게 하는 당신의 목소리의 능력을 제가 신뢰하도록 도와주옵소서.

2월 17일

● 레위기 4:1–5:19 / 마가복음 2:13–3:6 / 시편 36:1–12 / 잠언 10:1–2

속죄제

이 중 하나에 허물이 있을 때에는 아무 일에 잘못하였노라 자복하고 그 잘못으로 말미암아 여호와께 속죄제를 드리되 양 떼의 암컷 어린 양이나 염소를 끌어다가 속죄제를 드릴 것이요 제사장은 그의 허물을 위하여 속죄할지니라(레 5:5–6).

예루살렘 성전에 갈 때마다 제물로 바칠 목적으로 당신의 소유 중 가장 좋은 짐승을 잡는 비용을 상상해보라. 가장 건강한 새끼를 낳는 그 짐승을 포기하기란 쉽지 않을 것이다. 특히 당신이 예루살렘에 살지 않는다면 시간 부담도 있다. 여행하는 동안 묵을 장소를 찾아야 하기 때문이다. 제물을 바칠 때 제사장에게 당신의 죄를 밝히고 고백해야 한다는 사실을 생각하며 오랜 도보 여행을 할 때 찾아올 감정적, 영적 부담도 상상해보라. 그럼에도 당신 짐승의 목이 잘리고 태워지는 것을 볼 때, 그리고 제사장이 당신의 죄가 용서받았음을 선포할 때, 당신은 이렇게 생각할 것이다. **저건 나였어야 해. 마땅히 죽어야 할 자는 나야. 하지만 이 무죄한 짐승이 나를 대신했지. 이 짐승이 죽었기에 내가 살 수 있는 거야.**

짐승을 제물로 바치는 제사의 본능적이고 즉각적인 특성은 당신과 당신의 자녀에게 지속적인 인상을 남길 것이다. 죄의 심각성과 죄의 대가에 대해 말해줄 것이다. 여러 해가 지나고 제사가 거듭될수록, 죄는 사망에 속하고 죄의 용서는 피 흘림을 요구한다는 메시지가 반복됐을 것이다.

물론 제물로 바쳐진 짐승 중 그 무엇도 사람의 죄를 완전히 제거하거나 죗값을 지불할 수 없었다. 그런 제물로 제사를 드림으로써, 구약의 사람들은 장차 오실 완전한 제물과 영단번의 제사에 대한 믿음을 증명한 것이다. 예수님은 하나님께서 예비하신 제물이셨다. 레위기에 묘사된 제물들의 필요에 종지부를 찍기에 충분하셨다. "이제 자기를 단번에 제물로 드려 죄를 없이 하시려고 세상 끝에 나타나셨느니라"(히 9:26).

◆ ◇ ◇ ◆

주님, 당신께서 아들을 제물로 바침으로써 그 은혜의 공기를 호흡하며 사는 우리가, 죄를 가볍게 취급하는 걸 원치 않습니다. 죄의 무거움과 용서의 귀중함을, 그리고 그리스도의 영단번의 제물 되심 덕분에 죄의 형벌에서 벗어나 자유를 누릴 수 있음을 자녀에게 올바르게 강조해서 가르치려면, 부모인 우리에게 당신의 도움이 필요합니다.

2월 18일   ● 레위기 6:1-7:27 / 마가복음 3:7-30 / 시편 37:1-11 / 잠언 10:3-4

여호와를 기뻐하라

여호와를 의뢰하고 선을 행하라 땅에 머무는 동안 그의 성실을 먹을 거리로 삼을지어다 또 여호와를 기뻐하라 그가 네 마음의 소원을 네게 이루어 주시리로다 (시 37:3-4).

우리는 시편 37편 4절을 하나의 공식으로, 심지어 이익의 도구로 사용하려는 유혹을 받는다. 하나님께 우리의 관심과 의무적인 순종을 드리면 그 대가로 원하는 것을 얻게 된다는 식으로 말이다. 이 구절은 다음과 같은 대화에서 인용되곤 한다. **하나님께 정말 진지하게 다가가 봐. 너 자신을 던져서 하나님을 위해 일해 봐. 성경을 읽고 기도를 많이 하라고. 그러면 하나님께서 네가 가장 원하는 것을 주실 수 있게 (혹은 주실 수밖에 없게) 된다고. 배우자건, 새 일자리건, 고분고분하고 행복한 자녀건 말이지!**

하지만 여호와를 기뻐하는 것은 우리가 그분으로부터 무언가를 얻기 위한 수단이 아니다. 그건 하나님을 조종하려는 것이다. 하나님을 향한 진정한 애정은 그 자체가 목적이다. 다른 목적을 위한 수단이 아니다. 진정한 기쁨에는 숨겨진 동기가 없다. 추가적인 요구사항도 없다. 기쁨은 하나님께서 주신 많은 복(좋은 음식, 살 집, 사랑해주는 사람들, 일할 수 있는 직장 등)에 대해서 그저 감사하다고 말한다. 그뿐 아니라 기쁨은 **그런 것들을 당신께 요구함으로써 그것들을 숭배하지 않겠습니다**라고 말한다.

여호와를 기뻐하면(그분의 거룩하심과 순결하심을 즐거워하고 그분의 길을 따르는 즐거움을 경험하면) 우리는 여러 가지 면에서 우리 마음의 소원을 보기 시작한다. 여호와에 대한 기쁨은 우리가 갈망하는 것들을 움켜쥔 손을 펴게 한다. 참된 기쁨을 가로막는 것이 무엇인지 볼 수 있게 된다. 성령님께서 우리 안에서 일하셔서 우리의 간절한 소원을 바꾸시는 것을 발견한다. 그래서 우리는 점점 더 그리스도를 원하게 된다.

◆ ◇ ◆

주님, 당신은 우리 행동의 외적인 변화만을 추구하지 않으십니다. 당신은 우리 감정의 내적인 변화를 원하십니다. 우리의 가장 은밀하고도 열정적인 갈망을 바꾸고 고쳐서 그것을 온전히 만족시키기를 원하십니다. 그러므로 주님, 제가 ___를 바라보는 초점도 행동의 외적인 변화만이 아니라 감정의 내적인 변화에 더욱 맞추도록 도와주옵소서. ___를 완전한 즐거움을 추구하는 자로 변화시켜주옵소서. 당신이 가장 큰 즐거움이심을 깨닫게 하옵소서.

2월 19일

● 레위기 7:28-9:6 / 마가복음 3:31-4:25 / 시편 37:12-29 / 잠언 10:5

참된 가족

그 때에 예수의 어머니와 동생들이 와서 밖에 서서 사람을 보내어 예수를 부르니 무리가 예수를 둘러 앉았다가 여짜오되 보소서 당신의 어머니와 동생들과 누이들이 밖에서 찾나이다 대답하시되 누가 내 어머니이며 동생들이냐 하시고 둘러 앉은 자들을 보시며 이르시되 내 어머니와 내 동생들을 보라 누구든지 하나님의 뜻대로 행하는 자가 내 형제요 자매요 어머니이니라(막 3:31-35).

마가가 예수님의 어머니인 마리아와 동생들이 "밖에서" 찾는다고 썼을 때, 그는 물리적 위치만을 언급한 게 아니다. 그들은 영적으로도 밖에 있었다. 그들이 지금 여기 온 이유는, 예수님의 구원 사역으로부터 예수님을 구원하기 위해서였다. 게다가 우리는 후에 요한복음에서도 예수님의 동생들이 예수님께 갈릴리를 떠나라고 설득하는 이야기를 읽게 된다. 어쩌면 바리새인들이 예수님을 해하려는 소동을 피하기 위해서였을 것이다. 아니면 그저 예수님의 입을 막고 싶었는지도 모른다. 요한은 그들의 행동을 다음과 같이 해석했다. "이는 그 형제들까지도 예수를 믿지 아니함이러라"(요 7:5).

예수님에 관한 한 "밖에" 있는 가족들을 가진 사람은 여기서 소망을 발견해야 한다. 자녀가 언제쯤 그리스도께로 나아올 것인가를 놓고 절망할 때, 우리는 아직 그 이야기의 끝에 도달하지 않았음을 깨달아야 한다.

복음은 그것이 우리가 성경에서 예수님의 가족을 보는 마지막이 아니라고 설명한다. 예수님의 부활 이후 오순절에 성령님께서 제자들에게 능력으로 강림하셨을 때, "여자들과 예수의 어머니 마리아와 예수의 아우들과 더불어 마음을 같이하여 오로지 기도에 힘쓰더라"(행 1:14)라고 말씀하신다. 아웃사이더가 인사이더가 되었다. 그들은 이제 하나님의 참된 가족의 일부가 되었다. 예수님의 동생 야고보는 예루살렘 교회의 수장이 되어 자신의 이름을 딴 서신서를 기록했다. 그 서신서는 그를 이렇게 밝히며 시작한다. "하나님과 주 예수 그리스도의 종 야고보는 …"(약 1:1).

◆ ◇ ◇ ◆

주님, 예수님 가족의 변화에서 발견한 소망을 꼭 붙들겠습니다. 그들은 예수님을 비웃는 것에서 예수님을 받아들이는 것으로 변화되었습니다. 예수님에 대해 냉소적인 것에서 예수님의 종이요 제자라고 밝히는 것으로 변화되었습니다. 예수님을 향해 냉랭한 가슴을 복음을 향해 불붙는 마음으로 바꿔놓은 바로 그 능력이, 당신을 향해 차가운 제 가족들의 마음을 녹일 수 있음을 믿습니다.

2월 20일
● 레위기 9:7-10:20 / 마가복음 4:26-5:20 / 시편 37:30-40 / 잠언 10:6-7

비통한 부모

아론의 아들 나답과 아비후가 각기 향로를 가져다가 여호와께서 명령하시지 아니하신 다른 불을 담아 여호와 앞에 분향하였더니 불이 여호와 앞에서 나와 그들을 삼키매 그들이 여호와 앞에서 죽은지라(레 10:1-2).

이스라엘의 첫 대제사장인 아론의 아들, 나답과 아비후는 시내산에 올라 하나님의 존전에서 이스라엘의 칠십 장로들과 친교의 식사를 함께했다. 그들은 하나님의 영광을 짧게나마 경험했고 살아남아 그것에 대해 말했다. 그들이 그 경험을 쉽게 잊지 못했거나 당연하게 받아들였거나 둘 중 하나라고 생각해볼 수 있다.

나답과 아비후는 주제넘은 오만함으로 스스로 판단했다. 하나님께서 시내산에서 모세에게 주신 구체적인 지시를 따르지 않고 성막에서 예배한 것이다. 그러자 "불이 여호와 앞에서 나와 제단 위의 번제물과 기름을 사른"(레 9:24) 것처럼, 하나님의 심판이 나답과 아비후를 살라버렸다. 하나님의 공의를 생생하게 보여주는 일이었다.

아론의 마음이 얼마나 비통했을지. 그럼에도 아론은 백성 앞에서 애통함을 드러내지 말라는 명령을 받았다. 대제사장인 그가 하나님의 공의를 신뢰하고 수용함을 백성 앞에 보이라는 것이었다. 아론은 자기의 자녀 양육에 대해 의문을 품었을까? 자신의 불온한 선례(금송아지 사건)가 아들들의 탈선을 부추긴 것은 아닌지 안타까워했을까? 하나님의 거룩하심과 하나님의 지시에 순종하는 것의 중요성을 전수하는 데 실패했는지 궁금해했을까? 성경 본문으로는 알 수 없다.

그러나 우리는 안다. 왜냐하면 우리 자녀가 예배를 소홀히 여기고 건성으로 드릴 때 우리가 첫 번째로 떠올리는 생각이 이와 같기 때문이다. 이것이 우리 자녀가 하나님의 분명한 명령을 거슬러 뻔뻔하게 죄를 지을 때 우리가 가장 먼저 떠올리는 생각이다. 우리는 생각한다. **그건 분명 내 잘못이야.**

◆◇◆◇◆

주님, 우리의 훌륭한 자녀 양육이 자녀 인생의 최고의 결과를 가져다준다고 생각하는 우리의 오만을 용서해 주옵소서. 그리고 우리의 부족한 자녀 양육이 자녀 인생을 보며 우리와 당신의 마음을 아프게 만드는 유일한 이유라는 거짓말을 거부할 수 있게 은혜를 베풀어주옵소서. 아버지, 우리를 자유케 하시고, 우리를 용서하옵소서.

2월 21일

● 레위기 11:1-12:8 / 마가복음 5:21-43 / 시편 38:1-22 / 잠언 10:8-9

우리를 정결케 하소서

부정하고 정한 것과 먹을 생물과 먹지 못할 생물을 분별한 것이니라(레 11:47).

레위기 11-15장에서 부정한 것으로 지정된 모든 것을 볼 때, 각각은 죄의 저주가 이 세상에 미치는 영향을 반영한다는 걸 알 수 있다. 동물들이 다른 동물을 잡아먹는 건 그 저주 이후의 일이다. 출생이 고통스럽게 된 것도 그 저주 이후의 일이다. 남녀 사이의 성관계가 죄악 된 욕정으로 오염된 것, 몸에서 피가 나고 질병이 발생하는 것, 어린아이가 선천적 질환을 가지고 태어나는 것, 그리고 눈에 보이는 부패의 증거인 곰팡이가 존재하게 된 것도 모두 그 저주 이후의 일이다. 레위기에서 부정하다고 지정된 모든 것은 에덴동산에 살던 때에는 상황이 그렇지 않았음을 강조한다. 그것은 하나님께서 본래 의도하신 바가 아니다.

하나님께서 부정한 것을 정하게 만드시기 위해 그리고 정한 것을 거룩하게 만드시기 위해 예비하신 일을 레위기에서 읽다 보면, 세상을 영원히 부정한 상태로 버려두지 않겠다는 약속을 생생하게 증명하고 계심을 깨닫게 된다. 하나님은 온전히 충분한 제물이신 그 아들의 피로 우리의 세상을 정결케 하셨다.

완벽하게 순결하고 정결하신 예수님은 계속해서 부정한 것들을 만지셨다. 마가복음 5장에서 우리는 예수님께서 부정한 사람(자해하면서 무덤 사이에 거처하는 한 남자, 열두 해 동안 혈루증을 앓아온 여자, 회당장의 죽은 딸)을 연이어 만지시는 이야기를 읽게 된다. 각각의 사건은 예수님께서 죄인들을 정결케 하시는 방식을 그림처럼 보여준다.

오늘날에도 예수님은 우리를 만지기 위해 손을 뻗으신다. 우리의 죄와 병약함과 부정함을 떠맡으시고, 그분의 건강함과 온전함과 용납됨을 우리에게 주신다. 우리가 깨끗하게 된 것은 하나님의 거룩한 자가 우리를 위해 부정하게 되셨기 때문이다.

◆ ◇ ◇ ◆

거룩하신 주님, 우리는 부정합니다. 그래서 당신의 만지심이 절실합니다. 귀신 들렸던 그 남자처럼 건져주심이 절실하고, 혈루증 앓던 그 여자처럼 생명이 우리에게서 빠져나가는 것을 멈춰주심이, 그 회당장처럼 우리와 우리가 사랑하는 이들을 사망에서 생명으로 옮겨주심이 절실합니다. 우리 한 사람 한 사람을 만져주시고 정결케 해주시옵소서. 당신께서 우리의 죽은 몸을 단지 정결케 하실 뿐만 아니라 거룩하게 하실 날을 고대합니다.

2월 22일   ● 레위기 13:1-29 / 마가복음 6:1-29 / 시편 39:1-13 / 잠언 10:10

담대한 책망

눈을 흘기면 서로 사이가 벌어지고 터놓고 책망하면 화평을 이룬다(잠 10:10, 공동번역).

"터놓고 책망하면 화평을 이룬다"라는 말씀을 읽으면서 우리는 **음, 이 잠언을 쓴 사람은 우리 집에서 한 시간도 보낸 적이 없는 게 분명해**라고 생각한다. 잘못에 대해 눈을 흘기는 대신 오히려 정면으로 맞서면, 고성과 눈물, 힘든 대화와 상한 감정, 값비싼 결과와 쾅 닫힌 문으로 귀결될 때가 있다.

그런 싸움에 지칠 때가 있다. 그래서 잘못에 눈을 흘기거나 아예 눈을 감아버리는 게 그럴듯하게 들린다. 그 흐름을 따라가는 것도 그에 역행하는 것도 너무 많은 에너지를 요구한다. 자녀 양육은, 우리가 너무 많이 신경 쓰지 않는다면, 그렇게 열렬히 사랑하지 않는다면, 꼭 다뤄야 할 어떤 문제를 그냥 내버려둔다면, 겸손이니 순결이니 친절이니 법석 떨지 않는다면, 훨씬 쉬워질 것이다.

하지만 우리는 안다. 이 잠언에는 우리로 하여금 잘못(타인에 대한 무례와 무시, 지켜지지 않은 약속, 미완성 과제, 세상의 꽁무니를 따라다니면서 거룩에는 무관심한 것)에 대해 터놓고 책망하게 하는 지혜가 있다는 것을 말이다. 우리는 안다. 지금 화평을 유지하는 것이 미래의 고난에 문을 열어두는 것일지 모른다는 것을. 그리고 우리는 안다. 지금 터놓고 책망하는 것이 우리 자녀에게 평생의 화평(우리와의 화평, 미래의 배우자를 포함한 타인과의 화평, 무엇보다 중요한 하나님과의 화평)을 가져오리라는 것을.

◆◇◆◇◆

주님, 싸움에 지쳐서 그냥 물러서고 싶을 때, 끊임없이 개입할 수 있는 에너지를 주옵소서. 제가 놓아버려야 할 것과 제가 ___의 선과 당신의 영광을 위해 계속해서 다뤄야 할 것을 분별할 수 있는 지혜를 주옵소서. 책망하지 않음으로써 멋진 부모가 되고 싶다는 마음으로부터 저를 보호해주옵소서. ___를 양육할 때 장기적인 안목을 갖게 하옵소서. ___를 미래의 심적 고통으로부터 건져내줄, 지금의 힘든 발걸음을 옮길 의지를 갖게 하옵소서.

2월 23일
● 레위기 14:1–57 / 마가복음 6:30–56 / 시편 40:1–10 / 잠언 10:11–12

큰 어려움에 빠질 때

저물매 배는 바다 가운데 있고 예수께서는 홀로 뭍에 계시다가 바람이 거스르므로 제자들이 힘겹게 노 젓는 것을 보시고 밤 사경쯤에 바다 위로 걸어서 그들에게 오사 지나가려고 하시매 제자들이 그가 바다 위로 걸어 오심을 보고 유령인가 하여 소리 지르니 그들이 다 예수를 보고 놀람이라 이에 예수께서 곧 그들에게 말씀하여 이르시되 안심하라 내니 두려워하지 말라 하시고 배에 올라 그들에게 가시니 바람이 그치는지라 (막 6:47–51).

    우리는 하나님께 순종하면 고난을 피하게 될 거라고, 역경에 빠지면 어떤 식으로든 하나님께 불순종하고 있는 게 틀림없다고 생각하곤 한다. 자녀 양육을 올바르게 하면 자녀와 함께 순풍에 돛 단 듯이 전진해야 한다고 생각한다. 하지만 여기서 우리는 제자들이 예수님께서 명령하신 대로 바다를 건너고 있는데도 큰 위험에 빠진 것을 본다. 마찬가지로 우리도 성경이 말씀한 대로 올바르게 자녀를 양육하고 있음에도 자녀가 큰 어려움에 빠지는 것을 볼 수 있다.

    심각한 문제를 마주할 때 우리는 제자들처럼 행동하기 쉽다. 더 열심히 노를 젓는다. 자녀의 인생에서 폭풍을 잠잠케 할 전략과 계획을 세우려 애쓴다. 걱정한다. 친구와 상담가를 찾는다. 때로는 현명한 조언과는 반대로, 불어오는 강풍을 거슬러 싸우기도 한다.

    우리가 이전과는 전혀 다르게 그리스도를 보고 경험하는 자리에 있게 해주는 것은 우리 혹은 우리 자녀가 큰 어려움에 빠져 있을 때다. 폭풍 속에서 우리는 우리의 끝을 경험한다. 그러나 예수님은 인간의 능력이나 전략에 제한받지 않으시고 한낱 인간으로서는 할 수 없는 방법으로 우리에게 오신다. 예수님은 폭풍을 잠잠케 하시거나, 폭풍 속에서도 우리를 보존하실 수 있는 유일한 분으로 오신다. 예수님은 배에 올라 우리와 함께 계시며 "내니 두려워하지 말라"고 말씀하신다.

주님, 큰 어려움에 빠질 때가 많습니다. 우리 힘으로는 한 걸음도 나아갈 수 없습니다. 오직 당신만이 하실 수 있는 방법으로 당신께서 ___에게 오셔야 합니다. 폭풍 한가운데에서 당신의 임재를 깨닫게 하옵소서. 우리의 두려움을 잠재워주옵소서. 적은 믿음에서 견고한 믿음으로, ___와 우리 가정을 구원하시고 보존하시는 당신의 능력에 대한 확신으로 옮겨주옵소서.

2월 24일   ● 레위기 15:1-16:28 / 마가복음 7:1-23 / 시편 40:11-17 / 잠언 10:13-14

더럽게 하는 것

무엇이든지 밖에서 사람에게로 들어가는 것은 능히 사람을 더럽게 하지 못하되 사람 안에서 나오는 것이 사람을 더럽게 하는 것이니라 하시고(막 7:15-16).

사람을 정하고 부정하게 하는 것에 관한 구약의 율법을 읽다 보면 어떻게 이해해야 할지 어려울 때가 있다(신체의 분비물을 다루는 규칙인가? 각 제물을 어떻게 다뤄야 하는지에 대한 자세한 지침인가?). 이질적이고 이상한 데다 극단적으로 보인다. 하나님의 의도는 아담이 에덴동산에서 반역한 이래로 죄가 어떻게 피조세계를 부패하게 만들었는지를 자기 백성에게 계시하시기 위함이었다. 뿐만 아니라 죄의 부패를 (속죄 제물의 피를 통해) 해결할 수 있고 또 해결될 것을 드러내시기 위함이었다.

신약에 오면, 율법을 지키는 것이 죄에 대한 진정한 민감성은 결여된 허례허식으로 변질됐음을 발견한다. 자기 마음속 죄는 억누르면서 보여주기 식으로 손을 씻는 자들을 향해 예수님은 선지자 이사야를 인용하여 "이 백성이 입술로는 나를 공경하되 마음은 내게서 멀도다"(막 7:6)라고 말씀하셨다. 예수님은 사람을 더럽게 하는 것이 무엇인지 분명히 하셨다. "사람에게서 나오는 그것이 사람을 더럽게 하느니라 속에서 곧 사람의 마음에서 나오는 것은 악한 생각 곧 음란과 도둑질과 살인과 간음과 탐욕과 악독과 속임과 음탕과 질투와 비방과 교만과 우매함이니"(막 7:20-22).

우리는 자녀에게 그들의 세계관(그들의 행동뿐만 아니라 표정 및 타인을 향한 태도에서 드러날 때가 많다)이 대단히 중요하다는 것을 이해시키기 위해 고군분투한다. 이런 마음의 문제가 부모인 우리와 또 하나님과 얼마나 친밀한지를 보여주기 때문이다.

◆ ◇ ◆

주님, 더럽게 하는 것들의 목록에서 우리 자녀의 죄를 봅니다. 우리의 죄도 봅니다. 오직 그리스도의 보혈로 얻을 수 있는 죄 씻음을 우리 모두 절실히 필요로 합니다.
오늘 ___를 위해 기도합니다. 악한 생각으로부터 깨끗하게 씻어주시고 그리스도의 아름다움에 대한 생각으로 채워주옵소서. ___가 당신의 계명을 어긴 것들을 보도록 도와주시고, ___를 회개로 인도하여주옵소서. ___에게서 속임과 질투와 탐욕을 없애주시고, 온전한 사람이 되게 하옵소서. 음탕한 욕망을 바꾸어 당신의 변화시키시는 역사를 갈망하게 하옵소서. 당신의 어떤 방법으로든 ___를 겸손케 하옵소서. ___의 어리석음을 그리스도와 연합에서 나오는 지혜로 변화시켜주옵소서.

2월 25일
● 레위기 16:29−18:30 / 마가복음 7:24−8:10 / 시편 41:1−13 / 잠언 10:15−16

절실함

이에 더러운 귀신 들린 어린 딸을 둔 한 여자가 예수의 소문을 듣고 곧 와서 그 발 아래에 엎드리니 그 여자는 헬라인이요 수로보니게 족속이라 자기 딸에게서 귀신 쫓아내 주시기를 간구하거늘(막 7:25−26).

　이 절실한 어머니는 처음 예수님에 관한 소식을 들었을 때 희망의 불빛이 켜지는 것을 느꼈을 게 틀림없다. 그분이 어떻게 배고픈 자를 먹이셨고 나병환자를 깨끗하게 하셨으며 눈먼 자를 보게 하시고 앉은뱅이를 일으켜 걷게 하셨는지, 소문과 이야기에 열성적으로 귀를 기울였을 것이다. 그분은 긍휼한 사람임이 분명했다. 더 중요한 건, 그분이 능력의 사람이었다는 것이다. 이 어머니는 의지할 데 없이 외롭고 두려운 것에는 신물이 나 있었다.
　그래서 그녀는 예수님이 계신 곳으로 가서 그분 앞에 엎드렸다. 자기 딸을 귀신의 통제에서 벗어나게 해달라고 간구했다. 딸의 인생에서 귀신을 쫓아낼 능력을 가진 유일한 분의 발아래에 자기 자신을 던졌다. 수많은 상처와 결핍이 은혜의 부스러기를 구하게 만들었다.
　이방인인 이 여자는 예수님께서 주시는 구원에는 자격이 필요하다는 것을 인지하지 못했다. 하지만 하나님께서 언제나 그분의 은혜와 선하심을 종교나 인종에 근거한 경계 너머로까지 확장하시려 한다는 것을 이해했던 것 같다. 예수님은 귀신에게 사로잡힌 그녀의 딸에게 그분만이 유일한 소망이라는 그녀의 인식을 긍정해주셨다. 예수님은 그녀의 어린 딸을 멀리서도 고치셨고, 이 대담하고도 끈질긴 어머니를 자격 없는 은혜의 수혜자로 삼아주셨다.

◆ ◇ ◇ ◆

주님, 이 세상에서 그리고 제 자녀의 인생에서 역사하는 보이지 않는 악한 세력이 있음을 압니다. ＿＿의 인생을 파멸시키고 당신의 명예를 더럽히는 사탄을 쫓아주시길 간구하며 당신께로 나아옵니다. 이 여인처럼, 저도 고통을 없애주고 악을 밟아 이기시는 당신의 능력을 믿고 당신의 발아래에 엎드립니다. 영혼의 원수로부터 ＿＿를 건져주시기를 간구합니다. 악이 영원히 사라지고 새 창조의 때에 우리가 누릴 모든 것을 조금이나마 맛보는 일이, 지금 여기 우리에게 주어지기를 간구합니다. 우리 가족이 이 악한 세력으로부터 자유를 얻는 기쁨을 맛보게 하옵소서. 제가 자격이 있어서, 혹은 무언가를 요구하려는 마음으로 나아온 게 아닙니다. 저는 당신의 능력, 은혜, 그리고 선하심에 대한 확신으로 나아옵니다.

2월 26일 ● 레위기 19:1–20:21 / 마가복음 8:11–38 / 시편 42:1–11 / 잠언 10:17

참된 생명

무리와 제자들을 불러 이르시되 누구든지 나를 따라오려거든 자기를 부인하고 자기 십자가를 지고 나를 따를 것이니라 누구든지 자기 목숨을 구원하고자 하면 잃을 것이요 누구든지 나와 복음을 위하여 자기 목숨을 잃으면 구원하리라(막 8:34–35).

예수님의 참 제자가 되기란 쉽지 않다. 비용이 따른다. 성취와 소유가 전부인 양 여기는 이기적인 야망을 포기할 것을 요구한다. 행복과 자아실현을 제공할 것 같은 인생길을 강구하기보다는 우리의 인생길을 그리스도께 의탁해야 한다고 요구한다. 장차 그분의 유익과 임재가 있을 것을 믿고 우리의 시선을 그리스도께 단단히 고정해야 한다고 요구한다. 이 땅에서의 손해와 실망을 감수하면서까지도 말이다.

부모인 우리는 자녀를 고통과 환난으로부터 보호하고 싶어 한다. 우리는 자녀를 위해 십자가 없는 인생을 원할 때가 정말 많다. 우리는 자녀를 향한 야망을 품는다. 정직하게 말하자면, 그 아이들이 십자가의 삶을 사는 것보다 안락한 삶을 영위하기를 훨씬 더 자주 생각한다. 우리는 자녀가 비틀거리기보다는 날아오르기를 원한다. 하찮은 존재가 되기보다는 존경받기를 원한다.

우리에겐 믿음이 필요하다. 예수님께서 제자들에게 말씀하신 것이 우리와 우리 자녀에게도 진리라는 사실을 믿어야 한다. 참된 생명을 찾는 유일한 길은 자기결정권과 자기중심성을 죽임으로써 가능하다는 사실을 믿어야 한다.

◆ ◇ ◆ ◇ ◆

주님, 당신을 따르기 원합니다. 참된 생명을 발견하기 원합니다. 그리고 주님, ___를 위해서도 이 참된 생명을 원합니다. ___가 당신을 위해 그리고 복음을 위해 자기 목숨을 기꺼이 포기하기를 원합니다. ___가 온 세상을 다 가진 채 자기 영혼을 잃는 것을 원치 않습니다. 예수님께서 영광 중에 다시 오실 때, ___가 예수님과 함께 그곳에 있으면서 그분의 영광에 참여하는 것을 보기를 간절히 원합니다. ___에게 이기적인 야망을 몰아낼, 하나님 나라에 대한 열정을 주시옵소서. 예수님께 어떤 가치가 있는지를 볼 수 있는 눈과 당신의 십자가를 기꺼이 지려는 어깨와 당신을 따르려는 인내를 주시기 원합니다.

2월 27일 ● 레위기 20:22-22:16 / 마가복음 9:1-29 / 시편 43:1-5 / 잠언 10:18

나의 믿음 없는 것을 도와주소서!

예수께서 그 아버지에게 물으시되 언제부터 이렇게 되었느냐 하시니 이르되 어릴 때부터니이다 귀신이 그를 죽이려고 불과 물에 자주 던졌나이다 그러나 무엇을 하실 수 있거든 우리를 불쌍히 여기사 도와 주옵소서(막 9:21-22).

믿음 없는 사람들. 우리가 이 범주에 들지 않기를 바란다. 우리는 삶과 죽음을 그리스도께 맡긴다고 말한다. 하지만 자녀에 관한 한 그러기가 정말 어렵다는 걸 발견한다. 그분의 방법과 타이밍을 신뢰하기가 어렵고, 특히 우리에게 나빠 보이기만 하는 상황에서 그분의 선한 목적을 신뢰하기란 정말 어렵다.

입에 거품을 물고 이를 가는 아들, 말 못 하는 아들을 둔 아버지의 곤고함, 두려움, 슬픔을 상상하기란 쉽지 않다. 악한 영이 그 아들을 어릴 때부터 사로잡아 불에 던져 태워 죽이려 했고, 물에 던져 익사시키려 했다. 비통한 아버지는 기적적인 치유를 간절히 바랐으나, 예수님은 그 아비가 그 이상을 바라기를 원하셨다. 예수님은 마음이 상한 이 아버지가 예수님의 존재와 이 땅에서의 사역을 온전히 믿기를 원하셨다. 그래서 예수님께서 "마귀의 일을 멸하려 하심"(요일 3:8)을 믿기를 원하셨다.

"내가 믿나이다. 나의 믿음 없는 것을 도와주소서!" 그 아버지는 예수님께서 그에게 온전히 믿을 것을 말씀하시자 이렇게 외쳤다. 그것은 사랑하는 자녀를 위해 자신은 아무것도 할 수 없어 곤고해진 아버지의 입에서 나온 말이다. 영적인 연약함에서 비롯된 소박한 기도였다. 하나님께서 늘 즐거이 '예스'라고 답해주시는 그런 기도였다.

◆ ◇ ◇ ◆

주님, 저는 문제에 집중하는 바람에 더 큰 이슈를 보지 못합니다. 바로 당신을 믿는 믿음의 부족함입니다. 하지만 당신의 말씀이 저를 도와 당신만이 근원이 되심을 보게 합니다. 당신은 제가 간절히 바라는 개입을 해주실 근원이실 뿐만 아니라 그 일을 하실 당신을 신뢰하는 믿음의 근원이기도 하시지요. 저의 믿음 없는 것을 극복하도록 도와주옵소서. 당신을 온전히 신뢰하지 않으면서 이용하려고만 하는 저의 모습을 보여주옵소서. 당신의 말씀을 먹을 때마다, 당신께서 약속하신 도움에 대한 믿음과 ___와 우리 가정에 예정하신 당신의 계획에 대한 믿음을 키워주옵소서. 이 이야기에 등장하는 아버지처럼, 저도 당신께 나아와 우리에게 자비를 베푸시고 우리를 도와달라고 간구합니다.

2월 28일

● 레위기 22:17-23:44 / 마가복음 9:30-10:12 / 시편 44:1-8 / 잠언 10:19

안식일

엿새 동안은 일할 것이요 일곱째 날은 쉴 안식일이니 성회의 날이라 너희는 아무 일도 하지 말라 이는 너희가 거주하는 각처에서 지킬 여호와의 안식일이니라(레 23:3).

    태초부터 하나님은 일과 예배의 패턴이 반복되도록 정하셨다. 하나님은 일곱째 날에 안식하셨고 아담과 하와에게도 이와 같이 하도록 하셨다. 매 일곱째 날은 그분의 존재와 창조의 완성 안에서 안식하는 날이었다. 그분과 함께 그분이 만드신 만물의 선함을 누리기 위해 구별된 시간이었다. 그 후 하나님께서 자기 백성을 애굽(거기서는 일주일에 7일을 일했을 것이다)의 종살이에서 불러내셨을 때, 하나님은 그들에게 모여서 예배하기 위해서 일곱째 날에는 일을 멈추라고 지시하셨다.

    안식일은 결코 부담을 주는 날이 아닌, 자기 백성을 향한 하나님의 선물로 의도되었다. 우리가 예배를 위해 일을 내려놓을 때, 우리는 우리와 가족과 주변 세상에 하나님은 우리의 기쁜 예배를 받으실 가치가 있는 분이고, 우리는 하나님의 백성 가운데서 우리의 거처를 발견한다는 사실을 증명한다. 하지만 그 무엇보다도, 우리는 하나님께서 이레가 아닌 엿새의 일만으로도 우리의 필요를 공급하신다는 진짜 믿음을 삶으로 살아낸다.

    주님, 우리 가족이 당신의 안식일이라는 선물을 그 영광스러운 의미대로 온전히 받아들이지는 못했음을 고백합니다. 당신의 백성과 더불어 모이기 전에 다른 활동을 즐거워했습니다. 우리 앞에 차려진 당신의 만찬보다 점심으로 무엇을 먹을지에 더 관심을 가졌습니다. 우리에게 은혜와 결단을 주사 당신께 속한 이날을 자신을 위해 보내는 뿌리 깊은 습관을 바꾸게 하옵소서. 우리에게 지혜를 주사 율법주의에 굴복함 없이 당신을 향한 사랑에서 비롯된 변화를 이루어내게 하옵소서. ___ 안에 당신의 공급하심에 대한 신뢰와 당신의 말씀과 방식에 대한 즐거움을 드러내는 안식일의 기쁨이 자라나게 하옵소서.

3월 1일

● 레위기 24:1-25:46 / 마가복음 10:13-31 / 시편 44:9-26 / 잠언 10:20-21

사랑하사

그가 여짜오되 선생님이여 이것은 내가 어려서부터 다 지켰나이다 예수께서 그를 보시고 사랑하사 이르시되 네게 아직도 한 가지 부족한 것이 있으니 가서 네게 있는 것을 다 팔아 가난한 자들에게 주라 그리하면 하늘에서 보화가 네게 있으리라 그리고 와서 나를 따르라 하시니(막 10:20-21).

   우리는 자녀가 그저 규칙을 잘 따르거나 세상에게 성공하는 것처럼 보이는 것 이상을 원한다. 우리는 그리스도가 그들의 최고의 기쁨이자 보배가 되기를 원한다. 우리는 그들을 사랑하기 때문에, 그들이 하나님을 무엇보다도 사랑하기를 원한다.

   자녀를 이러한 방식으로 사랑하는 것은 예수님께서 사랑하신 것처럼 사랑하는 것이다. 큰 부자였던 한 남자가 예수님께 와서 생명을 얻으려면 무엇을 해야 하느냐고 물었을 때, "예수께서 그를 보시고 사랑하"(막 10:21)셨다고 성경은 말한다. 예수님은 그 남자가 십계명을 (적어도 표면적으로는) 잘 지켜왔지만 사실상 첫 번째 계명 "너는 나 외에는 다른 신들을 네게 두지 말라"(출 20:3)에서 실패했다는 걸 아셨다.

   예수님은 그가 하나님께만 드려야 할 자리를 다른 신이 차지했다는 걸 아셨다. 곧, 재물과 소유의 신이요 부가 가져다준 안락하고 특권적인 생활이었다. 우상이 당신이 사랑하는 사람의 영원한 기쁨을 위협할 때 당신이 해야 할 온정적인 일은, 우상을 지적하고, 그것을 버리고 죽이고 왕좌에서 끌어내고 회개하고 그리스도께로 돌이키라고 요구하는 것이다. 그리스도만이 우상이 거짓으로 약속한 모든 것의 참된 원천이심을 깨닫게 해야 한다.

◆ ◇ ◇ ◆

주님, (그것이 좋은 행동이건 나쁜 행동이건) ___의 행동 저변에 있는 그 행동의 동력을 살펴볼 수 있도록 도와주옵소서. 산산이 찢겨야 할 우상, 결국엔 요구사항들로 바뀌는 욕망, 주신 분보다 더 사랑하게 되는 선물에 대한 통찰력을 주옵소서. 하지만 그 무엇보다도, 당신의 빛을 제 안에 비추사 제가 마음으로 용인하고 있는 우상을 보게 하옵소서. 저를 참된 회개로 이끄사 그런 우상들을 죽이는 방법을 보여줌으로써 ___를 잘 사랑하게 하옵소서.

3월 2일 ● 레위기 25:47-27:13 / 마가복음 10:32-52 / 시편 45:1-17 / 잠언 10:22

보기를 원하나이다

맹인이 겉옷을 내버리고 뛰어 일어나 예수께 나아오거늘 예수께서 말씀하여 이르시되 네게 무엇을 하여 주기를 원하느냐 맹인이 이르되 선생님이여 보기를 원하나이다(막 10:50-51).

바디매오는 예수님이 누구신지 알았다. 그리고 예수님이 그에게 해주시기를 원하는 바가 명확했다. 비록 바디매오가 육체적으로는 맹인이었을지라도 그는 하나님이 약속하신, 다윗왕의 자손으로서 영원한 나라의 보좌에 앉을 자, 곧 그 백성이 기다려온 왕이 바로 예수님이심을 볼 수 있었다. 그는 선지자 이사야가 말한, 저는 자를 걷게 하고 귀먹은 자를 듣게 하고 눈먼 자를 보게 하는 그 종이 바로 예수님이심을 볼 수 있었다. 바디매오가 "여호와께서 맹인들의 눈을 여시며"(시 146:8)라는 시편을 노래한 적이 있던 게 분명하다. 그래서 그는 예수님께 보기를 원한다고 말했다.

이 남자가 육안을 간구한 것처럼 우리의 자녀가 예수님께 영안을 열어달라고 소리쳐 간구하기를! 왕이신 예수님은 맹인에게 시력을 주실 수 있다. 그분은 한 사람의 인생에 진리의 빛을 비추사 어둠을 몰아내신다. 혼돈이 있는 곳에 명확함을 가져다주신다. 우리 자녀가 예수님이 얼마나 아름다우신지와 자기의 죄가 얼마나 흉한지를 보지 못할 때, 예수님이 얼마나 존귀하신지와 세상의 보물은 얼마나 가치 없는지를 보지 못할 때, 예수님이 그들을 얼마나 사랑하시는지와 그들의 원수가 그들을 얼마나 증오하는지를 보지 못할 때, 예수님은 그들의 먼 눈을 열어 보게 하실 수 있다.

◆ ◇ ◆

주님, ___가 영적으로 눈이 먼 채로, 당신은 복을 주시는데 죄는 어떻게 빼앗고 파멸시키는지를 보지 못하는 상태로 삶을 살아가기를 원하지 않습니다. ___가 당신께서 지나가실 때 길옆에 앉아 있는 것을 허락지 마옵소서. 다윗의 자손이시여, ___에게 자비를 베푸소서. ___에게 오직 당신만이 하실 수 있는 일을 해주시옵소서. ___의 눈으로 당신의 선하심을 보게 하시고, 당신을 신뢰하는 믿음과 당신을 따르겠다는 의지를 주옵소서.

3월 3일

● 레위기 27:14−신명기 1:54 / 마가복음 11:1−26 / 시편 46:1−11 / 잠언 10:23

여호와의 것

그리고 그 땅의 십분의 일 곧 그 땅의 곡식이나 나무의 열매는 그 십분의 일은 여호와의 것이니 여호와의 성물이라(레 27:30).

    자녀에게 처음으로 용돈을 주던 날부터 시작해서 우리는 자녀가 돈을 어떻게 다뤄야 할지, 즉 얼마를 쓰고 얼마를 저축하고 얼마를 하나님께 드려야 하는지에 대해 말할 기회를 갖게 된다. 이런 식으로 우리는 자녀에게 청지기(하나님의 돈을 위탁받은 자로서 하나님을 기쁘시게 해드리고 하나님을 높이는 방식으로 돈을 사용하는)로서의 정체성을 형성시킬 기회를 갖는다.

    또한 우리 자녀가 탐욕에 맞서 울타리를 세우도록 도울 수 있다. 그들은 일정 금액을 하나님을 위해 떼어놓을 때마다 그 돈을 자신을 위해 사용하고 싶다는 욕망을 처리해야 할 것이다. 용돈을 받을 때마다 그리고 나중에는 월급을 받을 때마다 이런 갈등에 직면하는 것은, 계속해서 그를 테스트할 것이다.

    하지만 자녀를 가르칠 때마다 늘 그렇듯이, 그들은 우리가 지시하는 말보다는 우리가 보여주는 모범적인 행동을 통해 더 많이 배운다. 자녀가 자라감에 따라, 그들은 돈(우리가 얼마나 버는지와 어디에 쓰는지 뿐만 아니라 돈에 대한 우리의 태도와 돈에 대한 하나님의 요구)에 대해 더 많이 배우기 시작한다. 그들은 우리가 즐거이 헌금하는지 아니면 마지못해 하는지 본다. 우리가 수입의 90퍼센트 이하로도 살 수 있다는 확신대로 살아내는 것을 자녀에게 보여주는 것은, 마치 그들에게 "나의 하나님이 그리스도 예수 안에서 영광 가운데 그 풍성한 대로 너희 모든 쓸 것을 채우시리라"(빌 4:19)라고 말해주는 것과 같다.

◆ ◇ ◇ ◆

주님, 즐거이 헌금하는 자가 되고 싶습니다. 그리고 즐거이 헌금하는 자를 길러내고 싶습니다. 하지만 우리가 원하는 것이 너무 많음을 발견합니다. 이미 당신께 속한 것을 되받는 것보다 더 행복하게 만들어주겠다고 약속하는 것이 너무 많습니다. 우리 자신에게 더 많은 돈을 쓰는 게 필요하다고 말하는 그런 거짓말을 거절할 수 있도록 도와주옵소서. 대신에 당신께서 우리의 모든 필요를 채우실 거라는 믿음을 선택하게 하옵소서.

3월 4일

• 민수기 2:1-3:51 / 마가복음 11:27-12:17 / 시편 47:1-9 / 잠언 10:24-25

영원한 기초

회오리바람이 지나가면 악인은 없어져도 의인은 영원한 기초 같으니라(잠 10:25).

    우리는 예수님이 지혜로운 건축가와 어리석은 건축가의 이야기를 해주실 때 이 잠언을 염두에 두신 건 아닌지 궁금해진다. 산상수훈에서 예수님은 다음과 같이 말씀하셨다. "누구든지 나의 이 말을 듣고 행하는 자는 그 집을 반석 위에 지은 지혜로운 사람 같으리니 비가 내리고 창수가 나고 바람이 불어 그 집에 부딪치되 무너지지 아니하나니 이는 주추를 반석 위에 놓은 까닭이요 나의 이 말을 듣고 행하지 아니하는 자는 그 집을 모래 위에 지은 어리석은 사람 같으리니 비가 내리고 창수가 나고 바람이 불어 그 집에 부딪치매 무너져 그 무너짐이 심하니라"(마 7:24-27).

    지혜로운 사람과 어리석은 사람은 적어도 두 가지 공통점을 가진다. 첫째, 그들은 둘 다 예수님의 가르침을 듣는다(주일에 교회에서 같은 설교를 듣는 두 사람이라고 생각할 수 있다). 둘째, 폭풍이다. 동일한 파괴력을 가지고 둘 모두에게 내린다.

    하지만 차이점도 있다. 지혜로운 사람은 하나님의 말씀을 듣고 그것을 따른다. 다른 번역본에 의하면, 그는 "내[예수님] 말을 삶으로 실천"(메시지성경)한다. 그리고 그 점이 폭풍이 찾아올 때 결정적인 차이를 낳는다. 하나님의 말씀을 들었을 뿐만 아니라 실천해서 자신의 일부로 만든 사람은 인생의 폭풍을 두려워할 필요가 없다. 폭풍에 영향을 받지 않을 것이기 때문이 아니라 폭풍에 파멸당하지 않을 것이기 때문이다. 그의 인생은 반석 위에 지어질 것이고 폭풍의 압박에도 무너지지 않을 것이다. 분명하고도 확실한 하나님의 말씀이다.

◆◇◇◆

주님, ___의 인생이 견고하고 안전한 반석인 당신의 말씀 위에 세워지기를 간절히 바랍니다. 매일 제가 어떻게 ___를 도와 당신의 말씀을 듣게 할 수 있을지, 어떻게 당신의 말씀이 ___의 삶에서 적용될 수 있을지를 보여주옵소서. 당신의 말씀이 ___의 인생의 일부이자 기초가 되기를 기도합니다. 그래서 폭풍이 찾아올 때 ___가 그것에 무너지지 않게 하옵소서.

3월 5일 ● 민수기 4:1-5:31 / 마가복음 12:18-37 / 시편 48:1-14 / 잠언 10:26

잘 사랑하기

서기관 중 한 사람이 그들이 변론하는 것을 듣고 예수께서 잘 대답하신 줄을 알고 나아와 묻되 모든 계명 중에 첫째가 무엇이니이까 예수께서 대답하시되 첫째는 이것이니 이스라엘아 들으라 주 곧 우리 하나님은 유일한 주시라 네 마음을 다하고 목숨을 다하고 뜻을 다하고 힘을 다하여 주 너의 하나님을 사랑하라 하신 것이요 둘째는 이것이니 네 이웃을 네 자신과 같이 사랑하라 하신 것이라 이보다 더 큰 계명이 없느니라(막 12:28-31).

자녀를 키우는 부모라면 자기애(自己愛)라는 게 어떤 명령이나 가르침도 필요치 않음을 잘 알 것이다. 자기애는 정말 자연스럽게 생긴다. 우리는 모두 자신을 돌보고자 하는 강력한 본능을 지닌다. 고통은 덜고 행복을 더하고자 한다. 그런 본능이 반드시 악한 것은 아니다. 안전에 대한 욕구, 건강해지려는 욕구, 존경받고 싶은 욕구, 필요를 충족시키려는 욕구를 나쁘다고 할 수 없다. 우리 자녀가 운동이나 학업을 잘해내고 싶어 한다든지, 멋진 옷과 재밌는 활동을 누리고 싶어 하는 마음에는 잘못된 게 없다. 하지만 이 자연스러운 경향성이 악해질 수 있다. 마가복음 12장에 나오는 예수님의 명령이 이를 드러내준다.

자신을 사랑하듯 이웃을 사랑하라는 이 명령의 핵심은 우리가 자신의 안위와 안전에 헌신하는 것처럼 이웃에게도 헌신해야 한다는 뜻이다. 예수님은 우리 자녀가 자신을 위해 좋은 친구를 원하는 만큼 이웃을 위해서도 좋은 친구가 되어주고, 자신이 인정받는 것만큼이나 이웃의 성취를 인정하길 원하신다.

이 명령의 무게감을 제대로 이해하게 될 때, 이처럼 하나님을 사랑하고 이웃을 사랑하기 위해서는 우리와 우리 자녀에겐 초자연적인 도움이 필요하다는 걸 깨닫게 된다.

◆ ◇ ◇ ◆

주님, 이 중요한 명령을 생각해 보면 우리가 거기에 미치지 못함을 알게 됩니다. 우리의 본능적인 자기애는 당신께서 요구하시는 포괄적인 방식으로 당신을 사랑하지 못하게 만듭니다. 게다가 이웃의 필요를 돌보기보다는 자신을 돌보는 데 훨씬 더 몰두하게 만듭니다. 오직 한 분만이 완벽하고 헌신적인 방식으로 당신을 사랑하고 이웃을 사랑했다는 걸 알고 있습니다. 우리가 그리스도와 동행하면 할수록 그와 같은 사랑이 점점 더 우리의 삶의 방식이 되기를 간절히 원합니다.

3월 6일

● 민수기 6:1–7:89 / 마가복음 12:38–13:13 / 시편 49:1–20 / 잠언 10:27–28

여호와는 네게 복을 주시고

여호와께서 모세에게 말씀하여 이르시되 아론과 그의 아들들에게 말하여 이르기를 너희는 이스라엘 자손을 위하여 이렇게 축복하여 이르되 여호와는 네게 복을 주시고 너를 지키시기를 원하며 여호와는 그의 얼굴을 네게 비추사 은혜 베푸시기를 원하며 여호와는 그 얼굴을 네게로 향하여 드사 평강 주시기를 원하노라 할지니라 하라(민 6:22–26).

하나님은 이스라엘 백성에게 그분의 은혜를 부어주시려는 자신의 의도를 선포하심으로써 그들을 축복하신다. 하나님은 자기 백성이 그들에게 복 주시려는 그분의 계획을 확신하며 누리기 원하신다. 하지만 복을 받는다는 게 무슨 뜻일까? 우리가 하나님께 복을 구할 때, 우리는 본질적으로 그분께서 우리 삶의 한복판에 임재해달라고 구하는 것이다. 하나님의 복을 경험하는 것은 하나님**으로부터** 좋은 것을 얻는 것만이 아니다. 복의 본질은 하나님**을** 더욱 얻는 것이다.

복을 받는다는 것은 하나님께 깊이 만족한다는 뜻이다. 우리의 거처를 그분 안에서 안전하게 발견하고 그 결과 어떠한 역경도 우리를 흔들 수 없게 되는 것이다. 복을 받는다는 것은 하나님 한 분만으로 모든 면에서 행복하다는 뜻이다. 우리의 눈을 들어 우리를 향해 웃고 계시는 하나님의 미소를 볼 수 있다는 것이다. 그분이 우리를 보실 때 우리 자체가 어떠한지가 아니라 그리스도 안에서 우리가 어떤 존재인지를 보신다. 그분은 우리가 하는 일에 초점을 맞추지 않으시고 그리스도께서 우리를 위해 하신 일에 초점을 맞추신다. 복을 받는다는 것은 매일 평강 가운데 산다는 뜻이다. 우리 하나님은 은혜에 인색하신 분이 아니다. 우리가 그분께로 돌이킬 때 우리에게 그분의 호의와 은혜를 보여주는 것이 그분의 흔들림 없는 의도다.

◆ ◇ ◇ ◆

주님, 우리에게 복을 주시고, 우리를 보호하시며, 우리를 향해 미소 지으시고, 우리에게 은혜와 호의를 베푸시고 평강을 주시니, 당신은 얼마나 선하신 하나님인지요! 우리가 당신께서 넘치도록 주시는 복의 물줄기 아래 서 있는 것은 오직 예수님께서 우리를 대신해서 저주의 물줄기 아래 자신을 던지셨기 때문입니다. 우리가 은혜를 누릴 수 있도록 예수님께서 진노의 무게를 온전히 견디셨습니다. 당신께서 우리의 영혼을 영원토록 보호하실 것은 오직 당신의 아들께서 보호받지 못하셨기 때문입니다. 당신께서 그 얼굴을 우리를 향해 드시는 것은 오직 당신께서 그 아들에게서 얼굴을 돌리셨기 때문입니다. 우리는 당신의 영원한 인자하심과 자비로 인해 기뻐합니다. 당신을 향한 우리의 사랑을 더욱 키워주옵소서.

3월 7일

● 민수기 8:1-9:23 / 마가복음 13:14-37 / 시편 50:1-23 / 잠언 10:29-30

우리의 안내자

성막을 세운 날에 구름이 성막 곧 증거의 성막을 덮었고 저녁이 되면 성막 위에 불 모양 같은 것이 나타나서 아침까지 이르렀으되 항상 그러하여 낮에는 구름이 그것을 덮었고 밤이면 불 모양이 있었는데 구름이 성막에서 떠오르는 때에는 이스라엘 자손이 곧 행진하였고 구름이 머무는 곳에 이스라엘 자손이 진을 쳤으니(민 9:15-17).

    이스라엘은 새로운 출발을 앞두고 있었다. 광야를 지나 약속의 땅으로 가기 위해 근 1년간 머물렀던 시내산을 떠나기로 했다. 여정이 어떠할지, 목적지가 어디인지 모르는 게 많았지만, 그들이 홀로 광야로 들어가는 게 아니라는 건 잘 알고 있었다. 하나님이 그들과 함께 가실 것이었다. 성막이 세워진 바로 그날부터 하나님은 그들 중에 거하시려고 성막에 내려오셨다. 그분의 빛나는 영광이 진영 한복판에 있는 성막 위에 불기둥으로 내려오셨고 거기 머무셨다.

    하나님의 백성이 미지의 땅으로 발걸음을 옮기려던 때에 그날이 다시 한번 임했다. 바로 오순절이었다. 부활하신 예수님은 승천하셨고 제자들에게 함께 모여 기다리라고 말씀하셨다. 모세 시대에 성막 위로 내려온 불기둥과 비슷하게, 오순절에 불의 혀가 하나님의 백성에게 임했다. 성령님께서 모든 믿는 자들 가운데 내려오셨다는 외적인 증거였다.

    이 세상이라는 광야에서 자녀를 양육하면서 미지의 새로운 단계에 직면할 때면, 불기둥이 우리를 인도해서 가야 할 길을 보여주시기를 바란다. 하지만 우리에겐 훨씬 더 좋은 것이 있다. 바로 우리 안에 거하시는 성령님이다. 그분은 우리를 안내하시고 모든 미지의 것을 해낼 능력을 주신다.

◆ ◇ ◇ ◆

주님, 어떤 날에는 당신의 임재가 불기둥처럼 눈에 보이고 당신의 인도하심을 인지할 수 있기를 바라기도 합니다. 우리가 이 세상에서 광야를 뚫고 길을 만들어갈 때, 당신의 임재를 구합니다. 당신이 움직이시면 전진하고 당신이 멈추시면 거기에 머물기를 원합니다. 성령님을 보내주셔서 감사합니다. 우리 안에 거하시면서 당신의 말씀을 조명해주시고, 당신의 뜻을 알고 이해하도록 도와주시옵소서. 우리의 마음을 새롭게 해주셔서 우리의 인생을 향한 하나님의 선하시고 기뻐하시고 온전하신 뜻을 알게 해주심에 감사드립니다.

3월 8일 ● 민수기 10:1-11:23 / 마가복음 14:1-21 / 시편 51:1-19 / 잠언 10:31-32

탐욕

그들 중에 섞여 사는 다른 인종들이 탐욕을 품으매 이스라엘 자손도 다시 울며 이르되 누가 우리에게 고기를 주어 먹게 하랴 우리가 애굽에 있을 때에는 값없이 생선과 오이와 참외와 부추와 파와 마늘들을 먹은 것이 생각나거늘 이제는 우리의 기력이 다하여 이 만나 외에는 보이는 것이 아무 것도 없도다 하니(민 11:4-6).

이스라엘 자손 중에 섞여 사는 다른 인종들(하나님의 백성과 더불어 출애굽 했던 다양한 인종의 사람들)에게서 불평이 시작되었다. 그리고 결국 그 전염성 높은 불만족은 진영 곳곳으로 옮겨갔다. 그들의 불평은 무엇이었는가? 앞에 차려진 음식이 입맛에 잘 맞지 않을 때 우리가 하는 불평과 똑같다. 먹을 게 없는 게 문제가 아니다. 하나님께서 매일 은혜로 내려주시는 만나 외에 다른 것을 원한다는 게 문제다.

하나님은 전쟁도 없이 깜짝 놀랄 방법으로 그들을 종살이에서 해방시켜주셨다. 하나님은 사막에서 초자연적으로 그들을 먹이셨다. 하나님은 그들에게 최고의 지도자, 겸손하고 신실한 지도자를 주셨다. 그러나 그들은 탐욕에 사로잡혀서 그런 것들을 하나도 보지 못했다. 자기의 탐욕스런 목구멍을 통해서만 인생을 생각하는 일차원적인 사람이 되어버렸다.

우리는 자녀에게서 탐욕을 본다. 그런데 우리 자신에게서도 그것을 본다. 많은 이들이 탐욕에 눈이 멀어 하나님께서 우리를 위해 하신 일과 우리에게 주신 것을 전혀 보지 못한다. 물론 구원해 주심을 감사히 여기지만, 그게 전부다. 우리가 진짜 갈망하는 것은 날씬해지는 것, 더 좋은 동네의 더 멋진 집을 갖는 것, 더 큰 권한과 기회가 있는 일자리를 구하는 것, 우리를 훌륭하게 보이도록 만들어줄 자녀와 중요하다고 느끼게 해줄 친구를 갖는 것 등이다. 이스라엘 자손에게는 모든 것이 음식으로 귀결되었다. 당신은 무엇으로 귀결되는가? 그것이 당신으로 하여금 하나님의 선하심을 보지 못하게 하고 있지는 않은가?

◆ ◇ ◇ ◆

주님, 우리 가정이 탐욕에 의해 지배당하지 않기를 원합니다. 바울이 배웠던 그 비결을 우리도 배우기 원합니다. 그는 궁핍할 때나 풍부할 때나, 배부를 때나 배고플 때나 자족하기를 배웠다고 고백했지요. 주님, 우리에게도 자족하는 힘이 필요합니다.

3월 9일 ● 민수기 11:24-13:33 / 마가복음 14:22-52 / 시편 52:1-9 / 잠언 11:1-3

원대한 계획

베드로가 여짜오되 다 버릴지라도 나는 그리하지 않겠나이다 예수께서 이르시되 내가 진실로 네게 이르노니 오늘 이 밤 닭이 두 번 울기 전에 네가 세 번 나를 부인하리라 베드로가 힘있게 말하되 내가 주와 함께 죽을지언정 주를 부인하지 않겠나이다 하고 모든 제자도 이와 같이 말하니라 (막 14:29-31).

베드로가 그렇게 말했을 땐, 진심이었다. 예수님과 그분의 사명에 관한 한 그는 전부를 걸었다. 적어도 그가 예수님의 사명에 대해 이해한 바로는 그랬다. 하지만 자신의 연약함을 간과했고 하나님 나라를 오해했다. 그래서 오만하게도 그리스도에 대한 자기의 충성심이 다른 사람보다 우월하다고 선포해버렸다. 확신에 찬 그는 예수님께서 그에게 일어날 거라고 말씀하신 경우에 대해 자신은 예외라고 밀어붙였다. 그러자 다른 모든 제자도 똑같은 맹세를 했다고 마가는 말한다. 그들의 원대한 계획은 단 몇 절 이후에 우리가 읽게 되는 비극을 심화시킬 뿐이었다. "제자들이 다 예수를 버리고 도망하니라"(50절).

인정하기 싫겠지만 우리는 베드로와 다른 제자들을 닮았다. 우리는 진짜 우리 모습보다 스스로 더 현명하고, 강하고, 의롭다고 자신한다. 그리고 그 자신감 때문에 위험에 빠진다. 우리는 포르노를 살짝 보고도 그것의 노예가 되지 않을 수 있다고 확신한다. 우리 자녀는 파티에 가고도 술을 마시지 않을 수 있다고 확신한다. 우리는 타협의 압박을 받으면서도 모든 것을 제자리에 둘 만큼 강한 믿음을 갖고 있다고 생각한다. 그러나 우리는 무너진다.

베드로를 강하게 만들어준 것은 연약함을 발견하고서다. 그의 자신감은 사라졌고, 하나님에 대한 강한 의존감이 그 자리를 채우며 자라갔다. 어쩌면 그래서 베드로는 자기 서신서에서 "너희 마음의 허리를 동이고"(벧전 1:13), "근신하라 깨어라"(벧전 5:8), "삼가라"(벧후 3:17)고 독자들을 강권하는지 모른다. 베드로는 선한 계획이 사람을 사탄의 과녁이 되는 것으로부터 막아주지 못한다는 걸 직접 경험을 통해 알게 되었다.

◆ ◇ ◆

주님, ___가 악과 유혹에 대해 아무리 강하기 원할지라도, ___의 선한 계획이 당신께 아무리 진심일지라도, ___은 약하고 그래서 성령님이 필요합니다. ___의 영혼은 원하지만 ___의 육체는 약합니다. ___가 유혹에 지지 않도록 조심하고 기도하게 하옵소서.

3월 10일

● 민수기 14:1–15:16 / 마가복음 14:53–72 / 시편 53:1–6 / 잠언 11:4

한 사람도 없도다

하나님이 하늘에서 인생을 굽어살피사 지각이 있는 자와 하나님을 찾는 자가 있는가 보려 하신즉 각기 물러가 함께 더러운 자가 되고 선을 행하는 자 없으니 한 사람도 없도다(시 53:2–3).

"완벽한 사람은 없어!"라고 사람들은 말하기 좋아한다. 하지만 당연히 웃어 넘길 수만은 없는 말이다. 다윗은 시편 53편에서 인간의 현실을 묘사한다. 그는 하나님께서 몸을 구부려 피조물의 행실을 살피고 계시다고 묘사한다. 하나님은 자신을 찾는 단 한 명을 보시려고 무리를 훑으신다. 그런데 한 사람도 찾지 못하신다.

세상에 인간의 선함이 전혀 없다는 것이 아니다. 인간은 태생적으로 선을 행하지 않음을 말한다. 부모인 누구도 이 사실에 놀라지 말아야 한다. 어린 자녀에게 이기적이 되라고 가르칠 필요는 없지만, 서로 나누라는 교훈은 자주 가르쳐야 한다. 자녀가 십대가 되면, 그들은 선보다는 악에 더 쉽게 영향을 받는다. 옳은 일을 할 때조차도 그들의 선행은 자기고양적 동기에서 비롯할 때가 많다.

천국의 관점에서 보면 소망이 없어 보인다. 다윗은 하나님이 이 절망적인 상황에 개입해달라고 간구한다. "시온에서 이스라엘을 구원하여 줄 자 누구인가?" 이스라엘의 구원은 시온에서, 즉 하나님이 거하시는 곳에서 온다. 다윗은 모든 소망을 "하나님이 자기 백성의 포로된 것을 돌이키실 때"에 둔다. 오직 그때에야 "이스라엘이 기뻐할"(시 53:6) 수 있을 것이기 때문이다. 그 기쁨의 날은 예수 그리스도의 오심과 함께 도래한다.

죄악 된 인간을 향한 다윗의 소망은 우리가 죄악 된 자녀를 향해 품는 소망과 동일하다. 하나님께서 그들을 구원하실 것이라는 소망이다. 우리의 소망은 구원자를 찾지 않는 자들을 찾으시는 구주 안에 있다.

◆ ◇ ◇ ◆

주님, 다윗과 함께 제 마음의 부패함과 제 자녀 마음의 부패함을 놓고 애통해합니다. 하지만 당신께서 저와 ___를 구원하시고 회복시켜주실 것을 소망합니다.

3월 11일 ● 민수기 15:17-16:40 / 마가복음 15:1-47 / 시편 54:1-7 / 잠언 11:5-6

결코 버림받지 않았다

제육시가 되매 온 땅에 어둠이 임하여 제구시까지 계속하더니 제구시에 예수께서 크게 소리 지르시되 엘리 엘리 라마 사박다니 하시니 이를 번역하면 나의 하나님, 나의 하나님 어찌하여 나를 버리셨나이까 하는 뜻이라(막 15:33-34).

예수님은 십자가에 달리시면서 시편 22편을 묵상하고 계셨던 게 틀림없다. 그가 태어나시기 1천 년도 더 전에 쓰인 그 시편에서 예수님은 자신의 영혼의 곤고함을 표현하는 단어를 찾아내셨다. 그때까지 매 맞고 채찍질 당하시고, 머리에는 가시관의 찔림을, 손과 발에는 못 박힘을 당하셨는데도 아무 말도 없으셨던 예수님은 육체적인 곤고함과는 비교할 수 없는 고통인 하나님의 친밀한 임재가 거두어지는 영적인 곤고함을 느끼셨다.

십자가에서 예수님은 우리를 위해 죄가 되셨다. 그리고 죄를 묵과하실 수 없는 하나님은 자신의 사랑하는 아들을 버리셨다. 하지만 예수님은 영원히 버림받은 게 아니셨다. 하나님의 진노가 예수님의 심장에서 완전히 타버리자, 예수님은 십자가에서 다시 시편 31편 5절의 말씀을 외치셨다. "아버지 내 영혼을 아버지 손에 부탁하나이다"(눅 23:46). 죄의 값은 치러졌고 관계는 회복되었다.

비록 어떻게 하나님께서 자기 아들에게 등을 돌리실 수 있는가 혼란스럽더라도, 우리는 알아야 한다. 예수님께서 우리와 우리 자녀가 영원토록 겪어야 마땅한 하나님으로부터의 분리를 대신 겪으셨기에 우리는 결코 분리되지 않을 것이다. 때로는 하나님께 버림받은 것처럼 느껴질 때가 있을지라도, 우리는 결코 버림받지 않았고 앞으로도 그럴 것이다. 예수님께서 우리를 대신해서 하나님으로부터 멀어지셨기에 우리는 하나님께 가까이 나아갈 수 있다. 하나님께서 예수님에게서 얼굴을 돌리셨기에 하나님은 결코 우리에게서 얼굴을 돌리지 않으시리라고 확신할 수 있다.

◆ ◇ ◇ ◆

주님, 하나님으로부터 버림받아야 마땅한 자는 저입니다. 죄를 지은 자는 저입니다. 그럼에도 당신은 우리가 영원토록 하나님의 임재를 경험하게 하기 위해 저와 제 자녀의 죄를 지셨을 뿐만 아니라 당신의 아버지로부터 버림받음을 당하셨습니다. ___와 저를 향한 당신의 어마어마한 사랑에 감사드립니다. 그 사랑의 대가로 당신은 당신의 모든 것을 지불하셨고, 우리가 전심으로 바라는 모든 것을 우리에게 주셨습니다!

3월 12일   ● 민수기 16:41-18:32 / 마가복음 16:1-20 / 시편 55:1-23 / 잠언 11:7

불평하는 자에 대한 경고

여호와께서 또 모세에게 이르시되 아론의 지팡이는 증거궤 앞으로 도로 가져다가 거기 간직하여 반역한 자에 대한 표징이 되게 하여 그들로 내게 대한 원망을 그치고 죽지 않게 할지니라 모세가 곧 그 같이 하되 여호와께서 자기에게 명령하신 대로 하였더라 이스라엘 자손이 모세에게 말하여 이르되 보소서 우리는 죽게 되었나이다 망하게 되었나이다 다 망하게 되었나이다 가까이 나아가는 자 곧 여호와의 성막에 가까이 나아가는 자마다 다 죽사오니 우리가 다 망하여야 하리이까(민 17:10-13).

이스라엘 백성은 광야를 지나며 끊임없이 불평했다. 그들은 매일 아침 내려주신 음식과 물의 부족과 진행하는 노선에 대해 불평했고, 민수기 16장에서는 하나님이 주신 지도자인 모세와 아론에 대해 불평했다. 백성의 불평을 들을 만큼 들으신 하나님은 열두 지파의 지도자들에게 그들의 지팡이를 모세에게 내라고 지시하셨다. 그 지팡이들은 성막 안 하나님 앞에 놓였고 밤새 거기 있었다. 밤중에 한 지팡이에서 움이 돋더니, 순이 나고 꽃이 피어서 살구 열매가 열렸다! 하나님은 그분을 섬기고 그분 앞에 서는 일에 아론을 선택하셨음을 증명해 보이셨고, 사람들의 불평에 종지부를 찍으셨다.

자, 우리의 마음과 가정 안에서 일어나는 불평을 우리는 어떻게 다뤄야 할까? 자녀가 학교, 통금 시간, 집안일에 대해 불평할 때 우리는 어떻게 반응해야 할까? 누가 보스인지를 보여주기 위해 마당에서 죽은 가지를 가져와 하룻밤 새에 움이 돋고 살구 열매를 맺게 할 수는 없다. 하지만 우리(부모와 자녀) 모두가 저 죽은 나뭇가지들과 같음을 기억할 수는 있다. 불태워져야 마땅할 뿐, 거룩하신 하나님 존전에 설 자격이 없다는 것을 말이다. 불평과 반항은 우리가 다른 나무(십자가)를 묵상할 때에만 극복할 수 있다. 하나님께서 우리가 반역과 불평의 죄로 인해 받아 마땅한 저주를 자신에게 돌리시고 우리에게는 그분의 완벽한 순종과 감사를 주셨기 때문에, 우리는 구약의 신자들이 할 수 없던 일을 할 수 있다. 확신과 담대함을 가지고 하나님의 임재 앞에 가까이 갈 수 있다. 그렇게 하나님은 우리를 살리시고 우리 삶을 열매로 가득하게 만드신다!

◆◇◆

주님, 반역과 불평으로 인해 우리가 받아 마땅한 벌을 예수님께서 십자가에서 받으셨음을 봅니다. 예수님의 부활에서, 살구나무에 꽃이 피는 것과 영생이라는 소산물의 첫 열매를 봅니다. ___가 불평할 때, 우리에게 인내와 지혜를 주셔서 당신께서 불평하는 자들에게 주시는 은혜를 동일하게 우리가 ___에게 베풀게 하옵소서.

3월 13일   ● 민수기 19:1-20:29 / 누가복음 1:1-25 / 시편 56:1-13 / 잠언 11:8

아버지의 마음

천사가 그에게 이르되 사가랴여 무서워하지 말라 너의 간구함이 들린지라 네 아내 엘리사벳이 네게 아들을 낳아 주리니 그 이름을 요한이라 하라 … 그가 주 앞에 큰 자가 되며 포도주나 독한 술을 마시지 아니하며 모태로부터 성령의 충만함을 받아 이스라엘 자손을 주 곧 그들의 하나님께로 많이 돌아오게 하겠음이라 그가 또 엘리야의 심령과 능력으로 주 앞에 먼저 와서 아버지의 마음을 자식에게, 거스르는 자를 의인의 슬기에 돌아오게 하고 주를 위하여 세운 백성을 준비하리라(눅 1:13-17).

세례 요한은 구속사에서 독특한 역할을 감당했다. 그는 선지자 엘리야의 영과 능력으로 와서 자기 시대 하나님의 백성을 향해 회개하여 변화를 받으라고 요구했다. 세례 요한의 사역은 백성의 마음에 지대한 영향을 끼쳐서 그들의 가정에 혁명적 변화를 가져왔을 것이다. 부모는 자녀를 향한 새로운 사랑과 헌신을 깨달았을 것이고, 반항적인 자녀는 경건한 부모의 지혜를 받아들였을 것이다.

하나님의 은혜가 가족 구성원의 마음마다 작동되는 얼마나 멋진 그림인가! 복음이 부모와 자녀의 관계와 존중의 방식을 변화시키는 얼마나 멋진 교훈인가! 일과 스포츠와 활동에 더 많은 열정을 쏟았던 부모가 자신의 에너지를 자녀의 필요를 충족시키는 데 기울이기 시작한다. 서로에게 그리고 자녀에게 폭력적인 방식으로 말하던 부모가 친절하고 부드럽게 사랑을 담아 말하기 시작한다. 반복되는 실망과 배은망덕한 태도 때문에 자녀에게서 손을 뗐던 부모가 관계를 맺고 용서하기 시작한다.

때때로 우리는 부드러운 대답이 분노를 잠재우는 것을 경험하긴 하지만, 어떤 부모나 자녀도 상대방의 마음을 돌이킬 만한 전능한 능력을 갖지는 못한다. 때때로 우리는 최선을 다해 노력했음에도 자녀의 마음을 부드럽게 하거나 돌이키는 데 실패하기도 한다. 하지만 우리 아버지께서 그리스도 안에 있는 우리를 향해 그분의 마음을 돌이키셨기에, 우리도 마음을 자녀를 향해 돌이킬 수 있고, 자녀의 마음이 우리를 향하게 해 달라고 계속해서 간구할 수 있다.

◆ ◇ ◇ ◆

아버지, 우리가 당신의 은혜와 자비를 더욱 경험하면 할수록, 그 은혜와 자비로 우리의 자녀를 향해 마음을 돌이키게 됩니다. ___의 마음을 우리를 향해 혹은 당신을 향해 돌이킬 능력이 우리에겐 없습니다. 그러나 당신은 하실 수 있습니다. 우리의 모든 반항적인 마음을 돌이켜 당신을 향하게 하옵소서. 서로를 향하게 하옵소서.

3월 14일 ● 민수기 21:1-22:20 / 누가복음 1:26-56 / 시편 57:1-11 / 잠언 11:9-11

보면 살리라!

여호와께서 불뱀들을 백성 중에 보내어 백성을 물게 하시므로 이스라엘 백성 중에 죽은 자가 많은지라 백성이 모세에게 이르러 말하되 우리가 여호와와 당신을 향하여 원망함으로 범죄하였사오니 여호와께 기도하여 이 뱀들을 우리에게서 떠나게 하소서 모세가 백성을 위하여 기도하매 여호와께서 모세에게 이르시되 불뱀을 만들어 장대 위에 매달아라 물린 자마다 그것을 보면 살리라 모세가 놋뱀을 만들어 장대 위에 다니 뱀에게 물린 자가 놋뱀을 쳐다본즉 모두 살더라(민 21:6-9).

백성은 애굽에서 나오게 된 것에 대해 불평하고 있었다. 거기서 먹던 좋은 음식을 그리워하는 것을 보니, 그들은 쓰디쓴 노예 생활을 잊어버린 게 분명하다. 그래서 하나님은 뱀들을 보내셨다. 왜 뱀이었을까? 애굽의 권력의 상징(바로의 왕관 장식)이 뱀이었다. 그 뱀들은 쉭쉭거리며 말했다. "이게 네가 진짜 원한 거야? 애굽의 강력한 뱀에게 고통당하는 괴로움을 다시 겪고 싶어?" 또한 뱀은 에덴동산에 스르르 기어 와서 아담과 하와를 유혹해 결국 그들이 광야로 내쫓기게 만들었던 옛 뱀을 떠올리게 했다.

하나님은 모세에게 이스라엘의 치명적인 원수(애굽과 사탄)의 상징물을 맥없이 패한 모습으로 장대 위에 매달라고 지시하셨다. 여자의 후손이 뱀의 머리를 짓밟게 될 때(창 3:15) 죄의 권력이 어떻게 영원히 패배할지를 보여주는 그림이었다. 이스라엘 백성은 장대 위의 놋뱀을 쳐다볼 때 생명과 치유를 얻었다. 장차 예수님께서 십자가라는 장대에 높이 들리실 때 옛 뱀이 패배할 것임을 보여주는 사건이었다.

광야에서 모세가 놋뱀을 든 것처럼 예수님도 십자가에 높이 들리셔서 그분을 믿는 자마다 영생을 얻게 되었습니다. 당신이 ___를 너무나 사랑하셔서 독생자를 주셨고, 그래서 ___가 당신을 믿기만 하면 영생을 얻을 것입니다. 당신께서 아들을 세상에 보내신 이유는 ___를 심판하기 위함이 아니라 아들을 통해 ___를 구원하기 위함입니다. ___를 당신께로 불러주셔서 ___가 십자가를 쳐다보게 하옵소서. 그곳에서 ___의 구원이 발견됩니다.

3월 15일 ● 민수기 22:21-23:30 / 누가복음 1:57-80 / 시편 58:1-11 / 잠언 11:12-13

잠잠하라

지혜 없는 자는 그의 이웃을 멸시하나 명철한 자는 잠잠하느니라 두루 다니며 한담하는 자는 남의 비밀을 누설하나 마음이 신실한 자는 그런 것을 숨기느니라(잠 11:12-13).

    대부분의 부모에게 그날은 오게 마련이다. 자녀가 우리의 행동을 따라 움직인다는 사실을 발견하는 날 말이다. 자녀는 우리의 행동을 지켜본다. 그리고 그것은 그들이 선악 간에 어떤 행동을 할지를 형성한다. 마찬가지로, 자녀가 우리의 말을 듣고 있지 않다고 생각할 때도 그들은 듣고 있다. 심지어 그들에게 말하는 게 아닌데도 말이다. 실제로 자녀는 우리가 예배 후에 만나는 사람, 자주 전화하는 절친, 우리의 자동차를 세우는 경찰, 우리에게 불리한 말을 하는 심판, 우리를 짜증 나게 만드는 이웃과 나누는 대화 등 듣는 것의 상당히 많은 부분을 흡수한다.

    당신의 자녀는 당신이 다른 어른과 하는 대화에서 무엇을 듣고 있을까? 당신이 동료의 작업 수준, 다른 부모의 양육 태도, 당신 부모의 선택 등을 지속적으로 무시하는 말을 듣고 있는가? 명철한 부모는 "잠잠하다."

    당신의 자녀는 당신이 사랑하는 척하는 사람들의 비밀스러운 습관, 잘못, 실패, 슬픔에 관한 당신의 뒷담화를 듣고 있는가? 마음이 신실한 자는 그런 것을 "숨긴다."

    우리가 다른 사람의 그리스도를 닮은 행동을 칭찬하고, 그들의 업적을 축하하며, 그들의 은사를 긍정하는 소리를 우리 자녀가 듣는다면 얼마나 좋을까? 우리가 뒷담화에 참여하는 게 아니라 뒷담화를 진압하는 걸 우리 자녀가 관찰한다면, 그들은 우리에게서 얼마나 많은 걸 배울까? 우리가 다른 사람의 비밀을 유지하는 것을 그들이 지켜본다면, 우리를 신뢰하고 자기의 비밀을 털어놓으려는 마음이 얼마나 커질까?

◆ ◇ ◇ ◆

주님, 저는 어리석게도 혼자 있을 때와 제 자녀가 보고 있을 때 다른 사람들을 무시했고 뒷담화를 했으며 내 이야기가 아닌 것을 누설했습니다. 오늘 저는 이런 행동을 죄로 명명하고 이 죄를 버릴 힘을 당신께 구합니다. 멸시하기가 아닌 축복하기를, 비밀 누설이 아닌 잠잠하기를 선택하도록 제게 능력을 주옵소서.

3월 16일

● 민수기 24:1–25:18 / 누가복음 2:1–35 / 시편 59:1–17 / 잠언 11:14

생각을 드러내려 함

그의 부모가 그에 대한 말들을 놀랍게 여기더라 시므온이 그들에게 축복하고 그의 어머니 마리아에게 말하여 이르되 보라 이는 이스라엘 중 많은 사람을 패하거나 흥하게 하며 비방을 받는 표적이 되기 위하여 세움을 받았고 또 칼이 네 마음을 찌르듯 하리니 이는 여러 사람의 마음의 생각을 드러내려 함이니라 하더라 (눅 2:33-35).

마리아와 요셉이 그를 성전에 데리고 가서 나이 든 시므온의 품에 안겨주었을 때 아기 예수님만큼 화려한 축하 인사를 받은 아기도 없을 것이다. 하나님은 시므온에게 그의 눈으로 메시아를 볼 때까지 죽지 않으리라고 계시하셨다. 그리고 이날이 그날이었다. 그가 안고 있는 아기 예수님은 구주셨다. 하지만 하나님은 시므온에게 이 아기가 열방의 백성에게 구원을 가져오는 한편, 비방을 받는 표적이 되고 이스라엘의 많은 사람에게 거절을 당하리라고 계시하셨다. 그리고 마리아는 언젠가 십자가 밑에서 흐느끼며 시므온의 말을 기억했을 것이다. 분명, 그때 마리아는 칼이 그녀의 마음을 찌르고 산산이 쪼개놓는 것을 느꼈을 것이다.

시므온이 옳았다. 많은 사람이 예수님을 비방했다. "그가 세상에 계셨으며 세상은 그로 말미암아 지은 바 되었으되 세상이 그를 알지 못하였고 자기 땅에 오매 자기 백성이 영접하지 아니하였으나 영접하는 자 곧 그 이름을 믿는 자들에게는 하나님의 자녀가 되는 권세를 주셨으니 이는 혈통으로나 육정으로나 사람의 뜻으로 나지 아니하고 오직 하나님께로부터 난 자들이니라" (요 1:10-13).

이 칼은 우리의 인생을 쪼개놓는다. 어쩌면 우리 가족도 쪼개놓는다. 예수님을 기쁘게 여기는 사람들과 예수님을 무시하고 거절하고 비방하는 사람들을 분리한다. 언젠가 양과 염소를 구분 지을 이 칼은 우리의 마음도 찌른다.

주권자 하나님, 저의 미래와 ___의 미래가 당신께서 이 세상에 보내신 구주 예수 그리스도에 대한 우리의 반응에 달려 있다는 것을 압니다. 당신의 말씀은 양날의 검이어서 우리 안에 깊이 들어와 마음의 깊은 생각과 동기를 드러냅니다. 주님, 성령님이 휘두르시는 당신의 말씀의 검이, ___가 당신을 참되고 유일하신 구원자로 인정하지 못하게 만드는 모든 것을 쪼개놓기를 기도합니다.

3월 17일

● 민수기 26:1-51 / 누가복음 2:36-52 / 시편 60:1-12 / 잠언 11:15

예수가 자라시다

예수는 지혜와 키가 자라가며 하나님과 사람에게 더욱 사랑스러워 가시더라(눅 2:52).

　예수님의 부모가 된다는 건 어떤 것일까? 죄 없는 아이를 양육하는 것을 상상해보라. 멋질 것 같지 않은가? 물론, 예수님에게 죄가 없다는 사실이 인간 부모도 필요 없을 정도로 생물적 특징을 온전히 갖춘 채로 태어났다는 의미가 아니다. 예수님의 부모가 된다는 것은 여느 아이와 마찬가지로 성장 과정을 겪는 아이의 부모가 된다는 뜻이다. 비록 이 구절이 우리가 궁금해하는 모든 것을 말해주지는 않지만, 예수님도 우리가 자녀에게 바라는 성장 과정을 모두 겪으며 자라셨음을 분명히 보여준다. 유아기, 청소년기, 청년기를 보내시면서 예수님은 성장하셨다. 변화를 겪으며 발육해 가셨다. 당연히 예수님의 성장 과정에서 성령님께서 일하셨지만, 분명 부모는 그 과정의 핵심 역할을 맡았다. 마찬가지로, 부모인 우리는 자녀가 성장하고 발전하는 과정에서 중요한 역할을 한다. 하지만 전부가 우리에게 달린 건 아니다. 우리에겐 자녀의 인생에서 말씀으로 역사하시는 성령님이 필요하다.

　우리는 자녀의 지혜가 자라기를 원한다. 그것은 좋은 성적을 받는 것과는 별 상관이 없다. 오히려 경건한 삶을 사는 것과 연관된다. 우리는 꾸준한 성장을 보기 원한다. 성경 지식뿐만 아니라 하나님의 진리를 인간관계, 우선순위, 일에 적용하는 능력도 성장하기 원한다. 우리는 자녀의 키가 자라기를 원한다. 소아과 의사가 성장 도표 상의 숫자를 불러준 지 한참이 지났지만, 우리는 자녀가 건강한 몸과 마음, 건강한 습관, 외모에 관한 건강한 관점을 갖기를 원한다. 하나님의 영광을 위해 먹고 마시기를 원한다. 우리는 자녀가 하나님의 은혜 아래서 인생을 살아가기를 원한다. 하나님께서 그들과 예수님과의 관계 때문에 그들에게 미소 지으신다는 말의 의미를 경험하기를 원한다. 마지막으로, 우리는 자녀가 주변 사람들과 좋은 관계를 맺기 원한다.

◆◇◇◆

　주님, 당신의 지혜가 절실합니다. 어떻게 ___를 잘 안내해서 지혜가 자라게 할지, 어떻게 ___가 그리스도를 통해 당신의 은혜를 받아들이게 할지, 어떻게 ___에게 이 세상에서 다른 사람들을 잘 사랑하는 모범이 될지 알기 원합니다. 많은 시간과 노력이 드는 자녀 양육에 있어서 저에게 오래 참을 수 있는 인내심을 주옵소서.

3월 18일   ● 민수기 26:52–28:15 / 누가복음 3:1–22 / 시편 61:1–8 / 잠언 11:16–17

진정한 믿음의 딸들

요셉의 아들 므낫세 종족들에게 므낫세의 현손 마길의 증손 길르앗의 손자 헤벨의 아들 슬로브핫의 딸들이 찾아왔으니 그의 딸들의 이름은 말라와 노아와 호글라와 밀가와 디르사라 그들이 회막 문에서 모세와 제사장 엘르아살과 지휘관들과 온 회중 앞에 서서 이르되 우리 아버지가 광야에서 죽었으나 여호와를 거슬러 모인 고라의 무리에 들지 아니하고 자기 죄로 죽었고 아들이 없나이다 어찌하여 아들이 없다고 우리 아버지의 이름이 그의 종족 중에서 삭제되리이까 우리 아버지의 형제 중에서 우리에게 기업을 주소서 하매(민 27:1–4).

 슬로브핫은 이스라엘 백성이 광야에서 40년간 방황하던 중에 그의 이름을 이어갈 아들이 없이 죽었다. 후손에게 남겨질 이름, 그것은 하나님의 약속에 참여하기 위해서 필수적인 부분이었다. 이렇다 보니 가나안에서 그의 가족에게 할당된 땅 중에 자기 몫을 물려받았지만, 슬로브핫의 이름은 잊히고 그의 땅은 다른 일가에 흡수될 상황에 처했다. 하지만 슬로브핫에게는 다섯 명의 딸들이 있었다. 하나님의 약속은 힘써 얻을 가치가 있다고 믿은 여인들이었다. 그래서 그들은 모세에게 가서 자기네 상황을 호소했다. 이 딸들은 아비의 죄에도 불구하고 하나님의 은혜와 자비에 의해 그 땅에서 자기 몫을 받았다.

 이 딸들이 원한 것은 하나님께서 약속하신(그러나 아직 소유하지는 못한) 유업이었다. 하나님께서 약속하신 땅에 들어갈 믿음이 결여됐던, 가문의 앞선 세대의 남자들과는 달리, 이 딸들은 행동으로 "우리는 하나님의 약속을 믿는다! 하나님이 주겠다고 약속하신 모든 것을 원한다!"라고 선언했다.

 우리가 자녀에게 원하는 것이 있다면, 이 슬로브핫의 딸들과 같은 담대한 믿음이다. 부모의 죄에도 불구하고, 하나님의 선하심에 대해 부모가 가졌던 의심에도 불구하고, 하나님께서 주셔야 할 모든 것을 원하고 그것을 붙잡기 위해 모든 일을 기꺼이 하는 자녀가 되기를 원한다.

◆ ◇ ◇ ◆

주님, 당신의 공급하심에 대한 열정적인 갈망, 당신의 선하심에 대한 단호한 믿음, 당신께서 주실 것을 꼭 붙잡는 담대한 의지로 ___를 채워주시기를 기도합니다. 저의 불신과 불순종이 자녀가 미래에 약속의 땅에서 받을 유업을 결정하지 않는다는 진리 안에서 제가 안식할 수 있도록 도와주옵소서.

3월 19일 ● 민수기 28:16-29:40 / 누가복음 3:23-38 / 시편 62:1-12 / 잠언 11:18-19

사랑하는 아들

백성이 다 세례를 받을새 예수도 세례를 받으시고 기도하실 때에 하늘이 열리며 성령이 비둘기 같은 형체로 그의 위에 강림하시더니 하늘로부터 소리가 나기를 너는 내 사랑하는 아들이라 내가 너를 기뻐하노라 하시니라 예수께서 가르치심을 시작하실 때에 삼십 세쯤 되시니라 사람들이 아는 대로는 요셉의 아들이니 요셉의 위는 헬리요 … 그 위는 에노스요 그 위는 셋이요 그 위는 아담이요 그 위는 하나님이시니라 (눅 3:21-23, 38).

아담은 하나님의 첫 번째 아들이었다(눅 3:38). 아담은 아버지께 큰 기쁨을 드릴 잠재력이 있었지만, 오히려 엄청난 슬픔을 드리고 말았다. 아담은 불순종으로 에덴동산과 하나님의 임재로부터 추방당했다. 그 후에 하나님은 다른 아들, 이스라엘이라는 나라를 얻으셨다(호 11:1 참고). 하나님은 보배로운 소유인 이 아들이 거룩한 땅에서 시내산의 율법에 순종하며 살도록 의도하셨다. 하지만 이스라엘도 불순종했다. 그래서 이스라엘도 약속의 땅에서 추방당했다.

하지만 하나님은 자기 백성을 그분과 멀어진 상태로 두지 않으셨다. 그래서 사랑하는 아들, 예수님을 보내셨다. 이 아들은 순종했다! 그는 아버지께, 그리고 세상에 큰 기쁨을 가져다주었다. 그러나 그 역시 추방당했다. 그 때문이 아니라 우리의 불순종 때문이었다. 우리의 죄를 대신 지심으로써, 예수님은 우리에게도 "너는 내 사랑하는 아들[자녀]이라 내가 너를 기뻐하노라"(막 1:11)라는 하나님의 말씀이 가능케 하셨다.

우리는 자녀를 사랑한다. 자녀는 우리에게 기쁨과 슬픔을 가져다준다. 가장 중요한 것은 우리 자녀가 우리를 기쁘게 해주는 게 아니라 그들이 하늘에 계신 아버지를 기쁘게 해드린다는 점이다. 그 일은 그들이 믿음으로 예수님과 연합되어 그분의 완벽한 순종의 기록을 선물로 받을 때에만 일어난다. 우리는 모두 영적인 사망 상태에서 태어난다. 우리 조상 아담의 죄 때문이다. 하지만 우리가 믿음으로 예수님과 연합할 때, 하늘 아버지께서는 그 아들 예수님께 부어주시는 사랑과 인정을 우리 위에 부어주신다.

◆ ◇ ◇ ◆

아버지, ___가 저에게 큰 기쁨을 가져다줄 인생, 제가 긍정하고 인정할 만한 인생을 사는 것에 제가 많은 관심을 쏟고 있음을 인정합니다. 하지만 가장 중요한 것은 ___가 당신의 사랑하는 아들과 믿음으로 연합되어서 ___가 당신의 미소 아래서 환영을 받으며 당신에게 받아들여지는 것임을 깨닫습니다.

3월 20일 ● 민수기 30:1-31:54 / 누가복음 4:1-30 / 시편 63:1-11 / 잠언 11:20-21

맹세로 묶임

모세가 이스라엘 자손 지파의 수령들에게 말하여 이르되 여호와의 명령이 이러하니라 사람이 여호와께 서원하였거나 결심하고 서약하였으면 깨뜨리지 말고 그가 입으로 말한 대로 다 이행할 것이니라(민 30:1-2).

    하나님의 백성은 약속의 땅에서 새로운 삶을 시작할 준비를 했다. 그곳에서 그들은 하나님의 보배로운 소유로 살면서 이방의 빛이 되어야 했다. 그때 하나님께서 그들에게 매우 중요한 말씀을 하셨다. 그들이 진실을 말하며 신실하게 약속을 따름으로써 하나님의 성품을 세상에 드러내야 한다는 것이었다.

    오늘날에도 하나님의 백성은 그 대가가 아무리 크더라도 말을 지키는 사람이어야 한다. 특히, 맹세를 했다면 우리는 그 의무를 이행해야 하고 약속을 지켜야 한다. 자녀에게 혹은 타인에게 한 맹세를 자녀가 보는 앞에서 지키지 못한다면, 우리에 대한 자녀의 신뢰를 떨어뜨릴 뿐만 아니라 우리가 맹세한 이름의 주인인 하나님의 신실하심에 대한 신뢰도 떨어진다. 그것이 바로 예수님이 마태복음 5장 37절에 말씀하셨듯이 우리의 말이 옳다 할 때는 옳다, 아니라 할 때는 아니라고만 하는 게 중요한 이유다.

    하지만 우리가 아무리 약속을 지키며 사는 사람이 되고 싶을지라도, 우리는 크고 작게 약속을 어기는 사람이다. 다행히도 우리를 대신해서 완벽하게 자기 맹세를 지키신 분이 있다. 게다가, 우리가 믿음으로 연합된 그분은 우리가 어긴 약속들에 대한 처벌을 이미 받으셨다. 믿음으로 그리스도께 연합된 우리는 하나님의 권속이자, 그리스도와 함께 하나님의 모든 약속에 대한 상속자가 되었다. 우리가 받을 유업(우리 자녀의 신뢰)은 우리가 아닌 그분의 신실하심에 기초한다. 우리의 구원이 안전한 분명한 이유는, 그것이 하나님에 대한 맹세를 지키는 우리의 능력에 달려 있지 않고 우리에게 주신 약속을 성취하시는 그분의 능력에 달렸기 때문이다.

◆◇◆

    하나님, 당신이 결코 변심치 않으신다는 걸 약속을 받은 자들이 온전히 확신하도록 당신께서는 맹세로써 백성을 당신께 묶으셨습니다. 당신은 약속과 맹세를 동시에 주셨습니다. 당신은 거짓말을 하실 수 없기 때문에 이 두 가지는 불변입니다. 그러므로 당신을 피난처로 삼은 우리는 우리 앞에 놓인 소망을 붙잡을 때 큰 확신을 가질 수 있습니다. 그 소망은 우리 영혼을 위한 강하고 든든한 닻입니다.

3월 21일 ● 민수기 32:1-33:39 / 누가복음 4:31-5:11 / 시편 64:1-10 / 잠언 11:22

광야에서의 노정

모세와 아론의 인도로 대오를 갖추어 애굽을 떠난 이스라엘 자손들의 노정은 이러하니라 모세가 여호와의 명령대로 그 노정을 따라 그들이 행진한 것을 기록하였으니 그들이 행진한 대로의 노정은 이러하니라 (민 33:1-2).

    신명기 33장은 지루하게 디테일이 이어지기 때문에 우리에게 별 도움이 안 된다고 생각하는 성경 중 하나다. 하지만 만약 우리가 광야에서 약속의 땅으로 들어갈 준비를 하고 있다고 가정해본다면, 지나온 길에서 묵었던 야영지의 목록이 많은 추억을 떠올리게 할 것이다. 그뿐만 아니라 우리는 이 목록이 하나님께서 광야 40년 동안 이스라엘의 관점을 빚어가기 위해 의도하신 것임을 알게 된다. 마찬가지로, 우리가 하나님의 거룩한 땅으로 가기 위해 세상이라는 광야를 지날 때 소용된 우리의 세월 역시 우리에게 무언가를 말해준다.

    이 목록은 세 종류의 장소를 포함한다. 첫 번째는 이스라엘 백성에게 그들의 필요를 채워주신 하나님의 신실하심을 상기시키는 장소들이다. 엘림의 사막에서 오아시스를 발견했을 때가 그렇다. 두 번째는 하나님에 대한 반역이나 이스라엘의 실패를 떠올리게 하는 장소들이다. 르비딤에서 마실 물이 없다고 모세에게 불평했을 때가 그렇다. 하지만 흥미롭게도, 그 장소에서 백성이 지었던 큰 죄들은 언급되지 않는다. 마치 하나님은 이미 용서하셨고 이미 잊으신 것 같다. 세 번째는 특별한 일이 없었던 장소들이다. 하나님께서 신실하게 먹이시고 인도하시고 보호하셨던, 평범한 날들이었다.

    만약 당신 가정이 세상이라는 광야를 지나온 여정을 기록한다면, 이와 같은 세 종류의 장소로 구분되지 않겠는가? 하나님께서 특별한 방식으로 당신의 필요를 채우셨던 장소와 시간, 당신의 노정을 위협했던 큰 실패와 죄의 장소, 하나님이 먹이시고 인도하시고 보호하셨던 많은 평범한 날들로 말이다.

◆ ◇ ◇ ◆

주님, 우리 인생의 날과 달과 해들을 반추해볼 때, 당신께서 우리를 위해 일하셨던 순간들을 감사하게 됩니다. 우리의 죄를 기억지 않아주심에 감사합니다. 당신은 동이 서에서 먼 것같이 우리의 죄를 지워 없애셨습니다. 그리고 우리 가정을 먹이시고 인도하시고 보호하셨던, 특별할 것 없는 평범한 모든 날들을 인하여 감사합니다.

3월 22일

● 민수기 33:40-35:34 / 누가복음 5:12-28 / 시편 65:1-13 / 잠언 11:23

예수께서 세리를 보시고

그 후에 예수께서 나가사 레위라 하는 세리가 세관에 앉아 있는 것을 보시고 나를 따르라 하시니 그가 모든 것을 버리고 일어나 따르니라(눅 5:27-28).

    예수님께서 자기를 따르는 큰 무리와 더불어 지나가고 계셨다. 레위는 세관에 앉아 있었다. 그런데 그때 예수님께서 레위를 보셨다. 그의 안에서 탐욕과 부패를 보셨다. 그의 외로움과 필요를 보셨다. 예수님은 자기에게 나아오지 않는 그 사람을 향해 나아가셨다. 도적질로 인해 미움을 받던 이 사람 레위를 보셨을 때, 예수님은 그가 장차 어떤 사람이 될지를 보셨다. 예수님은 그가 마태가 될 것을 아셨다. 그 이름의 뜻은 "하나님의 선물"로, 그는 복음서의 저자요 교회에 주신 선물이 되었다.

    아무도 예상치 못했던 레위를 향한 부르심, 그리고 그의 즉각적이고도 전면적인 반응을 보면 알 수 있듯이, 그리스도의 부르심은 완전히 주권적이고 거부할 수 없다. 나병환자에게 예수님은 말씀하신다. "깨끗함을 받으라!" 그러자 나병이 곧 떠난다. 중풍병자에게 예수님은 말씀하신다. "일어나라!" 그러자 그가 일어나 걷는다. 그리고 레위에게 예수님이 말씀하신다. "나를 따르라!" 그러자 그가 즉시 따른다. 하지만 예수님의 권위는 레위의 진심 어린 반응의 가치를 떨어뜨리지 않는다. 레위가 일어나 "모든 것을 버리고 따랐을" 때, 우리는 인간이 보여줄 수 있는 진정한 믿음의 반응을 본다. 그리고 그가 보여준 믿음의 반응은 예수님을 따름으로써 실행되었다.

    주님을 따르지 않고 앉아있는 자녀를 볼 때, 우리는 예수님께서 그 아이들을 보시는 것처럼 그들을 보지 못한다. 그들을 향한 예수님의 계획과 방법을 다 보지는 못한다. 하지만 우리는 예수님께서 우리의 자녀를 보시고 그분을 따르도록 불러달라고 기도할 수 있다. 그리고 그분의 부르심은 거부할 수 없다는 사실을 믿는다.

◆ ◇ ◇ ◆

주님, 제가 ___에게서 볼 수 있는 것이라곤 지금 ___의 모습, ___의 선택, 중요한 변화의 필요성이 전부입니다. 하지만 당신의 주권과 당신의 부르심은 거부할 수 없다는 것을 압니다. 그러니 오시옵소서. ___를 당신의 제자로 부르시옵소서. ___가 "일어나 모든 것을 버리고 따랐다"라는 얘기를 듣기를 간절히 바랍니다.

3월 23일 ● 민수기 36:1-신명기 1:46 / 누가복음 5:29-6:11 / 시편 66:1-20 / 잠언 11:24-26

스스로 의인이라 생각하는 자

예수께서 대답하여 이르시되 건강한 자에게는 의사가 쓸 데 없고 병든 자에게라야 쓸 데 있나니 내가 의인을 부르러 온 것이 아니요 죄인을 불러 회개시키러 왔노라(눅 5:31-32).

우리가 자녀를 위선자로 만드는 것은 때때로 자녀가 거룩하길 바라는 갈망에서 비롯된다. 죄로 인한 자녀의 병듦과 그리스도의 치유의 손길에 대한 필요를 인정하지 못한 채, 우리는 그 아이들을 교회 활동으로 붕대 감고 선행으로 옷 입힌다. 그래서 그들은 마음 상태는 전혀 그렇지 않은데도 건강하고 훌륭해 보이는 법을 배운다.

"죄는 행실의 문제이기에 앞서 언제나 마음의 문제다." 단순히 말하면, 죄는 우리 본성의 일부다. 부모인 우리를 좌절케 하는 것은 우리에겐 자녀의 마음을 변화시킬 능력이 없다는 사실이다. 그래서 열정을 다해 자녀가 옳은 일을 하는지 살피지만, 우리는 어리석게도 자녀의 인생에서 "오직 하나님만이 은혜 가운데 이루실 수 있는 일을 율법에게 요구한다." "일련의 올바른 규칙을 정해 두고, 이를 어겼을 때 어떤 징벌이 따를지 적당히 위협하고, 이를 일관성 있게 시행"하는 데 우리의 희망을 거는 것이다. 또한 자녀의 행동을 규제할 수 있으면 우리 임무를 잘 완수한 것처럼 착각한다.

하지만 만약 백성의 삶에 지속적인 변화를 창조하는 능력이 올바른 규칙(십계명), 처벌에 대한 위협(약속의 땅에서의 추방), 일관된 법의 집행(하나님의 완벽한 공의)에 있다면, 구주가 오실 필요가 없었을 것이다. 하지만 예수님은 오셨고, 죄로 인해 병든 사람들에게 지금도 찾아오신다. 예수님은 오직 그분만이 하실 수 있는 일을 부모인 우리더러 하라고 요구하지 않으신다. 그분은 우리 자녀의 "변화라는 짐을 우리 어깨에서 벗겨내시며" 자신에게로 옮기신다.

◆◇◆◇◆

주님, ___에게 당신의 율법을 가르치고 싶습니다. 그것이 옳고 선하다는 것을 우리는 압니다. 그리고 ___의 인생에서 신실하게 권위와 사랑으로 훈육하고 싶습니다. 우리는 ___의 인생에서 당신의 손에 들린, 마음의 변화를 창조하는 도구가 되고 싶습니다. 우리가 언제 당신을 향한 진정한 사랑을 규칙을 지키는 것으로 대체하고 있는지 보여주옵소서. 당신은 스스로 의인이라 생각하는 자를 부르러 오신 것이 아니라 죄로 인해 병들고 회개의 은혜가 필요한 자를 부르러 오셨다는 사실을 계속해서 상기시켜주옵소서.

3월 24일   ● 신명기 2:1-3:29 / 누가복음 6:12-38 / 시편 67:1-7 / 잠언 11:27

초자연적인 사랑

그러나 너희 듣는 자에게 내가 이르노니 너희 원수를 사랑하며 너희를 미워하는 자를 선대하며 너희를 저주하는 자를 위하여 축복하며 너희를 모욕하는 자를 위하여 기도하라 너의 이 뺨을 치는 자에게 저 뺨도 돌려대며 네 겉옷을 빼앗는 자에게 속옷도 거절하지 말라 네게 구하는 자에게 주며 네 것을 가져가는 자에게 다시 달라 하지 말며 남에게 대접을 받고자 하는 대로 너희도 남을 대접하라(눅 6:27-31).

우리를 사랑하는 자를 사랑하는 것은 자연스럽다. 우리를 반대하는 사람, 우리에게 상처 주거나 욕보이는 사람을 미워하는 것도 꽤 자연스럽다. 그러므로 원수를 사랑하고 원수에게 선을 행하라는 그리스도의 명령을 좀 더 다루기 쉽고 합리적인 것으로 타협하고 싶어 하는 것 역시 자연스럽다. 부모인 우리는 자녀가 이용당한다는 생각을 견딜 수 없어 한다. 그래서 자기를 아프게 하는 사람을 위해 기도하는 법을 가르치기보다는 스스로 보호하고 자립하는 법을 가르치기 쉽다. 그런데 우리 자신은 어떤가?

당신의 집 앞에 주차하는 이웃, 권력을 남용하는 상사, 직무 태만인 심판, 달갑지 않은 변화를 일으키는 교회 지도자에 관해서 당신의 자녀는 당신에게서 어떤 태도를 보고 듣는가? 당신이 그 이웃을 저녁 식사에 초대한다면? 당신의 자녀가 당신이 불평하는 말이 아니라, 상사를 축복하고, 심판에게 감사하고, 교회 지도자를 위해 기도하는 소리를 듣는다면?

영원한 상급을 약속하는 복음은, 우리가 성령님이 이끄시는 이런 행동을 할 때 필요한 자원을 공급해준다. 우리가 원수를 사랑할 때, 우리는 예수님 안에서 온전히 드러난 하나님의 성품을 본받는 것이다. 우리는 주님께 사랑받은 대로 사랑한다. 원수를 사랑하라는 이 명령은 부자연스러운 자비의 행동, 부자연스러운 축복의 말, 부자연스러운 용서의 기도를 요구한다. 초자연적인 사랑에 대한 명령이다.

◆ ◇ ◇ ◆

주님, 저를 반대하는 사람들, 저와 가족에게 상처를 준 사람들을 대할 때 자연스럽게 찾아오는 마음에 의지하지 않겠습니다. 대신 제가 주님께 받은 사랑 대로 사랑하려면 초자연적인 능력이 필요합니다. 당신은 우리가 아직 원수 되었을 때에도 우리를 향한 사랑을 보여주셨던 하나님이십니다. 당신이 사랑하신 것처럼 우리도 사랑할 수 있도록, 그런 사랑으로 저와 ___를 채워주옵소서.

3월 25일

● 신명기 4:1-49 / 누가복음 6:39-7:10 / 시편 68:1-18 / 잠언 11:28

자녀의 눈 속에 있는 티

너는 네 눈 속에 있는 들보를 보지 못하면서 어찌하여 형제에게 말하기를 형제여 나로 네 눈 속에 있는 티를 빼게 하라 할 수 있느냐 외식하는 자여 먼저 네 눈 속에서 들보를 빼라 그 후에야 네가 밝히 보고 형제의 눈 속에 있는 티를 빼리라(눅 6:42).

부모인 우리는 늘 자녀의 생활과 성품과 습관을 눈여겨보면서, 성장과 발전의 영역만큼 아직 성숙과 성화가 필요한 영역에도 주목한다. 말을 험하게 하거나 불평하면 재빨리 자녀를 교정해주고, 핸드폰 보는 시간을 제한하고 군것질의 양을 조절한다. 질투와 교만을 신속히 지적한다.

물론 우리는 자녀에게 애정을 기울여 죄를 성실하게 직면시켜야 한다. 하지만 말하기 전에, 지적하기 전에, 먼저 우리 자신의 허영심과 우상숭배적인 강박과 이기심을 기꺼이 마주하려는 눈으로 거울을 들여다보는 게 지혜로울 것이다. 우리의 자녀는 우리와 똑같은 죄로 씨름하고 있다. 우리가 자기합리화와 침묵에 더 능숙할 뿐이다. 우리는 스스로 점검해서 우리가 자신에게는 허용하는 죄를 자녀에게는 없애라고 훈육하고 있는 것은 아닌지 살펴봐야 한다.

궁극적으로, 자신의 죄에 대해 애통해하며 겸손히 자신을 낮추는 부모는 자녀의 눈 속에 있는 "티"를 다룰 준비가 된 부모다. 우리가 자녀의 죄를 엄하게 다루는 것만큼 우리 자신의 죄도 엄하게 다룬다면, 순종에 대한 헌신과 은혜와 자비에 대한 기대를 동시에 보여준다면, 우리는 자녀 앞에서 그들도 닮고 싶은 그런 진짜 믿음을 살아내게 될 것이다.

주님, 가정에서 위선자가 되고 싶지 않습니다. 그런데 자녀 앞에서 겸손히 제 죄를 고백하기가 너무 어렵습니다. 성화를 위해 성령님께서 제게 능력 주셔야 함을 아이들에게 가르치기가 너무 어렵습니다. 그래도 믿음으로 하겠습니다! 겸손을 선택하고 위선을 근절하는 당신의 능력이 필요합니다. 자녀의 죄를 찾아내고 교정하는 엄격함으로 제 죄를 찾아내고 버릴 수 있도록 도와주옵소서.

3월 26일

● 신명기 5:1-6:25 / 누가복음 7:11-35 / 시편 68:19-35 / 잠언 11:29-31

부지런히 가르치며

너는 마음을 다하고 뜻을 다하고 힘을 다하여 네 하나님 여호와를 사랑하라 오늘 내가 네게 명하는 이 말씀을 너는 마음에 새기고 네 자녀에게 부지런히 가르치며 집에 앉았을 때에든지 길을 갈 때에든지 누워 있을 때에든지 일어날 때에든지 이 말씀을 강론할 것이며 너는 또 그것을 네 손목에 매어 기호를 삼으며 네 미간에 붙여 표로 삼고 또 네 집 문설주와 바깥 문에 기록할지니라 (신 6:5-9).

모세는 하나님의 백성과 함께 약속의 땅을 코앞에 두고 서 있었다. 하지만 그들과 함께 들어갈 수 없었던 그는 하나님께서 그들에게 주신 땅에서 잘 살기 위해 알아야 할 모든 것을 전하는 중이었다. 모세는 그와 함께 서 있는 백성 대부분이 어린아이였거나 아직 태어나지도 않았던 40년 전에 하나님께서 돌판에 새겨주신 십계명을 재차 강조했다.

모세의 설교에 담긴 무게와 지혜는 수 세기를 걸쳐 오늘날 우리에게까지 메아리친다. 모세는 부모가 그 자녀에게 하나님께서 어떻게 애굽의 종살이에서 그들을 구원하셨고 그들 삶의 기준이 될 율법을 주셨는지를, 식탁에 앉았을 때나 길을 갈 때나 밤이나 낮이나 강론해야 한다고 말한다. 달리 말하자면, 하나님의 은혜와 하나님의 율법이 어떤 장소나 상황에서든지 그날 대화의 골자여야 한다는 뜻이다. 그들의 영혼은 하나님의 구원에 의해 형성되었고 삶의 방식은 하나님의 율법을 따라 형성되었기 때문에, 그들이 그런 진리로 자녀와 대화하는 것은 정말 자연스러운 일이었다.

하지만 우리에게는 그게 항상 자연스러운 건 아니다. 우리는 자녀가 우리의 연약함과 궁핍함과 실패를 볼까 봐 두렵다. 하지만 자녀 양육에 관한 이 위대한 성경 구절은 우리가 얼마나 능숙하게 자녀를 양육해야 하는지에 대해서는 말하고 있지 않다. 오히려 우리에게 예수님이 필요함을 얼마나 절감해야 하는지를 상기시켜준다.

◆ ◇ ◆

주님, 이 성경 구절은 처음부터 저를 정죄하는 것처럼 보입니다. 왜냐하면, 저는 마음을 다하고 뜻을 다하고 힘을 다하여 당신을 사랑하고 있지 않기 때문입니다. 하지만 그러기를 원합니다. 저는 전심으로 당신의 명령에 헌신하거나 매일 ___와의 대화에서 부지런히 그것을 가르치지는 못했습니다. 주님, 저에게 당신의 은혜와 용서가 얼마나 필요한지, 당신께서 저에게 그 두 가지를 공급해주신다는 것을 얼마나 확신하는지를 말할 수 있도록 ___와의 대화에서 저의 혀를 주장하여 주옵소서.

3월 27일

● 신명기 7:1-8:20 / 누가복음 7:36-8:3 / 시편 69:1-18 / 잠언 12:1

다만 너희를 사랑하심

여호와께서 너희를 기뻐하시고 너희를 택하심은 너희가 다른 민족보다 수효가 많기 때문이 아니니라 너희는 오히려 모든 민족 중에 가장 적으니라 여호와께서 다만 너희를 사랑하심으로 말미암아, 또는 너희의 조상들에게 하신 맹세를 지키려 하심으로 말미암아 자기의 권능의 손으로 너희를 인도하여 내시되 너희를 그 종 되었던 집에서 애굽 왕 바로의 손에서 속량하셨나니(신 7:7-8).

구약은 하나님의 구원 사역을 소개하기 위해 그분께서 온 땅의 열방 가운데서 선택하신 민족의 이야기를 들려준다. 하지만 그 민족을 선택하신 이유나 목적은 인간의 관점에서는 쉽게 수긍이 갈 만큼 명확하지가 않다. 하나님께서 이스라엘을 사랑하신 이유는 그들이 사랑 받을 만한 어떤 일을 했기 때문이 아니다. 강하거나 수가 많기 때문도 아니다. 하나님이 그들을 사랑하신 것은 그들을 사랑하려고 선택하셨기 때문이다. 하나님은 아브라함과 이삭과 야곱에게 "내가 내 언약을 나와 너 및 네 대대 후손 사이에 세워서 영원한 언약을 삼고 너와 네 후손의 하나님이 되리라"(창 17:7)라고 말씀하시며 그들을 사랑하겠다고 약속하셨다. 그렇다고 그분의 선택은 마구잡이도 아니고 무의미한 것도 아니다. "내가 이스라엘 온 집과 유다 온 집으로 내게 속하게 하여 그들로 내 백성이 되게 하며 내 이름과 명예와 영광이 되게 하려"(렘 13:11) 하였다.

어쩌면 이런 종류의 사랑을 이해할 수 있는 유일한 방법은 자녀를 향한 우리 사랑의 본질과 원천을 탐구하는 것이다. 우리가 자녀를 사랑하는 이유는 그들이 성취한 무언가 때문도 아니고 그들이 필연적으로 사랑스럽기 때문도 아니다. 사실, 자녀를 향한 사랑의 불가해하고 근본적인 본성은 자녀가 최악의 상태일 때, 사랑스럽지 못할 때 가장 잘 드러난다. 우리는 그들을 사랑한다. 왜냐하면 … 우리가 그들을 사랑하기 때문이다! 우리는 그들을 사랑한다. 왜냐하면 그들이 우리 자녀이기 때문이다.

◆ ◇ ◇ ◆

은혜로우신 하나님, 당신은 세상을 창조하시기도 전에 우리를 사랑하셨고 그리스도 안에서 우리를 선택하셔서 당신이 보시기에 거룩하고 흠이 없는 자로 삼으셨습니다. 우리를 예수 그리스도를 통해 당신께로 데려오셔서 당신의 가족으로 입양하시기로 미리 결정하셨습니다. 이것이 당신이 원하셨던 바이고 그것이 당신께 큰 즐거움을 주었습니다. ___ 안에서 일하사 ___가 당신께 꼭 붙어있게 하옵소서. ___가 당신의 자랑과 영광이 되어 당신의 이름을 영광스럽게 하게 하옵소서.

3월 28일

● 신명기 9:1-10:22 / 누가복음 8:4-21 / 시편 69:19-36 / 잠언 12:2-3

결실을 위한 인내

좋은 땅에 있다는 것은 착하고 좋은 마음으로 말씀을 듣고 지키어 인내로 결실하는 자니라(눅 8:15).

예수님은 그분을 따르는 자들의 수가 적을 때 씨 뿌리는 자의 비유를 해석해주셨다. 그들의 눈앞에 이스라엘 백성이 간절하게 기다리고 기다리던 메시아, 약속된 왕이 계셨지만, 그들은 그분을 인정하지 않고 배척했고 무릎을 꿇어 절하기는커녕 돌을 들어 그분을 치려 했다.

씨 뿌리는 비유가 **왜** 백성이 그런 식으로 반응했는지를 설명해주지는 않지만, 그 문제의 원인을 밝혀준다. 인간의 완고함과 얕음과 방종이다.

복음의 씨를 뿌리면서 우리는 그 씨가 우리 자녀의 마음에서 좋은 땅에 떨어지기를 얼마나 기도하는지! 얕은 땅이나 바위 위에 떨어지지 않기를 바란다. 우리는 그들이 마치 자기 생명이 그것에 달려 있다는 듯이 "복음에 꼭 붙어 있기를" 원한다. 실제로 그렇기 때문이다. 우리는 그들이 집 밖에서 복음을 쉽게 놓아버리기를 바라지 않는다. 우리는 복음의 씨가 여러 계절을 지나는 동안 그들의 삶에서 크게 결실하기를 원한다. 하지만 우리는 인내해야 한다. 많은 결실을 짧은 시간에 기대할 수는 없다.

모든 크리스천이 같은 양의 열매를 맺는 것은 아니다. 작물의 결실을 결정짓는 땅의 상태가 다르다. 만약 복음의 씨가 자녀의 인생에 뿌리를 내린다면, 그것은 어느 정도 결실을 볼 것이다. 아주 적은 양일 수도 있다. 지금 당장은 온전히 꽃피우는 회개로 발전하지 못한 채 죄를 깨닫는 양심 정도의 열매를 맺을지도 모른다. 우리가 구하는 것은 아주 작은 결실의 표징이다. 우리에게 필요한 것은 인내다. 자녀가 열매 맺는 제자로 성장하기까지 평생 우리가 뿌린 씨가 많은 결실을 보기를 기다리는 인내다.

◆ ◇ ◇ ◆

아버지, 당신은 최고의 농부이십니다. 당신은 제 마음과 ___의 마음 밭의 상태를 아십니다. 오늘 저의 기도는, 우리가 당신의 말씀을 받을 준비가 되어서 그 말씀이 우리 삶에 깊숙이 심기도록 성령님께서 우리 마음 밭의 구석구석을 경작해달라는 것입니다. 말씀에 매달릴 의지를 주옵소서. 말씀이 꽃피우기까지 인내하며 기다릴 수 있도록 우리를 도와주옵소서.

3월 29일

● 신명기 11:1-12:32 / 누가복음 8:22-39 / 시편 70:1-5 / 잠언 12:4

권위

제자들에게 이르시되 너희 믿음이 어디 있느냐 하시니 그들이 두려워하고 놀랍게 여겨 서로 말하되 그가 누구이기에 바람과 물을 명하매 순종하는가 하더라(눅 8:25).

    누가복음 8장에 기록된 네 가지 장면은 예수님의 사역에서 시간 순서대로 일어난 사건이지만, 누가는 성령의 영감으로 그 기록을 하나로 묶었다. 이 기록에서 우리는 예수님에 관해 특별한 것을 발견하게 되는데, 바로 그분의 권능과 권위다. 첫째, 갈릴리 바다에 폭풍이 몰려왔다. 제자들은 겁에 질렸고 그들이 탄 배는 가라앉기 직전이었다. 그런데 예수님께서 말씀으로 바람을 꾸짖으시자 즉시 잔잔해졌다. 둘째, 귀신 들린 한 남자의 이야기다. 예수님은 더러운 귀신에게 나오라고 명령하셨고, 한바탕 소동 후에 마을 사람들은 전에 미쳤던 자가 정신이 온전해진 것을 보았다. 셋째, 열두 해를 혈루증으로 앓던 여자가 예수님의 옷자락에 손을 대자 혈루증이 즉시 그쳤다. 넷째, 죽었던 회당장의 딸은 예수님께서 일어나라고 이르시자, 일어나 음식을 먹었다.

    누가는 독자들이 예수님의 권능과 권위의 침투하는 본성을 이해하기 원했다. 부모인 우리는 때로 통제 불능을 느낄 때가 있다. 마치 맹렬한 힘을 가진 폭풍 속에서 우리가 통제력을 잃고 가라앉는 것처럼 말이다. 그러나 그런 상황은 그리스도의 통제 안에 있다. 우리는 두려움을 느낄 때가 있다. 원수가 우리와 우리 자녀에게서 온전한 정신과 품위를 빼앗으려고 위협하기 때문이다. 하지만 원수의 능력은 그리스도의 권능에 철저히 굴복한다. 우리는 장기적인 문제들이 해결될 것이라는 소망 혹은 우리 인생의 죽은 장소들에 새로운 생명이 찾아온다는 소망을 포기하라는 유혹을 받는다. 그래서 우리에게는 누가복음 8장에서 발견되는 소망이 필요하다. 좀 더 자세하게 말하자면, 누가복음 8장의 소망을 주시는 분이 필요하다.

◆ ◇ ◇ ◆

예수님, 우리 가정 안에서 일어나는 맹렬한 폭풍을 아십니다. 그리고 그것이 우리를 영원히 난파시키면 어쩌나 하는 두려움도 아십니다. 우리의 혼돈 가운데 당신의 평화를 선포해 주옵소서. 우리 가정의 온전함과 정결함을 위협하는 사탄을 당신도 아시지요. 우리를 사탄으로부터 보호해주옵소서. 예수님, 당신은 끝이 보이지 않는 우리의 장기적인 문제들을 아십니다. 우리를 당신의 치유의 권능으로 만져주옵소서. 예수님, 당신은 우리의 마음속, 관계 속 죽은 장소들을 아십니다. 우리에게 당신의 생명을 불어넣어 주옵소서.

3월 30일
● 신명기 13:1-15:23 / 누가복음 8:40-9:6 / 시편 71:1-24 / 잠언 12:5-7

종

종이 만일 너와 네 집을 사랑하므로 너와 동거하기를 좋게 여겨 네게 향하여 내가 주인을 떠나지 아니하겠노라 하거든 송곳을 가져다가 그의 귀를 문에 대고 뚫으라 그리하면 그가 영구히 네 종이 되리라 네 여종에게도 그같이 할지니라(신 15:16-17).

 처음 만나는 사람에게 자기소개를 할 때 우리는 대개 우리가 누구인지, 무슨 일을 하는지에 관해 어떻게 말할지 조심스레 따져본다. 상대방이 우리 소개를 듣고 우리를 신뢰하고 우리 지위에 대해 이해하기를 원한다. 이와 같은 이해는 바울, 야고보, 베드로, 요한이 신약 서신서의 도입 부분에서 자신들을 언급한 방식에 의미를 더한다.
 그들은 구약의 신명기에 묘사된 지위로 자기를 소개한다. 로마서 1장 1절에서, 야고보서 1장 1-2절에서, 베드로후서 1장 1절에서, 요한계시록 1장 1절에서 각각의 저자들은 스스로 예수 그리스도의 "종"이라고 소개한다. 그것은 마치 그들이 "나에 관한 가장 중요한 사실은 내가 예수 그리스도를 나의 주인으로 삼았다는 것이다. 그분께 순종하는 것이 내 인생의 주안점이고, 그분은 나에게 너무나 소중해서 나는 기꺼이 나 자신을 평생의 종으로 그분께 복속시킨다"라고 말하는 것과 같다.
 종은 단순한 노예가 아니다. 자기가 사랑하고 존경하는 주인을 섬기기 위해 자유를 얻은 후에도 기꺼이 자신을 헌신한 노예다. 이런 종류의 종살이는 자발적으로 선택한 것이다. 강요의 결과가 아닌, 자유의 결과다.

◆ ◇ ◆

나의 주인 되신 나의 주님, 당신이 저를 강제로 종살이하게 하지 않으신다는 걸 깨닫습니다. 당신의 종이 되는 것은 저의 선택입니다. 그리고 저는 선택했습니다. 저는 저의 독립을 버리고 저의 의지를 복종시켜 당신께 충성할 것을 선포합니다.
저는 ___를 양육하면서 그가 무엇을 성취할지 어떤 사람이 될지를 너무 염려합니다. ___를 향한 저의 꿈과 바람의 중심에 예수 그리스도의 종이라는 정체성을 두도록 저를 도와주옵소서. ___가 저와 대화하면서 그리고 오늘을 살면서, 그를 향한 저의 가장 큰 열망이 ___가 예수 그리스도께 굴복하는 자가 되는 것임을 느낄 수 있기를 기도합니다.

3월 31일

● 신명기 16:1-17:20 / 누가복음 9:7-27 / 시편 72:1-20 / 잠언 12:8-9

제 십자가를 지고

이르시되 인자가 많은 고난을 받고 장로들과 대제사장들과 서기관들에게 버린 바 되어 죽임을 당하고 제 삼일에 살아나야 하리라 하시고 또 무리에게 이르시되 아무든지 나를 따라오려거든 자기를 부인하고 날마다 제 십자가를 지고 나를 따를 것이니라(눅 9:22-23).

부모인 우리는 자녀의 앞길이 순탄하기를 원한다. 자녀가 수용되고 환영받기를 원하지, 학대나 따돌림을 당하기를 원하지 않는다. 주변 세상으로부터 미소와 용납을 경험하기를 원하지, 거절이나 비웃음을 원하지 않는다. 하지만 마음 깊숙이 우리는 성품을 형성하는 것이 안락함이 아님을 안다. 겸손을 배우는 것은 박수갈채나 인정으로부터가 아니다. 성실을 테스트하는 것은 편안함이 아니다. 이러한 것들은 역경과 고난이라는 비옥한 땅에서 하나님의 은혜로 자란다.

크리스천 부모인 우리의 가장 큰 소망은 우리의 자녀가 세상의 관점에서 안락하고 성공적인 인생을 사는 게 아니다. 우리의 가장 큰 소망은 자녀가 기꺼이 자기 인생을 그리스도께 바치는 것이다. 그러므로 자녀를 역경으로부터 무조건 보호하기보다는 역경 속에 있는 그들을 위해 기도해야 한다. 하나님께서 각각의 고통스러운 경험을 사용하시어 이 세상의 것들을 의지하는 것에서 점점 멀어지게 하시기를, 예수님의 방식(자기를 부인하고 하나님 나라를 추구하는 방식)이 진정으로 성공적인 인생을 사는 유일한 길임을 확신하게 해주시기를 기도한다.

◆ ◇ ◇ ◆

주님, ___가 당신의 십자가를 지지 않는다면 영광의 면류관도 쓰지 못하리란 걸 압니다. ___의 인생길에 찾아오는 매서운 바람이 ___를 더욱 당신을 닮은 모습으로 만드는 데 사용되게 하옵소서. 당신의 고난에 참여함에는 영원한 기쁨이 있다는 것을 ___에게 더욱 깊이 확인시켜주시고, 당신의 영광에도 참여하게 될 것임을 확신하게 하옵소서.

4월 1일

• 신명기 18:1–20:20 / 누가복음 9:28–50 / 시편 73:1–28 / 잠언 12:10

내가 깨달았나이다

내가 어쩌면 이를 알까 하여 생각한즉 그것이 내게 심한 고통이 되었더니 하나님의 성소에 들어갈 때에야 그들의 종말을 내가 깨달았나이다(시 73:16–17).

    시편 73편에서 아삽은 그가 하나님과 동행하는 인생의 가치에 의문을 제기하다가 미끄러지기 시작해, 나중에는 거의 하나님을 떠날 뻔했던 이야기를 들려준다. 아삽이 하나님의 방식에 좌절하고 세상의 방식을 따르는 만족에 잠시 한눈을 팔았다고 고백할 때, 부모인 우리에게 두려움이 엄습한다. 특히 우리 자녀가 이런 종류의 의문 제기를 한 적이 있다면 더욱 그렇다. 그리고 그리스도를 믿는 믿음을 견고히 붙잡아야 한다고 자녀를 설득하기 위해서 어떻게 해야 할지 즉각적으로 전략 회의에 돌입한다.

    그래서 아삽에게 무엇이 전환점을 가져왔는지를 파악하는 것이 중요하다. 17절을 보면 하나님은 아삽을 그분의 임재 안으로 이끄셨고 하나님을 따르기보다는 세상을 좇는 사람들 앞에 놓인 심판을 그가 더욱 생생하게 이해할 수 있게 하셨다. 아삽은 자신이 여전히 하나님께 속해 있다는 걸 깨달았다. 주님께서 그를 지금까지 붙잡고 계셨고 앞으로도 놓지 않으실 것이다. 아삽의 관점이 변했다. 그는 하나님께서 자기를 영광스런 운명으로 인도하시는 것을 보았고, 주님을 향하여 "하늘에서는 주 외에 누가 내게 있으리요 땅에서는 주 밖에 내가 사모할 이 없나이다"라고 말할 수 있었다.

    그리스도 밖의 인생이 재미와 만족이 있는 곳이라고 생각하는 아들딸들, 그리스도를 섬김에는 고생만 따를 뿐이라고 생각하는 자녀에게도 소망이 있다. 부모인 우리의 소망은 우리의 설득력에 있지 않다. 그리스도를 붙잡는 자녀의 능력에도 있지 않다. 우리의 소망은, 하나님과 하나님을 바라는 자들 앞에 놓인 영광을 거부하는 자들을 기다리고 있는 파멸을 하나님께서 온전히 깨닫게 해주시는 것이다.

◆ ◇ ◆

주권자 하나님이시여, 당신은 저의 피난처이며, 저의 소망이십니다. 그리고 당신이 저보다 더 인내심 많은 부모이신 것에 감사드립니다. 때때로 당신은 당신의 자녀들이 길을 헤매는 걸 허락하십니다. 당신의 방식에 의문을 품는 것도 허락하십니다. 하지만 당신은 당신의 자녀를 보호하시고 그들을 당신께로 가까이 이끄십니다. 그들에게 힘을 주셔서 당신의 말에 귀 기울이게 하시고 당신을 사랑하게 하십니다. 주님, ___의 인생 가운데 일하셔서 ___가 땅에서는 당신 밖에 내가 사모할 이 없다고 고백하게 하옵소서.

4월 2일

● 신명기 21:1–22:30 / 누가복음 9:51–10:12 / 시편 74:1–23 / 잠언 12:11

완악하고 패역한 아들

사람에게 완악하고 패역한 아들이 있어 그의 아버지의 말이나 그 어머니의 말을 순종하지 아니하고 부모가 징계하여도 순종하지 아니하거든 그의 부모가 그를 끌고 성문에 이르러 그 성읍 장로들에게 나아가서 그 성읍 장로들에게 말하기를 우리의 이 자식은 완악하고 패역하여 우리 말을 듣지 아니하고 방탕하며 술에 잠긴 자라 하면 그 성읍의 모든 사람들이 그를 돌로 쳐죽일지니 이같이 네가 너희 중에서 악을 제하라 그리하면 온 이스라엘이 듣고 두려워하리라(신 21:18–21).

    자녀에 대한 애정이 많은 부모라면 이 성경 구절을 떨지 않고 읽기가 어렵다. 우리는 이 말씀을 어떻게 이해해야 할까? 이스라엘 백성이 가나안으로 이동할 준비를 하는 동안, 모세는 그들에게 가나안에서 하나님의 거룩한 백성으로서 어떻게 살아야 할지를 가르쳤다. 그뿐만 아니라 그들의 안전을 위협하는 문제들을 어떻게 다루어야 할지도 설명했다. 그중에는 자기의 유업과 미래의 리더십을 받을 자격이 없는 장자가 있는 가족의 사례도 포함되었다. 그는 말썽꾸러기 어린아이나 반항적인 십 대가 아니라 성품이 기준에 못 미치고 악한 행동을 고집하는 성인을 의미했다.

    하나님께서 자기 백성에게 율법을 주셨을 때, 그분은 부모를 공경하는 것에 대해 상급을 약속하셨다. "그리하면 네 하나님 여호와가 네게 준 땅에서 네 생명이 길리라"(출 20:12). 어리석고 악한 아들은 자기 부모를 공경하지 않을 것이고, 결국 장수의 복 대신 단명의 저주를 경험할 것이다(물론 그의 부모 및 마을 장로들이 그 처벌에 동의할 경우에 말이다).

    이 법으로 처형된 사람의 기록은 없지만, 이러한 지시는 여전히 경고가 되고 어쩌면 우리를 당황케 한다. 왜냐하면 그 법은 하나님의 성품에 그다지 어울리는 것 같지 않기 때문이다. 하지만 이 어두운 장면에는 엄청난 소망이 있다. 수 세기 후에 아버지께 온전히 순종한 한 장자가 사형에 처할 것이다. 그 장자는 모든 패역한 아들이 받아 마땅한 저주를 경험했고 그래서 우리는 그가 경험해야 마땅한 장수의 복을 경험할 수 있다. 그가 극단의 저주를 받았기 때문에 우리는 영원한 복을 누릴 수 있다.

◆ ◇ ◇ ◆

주님, 우리의 완고함과 패역함 때문에 우리가 받아 마땅한 벌을 당신의 순결한 아들에게 지우신 것에 대해 어떻게 감사를 드려야 할지 모르겠습니다. 덕분에 우리는 장수의 복을 경험할 수 있습니다. ___를 이런 복된 삶으로 인도하는 방법을 알려주옵소서. 특히 ___가 완고하고 패역하게 굴 때, 순종을 거부할 때 제가 어떻게 해야 할지를 알려주옵소서.

4월 3일
● 신명기 23:1-25:19 / 누가복음 10:13-37 / 시편 75:1-10 / 잠언 12:12-14

하늘에 기록된 것

그러나 귀신들이 너희에게 항복하는 것으로 기뻐하지 말고 너희 이름이 하늘에 기록된 것으로 기뻐하라 하시니라 … 내 아버지께서 모든 것을 내게 주셨으니 아버지 외에는 아들이 누구인지 아는 자가 없고 아들과 또 아들의 소원대로 계시를 받는 자 외에는 아버지가 누구인지 아는 자가 없나이다 하시고(눅 10:20, 22).

예수님은 일흔 명의 제자들을 둘씩 보내셨고, 그들은 각자가 경험한 초자연적인 능력에 놀라고 기뻐하며 돌아왔다. 그들이 귀신에게 떠나라고 명령하자 귀신들이 순종했다! 예수님은 이것은 사탄의 패배의 시작에 불과하다고 말씀하시며, 이어서 하나님께서 그들을 통해 하신 일로 인해 그들이 느끼는 전율에 관하여 균형감을 갖게 해주셨다. 그들이 훨씬 더 기뻐해야 할 게 있다는 것이었다. 그것은 바로 천국 명부에 그들의 이름이 기록되었다는 안정감이다.

예수님은 하늘을 우러러 성부 하나님께 하나님 나라와 사탄의 궁극적 패배에 관한 비밀을 어린아이와 같은 믿음을 가진 제자들에게 계시해주신 것에 대해 기쁨과 감사를 표현하셨다. 그러고는 제자들에게로 몸을 돌이켜 예수님이라는 위격을 볼 수 있는 눈을 가졌고 예수님의 부르심을 들을 수 있는 귀를 가진 그들이 얼마나 복된지를 말씀하셨다. 비록 구약의 선지자들이 오실 메시아와 그분의 나라에 관해 기록했지만, 그들은 그저 그림자만 보았을 뿐이다. 예수님은 제자들이 예수님이 누구신지를 보고 그분의 나라를 전적으로 받아들이기 시작했기에 정말 기뻐하셨다.

이것이야말로 우리가 자녀에게 그토록 간절하게 원하는 것이다. 우리는 자녀의 이름이 하늘에 기록되어 있는지 확인하고 싶어 한다. 그들이 예수님을 볼 수 있는 눈을 갖기를 원한다. 그리고 "아들과 또 아들의 소원대로 계시를 받는 자 외에는 아버지가 누구인지 아는 자가 없"다는 것을 알기에, 예수님께서 우리 자녀에게 자신을 계시해주시기를 기도한다!

◆ ◇ ◆

주님, 우리 자신의 의로는 주님의 존전에 이름이 기록될 자격이 없다는 것을 잘 압니다. 하지만 ___에게 당신을 계시하심으로써 당신의 은혜를 베풀어 주옵소서. ___에게 당신의 선하심을 보는 기쁨, 당신의 말씀을 듣는 기쁨, 이 어두운 세상에서 악한 세력을 제한하는 일에 쓰임 받는 기쁨을 주옵소서.

4월 4일

● 신명기 26:1–27:26 / 누가복음 10:38–11:13 / 시편 76:1–12 / 잠언 12:15–17

하물며

너희 중에 아버지 된 자로서 누가 아들이 생선을 달라 하는데 생선 대신에 뱀을 주며 알을 달라 하는데 전갈을 주겠느냐 너희가 악할지라도 좋은 것을 자식에게 줄 줄 알거든 하물며 너희 하늘 아버지께서 구하는 자에게 성령을 주시지 않겠느냐 하시니라(눅 11:11–13).

예수님은 제자들이 하나님을 아버지로 여기며 기도하도록 격려하셨다. 끈질기게 기도하는 자들을 향한 아버지의 마음을 이해하도록 돕기 위해, 예수님은 부모의 마음을 헤아려보라고 호소하셨다. 대부분 부모는 자녀의 요구에 긍정적으로 응하기를 원하고 그들의 필요를 채워주고 싶어 한다. 부모의 마음은 자녀의 유익을 향한다.

예수님은 부모들이 자기 마음과 경향성이 자녀에게로 향하는 것을 이해할 때, 하늘 아버지의 마음과 경향성이 그분의 자녀에게로 향하는 것에 대한 통찰력을 얻게 된다고 말씀하신다. 마음이 죄로 오염된 부모도 자녀에게 자비와 선한 의도를 베풀거늘, 하물며 순결하고 거룩하신 하늘 아버지께서 자기 자녀에게 주시려는 것은 어떻겠는가? 우리는 때로는 엄격하고 때로는 완고하고 때로는 속이고 때로는 교만이 가득한 마음으로 자녀를 양육한다. 우리는 자녀에게 항상 무엇이 최선인지 알 만큼 똑똑하지 못하다. 그 말은 곧 우리가 때때로 자녀에게 최선인 것을 주는 게 아니라 우리가 좋게 느끼는 것을 준다는 뜻이다.

그러므로 우리의 자녀에게 육신의 부모보다 더 뛰어나고 지혜로우시고 관대하시며 일관되신 하늘 아버지가 계시다는 사실에 우리는 안식을 누린다. 그분은 자녀의 기도에 선한 것을 주심으로써 응답하신다. 그리고 오직 그분만이 자녀에게 최고의 것(성령님)을 주실 수 있다.

◆ ◇ ◇ ◆

하늘에 계신 아버지, 당신께로 나아올 때 기쁘게 환영해주시고 우리에게 필요한 것을 구하게 하시니 감사합니다! 자녀 양육은 우리의 바닥을 보게 할 때가 많지만, 또한 우리를 당신께로 이끕니다. 그래서 우리는 끊임없이 당신의 도움을 구하고, 당신의 지혜를 구하고, 당신의 문을 두드립니다. 당신께서 우리에게 그리고 ___에게 성령님이라는 좋은 선물을 주시기를 구합니다.

4월 5일   ● 신명기 28:1-68 / 누가복음 11:14-36 / 시편 77:1-20 / 잠언 12:18

복을 받다

네가 네 하나님 여호와의 말씀을 청종하면 이 모든 복이 네게 임하며 네게 이르리니 성읍에서도 복을 받고 들에서도 복을 받을 것이며 네 몸의 자녀와 네 토지의 소산[이]… 복을 받을 것이며 … 네가 들어와도 복을 받고 나가도 복을 받을 것이니라(신 28:2-4, 6).

우리는 자신과 가족과 자녀와 사업과 노력을 위해 하나님의 복을 진심으로 바란다. 게다가 창조주께서 만드신 모든 것을 복 주셨다는 내용이 담긴 성경의 첫 장에서부터 우리는 하나님의 의도가 자기 백성을 복 주시는 것임을 알게 된다. 하나님의 백성이 애굽의 종살이에서 나왔을 때, 하나님은 시내산에서 그들에게 애정을 담아 율법을 주셨다. 모든 명령에는 그 명령에 순종할 때 그들 소유가 될 복이 수반되었다. 그리고 신명기의 맨 마지막에서 모세는 다음 세대에게 가나안 땅에 들어갈 준비를 시키면서 그들이 하나님의 율법에 순종하면 복을 받게 될 것이라는 약속을 상기시켜주었다. 그들의 자녀 역시 복을 받게 될 것이고, 가족이든 나라든 모든 것이 형통할 것이었다.

하지만 바로 다음 부분에서 모세는 그들이 하나님의 율법에 순종하지 아니하면 무슨 일이 벌어지는지를 경고했다. 경고는 무시무시했다. 순종하지 않으면, 그들은 저주를 받고 전쟁에서 패하고 고통당하고 종이 되고 사로잡혀갈 것이었다.

이 성경 구절은 불순종하는 부모로 하여금 복음의 품 안으로 뛰어들게 만든다. 우리는 옛 언약이 아니라 새 언약 아래서 사는 것에 감사하며 무릎을 꿇는다. 우리 인생에서 하나님의 복은 율법에 대한 우리의 완벽한 순종이 아니라 그리스도의 완벽한 순종에 달려 있다. 우리는 자신의 불순종으로 인해 저주를 받을까 봐 두려워하며 살지 않는다. 그리스도께서 우리를 대신하여 저주를 받으셨기 때문이다. 우리는 하나님의 복을 받는다. 우리의 순종을 통해서가 아니라 믿음을 통해서다. 우리는 주어진 자유를 사용하여 기쁘게 순종한다. 저주에 대한 두려움 때문이 아니라 그리스도 안에서 우리에게 예비된 복에 대한 감사로 한다.

◆ ◇ ◇ ◆

주님, 당신께서 주시는 모든 복을 원합니다! 우리 가족에게 복을 주옵소서. 우리 가족이 주변 사람들에게 복이 되게 하옵소서. 우리는 온전히 순종하지 못했지만 그리스도의 완벽한 순종으로 인하여 우리를 축복하여 주옵소서.

4월 6일 ● 신명기 29:1-30:20 / 누가복음 11:37-12:7 / 시편 78:1-31 / 잠언 12:19-20

마음에 할례를 베푸사

내가 네게 진술한 모든 복과 저주가 네게 임하므로 네가 네 하나님 여호와로부터 쫓겨간 모든 나라 가운데서 이 일이 마음에서 기억이 나거든 너와 네 자손이 네 하나님 여호와께로 돌아와 내가 오늘 네게 명령한 것을 온전히 따라 마음을 다하고 뜻을 다하여 여호와의 말씀을 청종하면 네 하나님 여호와께서 마음을 돌이키시고 너를 긍휼히 여기사 포로에서 돌아오게 하시되 네 하나님 여호와께서 흩으신 그 모든 백성 중에서 너를 모으시리니 … 네 하나님 여호와께서 네 마음과 네 자손의 마음에 할례를 베푸사 너로 마음을 다하며 뜻을 다하여 네 하나님 여호와를 사랑하게 하사 너로 생명을 얻게 하실 것이며(신 30:1-3, 6).

    모세가 이스라엘 백성에게 말하길, 그들이 가나안에 들어가고 난 후에 하나님께 불순종하면 그들은 그 땅에서 추방당하고 흩어지게 될 것이었다. 하지만 흩어진 그들을 하나님께서 다시 모으시는 날이 올 것이며, 그때 하나님께서 그들의 마음을 변화시키실 것이다. 이 변화에 관해서 하나님께서 에스겔을 통해서 하신 말씀을 자세히 살펴보자. "또 새 영을 너희 속에 두고 새 마음을 너희에게 주되 … 또 내 영을 너희 속에 두어 너희로 내 율례를 행하게 하리니 너희가 내 규례를 지켜 행할지라"(겔 36:26-27).

    이 일은 오순절에 일어났다. 성령님께서 오셔서 믿음으로 그리스도를 받아들인 자들 안에 거하셨다. 이것은 우리와 우리 자녀가 간절히 필요로 하는 변화다. 하나님의 영이 초자연적으로 역사하시지 않으면 우리 자녀는 주님을 사랑하는 마음도 주님께 순종하는 능력도 갖지 못할 것이다.

    부모인 우리는 이 일을 억지로 만들어낼 수 없다. 다만 자녀가 성령님께 마음을 열도록 분위기를 만들 수 있을 뿐이다. 우리는 가정에서 하나님의 말씀을 읽고 묵상해야 한다. 성령님께 오직 그분만이 하실 수 있는 일, 즉 자녀와 그리스도와의 연합을 이루어달라고 기도해야 한다. 땅의 기초가 세워지기 전에 그리스도 안에서 그들을 택하신 하나님을 선택하라고 자녀에게 독려해야 한다. 그리고 하나님의 영에 의해 변화된 마음을 가지고 사는 아름다움을 그들이 볼 수 있도록 우리가 그런 삶을 살아야 한다.

◆ ◇ ◇ ◆

주님, 성령님 없이는 제 안에 진실로 경건한 삶을 만들어낼 수 없는 것처럼, 저는 ＿＿ 안에 경건한 삶을 만들어낼 수 없습니다. 그러므로 저는 당신께서 우리 마음에 할례를 베푸사 진정한 변화를 만들어내신다는 약속을 꼭 붙들겠습니다. 강요에 의해서가 아니라 자발적인 열망으로 당신께 순종하는 사람들로 우리를 변화시켜주옵소서.

4월 7일　　● 신명기 31:1-32:27 / 누가복음 12:8-34 / 시편 78:32-55 / 잠언 12:21-23

어찌 염려하느냐

또 너희 중에 누가 염려함으로 그 키를 한 자라도 더할 수 있느냐 그런즉 가장 작은 일도 하지 못하면서 어찌 다른 일들을 염려하느냐(눅 12:25-26).

　지금 제자들은 먹을 음식, 입을 의복이 충분한지 염려하고 있다. 우리 역시 '충분한가?' 늘 염려한다. 자녀 문제에 대한 통찰력, 자녀의 필요를 채울 만큼의 에너지, 자녀 교육을 위한 수입, 자녀의 문을 활짝 열 만큼의 영향력이 충분한지 염려한다. 우리는 아들과 딸에게 친구, 재능, 지성, 상식, 꿈, 기회가 충분한지를 염려한다. 그래서 우리는 예수님께서 던지신 질문과 제자들에게 주신 지침에 대해 숙고할 필요가 있다.

　예수님은 그들에게 하나님께서 먹이시는 새들과 하나님께서 아름답게 만드시는 들에 핀 백합화를 보라고 말씀하신다. 가진 것이 충분하지 않음에 대해 염려하라는 유혹이 우리를 찾아올 때, 우리에게는 불신자들이 갖지 않은 것이 있는데, 그것이 모든 차이를 낳는다고 말씀하신다. 바로 우리에게는 우리의 필요를 아시고 필요한 모든 것을 주시는 아버지가 계시다.

　예수님은 제자들에게 염려가 우리의 삶에 실제적인 도움을 끼칠 만한 창조적인 능력을 가졌는지 물으신다. 우리는 이미 답을 안다. 우리가 염려에 쏟아넣는 에너지는 우리에게서 평안을 빼앗아갈 뿐이다. 누구도 염려함으로써 우리의 인생 및 자녀의 인생에 대한 통제력을 갖지 못한다. 우리의 계속되는 염려로는 얻을 게 없다. 우리의 염려는 자녀와 상호작용하는 가운데 분명히 드러나기에 그들이 눈치채지 못할 수가 없다. 자녀에게 미래에 대한 우리의 두려움을 내쉬기 원하는가? 아니면 하나님에 대한 확신을 뿜어내기를 원하는가?

◆ ◇ ◆ ◇ ◆

아버지, 두려워하고 싶지 않습니다. 제 모든 염려를 끌어안은 채 저의 방식대로 머리를 굴리며 밤을 새우기를 원하지 않습니다. 친구와의 대화나 자녀에게 하는 말이 염려의 죄에 젖어들지 않기를 원합니다. 우리는 영원한 하나님 나라와 당신의 약속의 말씀을 붙잡습니다. 우리 안에 그 말씀이 있다면, 우리는 필요한 모든 것을 가진 것임을 믿습니다.

4월 8일

● 신명기 32:28-52 / 누가복음 12:35-59 / 시편 78:56-64 / 잠언 12:24

헛된 말

모세가 이 모든 말씀을 온 이스라엘에게 말하기를 마치고 그들에게 이르되 내가 오늘 너희에게 증언한 모든 말을 너희의 마음에 두고 너희의 자녀에게 명령하여 이 율법의 모든 말씀을 지켜 행하게 하라 이는 너희에게 헛된 일이 아니라 너희의 생명이니 이 일로 말미암아 너희가 요단을 건너가 차지할 그 땅에서 너희의 날이 장구하리라 (신 32:45-47).

모세는 고별 설교를 마쳤다. 이스라엘은 약속의 땅을 소유할 준비가 되었다. 모세는 하나님의 백성이 그 설교를 마음에 새기기를 원했다. 그뿐만 아니라 하나님의 복에 대한 약속과 저주에 대한 경고를 자녀에게 전수해주기를 바랐다. 자녀가 부모의 집에 사는 것만으로는 그 진리를 흡수할 수 없을 것이라고 예상했다. 부모에게는 자녀에게 진리를 전수하겠다는 결단이 필요했다. 하나님의 말씀은 매일 가족 간에 오가는 모든 말 중에서 반드시 선포되어야 했다. 그 말씀은 헛된 말이 아니라, 생명을 전하는 능력을 가진 말이다.

우리 집에 녹음기가 있다면 무엇을 들려줄까? 부모와 자식 간에 오가는 모든 말, 전파와 인터넷을 통해 우리 집 환경에 침투해 들어오는 모든 말, 숨 쉬듯 내뱉는 모든 말을 한번 생각해보라. 지시, 경고, 비난, 격려, 비웃음, 소망 등 정말 많은 말이 있다. 하지만 그중에 많은 말이 생명 없는 헛된 말이다. 그래서 우리는 하나님의 모든 말씀을 자녀에게 전수하라는 모세의 지침을 들을 필요가 있다.

우리의 목표는 자녀가 그저 듣기만 하는 것이 아니라 순종하는 것이어야 한다. 우리 자녀는 교회에서 성경을 배우는 것 이상을 들어야 한다. 부모인 우리가 성경에 관하여 나누는 것을 들어야 한다. 하나님의 말씀이 우리의 생각과 어떻게 서로 만나는지를 들어야 한다. 하나님의 말씀이 우리가 돈과 휴가를 사용하는 방법, 일터에서의 여러 상황에 대처하는 방법, 어려운 관계를 다루는 방법에 대해 어떻게 알려주는지를 들어야 한다. 그것이 바로 많은 시간과 노력을 들여 우리 자녀에게 진정한 생명을 가져다주는 말이다.

◆◇◇◆

주님, 오직 당신만이 제 입술의 말이 생명을 주는 말이 되게 하시는 분입니다. 제게 당신의 진실하고 능력 있는 말이 있기를 구합니다. 그 말이 ___에게 생명을 가져다주게 하옵소서.

4월 9일

● 신명기 33:1-29 / 누가복음 13:1-21 / 시편 78:65-72 / 잠언 12:25

자란다

그러므로 예수께서 이르시되 하나님의 나라가 무엇과 같을까 내가 무엇으로 비교할까 마치 사람이 자기 채소밭에 갖다 심은 겨자씨 한 알 같으니 자라 나무가 되어 공중의 새들이 그 가지에 깃들였느니라 또 이르시되 내가 하나님의 나라를 무엇으로 비교할까 마치 여자가 가루 서 말 속에 갖다 넣어 전부 부풀게 한 누룩과 같으니라 하셨더라(눅 13:18-21).

예수님 시대의 유대인들은 하나님 나라가 권능과 변화를 단숨에 보여주면서 기세등등하게 전체적으로 임하기를 바랐다. 마찬가지로 우리도 그리스도의 통치가 자녀의 삶에 이같이 임하기를 원하는 경향이 있다. 하지만 하나님 나라가 세상에 임하는 방식, 그분의 통치가 우리의 삶과 자녀의 삶에 임하는 방식은 그렇지 않다.

하나님 나라는 작게 시작한다. 마치 성장을 위해서 영양분과 빛을 필요로 하는 작은 씨앗과 같다. 그 시작은 거의 눈에 보이지 않지만 그 안에서부터 일하고 있다. 또한 누룩과 같다. 성령님께서 말씀을 통해 일하시면서 죽은 마음을 살리신다. 시간이 흐르면서 근본적인 내면의 변화가 그 사람의 전인격을 통해 일한다. 그 말은 부모인 우리가 인내해야 한다는 뜻이다. 자녀가 지금 당장은 우리가 바라는 모습이 아닐지라도 실망해서는 안 된다는 뜻이다.

오히려 왕이신 예수님이 자녀의 평생에 걸쳐서 하실 일에 대한 기대감으로 우리를 채워야 한다. 시간이 흐르면 누룩의 영향이 반죽 전체에 퍼지듯, 우리는 자녀의 삶에서 거의 감지할 수 없을 만큼 작게 시작했던 것이 자라나 언젠가 완성될 것임을 확신해야 한다. 하나님의 은혜가 자녀의 삶에 온전히 영향을 끼쳐서 그들을 통째로 변화시킬 것이다. "우리가 다 … 그와 같은 형상으로 변화하여 영광에서 영광에 이르니 곧 주의 영으로 말미암음이니라"(고후 3:18).

◆ ◇ ◇ ◆

주님, 하나님 나라가 우리 가정과 삶에 임하기를 간절히 바랍니다! 당신의 공의와 자비, 당신의 지혜와 방법을 더욱 보고 경험하기를 원합니다. 비록 우리가 바라는 것처럼 단번에 혹은 전체적으로 임하지는 않을 때가 많지만, 하나님 나라는 오고 있습니다. 우리가 자신에 대해 그리고 자녀에 대해 인내할 수 있게 하옵소서. 농부가 씨를 뿌리고 난 후에, 빵 굽는 자가 반죽을 치댄 후에 가져야 하는 인내를 우리에게 주옵소서. 하나님 나라가 ___의 인생 안에서 자라는 모습을 볼 수 있는 엄청난 특권을 주심에 감사드립니다.

4월 10일 ●신명기 34:1–여호수아 2:24 / 누가복음 13:22–14:6 / 시편 79:1–13 / 잠언 12:26

암탉이 제 새끼를 모음같이

예루살렘아 예루살렘아 선지자들을 죽이고 네게 파송된 자들을 돌로 치는 자여 암탉이 제 새끼를 날개 아래에 모음 같이 내가 너희의 자녀를 모으려 한 일이 몇 번이냐 그러나 너희가 원하지 아니하였도다(눅 13:34).

메리엄-웹스터 사전은 암탉을 "성가시거나 반갑지 않은 방식으로 다른 사람들을 염려하거나 사랑하거나 보살피는 사람"이라고 빗대어 정의한다. 이것은 부모인 우리가 자녀를 돌보기 원하는 방식이 아님은 분명하다. 그 대신 우리는 하나님께서 자신을 묘사하신 암탉이 되기를 원한다. 성경 곳곳에서 하나님은 위험으로부터 새끼를 보호하기 위해 그들을 날개 아래 모으는 암탉의 친숙한 이미지를 사용하신다. 새끼의 생명을 보존하기 위해 자기 몸으로 그들을 보호하는 모습이다.

자녀를 우리 가까이 끌어당겨서 모든 위협으로부터 그들을 보호하려는 우리의 본능이 얼마나 깊은지! 게다가 자녀가 자신은 보호가 필요 없다고 생각하는 건 얼마나 전형적인지! 그들은 우리의 사려 깊은 관심과 보호에서 벗어나서 자기만의 방식으로 세상에서 기회를 잡기를 원한다.

우리가 자녀를 보호하기 위해 자녀가 가까이 오기를 바라는 것은, 하나님께서 우리를 양육하시는 방식으로 우리가 그들을 양육하는 것이다. 이런 본능은 하나님이 주신 것이고 하나님을 닮은 것이다. 한편 새끼들은 보호를 바라며 그 부모를 쳐다보게 되어 있다. 하지만 우리는 자녀에게 오직 하나님만이 제공하실 수 있는 훨씬 더 큰 보호 수단이 있다는 것을 반드시 인지해야 한다. 그리스도는 제 새끼를 날개 아래에 모으는 암탉과 같으시다. 오직 그분만이 하나님의 진노로부터 우리를 보호하실 수 있다. 그리스도는 날개 아래의 피난처로 나아오는 모든 이에게 필요한 보호를 제공하신다. 우리와 자녀가 보호받을 수 있도록 그분께서 하나님의 진노를 흡수하셨다.

◆ ◇ ◇ ◆

주님, ___가 당신께로 나아오라는 외침을 들을 때 모든 저항과 독립심을 돌파해주옵소서. ___에게 당신을 향한 건강하고 올바른 두려움을 주옵소서. 그래서 ___가 보호의 필요성을 볼 수 있게 하옵소서. ___에게 당신을 향한 갈망을 주옵소서. 당신의 날개 아래 피난처 외에는 있을 곳이 없게 하옵소서.

4월 11일

● 여호수아 3:1-4:24 / 누가복음 14:7-35 / 시편 80:1-19 / 잠언 12:27-28

이 돌들은 무슨 뜻이니이까

이스라엘 자손들에게 말하여 이르되 후일에 너희의 자손들이 그들의 아버지에게 묻기를 이 돌들은 무슨 뜻이니이까 하거든 너희는 너희의 자손들에게 알게 하여 이르기를 이스라엘이 마른 땅을 밟고 이 요단을 건넜음이라 너희의 하나님 여호와께서 요단 물을 너희 앞에서 마르게 하사 너희를 건너게 하신 것이 너희의 하나님 여호와께서 우리 앞에 홍해를 말리시고 우리를 건너게 하심과 같았나니 이는 땅의 모든 백성에게 여호와의 손이 강하신 것을 알게 하며 너희가 너희의 하나님 여호와를 항상 경외하게 하려 하심이라 하라(수 4:21-24).

  언약궤를 멘 제사장들의 발이 요단강에 닿자마자 남쪽 사해로 흐르던 요단강이 즉시로 멈췄다. 그리고 백성이 마른 땅 위로 건널 수 있도록 물이 한곳에 쌓였다. 그들은 요단강을 건너면서 앞 세대가 40년 전에 어떻게 홍해를 건넜는지를 기억했다. 하지만 여호수아는 그 세대에서 기억이 끝나기를 원치 않았다. 다음 세대도 거기서 무슨 일이 일어났는지를 알기 원했다. 백성을 위해 예비하신 곳으로 이끌기 위해서라면 어디든 길을 만드실 만큼 여호와의 손이 강력하다는 것을 알기 원했다.

  그래서 여호수아는 기념비를 세우라고 지시했다. 사람들은 요단 가운데 마른 강바닥에서 돌 열둘을 택하여 가나안의 유숙할 곳으로 가져가야 했다. 그 기념비는 주님께서 어떻게 이 놀라운 날에 자기 백성을 약속하신 안식으로 인도하셨는지를 결코 잊지 않겠다는 표징이었다.

  우리는 하나님께서 우리에게 행하셨던 선한 일들을 쉽게 잊어버린다. 그래서 하나님은 표징을 주셨다. 우리를 약속의 땅으로 인도하시기 위해 주님이 강력한 손으로 어떻게 역사하셨는지를 상기시켜주는 기념비 말이다. 돌로 만든 기념비 대신 우리는 떡과 포도주로 된 기념비적 성찬에 참여한다. 그래서 우리 자녀가 "이 성찬은 무슨 뜻이에요?"라고 물을 때, 우리가 대답할 준비가 되어 있으면 좋겠다. 하나님께서 이 성찬을 주신 것은 "온 땅의 열방들이 하나님의 손의 강력함을 알게 하기 위해서, 그리고 네가 여호와 너의 하나님을 영원토록 경외하게 하기 위해서"라고 말이다.

◆◇◆◇◆

  주님, 당신께서 주신 기념비적 표징에 감사드립니다. 덕분에 우리는 당신의 십자가 구원 사역을 기억할 것입니다. 약속의 땅에서 누릴 삶과 안식을 고대합니다. 이 성찬의 의미에 대해 자녀에게 가르칠 말을 주옵소서. 그리고 그 안에서 우리에게 약속된 안식을 주옵소서.

4월 12일

● 여호수아 5:1–7:15 / 누가복음 15:1–32 / 시편 81:1–16 / 잠언 13:1

잃어버린 두 아들

아버지가 이르되 얘 너는 항상 나와 함께 있으니 내 것이 다 네 것이로되 이 네 동생은 죽었다가 살아났으며 내가 잃었다가 얻었기로 우리가 즐거워하고 기뻐하는 것이 마땅하다 하니라(눅 15:31–32).

　누가복음 15장에는 잃어버린 보물들이 연이어 나온다. 잃은 양을 찾아 집에 데려온 이야기, 잃은 드라크마를 찾아 함께 즐긴 이야기, 잃은 아들을 기다려 환대한 이야기가 그러하다. 그런데 사실 세 번째 이야기에서 잃어버린 아들은 둘이다.

　한 아들은 "먼 나라"에 있다. 그는 쾌락을 추구하고 책임을 회피하더니 세상이 자신을 채워줄 거라는 환상 속에서 잃어버린 바 된다. 현실에서 세상은 그를 물어뜯고 지독한 빈털터리로 남겨놓는다. 다른 아들은 아버지의 집에 남아 있다. 그러나 절대로 아버지와 마음을 공유하지 않는다. 그는 분노, 독선적인 저항, 오만이라는 안개 속에서 잃어버린 바 된다. 그는 자기가 가장 중요한 것(아버지의 임재)을 잃어버렸다는 사실을 전혀 인지하지 못한다. 그는 아버지께 속한 소유물만을 공유해왔을 뿐이다.

　부모인 우리는 우리가 자랐던 생활 방식과는 전혀 다르게 살고 있는, 우리에게서 벗어난 아들딸들에게 열중하기 쉽다. 그리고 그게 맞다. 잃은 자식은 우리를 슬프게 한다. 하지만 우리는 성부 하나님의 마음은 전혀 공유하지 않은 채 "착한 아이"가 되려고 고군분투하는 아들딸들도 주의 깊게 지켜봐야 한다.

　아버지, 당신의 가족 안에 온갖 종류의 탕자가 있는 것처럼, 우리도 그렇습니다. 그래서 우리는 잃어버린 자들을 찾아 구원해달라고 당신께 호소합니다. 당신과 무관한 것에서 만족을 찾는, 당신에게서 멀리 있는 자들이 돌아오도록 당신께서 일해주옵소서. 만일 가혹한 자비만이 그들을 구원의 은혜로 데려오기 위한 유일한 답이라면, 당신의 놀라운 사랑이 요구하는 만큼 가혹해지옵소서. 그들의 인생이 더욱 곤고하게 될 때, 우리에게 당신의 일하심에 대한 인내와 신뢰와 확신을 주옵소서. 그리고 당신의 일하심이 끝나기 전에 우리가 그들을 구해내려는 유혹을 받을 때, 그것에 저항할 수 있는 은혜와 능력을 주옵소서.
　아무 데도 가지 않았지만 당신께 가까이 있는 것과 당신을 사랑하는 마음으로 당신을 위해 일하는 것을 혼동하는 탕자들을 위해서는, 복음의 은혜가 그들에게 얼마나 필요한지를 보여주옵소서.

4월 13일

● 여호수아 7:16-9:2 / 누가복음 16:1-18 / 시편 82:1-8 / 잠언 13:2-3

괴로움의 골짜기

여호수아가 이르되 네가 어찌하여 우리를 괴롭게 하였느냐 여호와께서 오늘 너를 괴롭게 하시리라 하니 온 이스라엘이 그를 돌로 치고 물건들도 돌로 치고 불사르고 그 위에 돌 무더기를 크게 쌓았더니 오늘까지 있더라 여호와께서 그의 맹렬한 진노를 그치시니 그러므로 그 곳 이름을 오늘까지 아골 골짜기라 부르더라 (수 7:25-26).

하나님께서 여리고성을 무너뜨리시기 직전에, 여호수아는 백성에게 성을 약탈하지 말라고 명령했다. 그러나 아간은 탐욕을 품었고 유혹에 넘어갔다. 그는 성에서 아름다운 외투 한 벌과 은 이백 세겔과 금덩이 하나를 집으로 가져왔다. 아간은 약탈품을 자기 물건과 섞었고 자기 장막 아래 숨겼다. 그는 자신의 죄를 아무도 모를 거라 여겼다.

그 후에 다음 전투가 벌어졌다. 이번에는 하나님께서 자기 백성을 위해 싸우시지 않고 그들을 적에게 넘기신 것처럼 보였다. 여호수아가 하나님 앞에 엎드려 왜 그렇게 비참한 패배에 직면하게 됐는지를 여쭙자, 하나님은 이스라엘이 여리고에서 물건을 도둑질했기 때문이라고 말씀하셨다. 여호수아는 다음 날 아침 일찍 일어나 온 백성을 자기 앞에 나아오게 했는데, 처음엔 지파대로, 다음은 족속대로, 가족대로, 남자대로 나아오게 했다. 결국 아간이 유일하게 남았다. 그는 자백했고, 백성은 골짜기로 가서 아간과 그의 가족을 돌로 쳐 죽였다. 그들은 돌무더기를 크게 쌓았고, 그것을 아골 골짜기(괴로움의 골짜기)라고 불렀다. 죄와 패배와 죽음에 대한 상징이었다.

그 후에 하나님은 호세아 선지자를 통해 "아골 골짜기로 소망의 문을 삼아 주리니"(호 2:15)라고 약속하셨다. 하나님은 이 약속을 바로 그리스도를 통해서 이루셨다. 죄의 상징이었던 돌무더기는 그리스도의 능력으로 빈 무덤이 되었다. 돌들이 굴려졌고, 한때 죄와 수치로 덮였던 가족이 그분의 은혜를 자랑하는 자들이 되었다.

◆ ◇ ◇ ◆

주님, 우리 가족을 풍경화로 그린다면 거기에는 은밀한 습관, 계속되는 속임수, 금지된 욕망의 상징물로 보이는 돌무더기가 있습니다. 당신이 아니었다면, 그것은 거기에 영원히 있을 것입니다. 우리 가족은 아골 골짜기에서 잃어버린 바 될 것입니다. 당신께서 그리스도의 죄 없으신 순종의 능력을 통해 이 골짜기에 임하시어 이곳을 소망의 문으로 바꿔주옵소서. 우리에게 부활의 생명을 불어넣어 주옵소서. 과거의 실패가 우리를 영원히 규정하지 않는다는 확신을 가지고 미래를 바라볼 수 있게 하옵소서.

4월 14일
● 여호수아 9:3-10:43 / 누가복음 16:19-17:10 / 시편 83:1-18 / 잠언 13:4

회개와 용서에 필요한 믿음

너희는 스스로 조심하라 만일 네 형제가 죄를 범하거든 경고하고 회개하거든 용서하라 만일 하루에 일곱 번이라도 네게 죄를 짓고 일곱 번 네게 돌아와 내가 회개하노라 하거든 너는 용서하라 하시더라 사도들이 주께 여짜오되 우리에게 믿음을 더하소서 하니 주께서 이르시되 너희에게 겨자씨 한 알만한 믿음이 있었더라면 이 뽕나무더러 뿌리가 뽑혀 바다에 심기어라 하였을 것이요 그것이 너희에게 순종하였으리라(눅 17:3-6).

"오늘만 일곱 번째라고요." 이 말은 자동차 뒷좌석에서 혹은 놀이방 혹은 저녁 식사 자리에서 아이들에게 흔히 듣는 불평일 수 있다. 우리는 자녀에게 사과하라고 말하고, 당한 쪽에게는 용서하라고 말한다. 하지만 진짜 잘못을 진심으로 회개하고 진심으로 용서하기란 말보다 훨씬 어렵다는 걸 안다. 진심 어린 회개와 용서에는 마음의 기적이 필요하다.

제자들은 근본적인 용서를 위해 필요한 자원이 자신에게는 없다는 걸 인지하고, 예수님께 믿음을 더해달라고 말한다. 하지만 예수님은 그들에게 필요한 것은 **더 많은** 믿음이 아니라고 대답하신다. 그들에겐 이미 충분하다. 예수님은 그들의 마음 안에 복음이 (겨자씨만 한 크기일지라도) 있기만 한다면 용서에 필요한 만큼을 가진 것이라고 말씀하신다. 이것은 우리와 우리 자녀에게도 동일하다. 하나님께서 우리를 엄청난 죄의 빚으로부터 용서하신 것을 믿는 믿음이 있다면, 다른 사람의 빚을 용서하는 데 필요한 만큼의 믿음을 가진 것이다.

하나님의 용서하심을 겨자씨만큼이라도 깨달았다면 우리의 마음을 깨뜨려서 우리 자신의 극악함과 하나님의 자비를 받아들이기에 충분하다. 반대로, 우리에게 상처를 준 상대방에게 자비를 베풀 수도 있다. 예수님은 우리가 그분처럼 타인을 용서하기를 원하신다. 하지만 우리 힘으로는 할 수 없는 걸 아신다. 그러나 우리가 예수님 안에 있다면, 우리는 우리만이 아니다.

◆ ◇ ◇ ◆

주님, 때때로 우리가 가족 안팎에서 경험하는 깊은 상처와 계속되는 공격을 당신께 맡기기엔 우리의 믿음이 부족해 보입니다. 서로에게 용서를 베풀기 위해 우리가 자신의 죄와 당신의 관대하심을 깨닫도록 도와주옵소서. 우리 자녀에게 그저 용서하라고 요구하고 싶지 않습니다. 자녀가 부모의 삶에서 그런 용서를 볼 수 있기를 원합니다.

4월 15일 ● 여호수아 11:1-12:24 / 누가복음 17:11-37 / 시편 84:1-12 / 잠언 13:5-6

향수병

만군의 여호와여 주의 장막이 어찌 그리 사랑스러운지요 내 영혼이 여호와의 궁정을 사모하여 쇠약함이여 내 마음과 육체가 살아 계시는 하나님께 부르짖나이다(시 84:1-2).

시편 84편은 향수병에 걸린 어느 열성적인 고라 자손의 간절한 바람을 표현한 노래다. 예루살렘 성전을 향하는 순례자들은 여호와 안에서의 기쁨을 고양하고 여호와의 집에 들어가는 놀라운 특권에 눈과 마음을 열도록 이 시편을 불렀다. 이는 자신의 영혼에 세상이 제공하는 어떤 것도 여호와의 집이 주는 기쁨과 즐거움에는 비할 수 없다는 신념을 각인시키는 방법이었다.

순례자들이 갈망하는 것은 단순히 장소에 국한되지 않는다. 그 갈망의 참된 대상은 살아 계신 하나님이었다. 그것은 우리가 자녀에게 바라는 향수병, 즉 자녀를 붙잡아줄 하나님을 향한 열망이다. 우리는 그 갈망이 그들을 여호와의 집 가까이 이끌어 그들이 하나님의 백성 가운데서 거처를 발견하기를 바란다. 하나님의 복에 대한 약속을 붙들며 그들이 자기 인생의 가장 어려운 때가 하나님이 복을 내려주시는 때임을 깨닫고 하나님의 일하심을 기대하기 바란다. 하나님의 은혜와 영광을 믿으며 그들이 그분의 선하심을 계속해서 사모하기를 바란다.

◆ ◇ ◆

주님, 제 영혼에 당신을 향한 향수병이 생기기를 원합니다. 저에게 그런 열정이 없으면서 ___가 당신을 향해 열정을 갖기를 기도할 수는 없습니다. 당신의 선하심에서 오는 기쁨과 당신의 사랑스러우심을 볼 수 있는 눈을 제게 주옵소서. 새 예루살렘으로 가는 순례길에 제 마음을 고정하게 하옵소서.
___가 눈물 골짜기를 걸을 때, 그곳을 샘솟는 소망의 장소로 만들어주옵소서. 당신의 복을 내려주옵소서. ___가 평생 순례의 여정을 가는 동안, ___가 새 예루살렘에서 당신 앞에 서는 날까지 계속해서 성장하게 하옵소서.

4월 16일

● 여호수아 13:1-14:15 / 누가복음 18:1-17 / 시편 85:1-13 / 잠언 13:7-8

나는 죄인이로소이다

세리는 멀리 서서 감히 눈을 들어 하늘을 쳐다보지도 못하고 다만 가슴을 치며 이르되 하나님이여 불쌍히 여기소서 나는 죄인이로소이다 하였느니라 내가 너희에게 이르노니 이에 저 바리새인이 아니고 이 사람이 의롭다 하심을 받고 그의 집으로 내려갔느니라 무릇 자기를 높이는 자는 낮아지고 자기를 낮추는 자는 높아지리라 하시니라(눅 18:13-14).

바리새인과 세리에 관한 예수님의 이야기가 시작된다. "또 자기를 의롭다고 믿고 다른 사람을 멸시하는 자들에게 이 비유로 말씀하시되"(9절). 예수님은 바리새인의 엄격한 율법 준수와 토라를 암송하는 열심 너머 그들의 마음속 깊은 곳을 들여다보셨다. 또한 타인을 오만하게 꾸짖는 독선을 보셨다.

우리는 스스로 독선적이라고 생각하고 싶어 하지 않는다. 하지만 그것을 깨닫지 못하면 무관심과 우월감을 풍기게 된다. 우리는 타인과의 대화에서 은연중에 그들의 도덕 기준과 음악과 선호하는 뉴스 채널에 대한 반감을 드러낸다. 타인에 대해 이야기하는 자녀에게서도 그런 모습을 볼 수 있다. 우리 말은 마치 모든 사람이 우리와 같다면 세상은 훨씬 더 좋은 곳이 될 거라는 생각처럼 들릴 수 있다.

하지만 하나님은 '그 사람은 그게 문제야'라는 대화를 '나는 이게 문제야'라는 대화로 바꾸기 원하신다. 하나님은 우리를 회개의 자리, 그분의 자비를 의지하는 자리로 인도하기 원하신다. 완고한 마음은 결코 아무것도 인정하지 않는다. 하지만 하나님의 백성이 마음을 녹여 자기의 죄를 고백할 때, 그때가 예수님의 임재가 우리 가운데 느껴지는 때다. 그리스도의 아름다우심이 우리 삶을 통해 그리고 우리 가족을 통해 빛나게 하는 것은, 우리의 완벽함이 아니라 우리의 회개다.

◆ ◇ ◇ ◆

주님, 타인의 잘못과 죄에 대해 이야기하는 것은 우리 자신의 죄를 고백하는 것보다 훨씬 쉽습니다. 그래서 그 부분이 우리가 가정에서 모범을 보여야 할 영역(제가 먼저 회개하는 자가 되어야겠다)이라는 것을 깨닫습니다. 주님, 유혹에 대항하여 싸울 필요가 없는 사람, 유혹당할 때 절대 실패하지 않는 사람인 것처럼 스스로 높였던 것을 용서해주옵소서. 가족 앞에서 겸손히 죄를 직시하는 용기와 은혜를 주옵소서. 그래서 그저 부모와 자녀가 아니라 그리스도 안에서 형제자매가 되게 하옵소서.

4월 17일

● 여호수아 15:1-63 / 누가복음 18:18-43 / 시편 86:1-17 / 잠언 13:9-10

사람이 할 수 없는 것

예수께서 그를 보시고 이르시되 재물이 있는 자는 하나님의 나라에 들어가기가 얼마나 어려운지 낙타가 바늘귀로 들어가는 것이 부자가 하나님의 나라에 들어가는 것보다 쉬우리라 하시니 듣는 자들이 이르되 그런즉 누가 구원을 얻을 수 있나이까 이르시되 무릇 사람이 할 수 없는 것을 하나님은 하실 수 있느니라 (눅 18:24-27).

    부자가 예수님에게서 돌아선 건, 그가 세상을 사랑했기 때문이다. 이 이야기가 우리를 조금 겁나게 만드는 건, 우리는 자녀가 세상을 얼마나 사랑하는지 알기 때문이다. 그들은 세상의 쾌락과 기술을 사랑한다. 유명세에 대한 세상의 약속과 출세하는 길, 세상의 오락과 유혹을 사랑한다. 세상이 주는 것들로부터 그들을 떼어내서 그들에게 하나님 나라가 약속하는 것에 대한 열망을 심어줄 방법을 생각해내기란 정말 어려워 보인다. 그런데 현실은 훨씬 더 절망적이다. 부모가 자녀로 하여금 세상보다 그리스도와 그분의 은혜를 더 사랑하도록 하는 것은 **불가능하다**. 그러면 우리는 어떻게 해야 하는가?

    이 불가능한 일을 가능하게 하기 위해서는 하나님을 전적으로 의지해야 한다. 세상의 것들과 사고방식이 자녀를 사로잡은 것을 보고 실망이 몰려들 때, 우리는 무릇 사람이 할 수 없는 것을 하나님은 하실 수 있음을 기억해야 한다. 그들의 마음속 깊이 변화가 있을 거라는 소망과 기대가 어리석어 보일 때, 우리는 주님의 한없는 자비와 은혜를 기억해야 한다. 자녀가 변화하도록 설득하고, 그들이 하나님 나라에 관심을 두도록 하고, 진리를 듣지 못하게 막는 견고한 진을 뚫는 일을 우리는 할 수 없지만, 하나님은 하신다. 우리 자녀의 미래와 운명은 우리가 할 수 있는 일에 의해 결정되지 않는다. 변화는 반드시 일어난다. 하나님께서 우리를 위해 불가능한 일을 하시기 때문이다.

◆ ◇ ◆

주님, 제가 계획을 세우고 조종하던 모든 것에서 손을 떼고 당신의 능력과 목적을 마음에 새겨야 한다고 말씀하시는 음성을 듣습니다. 제가 ___의 부모로서 영향력은 있을지 몰라도 사망에서 생명을, 무관심에서 열정을, 세상에 대한 깊은 애착에서 그리스도에 대한 새로운 애정을 창조해내는 능력은 없습니다. 하지만 당신은 하십니다. 제게는 불가능한 일을 당신께서 ___의 마음과 삶 가운데 해주시기를 간절히 구합니다.

4월 18일

● 여호수아 16:1–18:28 / 누가복음 19:1–27 / 시편 87:1–7 / 잠언 13:11

참 아브라함의 자손

예수께서 이르시되 오늘 구원이 이 집에 이르렀으니 이 사람도 아브라함의 자손임이로다 인자가 온 것은 잃어버린 자를 찾아 구원하려 함이니라(눅 19:9–10).

예수님이 마을에 오신 날, 삭개오는 예수님이 누구신지 보고 싶었다. 그런데 돌무화과나무에 올라가 있던 삭개오는 예수님께서 그가 누구인지를 이미 알고 계셔서 깜짝 놀라고 말았다. 예수님은 부자라는 환상 속에서 잃어버린 바 된 이 사람, 자기탐욕을 채우기 위해 주변 사람들을 재정적으로 괴롭힌 이 사람을 열심히 추격하고 계셨다. 예수님은 삭개오에게 그날 그의 집 손님이 되어야겠다고 말씀하셨다.

예수님 시대에 누군가와 음식을 같이 먹는 것(그의 집에 가서 식사를 하는 것)은 친밀한 교제의 표시였고, 상대를 받아들인다는 의미였다. 예수님은 삭개오에게 만약 네가 네 삶을 정결하게 한다면 그를 받아주겠다고 말씀하지 않으셨다. 예수님은 순서를 뒤집으셨다. 예수님은 삭개오를 받아주셨고, 그 용납이 이 세리 안에서 역사하여 결국 그를 변화시켰다. 식탁에서 보여주신 예수님의 은혜가 삭개오의 마음속에 깊은 변화를 낳았다. 삭개오는 모세의 율법을 알고 있었다. 다른 사람의 것을 훔친 자는 자기 죄를 고백하고 상대방에게 20퍼센트를 덧붙여 갚아야 했다. 하지만 이제 삭개오는 그 계율을 따르는 데만 관심을 두지 않았다. 예수님의 은혜가 그의 마음속에서 일하자 그는 율법의 요구보다 훨씬 더 많은 돈을 돌려주겠다고 맹세했다.

아브라함의 육체적 후손인 것에 대단한 자부심을 느끼는 바리새인들은 예수님의 선택을 매우 못마땅해했다. 그들은 은혜에 대해 불평했지만, 삭개오는 은혜로 인해 관대해졌다. 회개를 삶으로 증명하겠다는 그의 열망과 결단은 아브라함에게 돌려진 칭의가 삭개오에게 실제가 되었음을 보여준다. 참 아브라함의 자손인 삭개오가 신뢰하는 대상은 자기가 쌓아둔 돈에서 그리스도의 구원의 풍요로움으로 옮겨졌다.

◆ ◇ ◇ ◆

주님, 은혜의 복음이 우리를 변화시켜 우리가 참 아브라함의 자손임을 보여주기를 원합니다. 자신을 돌보는 데만 빠져 있던 사람들이 희생과 기쁨으로 즐거이 나누는 가족으로 변화되기를 원합니다. 교회의 성도만이 당신의 권속인 것처럼 생각하며 살지 않겠습니다. 우리 가정에 임한 구원이 여기에 사는 각 사람을 변화시키기를 원합니다.

4월 19일

• 여호수아 19:1-20:9 / 누가복음 19:28-48 / 시편 88:1-18 / 잠언 13:12-14

재난이 가득하며

여호와 내 구원의 하나님이여 내가 주야로 주 앞에서 부르짖었사오니 나의 기도가 주 앞에 이르게 하시며 나의 부르짖음에 주의 귀를 기울여 주소서 무릇 나의 영혼에는 재난이 가득하며 나의 생명은 스올에 가까웠사오니 나는 무덤에 내려가는 자 같이 인정되고 힘없는 용사와 같으며(시 88:1-4).

때때로 우리는 자녀와 관련해서 짧고 강한 고난을 겪는다. 하지만 때로는 훨씬 더 깊고 지속적이며 아주 다루기 힘든 문제들(만성 질환, 끊어지지 않는 중독, 계속되는 갈등)을 겪는다. 그럴 때 우리는 소진되고 만다. 한 줄기 빛도 볼 수 없고 소망의 이유도 찾을 수 없는 심연에 빠진다.

시편 88편의 기자는 그런 고달픔을 이해하는 것 같다. "나의 영혼에는 재난이 가득하며"라고 말한다. 마치 하나님께 잊힌 것 같다. 늪에 빠졌는데 남은 힘도 없고 외롭다. 눈물이 흐르고 보이는 건 어둠뿐이다. 시편의 애가들은 대개 한 줄기의 빛을 보며 하나님을 신뢰하고 붙드는 결단으로 끝을 맺는다. 그러나 이 시편은 그렇지 않다. 아무런 해결책이 없어 보인다. 그럼에도 소망이 있다.

이 시편은 여호와께, 무력하고 무관심한 하나님이 아니라 "내 구원의 하나님"께 주야로 부르짖는 자들에게 말한다. 작은 결론에조차 이를 수 없을 때도, 소망을 분명히 말할 수 없을 때도, 긴 기다림에 지치고 어려울 때도, 모든 것이 암울해 보일 때도 믿음은 결국 실상이 된다.

성령의 영감을 받은 이 시편을 함께 부르는 부모는 여호와께서 듣지 않으시는 것 같고 일하기를 거절하시는 것처럼 느껴질 때도 그분 앞에 계속해서 나아오게 된다. 그리고 이 시편은 비록 구속의 빛이 희미해 보일지라도 구원의 하나님은 우리의 어려운 환경을 뚫어내실 능력이 있는 유일한 분이라는 사실을 깨닫도록 도와준다.

◆ ◇ ◇ ◆

내 구원의 하나님이여, 견딜 수 없는 상황에 대한 절망으로부터 저를 건져주옵소서. 이 처절한 고통으로 인해 당신께 부르짖기보다는 당신에게서 도망하려는 제 버릇으로부터 저를 건져주옵소서. 당신이 저를 잊으셨고 제게 화가 나셨으며 제게서 그 얼굴을 돌리셨다고 말하는, 제 머릿속 목소리로부터 저를 건져주옵소서. 제 어둠 속으로 오셔서 저에게 빛을 비춰주옵소서.

4월 20일   ● 여호수아 21:1-22:20 / 누가복음 20:1-26 / 시편 89:1-13 / 잠언 13:15-16

선한 말씀이 다 응하였더라

여호와께서 이스라엘의 조상들에게 맹세하사 주리라 하신 온 땅을 이와 같이 이스라엘에게 다 주셨으므로 그들이 그것을 차지하여 거기에 거주하였으니 여호와께서 그들의 주위에 안식을 주셨으되 그 조상들에게 맹세하신 대로 하셨으므로 그들의 모든 원수들 중에 그들과 맞선 자가 하나도 없었으니 이는 여호와께서 그들의 모든 원수들을 그들의 손에 넘겨 주셨음이니라 여호와께서 이스라엘 족속에게 말씀하신 선한 말씀이 하나도 남음이 없이 다 응하였더라(수 21:43-45).

하나님은 이스라엘의 조상인 아브라함에게 믿기 어려운 약속을 주셨다. 그의 자손이 사백 년 동안 종살이를 할 것이고, 그 후에는 하나님께서 그들을 데리고 나와 그들에게 주려고 작정하신 땅으로 인도하실 것이라는 약속이었다. 하나님은 이스라엘의 지도자인 여호수아에게 오셔서 이렇게 말씀하셨다. "강하고 담대하라 너는 내가 그들의 조상에게 맹세하여 그들에게 주리라 한 땅을 이 백성에게 차지하게 하리라"(수 1:6). 하나님은 전쟁에서 그들보다 앞서가서 하나님의 거룩한 땅에 살고 있는 원수를 제거하겠다고, 그래서 그의 백성이 거기서 임마누엘 하나님과 함께 안전하게 안식을 누리며 살게 해주겠다고 약속하셨다. 여호수아서의 끝부분에 가면, 하나님께서 아브라함과 그 자손에게 주신 약속 중에 단 하나도 성취되지 않은 게 없음을 발견한다. 하나님의 백성은 그 땅에서 안식을 누렸다.

이것이 우리에게 깊은 위로를 주는 것은, 아브라함과 그 자손에게 주어지고 성취된 약속이 장차 주어질 더 큰 약속의 그림자이기 때문이다. 하나님은 믿음으로 아브라함의 자손이 될 모든 자에게 그 약속을 주셨다. 지금도 하나님은 우리 인생의 악한 충동과 습관으로부터 그 영토를 점점 더 되찾아오고 계신다. 우리 인생을 거룩한 땅으로 만들고 계신다. 우리의 더 위대한 여호수아(예수 그리스도)께서 진정 젖과 꿀이 흐르는 땅으로 우리를 인도해주실 날이 올 것이다. 천국이 바로 우리가 항상 갈망하던 그 땅, 가나안이 가리키던 그 땅, 최후에 거처가 될 그 땅이다.

◆ ◇ ◇ ◆

주님, 우리에게 약속된 유업을 향해 우리의 눈을 들게 하옵소서. 당신의 거룩한 땅에 들어갈 때 상속에 대한 기대감으로 우리 마음을 채워주옵소서. 그리고 주님, 우리 가족이 함께, 한 명도 빠짐없이 그곳에 있기를, 그곳에서 당신의 안식을 누리기를 간절히 원합니다. 우리 모두를 당신의 거처로 데려가 주옵소서.

4월 21일

● 여호수아 22:21-23:16 / 누가복음 20:27-47 / 시편 89:14-37 / 잠언 13:17-19

올무와 덫

너희가 만일 돌아서서 너희 중에 남아 있는 이 민족들을 가까이 하여 더불어 혼인하며 서로 왕래하면 확실히 알라 너희의 하나님 여호와께서 이 민족들을 너희 목전에서 다시는 쫓아내지 아니하시리니 그들이 너희에게 올무가 되며 덫이 되며 너희의 옆구리에 채찍이 되며 너희의 눈에 가시가 되어서 너희가 마침내 너희의 하나님 여호와께서 너희에게 주신 이 아름다운 땅에서 멸하리라 (수 23:12-13).

 우리에게는 자녀를 위한 참 많은 기도 제목이 있다. 그중에서도 가장 상위 목록에 있는 것은, 그들이 그리스도를 사랑하는 사람, 그들의 삶 전체를 아우르고 정체성을 규정하는 이 헌신을 함께할 사람과 결혼하는 것이다. 하지만 종종 믿는 자녀들조차도 그러한 깊은 관계를 대수롭지 않게 여기다가 그리스도를 삶의 구석으로 밀어내버리는 결혼생활, 혹은 믿지 않는 배우자를 하찮게 대해서 양쪽을 다 외롭고 불행하게 만드는 결혼생활로 결말이 나기도 한다.

 자녀의 마음이 그리스도를 믿지 않는 사람과 얽히게 될 때, 자녀는 그리스도를 삶의 중심으로 세우는 데 전혀 혹은 거의 관심이 없는 사람이 자신을 장기간에 걸쳐 비참하게 만들 수 있다는 현실을 받아들이지 않는다. 그들은 어떻게든 자신의 경우는 예외가 될 거라고 믿는다. 그들은 믿지 않는 배우자가 자신의 기독교 신앙을 지지해줄 거라고 주장하며, 그 둘이 영혼의 단짝이라고 확신한다. 무분별하고 낙관적인 그들은 자신의 열정과 헌신이 모든 장애물을 극복할 거라고 확신한다.

 그래서 우리는 이 구약의 말씀이 현시대를 살아가는 자녀들에게 역사할 수 있도록 도와야 한다. 불신자와의 로맨틱한 얽힘이 올무와 덫이 될 잠재성을 그들에게 납득시켜야 한다. 지금은 행복을 약속하는 것 같지만 평생 크나큰 슬픔과 외로움을 가져다줄지 모른다는 사실을 말이다.

◆ ◇ ◇ ◆

주님, ___가 당신께서 당신의 자녀에게 주실 축복을 누리기 원합니다. 배우자와 더불어 한 몸으로서 마음과 마음, 영혼과 영혼이 통하는 축복을 누리기 원합니다. 믿지 않는 자와 멍에를 함께 맬 때 겪을 수 있는 비참한 현실에서 ___가 어떻게든 자신은 예외가 된다고 생각하지 않도록 당신의 말씀과 경고를 사용하옵소서. ___에게 지혜와 훈계를 주옵소서. 그리고 다른 모든 열정을 통제할, 당신을 향한 열정을 주옵소서.

4월 22일
● 여호수아 24:1-33 / 누가복음 21:1-28 / 시편 89:38-52 / 잠언 13:20-23

오늘 택하라

그러므로 이제는 여호와를 경외하며 온전함과 진실함으로 그를 섬기라 너희의 조상들이 강 저쪽과 애굽에서 섬기던 신들을 치워 버리고 여호와만 섬기라 만일 여호와를 섬기는 것이 너희에게 좋지 않게 보이거든 너희 조상들이 강 저쪽에서 섬기던 신들이든지 또는 너희가 거주하는 땅에 있는 아모리 족속의 신들이든지 너희가 섬길 자를 오늘 택하라 오직 나와 내 집은 여호와를 섬기겠노라 하니(수 24:14-15).

아브람의 조상은 갈대아 우르에 살았다. 거기서 그들은 달의 신을 숭배했다. 나중에 그의 후손은 애굽에 살았다. 거기서는 태양, 나일강, 많은 다른 거짓 신들을 숭배했다. 여호수아는 그들이 가나안(그곳 사람들 역시 많은 이방 신을 숭배했다)에 들어갈 준비를 할 때, 집에서 섬기던 우상들을 제거하라고 요구했다. 일부 가족들이 이방 신들과 관련된 그림과 조각상을 애굽에서부터 지녀온 게 틀림없다. 여호수아는 그들에게 모든 거짓 신을 버리고 여호와만을 섬기라고 요구했다. 그때 그들은 기쁘게 '예스'라고 대답했다. 여호수아가 그들이 그 원대한 약속대로 살지 못할 거라고 경고했을 때, 그들은 "아니니이다 우리가 여호와를 섬기겠나이다"(수 24:21)라고 말했다.

분명 그날 그들의 마음은 원했지만, 날과 해가 흐를수록 그들의 육신은 약하다는 게 밝혀졌다. 우리 또한 마찬가지다. 우리는 가족이 물질주의 앞에 절하기를 바라지는 않지만, 어딜 가나 그놈의 광고가 눈을 사로잡는다. 성적 타락의 신을 섬기기를 바라지는 않지만, 우리가 보는 모든 미디어를 검열하기란 어렵다. 이미지나 성공의 신을 숭배하기를 바라지는 않지만, 매일 소셜미디어에 완벽한 가족의 모습을 보여주고 싶어 하는 자신을 발견한다.

이러한 현실 앞에 우리는 무엇을 해야 할까? 포기하고 세상과 같이 살 것인가? 결코 그럴 수 없다. **오늘** 우리 가족은 여호와를 섬기기로 선택한다. 그리고 내일도 동일하게 선택한다. 앞으로 계속해서 그분을 섬기기로 선택할 수 있도록 능력 주시기를 기도한다.

◆ ◇ ◇ ◆

주님, 우리는 우리의 삶에 똬리를 틀고 있는 거짓 우상들을 치워버리고 싶지만, 그렇게 하지 못한다는 것을 압니다. 우리는 오늘 선택해야 합니다. 포기하지 않고 우리의 거짓 우상들을 끈질기게 밝혀내게 하옵소서. 그것들이 다시는 우리 가정에 돌아오지 못하도록 그것들을 멀리 던져버릴 의지를 주옵소서.

4월 23일
● 사사기 1:1-2:9 / 누가복음 21:29-22:13 / 시편 90:1-91:16 / 잠언 13:24-25

주의 영광을 우리 자녀에게 나타내소서

주여 주는 대대에 우리의 거처가 되셨나이다 … 아침에 주의 인자하심이 우리를 만족하게 하사 우리를 일생 동안 즐겁고 기쁘게 하소서 우리를 괴롭게 하신 날수대로와 우리가 화를 당한 연수대로 우리를 기쁘게 하소서 주께서 행하신 일을 주의 종들에게 나타내시며 주의 영광을 그들의 자손에게 나타내소서(시 90:1, 14-16).

모세는 나라가 없는 사람이었다. 애굽을 떠났으나 가나안에는 들어가지 않았다. 이 시편이 쓰일 때 하나님의 백성에게도 나라가 없었다. 그래서 우리는 모세가 가나안 땅, 약속의 땅을 이스라엘의 거처로 묘사할 거라 예상한다. 하지만 모세는 시편을 이렇게 시작했다. "주여 주는 대대에 우리의 거처가 되셨나이다." 모세는 우리의 진정한 거처는 장소가 아니라 하나님임을 알았다.

이 세상을 살며 광야에서 방황할 때, 우리의 마음이 갈망하는 안전과 안식과 평안은 하나님 안에서만 발견할 수 있다. 모세는 이것이 대대에 그래왔음을, 그가 오기 전 모든 세대와 그가 간 후 모든 세대가 사망과 죄 아래 있음을 깨달았다. 우리는 모두 하나님 안에서 진정한 거처를 발견해야 한다.

그래서 모세는 우리(많은 세대 중의 하나)에게 하나님께 호소하는 내용을 담은 노래를 선물한다. 우리가 하나님 안에 우리의 거처를 만들고자 할 때 우리에게 가장 필요한 것을 구하는 노래다. 우리에겐 인생의 덧없음에 관한 세계관이 필요하다. 그래야 이 땅에서의 시간이 영원하리라고 보지 않는다. 우리에겐 인생이 이 땅의 악과 고통으로 끝나지 않고 하나님의 영광으로 영원히 빛나게 되리라는 소망이 필요하다. 우리와 우리 자녀의 인생에서 그분의 구속과 부활의 능력을 경험하기를 갈망한다. 그래서 우리는 대대에 우리의 거처가 되신 하나님께 노래한다.

◆ ◇ ◆

주님, 인생의 덧없음을 깨닫도록 우리를 가르치사 우리가 지혜로운 마음을 얻게 하옵소서. 아침마다 당신의 인자하심으로 우리를 만족하게 하사 죽는 날까지 기쁨을 노래하게 하옵소서. 우리를 괴롭게 하신 날수대로 우리를 기쁘게 하옵소서! 화를 당한 연수대로 선으로 채워주옵소서. 당신의 종인 우리에게 당신의 일하심을 나타내시고, 우리의 자녀에게 당신의 영광을 나타내옵소서.

4월 24일 • 사사기 2:10–3:31 / 누가복음 22:14–34 / 시편 92:1–93:5 / 잠언 14:1–2

그 후에 일어난 다른 세대

그 세대의 사람도 다 그 조상들에게로 돌아갔고 그 후에 일어난 다른 세대는 여호와를 알지 못하며 여호와께서 이스라엘을 위하여 행하신 일도 알지 못하였더라 이스라엘 자손이 여호와의 목전에 악을 행하여 바알들을 섬기며 애굽 땅에서 그들을 인도하여 내신 그들의 조상들의 하나님 여호와를 버리고 다른 신들 곧 그들의 주위에 있는 백성의 신들을 따라 그들에게 절하여 여호와를 진노하시게 하였으되(삿 2:10–12).

이스라엘 백성이 출애굽 하여 홍해를 건널 당시 어린아이였던 세대가 다 죽었다. 이레 동안 여리고를 돌고 그 성벽이 무너지는 것을 보았던 다음 세대도 떠났다. 그리고 끔찍한 일이 벌어졌다. 약속의 땅에 첫발을 내디뎠던 사람들이 자기 자녀에게 살아 있는 믿음을 전수하는 데 실패한 것이다. 이 새로운 세대는 여호와와 그분의 전능하신 구원과 인도하심, 예비하심에 관한 이야기를 **듣기는** 했지만 **경험하지는** 못했다. 번영 속에 태어나 그들 주변의 충돌하는 문화가 제시하는 여러 선택지 중에서 영적인 의미를 찾는 데 매료당한 이 세대는 우리와 닮아 있다. 그들은 하나님의 말씀을 지독히도 낡은 것, 자신과 상관없는 것으로 여겼다.

부모인 우리는 자녀에게 살아 있는 믿음을 전수해줄 비밀 공식을 원하지만, 그런 게 존재하지 않음을 알고 좌절한다. 그러나 우리 자녀는 우리가 과거에 혹은 현재에 하나님을 어떻게 경험했는지 **듣는** 것 이상이 필요하다. 그들은 믿음을 시험대에 올리는 일을 지속적으로 **경험하는** 것이 필요하다. 그럼에도 우리는 가족이 하나님을 유일한 소망이요 공급자요 담보로 의지하게 하는 상황을 가능한 한 피하려고 한다. 하지만 다음 세대가 하나님을 알려면, 성경 이야기 혹은 올바른 교리 이상을 알아야 한다. 그들은 하나님의 구원에 대한 약속을 신뢰하는 것이 무엇을 의미하는지 경험해야 한다. 우리가 섣불리 자녀의 구원자가 되어서는 안 된다. 우리는 기꺼이 자녀가 하나님께서 그들을 구원하기 위해 오셔야 한다는 필요성을 경험하게 해야 하고, 그분이 어떻게 그 일을 이루시는지 발견하게 해야 한다.

◆ ◇ ◇ ◆

주님, 이스라엘의 다음 세대 이야기가 우리 가정의 다음 세대 이야기가 되지 않기를 원합니다. 우리는 ___가 자기의 인생 가운데 당신의 구원하시는 능력을 단지 읽거나 들을 뿐만 아니라 경험하기를 갈망합니다. 당신을 바라보게 할 모든 환난과 필요로부터 제가 ___를 보호하고 스스로 구원자가 되려고 애쓰지 않게 하옵소서.

4월 25일

● 사사기 4:1-5:31 / 누가복음 22:35-53 / 시편 94:1-23 / 잠언 14:3-4

하나님의 영광스러운 공의를 비추소서

여호와여 그들이 주의 백성을 짓밟으며 주의 소유를 곤고하게 하며 과부와 나그네를 죽이며 고아들을 살해하며 말하기를 여호와가 보지 못하며 야곱의 하나님이 알아차리지 못하리라 하나이다 백성 중의 어리석은 자들아 너희는 생각하라 무지한 자들아 너희가 언제나 지혜로울까(시 94:5-8).

우리 자녀가 괴로움 당하는 것을 보는 것만큼 우리의 피를 끓게 만드는 것은 없다. 우리는 자녀를 보호하고 자녀에게 해를 끼친 사람들을 벌하겠다고 결심한다. 그 대상은 아이를 깨문 유치원 친구부터 부당한 코치나 교사, 마음을 상하게 한 여자친구나 남자친구에게까지 확대된다. 물론 우리가 아끼는 자녀에게 훨씬 더 악한 일, 훨씬 더 해로운 일이 일어날 때도 있다.

그럴 때 우리는 불타오르는 복수심을 어떻게 다뤄야 할까? 우리 자녀의 인생에 악행을 벌인 자에게 정의가 실현되지 못할 것 같을 때 우리는 어떻게 해야 할까?

시편 94편은 그런 우리에게 기도할 바를 알려준다. 우리는 복수하시는 하나님께 호소해야 한다. 그분의 영광스런 공의(우리의 것보다 훨씬 더 순결하고 강력한 공의)로 어두운 우리의 상황에 빛을 비추어 달라고 기도해야 한다. 시편 저자는 여호와께서 듣지 아니하시겠느냐고, 보지 아니하시겠느냐고 되묻는다. 그분은 가해자의 은밀한 생각과 동기를 모르지 않으신다. 그러므로 범법자들의 죗값에 대한 심판을 하나님께 맡기라고 권한다. 하나님의 타이밍과 방법과 완벽한 공의를 신뢰하라는 것이다. 여호와께서 우리의 요새가 되신다는 것을 신뢰하면, 우리는 좌절과 분노에 소모되지 않은 채 그날이 이를 때까지 기다릴 수 있다.

◆ ◇ ◆ ◇ ◆

주님, 자녀에게 해를 끼친 자들이 마땅한 벌을 받는다는 데 제 마음에 의심이 가득할 때, 당신의 위로가 제게 새로운 소망과 생기를 줍니다. 당신의 완벽한 공의가 그들이 받을 벌이나 십자가에서 그들을 위해 치러진 벌로써 온전히 충족되리란 것을 신뢰하도록 저를 도와주옵소서. 당신은 제 요새이십니다. 그곳에서 저는 냉소와 절망에서 벗어나 안식을 찾습니다. 당신은 전능하신 반석입니다. 저는 그곳에 몸을 숨기고 당신의 위로를 경험합니다.

4월 26일 ● 사사기 6:1-40 / 누가복음 22:54-23:12 / 시편 95:1-96:13 / 잠언 14:5-6

내가 너와 함께하리니

여호와께서 그를 향하여 이르시되 너는 가서 이 너의 힘으로 이스라엘을 미디안의 손에서 구원하라 내가 너를 보낸 것이 아니냐 하시니라 그러나 기드온이 그에게 대답하되 오 주여 내가 무엇으로 이스라엘을 구원하리이까 보소서 나의 집은 므낫세 중에 극히 약하고 나는 내 아버지 집에서 가장 작은 자니이다 하니 여호와께서 그에게 이르시되 내가 반드시 너와 함께 하리니 네가 미디안 사람 치기를 한 사람을 치듯 하리라 하시니라(삿 6:14-16).

    절망적인 상황이었다. 칠 년 동안 미디안이 때마다 이스라엘을 공격했고 모든 가축을 탈취해갔으며 토지소산을 모두 멸해서 백성이 굶주리게 만들었다. 이스라엘 백성은 두려워하며 도시를 떠나 동굴로 숨어들었다. 마침내 그들은 여호와께 도와달라고 부르짖었고, 여호와는 구원자를 지명하셨다. 하지만 그는 주저했다.

    기드온은 자기가 얼마나 부적합한지 잘 알고 있었다. 그런데 흥미롭게도, 천사는 머뭇거리는 기드온에게 그의 잠재력을 확신시키거나 그의 자신감을 키워주며 격려하지 않았다. 대신 기드온의 절망적인 현실에 하나님으로부터 온 신뢰가 스며들도록 했다. "내가 반드시 너와 함께하리니." 여호와께서 그에게 약속하셨다.

    우리는 하나님께서 주저하는 종들에게 이런 말씀을 하시는 걸 전에도 보았다. 바로와 맞서기를 원치 않은 모세에게 하나님은 말씀하셨다. "내가 반드시 너와 함께 있으리라"(출 3:12). 가나안 사람들이 사는 성들을 목전에 둔 여호수아에게 하나님은 말씀하셨다. "내가 모세와 함께 있었던 것 같이 너와 함께 있을 것임이니라"(수 1:5).

    어쩌면 우리는 이 말의 가치를 평가절하하고 있는지도 모른다. 사실 이 약속과 함께라면 우리는 정말 어려운 상황에도 담대하게 맞설 수 있다. 이 약속 아래서 우리 자녀는 낯선 학교, 새로운 도전, 거대한 유혹에 용감하게 맞설 수 있다. 하나님은 우리의 질문에 세세하게 대답하지는 않으시지만, 지극히 본질적인 것을 공급하신다. 바로 그분이 우리와 함께하신다는 확신이다.

◆ ◇ ◇ ◆

    주님, ___는 이 땅에서 보이지 않는 통치자들과 권세들과 이 어둠의 세상 주관자들과 하늘에 있는 악의 영들을 상대해 싸워야 합니다. 이때 당신께서 ___와 함께하심을 알기를 기도합니다. 그리고 이 원수들을 상대해서 승리했을 때, 그것이 ___의 힘이나 능력에 있지 않고 ___가 약할 때 드러나는 당신의 능력과 충만하심에서 비롯한 것임을 알게하옵소서.

4월 27일

● 사사기 7:1-8:17 / 누가복음 23:13-43 / 시편 97:1-98:9 / 잠언 14:7-8

나를 기억하소서

달린 행악자 중 하나는 비방하여 이르되 네가 그리스도가 아니냐 너와 우리를 구원하라 하되 하나는 그 사람을 꾸짖어 이르되 네가 동일한 정죄를 받고서도 하나님을 두려워하지 아니하느냐 우리는 우리가 행한 일에 상당한 보응을 받는 것이니 이에 당연하거니와 이 사람이 행한 것은 옳지 않은 것이 없느니라 하고 이르되 예수여 당신의 나라에 임하실 때에 나를 기억하소서 하니 예수께서 이르시되 내가 진실로 네게 이르노니 오늘 네가 나와 함께 낙원에 있으리라 하시니라 (눅 23:39-43).

    가족 구성원이 그리스도에 대해 전혀 관심을 보이지 않거나 그리스도를 비방할 때 우리는 소망을 잃기 쉽다. 우리가 영원히 그리스도의 임재 안으로 들어갈 때 그가 우리와 함께하지 않을지도 모른다고 생각하면 마음이 찢어진다. 하나님과 상관없는 그 사람의 미래에 관해서는 생각하고 싶지 않다.

    그래서 주님 곁에 매달려 인생을 마치게 된 이 범죄자가 우리에게 소망을 준다. 마침내 그는 예수님의 거룩하심과 존귀하심과 왕 되심을 보았다. 만약 그가 십자가에서 내려올 수 있었다면, 그는 "유대인의 왕"이라는 조롱의 표시 아래 매달리신 이분 앞에 무릎을 꿇어 절했을 것이다. 결국, 이 범죄자는 삶의 마지막 순간에 자신의 죄를 보았다. 그는 자기가 받는 형벌이 자기에게 마땅하다고 생각했다. 자기의 요구가 얼마나 터무니없는지 알고 있지만, 그럼에도 구했다. 그에게는 용납 받을 만한 도덕적 이력이 없지만, 그저 자기의 죄와 예수님에 대한 절실한 필요를 인정했다.

    삶의 마지막 순간에 그리스도를 믿은 이 범죄자의 이야기는 우리가 사랑하는 이들, 아직은 그리스도가 필요함을 모르는 그들을 위해 끝까지 기도하도록 우리를 독려한다. 그들이 자신의 죄인 됨을 깨닫고, 깨닫는 만큼 구주를 더욱 크게 보게 되기를 기도한다. 자비로운 왕이신 그분은 그분과 함께하고자 열망하는 우리에게 우리가 그분과 영원히 살 것을 확답하신다.

◆◇◆◇◆

왕이신 예수님, 제가 사랑하는 사람을 위해 기도합니다. 당신에게서, 그리고 당신의 은혜와 자비에서 멀어진 채 살고 있는 ___의 굳은 마음을 녹여주옵소서. 당신을 비방하는 냉소주의로부터 ___를 건져주옵소서. ___의 눈을 열어주셔서 하나님 나라의 아름다움과 가치를 보게 하옵소서. ___가 당신 앞에 무릎을 꿇게 하시고, 당신이 임재하시는 그 낙원을 그가 무엇보다 갈망하게 하옵소서.

4월 28일
● 사사기 8:18-9:21 / 누가복음 23:44-24:12 / 시편 99:1-9 / 잠언 14:9-10

우리를 다스리소서

그 때에 이스라엘 사람들이 기드온에게 이르되 당신이 우리를 미디안의 손에서 구원하셨으니 당신과 당신의 아들과 당신의 손자가 우리를 다스리소서 하는지라 기드온이 그들에게 이르되 내가 너희를 다스리지 아니하겠고 나의 아들도 너희를 다스리지 아니할 것이요 여호와께서 너희를 다스리시리라 하니라 기드온이 또 그들에게 이르되 내가 너희에게 요청할 일이 있으니 너희는 각기 탈취한 귀고리를 내게 줄지니라 하였으니 이는 그들이 이스마엘 사람들이므로 금 귀고리가 있었음이라(삿 8:22-24).

    자녀에게 성경을 읽어주고 가르치다 보면 종종 당혹스러울 때가 있다. 하나님께 순종하는 삶을 사는 것 같았는데 그 과정에서 실패하는 사람들을 어떻게 설명해야 할지 난감하다. 노아는 당대 사람들로부터 구별되어 방주를 지었지만, 나중에 술에 취해 분별력을 잃고 말았다. 아브라함은 하나님의 명령을 좇아 고향을 떠났지만, 나중에 제 목숨을 위해 사라가 자기 여동생이라고 거짓말을 했다. 모세는 바로에게 담대히 맞섰지만, 나중에 백성이 물을 구하며 항의했을 때 반석을 쳐서 자기 의를 드러내고 말았다. 그리고 오늘 기드온도 마찬가지다. 그는 적은 무리의 사람들을 이끌고 미디안과의 싸움에서 승리했다. 그는 스스로 이스라엘 왕이 될 사람이 아니라고 인정하는 것처럼 보였지만, 결국 왕으로 대접받는 것과 왕의 특권을 누리는 것에 저항하지 못했다.

    우리를 실망시킨 경건해 보이는 사람들에게 어떻게 반응해야 할지 고민하게 하는 것은, 성경 이야기만이 아니다. 우리 자녀는 교회에서 성장해가는 긴 세월 동안 구설에 오르는 지도자들, 권력을 남용하는 지도자들, 신앙을 저버리는 지도자들을 목격할지도 모른다. 하나님의 종들 위에 모순의 그림자가 드리운 것을 보면서 실망하는 자녀들에게 우리는, 우리의 진정한 통치자가 누구신지와 그 의로운 왕께로 향하는 길을 계속해서 가리켜야 한다.

◆ ◇ ◇ ◆

주님, 우리는 하나님의 백성이 되는 복을 누리고 있습니다. 우리의 자녀는 양 떼를 돌보는 선한 목자들을 보고 자라는 복을 누리고 있습니다. 우리의 자녀가 그리스도의 몸 된 교회에서 발견하는 한결같음과 신실함과 참된 믿음에 감사드립니다. 하지만 당신께서 뜻하신 바대로 살지 못하는 크리스천들로 인해 실망하는 일이 있으리란 것도 압니다. 그래서 ___의 마음을 교회에 대한 냉소주의로부터 지켜주시기를 기도합니다. ___를 당신의 백성에 대한 환멸감에서 건져주옵소서. ___에게 당신이 교회의 진정한 통치자이시고, 당신은 결코 실패하거나 실망시키지 않으실 것을 분명히 밝혀주옵소서.

4월 29일

● 사사기 9:22-10:18 / 누가복음 24:13-53 / 시편 100:1-5 / 잠언 14:11-12

진정한 복음 전파

또 [예수께서] 이르시되 이같이 그리스도가 고난을 받고 제삼일에 죽은 자 가운데서 살아날 것과 또 그의 이름으로 죄 사함을 받게 하는 회개가 예루살렘에서 시작하여 모든 족속에게 전파될 것이 기록되었으니 (눅 24:46-47).

   부활 후에 예수님은 제자들이 "죄 사함을 받게 하는 회개"의 메시지를 모든 족속에게 전파해야 한다고 선포하셨다. 오늘날 제자 된 우리는 우리 가정에도 이 메시지가 선포되고 있는지를 자문해야 한다. 아니면 우리의 자녀는 도덕과 선행과 시민 정신에 관한 메시지만 듣고 있는 것은 아닐까?

   당신의 가정에서 선포되는 복음이란 무엇인가? 열심히 일하고 사람들을 잘 대우하면 하나님께서 복을 주실 것이라는 내용인가? 권위를 존중하고 주일마다 교회에 가면 훌륭한 삶을 사는 것이라는 내용인가? 그런 활동도 얼마의 가치가 있지만, 그것은 예수 그리스도의 복음이 아니다. 우리는 가정에서 진정한 복음 전파자가 되기 원한다!

   용서의 필요성을 말하는 부모, 용서받음의 기쁨을 발견하는 부모, 가족을 진정한 회개로 이끄는 부모가 진정한 복음 전파자다. 엄마 아빠에게서 구체적인 죄의 고백을 듣고 자란 자녀는 용서가 필요한 자기의 죄를 (하나님과 부모에게) 감추지 않게 될 것이다. 부모에게서 진정한 변화를 보고 자란 자녀는 하나님의 능력이 자기를 변화시킨다는 사실을 훨씬 쉽게 믿을 것이다. 이렇게 복음을 선포하는 것은 단순히 자녀에게 그리스도를 받아들이라고 도전하는 것 이상이다. 우리가 (우리의 선행에 기초해서가 아니라 우리의 악행이 용서받았기 때문에) 그리스도에 **의해** 받아들여졌다는 인식을 가지고 사는 것이다.

◆ ◇ ◇ ◆

주님, 제가 스스로 겸손히 낮추어 저에게 구주가 필요하다는 사실을 ___에게 보여줄 수 있도록 도와주옵소서. 삶을 변화시키지 못하는 비실제적인 복음을 입술로만 부지런히 떠들지 않기를 원합니다. 우리 가정이 죽어가는 세상에 당신의 복음을 전파하는 역할을 감당하기 원합니다. 진정 회개하는 모든 자에게 죄의 용서가 있음을 서로에게 선포하는 일에서부터 시작할 수 있도록 우리를 도와주옵소서.

4월 30일 ● 사사기 11:1–12:15 / 요한복음 1:1–28 / 시편 101:1–8 / 잠언 14:13–14

하나님께로부터 난 자

그가 세상에 계셨으며 세상은 그로 말미암아 지은 바 되었으되 세상이 그를 알지 못하였고 자기 땅에 오매 자기 백성이 영접하지 아니하였으나 영접하는 자 곧 그 이름을 믿는 자들에게는 하나님의 자녀가 되는 권세를 주셨으니 이는 혈통으로나 육정으로나 사람의 뜻으로 나지 아니하고 오직 하나님께로부터 난 자들이니라(요 1:10–13).

    자녀가 태어난 날은 출산의 고통이 형언할 수 없는 기쁨으로 바뀌는 잊지 못할 날이다. 하지만 우리나 자녀에게는 첫 번째 출생만큼이나 중요한, 또 다른 출생이 필요하다. "혈통으로나 육정으로나 사람의 뜻으로 나지 아니하고 오직 하나님께로부터 난" 출생이다. 왜 그런가? 사람은 영적으로 죽은 상태로 태어나기 때문이다.

    우리의 자녀가 영적으로 죽은 상태로 태어난다는 생각은 받아들이기 어려울 수 있다. 그들이 성장함에 따라, 우리는 그들에게 결점도 있고 개선이 필요한 부분도 있다는 걸 인정한다. 하지만 그들의 영적인 상태는 훨씬 더 심각하다. 성경은 하나님께서 우리 안에 탄생시키신 생명의 기적과는 별개로 우리가 모두 영적으로 죽은 채 태어난다고 말한다. 우리의 자녀는 겉으로는 건강해 보이지만 안으로는 어떠한 영적인 생명도 소유하지 못한 채 살아갈지도 모른다.

    하지만 우리가 육체적인 출생을 결정할 수 없는 것과 마찬가지로, 영적인 출생도 결정할 수 없다. 성령님이 우리에게 역사하셔야만 한다. 그렇다면 이 일은 어떻게 일어나는가? 우리가 더 이상 우리의 힘과 노력으로 삶을 꾸려나가려고 애쓰지 않고 예수님께 "저는 주님이 필요합니다. 주님 없이는 저에게 생명도 소망도 없습니다. 주님 안에서만 진정 살아 있는 인생이 되기를 원합니다. 저에겐 주님의 통치가 필요합니다. 제 전인격을 변화시키시고 당신께서 저를 다스려주옵소서"라고 요청할 때 우리는 새 생명으로 태어난다.

◆ ◇ ◆

    주님, ___에게 당신을 인지할 수 있는 능력을 주옵소서. ___가 당신을 거부하지 않게 하옵소서. ___에게 믿음과 의지와 하나님의 자녀가 되는 권세를 주옵소서. ___가 영적으로 죽은 채 육체만 살아 있는 삶을 살지 않기 원합니다. ___를 영원한 생명으로 불러주옵소서.

5월 1일

● 사사기 13:1-14:20 / 요한복음 1:29-51 / 시편 102:1-28 / 잠언 14:15-16

여호와께로부터 나온 일

그의 부모가 그에게 이르되 네 형제들의 딸들 중에나 내 백성 중에 어찌 여자가 없어서 네가 할례 받지 아니한 블레셋 사람에게 가서 아내를 맞으려 하느냐 하니 삼손이 그의 아버지에게 이르되 내가 그 여자를 좋아하오니 나를 위하여 그 여자를 데려오소서 하니라 그 때에 블레셋 사람이 이스라엘을 다스린 까닭에 삼손이 틈을 타서 블레셋 사람을 치려 함이었으나 그의 부모는 이 일이 여호와께로부터 나온 것인 줄은 알지 못하였더라(삿 14:3-4).

마노아와 그의 아내는 아들 삼손이 어떤 인물이 될지, 어떤 일을 하게 될지 기대하며 살았다. 그들은 삼손에게 하나님의 율법을 가르쳤고 삼손이 자랄 때에 하나님의 영이 강하게 임하는 것을 보았다. 그러던 어느 날, 딤나 출신의 블레셋 여자가 삼손의 눈을 사로잡았다. 부모의 오랜 가르침도, 훈련도, 기도도, 희생도 삼손을 억제할 힘이 없어 보였다. 삼손의 부모는 엄청난 충격을 받았을 게 틀림없다. 하지만 사사기의 저자는 한 가지 사실을 우리에게 밝힌다. "그의 부모는 이 일이 여호와께로부터 나온 것인 줄은 알지 못하였더라"(4절). 이방신들을 섬기는 여자와 결혼해 그분의 율법을 어기려는 삼손의 욕망을 통해 어떻게 하나님이 일하실 수 있을까?

삼손의 부모가 그의 요구에 반대하는 게 당연했고, 그의 욕망은 분명 정숙하지 못했다. 하지만 여호와는 그분의 큰 그림을 이해하지 못하는 부모의 한계에 묶이거나 자녀의 어리석음에 제한되지 않으신다. 하나님은 그분의 목적을 이루시기 위해 우리의 죄악과 어리석음까지도 사용하실 수 있다. 그 사실은 부모인 우리에게 소망을 준다. 우리의 자녀가 지혜롭지 못한 결정을 내릴 때, 우리가 그들의 죄악 된 선택 중에서 하나님의 일하심을 보지 못할 때 그렇다. 단지 우리가 이해할 수 없다는 이유로, 하나님께서 우리 자녀의 인생에서 일하실 기회를 만들고 계시지 않는다고 말할 수 없다.

◆ ◇ ◇ ◆

주님, 우리가 ___를 신실하게 가르치고 기도하고 훈육하고 사랑해왔지만, 우리의 죄와 부적합함을 숙고하면, 당신께서 하시는 일의 큰 그림을 늘 온전히 이해할 수는 없다는 사실에서 오히려 위로를 발견합니다. 우리 인생과 ___의 인생에 당신이 주권자 되심을 찬양합니다. 당신은 ___의 어리석은 선택조차도 합력하여 선을 이루시는 주권자이십니다. 오늘 우리는 당신께서 우리가 볼 수 없는 방식으로 일하고 계심을 신뢰하기로 선택합니다.

5월 2일   ● 사사기 15:1-16:31 / 요한복음 2:1-25 / 시편 103:1-22 / 잠언 14:17-19

그가 우리의 체질을 아시며

아버지가 자식을 긍휼히 여김 같이 여호와께서는 자기를 경외하는 자를 긍휼히 여기시나니 이는 그가 우리의 체질을 아시며 우리가 단지 먼지뿐임을 기억하심이로다(시 103:13-14).

 부모인 우리는 스스로에게 엄격하기 쉽다. 우리의 결점과 위선을 너무나 잘 안다. 우리가 양육받은 방식으로는 자녀를 양육하지 않겠다고 굳게 결심하지만, 본능적으로 비슷한 패턴을 따르는 자신을 발견한다. 우리는 경청하고 싶지만, 산만하다. 같이 놀고 싶지만, 해야 할 일이 산더미다. 도움이 되도록 개입하고 싶지만, 내뱉는 말의 상당수가 경우에 맞지 않는 것 같다. 자녀 양육에 기울인 노력이 항상 좋은 결과를 가져오는 것도 아니다.

 그래서 여기 시편 103편에서 우리는 자녀 양육에 실패한 부모, 화내고 안달하거나 냉담한 부모를 위한 좋은 소식을 발견한다. 우리에겐 긍휼이 많고 상냥하신 성부 하나님이 계시다. 그분은 우리를 비난하지도 시험하지도 않으신다. 우리의 한계와 좌절에 마음을 쓰신다. 우리가 받은 불완전한 양육이 우리의 양육 방식에 어떻게 영향을 미쳤는지를 우리보다 더 잘 아신다. 우리의 믿음과 훈련과 일관성과 지혜와 관계 기술이 얼마나 약한지를 아신다. 우리가 '먼지'일 뿐임을 아시며, 이 통제할 수 없는 세상에서 마찬가지로 통제 불가능한 자녀를 양육하기 위해 최선을 다하고 있다는 것을 기억하신다.

 불완전한 부모를 위한 좋은 소식은, 우리에게 완벽한 부모가 계시다는 것이다. 그분은 우리의 실패를 사용하시어 그분을 영화롭게 하실 만큼 강하고 신실하시다. 그분의 능력과 강함을 보여주시기 위해 우리의 연약함 안에서 그리고 그 연약함을 통해서 일하신다.

◆ ◇ ◇ ◆

아버지, 우리가 ___를 양육하는 동안, 당신께서 우리의 아버지가 되어주셔야 합니다. 당신의 지혜와 안내가 필요합니다. 우리를 후회에서 벗어나게 할, 당신의 친절이 필요합니다. 장차 자녀를 양육하며 우여곡절과 갈등을 겪을 우리의 모습을 오래도록 지켜봐주실 당신의 긍휼이 필요합니다. 당신을 경외하는 부모, 본래 먼지로 만들어졌으나 당신의 생기를 받은 부모가 되도록 우리를 도와주옵소서.

5월 3일 ● 사사기 17:1-18:31 / 요한복음 3:1-21 / 시편 104:1-23 / 잠언 14:20-21

육으로 난 것은 육이요

예수께서 대답하시되 진실로 진실로 네게 이르노니 사람이 물과 성령으로 나지 아니하면 하나님의 나라에 들어갈 수 없느니라 육으로 난 것은 육이요 영으로 난 것은 영이니 내가 네게 거듭나야 하겠다 하는 말을 놀랍게 여기지 말라 바람이 임의로 불매 네가 그 소리는 들어도 어디서 와서 어디로 가는지 알지 못하나니 성령으로 난 사람도 다 그러하니라 (요 3:5-8).

존경받는 종교지도자인 니고데모가 신학적인 대화를 나눌 수 있을까 해서 예수님을 찾아왔다. 특히, 그는 예수님의 기적을 조사하러 왔다. 하지만 예수님은 니고데모의 첫마디에 함축된 질문은 무시하시고 대화의 방향을 훨씬 더 긴급한 문제로 바꾸셨다. 바로 니고데모가 거듭나야 한다는 것이었다. 예수님은 만약 그가 초자연적인 변화를 경험하지 못한다면, 그의 독실함은 결국 공허하고 쓸모없는 것이라고 말씀하셨다. 니고데모는 현재 전혀 가망 없는 상태였다. 생명도 없고 스스로 생명을 들이쉴 능력도 없는 시체와 같았다. 니고데모는 스스로 개선할 방법도, 하나님의 선하신 은혜로 들어가는 길을 연구할 방법도 없었다. 그에게는 "경건한 사람이 되기 위한 다섯 가지 단계"가 필요한 게 아니었다. 그에겐 기적이 필요했다.

우리가 자녀에게 바라는 것은 변화다. 하지만 그것은 분명 우리가 만들어낼 수 있는 일이 아니다. 오직 성령님만이 영적인 생명을 낳으신다. 게다가 그 변화는 모두가 일관되게 두루 경험하는 것이 아니다. 어떤 사람들은 자기가 거듭난(하나님에 의해 영적으로 죽은 사람이 산 사람으로 변화된) 특별한 날을 기억하고 있다. 또 어떤 사람들은 복음에 대한 이해가 점진적으로 자랐기 때문에 거듭난 어느 특별한 순간을 콕 집어 말하는 것이 어려울 수 있다. 하지만 이런 변화가 발생한 때를 정확하게 밝힐 수는 없을지라도, 그 즉각적인 사건(하나님이신 성령님께서 눈에 보이지 않는 방식으로 사람을 새로운 영적인 생명으로 부르시는 사건)은 반드시 일어나야 한다.

◆ ◇ ◇ ◆

주님, 우리에겐 이 새 생명의 기적이 필요합니다. 우리 힘으로는 스스로 거듭날 수도, 거듭나게 할 수도 없습니다. 오직 성령님만이 죽은 것을 산 것으로 거듭나게 하실 수 있습니다. 당신의 영이 ___의 인생에 불어오기를, 그래서 우리 모두를 사망에서 생명으로 옮겨주시기를 갈망합니다.

5월 4일

● 사사기 19:1-20:48 / 요한복음 3:22-4:3 / 시편 104:24-35 / 잠언 14:22-24

그는 흥하여야 하겠고

그는 흥하여야 하겠고 나는 쇠하여야 하리라 하니라(요 3:30).

우리는 '셀피'(selfie)의 시대에 자녀를 양육하고 있다. 자신의 온라인상 이미지를 꾸준히 가꿔서 실제보다 더 매력적이고 흥미롭고 관계가 좋은 것처럼 보이게 만드는 시대다. 소셜 미디어를 통해 우리는 주변 세상에 매일 말을 건다. "내 얼굴을 봐! 나 여기 있어! 난 소중해! 난 중요하다고!" 우리는 끊임없이 스포트라이트 받을 자리를 찾는다. 우리가 누구인지, 누구를 아는지, 무엇을 성취했는지에 대해 가능한 한 많은 주목을 얻기 원한다.

세례 요한은 주목을 받는다는 게 무엇인지 알고 있었다. 많은 사람이 그에게 세례를 받으려고 줄을 섰다. 그의 제자들이 세례 요한의 말 한마디 한마디에 매달렸다. 하지만 예수님께서 등장하시자 요한은 그분이 구약에서 약속한 모든 것을 성취할 분이심을 인지했다. 요한은 기쁘게 배경으로 물러났다. "광야에서 외치는 자의 소리"는 예수님이 앞으로 나오시고 우리는 그를 따라야 한다고 선포하기 시작했고, 요한은 더욱더 그 뒤로, 즉 예수님의 그림자 속으로 사라져야 했다.

우리가 자신의 이미지를 관리하고 인지도를 높이라는 주장에 꾸준히 저항할 때, 우리 자녀가 박수와 칭찬을 갈망다는 것을 깨닫도록 그들을 도울 때, 우리는 분명 시대의 흐름을 거스르는 것이다. 그렇다. 우리는 자녀가 하나님의 형상으로 창조된 존재로서 자존감을 갖기를 원한다. 우리는 그들이 성취의 기쁨을 경험하기를 원하고, 인정하는 말로써 그들을 격려하기 원한다. 하지만 그들이 단순히 세상의 칭찬과 주목을 좇으며 살기를 바라지는 않는다. 우리가 자녀에게 원하는 것은, 그들이 예수님께 깊이 매료되어 모든 기회를 사용하여 자신을 버리고 그분을 닮는 인생이 되는 것이다.

◆ ◇ ◇ ◆

주님, 우리의 영광보다는 당신의 영광을 훨씬 더 사랑하도록 우리를 도와주옵소서. 부모인 우리에게 언제 ___를 인정하고 축하해야 하는지, 언제 교만과 자기중심성을 지적해야 하는지 아는 지혜를 주옵소서. 우리 인생에서 예수님이 드러나길 원합니다. 사람들이 우리가 가는 방향을 볼 때, 가장 중요하고 모든 것을 충족시키시며 경배 받을 가치가 있으신 분이 바로 예수님이심을 보게 하옵소서.

5월 5일 ● 사사기 21:1-룻기 1:22 / 요한복음 4:4-42 / 시편 105:1-15 / 잠언 14:25

거기 살더니

사사들이 치리하던 때에 그 땅에 흉년이 드니라 유다 베들레헴에 한 사람이 그의 아내와 두 아들을 데리고 모압 지방에 가서 거류하였는데 그 사람의 이름은 엘리멜렉이요 그의 아내의 이름은 나오미요 그의 두 아들의 이름은 말론과 기룐이니 유다 베들레헴 에브랏 사람들이더라 그들이 모압 지방에 들어가서 거기 살더니(룻 1:1-2).

룻기는 사사 시대에 베들레헴에 살았던 한 평범한 이스라엘 가정의 이야기를 전해 준다. 이스라엘에 왕이 없으므로 사람이 각기 자기의 소견에 옳은 대로 행하던 시대였다. 우리는 룻기의 첫 구절에서 "빵의 집"이라는 이름을 가진 이 작은 마을에 빵이 없다는 것을 발견한다. 그곳은 젖과 꿀이 흐르는 땅이어야 했다. 하나님은 자기 백성에게 그들이 하나님께 순종하면 결코 주리지 않을 거라고 약속하셨다. 그런데 그 땅에 흉년이 들었다는 것은, 하나님의 백성이 순종하지 않았고 그래서 그들이 부르짖게 하기 위하여 하나님께서 흉년을 보내셨음을 의미한다.

엘리멜렉은 하나님께 부르짖었어야 했다. 그러나 하나님께서 자기 가족의 필요를 채워 주시기를 기다리는 대신, 엘리멜렉은 자기가 가족을 구원하겠노라고 결심했다. 그는 약속의 땅을 떠나 가족을 데리고 이방인의 땅인 모압으로 갔다. 어쩌면 엘리멜렉은 일시적인 이동일 뿐이라고 생각하면서 떠났을지 모르지만, 룻기의 저자는 그들이 "거기 살더니"라고 말한다. 그러고는 그 가족에게 비극이 닥쳤다. 만족과 안전을 찾아 떠난 모압 땅에 묘비를 세우게 된 것이다.

베드로는 "거류민과 나그네 같은 너희를 권하노니 영혼을 거슬러 싸우는 육체의 정욕을 제어하라"(벧전 2:11)라고 경고한다. 그의 경고는 부모인 우리에게 우리 가정이 과연 이 세상에서 나그네의 마음가짐을 가지고 살고 있는지, 아니면 여기에 '정착해서' 이 세상을 본향 삼아 뿌리를 내리고 보물을 쌓아가고 있는지 자문하게 한다.

◆ ◇ ◇ ◆

주님, 이 세상은 우리가 눈으로 보고 감각으로 경험할 수 있는 곳입니다. 그래서 우리에겐 시선을 당신께서 예비하신 본향에 고정할 수 있는 믿음의 눈이 필요합니다. 이 이방 땅에 우리의 뿌리를 너무 깊이 내리지 않도록 우리를 보호해 주옵소서. 이 땅에서 살아가는 동안에 우리 가정을 순례자의 삶으로 인도한다는 것이 무슨 의미인지를 보여주옵소서.

5월 6일 ● 룻기 2:1-4:22 / 요한복음 4:43-54 / 시편 105:16-36 / 잠언 14:26-27

일곱 아들보다 귀하다

여인들이 나오미에게 이르되 찬송할지로다 여호와께서 오늘 네게 기업 무를 자가 없게 하지 아니하셨도다 이 아이의 이름이 이스라엘 중에 유명하게 되기를 원하노라 이는 네 생명의 회복자이며 네 노년의 봉양자라 곧 너를 사랑하며 일곱 아들보다 귀한 네 며느리가 낳은 자로다 하니라 (룻 4:14-15).

나오미가 남편도 아들도 없이 베들레헴으로 돌아온 이후, 참 많은 것이 변했다. 자기를 기억하는 친구들에게 그녀는 "나를 나오미라 부르지 말고 나를 마라라 부르라 이는 전능자가 나를 심히 괴롭게 하셨음이니라 내가 풍족하게 나갔더니 여호와께서 내게 비어 돌아오게 하셨느니라"(룻 1:20-21)라고 말했다. 나오미의 가족과 관련해서는 그 어떤 것도 그녀의 뜻대로 되지 않았다. 그래서 나오미는 자기의 인생에 하나님께서 그녀의 계획보다 더 나은 계획을 이뤄가신다고 믿는 게 불가능했다.

지금은 나오미의 친구들이 그녀 주위로 모여서 룻과 보아스 사이에 태어난 아기를 축하하고 있다. 그 아기는 남편 엘리멜렉의 이름을 이을 아기다. 그들은 나오미에게 룻을 며느리로 둔 것이 일곱 아들보다 낫다고 칭찬했다. "일곱 아들"은 '완벽한 가정'의 또 다른 표현이다. 나오미의 가정과 인생에 대한 하나님의 계획이 그녀가 품었던 다른 어떤 계획보다 낫다고 말하는 것이다. 하나님은 나오미 주위의 여자들에게 하나님께서 나오미의 작은 가정을 구속하셨을 뿐 아니라 그 너머로 훨씬 더 큰 일을 하고 계시는 것을 보는 눈을 주셨다. 이 아기를 통해 이 땅의 모든 가정에 복을 미칠 더 위대한 구속자가 오실 것이다.

우리 가정이 우리가 소망하고 꿈꾸던 것과 달라 하나님께 실망하거나 슬픔에 잠기려는 유혹에 빠질 때마다, 룻의 이야기는 우리가 실망하는 장면의 배후에서 하나님께서 일하고 계시며 그분의 선하신 계획을 이루고 계심을 우리에게 상기시켜준다.

◆ ◇ ◇ ◆

주님, (우리의 작은 가정을 포함해서) 자기 백성을 위해 구속자를 예비해 주신 당신을 찬양합니다. 성경을 통틀어, 저는 당신께서 완벽과는 거리가 먼 가정들을 사용하여 당신의 사역을 이루어가시는 것을 봅니다. 마음의 고통과 결핍과 실망과 역경으로 가득한 곳에서도, 그 상황을 통해 당신이 일하십니다. 당신의 완벽한 평화를 누리기 위해 완벽한 가정일 필요는 없음을 믿을 수 있도록 우리를 도와주옵소서.

5월 7일 ● 사무엘상 1:1-2:21 / 요한복음 5:1-23 / 시편 105:37-45 / 잠언 14:28-29

네 아들들을 나보다 더 중히 여겨

엘리의 아들들은 행실이 나빠 여호와를 알지 못하더라 그 제사장들이 백성에게 행하는 관습은 이러하니 곧 어떤 사람이 제사를 드리고 그 고기를 삶을 때에 제사장의 사환이 손에 세 살 갈고리를 가지고 와서 그것으로 냄비에나 솥에나 큰 솥에나 가마에 찔러 넣어 갈고리에 걸려 나오는 것은 제사장이 자기 것으로 가지되 실로에서 그 곳에 온 모든 이스라엘 사람에게 이같이 할 뿐 아니라 … 엘리가 매우 늙었더니 그의 아들들이 온 이스라엘에게 행한 모든 일과 회막 문에서 수종 드는 여인들과 동침하였음을 듣고(삼상 2:12-14, 22).

엘리는 성막을 섬기는 대제사장이었다. 성막은 하나님께서 자기 백성 가운데 거하기 위해 임하시는 곳이자 하나님의 백성이 자기 죄를 해결하기 위해 가는 곳이었다. 엘리에게는 자기와 함께 섬기는 두 아들이 있었다. 그들은 삶을 변화시키는 살아 계신 하나님과의 만남을 피하려야 피할 수 없어 보이는, 세상에 하나뿐인 곳에 살았다. 하지만 우리는 그들이 "여호와를 알지 못하더라"라는 성경의 기록을 읽는다. 하나님에 대한 갈망보다 기름진 음식과 불법한 성관계를 탐하는 욕구가 그들의 삶을 지배했다.

우리가 이 장면에서 보는 것은 이 두 아들의 죄악 된 욕정과 관습만이 아니다. 상심한 아버지, 혼란스러워하고 당혹스러워하지만 결국에 현실에 안주하고만 아버지를 본다. 엘리는 그들의 행위가 하나님께 범죄하고 하나님의 백성에게 해를 끼치는 일임을 알았지만 아무런 조치도 취하지 않았다. 그는 즉시 아들들에게 회개하라고 간청하지 않았다. 결국, 여호와께서 엘리에게 물으셨다. "너희는 어찌하여 내가 내 처소에서 명령한 내 제물과 예물을 밟으며 **네 아들들을 나보다 더 중히 여겨** 내 백성 이스라엘이 드리는 가장 좋은 것으로 너희들을 살지게 하느냐"(29절). 엘리는 하나님보다 자기 아들들을 더 중히 여겼다. 슬프게도, 그는 하나님보다 자기 아들의 노여움과 거절을 더 두려워했다.

◆◇◆

주님, ___가 교회 안에서 자라면서도 당신을 진정으로 알지 못하는 일이 없도록 ___를 구원해주옵소서. ___가 죄를 위한 당신의 희생의 가치를 알고, 그것을 남용할까 두려워하도록 도와주옵소서. 또한 제가 ___의 죄악 된 행동을 보고 불평만 하는 게 아니라, 그에 맞서고 꾸짖고 저지하도록 옳은 일을 할 수 있는 용기를 주옵소서. 제 자녀를 당신보다 더 중히 여기기를 결코 원치 않습니다! 우리 가정과 우리 마음에서 당신만이 높임 받으시옵소서.

5월 8일
● 사무엘상 2:22-4:22 / 요한복음 5:24-47 / 시편 106:1-12 / 잠언 14:30-31

아직 여호와를 알지 못하고

아이 사무엘이 엘리 앞에서 여호와를 섬길 때에는 여호와의 말씀이 희귀하여 이상이 흔히 보이지 않았더라 엘리의 눈이 점점 어두워 가서 잘 보지 못하는 그 때에 그가 자기 처소에 누웠고 하나님의 등불은 아직 꺼지지 아니하였으며 사무엘은 하나님의 궤 있는 여호와의 전 안에 누웠더니 여호와께서 사무엘을 부르시는지라 그가 대답하되 내가 여기 있나이다 하고 … 사무엘이 아직 여호와를 알지 못하고 여호와의 말씀도 아직 그에게 나타나지 아니한 때라(삼상 3:1-4, 7).

우리는 자녀가 하나님을 알기 원한다. 그들에게 말씀하시는 하나님의 음성을 깨닫기 원한다. 그들이 자기의 즐거움을 쫓아 살면서 여호와를 알지 못했던 엘리의 아들들과 같이 되기를 원하지 않는다. 그 대신 사무엘과 같이 되기를 원한다. 사무엘은 하나님의 음성에 귀를 기울이고 그 말씀에 순종하기를 기뻐했다. 그러나 오늘날 하나님의 음성에 귀를 기울인다는 건 무슨 의미일까? 이 일은 어떻게 일어날까?

사무엘의 경우, 여호와의 말씀이 들을 수 있는 음성으로 왔던 게 분명하다. 많은 사람이 하나님의 메시지를 그런 식으로 받는다고 설명한다. 그러나 우리가 이해해야 하는 것은, "옛적에 선지자들을 통하여 여러 부분과 여러 모양으로 우리 조상들에게 말씀하신 하나님이 이 모든 날 마지막에는 아들을 통하여 우리에게 말씀하"(히1:1-2)신다는 것이다. 각 사람을 꿈, 환상, 선지자적 메시지로 직접 안내하는 것은 하나님이 계시하신 뜻을 저장하는 창고가 커짐에 따라 줄어들었다.

오늘날 우리에겐 온전한 구약과 신약성경이 있다. 하나님은 자기 백성을 그분의 말씀으로 인도하신다. 우리가 성경을 펼칠 때, 하나님은 우리에게 강력하고도 인격적으로 말씀하시며, 그것이 우리 삶에 살아 있고 활력 있는 말씀이 된다. 그러므로 우리는 자녀가 여호와께서 말씀하시는 음성을 들을 수 있도록 준비시켜야 한다. 자녀가 하나님께서 성경을 통해 인격적이고도 강력하게 말씀하신다는 기대감을 갖게 해야 한다.

◆ ◇ ◇ ◆

말씀하옵소서, 주님, 당신의 종이 듣겠나이다. 사무엘이 당신의 음성을 들은 것처럼, 우리 가족이 함께 성경을 펼칠 때 당신은 우리에게 강력하고도 인격적으로 말씀하십니다. 우리는 ___가 엘리의 아들들과 같지 않기를 원합니다. 그들은 주님의 음성을 들으며 주님을 섬기는 특권을 반항과 불순종으로 박탈당했고 끝내 당신을 알지 못했습니다. 주님, ___의 귀를 열어 당신께서 오늘과 내일과 영원히 성경을 통해 하시는 말씀을 듣게 하옵소서.

5월 9일

● 사무엘상 5:1-7:17 / 요한복음 6:1-21 / 시편 106:13-31 / 잠언 14:32-33

하나님 거부하기

블레셋 사람들이 하나님의 궤를 빼앗아 가지고 에벤에셀에서부터 아스돗에 이르니라 블레셋 사람들이 하나님의 궤를 가지고 다곤의 신전에 들어가서 다곤 곁에 두었더니 아스돗 사람들이 이튿날 일찍이 일어나 본즉 다곤이 여호와의 궤 앞에서 엎드러져 그 얼굴이 땅에 닿았는지라 그들이 다곤을 일으켜 다시 그 자리에 세웠더니(삼상 5:1-3).

    블레셋 병사들은 하나님의 임재를 상징하는 언약궤를 다른 우상 중 하나처럼 다곤 신상 옆에 두었다. 하지만 다음 날 아침, 신전에 가보니 다곤이 얼굴을 땅에 댄 채 언약궤 앞에 절하듯 엎드러져 있었다. 그들은 다곤을 다시 세웠다. 하지만 다음 날 아침, 다곤은 다시 얼굴을 땅에 대고 있었는데, 이번에는 머리와 손이 끊어져 있었다.

    하나님의 임재를 상징하는 언약궤는 거짓 신의 무능함을 폭로했다. 그래서 블레셋 사람들은 유일하신 참 하나님을 경배하기 위해 거짓 신을 없앴을까? "블레셋 사람들의 모든 방백…이 대답하되 이스라엘 신의 궤를 가드로 옮겨 가라"(삼상 5:8). 그들은 죄를 유지하고 하나님을 거부하기 위해 엄청난 거리를 이동했다.

    하나님께서 우리의 우상의 무능함을 폭로하실 때, 그건 하나님으로부터 온 은혜다. 그러나 우리는 그것을 은혜로 느끼지 못한다. 죄에 대한 깨달음 혹은 심지어 손실로 느낀다. 그때 우리는 선택해야 한다. 의미와 안전을 위해 우리가 추구하던 것(그것이 무엇이건)으로부터 돌이켜 우리의 필요를 충족시키시는 하나님께로 향할 수 있다. 아니면, 우리의 우상을 다시 세우려고 애쓰면서 그것으로부터 우리를 만족시킬 또 다른 기회를 찾을 수도 있다. 우리는 인생에서 하나님을 거부하기 위해 무엇이든 할 수도 있고, 하나님을 초청해 우리의 인생에서 그분의 뜻을 이루시게 할 수도 있다.

◆ ◇ ◆

주님, 어리석게도 우리는 당신께서 우리의 우상들과 편안하게 공존하실 수 있다고, 당신의 지극히 거룩하심이 구분될 수 있을 거라고, 우리가 행복해지기 위해 필사적으로 결정한 일들에 당신께서 훼방을 놓지 않으시도록 당신의 전능하신 손을 묶을 수 있을 거라고 착각할 때가 많습니다. 우리가 ___의 인생에 당신을 강하게 보여달라고 기도할 때, 그것이 ___의 인생에서 우상을 훼파한다는 의미이며 그 우상이 쉬이 쓰러지지 않으리라는 것을 압니다. 당신께서 ___의 우상을 하나씩 무너뜨리실 때 ___를 어떻게 격려해야 할지 우리에게 보여주옵소서.

5월 10일
● 사무일상 8:1-9:27 / 요한복음 6:22-42 / 시편 106:32-48 / 잠언 14:34-35

아버지께서 내게 주시는 자

예수께서 이르시되 나는 생명의 떡이니 내게 오는 자는 결코 주리지 아니할 터이요 … 아버지께서 내게 주시는 자는 다 내게로 올 것이요 내게 오는 자는 내가 결코 내쫓지 아니하리라(요 6:35-37).

 부모인 우리는 자녀가 이 축복 받은 그룹 안에 들어가는지, 이 일을 위해 우리가 무엇을 할 수 있는지 알고 싶어 한다. 하지만 우리가 이 성경 구절에서 발견해야 하는 것은, 성부 하나님께서 무엇을 하셨는지, 우리 자녀가 무엇을 해야 하는지, 예수님께서 무엇을 하겠다고 약속하셨는가이다.

 오직 성부 하나님만이 우리 자녀를 예수님께 주실 수 있다. 성부 하나님은 구원 사역의 주권자이시고, 그분은 어느 누구를 향한 궁극적인 목적도 실패하게 두지 않으신다. 그분은 선택받은 자들이 예수님께 오기를 마냥 기다리시지 않는다. 만약 그렇다면, 그들은 결코 오지 않을 것이다. 하나님은 자기 뜻대로 그들을 선택하시고 그들이 오는 것을 확보하신다. 저항할 수 없는 은혜로 그들을 이끄신다.

 하지만 반드시 자녀가 와야만 한다. 우리가 대신해서 그 일을 할 수가 없다. 그들은 자기에게 제공된 생명의 떡과 그리스도의 사역을 직접 취해서 먹어야 한다. 예수님께서 자신의 가장 깊은 내면을 만족시키실 것을 믿고 잔을 취해서 마셔야 한다.

 그렇다면 예수님은 무엇을 하시는가? 예수님은 성부 하나님께서 자기에게 주신 자를 아시고, 두 팔을 벌린 채 주시하고 계신다. 그래서 그들이 예수님께 올 때, "내가 결코 내쫓지 아니하리라"고 말씀하시며 그들을 보존하신다. 예수님은 우리 자녀의 믿음이 얼마나 약한지 아실 때도, 우리 자녀가 더디게 변화되고 성장할 때도, 우리 자녀가 크게 넘어졌을 때도 결코 거절하지 않으신다. 우리 자녀가 성부 하나님의 주심과 성자 하나님의 보존하심 안에 있을 때, 그들은 절대 무너지거나 버림받지 않는다.

◆ ◇ ◇ ◆

주님, 당신의 말씀은 우리를 흔들어 우리의 이성과 의지와 신념이 작동하는 자기의존적, 자기결정적, 자기예찬적, 자기몰두적 추론에서 벗어나게 해줍니다. 우리에겐 ___가 그리스도께 오게 만드는 결정적인 동력이 없습니다. 오직 당신만이 그 마음을 주실 수 있습니다. 그러니 ___를 당신께로 가까이 이끌어 주옵소서. 당신께서 ___를 데리고 가시는 길과 당신의 때와 당신의 보존하시는 능력을 신뢰하도록 도와주옵소서.

5월 11일

● 사무엘상 10:1-11:15 / 요한복음 6:43-71 / 시편 107:1-43 / 잠언 15:1-3

나를 먹는 그 사람

예수께서 이르시되 내가 진실로 진실로 너희에게 이르노니 인자의 살을 먹지 아니하고 인자의 피를 마시지 아니하면 너희 속에 생명이 없느니라 내 살을 먹고 내 피를 마시는 자는 영생을 가졌고 마지막 날에 내가 그를 다시 살리리니 내 살은 참된 양식이요 내 피는 참된 음료로다 내 살을 먹고 내 피를 마시는 자는 내 안에 거하고 나도 그의 안에 거하나니 살아 계신 아버지께서 나를 보내시매 내가 아버지로 말미암아 사는 것 같이 나를 먹는 그 사람도 나로 말미암아 살리라 (요 6:53-57).

"내가 줄 떡은 곧 세상의 생명을 위한 내 살이니라"(51절). 예수님의 이 말은 그분을 둘러싼 사람들이 이해하기에 어려웠다. 그들은 바로 전날 경험했던 것과 같은 또 다른 기적을 바랐다. 그 전날 예수님은 보리떡 다섯 개와 물고기 두 마리로 오천 명을 먹이셨다. 예수님은 그들에게 이 기적이 진정 무엇을 의미하는지를 더 깊이 생각해보라고 독려하는 중이셨다.

단순히 산상수훈을 듣는 것, 그분의 기적을 목격하는 것은 이 떡을 먹는 게 아니다. 생명의 떡을 먹는다는 것은 제물로 바쳐진 그분의 죽음을 우리의 생명으로 맛보아야 한다는 뜻이다. 예수님은 자신을 우리에게 내놓으시고는 우리를 초대하시어, 그분의 대속의 죽음을 통해 얻으신 것으로 우리 영혼을 먹이신다. 하지만 때때로 우리는 이런 헌신에 대해 예수님 시대의 사람들처럼 반응한다. 이것은 우리가 예수님에게서 받고 싶어 하던 것이 아니다. 오늘 우리가 가장 긴급한 문제로 여기는 것, 곧 계좌 잔고, 실직, 지속되는 갈등, 전혀 나아질 기미가 없는 건강 문제 등을 해결해주시는 기적을 꿈꾼다. 예수님께서 자신을 생명의 떡으로 내놓으시는 것을 보면서, 우리는 어쩌면 속으로 불평할지 모른다. **그분**이야말로 우리에게 필요한 것인데도 말이다.

우리가 자신과 자녀를 위해 원해야 하는 것은 오래전에 일어났던 어떤 사건이 참이라는 사실을 믿는 믿음 이상이다. 우리가 필요로 하고 또 원하는 것은 그분을 먹고, 그분과 교제하고, 그분에게서 힘을 얻는 것이다.

◆ ◇ ◇ ◆

예수님, 당신은 구원하고 존속시키는 참된 떡으로 자신을 값없이 내놓으십니다. 우리가 할 일이라고는 듣고 먹는 것뿐입니다. 당신이야말로 오래 참으심과 크신 능력으로 우리를 만족시키고 존속시키는 분이심에도, 이를 믿기 거부하는 우리를 용서해주옵소서.

5월 12일 ● 사무엘상 12:1-13:23 / 요한복음 7:1-30 / 시편 108:1-13 / 잠언 15:4

그 형제들까지도 예수를 믿지 아니함이러라

그 후에 예수께서 갈릴리에서 다니시고 유대에서 다니려 아니하심은 유대인들이 죽이려 함이러라 유대인의 명절인 초막절이 가까운지라 그 형제들이 예수께 이르되 당신이 행하는 일을 제자들도 보게 여기를 떠나 유대로 가소서 스스로 나타나기를 구하면서 묻어서 일하는 사람이 없나니 이 일을 행하려 하거든 자신을 세상에 나타내소서 하니 이는 그 형제들까지도 예수를 믿지 아니함이러라(요 7:1-5).

　예수님께는 자기를 믿지 않는 가족이 있었다. 그들은 삼십 년 동안 함께 살았지만 고집스럽게도 예수님의 진짜 정체성을 인정하기를 거절했다. 어쩌면 동기간에 라이벌 의식이 생겼는지 모르겠다. 예수님을 형제로 두기란 매우 어려웠을 게 틀림없다. 예수님은 항상 옳은 일만 하셨다. 항상 부모에게 순종하고, 타인을 우선시하며 겸손히 행동했다. 그것은 동기들로 하여금 점점 더 자신의 죄악 된 생각과 행동을 자각하게 했을 게 틀림없다. 어쩌면 마리아와 요셉이 예수님을 다른 자식들과는 다르게 대했을지 모르겠다. 가족사에 관해 이야기할 때면, 형이 태어날 때 나타난 별과 겨루기란 참 어려웠을 것이다.

　만약 내가 더 나은 증인이라면, 더 나은 크리스천이었다면 과연 우리 가족 구성원이 그리스도를 믿게 될지가 궁금한 우리로서는, 예수님의 가족 안에 있는 불신앙을 보면서 위로를 받는다. 가족 안에 완벽한 증인이 있어도, 그것이 다른 사랑하는 가족이 그리스도를 보고 받아들이는 일을 보장해주지는 않는다.

　하지만 이후의 이야기를 들여다볼 때 우리는 소망을 발견할 수 있다. 예수님의 형제들이 그분의 제자가 되는 건 불가능해 보였음에도 불구하고, 예수님의 부활 이후에 그들은 제자가 되었다! 그렇게 오랜 시간 그리스도께 저항했음에도 그분을 구주로 기쁘게 받아들인 것을 보면서 우리는 예수님의 가족 안에서 우리 가족에 대한 소망을 발견한다.

주님, 우리 가족을 위해 기도하다 보면 지칠 때가 있습니다. 믿지 않는 가족을 구원하기 위해서는 저를 구원하기 위해 필요했던 기적보다 더 큰 기적이 필요하다고 생각할 때가 있습니다. 우리의 오만함과 기도하지 않음과 절망함을 회개합니다. 당신께서 당신의 가족 구성원을 위해 하신 일을 우리의 가족 구성원을 위해서도 해주옵소서. 그들의 눈을 열어 당신을 보고 믿게 하옵소서.

5월 13일

● 사무엘상 14:1−52 / 요한복음 7:31−53 / 시편 109:1−31 / 잠언 15:5−7

영적으로 보이기

이 날에 이스라엘 백성들이 피곤하였으니 이는 사울이 백성에게 맹세시켜 경계하여 이르기를 저녁 곧 내가 내 원수에게 보복하는 때까지 아무 음식물이든지 먹는 사람은 저주를 받을지어다 하였음이라 그러므로 모든 백성이 음식물을 맛보지 못하고 … 요나단은 그의 아버지가 백성에게 맹세하여 명령할 때에 듣지 못하였으므로 손에 가진 지팡이 끝을 내밀어 벌집의 꿀을 찍고 그의 손을 돌려 입에 대매 눈이 밝아졌더라 (삼상 14:24, 27).

    사울은 여호와께서 자기 백성에게 승리를 주시리라 확신하며 블레셋과의 전투에 백성을 이끌고 임했어야 했다. 하지만 그는 막사에 몸을 숨긴 채 승리를 보장받기 위한 수단으로서 헛된 허수아비 영성을 붙잡고 있었다. 사울은 병사들에게 금식을 명령했고 여호와께 온전히 헌신한 사람인 것처럼 보이려 했다. 그는 병사들의 금식과 옷을 갖추어 입은 제사장의 동행이 하나님께 감동을 주리라고 생각했다. 사울은 종교적으로 보이려고 애쓰지만 믿음과 공경의 마음이 없는 사람의 비극적인 예시다.

    사울의 아들은 전혀 달랐다. 요나단은 여호와의 힘을 믿었다. 비록 그가 어리고 자기보다 더 어린 무기를 든 자를 동반했지만, 그들은 함께 블레셋 진영을 공격했다. 요나단은 "여호와께서 우리를 위하여 일하실까 하노라 여호와의 구원은 사람이 많고 적음에 달리지 아니하였느니라"(6절)라고 말했다.

    이런 아버지와 아들은 서로 대척점에 선다. 여호와를 공경하는 것처럼 보이기 원하지만 실제로는 하나님에 대해 아무런 열정도 믿음도 없는 아버지, 그리고 마음이 하나님의 약속으로 담대해져서 하나님께서 그분의 말씀을 이루시리라고 온전히 기대하는 아들.

    우리가 우리 자녀보다 나이는 많겠지만, 때때로 그들이 실제로는 우리보다 하나님에 대해 더 깊은 신앙과 더 큰 믿음을 지닌 것을 볼 수 있다. 그리고 그들이 실제 모습보다 더 영적으로 보이려는 우리의 시도를 날카롭게 지각하고 있는 것도 발견한다.

◆ ◇ ◇ ◆

주님, ___가 "내 아버지[혹은 어머니]는 우리 모두를 곤경에 빠뜨렸어!"라고 말하게 되지 않기를 기도합니다. 대신 저를 지혜롭게 만드사 어리석은 약속을 하지 않게 하옵소서. 진정한 믿음을 주사 헛된 허수아비 영성에 만족하지 않게 하옵소서. 제 영혼의 원수가 저와 제 가족을 상대로 전쟁을 벌일 때 당신을 향한 저의 확신을 더욱 견고하게 하옵소서.

5월 14일

● 사무엘상 15:1-16:23 / 요한복음 8:1-20 / 시편 110:1-7 / 잠언 15:8-10

여호와는 중심을 보신다

여호와께서 사무엘에게 이르시되 그의 용모와 키를 보지 말라 내가 이미 그를 버렸노라 내가 보는 것은 사람과 같지 아니하니 사람은 외모를 보거니와 나 여호와는 중심을 보느니라 하시더라(삼상 16:7).

하나님은 사울을 버리셨다. 그리고 그분의 마음에 합한 왕을 자기 백성에게 주려고 준비하셨다. 하나님의 마음에 합한 지도자를 통해 백성을 통치하기 원하셨다. 사무엘이 베들레헴에 도착해서 이새와 그 아들들을 보았을 때, 그는 사울을 대체할 만한 사람을 찾았다고 확신했다. 다윗의 큰형 엘리압이었다. 그는 키가 크고 잘생겼으며 왕처럼 보였다. 하지만 여호와께서는 사무엘에게 엘리압은 그분이 찾는 사람이 아니라고 말씀하셨다.

인간의 방식은 외면을 보고 피상적인 판단을 한다. 분명, 우리 자녀도 우리가 사람들에 대해 신체적·재정적·사회적 겉모습으로 이런 종류의 판단을 할 때 알아차린다. 이것은 여호와의 방식이 아니다. 살아 계신 하나님은 그 사람의 진짜 성품 및 진짜 삶이 어떠한지를 알기 위해 중심을 보신다.

어떤 사람은 외적으로 잘 조합된 것처럼 보여서 내적으로 그 중심에서 무슨 일이 벌어지는지 아무도 알 수가 없다. 주변 사람들은 우리의 완고한 불순종, 반복되는 죄에 대항하는 전투에서 잇따르는 패배, 내면의 삶에 침투하는 숨 막히는 암흑을 볼 수 없다. 하지만 하나님은 보신다. 마찬가지로, 다른 사람들은 우리의 은밀한 희생, 값비싼 포기, 모든 자잘한 자기부인(이로 인해 왕이신 예수님이 점령하고 통치하는 마음이 빚어진다)을 항상 볼 수는 없다. 하지만 하나님은 보신다는 걸 당신은 확신할 수 있다.

◆ ◇ ◇ ◆

주님, 제 마음은 자기기만적이고 악하다는 것과 자신을 완벽하게 안다고 생각하여 스스로 어리석게 만든다는 것을 압니다. 하지만 당신께서 마음이 순수하지 않은 자들에게도 자비를 보이시니 감사드립니다. 제가 당신의 길로 걷기를 구할 때, 제가 그리려고 하는 이미지와 당신이 보시는 제 마음의 진짜 상태 사이의 격차를 줄여주시기를 구합니다. ___가 당신은 중심을 보신다는 진리를 숙고하면서, 그 깨달음이 부담보다는 위로가 되기를 기도합니다. ___가 당신 앞에서 온전하게 하옵소서.

5월 15일

● 사무엘상 17:1-18:4 / 요한복음 8:21-30 / 시편 111:1-10 / 잠언 15:11

평생 종으로 삼겠다는 위협

블레셋 사람들의 진영에서 싸움을 돋우는 자가 왔는데 그의 이름은 골리앗이요 가드 사람이라 그의 키는 여섯 규빗 한 뼘이요 머리에는 놋 투구를 썼고 몸에는 비늘 갑옷을 입었으니 그 갑옷의 무게가 놋 오천 세겔이며 … 그가 서서 이스라엘 군대를 향하여 외쳐 이르되 … 너희는 한 사람을 택하여 내게로 내려보내라 그가 나와 싸워서 나를 죽이면 우리가 너희의 종이 되겠고 만일 내가 이겨 그를 죽이면 너희가 우리의 종이 되어 우리를 섬길 것이니라(삼상 17:4-5, 8-9).

골리앗은 그야말로 악이었다. 그는 매일 하나님의 백성을 조롱했다. 머리부터 발끝까지 청동 갑옷을 입었고 그것은 마치 뱀의 비늘처럼 보였다. 그러나 다윗은 한 개의 매끄러운 돌을 골리앗에게 힘껏 던져 그의 머리를 으스러뜨렸다. 여호와의 기름 부음 받은 자가 단독으로 이뤄낸 그 승리는 하나님의 백성이 공유하는 승리가 되었다. 백성은 싸우러 나가지 않았지만 그들의 대표로서 원수와 맞섰던 한 사람을 통하여 간접적으로 승리를 주장할 수 있었다.

우리의 가족은 원수와 그 군대에 직면한다. 원수는 골리앗처럼 실재하고 강력하며 무섭다. "우리의 씨름은 혈과 육을 상대하는 것이 아니요 통치자들과 권세들과 이 어둠의 세상 주관자들과 하늘에 있는 악의 영들을 상대함이라"(엡 6:12). 우리의 원수는 청동 갑옷을 입고 무거운 창을 던지지는 않지만, 어둠과 속임수의 갑옷으로 무장했다. 우리에게 비난과 거짓말을 쏘아대고 우리를 유혹에 빠뜨려서 쾌락에 탐닉하게 만든다. 파괴적인 중독, 패배주의, 두려움의 종으로 삼겠다고 우리를 위협한다.

우리는 영원토록 폭식의 종, 포르노의 종, 이기적인 야망의 종, 독선적인 속물근성의 종, 물질주의와 탐욕의 종이 될 거라고 확신하면서 도망할지 모른다. 우리에게 챔피언이 있다는 것을 모른 채 말이다. 우리가 절망에 빠지려는 그때, 우리는 더 위대한 다윗 자손의 음성을 듣는다. "그로 말미암아 사람이 낙담하지 말 것이라 주의 종이 가서 저 블레셋 사람과 싸우리이다"(32절).

◆ ◇ ◆

예수님, 제가 절망의 유혹에 빠질 때마다, 우리 가족 구성원이 죄에서 벗어날 수 없을 거라고 생각할 때마다, 우리의 챔피언이신 당신을 바라보겠습니다. 우리를 평생 죄와 사망의 종으로 삼겠다고 위협하는 원수를 당신께서 물리치셨습니다. 우리의 승리와 안전은 믿음을 통한 당신과의 연합에서 옵니다.

5월 16일　　● 사무엘상 18:5-19:24 / 요한복음 8:31-59 / 시편 112:1-10 / 잠언 15:12-14

흉한 소문을 두려워하지 아니함

할렐루야, 여호와를 경외하며 그의 계명을 크게 즐거워하는 자는 복이 있도다 … 그는 흉한 소문을 두려워하지 아니함이여 여호와를 의뢰하고 그의 마음을 굳게 정하였도다(시 112:1, 7).

　　(의사로부터건 학교로부터건 상담가로부터건 경찰로부터건) "흉한 소문"을 반복해서 들었던 부모는 항상 더 흉한 소문에 대비하는 자신을 발견한다. 다음 불행을 예측하는 것은 인생을 사는 방법의 하나일 수 있다. 하지만 이것은 시편 112편이 우리에게 보여주는 인생이 아니다. 이 시편은 인생(자기의 소망을 복음에 두고 믿음을 통해 그리스도의 의를 받는 사람들의 인생)을 목가적인 그림으로 소개한다. 구약에서 전형적으로 그렇듯이, 약속된 번영은 대체로 물질적인 관점에서 묘사된다. 하지만 여호와를 경외하는 사람이 어떻게 영적, 감정적인 면에서도 번영하는지를 무시하지 않는다. 이 시편에 의하면, 그런 사람은 흉한 소문을 두려워하지 않는다.

　　우리는 여호와께서 성실하게 우리를 돌보신다는 사실을 굳게 신뢰하는 복을 원한다. 우리는 우리 자녀가 하나님의 손안에 있음을 확신하며 평안하게 사는 복을 원한다. 계속되는 염려에 대한 답은 사건의 희망적인 전환이 아닌, 하나님 중심적인 신뢰의 태도에 있다.

　　확신컨대 우리 자녀에게 가장 필요한 것은 하나님을 신뢰하고 그 안에서 안식하는, 쾌활하고 평화롭고 희망에 찬 부모다. 하지만 어떻게 이런 일이 가능할까? "믿음은 들음에서 나며 들음은 그리스도의 말씀으로 말미암았느니라"(롬 10:17). 우리는 하나님의 말씀의 물줄기에서 마셔야 한다. 그것이 우리로 하여금 그분이 언제나 사망에서 생명으로, 상함에서 나음으로, 절망에서 소망으로 옮겨주신다는 사실을 확신케 한다. 그분은 자기 백성에게 복 주시기를 기뻐하시는 하나님이시다. 우리가 영혼 깊숙이 이것을 알 때, 우리는 험한 소문을 두려워하며 사는 게 아니라 그분이 일하신다는 확신에 찬 기대감으로 산다.

◆ ◇ ◇ ◆

주님, 당신에 대한 경외심 그리고 당신의 말씀에 대한 기쁜 순종이 커지게 하옵소서. 당신에 대한 저의 경외심이 커져감에 따라, 우리가 직면한 문제에 대한 염려와 두려움이 당신께서 일하시고 돌보신다는 확고한 신뢰로 바뀔 것을 믿습니다.

5월 17일 ● 사무엘상 20:1-21:15 / 요한복음 9:1-41 / 시편 113:1-114:8 / 잠언 15:15-17

하나님이 하시는 일을 나타내고자 하심

예수께서 길을 가실 때에 날 때부터 맹인 된 사람을 보신지라 제자들이 물어 이르되 랍비여 이 사람이 맹인으로 난 것이 누구의 죄로 인함이니이까 자기니이까 그의 부모니이까 예수께서 대답하시되 이 사람이나 그 부모의 죄로 인한 것이 아니라 그에게서 하나님이 하시는 일을 나타내고자 하심이라(요 9:1-3).

    제자들은 고난이 누군가의 잘못 때문이라고 생각했다. 그들은 이 맹인이 죄 때문에 벌을 받았다고 여겼다. 누구의 죄인지를 몰랐을 뿐이다. 사실, 이런 가정은 인간의 사고방식에 깊이 뿌리박혀 있음에 틀림없다. 바로 욥의 친구들이 그러했기 때문이다. 우리도 그렇게 생각하지 않는가?

    만약 당신이 믿음을 통해 그리스도와 연합된 자라면, 하나님이 죄 때문에 당신을 벌하신다고는 결코 생각해선 안 된다. 어떻게 확신할 수 있을까? 누군가가 이미 당신의 죄로 인해 벌을 받았기 때문이다. 당신의 나쁜 선택(하나님을 향한 완전한 무관심, 노골적인 반역, 흉하고 수치스러운 말과 행동)에 대한 벌이 몽땅 예수님 위에 지워졌다. 예수님께서 당신의 죗값을 치르셨기 때문에 당신은 벌을 받을 필요가 없다. 사랑이 많으신 성부 하나님께서 당신이 더욱 거룩해지도록 당신을 징계하실 수는 있겠지만, 죗값을 치르도록 벌하지는 않으실 것이다.

    장애가 누구의 죄 때문인지를 물을 때, 제자들은 원인을 찾는 데 초점을 맞췄다. 하지만 예수님은 그가 받는 고난의 목적에 초점을 두기 원하셨다. 그것은 하나님의 능력을 나타내고자 하심이었다. 이 맹인이 시력을 회복하는 것보다 더 큰 기적은 예수님이 누구신지를 보는 영안이 열리는 것이었다. 그에게 믿음이 주어졌다. 이 사람은 예수님**으로부터** 가장 큰 필요를 얻고자 하는 자리에서 예수님께서 그에게 진정으로 필요한 전부가 **되심**으로 인해 그분을 경배하는 자리로 옮겨갔다. 이것이 예수님께서 당신의 가정과 당신의 마음에 이루기 원하시는 기적임을 당신은 볼 수 있는가?

◆ ◇ ◆ ◇ ◆

주님, 우리의 인생에서 당신의 능력이 나타나기를 갈망합니다. 우리가 눈멀어 보지 못하는 곳을 보게 하옵소서. 죽어 있는 곳에 생명을 주옵소서. 성령의 열매를 맺음으로써 오늘 ＿＿의 인생에서 당신이 하시는 일을 나타내시옵소서.

5월 18일

● 사무엘상 22:1-23:29 / 요한복음 10:1-21 / 시편 115:1-18 / 잠언 15:18-19

그의 음성을 아는 고로

문으로 들어가는 이는 양의 목자라 문지기는 그를 위하여 문을 열고 양은 그의 음성을 듣나니 그가 자기 양의 이름을 각각 불러 인도하여 내느니라 자기 양을 다 내놓은 후에 앞서 가면 양들이 그의 음성을 아는 고로 따라오되(요 10:2-4).

바위가 많은 고원 지대인 유대 땅은 작물이 자라기에는 그다지 좋지 않았지만 양들에게는 목초지를 제공했기에 목자들이 많았다. 목자는 양이 빠질 수 있는 벼랑과 바위 틈으로부터 양을 보호하기 위해 쉴 틈 없이 주의를 기울여야 했고 포식자나 도둑에 대비해 경계를 서야 했다. 유대 언덕 주변의 마을마다 양우리가 있었는데, 목자들은 거기서 밤마다 자기 양 떼를 안전하게 지켰다. 아침이 되면, 밤새 양우리에서 안전히 거한 여러 무리 가운데서 자기의 특별한 양을 불러내었다. 양들은 자기 목자의 음성을 알았기 때문에 자기 목자에게로 나아왔다.

이것은 예수님이 자기에게 속한 자들을 얼마나 친밀하게 아는지를 설명하신 아름다운 그림이다. 예수님은 우리가 그분을 왕으로만, 구속자로만, 중재자로만 알기를 원하지 않으신다. 그분은 우리의 목자이시다. 우리를 보살피고, 부르고, 먹이고, 상처를 돌보고, 구덩이에 빠지거나 약탈자에게 당하지 않도록 보호하신다.

우리는 좋은 부모가 되기를 구하지만, 우리 자녀에게는 그 이상이 필요하다. 그들에게는 목자가 필요하다. 그리고 그들에겐 한 분이 계시다. 선한 목자께서 우리가 할 수 없는 방식으로 그리고 우리가 할 수 없을 때에 그들을 돌보실 것이다. 우리가 볼 수 없는 구덩이와 알아차리지 못한 늑대로부터 그들을 보호하실 것이다. 무엇보다도, 우리는 선한 목자께서 자기 양 떼를 모으실 때, 자기 양의 이름을 각각 불러 인도하여 내실 것을 확신할 수 있다.

◆ ◇ ◇ ◆

양들의 위대한 목자시여, ___를 사랑하고 보호하는 것이 저에게만 달린 일이 아님을 알고 평안을 발견합니다. 당신은 선한 목자이십니다. 선한 목자시여, ___에게 당신의 안전한 양 우리로 들어오라고 말씀해주옵소서. ___를 먹여주옵소서. ___의 상처를 돌보아주옵소서. 온갖 해로부터 ___를 보호해주옵소서. ___를 풍성한 생명으로 인도해주옵소서. 그 생명은 당신의 양일 때에만 발견할 수 있습니다.

5월 19일

● 사무엘상 24:1-25:44 / 요한복음 10:22-42 / 시편 116:1-19 / 잠언 15:20-21

아무도 빼앗을 수 없느니라

내 양은 내 음성을 들으며 나는 그들을 알며 그들은 나를 따르느니라 내가 그들에게 영생을 주노니 영원히 멸망하지 아니할 것이요 또 그들을 내 손에서 빼앗을 자가 없느니라 그들을 주신 내 아버지는 만물보다 크시매 아무도 아버지 손에서 빼앗을 수 없느니라 나와 아버지는 하나이니라 하신대(요 10:27-30).

성부 하나님의 손에 붙들려 있다는 건 아름다운 일이다. 사실, 성부 하나님과 성자 예수님은 우리 자녀의 궁극적인 안전 보장을 위해 이중으로 손을 잡아주신다. 만약 자녀가 하나님의 양 떼에 속한 양이라면, 무언가가 혹은 누군가가 나타나서 그 구원의 관계를 단절시킬까 봐 두려워할 필요가 없다. 비록 어느 날 육체의 죽음이 찾아온다 해도, 우리 자녀는 영원히 멸망하지 않을 것이다. 이러한 확신에는 결코 예외도 없고 끝도 없다. "영원히"란 매우 긴 시간이다. 보존하시는 은혜가 지속되는 것만큼 길다. 마찬가지로, "아무도"는 매우 넓은 범주다. 잠재적인 약탈자의 목록보다 더 넓다.

마약이나 술이 성부 하나님의 손에서 우리 자녀를 빼앗을 수 없다. 무신론자나 불가지론자의 철학이 성부 하나님의 손에서 우리 자녀를 빼앗을 수 없다. 믿지 않는 이성 친구나 배우자가, 혹은 혼외 성관계가 성부 하나님의 손에서 우리 자녀를 빼앗을 수 없다. 음주운전자나 질병이 성부 하나님의 손에서 우리 자녀를 빼앗을 수 없다.

자녀의 죄와 실패조차도 하나님의 구원의 손으로부터 그들을 빼앗을 힘이 없다. 이중으로 손을 잡아주시는 힘이 우리 자녀를 모든 위험으로부터 안전하게 지켜주신다. 그 무엇도 그 누구도 예수님의 손에서 혹은 성부 하나님의 손에서 그들을 빼앗을 수 없다. "누가 우리를 그리스도의 사랑에서 끊으리요"(롬 8:35). 아무도 끊을 수 없다!

◆◇◇◆

아버지, 당신의 손에 제 영혼을 맡깁니다. 당신의 손에 ___를 맡깁니다. 당신의 양은 당신의 음성을 듣습니다. ___에게 당신의 목소리를 듣는 귀를 주옵소서. 당신의 양은 당신을 따릅니다. 당신을 따르도록 ___의 마음을 훈련해 주옵소서. 저는 강제로 ___를 당신의 양우리 안으로 밀어 넣을 수 없습니다. 하지만 저는 당신께서 선한 목자로서 ___를 꼭 붙잡아주시리라고 굳게 믿습니다.

5월 20일

● 사무엘상 26:1-28:25 / 요한복음 11:1-54 / 시편 117:1-2 / 잠언 15:22-23

부활이요 생명이니

마르다가 예수께 여짜오되 주께서 여기 계셨더라면 내 오라버니가 죽지 아니하였겠나이다 그러나 나는 이제라도 주께서 무엇이든지 하나님께 구하시는 것을 하나님이 주실 줄을 아나이다 예수께서 이르시되 네 오라비가 다시 살아나리라 마르다가 이르되 마지막 날 부활 때에는 다시 살아날 줄을 내가 아나이다 예수께서 이르시되 나는 부활이요 생명이니 나를 믿는 자는 죽어도 살겠고 무릇 살아서 나를 믿는 자는 영원히 죽지 아니하리니 이것을 네가 믿느냐(요 11:21-26).

마르다는 미래의 어느 날에 광범위한 부활이 있을 거라고 믿었다. 하지만 그것에서 위로를 발견한 것 같지는 않다. 적어도 그녀가 당장 느끼는 고통을 상쇄할 만큼은 아닌 것 같다. 그녀의 대답은 부활이 완전히 미래의 사건이고 현재의 깊은 슬픔에는 아무런 위로를 제공하지 못한다고 믿는 마음을 드러내었다. 마르다는 미래 시제에서 위로를 발견할 수 없었다.

하지만 예수님께서 "나는 부활이요 생명이니"라고 말씀하실 때, 그분은 미래에 관해서만 말씀하신 게 아니다. "나는 지금과 영원히 부활이요 생명이다"라고 말씀하시는 것이다. 그분은 사망 이후에도, 지금 이 순간에도 생명이시다. 예수님은 우리의 육체와 영혼의 생명이시며, 그분이 근원이시고 거기로부터 모든 생명이 발원한다. "우리가 그를 힘입어 살며 기동하며 존재하느니라"(행 17:28). 우리가 그리스도 안에 살아 있으면, 우리의 생명은 결코 소멸되지 않는다. 예수님은 희미한 장래의 사망에 대해 승리를 주시는 분일 뿐만 아니라 바로 지금 이 순간에 승리를 주신다.

우리가 가족의 무덤 곁에 설 때 부활은 너무 종교적이고 비현실적이며 동떨어진 것처럼 보일 수 있다. 부활의 삶에 대해 신학적으로 이해하더라도 거기서 기쁨이나 위로를 발견하지 못할 가능성이 있다. 예수님은 우리가 비탄과 슬픔에 직면하는 데 있어서 "부활이요 생명이신" 그분을 믿는 믿음이 중추적인(근본적인) 역할을 한다는 것을 아신다. 그래서 마르다에게와 같이 우리에게도 물으신다. "이것을 네가 믿느냐?"

◆ ◇ ◇ ◆

주님, 우리가 믿습니다. 우리의 믿음 없는 것을 도와주옵소서. 우리 가정이 부활의 생명에 대한 진정한 믿음으로 죽음에 반응할 수 있도록 도와주옵소서. 소망 없는 자들처럼 하지 않고, 소망을 품고 애도하도록 우리에게 필요한 은혜를 주옵소서.

5월 21일 ● 사무엘상 29:1-31:13 / 요한복음 11:55-12:19 / 시편 118:1-18 / 잠언 15:24-26

여호와를 힘입고

백성들이 자녀들 때문에 마음이 슬퍼서 다윗을 돌로 치자 하니 다윗이 크게 다급하였으나 그의 하나님 여호와를 힘입고 용기를 얻었더라 다윗이 아히멜렉의 아들 제사장 아비아달에게 이르되 원하건대 에봇을 내게로 가져오라 아비아달이 에봇을 다윗에게로 가져가매 다윗이 여호와께 묻자와 이르되 내가 이 군대를 추격하면 따라잡겠나이까 하니 여호와께서 그에게 대답하시되 그를 쫓아가라 네가 반드시 따라잡고 도로 찾으리라(삼상 30:6-8).

사무엘상 28장에서 우리는 난관에 봉착한 사울이 필사적으로 몸부림치는 것을 본다. 하나님을 대신해서 사울에게 말해주던 사무엘은 죽고 없었다. 사울이 제사장 한 명만 남기고 모두 죽였기에 그를 위해 하나님께 물어줄 제사장도 없었다. 자, 사울은 어떻게 했을까? 그는 신접한 여인에게 도움을 청했다.

같은 시기에, 다윗도 난관에 봉착했고 필사적으로 무엇을 해야 할지를 알고자 했다. 아말렉 사람들이 쳐들어와서 모든 여인과 자녀들을 사로잡아 가버렸다. 비탄에 빠진 사람들은 다윗을 비난의 대상으로 삼아 그를 돌로 치자고 말하기 시작했다. 하지만 다윗은 신접한 여인에게 도움을 청하지 않고, "그의 하나님 여호와를 힘입고 용기를 얻었다." 다윗은 유일하게 살아남은 제사장을 불러서 제사장의 에봇을 도구로 하나님의 음성을 구했다. 그 과정이 어떠했는지는 정확히 알 수 없지만, 분명한 건 다윗은 하나님의 응답을 들었다.

자녀를 위해 그리고 자녀에게 무엇을 해야 할지를 필사적으로 알고자 할 때, 우리는 상담가를 찾고, 자녀 양육 전문가들이 쓴 책을 읽고, 친구들과 대화를 할 수 있다. 그들에게서 아이디어나 전략을 얻을지는 모르지만, 그런 자원들은 가장 필수적인 통찰력이나 능력을 제공할 수 없다. 우리에겐 하나님의 말씀에서 오는 지혜가 필요하다. 믿음으로써 그리스도와 연합할 때 우리 위에 임하시는 하나님의 능력이 필요하다. 그리고 하나님의 약속 안에 안식할 때에만 발견되는 평안이 필요하다.

◆ ◇ ◇ ◆

주님, 현명한 상담가들(배려하는 친구, 훌륭한 본보기, 자녀 양육의 여정에서 방향을 제공하는 많은 자원)을 우리에게 보내주셔서 감사합니다. 하지만 이런 것에만 의지하기를 원하지 않습니다. 많은 시간과 노력을 기울여 ___를 양육하는 이 일에서 필요한 힘을 구하기 위해 당신만을 온전히 의지합니다. 우리가 구하는 것은 당신의 지혜입니다.

5월 22일

● 사무엘하 1:1–2:1 / 요한복음 12:20–50 / 시편 118:19–29 / 잠언 15:27–28

젊어서 죽는 것

예수께서 대답하여 이르시되 인자가 영광을 얻을 때가 왔도다 내가 진실로 진실로 너희에게 이르노니 한 알의 밀이 땅에 떨어져 죽지 아니하면 한 알 그대로 있고 죽으면 많은 열매를 맺느니라 자기의 생명을 사랑하는 자는 잃어버릴 것이요 이 세상에서 자기의 생명을 미워하는 자는 영생하도록 보전하리라(요 12:23–25).

세상은 젊어서 죽는 것에 대해, 그것이 비극이라느니, 전도유망한 인생이 끝났다느니 하고 평가한다. 하지만 예수님께서 우리의 아들딸들을 부르신다면 설령 젊어서 죽는다고 해도 그것은 비극이 아니다. 오히려 그것은 후회 없는 삶, 모험과 전념의 삶, 영원한 삶으로의 초대장이다.

젊어서 죽는 것은, 자신을 기쁘게 하거나, 만족게 하거나, 자신을 즐기는 것이 아니라 자기 유익과 자기 사랑과 자기 자랑에 대해 지금 죽기 시작하는 것이다. 젊어서 죽는 것은 양질의 교육, 멋진 집, 좋아하는 스포츠팀의 승리, 안락한 은퇴 생활을 위한 저축 이상의 것으로, 그리스도의 복음을 위해 열매를 맺는 방식으로 자기 생명을 버리는 것이다.

예수님은 이 세상의 삶을 사랑하지 말라고 우리 자녀를 부르신다. 이 부르심은 우리 자녀를 '성공적인' 사람으로 양육하라고 말하는 우리 사회의 부름과는 결이 전혀 다르다. 그래서 자녀가 자기 자신에 대해 죽으라는 이 부르심을 받아들일 때, 우리는 우리 역시 죽으라고 부르셨다는 걸 깨닫는다. 자녀가 지구 반대편의 사람들에게 복음을 전하겠다는 진로를 정할 때, 우리는 장성한 자녀를 가까이 두고 싶은 우리의 꿈에 대해 죽으라고 부름 받은 것이다. 자녀가 그리스도를 따라 철저히 믿음대로 사는 사역을 할 때, 우리는 자녀의 재정적인 안정을 바라는 욕망에 대해 죽으라고 부름 받은 것이다. 하지만 우리가 자신에 대해 죽을 때, 우리는 풍성한 삶을 사는 자신을 발견할 것이다.

◆ ◇ ◇ ◆

주님, ___가 '젊어서 죽기'를 기도합니다. 당신께서 지금 당장 그 일을 ___의 인생에서 시작해주시기를 기도합니다. ___의 젊은 시절이 낭비되거나 후회만 남기지 않게 하옵소서. 하나님 나라에서 풍성한 결실을 보는 유익한 시절이 되게 하옵소서. 그리고 하나님 나라를 위해 열매 맺는 것을 방해하는 어떤 것에 대해서도 죽을 수 있도록, 저에게 하나님의 능력을 주옵소서.

5월 23일

● 사무엘하 2:12-3:39 / 요한복음 13:1-30 / 시편 119:1-16 / 잠언 15:29-30

발을 씻겨주시다

저녁 먹는 중 예수는 아버지께서 모든 것을 자기 손에 맡기신 것과 또 자기가 하나님께로부터 오셨다가 하나님께로 돌아가실 것을 아시고 저녁 잡수시던 자리에서 일어나 겉옷을 벗고 수건을 가져다가 허리에 두르시고 이에 대야에 물을 떠서 제자들의 발을 씻으시고 그 두르신 수건으로 닦기를 시작하여(요 13:3-5).

 손님의 발에 묻은 먼지를 씻겨주는 것은 최하층 이방인 종에게 맡겨진 임무였다. 유대인 종은 보통 이 천한 업무에서 면제되었다. 하지만 예수님과 제자들이 유월절 식사를 하기 위해 모인 그 장소에는 종이 없었다. 그곳에는 오직 하나님의 본체이심에도 하나님과 동등됨을 취하지 않으시고 오히려 자기의 신적 특권을 버리고 종이라는 겸손한 지위를 취하신 분이 계실 따름이었다.

 예수님께서 종의 옷을 택하고 종의 지위를 취해서 모든 더러운 발을 씻겨주실 때, 그분은 종들에게 맡겨진 죽음(십자가형)을 준비하고 계셨다. "자기를 낮추시고 죽기까지 복종하셨으니 곧 십자가에 죽으심이라"(빌 2:8). 예수님께서 그들의 더럽고 냄새나는 발을 붙잡으셨을 때, 제자들은 그것을 불편하게 느꼈을지 모르겠다. 그들은 그것이 단순히 발을 씻겨주시는 일 이상임을 깨닫지 못하고 있었다. 예수님은 수치스러운 십자가 죽음으로써 제자들에게 가장 필요한 죄 씻음(인간의 눈으로는 볼 수 없는 그들의 더러움과 수치를 씻어내어 영혼을 깨끗하게 하는 것)을 제공하시리라는 것을 보여주고 계셨다.

 때때로 우리는 자녀에게 크리스천의 삶은 하나님을 위해 무언가를 하는 것이 전부라는 생각을 심어준다. 하지만 크리스천의 삶 중심에는, 우리 스스로 할 수 없는 일을 예수님께서 우리를 위해 하시도록 그분의 손길을 기쁘게 받아들이는 것이 있다. "인자가 온 것은 섬김을 받으려 함이 아니라 도리어 섬기려 하고 자기 목숨을 많은 사람의 대속물로 주려 함이니라"(막 10:45).

◆ ◇ ◇ ◆

 주님, ___가 당신을 섬기기를 원합니다. 하지만 훨씬 더 중요하게도, 저는 ___가 당신의 섬김을 받기를 원합니다. 오직 당신만이 제공하실 수 있는 죄 씻음을 경험하기를 원합니다. ___와 함께 매일 복음에 대해 대화함으로써 우리가 복음을 바르게 받아들일 수 있도록 도와주옵소서. 복음이란 ___가 당신을 위해 무엇을 해야 하는지에 관한 것이 아니고, 당신께서 ___를 위해 무엇을 하셨는지에 관한 것이며, ___가 당신께로부터 받아야 할 것입니다.

5월 24일 ● 사무엘하 4:1-6:23 / 요한복음 13:31-14:14 / 시편 119:17-32 / 잠언 15:31-32

그에게 기름을 부어 왕으로 삼으니라

이스라엘 모든 지파가 헤브론에 이르러 다윗에게 나아와 이르되 보소서 우리는 왕의 한 골육이니이다 전에 곧 사울이 우리의 왕이 되었을 때에도 이스라엘을 거느려 출입하게 하신 분은 왕이시었고 여호와께서도 왕에게 말씀하시기를 네가 내 백성 이스라엘의 목자가 되며 네가 이스라엘의 주권자가 되리라 하셨나이다 하니라 이에 이스라엘 모든 장로가 헤브론에 이르러 왕에게 나아오매 다윗 왕이 헤브론에서 여호와 앞에 그들과 언약을 맺으매 그들이 다윗에게 기름을 부어 이스라엘 왕으로 삼으니라(삼하 5:1-3).

선지자 사무엘이 다윗에게 기름을 부어 이스라엘의 왕으로 삼았을 때, 다윗은 십 대 소년이었다. 그러나 많은 세월이 흘렀어도 다윗은 여전히 왕좌에 오르지 못하고 있었다. 사울이 죽은 후 마침내 다윗이 남쪽에서 유다의 왕이 되었지만, 사울의 아들 중 하나인 이스보셋이 북이스라엘의 왕이 되었다. "사울의 집과 다윗의 집 사이에 전쟁이 오래매 다윗은 점점 강하여 가고 사울의 집은 점점 약하여 가니라"(삼하 3:1). 이스보셋이 죽자, 북쪽 지파의 백성들은 하나님께서 선택하시고 기름을 부으신 왕을 받아들이고 그의 통치에 복종할 것인지 선택해야 했다.

그것은 우리와 우리 자녀가 내려야 할 결정이기도 하다. 우리는 하나님께서 선택하신 왕(왕이신 예수님)의 통치에 복종할 것인가? 아니면 계속해서 거부할 것인가? 자녀를 (어린 아기부터 십 대까지) 양육해본 부모라면, 사람은 누구나 스스로 통치하려는 결심을 가지고 태어난다는 사실을 안다. 우리 자녀는 예수님의 통치 아래 올 때까지는 태생적으로 자기의 주권자다. 스스로 다스리려는 위험한 소망에 종지부를 찍기 위해서는 누구나 은혜가 필요하다.

매일 우리 자녀가 부모의 권위를 받아들이기를 배우는 것처럼, 그들은 자기 자신보다 더 크신 권위에 복종하는 것의 의미를 배우고 있다. 그리고 우리가 그들을 위해 영향력을 사용하는 것처럼, 우리는 왕이신 예수님의 주권 아래에 있는 인생의 선함에 관해 그들에게 가르쳐야 한다.

◆ ◇ ◇ ◆

주님, ___가 왕이신 예수님께 기쁘게 복종하기를 구하고 있음에도, 저 역시 권위보다 자율에 더 많이 끌리는 마음과 의지가 있음을 깨닫습니다. 당신의 통치가 저에게 생명과 자유를 주기보다는 이를 약화시킬 것이라는 거짓에 속는 저를 용서해주옵소서. 주님께 기쁘게 복종하는 제 인생을 통해 ___에게 당신을 만물의 왕으로 삼는 기쁨을 나타내게 하옵소서.

5월 25일   ● 사무엘하 7:1-8:18 / 요한복음 14:15-31 / 시편 119:33-48 / 잠언 15:33

영원히 보전되고

네 수한이 차서 네 조상들과 함께 누울 때에 내가 네 몸에서 날 네 씨를 네 뒤에 세워 그의 나라를 견고하게 하리라 … 네 집과 네 나라가 내 앞에서 영원히 보전되고 네 왕위가 영원히 견고하리라(삼하 7:12, 16).

하나님은 다윗의 이름을 크게 하고 그의 백성에게 안전한 곳을 주겠다고 약속하셨고, 다윗의 시대에 그 약속을 성취하셨다. 하나님은 다윗에게서 한 왕조를 세우고 그의 아들이 왕좌에 올라 그를 위해 집을 세울 것이라고 약속하셨고, 솔로몬의 시대에 그 약속을 성취하셨다. 솔로몬이 다윗의 왕좌에 앉았고 예루살렘에 성전을 세웠다. 하나님은 다윗의 자손이 죄를 지을 때 징계하겠다고 약속하셨고, 다윗 왕조의 많은 왕에게 그 약속을 성취하셨다. 하지만 오랜 시간(400년)이 흘러 이스라엘에서 다윗의 자손이 왕좌에 오르지 못하는 날이 오고 말았다. 다윗에게 네 집과 네 나라와 네 왕위가 영원히 지속되리라고 말씀하신 하나님의 약속에 무슨 일이 일어난 것일까?

오랜 세월 이스라엘 백성은 그 약속을 놓치지 않기 위해 고군분투했다. 마침내 한 천사가 마리아에게 나타나 한 아들을 낳을 것이라고 말해주었다. "주 하나님께서 그 조상 다윗의 왕위를 그에게 주시리니 영원히 야곱의 집을 왕으로 다스리실 것이며 그 나라가 무궁하리라"(눅 1:32-33). 하나님께서 다윗과 언약을 세우신 이래 많은 세대가 고대하며 기다려온 그 아들, 그 왕이 될 이셨다!

지금도 이 다윗의 자손은 하나님 우편의 보좌에 앉아 계신다. 예수님이 보좌에 계신 것을 알기 때문에, 우리는 염려를 멈추고 모든 걸 통제하려는 헛된 시도를 멈출 수 있다. 보좌에 앉으신 이는 우리의 필요를 공급하고 우리를 보호하실 뿐만 아니라 모든 약속을 자기 뜻대로 성취하기 위해 필요한 모든 것을 갖고 계시다. 그분이 보좌에 계시기에 우리의 기쁨은 환경에 매일 필요가 없고, 우리의 안정감은 쉽게 흔들릴 필요가 없다. 여호와께서 모든 것을 다스리신다.

◆ ◇ ◆

주님, 당신은 우리의 역경을 다스리십니다. 당신은 우리의 계속되는 갈등도 다스리십니다. 당신은 우리가 공들여 세운 계획도 다스리십니다. 그리고 당신은 신뢰할 수 있는 분이십니다. 당신은 선하신 왕이십니다.

5월 26일   ● 사무엘하 9:1-11:27 / 요한복음 15:1-27 / 시편 119:49-64 / 잠언 16:1-3

그리하면 이루리라

나는 포도나무요 너희는 가지라 그가 내 안에, 내가 그 안에 거하면 사람이 열매를 많이 맺나니 나를 떠나서는 너희가 아무 것도 할 수 없음이라 사람이 내 안에 거하지 아니하면 가지처럼 밖에 버려져 마르나니 사람들이 그것을 모아다가 불에 던져 사르느니라 너희가 내 안에 거하고 내 말이 너희 안에 거하면 무엇이든지 원하는 대로 구하라 그리하면 이루리라 (요 15:5-7).

우리는 자녀를 위해 기도하고 또 기도하며 하나님께서 응답해주시기를 기다린다. 그리고 예수님의 이 말씀을 읽지만, 이 말씀은 너무 좋아서 왠지 이루어질 수 없거나 손에 닿지 않을 것만 같다. 이 말씀의 진짜 의미는 무엇일까?

예수님은 두 가지(그분의 말씀과 우리의 기도)를 연결하신다. 만약 우리가 그분의 말씀이 우리의 일부가 될 정도로 귀를 기울이면, 예수님도 우리의 기도에 귀를 기울이겠다고 말씀하신다. 하나님께서 우리에게 응답하지 않으신다는 생각이 들면, 그것은 곧 우리가 최선이 아닌 것을 구하고 있다는 의미다. 우리의 기도는 그분의 엄청난 복이 들어오기에 너무 작을지도 모른다. 성경적인 기도만이 하나님께서 채우실 만큼 크다. 예수님은 성경의 말씀이 우리의 소원을 형성하는 방식으로 우리 안에 뿌리내릴 때, 말씀이 우리의 기도를 형성할 때, 우리의 간구가 이루어진다고 약속하신다.

우리는 우리의 주목을 끌고 싶어 하는 목소리들이 정말 많은 세상에 살고 있다. 하지만 그리스도께서는 자신을 조율해서 그분의 목소리를 들으라고, "그리스도의 말씀이 너희 속에 풍성히 거하"(골 3:16)게 하라고 요구하신다. 예수님은 우리가 자녀를 위해 기도할 때 우리를 천박함으로부터 구원하고자 하신다. 성경의 말씀이 우리의 생각과 감정의 일부가 될 때, 우리의 목소리는 그분의 목소리와 하나가 된다. 우리의 욕망은 정결해지고 그분의 뜻에까지 확장된다. 하나님이 우리의 생각에 동의하시게 만들려는 그 어려운 노력을 하지 말라. 대신에, 우리의 작음과 낮은 기대로부터 건짐을 받으라.

◆ ◇ ◇ ◆

주님, ___를 위한 제 기도가 저의 세속적인 욕망으로 제한되기를 원하지 않습니다. 말씀에 계시된 것처럼 ___를 향한 당신의 소망을 담아낸 기도를 하고 싶습니다. 저의 내면의 목소리보다 우선하는 당신의 목소리를 경험하는 기적을 갈망합니다.

5월 27일   ● 사무엘하 12:1-31 / 요한복음 16:1-33 / 시편 119:65-80 / 잠언 16:4-5

그가 하시리라

그러나 내가 너희에게 실상을 말하노니 내가 떠나가는 것이 너희에게 유익이라 내가 떠나가지 아니하면 보혜사가 너희에게로 오시지 아니할 것이요 가면 내가 그를 너희에게로 보내리니 그가 와서 죄에 대하여, 의에 대하여, 심판에 대하여 세상을 책망하시리라 … 그러나 진리의 성령이 오시면 그가 너희를 모든 진리 가운데로 인도하시리니 그가 스스로 말하지 않고 오직 들은 것을 말하며 장래 일을 너희에게 알리시리라 (요 16:7-8, 13).

    부모인 우리에겐 자녀의 인생에서 많은 역할과 책임이 있다. 우리는 그들을 부양하고 보호하고 가르치고 경건을 훈련시켜야 한다. 하지만 때때로 우리는 그들에게 필요한 변화를 가져오는 일이 우리에게 달렸다고 생각하는 어리석음에 빠진다. 마치 그들이 해야 할 일과 해서는 안 되는 일을 가르치는 역할이 오롯이 우리의 책임인 것처럼 행동한다. 무엇이 진리인지 그들을 설득하는 일이 우리에게 달린 것처럼 주장한다. 때때로 우리의 성실한 도움이 보혜사의 역할을 빼앗는다. 때때로 우리의 애정이 담긴 안내가 진리의 성령님의 역할을 빼앗는다. 때때로 우리는 자녀의 인생에서 우리가 성령님이 되는 것이 우리의 임무인 양 행동한다.

    우리가 그들에게 성령님이 되라는 게 아니다. 우리는 그럴 수도 없다. 대신에, 우리는 성령님께서 자녀의 인생에서 위로하고 죄를 깨닫게 하고 가르치고 안내하는 사역을 하실 것을 신뢰해야 한다.

    우리도 성령님을 필요로 하는 사람이다. 우리는 성령님의 위로와 우리의 죄를 깨닫게 하시는 역사가 필요하다. 성령님께서 우리를 진리로 안내하셔야 한다. 말해서는 안 될 때 침묵을 지킬 힘을 주시도록 성령님께서 우리를 위해 기도해주셔야 한다. 분명, 우리는 자녀를 격려하고 강권하고 책망할 수 있다. 하지만 오직 성령님만이 죽어 있는 곳에 진정한 영적인 생명을 불어넣으신다. 오직 성령님만이 우리 자녀의 마음에 하나님에 대한 열망이 스며들게 하신다.

◆ ◇ ◇ ◆

주님, 제가 ___의 인생에서 성령님 역할을 하려고 했던 것에서 공식적으로 물러납니다. 당신의 일하심을 신뢰하고 믿음으로써 당신께 영광 돌리기를 원합니다. 창조 세계 위에 운행하시며 생명과 빛과 아름다움을 가져오신 그 성령님이 동일하게 ___의 인생 위에 운행하시며 생명과 빛과 아름다움을 가져오시길 기도드립니다.

5월 28일 ● 사무엘하 13:1-39 / 요한복음 17:1-26 / 시편 119:81-96 / 잠언 16:6-7

죄의 고리

그 후에 이 일이 있으니라 다윗의 아들 압살롬에게 아름다운 누이가 있으니 이름은 다말이라 다윗의 다른 아들 암논이 그를 사랑하나 그는 처녀이므로 어찌할 수 없는 줄을 알고 암논이 그의 누이 다말 때문에 울화로 말미암아 병이 되니라 … 그에게 먹이려고 가까이 가지고 갈 때에 암논이 그를 붙잡고 그에게 이르되 나의 누이야 와서 나와 동침하자 하는지라 그가 그에게 대답하되 아니라 내 오라버니여 나를 욕되게 하지 말라 이런 일은 이스라엘에서 마땅히 행하지 못할 것이니 이 어리석은 일을 행하지 말라 … 암논이 그 말을 듣지 아니하고 다말보다 힘이 세므로 억지로 그와 동침하니라(삼하 13:1-2, 11-12, 14).

    사무엘하 11장에 이르면 다윗이 다른 남자의 아내인 밧세바와 동침하기 위해 전령을 보내는 이야기를 읽게 된다. 딱 두 장을 더 넘기면 다윗의 아들 암논이 이복동생 다말을 강간하는 것을 읽게 된다. 이 두 내용을 이렇게 가까이 배치한 것은 분명 다윗이 어떻게 자기 죄의 자연스러운 결과(아들이 자기와 똑같은 죄를 짓는 것)를 경험하는지 우리에게 보여주려는 의도이다.

    자녀는 여러 면에서 부모를 닮는 경향이 있다. 그들이 우리의 좋은 외모, 지적 능력, 운동 신경 등을 갖고 있으면 우리는 그들이 우리를 닮은 것을 자랑스러워한다. 하지만 우리가 죄를 짓는 방식대로 자녀가 우리를 따라 하는 것도 자주 발견한다. 우리는 그것을 전혀 자랑스러워하지 않는다. 그것은 우리의 마음을 무너지게 한다.

    만약 부모에게서 자녀로 이어지는 죄의 고리를 끊어낼 능력이 없다면, 우리는 부모의 죄를 자녀에게 영속시킬 수밖에 없을 것이다. 우리 자녀는 우리가 즐겨 짓는 죄를 지을 수밖에 없다. 하지만 우리에게는 우리의 한계를 넘어서는 권능이 있다. 우리와 우리 자녀는 "생명의 성령의 법"에 접근할 수 있고 성령님은 우리를 "죄와 사망의 법"에서 해방시켜주신다(롬 8:2).

    주님, 제가 짓는 죄의 패턴을 ___에게서 볼 때면 비통함과 초라함을 느낍니다. 그 고리가 결코 끊어지지 않으리라는 좌절감에 빠집니다. 그래서 저는 당신의 말씀에서 발견하는 소망을 단단히 붙듭니다. 당신의 말씀은 성령님께서 죄를 버릴 능력과 그 고리를 끊어낼 능력을 주신다고 약속하십니다. 저의 회개에 당신께서 보여주신 그 자비가 저의 죄보다 더 크게 나타나기를 기도합니다.

5월 29일

● 사무엘하 14:1-15:22 / 요한복음 18:1-24 / 시편 119:97-112 / 잠언 16:8-9

우리의 계획, 하나님의 계획

사람이 마음으로 자기의 길을 계획할지라도 그의 걸음을 인도하시는 이는 여호와시니라(잠 16:9).

우리는 자녀를 위해서 계획을 세운다. 미처 인식하지 못하고 있거나 입 밖으로 말하지 않더라도 그렇다. 그들의 교육 환경, 스포츠 활동, 습관 형성과 신체 발달은 물론 직업과 영적인 성장에 이르기까지 많은 계획을 짠다.

자녀를 위한 우리의 계획은 경건할 수도 있지만, 그것이 우리의 계획이 곧 하나님의 계획임을 뜻하지는 않는다. 계획을 세우는 것은 잘못이 아니지만, 하나님의 계획은 종종 우리의 계획과 일치하지 않는다. 성경은 그런 예들로 가득하다.

예수님은 베드로에게 인생이 그의 계획대로 되지 않을 거라고 말씀하셨다. "내가 진실로 진실로 네게 이르노니 네가 젊어서는 스스로 띠 띠고 원하는 곳으로 다녔거니와 늙어서는 네 팔을 벌리리니 남이 네게 띠 띠우고 원하지 아니하는 곳으로 데려가리라"(요 21:18).

바울은 복음을 가지고 아시아로 갈 계획이었다. 하지만 그의 의도대로 이루어지지 않았다. "성령이 아시아에서 말씀을 전하지 못하게 하시거늘 그들이 브루기아와 갈라디아 땅으로 다녀가 무시아 앞에 이르러 비두니아로 가고자 애쓰되 예수의 영이 허락하지 아니하시는지라 무시아를 지나 드로아로 내려갔는데"(행 16:6-8).

야고보는 우리의 계획을 지나치게 사랑하는 것에 대해 경고한다. "들으라 너희 중에 말하기를 오늘이나 내일이나 우리가 어떤 도시에 가서 거기서 일 년을 머물며 장사하여 이익을 보리라 하는 자들아 내일 일을 너희가 알지 못하는도다 너희 생명이 무엇이냐 너희는 잠깐 보이다가 없어지는 안개니라 너희가 도리어 말하기를 주의 뜻이면 우리가 살기도 하고 이것이나 저것을 하리라 할 것이거늘 이제도 너희가 허탄한 자랑을 하니 그러한 자랑은 다 악한 것이라"(약 4:13-16).

◆◇◆

주님, 제가 ___를 향한 저의 계획을 느슨하게 붙잡게 하옵소서. ___를 향한 당신의 계획이 선하심을, 제 눈에 그렇게 보이지 않을 때조차도 신뢰하는 믿음을 더해주옵소서. 당신께서 ___의 발걸음을 결정하실 때, 모든 걸음이 ___를 당신께로 더 가까이 데려간다는 것을 신뢰하는 믿음을 저에게 주옵소서.

5월 30일 ● 사무엘하 15:23-16:23 / 요한복음 18:25-19:22 / 시편 119:113-128 / 잠언 16:10-11

예수님은 실패에서 건져주신다

시몬 베드로가 서서 불을 쬐더니 사람들이 묻되 너도 그 제자 중 하나가 아니냐 베드로가 부인하여 이르되 나는 아니라 하니 대제사장의 종 하나는 베드로에게 귀를 잘린 사람의 친척이라 이르되 네가 그 사람과 함께 동산에 있는 것을 내가 보지 아니하였느냐 이에 베드로가 또 부인하니 곧 닭이 울더라(요 18:25-27).

　예수님은 베드로에게 그가 주님을 부인할 거라고 말씀하셨다. 하지만 그는 믿지 않았다. 예수님께서 베드로의 믿음이 떨어지지 않기를 기도하였다고 설명하시자, 그 제자는 확신에 차서 말했다. "주를 위하여 내 목숨을 버리겠나이다"(요 13:37). 결국 예수님은 그에게 "반석"을 의미하는 '베드로'라는 이름을 주셨고, 이렇게 말씀하셨다. "내가 이 반석 위에 내 교회를 세우리니 음부의 권세가 이기지 못하리라"(마 16:18). 베드로는 자기가 견고하게 서 있으리라고 믿었다.

　하지만 예수님께서 잡히신 후에, 베드로는 자기가 사랑하는 분을 부인하고 있는 자신을 발견했다. 누가는 그가 심히 통곡했다고 전해준다. 그 이야기를 읽는 우리는, 그와 함께 실패의 참담함을 느낀다. 베드로는 스스로 실패자로 여기며 자기가 가장 잘하는 일(물고기 잡는 것)로 돌아갔다. 하지만 그것이 이야기의 끝이 아니다. 얼마 후에 그는 예수님께서 바닷가에서 그를 부르시는 것을 보았고 들었다. 그는 예수님과 함께 앉아서 예수님께서 조반으로 차려주신 물고기를 먹었다. 예수님은 그에게 그분의 양을 먹이라고 부탁하셨다. 그의 실패에도 불구하고, 예수님은 그를 포기하지 않으셨다.

　우리 자녀가 인생을 살아가는 동안, 사탄은 늘 그들의 실패를 그들 면전에 들이댈 것이다. 하지만 예수님은 자녀들을 끈질기게 좇아가신다. 예수님은 실패했지만 그분께로 돌아와 용서를 구하는 자들을 회복시키는 위대한 능력자이시다.

◆ ◇ ◇ ◆

주님, 베드로의 실패가 그를 규정하지 않았던 것처럼, 우리의 실패가 우리를 규정하지 않으리라고 믿습니다. 오히려 우리를 규정할 것은 당신의 은혜와 자비입니다. 상황을 올바르게 되돌릴 것은 당신의 회복 능력입니다. 우리가 다시 시작하게 할 것은 당신께서 맡기신 사명입니다. 하지만 주님, 우리는 실패했을 때 수치를 느낍니다. 수치가 ＿＿로 하여금 당신에게서 도망치게 할 때, ＿＿를 좇아가 주옵소서. ＿＿를 당신께로 불러주옵소서. 당신께서 ＿＿를 사용하시기를 멈추지 않으셨고 ＿＿의 실패가 자기를 규정하지 않음을 알게 하옵소서.

5월 31일 ● 사무엘하 17:1-29 / 요한복음 19:23-42 / 시편 119:129-152 / 잠언 16:12-13

십자가 곁에는

예수의 십자가 곁에는 그 어머니와 이모와 글로바의 아내 마리아와 막달라 마리아가 섰는지라 예수께서 자기의 어머니와 사랑하시는 제자가 곁에 서 있는 것을 보시고 자기 어머니께 말씀하시되 여자여 보소서 아들이니이다 하시고 또 그 제자에게 이르시되 보라 네 어머니라 하신대(요 19:25-27).

완벽한 자녀를 가진다면 자녀 양육이 훨씬 더 쉬울 거라고 생각할지 모른다. 하지만 마리아는 완벽한 자녀를 가진 게 아니었다. 그녀의 인생은 자녀와 관련된 고난으로 가득했다. 그 고난은 요셉과 결혼하기 전에 임신이 되는 수치와 더불어 시작했다. 그 후로는 예수님이 갓 태어났을 때 시므온이 한, "칼이 네 마음을 찌르듯 하리니"(눅 2:35)라는 말이 수많은 불면의 밤에 그녀 마음을 찾아왔을 것이다.

예수님께서 고향 회당에서 예언하실 때, 마리아도 거기 있었을 것이다. 그녀는 공포에 사로잡혔을 게 틀림없다. 그날, 사람들은 회당에서 예수님을 낭떠러지로 끌고 가 떨어뜨리려 했다. 그리고 마리아가 예수님이 가르치는 집으로 간 어느 날, 예수님은 주위에 모인 사람들을 가리키며 이렇게 말씀하셨다. "내 어머니와 내 동생들을 보라 누구든지 하나님의 뜻대로 행하는 자가 내 형제요 자매요 어머니이니라"(막 3:34-35).

마리아가 이런 상황을 헤쳐 나오도록 지탱해준 것은 무엇이었을까? 아마도 시므온이 한 또 다른 예언일 것이다. "이방을 비추는 빛이요 주의 백성 이스라엘의 영광이니이다"(눅 2:32). 그녀는 예수님의 영광을 보았다. 가나의 혼인잔치에서 예수님이 어머니의 요청으로 물을 포도주로 변화시키셨을 때, 요한은 "예수께서 이 첫 표적을 갈릴리 가나에서 행하여 그의 영광을 나타내"(요 2:11)셨다고 말한다. 예수님의 영광을 짧게나마 경험한 것, 그것이 십자가에서 그분의 고뇌를 보던 그날에, 칼이 그녀의 마음을 찌르듯 한 그날에 그녀를 지탱해주었을 게 틀림없다. 그날, 예수님은 아들에서 구주로 변하셨다. 예수님이 태어날 때 그녀의 것이었다면, 이제 마리아는 믿음으로 그분의 것이 되었다.

◆◇◇◆

주님, 칼이 제 마음을 찌르듯 하는 날들이 이어질 때, 당신의 영광을 새롭게 경험케 하옵소서. 물을 포도주로 바꾸셨던 것처럼 당신께서는 우리 인생의 공허함을 충만한 기쁨으로 바꾸실 수 있음을 저에게 상기시켜주옵소서.

6월 1일

● 사무엘하 18:1-19:10 / 요한복음 20:1-31 / 시편 119:153-176 / 잠언 16:14-15

차라리

구스 사람이 이르러 말하되 내 주 왕께 아뢸 소식이 있나이다 여호와께서 오늘 왕을 대적하던 모든 원수를 갚으셨나이다 하니 왕이 구스 사람에게 묻되 젊은 압살롬은 잘 있느냐 구스 사람이 대답하되 내 주 왕의 원수와 일어나서 왕을 대적하는 자들은 다 그 청년과 같이 되기를 원하나이다 하니 왕의 마음이 심히 아파 문 위층으로 올라가서 우니라 그가 올라갈 때에 말하기를 내 아들 압살롬아 내 아들 내 아들 압살롬아 차라리 내가 너를 대신하여 죽었더면, 압살롬 내 아들아 내 아들아 하였더라(삼하 18:31-33).

자녀가 자기의 삶을 파괴하는 동안 어쩔 수 없이 지켜보아야 했던 모든 아버지와 어머니는 "내 아들 압살롬아! 내 아들, 내 아들 압살롬아! 차라리 내가 너를 대신하여 죽었더면!"이라는 다윗의 애가에 담긴 가슴이 미어지는 슬픔을 안다. 압살롬이 속임수를 쓰고 아버지의 신뢰를 배신했을지라도, 다윗은 그를 되찾기 원했다. 압살롬이 더 이상 자신의 안전을 위협하지 않는 것에 안도했어야 함에도, 다윗은 깊은 슬픔에 빠졌다.

비슷한 슬픔이 바벨론에 의해 파괴된 예루살렘을 걷는 선지자 예레미야의 마음을 채웠다. 그는 유다의 패역한 자녀들을 보며 비탄에 잠겨 울부짖었다. "이로 말미암아 내가 우니 내 눈에 눈물이 물 같이 흘러내림이여 나를 위로하여 내 생명을 회복시켜 줄 자가 멀리 떠났음이로다 원수들이 이기매 내 자녀들이 외롭도다"(애 1:16).

예수님도 패역한 자녀로 인해 비통해하셨다. 그분이 제공하는 화해를 거부하는 자들의 계속되는 반역에 애통해하셨다. "예루살렘아 예루살렘아 선지자들을 죽이고 네게 파송된 자들을 돌로 치는 자여 암탉이 제 새끼를 날개 아래에 모음 같이 내가 너희의 자녀를 모으려 한 일이 몇 번이냐 그러나 너희가 원하지 아니하였도다"(눅 13:34).

주님, 반항하고 불순종하는 자녀로 인한 애통함을 당신께서 이해하신다는 사실을 아는 것이 제게 위로가 됩니다. 당신의 자비만이 아들딸들을 반역자의 죽음으로부터 구원하실 수 있습니다. 오직 당신만이 ___와 제가 마땅히 당해야 할 죽음을 당신 자신에게로 가져가실 수 있습니다. 그러니 우리를 당신의 날개 아래에 모아주시고, 순종하는 아들로서 주님께서 마땅히 누리셔야 할 영생을 우리에게 주옵소서.

6월 2일 ●사무엘하 19:11-20:13 / 요한복음 21:1-25 / 시편 120:1-7 / 잠언 16:16-17

이 사람은 어떻게 되겠사옵나이까

베드로가 돌이켜 예수께서 사랑하시는 그 제자가 따르는 것을 보니 그는 만찬석에서 예수의 품에 의지하여 주님 주님을 파는 자가 누구오니이까 묻던 자더라 이에 베드로가 그를 보고 예수께 여짜오되 주님 이 사람은 어떻게 되겠사옵나이까 예수께서 이르시되 내가 올 때까지 그를 머물게 하고자 할지라도 네게 무슨 상관이냐 너는 나를 따르라 하시더라(요 21:20-22).

  우리는 누구나 자신을 더 낫게 느끼고 싶은 노력의 일환으로 자신을 타인과, 우리 가정을 다른 가정과, 우리 자녀를 다른 사람의 자녀와, 우리의 자녀 양육을 다른 사람의 자녀 양육과 비교하려 한다. 그리고 소셜 미디어는 우리의 비교하려는 경향에 먹이를 준다. 우리는 소셜 미디어에 올라온 가족사진과 짤막한 설명을 보면서 남들은 좀 더 쉽게 자녀를 양육하고 있다고, 혹은 그들의 자녀가 '더 나아' 보이거나 더 많은 걸 성취하고 있다고 믿게 된다.

  타인과 비교할 때의 문제점은 교만 그리고 그것이 생산하는 불만족이다. 게다가 우리가 다른 사람의 인생을 갈망할 때, 우리는 마음속으로 하나님께서 우리에게 맡기신 것이 충분히 선하지 않다고 말하는 것과 같다. 우리의 시기와 질투는 하나님께 손가락질하면서 그분이 우리 인생에 대해 쓰시는 이야기는 틀렸고 우리가 쓴다면 더 잘 쓸 수 있다는 인상을 풍긴다.

  왜 다른 부모들은 겪지 않는 특별한 도전을 우리에게 맡기셨냐고 하나님께 여쭙고 싶을 때, 우리는 예수님께서 베드로에게 하신 말씀을 들어야 한다. "너는 나를 따르라." 다른 누구에게 주지 않으시고 우리에게 맡기신 그 자녀를 양육하는 일, 예수님은 그 일을 우리에게 하라고 하신다. 우리의 상황에는 다른 부모들이 겪지 않는 수준의 상당한 어려움이 있을지 모른다. 하지만 그분께서는 이 특별한 도전을 다루어가는 데 필요한 은혜 또한 주고 계심을 우리는 확신할 수 있다.

◆ ◇ ◇ ◆

주님, 우리를 도와주옵소서. 우리의 자녀 양육과 우리의 자녀가 다른 부모와 다른 자녀에 비해 어떠한지에 초점을 맞추는 것을 그만두게 하옵소서. 당신께서 우리를 부르신 그 과업을 감당하는 동안 당신을 따르는 것에 초점을 맞추게 하옵소서.

6월 3일

● 사무엘하 20:14-21:22 / 사도행전 1:1-26 / 시편 121:1-8 / 잠언 16:18

나의 도움은 여호와에게서로다

내가 산을 향하여 눈을 들리라 나의 도움이 어디서 올까 나의 도움은 천지를 지으신 여호와에게서로다 여호와께서 너를 실족하지 아니하게 하시며 너를 지키시는 이가 졸지 아니하시리로다 이스라엘을 지키시는 이는 졸지도 아니하시고 주무시지도 아니하시리로다(시 121:1-4).

 하나님의 백성이 명절과 절기를 지내러 유대 평야에서 예루살렘 산지로 올라갈 때, 그들은 성전에 올라가는 노래를 불렀다. 시편 121편도 그중 하나다. 그들은 자기네가 올라야 할 높이를 우러르며 그 힘을 어디서 얻을까 궁금해했다. 그들은 성전으로 올라가는 중에 모두 함께 큰 소리로 묻고 대답했다. 여호와, 그분이 그들의 도움이시라고 말이다. 그분은 보이지 않는 앞의 구덩이를 보실 수 있었고 그들로 실족하지 않게 하셨다. 세심하게 그들을 지키시기를 결코 멈추지 않으셨다.
 자녀를 성인기로 들여보내는 길이 매우 가팔라 보일 때가 있다. 우리는 과연 그 많은 시간과 노력을 들일 힘이 우리에게 있을지 궁금해한다. 순례자들이 그랬던 것처럼 우리의 질문에 답할 수 있다. 우리가 사는 세상을 창조하신 분, 우리가 사랑하는 자녀가 헌신한 그분이 길고 긴 여정 내내 우리를 도우실 것을 우리는 상기할 수 있다. 하나님은 잠재적인 구덩이와 잘못에 빠질 장소를 아시기에 우리를 옳은 길로 인도하실 것이다. 그분은 우리가 쏟아내는 염려에 대해 결코 무관심하거나 지겨워하지 않으신다. 우리 인생과 우리 자녀의 인생을 주권적으로 감독하시는 동안 그분은 결코 핸들을 잡은 채로 잠들지 않으실 것이다.

◆ ◇ ◇ ◆

주님, 자녀를 성인기로 키우고 준비시키는 이 먼 길을 갈 때, 도우시겠다는 당신의 약속에 대한 믿음을 재정비할 필요를 깨닫습니다. 때때로 우리가 해내지 못할 것 같아 보입니다. 그래서 당신의 도움이 필요합니다. 당신에게서 멀어지거나 비틀거리지 않도록 우리를 지켜 주옵소서. 낮의 세세한 일들과 밤의 걱정들 속에서 우리를 계속해서 지켜봐 주옵소서. 지금으로부터 영원토록 우리의 출입을 지켜주옵소서.

6월 4일 ● 사무엘하 22:1-23:23 / 사도행전 2:1-47 / 시편 122:1-9 / 잠언 16:19-20

마음에 찔려

그런즉 이스라엘 온 집은 확실히 알지니 너희가 십자가에 못 박은 이 예수를 하나님이 주와 그리스도가 되게 하셨느니라 하니 그들이 이 말을 듣고 마음에 찔려 베드로와 다른 사도들에게 물어 이르되 형제들아 우리가 어찌할꼬 하거늘 베드로가 이르되 너희가 회개하여 각각 예수 그리스도의 이름으로 세례를 받고 죄 사함을 받으라 그리하면 성령의 선물을 받으리니 이 약속은 너희와 너희 자녀와 모든 먼 데 사람 곧 주 우리 하나님이 얼마든지 부르시는 자들에게 하신 것이라 하고(행 2:36-39).

베드로는 오순절을 맞아 예루살렘에 모인 사람들에게 하나님의 말씀(요엘 2장, 시편 16편, 시편 110편)을 설교하고 있었다. 50일 전에 십자가형을 당하고 살아나신 예수님이 얼마 전, 하늘로 올라가셨다. 베드로는 성령에 충만하여, 성경이 늘 예수님(그들이 거절하고 십자가에 못 박은 분)에 대해 말하고 있었음을 사람들이 깨닫도록 돕고 있었다.

베드로가 검을 빼어 예수님을 변호하려 했던 때(예수님이 잡히셨던 밤이었다)는 불과 얼마 전이었다. 그러나 바로 이날 베드로가 빼어든 것은 말씀의 검이었다. 그리고 베드로가 이 검을 휘둘렀을 때, 성령님은 그분의 찌르는 사역에 그것을 사용하셨다. 삼천 명이나 되는 사람들이 하나님의 말씀을 듣고는 마음이 찔렸다. 그러나 어떻게 반응해야 할지 몰랐다. "우리가 어찌할꼬?" 그들은 베드로와 다른 사도들에게 물었다. 베드로는 예수 그리스도의 이름을 믿고 회개함으로써 죄에 대해 용서를 받아야 한다고 말했다. 그들은 세례를 통해 자신의 신앙을 보였다. 이제 그들은 성령님께서 그들의 인생 가운데 계속해서 일하실 것을 기대할 수 있었다. 성령님은 그들과 그들의 자녀에게 능력을 주시고, 안전을 보장해 주시고, 은사를 주셨다.

우리는 우리가 자녀에게 하는 말이 한쪽 귀로 들어가 다른 쪽 귀로 나온다고 느낄 때가 많다. 아마도 대부분 그럴 것이다. 하지만 부모의 말을 경청하는 것보다 훨씬 더 필요한 것은 하나님 말씀을 경청하는 것이다. 하나님의 말씀을 경청함으로써 그들의 마음이 찔리고 그들의 삶이 변화된다.

◆ ◇ ◆ ◇ ◆

성령님, 설교와 성경 읽기 그리고 성경에 대한 우리의 가르침을 통해 ___에게 말씀해주옵소서. 익숙함과 저항심과 완고함을 뚫고 들어가셔서 ___의 마음을 찔러주옵소서. 그래서 ___가 기꺼이 회개하고 당신과 하나가 됨을 기뻐하게 하옵소서.

6월 5일

● 사무엘하 23:24-24:25 / 사도행전 3:1-26 / 시편 123:1-4 / 잠언 16:21-23

희생

이르되 어찌하여 내 주 왕께서 종에게 임하시나이까 하니 다윗이 이르되 네게서 타작 마당을 사서 여호와께 제단을 쌓아 백성에게 내리는 재앙을 그치게 하려 함이라 하는지라 아라우나가 다윗에게 아뢰되 원하건대 내 주 왕은 좋게 여기시는 대로 취하여 드리소서 번제에 대하여는 소가 있고 땔 나무에 대하여는 마당질 하는 도구와 소의 멍에가 있나이다 왕이여 아라우나가 이것을 다 왕께 드리나이다 하고 또 왕께 아뢰되 왕의 하나님 여호와께서 왕을 기쁘게 받으시기를 원하나이다 왕이 아라우나에게 이르되 그렇지 아니하다 내가 값을 주고 네게서 사리라 값 없이는 내 하나님 여호와께 번제를 드리지 아니하리라 하고 다윗이 은 오십 세겔로 타작 마당과 소를 사고(삼하 24:21-24).

사랑하는 마음이 크면 기꺼이 희생하려 한다. 다윗은 이를 이해했다. 하나님은 다윗에게 아라우나의 타작마당에 제단을 쌓고 그의 죄를 덮기 위한 제물을 바치라고 말씀하셨다. 다윗이 도착했을 때, 아라우나는 그에게 필요한 물품을 무엇이든 공급하기 원했다. 하지만 다윗은 값을 치르겠다고 주장했다. 다윗은 자기 죄에 드는 비용을 자신이 처리해야 한다는 것을 이해했다. 그는 종교적인 행위만이 아닌 마음에서 나온 것을 여호와께 드리기 원했다.

그리스도 안에서 성장하기를 구할 때 우리는 이러한 자아의 죽음과 자원하는 헌금, 자발적인 희생이 우리 삶에 점점 더 많이 나타나기를 갈망한다. 분명히 말하지만, 자녀 양육은 하나님께서 이런 식으로 우리를 성화시키시는 핵심 도구다. 어머니의 희생이라는 사명은 임신 사실을 알자마자 시작되는데, 그 첫 번째는 카페인이나 와인을 포기하는 것이다. 자녀가 태어나면 아버지는 신생아를 돌보기 위해 시간과 잠을 포기한다. 부모의 희생은 늘 대단한 행동만은 아니다. 혼자 TV를 보고 싶을 때 가족과 보드게임을 하고, 일터에 늦게까지 남고 싶을 때 저녁을 먹으러 집에 돌아오고, 자녀의 취미생활을 돕기 위해 자기의 취미생활을 줄이는, 일상의 대가지불이다.

이처럼 자녀는 우리에게 희생이라는 중대한 영적 훈련을 받아들이는 법을 가르쳐주는 도구요, 그리스도(자기를 제물로 드리신 분)의 형상으로 우리를 빚어가는 도구다.

◆ ◇ ◇ ◆

주님, 자녀 양육이라는 값비싼 희생에 분노하고픈 유혹에 빠질 때가 있습니다. 제가 저의 계획에 대해 죽어야 할 때마다, 당신께서 제 인생에 뺄셈이 아닌 덧셈을 하고 계심을 보도록 도와주옵소서. 어떤 대가를 치르든, 주님의 형상을 닮아가도록 저를 빚어주옵소서.

6월 6일
● 열왕기상 1:1-53 / 사도행전 4:1-37 / 시편 124:1-8 / 잠언 16:24

선한 말

선한 말은 꿀송이 같아서 마음에 달고 뼈에 양약이 되느니라(잠 16:24).

우리 대부분은 누군가의 놀림에 깊이 상처를 받았던 때를 생생하게 기억한다. 또한 누군가의 말에 행복을 느끼고 용기를 얻어 대담해진 것도 기억한다. 우리는 분노나 모욕이건 위로와 용기이건 우리 귀에 들린 말들로 이제껏 빚어져 왔다.

그러므로 부모인 우리는 다음과 같이 자문해야 한다. 나의 말은 자녀를 어떻게 빚어 가고 있는가? 나의 말은 자녀가 다치지 않기 위해 몸을 피해 숨기거나 막아야 할 주먹인가? 아니면 자녀에게 꿀송이 같아서 마음을 달래줄 뿐만 아니라 주변 세상에서 받은 상처들을 치유해주는가?

농담으로라도 모욕이 들어오면, 그 속에 담긴 진실의 뼈가 찌르는 힘을 갖는다. 자녀의 내면에는 잠재의식, 사람과 사건이 지속해서 생각을 넣는 저장소, 그리고 자아상을 형성하고 타인과의 사이에서의 안정감을 측정하는 장소가 있다. 자녀가 마치 우리의 의견 따위는 중요하지 않은 것처럼 행동하고 또 그들이 듣고 있지 않은 것처럼 보일 때에도, 확실히 말하지만, 우리의 말은 들린다.

우리 자녀가 세상으로 나아갈 때, 그들은 이리저리 치이고 뭉개질 것이다. 그들에게 필요한 것은 신랄한 지적 자체가 없는 가정이다. 영혼을 짓밟는 가시 돋친 말에서 벗어날 수 있는 장소다. 그들에게 필요한 것은 격려의 말, 자비의 말을 하는 부모다. 그들의 오늘의 모습뿐 아니라 내일의 모습도 무조건 수용하겠다고 장담해주는 부모.

◆ ◇ ◆ ◇ ◆

주님, 제 입에서 나오는 말이 얼마나 경솔하고 가혹하고 냉랭한지요. 성령님께서 제 안에서 일하여 주옵소서. 그래야 ___에게 하는 제 말이 성령의 열매로 채워져, 사랑과 희락과 화평과 오래 참음과 자비와 양선과 충선과 온유와 절제로 가득할 것입니다.

6월 7일 ● 열왕기상 2:1–3:2 / 사도행전 5:1–42 / 시편 125:1–5 / 잠언 16:25

왕에 대한 충성

네 하나님 여호와의 명령을 지켜 그 길로 행하여 그 법률과 계명과 율례와 증거를 모세의 율법에 기록된 대로 지키라 그리하면 네가 무엇을 하든지 어디로 가든지 형통할지라 여호와께서 내 일에 대하여 말씀하시기를 만일 네 자손이 그들의 길을 삼가 마음을 다하고 성품을 다하여 진실히 내 앞에서 행하면 이스라엘 왕위에 오를 사람이 네게서 끊어지지 아니하리라 하신 말씀을 확실히 이루게 하시리라(왕상 2:3–4).

열왕기상을 펼치면 왕좌에 오른 다윗의 영광의 날들은 이미 가고 없다. 다윗은 연로하며 차갑고 게으르며 수동적이다. 고집스런 그의 둘째 아들은 왕좌를 차지하려 하고 있다. 결국 밧세바가 다윗을 회유해 솔로몬을 다음 왕으로 지명한다. 다윗은 자신의 죽음을 준비하면서 솔로몬에게 하나님의 명령과 규례와 율법을 지켜 하나님께 충성하라고 강권한다.

그 후 다윗은 자신에게 충성 혹은 불충성했던 자들에게 솔로몬이 무엇을 해야 하는지로 초점을 돌린다. 요압은 다윗의 장군 둘을 죽였기에 그도 역시 일찍 무덤을 봐야 한다. 다윗이 마하나임으로 도망할 때 그를 저주한 시므이는 솔로몬의 지휘하에 피 흘리는 죽음을 맞아야 한다. 길르앗의 바르실래의 아들들은 다윗이 도망 중일 때 그를 봉양했으므로 솔로몬의 식탁에 영원한 손님이 될 것이다.

다윗 왕은 하나님께 충성했다. 하지만 열왕기상하의 나머지 부분을 읽다 보면, 솔로몬과 그를 이은 왕들은 율법이 요구한 대로 살지 않았다. 솔로몬의 통치는 이스라엘 역사에서 높은 점수를 받았지만, 솔로몬은 다른 사랑들이 하나님에 대한 사랑보다 앞서는 것을 허락했다. 다윗의 후손 중 오직 한 분만이 하나님께 완벽하게 충성하셨다. 예수님은 우리 자녀가 그 통치 아래 들어가기를 바라는 왕이시다. 예수님은 우리에게 절대적이고 배타적인 충성을 요구하신다. 그분은 마땅히 그럴 자격이 있으시다.

◆ ◇ ◇ ◆

예수님, 당신은 율법을 폐하러 오신 게 아니라 완성하러 오신 참된 왕이십니다. 우리는 당신께서 만왕의 왕, 만주의 주로 다시 오실 때 당신께 충성하지 않은 모든 자를 제거하시리란 것을 압니다. 그때까지 당신은 선한 은혜로, 신실하지 않은 모든 이들이 돌아올 길을 제공하십니다. 당신의 배신자들을 친구가 되자며 초대하십니다. 주님, 저와 ___ 안에서 일하여 주옵소서. 주님께서 당신의 나라를 세우기 위해 다시 오시기를 기다리는 동안, 우리 안에 당신을 향한 변치 않는 깊은 충성심을 새겨주옵소서.

6월 8일 ● 열왕기상 3:3-4:34 / 사도행전 6:1-15 / 시편 126:1-6 / 잠언 16:26-27

중간기

여호와여 우리의 포로를 남방 시내들 같이 돌려 보내소서 눈물을 흘리며 씨를 뿌리는 자는 기쁨으로 거두리로다(시 126:4-5).

하나님의 백성이 70년의 포로 생활을 마치고 예루살렘에 돌아왔을 때, 그들의 얼굴에는 웃음이 가득하고 목청껏 기쁨의 노래를 불렀다. "꿈꾸는 것 같았다!"라고 시편 기자는 기록한다.

하지만 이스라엘 백성은 고향에 돌아오자 예루살렘 재건이라는 엄청난 도전에 직면했다. 한때는 그 얼굴에 웃음이 가득했지만, 이제는 일하러 갈 때마다 눈물을 흘렸다. 처음에는 모두가 하나님의 큰일을 찬양했지만, 지금은 하나님이 일하셔야 한다는 갈급함만 남았다. 그들은 마른 땅 같은 인생에 주의 영을 물처럼 부어주셔서 재건하는 내내 새로움과 기쁨을 일으켜달라고 기도했다. 그들은 하나님께서 약속하신 모든 것을 간절히 기대하면서도 한 걸음 한 걸음 전진하기가 얼마나 어려운지 알아가는 시기에 있었다.

처음에는 작은 새 생명에 대한 큰 기쁨과 찬양으로 시작한다는 점에서 그들의 경험은 자녀 양육과 조금 닮았다. 하지만 그 후에는 식상한 노동이 시작된다. 때때로 너무나 고된 나머지 눈물을 흘린다. 그러니 자녀 양육이라는 고된 길을 터벅터벅 걸어가는 힘든 시기에 우리는 무엇을 할까? 우리는 기도한다. 하나님께 돌파구를 구한다. 판에 박힌 생활을 그분의 은혜의 강물로 변화시켜주시기를 구한다. 하나님의 개입을 소망하며 기다리는 동안 위축되거나 떠나지 않고, 자녀의 삶에 복음의 진리와 경건한 지혜의 씨를 뿌리기를 쉬지 않는다.

◆ ◇ ◆ ◇ ◆

주님, 신생아를 받았을 때의 흥분과 기쁨을 기억합니다. 하지만 자녀 양육은 나날이 참 어렵습니다. 그래서 우리 가정에 당신께서 은혜의 빗줄기를 내려주시기를, 제가 눈물 흘리며 뿌리는 씨앗들에 당신께서 물을 주시기를 구합니다. 제가 지금 보는 것이 최후의 모습이 아님을 믿습니다. 저는 ___의 인생의 최종 산물이 수치나 폐허나 파멸이나 눈물이 아님을 신뢰합니다. 언젠가 제가 뿌린 씨앗들이 결실할 것이고 기쁨의 소리를 내며 찬양할 것을 신뢰합니다.

6월 9일

● 열왕기상 5:1-6:38 / 사도행전 7:1-29 / 시편 127:1-5 / 잠언 16:28-30

헛된 수고

여호와께서 집을 세우지 아니하시면 세우는 자의 수고가 헛되며(시 127:1).

하나님은 집을 짓고 계시다. 그 집은 하나님을 사랑하고 섬기는 가족들로 구성된 나라요, 그분이 자기 백성과 영원토록 거하실 성읍이다. 부모인 우리는 이 위대한 일에 그분과 함께하도록 부르심을 받았다. 우리가 어떻게 그 일을 할까? 믿음을 통해서다. 시편 127편이 말해주듯이 우리는 가정을 세우시는 하나님의 일하심을 신뢰하라고 부름 받았다.

하지만 대부분의 우리에게는 집을 세우실 하나님을 신뢰하기가 쉽지 않다. 좋은 부모가 되고 싶다는 열망과 결단으로 인해, 우리는 자녀가 하나님을 사랑하는 것이 우리의 부지런함에 달려 있다고 잘못 생각한다. 우리는 자녀를 교회와 연결하고, 자녀에게 올바른 가치를 가르치고, 좋은 습관을 들이고, 경건한 사람들을 주위에 포진시키고, 자녀 앞에서 좋은 모범으로서 살아간다.

물론, 그 모두가 가치 있는 노력이다. 하지만 시편 127편은 **내가 그 일을 바르게 해내야 해. 그건 전부 나에게 달렸어**라는 자녀 양육의 접근법을 떨쳐버리고, **나는 하나님을 신뢰할 수 있어. 그분이 그 일을 하셔야 해**라는 의존으로 들어가라고 요구한다. 그것은 "일찍이 일어나고 늦게 누우며"(2절)라는 우리의 모든 근심 어린 계획이 우리가 자녀의 인생에 소망하는 바를 만들어내지 않는다는 사실을 우리에게 상기시킨다. 여호와께서 집을 세우셔야 한다. 자녀의 인생에서 영적 결실을 만들어내려 애쓰느라 지치고, 또 실패해서 지친 부모에게 그분은 안식을 주신다.

◆ ◇ ◇ ◆

주님, 당신께서 집을 세우지 아니하시면, 당신께서 ＿＿를 부르셔서 그 안에 주님의 길을 향한 열망을 심는 사역을 하지 아니하시면, 모든 수고가 헛됩니다. 그러니 주님, 구원하고 보존하고 세우는 사역을 우리 가정과 ＿＿의 마음 안에 이루어주옵소서. 우리 가정을 하나님 나라의 전초기지로 세우는 일이 우리에게 달렸다고 생각하는 염려와 독재로부터 건져주옵소서. 그리스도께서 십자가에서 완성하신 사역에 대한 믿음으로 살게 하옵소서. 당신의 방법과 때에 주님의 나라를 세우실 것을 신뢰하는 자들에게 약속하신 안식을 주옵소서.

6월 10일   ● 열왕기상 7:1-51 / 사도행전 7:30-50 / 시편 128:1-6 / 잠언 16:31-33

양육 받고 보냄 받다

네 집 안방에 있는 네 아내는 결실한 포도나무 같으며 네 식탁에 둘러 앉은 자식들은 어린 감람나무 같으리로다 여호와를 경외하는 자는 이같이 복을 얻으리로다 (시 128:3-4).

시편 127편과 128편에서 솔로몬은 행복한 가정이라는 복을 묘사하기 위해 원(原)독자들에게 친숙한 이미지를 사용한다. 시편 127편에서는 집을 세우고 성을 지키는 이미지를 사용한다. 집을 짓고 성을 지키는 부모에게 그 과업이 우리에게 달려 있지 않다고 확신시킨다. 우리가 일하느라 늦게까지 깨어 있지 않고 밤에 잠을 자러 갈 수 있는 것은, 우리가 자고 있을 때도 여호와께서는 우리 가족의 인생에서 활동하고 계신 것을 알기 때문이다.

시편 128편에서는 다른 이미지를 사용한다. 행복한 가정의 아내는 결실한 포도나무 같다고 말한다. 애정이 많은 남편 곁에 심겨 번창하는 아내를 그린다. 솔로몬은 행복한 가정의 자녀를 어린 감람나무, 양분을 공급받아야 하는 부드러운 어린 묘목에 비유한다. 시편 127편 4절로 돌아가면, 그는 자녀를 "장사의 수중의 화살"로 묘사한다. 그러므로 이 두 이미지를 결합하면, 독자는 부드러운 순이 양분을 공급받아 장성하여 화살과 같이 세상 속으로 보냄 받음을 볼 수 있다. 화살은 화살통에 남지 않는다. 화살은 그 목적을 성취하기 위해 세상 속으로 나아가도록 창조된다.

시편 128편의 마지막 부분에서, 우리는 이 행복한 가정이 고립된 섬이 아닌 것을 발견한다. 시편 기자는 기도한다. "너는 평생에 예루살렘의 번영을 [볼지어다]"(5절). 가정이 누리는 행복의 중심에는 하나님의 권속이라는 더 큰 가족에의 참여가 있다. 그들은 함께 하나님의 목적을 향해 전진하고 하나님 나라가 세상으로 확장되는 것을 본다.

◆ ◇ ◇ ◆

주님, 우리는 당신을 경외하는 가족(여호와를 경외하고 집을 세우실 것을 신뢰하는 아버지, 번창하는 어머니, 양육 받는 자녀)에게 속한 이 복된 삶을 갈망합니다. 언젠가 그들은 당신을 필요로 하는 세상 속으로 화살처럼 보냄 받을 것입니다.

6월 11일
● 열왕기상 8:1-66 / 사도행전 7:51-8:13 / 시편 129:1-8 / 잠언 17:1

저항이 회개로 바뀌다

목이 곧고 마음과 귀에 할례를 받지 못한 사람들아 너희도 너희 조상과 같이 항상 성령을 거스르는도다 (행 7:51).

　스데반은 유대인의 역사를 속속들이 알고 있는 사람들에 둘러싸여 대제사장 앞에 서 있었다. 스데반은 자기 민족이 반복해서 하나님의 율법과 선지자를 거절했고 결국에는 메시아를 십자가에 못 박아 죽였음을 추적하여 밝혀냈다. 사람들은 그의 이야기를 전혀 환영하지 않았다. "그들이 큰 소리를 지르며 귀를 막고 일제히 그에게 달려들어 성 밖으로 내치고 돌로 칠새"(57-58절).

　아마도 그날 스데반을 둘러싼 사람 중 가장 완고하고 차가운 마음을 가진 이는 사울이라는 청년이었을 것이다. 그는 "주의 제자들에 대하여 여전히 위협과 살기가 등등"(행 9:1)하였다. 그는 다른 군중과 함께 성령님께 저항하며 거기에 있었다. 하지만 그의 멀었던 눈이 열리고 더 이상 성령님을 거절하지 않을 날이 올 것이었다. 사울이 "내 이름을 이방인과 임금들과 이스라엘 자손들에게 전하기 위하여 택한 나의 그릇"(행 9:15)이 되는 것이 하나님의 의도였다.

　성령님은 눈먼 저항과 반역을 압도하실 수 있다. 그것은 당신이 그리스도께 이끌린 방법이요, 당신의 자녀가 그리스도께 이끌릴 방법이다. 하나님은 우리가 말씀으로 그리스도와 만나게 하심으로써 우리를 그분께로 이끄신다. 그리고 우리의 반역을 압도하심으로써 우리를 그분께로 이끄신다.

　부모인 우리는, 하나님께서 우리 자녀가 살아가는 동안 그를 낮추고 가르치고 그의 저항을 압도하는 사역을 하시기를 기도하면서, 말씀을 가르치는 임무와 그리스도와 십자가 사역을 명확하게 드러내는 임무를 감당해야 한다.

주님, 오순절에 당신의 말씀을 듣고 마음이 찔렸던 사람들을 생각할 때, 당신의 말씀을 듣고도 "마음은 이방인과 같고 진리에 대해 귀 먹은" 채로 남았던 이들을 생각할 때, 오직 성령님만이 우리의 저항을 뚫고 죄를 깨닫게 해주심을 알게 됩니다. 주님, ___ 안에 성령님을 보내셔서 조금의 저항도 남김없이 사로잡으소서. 조금의 완고함도 남김없이 부드럽게 하소서. ___가 당신을 받아들이고 따르는 것을 방해하는 듣지 못하는 귀를 치유해주소서.

6월 12일
● 열왕기상 9:1-10:29 / 사도행전 8:14-40 / 시편 130:1-8 / 잠언 17:2-3

죄악을 지켜보심

여호와여 주께서 죄악을 지켜보실진대 주여 누가 서리이까 그러나 사유하심이 주께 있음은 주를 경외하게 하심이니이다(시 130:3-4).

성경의 위대한 사랑장(고린도전서 13장)처럼 자녀를 사랑하려면 우리는 어떻게 해야 할까? 시편 130편이 우리를 도와준다.

시편 기자는 하나님과의 거리감에 맥없이 주저앉았다. 반복되는 실패의 기록은 그를 절망에 빠뜨렸다. 하지만 성령님께서 성경 말씀을 통해 그의 마음을 움직이시자 위를 바라보게 되었다. "여호와여 내가 깊은 곳에서 주께 부르짖었나이다"(1절).

시편 기자는 자기 죄를 부인하지 않는다. 만약 하나님께서 우리 죄악의 목록을 간직하신다면 대체 누가 하나님의 임재 앞에서 살아남을 수 있겠냐고 물을 때, 함축된 대답은 "아무도 없다!"이다. 하지만 시편 기자는 자기의 죄보다 더 크고 강한 하나님의 자비로운 용서를 보았다. "여호와께서는 인자하심과 풍성한 속량이 있음이라"(7절).

시편 기자는 하나님을 완벽하게 공의로우신 분으로 이해했기 때문에 이와 같은 풍성한 속량을 가능케 한 것이 무엇인지 볼 수 없었다. 어쨌거나 그는 하나님의 실패하지 않으시는 사랑에 소망을 두었다. 당시에 그가 몰랐던 것은, 하나님께서 그 죄에 대한 형벌을 그분의 아들에게 쏟으심으로써 다루실 것이라는 사실이었다. "우리를 거스르고 불리하게 하는 법조문으로 쓴 증서를 지우시고 제하여 버리사 십자가에 못 박으시고"(골 2:14). 우리를 거스르는 사건(사실, 이름, 날짜, 사진, 범죄의 증거들이 들어 있는 서류철)이 십자가에 못 박혔다. 거기서 예수님은 이 모든 죄 때문에 고난 당하셨다.

이 말은 곧 우리가 풍성한 속량으로 인해 살고 사랑하고 용서할 수 있다는 의미다. 이 은혜가 우리 안에서 역사하기에, 우리는 더 이상 자녀의 죄와 실패의 기록을 간직할 필요가 없다. 우리의 아버지께서 우리를 용서하셨듯이, 우리도 너그럽게 용서할 수 있다.

◆ ◇ ◇ ◆

주님, 이미 저를 용서하셨다는 복음을 전해주시는 당신의 음성을 듣습니다. 그리고 저도 당신이 용서하신 것처럼 용서하기를 원합니다. 저를 향한 당신의 자비로 저 역시 ___를 향해 자비롭게 되기를 기도합니다.

6월 13일

● 열왕기상 11:1-12:19 / 사도행전 9:1-25 / 시편 131:1-3 / 잠언 17:4-5

마음을 돌아서게 하였더라

여호와께서 일찍이 이 여러 백성에 대하여 이스라엘 자손에게 말씀하시기를 너희는 그들과 서로 통혼하지 말며 그들도 너희와 서로 통혼하게 하지 말라 그들이 반드시 너희의 마음을 돌려 그들의 신들을 따르게 하리라 하셨으나 솔로몬이 그들을 사랑하였더라 왕은 후궁이 칠백 명이요 첩이 삼백 명이라 그의 여인들이 왕의 마음을 돌아서게 하였더라(왕상 11:2-3).

이스라엘의 아들딸들이 그들 주변에 사는 가나안의 아들딸들과 결혼하지 않은 이유가 있었다. 오로지 여호와께만 헌신하려는 순수함 때문이었다. 이스라엘의 왕은 다른 신들을 섬기는 여인들과의 결혼을 거절함으로써 우상숭배의 영향력으로부터 자신의 마음을 지켜야 했고 그렇게 백성을 인도해야 했다. 그는 자기 마음과 생명과 육체를 여호와를 믿지 않는 여인들과 섬기를 거절해야 했다.

솔로몬은 여러 면에서 지혜로웠지만, 자기 마음의 취약성에 관해서는 대단히 어리석었다. 앞서 우리는 "솔로몬이 여호와를 사랑하고"(왕상 3:3)라는 기록을 읽었다. 그런데 지금은 "솔로몬 왕이 … 이방의 많은 여인을 사랑하였으니"와 "그의 여인들이 그의 마음을 돌려 다른 신들을 따르게 하였으므로 왕의 마음이 … 그의 하나님 여호와 앞에 온전하지 못하였"(1, 4절)다고 한다.

오, 우리는 우리의 자녀가 여호와를 사랑하기를 얼마나 원하는지! 만약 하나님께서 자녀에게 배우자라는 선물을 주신다면, 그리스도를 점점 더 많이 사랑하도록 그들을 격려해줄 배우자를 주시기를! 우리에게는 자녀의 마음을 다스릴 능력이 없다. 하지만 그 능력을 가지신 분을 안다. 그래서 우리는 기도한다.

◆ ◇ ◇ ◆

주님, 저는 자녀가 자신을 주님과의 더 큰 사랑의 관계로 이끌어줄 배우자와 함께 삶과 사랑을 나누는 기쁨을 알기를 갈망합니다. ___를 잘 안내해서 적절한 경계를 세우도록 격려할 수 있는 지혜를 제게 주옵소서.
오늘 ___를 위해 기도합니다. ___에게 솔로몬보다 지혜로운 마음을 주시기를 기도합니다. ___에게 당신을 향한 깊고도 너른 사랑을 주셔서 그 마음이 당신에게서 돌아서지 않게 하옵소서. 그리스도의 멍에를 맨 자와 결혼하라는 주님의 명확한 지시를 알면서도, 자기 마음을 주님으로부터 돌아서게 할 누군가를 사랑하겠다고 고집하지 않게 하옵소서.

6월 14일

● 열왕기상 12:20–13:34 / 사도행전 9:26–43 / 시편 132:1–18 / 잠언 17:6

면류관과 영화

손자는 노인의 면류관이요 아비는 자식의 영화니라(잠 17:6).

분명, 이 잠언의 앞부분은 이해하기가 쉽다. 어떤 사람이 조부모가 될 때 그들에게 어떤 변화가 생긴다는 것(그들은 자신의 손주가 지금까지 태어난 어떤 아기보다 귀엽고 똑똑하다고 철저히 확신한다)을 우리는 안다. 하지만 이 잠언의 뒷부분은 우리로 하여금 멈춰서 생각하게 만든다. 우리는 자식이 아비의 영화라고 말할 것을 기대한다. 그런데 이 잠언은 오히려 "아비는 자식의 영화니라"라고 말한다.

부모로서 우리가 진실로 자녀의 수치라고 느낄 때가 수없이 많다. 적어도 그렇게 보일 수 있을 것 같다. 곰곰이 생각해보면 우리가 사는 방식, 내리는 선택, 남기는 유산으로써 자녀에게 명예나 수치를 가져다줄 영향력이 우리에게 있음을 깨닫는다. 나이가 듦에 따라 자녀가 우리에게 큰 기쁨을 가져다줄 삶을 살길 바라는 기대에 우리의 마음을 쏟으면 쏟을수록, 이 잠언은 우리가 그들에게 과연 올바르게 관심을 기울이고 있는지 자문하게 만든다. 우리는 그리스도께 단단히 닻을 내리고 있는가? 그리스도를 의존하고 있는가? 그래서 우리의 자녀가 우리의 진정한 믿음을 자랑스러워할 이유를 발견하는가?

주님, 자녀의 인생과 선택이 저를 어떻게 비출까에 지나친 관심을 가질 때가 많고, 저의 인생과 선택이 그들을 어떻게 비출까에 대해서는 별로 생각하지 않았음을 용서해주옵소서. 주님, 저의 인생(당신을 향한 사랑, 가족을 향한 신실함, 하나님의 백성을 향한 섬김)이 자녀와 손자녀에게 기쁨과 존경을 가져다주기를 원합니다. 가족에게 수치를 가져다줄 죄로부터 저를 지켜주옵소서.
주님이 우리의 생각과 감정과 욕망을 빚어주시기를 기도합니다. 그래야 우리가 당신을 기쁘시게 하는 삶을 자랑으로 여길 수 있습니다. 우리 모든 세대의 자랑이 당신을 아는 것, 결코 끊어지지 않는 끈으로 당신과 연합된 것 그리고 그 사실이 우리를 매일 변화시키는 것이기를 기도합니다.

6월 15일

● 열왕기상 14:1-15:24 / 사도행전 10:1-23 / 시편 133:1-3 / 잠언 17:7-8

연합

보라 형제가 연합하여 동거함이 어찌 그리 선하고 아름다운고 머리에 있는 보배로운 기름이 수염 곧 아론의 수염에 흘러서 그의 옷깃까지 내림 같고 헐몬의 이슬이 시온의 산들에 내림 같도다 거기서 여호와께서 복을 명령하셨나니 곧 영생이로다(시 133:1-3).

우리는 자녀가 좋은 친구를 사귀고 행복한 삶을 사는 것 이상을 원한다. 우리는 자녀가 그리스도 안에서 형제자매와 더불어 깊은 관계 안에 살기를 원한다. 그리스도의 몸 안에서 살아갈 때 얻을 수 있는, 평생의 소속감과 거룩하게 됨과 하나님에 대한 의존을 경험하기를 원한다.

그 바람이 바로 시편 기자가 133편에서 찬양하는 것이다. 이 노래는 선한 삶을 반영한다. 그 삶은 세상이 말하는 좋은 삶이 아니라는 것을 그는 안다. 대신에 그 삶은 하나님의 백성 중에서 사는 삶이다. 우리의 위대한 대제사장을 통해 가능케 된, 용서와 죄 씻음을 누리는 삶이다. 그 선한 삶은 갈증으로 목말라하는 사회 한복판에서 매일 상쾌하게 그리스도를 경험하는 삶이다. 용서와 죄 씻음의 복을 형제자매와 나누는 것은 진실로 놀랍고 즐겁다. 우리는 자녀가 이 삶을 현재와 장차 오는 때에도 누리기를 간절히 바란다.

주님, 저는 ___를 위해 화려한 경력, 견고한 결혼생활, 멋진 집, 존경받는 이름, 그리고 여러 업적보다 더 좋은 것을 원합니다. 저는 ___가 다른 성도들과 연합하는 삶에서 발견하는 신선한 샘물을 마시기를 원합니다. ___를 당신의 교회 안에, 당신의 사람들 가운데 깊이 심어 주시기를 원합니다. ___의 상황이 어려워질 때 몸 된 교회 안에서 인내하는 마음을 주옵소서. 당신만이 주실 수 있는 용서와 자유의 필요를 깨닫는 사람들 가운데서 ___가 선한 삶을 발견하고 경험하기를 기도합니다.

6월 16일　● 열왕기상 15:25-17:24 / 사도행전 10:24-48 / 시편 134:1-3 / 잠언 17:9-11

편애

베드로가 입을 열어 말하되 내가 참으로 하나님은 사람의 외모를 보지 아니하시고 각 나라 중 하나님을 경외하며 의를 행하는 사람은 다 받으시는 줄 깨달았도다 만유의 주 되신 예수 그리스도로 말미암아 화평의 복음을 전하사 이스라엘 자손들에게 보내신 말씀 … 그에 대하여 모든 선지자도 증언하되 그를 믿는 사람들이 다 그의 이름을 힘입어 죄 사함을 받는다 하였느니라(행 10:34-36, 43).

　베드로는 이방인 중의 이방인인 고넬료의 집에 가기 전에는 복음이 자기 민족 곧 유대인들만을 위한 것으로 생각했다. 그들은 스스로 '인사이더'로 여겼고 기타 모든 사람은 그리스도를 통한 구원이라는 하나님의 좋은 선물을 받을 자격이 없는 '아웃사이더'로 여겼다. 베드로는 하나님께서 모든 민족과 열방에 복음을 전하도록 그분의 말씀을 자기에게 주시고 성령을 부으셨음을 아직 이해하지 못했다. 베드로가 고넬료를 만난 경험은 그와 교회에는 돌파구였다.

　성경을 통틀어, 우리는 '인사이더들'이 자기가 태어난 가문 때문에 하나님을 이용하는 것을 목격한다. 그들은 회개나 믿음에는 전혀 관심이 없으면서도 하나님이 자기네를 용납하실 거라 생각한다. 오늘날도 마찬가지다. 크리스천 가정에서 자라고 교회와 친숙한 많은 자녀가 아직도 얼마나 회개와 믿음의 삶에 관심이 없는지! 얼마나 많은 자녀가 심판대 앞에 섰을 때 하나님이 그들을 편애하실 거라고 생각하는지! 우리는 우리 자녀가 복음을 들으며 성장하는 엄청난 특권을 받았다는 것을 이해하도록 도와야 한다. 하지만 그 들음에는 반응이 있어야만 한다. 하나님은 우리 자녀를 통해 경외 받으셔야 하고, 그들은 복음을 받아들여야 한다.

◆ ◇ ◆

　주님, 우리에게 당신의 말씀을 주시고 당신의 복음을 듣도록 허락하셔서 우리 가정에 복을 부어주셨습니다. 하지만 우리는 당신의 선의를 이용하기를 원치 않습니다. 우리가 현실에 안주하거나 섣부른 추측에 빠지지 않게 하옵소서.
　___가 당신을 경외하고 옳은 일을 하게 하시기를 기도합니다. ___에게는 예수 그리스도를 통해 주신 당신과의 화평이 있습니다. 하나님이 자신을 편애한다고 생각해 당신을 이용하지 않도록 ___를 긍휼히 여겨주시고 보호해 주옵소서. 당신의 은혜와 자비를 경험케 하옵소서. 당신을 믿는 자에게 가능케 하신 모든 것을 ___가 꼭 붙들게 하옵소서.

6월 17일   ● 열왕기상 18:1-46 / 사도행전 11:1-30 / 시편 135:1-21 / 잠언 17:12-13

둘 사이에서 머뭇머뭇하려느냐

엘리야가 모든 백성에게 가까이 나아가 이르되 너희가 어느 때까지 둘 사이에서 머뭇머뭇 하려느냐 여호와가 만일 하나님이면 그를 따르고 바알이 만일 하나님이면 그를 따를지니라 하니 백성이 말 한마디도 대답하지 아니하는지라(왕상 18:21).

이스라엘은 '약간의' 바알 숭배를 여호와 신앙에 덧붙이기로 했다. 그것은 정녕 엄청난 악임에도 불구하고, 그들은 그것을 큰 문제로 보지 않았다. 그들은 첫째 계명을 알고 있었다. "너는 나 외에는 다른 신들을 네게 두지 말라"(출 20:3). 하지만 명백히도 그들은 흑(黑) 아니면 백(白), 전부 아니면 전무인 것을 믿지 않았다.

마지막 결전의 때가 왔다. 아합 왕과 이스라엘 모든 백성은 바알 선지자들의 홈그라운드인 갈멜산으로 소집되었다. 거기서 엘리야는 하나님의 백성에게 바알을 섬기는 것과 여호와를 섬기는 것 사이에서 머뭇거리기를 그만두라고 요구했다. 그들은 이쪽이나 저쪽(바알을 따르느냐 여호와를 따르느냐)에 전력을 다해야 했다.

엘리야가 그들의 망설임을 고발하는 소리를 들을 때, 우리는 우리와 자녀 역시 동일한 두 마음을 놓고 갈등한다는 걸 깨닫는다. 우리는 하나님을 섬기기 원하지만, 돈도 많이 벌기를 원한다. 우리 자녀는 하나님을 기쁘시게 해드리기 원하지만, 인기도 높기를 원한다. 나중을 위해 천국을 보장받기 원하지만, 지금 당장 즐기기도 원한다. 하지만 예수님은 우리가 두 주인을 섬길 수 없다고 단언하신다.

우리 자녀는 겉면에 자기 이름이 적힌 성경과 함께 성장했을 것이다. 설교를 수백 편 들었을 것이고, 성찬에도 무수히 참여했을 것이다. 그런데도 그들은 크리스천이 되는 것을 정체성의 근원으로 삼을지, 이따금 참여하는 활동으로 남길지 머뭇거린다.

엘리야의 이 도전을 '한 발은 세상에 한 발은 말씀에' 두는 우리의 생활방식에 대한 도전으로 마음에 새겨야 한다. **여호와가 하나님이시라면, 그분을 따르라!**

◆ ◇ ◇ ◆

주님, 당신은 우리가 경건생활에 들이는 약간의 시간보다 훨씬 더 귀한 대접을 받으셔야 마땅합니다. 당신은 우리의 전적인 경배를 요구하십니다. 당신은 우리 앞에 생명과 사망, 복과 저주, 영원한 영광과 영원한 고통을 두셨습니다. 우리의 갈 길을 보여주옵소서. 십자가의 길과 세상의 길 사이에서 머뭇머뭇하는 것에 종지부를 찍게 하옵소서.

6월 18일
● 열왕기상 19:1-21 / 사도행전 12:1-23 / 시편 136:1-26 / 잠언 17:14-15

신실한 사랑

우리를 비천한 가운데에서도 기억해 주신 이에게 감사하라 그 인자하심이 영원함이로다 우리를 우리의 대적에게서 건지신 이에게 감사하라 그 인자하심이 영원함이로다 모든 육체에게 먹을 것을 주신 이에게 감사하라 그 인자하심이 영원함이로다 하늘의 하나님께 감사하라 그 인자하심이 영원함이로다(시 136:23-26).

사랑은, 갓 태어난 아기를 먹이기 위해 한밤중에도 우리를 일으켜 세운다. 십 대 자녀가 집에 돌아올 때까지 우리를 깨어있게 한다. 사랑은 우리의 달력을 그들의 스포츠 활동으로 채우는 이유이고, 그들의 교육에 우리의 호주머니를 비우는 이유다. 사랑은 그들에게 세상의 아름다움은 보여주고 깨어짐은 막아주고 싶게 만든다.

우리는 진실로, 마음 깊이, 희생적으로 자녀를 사랑한다. 하지만 우리의 사랑은 한계를 지닌다. 우리가 아무리 그들의 필요에 맞춘다 해도, 그들의 씨름 이면에 있는 진짜 문제를 파악할 능력이나 그들에게 설교할 지혜를 항상 갖춘 것은 아니다. 우리는 인생이 그들에게 던지는 상황들로부터 보호할 능력도 없고, 그들에게 가장 필요한 것을 공급할 능력도 없다.

시편 136편의 진리가 우리의 영혼 속에 녹아드는 작업이 필요하다. 우리는 확고하고 영원하고 무궁무진하고 무한한 사랑, 우리와 우리 자녀를 향한 하나님의 사랑의 북소리를 스물여섯 번이나 느낀다(개역개정 성경에서는 '인자하심'으로 번역되었다-역주). 이 시편의 스물여섯 절이 진행되는 동안, 시편 기자는 자기 백성을 향한 하나님의 사랑이 그분의 신실하심(우리를 위해 만드신 세상, 우리를 위해 이루신 종살이로부터의 구속, 우리를 위해 제공하시는 악으로부터의 보호, 우리를 사랑하시는 은혜로운 방식)을 통해 증명되었음을 반복해서 선포한다.

◆ ◇ ◇ ◆

주님, 오늘의 가장 좋은 소식과 가장 복된 현실은 우리와 우리 자녀를 향한 당신의 신실한 사랑입니다. 당신의 그 사랑이 없다면, 우리에게는 소망도 노래도 없을 것입니다. 이 시편에서 하나님의 사랑이 어떠한지를 봅니다. 창조 세계의 아름다움과 같고, 구속의 건지심과 같고, 예비해주심의 안식과 같습니다. 기억해 주신 것과 같고, 대적에게서 건지신 것과 같고, 먹을 것을 주시는 것과 같습니다. ___를 향한 우리의 사랑 안에서가 아닌, 당신의 사랑 안에서 우리는 오늘 안식합니다. ___를 향한 당신의 신실한 사랑은 영원합니다.

6월 19일

● 열왕기상 20:1-21:29 / 사도행전 12:24-13:15 / 시편 137:1-9 / 잠언 17:16

지혜는 돈으로 살 수 없다

미련한 자는 무지하거늘 손에 값을 가지고 지혜를 사려 함은 어찜인고(잠 17:16).

언뜻 보기에 이 잠언은 미련한 자녀를 교육하는 데 애써 번 돈을 투자하는 일의 어리석음에 대해 말하는 것처럼 보일 수 있다. 하지만 그것은 우리가 현대의 학비 개념을 고대의 본문으로 가져가기 때문이다. 스승에게 돈을 지불하는 관습은 중세 시대까지는 알려진 바가 없었다.

잠언 17장 16절이 제시하는 것은, 지혜를 얻는 인내의 과정을 견디지 않은 채 지혜를 돈을 주고 살 수 있다고 생각하는 사람에 대한 그림이다. 이 미련한 자는 "금보다 귀한" "지혜를 얻으라"는 잠언 기자의 지시를 들었지만, 거룩한 경외심으로 하나님께 복종하거나 하나님의 말씀을 끈기 있게 연구함으로써 서서히 성장해가기보다는, 내면으로부터 변화되기를 기꺼워하기보다는 빠른 해결책에 돈을 지불하려고 주머니를 뒤진다. 그것은 마치 결혼생활에 헌신하는 데는 무관심한 채 사랑을 돈으로 살 수 있다고 생각하면서 창녀에게 돈을 지불하는 사람과 같다. 사랑을 돈으로 살 수 없듯이, 지혜도 돈으로 살 수 없다.

우리는 잠언의 첫 장에서부터 여호와를 경외하는 것이 지혜의 시작이라는 말을 들어왔다. 지혜는 그것에 대한 필요를 깨닫고 하나님께 구하는 누구에게나 값없이 주어진다. 야고보는 "너희 중에 누구든지 지혜가 부족하거든 모든 사람에게 후히 주시고 꾸짖지 아니하시는 하나님께 구하라 그리하면 주시리라"(약 1:5)라고 썼다.

◆ ◇ ◇ ◆

관대하신 하나님, 당신은 지혜를 주시고 미련한 자를 공허한 삶으로부터 건져주셔서 우리가 그리스도의 지혜로 가득할 수 있게 해주십니다. 주님, 저를 구원해주시고 저에게 당신의 길을 배우고자 하는 마음을 주옵소서. 그리고 지혜로운 사람이 되는 지름길이 있다고 생각하는 어리석음으로부터 ___를 건져주옵소서. ___에게 당신으로부터만 오는 지혜에 대한 열망을 주옵소서.

6월 20일 ● 열왕기상 22:1-53 / 사도행전 13:16-41 / 시편 138:1-8 / 잠언 17:17-18

주의 오른손의 능력

내가 환난 중에 다닐지라도 주께서 나를 살아나게 하시고 주의 손을 펴사 내 원수들의 분노를 막으시며 주의 오른손이 나를 구원하시리이다 여호와께서 나를 위하여 보상해 주시리이다(시 138:7-8).

다윗이 시편 138편에서 자기를 보호하기 위해 펼치신 하나님의 손에 관하여 썼을 때, 그는 틀림없이 하나님의 손이 과거에 하신 일에 대해 생각하고 있었다. 다윗은 하나님의 손이 "과연 … 땅의 기초를 정하였고 [그의] 오른손이 하늘을 폈"(사 48:13)다는 것을 알았다. 분명, 무에서 유를 창조하신 그 손은 그의 필요를 공급할 수 있었다. 다윗은 이스라엘이 안전하게 홍해를 건넌 후에 모세가 부른 찬송을 기억했다. "여호와여 주의 오른손이 원수를 부수시니이다"(출 15:6). 바로의 군대를 박살 내신 그 손은 분명 다윗을 에워싼 원수들도 쳐부술 수 있었다.

다윗은 하나님의 백성이 약속의 땅에 들어가기 전에 모세가 한 말을 기억했다. "네 하나님 여호와가 강한 손과 편 팔로 [애굽 땅에서] 너를 인도하여 내었나니"(신 5:15). 온 나라를 종살이로부터 이끌어내신 그 손은 다윗을 사로잡은 두려움에서 벗어나 하나님이 공급하시는 안식으로 들어가게 할 수 있었다. 다윗은 요단강을 마른 땅으로 건넌 후에 여호수아가 하나님의 백성에게 한 말을 기억했다. "여호와의 손이 강하신 것을 알게 하며"(수 4:24). 다윗은 그 전능한 손이 그의 인생을 향한 하나님의 계획을 경험하지 못하게 막으려는 모든 것을 처리하시기를 기대했다.

다윗이 아직 명확하게 볼 수 없었던 것은, 성육신하신 하나님이 악한 자들에게 자기의 손을 못 박히게 넘겨주실 때, 여호와의 손이 공급하게 될 가장 위대한 보호와 구원의 사역이었다. 예수님은 주의 손의 구원의 능력을 의심하는 모든 이를 초대하신다. "네 손가락을 이리 내밀어 내 손을 보고 네 손을 내밀어 내 옆구리에 넣어 보라 그리하여 믿음 없는 자가 되지 말고 믿는 자가 되라"(요 20:27).

◆ ◇ ◆

주님, 구원의 손을 펴시는 당신의 역사를 기억합니다. 당신께서 ___의 인생을 향한 계획을 이루어가심을 믿습니다. 당신은 영혼의 원수로부터 ___를 보호하실 것입니다. 못 박힌 손의 능력으로써 ___를 구원하옵소서.

6월 21일

● 열왕기하 1:1-2:25 / 사도행전 13:42-14:7 / 시편 139:1-24 / 잠언 17:19-21

내 인생의 하루하루

주께서 내 내장을 지으시며 나의 모태에서 나를 만드셨나이다 내가 주께 감사하옴은 나를 지으심이 심히 기묘하심이라 주께서 하시는 일이 기이함을 내 영혼이 잘 아나이다 내가 은밀한 데서 지음을 받고 땅의 깊은 곳에서 기이하게 지음을 받은 때에 나의 형체가 주의 앞에 숨겨지지 못하였나이다 내 형질이 이루어지기 전에 주의 눈이 보셨으며 나를 위하여 정한 날이 하루도 되기 전에 주의 책에 다 기록이 되었나이다(시 139:13-16).

    시편 139편의 키워드는 "**알다**"이다. 시편 139편은 여호와께서 그를 살펴보셨으므로 그를 아신다는 다윗의 선포로 시작한다. 다윗은 그가 모태에서 형성될 때 하나님께서 그를 아셨을 뿐만 아니라 그의 인생이 어떻게 펼쳐질지도 아셨다는 진리 안에서 발견한 위로를 표현한다. 다윗은 그의 하루하루 인생 스토리가 그것이 시작되기 한참 전에 하나님의 책에 기록되어 있다고 말한다.

    주권자 하나님이 사람을 만드시고 보시고 엮으시고 기록하시는 사역은 여러 면에서 위로가 된다. 하지만 어느 정도 당황케 하는 면도 있다. 우리 자녀가 모태의 은밀한 데서 "지음을 받은" 데 선천적 결함이 포함되어 있을 때, 어떻게 신실하게 "당신의 지으심이 심히 기묘하심이라"라고 말할 수 있을지 우리는 의심한다. 사고가 난 날에 혹은 심각한 질병이 시작된 날에, 선하신 하나님께서 그 일을 자녀가 태어나기 전부터 자녀의 인생이란 책에 기록해 놓으셨음을 믿기 위해 우리는 씨름한다.

    하나님의 주권(우리와 자녀의 인생이 어떻게 펼쳐질지에 대한 그분의 예정)은 이해하기에 참 어려운 진리일 수 있다. 만약 그분께서 모든 것을 다스리신다면, 왜 이 우주가 고통을 가져오는 방식으로 자리매김하는 걸 그분이 허락하셨는지 우리는 의심한다. 하지만 하나님의 주권은 받아들이기 어려울 수 있는 한편, 연착륙이 가능한 장소이기도 하다. 하나님께서 주권적으로 역사와 우리 인생을 정해진 종착지로 데려가고 계시기 때문에, 우리는 안식할 수 있다.

◆ ◇ ◇ ◆

주님, 역경의 바람이 우리 인생에 불어올 때, 당신의 주권은 우리 발밑의 견고한 반석입니다. 당신의 주권은 우리 존재에 불합리해 보이는 것에 직면하게 합니다. 우리가 불확실한 미래를 마주할 때, 당신의 주권은 우리의 가장 큰 소망입니다. ___의 인생의 하루하루에 대한 당신의 주권적인 계획을 제가 신뢰할 수 있도록 도와주옵소서.

6월 22일   ● 열왕기하 3:1-4:17 / 사도행전 14:8-28 / 시편 140:1-13 / 잠언 17:22

생명의 기적

이르되 다시 부르라 하여 부르매 여인이 문에 서니라 엘리사가 이르되 한 해가 지나 이 때쯤에 네가 아들을 안으리라 하니 여인이 이르되 아니로소이다 내 주 하나님의 사람이여 당신의 계집종을 속이지 마옵소서 하니라 여인이 과연 잉태하여 한 해가 지나 이 때쯤에 엘리사가 여인에게 말한 대로 아들을 낳았더라 (왕하 4:15-17).

부유한 수넴 여인은 아들을 바란 적이 없었다. 그런데도 엘리사는 그녀를 위해 이런 축복을 구했다. 하지만 아이가 아직 어릴 때 갑작스럽게 죽게 되었다. 슬픔에 잠긴 어머니는 엘리사를 찾아갔다. 엘리사는 그녀의 곤경을 듣고는 함께 그녀의 집으로 돌아갔다. "엘리사가 집에 들어가 보니 아이가 죽었는데 자기의 침상에 눕혔는지라 들어가서는 문을 닫으니 두 사람 뿐이라 엘리사가 여호와께 기도하고 아이 위에 올라 엎드려 자기 입을 그의 입에 자기 눈을 그의 눈에 자기 손을 그의 손에 대고 그의 몸에 엎드리니 아이의 살이 차차 따뜻하더라"(왕하 4:32-34). 엘리사는 기도하며 모든 면에서 그 아이와 연합했고, 사망을 제압했고, 하나님으로부터의 생명을 나누어 주었다.

수넴에서 언덕만 넘으면 나인이라는 성이 있다. 수백 년 후, 예수님이 나인성에 오셨다. 예수님께서 가까이 이르실 때 장례 절차가 진행되고 있었다. 청년의 시체를 운반하며 울고 있는 어머니가 그 뒤를 따랐다. 누가는 기록한다. "주께서 과부를 보시고 불쌍히 여기사 울지 말라 하시고 가까이 가서 그 관에 손을 대시니 멘 자들이 서는지라 예수께서 이르시되 청년아 내가 네게 말하노니 일어나라 하시매 죽었던 자가 일어나 앉고 말도 하거늘 예수께서 그를 어머니에게 주시니"(눅 7:13-15).

엘리사는 자기 입을 그의 입에, 자기 눈을 그의 눈에, 자기 손을 그의 손에 대고 죽은 소년과 자신을 동일시했다. 마찬가지로 예수님도 우리를 사망에서 생명으로 다시 데려가시기 위해 모든 면에서 우리와 동일시하신다.

◆ ◇ ◇ ◆

주님, 사망에서 생명으로 옮겨지기 위해 우리에게 필요한 건 바로 이런 기적입니다. 수넴 여인과 나인성의 어머니가 자기 아들에게 생명을 회복시켜주기엔 무력했던 것처럼, 부모인 우리도 자녀의 인생에 영적인 생명을 불어넣어 주기엔 무력합니다. 하지만 당신은 하실 수 있습니다. ___를 덮으사 복음의 진리로 차차 따뜻해지게 해주시길 기도합니다. ___에게 말씀하여주사 ___가 깨어나 당신께로 향하게 하옵소서.

6월 23일 ● 열왕기하 4:18-5:27 / 사도행전 15:1-35 / 시편 141:1-10 / 잠언 17:23

그 허물어진 것을 다시 지어

선지자들의 말씀이 이와 일치하도다 기록된 바 이 후에 내가 돌아와서 다윗의 무너진 장막을 다시 지으며 또 그 허물어진 것을 다시 지어 일으키리니 이는 그 남은 사람들과 내 이름으로 일컬음을 받는 모든 이방인들로 주를 찾게 하려 함이라 하셨으니 (행 15:15-17).

일부 유대파 크리스천들은 안디옥의 이방인 크리스천들을 시기하며 만약 그들이 모세의 율법이 요구하는 대로 할례를 받지 않으면 구원을 받을 수 없다고 말하기 시작했다. 하지만 바울과 바나바는 격렬하게 반대했다. 그러자 교회는 두 사람을 예루살렘으로 보내 사도들과 장로들을 만나 그 문제를 해결하게 했다. 그들이 말할 때, 야고보는 이방인들이 그리스도께 나아오는 것은 구약의 선지자들이 예언한 것이라고 설파했다.

야고보는 아모스 선지자를 인용했다. 아모스는 하나님의 백성이 비록 앗수르에 짓밟힐지라도 회복될 날이 올 것을 약속했다. 하나님은 왜 자기 백성의 허물어진 것을 다시 지으시려는 것일까? "이는 그 남은 사람들과 내 이름으로 일컬음을 받는 모든 이방인들로 주를 찾게 하려 함이라"(17절). 아모스가 저 예언을 하고 많은 세월이 흐른 뒤에 예수님께서 세상에 오셨고, 이스라엘의 믿는 남은 자를 부르심으로써 그리고 이방인을 초대하기 위해 보내심으로써 이 회복 과정을 시작하셨다. 이제 복음이 세계로 널리 퍼져가기 시작했다.

하나님은 여전히 자기 백성의 허물어진 것을 다시 짓는 사역을 하고 계신다. 하나님은 세상에서 그분의 사역을 성취하기 위해 완벽한 사람이나 완벽한 가정을 찾으시는 게 아니다. 그분은 다른 이들을 그분께로 부르시기 위해, 죄로 인해 허물어졌지만 하나님의 능력으로 회복되어 새로워진 사람들을 사용하신다. 하나님은 깨어진 사람들과 깨어진 가정들의 삶에서 은혜가 이루시는 일을 세상이 목도하기 원하신다. 그래서 다른 이들도 그 은혜를 구하기를 원하신다.

주님, 우리의 허물어진 폐허로 오셔서 재건하는 사역을 하시옵소서. 우리 인생에 대한 당신의 은혜의 역사가 당신의 회복을 필요로 하는 주변 사람들에게 빛이 되기를 기도합니다.

6월 24일 ● 열왕기하 6:1-7:20 / 사도행전 15:36-16:15 / 시편 142:1-7 / 잠언 17:24-25

미련한 아들

미련한 아들은 그 아비의 근심이 되고 그 어미의 고통이 되느니라(잠 17:25).

    자녀가 큰 슬픔을 안겨줄 것을 기대하면서 자녀 양육의 길을 시작하는 부모는 없다. 자녀를 양육할 때 느끼는 고통은 임신과 출산으로 끝날 거라 기대하지만, 대부분의 부모는 이내 그렇지 않다는 걸 발견한다. 우리는 우리가 자녀에게 준 상처뿐만 아니라 자녀가 우리에게 준 상처도 느낀다. 많은 노력과 시간을 기울여야 하는 자녀 양육은 관계의 갈등, 충족되지 못한 기대, 놓친 기회에서 오는 고통을 수반할 때가 많다. 크리스천 부모에게 가장 큰 슬픔은 자녀가 그리스도를 거부하는 것이다.

    때때로 경건한 부모에게 경건하지 않은 자녀가 있기도 하다. 그리고 그것이 우리를 두렵게 만든다. 만약 우리가 옳은 길을 따라 살고 옳은 것을 가르친다면 자녀가 우리처럼 살고 믿을 거라 생각하고 싶기 때문이다. 하지만 그건 그렇게 단순한 공식이 아니다. 성경은 경건한 부모가 불경건한 자녀를 갖게 되는 예시뿐만 아니라 악한 부모가 경건한 자녀를 갖게 되는 예시를 수없이 보여준다. 부모와 자녀의 영적 상태에는 일대일의 상관관계가 있는 게 아니다.

    우리는 자녀에게 하나님의 말씀을 가르칠 수 있다. 그리스도를 신뢰하라고 강권할 수 있다. 그들의 구원을 위해 기도할 수 있다. 하지만 어떤 부모도 자녀를 진정으로 경건한 삶을 살게 만들 수는 없다. 오직 하나님만이 그 일을 하실 수 있다. 이 말은 곧, 사랑하는 그리스도를 거부하는 자녀로 인해 슬퍼하는 부모는 죄책감 없이 슬퍼해도 좋다는 뜻이다. 믿음의 삶을 살기로 선택한 우리 자녀의 인생에서 하나님 은혜의 공로를 우리가 가로챌 수 없는 것과 마찬가지로, 그것을 거절하겠다는 자녀의 선택에 대한 비난도 우리가 책임져서는 안 된다.

◆ ◇ ◇ ◆

주님, 제가 자녀의 미련한 선택으로 인해 슬퍼할 때, 당신도 저와 같은 슬픔을 느끼셨음을 아는 것이 도움이 됩니다. ___가 제 근심과 고통이 될 때, 저 역시 당신께 근심이 된다는 사실을 상기시켜주옵소서. 당신께서 저에게 주신 용서를 저도 ___에게 동일하게 베푸도록 도와주옵소서.

6월 25일

● 열왕기하 8:1-9:13 / 사도행전 16:16-40 / 시편 143:1-12 / 잠언 17:26

그 온 집안이 하나님을 믿으므로

간수가 등불을 달라고 하며 뛰어 들어가 무서워 떨며 바울과 실라 앞에 엎드리고 그들을 데리고 나가 이르되 선생들이여 내가 어떻게 하여야 구원을 받으리이까 하거늘 이르되 주 예수를 믿으라 그리하면 너와 네 집이 구원을 받으리라 하고 주의 말씀을 그 사람과 그 집에 있는 모든 사람에게 전하더라 그 밤 그 시각에 간수가 그들을 데려다가 그 맞은 자리를 씻어 주고 자기와 그 온 가족이 다 세례를 받은 후 그들을 데리고 자기 집에 올라가서 음식을 차려 주고 그와 온 집안이 하나님을 믿으므로 크게 기뻐하니라(행 16:29-34).

그 밤에 간수와 다른 죄수들은 감방에서 들리는 소리를 들었다. 신음이나 저주가 아니었다. 기도와 찬송 소리였다. 한밤중에 감옥에 큰 지진이 일어났다. 문이 열리고 죄수들의 쇠사슬이 다 풀렸다. 간수는 문이 열린 것을 보고 모든 죄수가 도망쳤으며 자신은 그들을 놓쳐 처형될 거라고 생각했다. 그래서 그는 칼을 빼어 자결하려 했다. 그러나 그때 어두운 감옥으로부터 누군가 크게 소리쳤다. 모든 죄수가 다 여기 있으니 안심하라는 목소리였다.

어쩌면 그 간수는 그 지역 점쟁이가 한 말, 즉 이 사람들은 구원의 길을 전하러 왔다는 이야기를 들었을지도 모른다. 아니면 그들의 찬송에 감동을 받아서 그런 종류의 소망을 원했을지도 모른다. 아니면 지진과 저절로 풀린 쇠사슬이 그들의 메시지에 대한 초자연적인 입증이라고 추측했을지도 모른다. 어떤 이유에서건, 간수는 그 육체와 영혼이 철저하게 흔들렸고 이 사람들이 설교하는 구원이 자기가 원하는 것이라고 확신했다.

하지만 바울과 실라는 이 구원이 간수에게만 임하는 것에 만족하지 못했다. 하나님은 개인을 구원하시기를 즐겨하실 뿐만 아니라 온 가족을 구원하시기를 즐겨하신다. 빌립보에서 바로 그 일이 일어났다. 바울과 실라는 그리스도의 말씀을 간수의 집 안에 있는 모든 사람과 나누었고 간수와 온 집안이 믿음으로 그 말씀을 받았다.

◆ ◇ ◇ ◆

주님, 당신의 구원이 우리 온 가족에게 임하기를 얼마나 간절히 바라는지요. 우리 가정에 이러한 기쁨과 돌이킴이 있기를 원합니다. 어떤 방법으로든 우리 가정을 흔들어주옵소서. 그래서 우리 가정의 모든 구성원이 당신 안에서 발견하는 안전을 갈망하기를 기도합니다.

6월 26일 ● 열왕기하 9:14-10:31 / 사도행전 17:1-34 / 시편 144:1-15 / 잠언 17:27-28

여호와를 자기 하나님으로 삼는 백성

우리 아들들은 어리다가 장성한 나무들과 같으며 우리 딸들은 궁전의 양식대로 아름답게 다듬은 모퉁잇 돌들과 같으며(시 144:12).

우리는 시편 144편을 읽을 때, 다윗이 하나님께 그분의 백성의 안전과 행복을 위협하는 원수들을 상대로 승리를 달라고 간구하는 장면을 그려볼 수 있다. 이 시편의 마지막 부분은 마치 하나님께서 다윗의 기도에 응답하시면 어떠한 인생이 될지 상상하는 것 같다. 하나님이 주시는 승리는 왕의 통치 아래 사는 모든 자를 복으로 이끌 것이다. 시편 128편에서 "어린 감람나무"로 묘사된 자녀는 꾸준히 자라갈 것이다. 아들들은 베임을 당하지 않고 영양분을 잘 공급받아 장성한 나무와 같을 것이다. 딸들은 겁먹고 웅크리는 대신 궁전 모퉁이를 장식한 아름다운 돌기둥처럼 우뚝 설 것이다. 굶주리거나 가난에 시달리는 대신, 먹을 것과 교역할 것이 풍족할 것이다. 공격을 당할까 두려워하는 대신, 기쁘고 평화로운 삶을 살 것이다.

다시 말해, 여호와께서 왕에게 승리를 주실 때, 그 왕의 통치 아래 사는 모든 자가 그 승리의 혜택을 누리게 될 것이다. 다윗 시대 백성들의 복이 그들의 왕에게 매여 있던 것처럼, 우리의 복은 우리의 왕께 매여 있다. 그리스도와 연합된 자는 누구나 "그리스도 안에서 하늘에 속한 모든 신령한 복을"(엡 1:3) 받는다.

이 시편을 읽거나 노래할 때, 우리는 우리 왕 예수님께서 그분의 통치 아래 사는 자들을 위해 기도하시는 음성을 듣는다. 그분은 십자가에서 이루신 승리의 모든 혜택을 우리가 받기를 기도하신다. 우리의 아들들이 장성하고 번성하기를, 원수에 의해 베임 당하지 않기를 기도하신다. 우리의 딸들이 내적으로나 외적으로나 강하고 아름다워지기를, 종살이를 할까 두려워하지 않기를 기도하신다. 우리 가족이 자기 백성을 위해 확보해두신 성읍에서 안전하게 살며 형통하기를 기도하신다.

◆ ◇ ◆

여호와가 자기 하나님인 자들은 정녕 기쁩니다. 우리는 매일 그리스도와 연합되어 누리는 복을 경험합니다. ___가 영양분을 잘 공급받아 장성한 나무와 같이 번성하기를 기도합니다. ___가 궁전을 아름답게 하고자 다듬어진 우아한 기둥과 같기를 기도합니다. 우리 가정이 예수님을 왕으로 모시는 만족과 안전을 누리기를 기도합니다.

6월 27일

● 열왕기하 10:32-12:21 / 사도행전 18:1-22 / 시편 145:1-21 / 잠언 18:1

대대로 찬양하며

대대로 주께서 행하시는 일을 크게 찬양하며 주의 능한 일을 선포하리로다 주의 존귀하고 영광스러운 위엄과 주의 기이한 일들을 나는 작은 소리로 읊조리리이다 사람들은 주의 두려운 일의 권능을 말할 것이요 나도 주의 위대하심을 선포하리이다 그들이 주의 크신 은혜를 기념하여 말하며 주의 의를 노래하리이다(시 145:4-7).

   우리는 자녀에게 가르치려고 의도하지 않았던 내용들을 상당히 많이 전달한다. 그들은 우리의 버릇, 태도, 소질을 알아채고 모방한다. 다윗은 자신의 마지막 시편에서 하나님이 누구신지, 무엇을 하셨는지 전파하고 묵상하고 나누고 노래하며 자녀에게 전하라고 강권한다. 다윗은 찬양의 외향적이고 선언적인 본성을 묘사하기 위해, 자기가 동원할 수 있는 모든 단어를 사용한 것 같다. 그는 부모에게 찬양을 사적 경건생활 혹은 공적 예배에만 제한하지 말라고 격려한다. 다윗은 무엇이 우리를 진실로 놀라게 만드는지, 우리에게 용기를 주는지, 노래하고 싶게 만드는지(바로 하나님!)에 관해 우리가 자녀와 대화하기를 원한다.

   날마다 영원히 하나님을 찬양하는 것이 다윗의 기쁜 의도다. 하지만 그는 이러한 찬양의 선포가 그에게서 끝나기를 원하지 않는다. 다윗은 하나님의 전능하신 업적과 찬란한 영광과 의로우심을 다음 세대에게 말해주라고 격려한다. 다윗은 한 번 더 온갖 표현을 사용해서 하나님이 얼마나 찬양받기에 합당하신지를 극찬한다. 자녀와 함께 식탁에 둘러앉아, 차 안에서, 때를 얻거나 못 얻거나 나눠야 할 목록이다.

주님, ___에게 제가 당신의 말씀에서 읽고 제 삶에서 경험한 당신의 전능하심을 말하도록 제 혀를 유창하게 하옵소서. 당신의 신령한 능력이 제 안에서 일하시기에 지금도 증명 가능한 당신의 권능을 (또한 역사 속에서 증명된 당신의 권능을) ___에게 전하게 하옵소서. 제가 당신의 위대하심을 말할 때, 경외심을 불러오는 당신의 위업이 단지 과거의 사건이 아니라는 소망으로 저를 채워주옵소서. 우리 가정의 모든 구성원이 기쁨으로 노래하고 우리에게 행하신 당신의 선하심을 나누게 하옵소서.

6월 28일 ● 열왕기하 13:1-14:29 / 사도행전 18:23-19:12 / 시편 146:1-10 / 잠언 18:2-3

죽은 자가 회생하다

엘리사가 죽으니 그를 장사하였고 해가 바뀌매 모압 도적 떼들이 그 땅에 온지라 마침 사람을 장사하는 자들이 그 도적 떼를 보고 그의 시체를 엘리사의 묘실에 들이던지매 시체가 엘리사의 뼈에 닿자 곧 회생하여 일어섰더라 (왕하 13:20-21).

엘리사는 생명을 주는 강력한 사역을 했다. 기근 중에 사람들을 먹였고, 죽은 자 가운데서 소년을 살렸고, 나병 환자를 깨끗하게 하였고, 이스라엘의 신실한 자들에게 구속자 역할을 했다. 하지만 우리는 그의 무덤에 던져진 한 시체에 관한 이 이상하고 짤막한 이야기에서 엘리사는 죽은 후에도 생명의 원천이었음을 발견한다.

죽은 사람이 엘리사의 뼈에 닿자 살아나는 이 기적은 하나님의 백성에게 부활의 소망에 관한 그림을 제공한다. 비록 그 시대 사람들은 포로됨이라는 무덤 안으로 던져졌으나, 여전히 부활의 소망이 있었다. 비록 선지자들이 죽었으나, 이스라엘은 그들이 한 말을 붙듦으로써 구원받을 수 있었다. 만약 그들이 선지자들이 선포한 생명의 말씀을 붙잡는다면, 죽음은 그들 이야기의 끝이 아닐 것이다.

시간이 흐르면 엘리사보다 위대한 분이 오실 것이다. 그분의 죽으심으로, "무덤들이 열리며 자던 성도의 몸이 많이 일어"(마 27:52)났다. 하지만 기적은 거기서 끝나지 않았다. 지금도 영적으로 죽은 사람들이 그리스도와 연합될 때 다시 살아나서 그분의 무덤이 그들의 무덤이 된다. "너희가 세례로 그리스도와 함께 장사되고 또 죽은 자들 가운데서 그를 일으키신 하나님의 역사를 믿음으로 말미암아 그 안에서 함께 일으키심을 받았느니라"(골 2:12). 그리스도와 연합한 자들은 모두 이 새 생명을 경험한다. 그리고 그분이 재림하실 때, 사망에서 생명으로의 변화가 완성될 것이다. "그러나 각각 자기 차례대로 되리니 먼저는 첫 열매인 그리스도요 다음에는 그가 강림하실 때에 그리스도에게 속한 자요"(고전 15:23).

◆ ◇ ◆

주님, 죽은 자가 당신의 선지자적 말씀(예수님—역주)과 접촉하여 회생하는 이 그림을 보이시니 감사합니다. 당신의 부활의 능력이 이미 죽었고 또한 죽어가는 이 세상에 들어와 ___ 에게 새 생명을 주시기를 갈망합니다.

6월 29일

● 열왕기하 15:1–16:20 / 사도행전 19:13–41 / 시편 147:1–20 / 잠언 18:4–5

비슷하게

아하스 왕이 앗수르의 왕 디글랏 빌레셀을 만나러 다메섹에 갔다가 거기 있는 제단을 보고 아하스 왕이 그 제단의 모든 구조와 제도의 양식을 그려 제사장 우리야에게 보냈더니 아하스 왕이 다메섹에서 돌아오기 전에 제사장 우리야가 아하스 왕이 다메섹에서 보낸 대로 모두 행하여 제사장 우리야가 제단을 만든지라(왕하 16:10–11).

하나님께서 자기 백성을 애굽의 종살이에서 데려오신 그 처음부터, 하나님은 그들이 다른 모든 열방과는 구별되어야 한다고 말씀하셨다. 그들은 정결하게 살도록 의도되었다. 유일하신 참 하나님의 복을 사랑하고 누림으로써 열방이 그들의 하나님을 경배하게 하도록 지음 받았다. 하지만 그들은 구별됨을 유지하지 못한 채, 서서히 주변 모든 열방과 같이 되고 말았다.

열왕기하의 이 장면에서, 유다 왕 아하스는 안전을 확보하기 위해 이방 나라들과 동맹을 맺었다. 그가 앗수르에 점령당한 북쪽의 한 마을에 방문했을 때 마을 중앙에 있는 제단이 그의 눈을 사로잡았다. 그는 예루살렘에 그 양식을 보내 옛 제단을 제거하고 새 제단을 세웠다. 성전을 전면적으로 고쳐서 이방 나라들의 성전과 비슷하게 만들었다. 하지만 새로운 제단에 바쳐진 제물들이 "아하스와 온 이스라엘을 망하게 하였"(대하 28:23)으므로, 이 정비는 결국 재앙으로 귀결되었다.

오늘날에도 여전히, 우리는 하나님을 예배하고 그분의 길에 순종하는 것 때문에 두드러지기를 딱히 좋아하지 않는다. 우리 자녀가 세상에서 자기 자리를 찾으려 할 때 특히 어려울 수 있다. 그래서 우리는 "너희는 이 세대를 본받지 말고 오직 마음을 새롭게 함으로 변화를 받아 하나님의 선하시고 기뻐하시고 온전하신 뜻이 무엇인지 분별하도록 하라"(롬 12:2)라는 하나님의 말씀을 가르치고 그 명령의 모범이 됨으로써 그들을 인도해야 한다.

◆ ◇ ◆

주님, 우리는 당신의 것이고 싶습니다. 당신만을 위해 살고 싶습니다. 그러나 세상이 우리를 그 틀 안에 던져 넣으려고 우리를 잡아당기는 것을 느낍니다. 오늘 ___에게 자기 주변 사람들과는 다를 수 있는 용기를 주옵소서. ___가 당신 아닌 다른 것을 숭배하는 것이 자기를 망하게 하리라는 것을 깨닫도록 도와주옵소서.

6월 30일   ● 열왕기하 17:1-18:12 / 사도행전 20:1-38 / 시편 148:1-14 / 잠언 18:6-7

그의 앞에서 제거하시니

이 일은 이스라엘 자손이 자기를 애굽 땅에서 인도하여 내사 애굽의 왕 바로의 손에서 벗어나게 하신 그 하나님 여호와께 죄를 범하고 또 다른 신들을 경외하며 여호와께서 이스라엘 자손 앞에서 쫓아내신 이방 사람의 규례와 이스라엘 여러 왕이 세운 율례를 행하였음이라 … 여호와께서 이스라엘에게 심히 노하사 그들을 그의 앞에서 제거하시니 오직 유다 지파 외에는 남은 자가 없으니라(왕하 17:7-8, 18).

   이스라엘은 이방인의 땅을 성지로 만들고 홀로 한 분이신 여호와 신앙을 세우라는 임무를 띠고 가나안 땅에 왔다. 하지만 열왕기하 17장에 이르면, 그 임무는 비극으로 역전되어 그 땅이 우상숭배의 성지로 가득한, 정복 이전의 상태로 돌아갔음을 깨닫는다. 그들은 "자기 자녀를 불 가운데로 지나가게"(17절) 했다. 자기 아들딸들을 여호와를 사랑하고 순종하는 자녀로 키운 게 아니라 돌로 만든 거짓 신의 품 안에 두었고, 심지어 자기 자녀가 불태워지는 것을 지켜보았다.

   자녀가 불 가운데 던져질 때 분노하지 않는 신은 선할 리가 없다. 우리의 선하신 하나님은 분노하신다. 하나님은 노하기를 더디 하시지만, 그분의 온전한 분노는 그분의 온전하심 중 하나다. 그분은 이백 년 동안 반복해서 이스라엘에 선지자를 보내어 그들이 우상숭배를 그만두지 않으면 그 땅에서 쫓겨나리라고 경고하셨다. 그들이 듣기를 거부하자, 여호와께서는 "그들을 그의 앞에서 제거하"셨다. 아담과 하와를 그들의 불순종 때문에 에덴동산에서 쫓아내신 것처럼 말이다.

   마찬가지로, 모든 사람이 변치 않으시는 하나님 앞에 설 날이 올 것이다. 그분의 경고에 귀 기울이기를 거부한 사람, 그분이 베푸신 은혜를 물리친 사람은 모두 그 앞에서 제거될 것이다.

◆◇◆

주님, 자기를 위해 산 사람, 진리에 순종하기를 거부하고 악한 삶을 산 사람에게 당신의 분노를 퍼부으실 날이 오리란 것을 우리는 압니다. 뿐만 아니라, 당신의 분노를 그리스도께 부으셨기에 그리스도 안에서 피난처를 찾은 모든 사람은 당신 앞에서 제거되지 않고 본향으로 안전히 인도되리란 것도 압니다. 그러므로 주님, 당신의 분노를 참아주시기를 기도합니다. ＿＿를 당신의 양우리로 안전하게 이끌어주시고 당신의 임재 안에 영원토록 안전하게 거하게 하옵소서.

7월 1일 ● 열왕기하 18:13-19:37 / 사도행전 21:1-17 / 시편 149:1-9 / 잠언 18:8

네가 의뢰하는 이 의뢰가 무엇이냐

랍사게가 그들에게 이르되 너희는 히스기야에게 말하라 대왕 앗수르 왕의 말씀이 네가 의뢰하는 이 의뢰가 무엇이냐 … 민족의 모든 신들 중에 누가 그의 땅을 내 손에서 건졌기에 여호와가 예루살렘을 내 손에서 건지겠느냐 하셨느니라(왕하 18:19, 35).

여호와는 북이스라엘 왕국의 백성을 다루시기 위해 앗수르 군대를 사용하셨다. 앗수르 왕은 예루살렘 성벽에 군대를 보냈고, 거기서 그의 전사들이 히스기야왕의 신하들에게 큰 소리로 말하기 시작했다. 그들은 여호와께서 앗수르로부터 북 왕국을 건져주지 않으셨다는 사실을 상기시킨 후, 질문 형식을 빌려 왕에게 메시지를 주었다. "네가 의뢰하는 이 의뢰가 무엇이냐?" 이는 우리 원수가 끊임없이 부모인 우리를 모욕하는 질문 아닌가? 원수는 하나님께서 우리 자녀를 구원하시고 안전하게 지키실 거라 믿는 우리의 확신을 조롱한다. 원수는 우리 주변의 모든 젊은이가 그의 속임수와 거짓 약속의 희생양이 되었다고 지적한다. 그리고 여호와께서 우리 자녀를 건져주실 거라고 생각하는 이유가 무엇이냐고 우리에게 묻는다.

히스기야는 원수의 조롱과 비웃음 소리를 들을 때 어떻게 해야 하는지를 우리에게 보여준다. "히스기야 왕이 듣고 그 옷을 찢고 굵은 베를 두르고 여호와의 전에 들어가서"(19:1). 히스기야는 먼저 겸손히 기도했다. 마찬가지로 우리도 하나님께서 움직여주시기를 겸손히 기도해야 한다. 다음으로 히스기야는 자기에게 하나님의 말씀을 전해줄 선지자를 찾았다. 그래서 우리도 그분께서 우리에게 하시는 말씀을 듣기 위해 하나님의 말씀을 열어야 한다. 히스기야의 주된 관심은 여호와께서 그분의 이름을 증명하시는 것이었다. 그는 기도했다. "우리 하나님 여호와여 원하건대 이제 우리를 그의 손에서 구원하옵소서 그리하시면 천하 만국이 주 여호와가 홀로 하나님이신 줄 알리이다"(19:19). 마찬가지로, 우리의 마음은 우리 자녀를 구원하셔서 스스로를 영화롭게 하실 하나님께 열중해야 한다.

◆ ◇ ◇ ◆

주님, 당신은 자기 백성을 구원하는 하나님이십니다. 당신은 자기 백성을 건지기를 기뻐하십니다. 그러므로 당신께 간구합니다. ___를 악한 자의 능력으로부터 건져주옵소서. 당신의 구원하는 능력으로써 당신의 강함을 세상에 보여주옵소서!

7월 2일

● 열왕기하 20:1-22:2 / 사도행전 21:18-36 / 시편 150:1-6 / 잠언 18:9-10

내가 사는 날

이사야가 히스기야에게 이르되 여호와의 말씀을 들으소서 여호와의 말씀이 날이 이르리니 왕궁의 모든 것과 왕의 조상들이 오늘까지 쌓아 두었던 것이 바벨론으로 옮긴 바 되고 하나도 남지 아니할 것이요 또 왕의 몸에서 날 아들 중에서 사로잡혀 바벨론 왕궁의 환관이 되리라 하셨나이다 하니 히스기야가 이사야에게 이르되 당신이 전한 바 여호와의 말씀이 선하니이다 하고 또 이르되 만일 내가 사는 날에 태평과 진실이 있을진대 어찌 선하지 아니하리요 하니라(왕하 20:16-19).

히스기야가 죽을병에 걸려 여호와께 눈물로 부르짖자, 하나님은 그의 생명을 15년 더 연장해주셨다. 하지만 그때 히스기야의 교만이 고개를 들고 말았다. 그는 과시하고 싶은 마음에 바벨론에서 온 방문객들에게 왕궁의 보물들을 보여주었다. 그러자 하나님은 선지자 이사야를 히스기야에게 보내셔서 그가 왕국의 부를 과시한 결과를 그의 아들딸들이 경험하게 될 날이 올 것이라고 말씀하셨다. 바벨론이 와서 보물을 가져갈 것이며, 금전으로 환산할 수 있는 보물만 가져가는 것이 아니라 예루살렘 최고의 아들 딸들을 데려가 바벨론의 종으로 삼을 것이라고 경고하셨다.

우리는 히스기야가 마음 아파하며 여호와께 그 미래의 심판을 거두어달라고 간청했을 거라 기대할지 모르겠다. 하지만 그는 그러지 않았다. 그 심판이 그가 사는 날에 일어나지 않는 것에 안도했을 뿐이다. 자신의 생명에 대해서는 여호와의 자비를 구하였던 히스기야가, 다음 세대의 안녕에 대해서는 이기적으로 무관심했다.

다른 왕과 마찬가지로, 겉으로는 선해 보이는 이 왕에게도 어두운 면이 있었다. 분명 하나님의 아들딸들에게는 더 좋은 왕이 필요했다. 바로 예수님 안에서 우리가 받은 바다. 예수님은 자신의 안위만을 염려하지 않고, 미래 세대를 살리기 위해 자신의 목숨을 내어놓으셨다.

◆ ◇ ◇ ◆

주님, 저 자신을 좋은 부모라고 생각하고 싶지만, 제 이기적인 이해관계가 끼어들 때가 얼마나 많은지 저는 압니다. 저의 자녀와 손자녀가 저의 교만과 기도하지 않음과 가식의 결과를 어떻게 경험하게 될지를 생각하지 않을 때가 많습니다. ___에게 저보다 더 좋은 부모가 되어주셔서 감사합니다. 온전하고 순수하게 ___를 사랑해주심에 감사드립니다.

7월 3일
● 열왕기하 22:3-23:30 / 사도행전 21:37-22:16 / 시편 1:1-6 / 잠언 18:11-12

참된 행복

복 있는 사람은 악인들의 꾀를 따르지 아니하며 죄인들의 길에 서지 아니하며 오만한 자들의 자리에 앉지 아니하고 오직 여호와의 율법을 즐거워하여 그의 율법을 주야로 묵상하는도다(시 1:1-2).

    이 시편의 첫 부분에 표현된 히브리어 **아쉬레**(ashre)에 해당하는 영어 단어를 찾기란 쉽지 않다. '참된 행복'(truly happy)이 아마도 가장 적합한 번역일 것이다. 하지만 **행복**이라는 단어는 아주 일시적인 감정을 의미할 때가 많다. 우리는 자녀가 행복하기를 원한다고 말하지만 사실은 그 이상을 원해야 한다. 우리는 자녀가 여기 시편 1편이 표현하는 것을 경험하기 바라야 한다. **아쉬레**는 깊은 행복감, 만족감, 성취감을 의미한다.

    이런 행복을 누리는 사람들에 대해 시편 1편에서 배우는 첫 번째 교훈은, 그들이 하지 않는 것들의 목록이다. 그들은 악인, 죄인, 오만한 자를 따르거나 그 길에 서거나 그 자리에 참여하지 않는다. 시편 기자가 선택한 단어들(**따르다, 서다, 참여하다**)은 생각하고, 행동하고, 소속됨이라는 단계적 개입을 묘사하는 것처럼 보인다. 그래서 행복한 사람들은 그런 사상이나 가치를 흡수하지 않는다. 하나님과 무관한 삶을 사는 사람들의 조언을 따르지 않는다. 그들은 양심 없이 죄를 짓는 사람들의 행동이나 생활양식을 따르지 않으며, 하나님을 조롱하기 좋아하는 냉소가들과 무리를 이루지 않는다.

    하지만 참으로 행복한 사람들은 아무에게서 아무 영향도 받으면 안 된다는 게 아니다. 소셜 미디어나 학교 친구들의 견해로부터 지배적인 영향을 받지 않는다는 뜻이다. 이 행복한 사람들은 자기 마음과 영혼에 하나님의 말씀을 심었다. 그들은 그래야 한다는 의무감 때문에 모든 순간에 성경을 끌어들이지 않는다. 그들은 그러고 싶기 때문에 성경을 자주 읽는다. 이것이 우리가 자녀가 누리길 바라는 행복이다.

◆ ◇ ◆

    주님, 저는 ___가 이러한 복된 삶을 살기를 원합니다. ___가 이러한 행복을 소유하기를 원합니다. 그래서 저는 ___가 악인을 구분해내고, 그들의 길을 따르기를 거부하기를 기도합니다. ___가 무엇이든 당신께 속한 것을 조롱하는 자들에게 참여하기를 거부하기를 기도합니다. 다만 ___의 인생에서 성경이 미치는 영향력이 점점 더 커지기를 기도합니다.

7월 4일   ● 열왕기하 23:31-25:30 / 사도행전 22:17-23:10 / 시편 2:1-12 / 잠언 18:13

네 유업

내가 여호와의 명령을 전하노라 여호와께서 내게 이르시되 너는 내 아들이라 오늘 내가 너를 낳았도다 내게 구하라 내가 이방 나라를 네 유업으로 주리니 네 소유가 땅 끝까지 이르리로다(시 2:7-8).

어쩌면 당신은 자녀에게 무엇을 유산으로 물려줄지 생각해두었을 것이다. 시편 2편에서 우리는 성부께서 성자에게 주시는 유업이 무엇인지 발견한다. 시편 2편은 다윗이 자신의 대관식을 위해 쓴 시로, 앞으로 다윗 왕조의 대관식에서 사용될 것이었다. 다윗이 하나님의 대리인으로서 자기 백성을 통치하는 자리에 올랐을 때, 그는 왕실의 자손이라는, 하나님과의 새롭고 독특한 관계로 들어갔다.

이 시편은 본래 다윗에 관한 것이지만, 궁극적으로는 더 위대한 자손이신 예수님에 관한 것이다. 그분은 하나님 존전에서 영원히 하나님의 아들이시지만, 죽은 자 가운데서 부활하셨을 때 성부 하나님과 새로운 관계(왕실의 자손이라는 관계)로 들어가셨다(행 13:33). 우리는 요한복음에서 예수님이 그 유업을 요구하시는 것을 듣는다. 십자가에 달리시기 직전 예수님은 "아버지여 때가 이르렀사오니 아들을 영화롭게 하사 아들로 아버지를 영화롭게 하옵소서 아버지께서 아들에게 주신 모든 사람에게 영생을 주게 하시려고 만민을 다스리는 권세를 아들에게 주셨음이로소이다"(요 17:1-2)라고 기도하셨다. 그렇다. 예수님께서 구하셨던 그 유업이 바로 우리다.

여호와의 기름 부음 받은 자인 다윗이 원수를 이길 힘을 달라고, 그래서 그들을 자기 나라의 일부가 되게 해달라고 하나님께 구했던 것처럼, 여호와의 기름 부으심을 받은 예수님도 원수를 이길 힘을 달라고 하나님께 구하셔야 했다. 그리고 예수님은 사망에서 부활하시는 과정에서 정녕 원수를 이기셨다.

당신이 자녀에게 물려줄 것보다 훨씬 더 소중한 일이 있다. 당신과 당신 자녀가 하나님께서 그 아들에게 주신 유업의 일부가 되는 것, 그것이 훨씬 더 중요하다.

◆ ◇ ◇ ◆

주님, 왕이신 예수님의 아버지시여, 당신의 아들에게 그토록 영광스런 유업을 주셔서 감사합니다. 온 땅의 왕이신 그 아들이 다시 오셔서 우리를 다스리실 날을, 우리가 그분 앞에 절할 날을 얼마나 고대하는지요!

7월 5일   ● 역대상 1:1-2:17 / 사도행전 23:11-35 / 시편 3:1-8 / 잠언 18:14-15

우리의 가계도

아담, 셋, 에노스, 게난, 마할랄렐, 야렛, 에녹, 므두셀라, 라멕, 노아, 셈, 함과 야벳은 조상들이라(대상 1:1-4).

역대상의 첫 장은 그저 죽은 조상의 이름을 나열한 목록이 아니다. 하나님 백성의 풍요로운 역사다. 이 가문을 통해, 하나님은 땅의 모든 가정을 복 주시려는 계획을 구현해 가신다. 그들의 이름을 읽어갈 때, 우리는 영적인 몸가짐을 배운다. 이 첫 번째 장은 우리의 뿌리에 관해 말해줌으로써 우리가 누구인지를 상기시킨다. 그들은 우리를 있게 해준 성인이자 죄인이다. 믿음으로써 그리스도에게 연결된 엄마, 아빠, 아들딸이다.

우리가 그리스도 안에 있다면, 이 본문은 우리의 가계도다. 이방인 신자인 우리는 이스라엘이라는 오래된 감람나무에 접붙여졌다. 태생이 아니라 거듭남으로써, 핏줄에 흐르는 혈통이 아니라 우리 마음을 사로잡은 믿음으로써 우리는 이 가문의 일부가 되었다. 우리는 고아가 아니다. 우리는 자신을 의존하지 않는다. 우리 존재의 정체성은 이 가문의 일부가 됨에서 비롯된다.

우리는 자녀가 하나님의 가족으로서의 정체성을 갖기를 간절히 원한다. 그런데 이 가계도를 자세히 살피면 악명 높은 죄인들도 자리를 차지한 것을 볼 수 있다. 이는 우리 자녀가 아무리 큰 죄인이라도 하나님의 가족이란 자격을 박탈당할 죄를 지을 수는 없다는 뜻이다. 이 가문에 속한 사람들을 구별 짓는 특징은, 우리의 특별한 형제이신 예수님에 의해 가능케 된 은혜를 꼭 붙드는 법을 아는 것이다.

◆ ◇ ◆

주님, 우리가 영원히 주님으로부터 분리된 자들에 속할 수도 있었으나 당신은 은혜로 우리를 그리스도께로 이끌어주셨습니다. 우리를 양자 삼아주셔서 당신의 소유가 되게 하셨습니다. 당신은 우리 안에서 일하시며 우리를 당신의 영광스런 형상으로 변화시켜주시고 가족으로서 서로 닮게 해주십니다. 그러니 주님, ___에게 당신의 가족이라는 깊은 소속감과 감사의 마음을 주옵소서.

7월 6일　　● 역대상 2:18-4:4 / 사도행전 24:1-27 / 시편 4:1-8 / 잠언 18:16-18

장담할 수 없다

솔로몬의 아들은 르호보암이요 그의 아들은 아비야요 그의 아들은 아사요 그의 아들은 여호사밧이요 그의 아들은 요람이요 그의 아들은 아하시야요 그의 아들은 요아스요 그의 아들은 아마샤요 그의 아들은 아사랴요 그의 아들은 요담이요 그의 아들은 아하스요 그의 아들은 히스기야요 그의 아들은 므낫세요 그의 아들은 아몬이요 그의 아들은 요시야이며(대상 3:10-14).

다윗 왕조 족보의 이 부분은, 우리 자녀의 영적인 건강이 전적으로 우리에게 달린 것이 아님을 보여준다. 솔로몬에서 이어지는 왕의 이야기에서 다음을 보자.

르호보암의 아들은 아비야다. 악한 아버지가 악한 아들을 키웠다.
아비야는 아사를 키웠다. 악한 아버지가 선한 아들을 키웠다.
아사는 여호사밧을 키웠다. 선한 아버지가 선한 아들을 키웠다.
여호사밧은 여호람을 키웠다. 선한 아버지가 악한 아들을 키웠다.

공식이 없다. 장담할 수가 없다. 진실로 변함없이 경건한 사람이 키운 자녀가 부모의 영적인 일관성을 끝까지 붙잡지 못하기도 하고, 때로는 전혀 경건하지 않은 부모가 키운 자녀가 신실한 그리스도의 제자로 자라기도 한다.

이것은 부모인 우리에게 무엇을 의미할까? 비록 우리가 자녀 앞에서 그리스도께 속함에 내재된 복을 증명하고 그리스도를 기쁘시게 하는 삶의 모범이 되기를 원해도, 그들이 그 삶을 선택한 공로를 우리에게 돌릴 수 없다. 또한 그들이 경건한 삶에서 벗어나 세속의 삶을 선택할 때, 그에 대한 비난도 우리에게 돌릴 수 없다. 우리는 경건한 삶을 완벽하게 보여주는 데 우리의 믿음을 두는 것이 아니라, 성령님의 능력에 믿음을 두어야 한다. 그분만이 우리 자녀에게 죄를 깨닫게 하시고 확신케 하실 뿐만 아니라 그들을 이끄시고 보존하실 수 있다.

◆ ◇ ◆

주님, 우리는 당신의 길을 따라 걷는 자녀를 기르며 큰 기쁨을 느끼고, 믿음에서 벗어난 길을 걷는 자녀를 보며 큰 슬픔을 느낍니다. ___가 당신을 사랑하고 당신을 위해 살기를 간절히 기도합니다. 좌절과 교만으로부터 우리를 지켜주시고 당신을 계속해서 신뢰하게 하옵소서.

7월 7일

● 역대상 4:5-5:17 / 사도행전 25:1-27 / 시편 5:1-12 / 잠언 18:19

사랑의 방패

주께 피하는 모든 사람은 다 기뻐하며 주의 보호로 말미암아 영원히 기뻐 외치고 주의 이름을 사랑하는 자들은 주를 즐거워하리이다 여호와여 주는 의인에게 복을 주시고 방패로 함 같이 은혜로 그를 호위하시리이다(시 5:11-12).

다윗은 하나님의 백성을 다스리는 왕이었지만, 진정한 왕은 하나님이시라는 사실을 잘 알고 있었다. 그래서 매일 아침 기도로 하나님께 나아갔다. 그는 '하나님께서 내 기도를 들으시고 왕이신 그분의 임재에 들어가는 걸 환영하시겠지'라고 추측한 게 아니었다. 그는 그것을 분명하게 기대했다. 하지만 시편 5편 전체를 읽다 보면 그 이유가 의아해진다. 다윗은 여호와께서 살인자와 속이는 자를 싫어하신다고 썼다. 다윗은 살인자요 속이는 자였다. 어떻게 그는 하나님께서 그의 기도를 들으시고 그를 환영하신다고 그리도 확신할 수 있었을까?

다윗은 자기의 깨끗한 행적에 기초해서 하나님의 임재에 들어간다고 생각하지 않았다. 그에게는 깨끗한 행적이 없었다. 그는 그가 하나님의 집에 들어갈 수 있는 이유는 하나님의 실패하지 않는 사랑 때문이라고 말했다. 이 너그러운 은혜가 다윗으로 하여금 하나님을 기쁘시게 해드리며 살고 싶게 만들었다.

다윗이 하나님 안에서 피난처를 찾을 수 있었던 이유는, 여호와의 보호하심이 그를 덮는다고 확신했기 때문이다(11절). 여호와는 다윗을, 그리고 우리와 우리 자녀를 그분의 보호하심으로 덮으신다. 그분의 친아들에게서 보호하시는 손을 거두셨기 때문이다. 하나님은 그리스도께서 마땅히 받으셨어야 할 복을 우리 위에 부으신다. 우리가 받아야 마땅한 형벌을 그리스도 위에 쏟으셨기 때문이다.

◆◇◇◆

나의 왕 나의 하나님이시여, 내가 부르짖는 소리를 들으소서. 내가 주께 기도하나이다. 여호와여, 아침에 주께서 나의 소리를 들으시리니, 매일 아침 내가 주께 기도하고 바라리이다. 오 주여, ___를 옳은 길로 인도하옵소서. ___를 주의 보호하심으로 덮으소서. 그러면 ___가 기뻐하리이다. 오 주여, ___를 복 주시고 사랑의 방패로 ___를 호위하옵소서.

_시편 5:2-3, 8, 11-12에서 인용함

7월 8일

● 역대상 5:18-6:81 / 사도행전 26:1-32 / 시편 6:1-10 / 잠언 18:20-21

어느 때까지니이까

나의 영혼도 매우 떨리나이다 여호와여 어느 때까지니이까(시 6:3).

    여호와를 기다리는 일은 얼마나 어려운가. 어떤 사람은 열심히 일자리를 놓고 기도한다. 하지만 수개월 혹은 수년 동안 기도하는데도 눈에 띄는 변화가 없을 때, 하나님의 일하심의 증거가 보이지 않을 때 우리는 소망을 잃기 시작한다. 하늘이 우리에게 문을 닫은 거 아니냐고 의심할 뿐만 아니라, 우리 기도를 듣고 행동으로 옮길 만한 분이 하늘에 계시기는 한 거냐고 의심한다.

    그래서 다윗의 시편 6편이 우리에게 도움이 된다. 시편 6편은 하나님 편에서 응답이 더딘 것처럼 보일 때 우리가 느끼는 좌절감을 표현해준다. 그리고 우리가 누구에게 기도하고 있는지를 상기시켜준다. 그것이 다윗으로 하여금 너무 오랜 것으로 보이는 소망을 위해 계속해서 기도하게 해주었다. 그는 하나님의 본질적 특성이 자비라는 사실을 알았다. 그는 실패하지 않으시는 사랑의 하나님께 기도했다. 들으시고 응답하시고 구원하시는 하나님께 기도했다.

    자녀의 인생 방향이나 역경으로 인해 우리 마음이 아플 때도 우리는 하나님께서 우리를 건강한 상태로 회복시키실 것을 확신할 수 있다. 그분이 일하시기 때문이다. 자녀의 고통으로 인해 우리가 울다가 지칠 때, 우리는 여호와께서 우리의 흐느낌을 들으신다는 것을 확신할 수 있다. 그분은 우리의 신음을 들으시고 응답하신다. 오늘이나 내일이 아닐지 모른다. 사실, 하나님은 우리가 바라는 모든 치유나 회복을 이 땅에서 완성하지 않으실 수도 있다. 하지만 우리와 우리 자녀의 인생에서 그분의 일하심이 완성될 날이 도래할 것을 확신할 수 있다. 영원에 비추어 본다면, 그것은 그리 오래 걸리는 일처럼 보이지는 않을 것이다.

◆ ◇ ◆

    주님, 저도 시편 기자처럼 "어느 때까지니이까?"라고 여쭙니다. 때로는 당신께서 너무 더디게 일하시는 것처럼 보입니다. 저는 당신께서 ___의 인생에 의도하신 모든 것을 완성하시기까지 기다리는 인내심이 부족합니다. 하지만 주님의 일하심을 보지 못할 때도, 저는 당신의 일하심을 믿겠습니다. 너무 오래 걸리는 것처럼 보일 때에도, 저는 당신의 계획대로 완성하시리라 신뢰하겠습니다. 정확히 제시간에 완성하시리라 믿겠습니다.

7월 9일 ● 역대상 7:1-8:40 / 사도행전 27:1-20 / 시편 7:1-17 / 잠언 18:22

보배

아내를 얻는 자는 복을 얻고 여호와께 은총을 받는 자니라(잠 18:22).

어떤 부모는 자녀가 태어날 때부터 그들의 장래 배우자를 위해 시간을 내어 기도한다. 아들이 보배로운 아내를 발견하도록 인도해달라고, 혹은 딸이 평생토록 자신을 보배로 여기는 남편을 만나도록 인도해달라고 하나님께 간구한다. 그들은 배우자를 선택하는 일이 얼마나 중요한지를 알기에 그것을 기도 제목으로 삼는다.

어떤 부모는 자녀가 좋은 결혼을 하길 원하지만 자녀가 배우자에 대해 성숙한 마음을 갖는 것, 자녀가 배우자를 발견하는 과정, 자녀가 누군가의 배우자가 될 준비에 대해 기도하는 데는 시간을 들이지 않는다. 우리는 사랑 많고 경건한 배우자라는 선물을 하나님의 호의로 여기는 데 실패했다.

하나님은 우리가 오랫동안 열심히 기도했다고 해서 그 보상으로 자녀에게 배우자를 주시지 않는다. 배우자는 선물이다. 순전하고 단순한 선물이다. 하지만 우리가 이 위대한 선물을 받으려고 그분을 이용하지 않을 때, 그분이 주신 선물을 당연히 여기지 않을 때, 여호와는 기뻐하신다. 그래서 우리는 온갖 좋은 선물을 주시는 분께 우리의 아들딸에게 보배로운 배우자라는 호의를 베풀어주시기를 기도해야 한다.

주님, 우리는 주님께서 결혼이라는 선물을 통해 ___에게 인생을 함께할 보배로운 동반자라는 호의를 베풀어주시리라 단순하게 가정하고 싶지 않습니다. 어쩌면 당신께서는 ___를 독신으로 부르시고 또 그렇게 갖추어주실지 모릅니다. 우리는 그에 대해 당신을 신뢰하기 원합니다. 하지만 주님, 결혼이 ___를 향한 당신의 계획이라면, 지금 이 순간에도 당신께서 ___가 신실하고 사랑이 많은 배우자가 되도록 준비시켜주시기를 기도합니다. ___에게 평생의 일상을 함께 잘 보낼 실력을 갖춘 사람을 발견하고 알아볼 수 있는 안목을 주옵소서. 지금 자기에 대해서는 죽는 과정을 시작할 수 있도록 ___ 안에서 일하여 주옵소서. 그래서 ___가 자기를 돌보지 않고 희생적으로 사랑할 수 있게 하옵소서. ___에게 잠재적인 배우자에 대한 큰 지혜와 통찰력, 외로울 때의 큰 자제력, 당신이 주신 이 호의를 받아들이는 큰 기쁨을 주옵소서.

7월 10일
● 역대상 9:1-10:14 / 사도행전 27:21-44 / 시편 8:1-9 / 잠언 18:23-24

우리의 소명 성취하기

사람이 무엇이기에 주께서 그를 생각하시며 인자가 무엇이기에 주께서 그를 돌보시나이까 그를 하나님보다 조금 못하게 하시고 영화와 존귀로 관을 씌우셨나이다 주의 손으로 만드신 것을 다스리게 하시고 만물을 그의 발 아래 두셨으니(시 8:4-6).

    시편 8편은 하늘과 주변 세상을 보며 감탄할 뿐 아니라, 하나님께서 인간에게 그분의 창조물을 맡기시고, 우리로 땅을 가득 채우고 만물을 우리에게 복종케 하셨음을 생각하며 경이로움에 사로잡힌다. 그런데 불행히도 이 원래의 창조에 문제가 생겼다. 히브리서 기자는 시편 8편을 인용하며, 타락이 우리 원래의 '소명'을 성취하지 못하도록 막았다고 상기시킨다. "지금 우리가 만물이 아직 그에게 복종하고 있는 것을 보지 못하고"(히 2:8). 인간은 땅을 다스리도록 지음받았지만, 현실에서 우리는 이 저주받은 피조세계에 끔찍한 방식으로 종속되었다. 죄가 모든 것을 황폐하게 만들었다. 창조된 그대로 존재하는 것이 하나도 없다.

    하지만 그것은 인간을 향한 하나님의 원래 계획이 폐기되었다는 뜻이 아니다. 주변을 돌아보면 인간이 영광과 존귀의 관을 쓰고 있다는 시편 8편의 묘사가 우리와 맞지 않는 듯 보이지만, 우리에게는 소망이 있다. "우리가 천사들보다 잠시 동안 못하게 하심을 입은 자 곧 죽음의 고난 받으심으로 말미암아 영광과 존귀로 관을 쓰신 예수를 보니"(히 2:9). 우리는 그리스도와의 연합을 통해 원래 고안된 소명을 성취한다.

    세상은, 심지어 일부 교회들도 우리 자녀에게 그들의 소명을 성취하기 위해 열심히 일하고 꿈을 크게 꾸어야 한다고 말한다. 하지만 시편 8편에서 우리는 무엇이 중요한 소명인지 발견한다. 그 소명은 고된 수고를 통해서가 아니라 구원하는 믿음을 통해서 현실이 된다.

◆ ◇ ◆

    주님, 당신이 창조하신 사람을 위해 품으신 운명을 생각할 때, 그것이야말로 우리가 ___에게 가장 바라는 바임을 깨닫습니다. 우리는 ___가 세상이 제공하는 영광과 존귀에 만족하기를 원하지 않습니다. 우리는 ___가 당신으로부터 오는 영광과 존귀로 관을 쓰기를 원합니다. ___가 그리스도와 연합하여 당신과 함께 새 하늘과 새 땅에서 다스리고 통치하는 그 소명을 붙잡게 하옵소서.

7월 11일 ● 역대상 11:1-12:18 / 사도행전 28:1-31 / 시편 9:1-12 / 잠언 19:1-3

고결함

가난하여도 성실하게 행하는 자는 입술이 패역하고 미련한 자보다 나으니라(잠 19:1).

자녀가 첫 거짓말을 할 때가 온다. 아이는 자기가 원하는 것을 얻기 위해 혹은 하기 싫은 일에서 벗어나기 위해 속인다. 그런 일이 일어나면, 우리 자녀가 보다 개인적인 의미에서 죄인이라는 사실과 죄와 자기 보호가 우리에게처럼 그 아이에게도 자연스럽게 찾아온다는 사실을 깨닫고는 우리 마음이 무너진다.

하지만 우리 자녀가 거짓말을 습관화하고 속이기를 편하게 생각할 때가 더 큰 문제다. 우리는 그들이 고결한 사람이기를 원한다. 자기가 하겠다고 말한 것은 한다는 신뢰를 받을 수 있는 사람, 여러 사람과 있을 때나 혼자 있을 때나 동일한 사람, 다른 사람을 대할 때 정직하고 충실하며 돈으로 매수할 수 없는 사람 말이다. 분명, 우리는 자녀에게 고결함의 모범이 될 수 있다. 잠언은 우리에게 "온전하게 행하는 자가 의인이라 그의 후손에게 복이 있느니라"(20:7)라고 말한다. 우리 자녀는 우리의 꾸준한 고결함에서 유익을 누린다. 그들은 다른 누구보다 무대 뒤에서 우리가 누구인지를 볼 수 있는 위치에 있다. 그들은 우리가 티켓이나 식사에 온전한 값을 지불하는지 아니면 몇 푼을 아끼려고 그들의 나이를 속이는지 주목한다. 그들은 우리가 근무 시간에 열심히 일하는지 아니면 재택근무를 할 때 딴짓을 하며 상사를 속이는지 본다. 인생에서 고결함의 모범을 보임으로써, 우리는 자녀에게 고결하게 행동하라고 독려한다.

하지만 우리 자녀에게는 우리의 모범이나 규칙 이상이 필요하다. 성령님께서 그들을 진리에 대한 사랑과 부정직에 대한 경멸로 채워주셔야 한다. 성령님께서 그들이 (완벽한 고결함 중의 하나인) 신성에 동참하도록 도와주셔야 한다. 자녀가 그리스도 안에 있을 때, 그들은 점점 더 고결한 사람이 될 것이다.

◆ ◇ ◇ ◆

주님, 제가 어떤 타협을 하는지 그 사소한 방식들을 저에게 보여주옵소서. ___가 고결함에 못 미치게 행동하는 방식들을 어떻게 고치고 도전해야 하는지를 저에게 보여주옵소서. 성령님의 능력에 힘입어 ___가 깨끗한 양심과 좋은 평판과 당신과의 막힘없는 관계의 기쁨을 알게 하옵소서.

7월 12일   ● 역대상 12:19-14:17 / 로마서 1:1-17 / 시편 9:13-20 / 잠언 19:4-5

하나님의 능력이 됨

내가 복음을 부끄러워하지 아니하노니 이 복음은 모든 믿는 자에게 구원을 주시는 하나님의 능력이 됨이라 먼저는 유대인에게요 그리고 헬라인에게로다 복음에는 하나님의 의가 나타나서 믿음으로 믿음에 이르게 하나니 기록된 바 오직 의인은 믿음으로 말미암아 살리라 함과 같으니라(롬 1:16-17).

어느 순간에, 다른 가정과는 너무 다르게 사는 것이 좀 쑥스럽게 느껴질 수 있다. 우리는 복음을 믿고, 복음 때문에 다르게 산다. 복음은 우리 삶의 모든 영역에 영향을 끼친다. 그리스도를 받아들이지 않은 가정의 가치관과는 전혀 다른 가치관을 붙든다. 우리가 약간의 쑥스러움을 느낄지 모르지만, 그 감정이 진실을 반영하지는 않는다. 복음은 가장 위대한 진리이고 가장 좋은 소식이다. 복음에 기대고 의지해서 하루하루 살다 보면, 복음이 진리로 판명될 것임을 확신할 수 있다. 복음은 궁극적으로 수치로 인도하지 않을 것이고, 거룩하고 영광스러우신 하나님의 임재 안에서 영원한 안전과 기쁨을 가져다줄 것이다.

우리는 복음이 우리 가정의 한 면(주일에만 꺼내놓는 것)이기를 원하지 않는다. 오히려 우리는 가정의 중심, 꾸준한 대화와 축하의 주제, 함께 인생을 진행시키는 방식의 기본 뼈대이기를 원한다. 복음은 아주 어릴 때부터 받아들일 수 있기 때문에, 우리는 최대한 일찍부터 이 복음을 자녀에게 명확하게 전해주기를 원한다. 그리고 자녀가 성장해감에 따라, 그들이 우리가 그리스도에 관한 복음을 부끄러워하지 않는다는 사실을 보고 또 보기를 원한다. 우리는 부끄러움 없이 그리스도에 대해 말하고 그분이 우리 인생에 가져오신 변화에 대해 말한다. 거룩을 좇으려는 열망이 우리 가정의 오락과 취미활동의 선택 기준인 것을 멋쩍어하지 않는다. 복음에 대한 확신은 우리를 믿을 수 없을 정도로 행복한 사람, 더는 부끄러워하지 않는 사람으로 만든다.

◆ ◇ ◇ ◆

우리가 당신과 바른 관계를 맺고 화평을 누리게 되다니 얼마나 좋은 소식인지요! 이 진리와 복음에는 모든 것을 변화시키는 능력이 있습니다. 그러니 이 능력이 우리 가정 안에서 작동하기를 간구합니다. 그리스도 안에서 우리에게 제공된 의에 관한 이 좋은 소식이 우리의 대화와 기대를 변화시키기를 기도합니다. 죄인을 향한 당신의 은혜인 복음을 통해서 우리 안과 ___의 안에서 일하여 주옵소서.

7월 13일   ● 역대상 15:1–16:36 / 로마서 1:18–32 / 시편 10:1–15 / 잠언 19:6–7

하나님께서 내버려 두사

하나님의 진노가 불의로 진리를 막는 사람들의 모든 경건하지 않음과 불의에 대하여 하늘로부터 나타나나니 … 또한 그들이 마음에 하나님 두기를 싫어하매 하나님께서 그들을 그 상실한 마음대로 내버려 두사 합당하지 못한 일을 하게 하셨으니(롬 1:18, 28).

하나님의 진노는 작은 문제에 통제 불가능하게 분출하는 감정이 아니다. 하나님은 그분의 형상대로 창조된 것이 파괴되는 데 분노하신다. 바울은 로마서 1장 18절에서 하나님은 지금도 경건하지 않음과 불의에 진노를 드러내신다고 말한다. 경건하지 않음이란, 하나님과 아무 상관없기를 원하는 것이다. 불의란, 하나님의 명령에 대한 왜곡된 반응, 하나님의 사랑이 담긴 율법과는 정반대의 것을 즐거워하는 삶이다.

그렇다면 하나님은 그분과 아무 상관없기를 원하는 사람들을 향해 어떻게 진노를 보여주시는가? 로마서 1장은 "하나님께서 내버려 두사"라는 표현을 세 번이나 반복한다. 하나님은 그분을 알기를 원하지 않거나 그분께 순종하기를 원하지 않는 사람들을 내버려 두신다. 그래서 그들이 자유롭게 그분에게서 멀어진 삶을 추구하게 하신다. 그들이 원하는 대로 내버려 두신다.

하지만 바울이 로마서에서 제시한 좋은 소식은, 하나님께서 인간을 "내버려 두사" 그분에게서 분리되게 하셨을지라도, 궁극적으로 영원히 우리를 포기하지 않으셨다는 것이다. 오히려 그분은 자기 아들을 경건하지 않고 불의한 세상에 보내셨고, **그 아들을 내버려 두사** 우리가 받아야 할 모든 심판을 경험하게 하셨다.

하나님은 우리를 포기하거나 단념하지 않으시고, 진노 중에 오래 참으사 우리가 회개하고 그분께 나아오게 하셨다. 이것이 우리가 자녀에게 보여주기 원하는 인내다. 그분께서 사랑으로 우리에게 다가오신 것처럼, 우리도 자녀를 내버려 두기를 거부하고 사랑으로 그들에게 다가간다.

◆ ◇ ◇ ◆

하나님, 만약 당신께서 우리를 궁극적으로 영원히 내버려 두신다면 우리에게는 소망이 없습니다. 하지만 당신은 오래 참으시면서 자비롭게 우리를 회개로 부르십니다. 당신께서 우리를 단념하지 않으셨기에 우리도 ___를 단념하지 않을 것입니다. 당신께서 가장 적합한 변화를 가져오시기를 기다릴 것입니다. 오늘은 은혜의 날이지 포기의 날이 아닙니다.

7월 14일

● 역대상 16:37-18:17 / 로마서 2:1-24 / 시편 10:16-18 / 잠언 19:8-9

책임

이는 하나님께서 외모로 사람을 취하지 아니하심이라 무릇 율법 없이 범죄한 자는 또한 율법 없이 망하고 무릇 율법이 있고 범죄한 자는 율법으로 말미암아 심판을 받으리라 … 곧 나의 복음에 이른 바와 같이 하나님이 예수 그리스도로 말미암아 사람들의 은밀한 것을 심판하시는 그 날이라(롬 2:11-12, 16).

우리가 하나님께 받은 계시의 양은 서로 다르다. 하지만 더 많은 진리에 다가간 사람이라고 해서 하나님이 편애하시는 것은 아니다(롬 2장). 각자가 가진 진리에 따라 모든 사람에게 심판이 임할 것이다. 바울에 따르면, 모든 사람은 각자의 양심에 쓰인 하나님의 도덕법이라는 진리를 갖는다.

물론, 우리는 이보다는 훨씬 더 많이 갖고 있다. 우리가 집에 얼마나 많은 성경책이 있으며, 얼마나 많은 설교를 들었으며, 하나님의 말씀을 들을 수 있는 기회가 얼마나 많은지를 생각해보라. 우리가 저항하거나 무시하거나 살아내지 못했던 모든 진리를 생각해보라. 우리는 우리가 들은 모든 것에 비추어 어떻게 살았는지에 대한 책임을 지게 될 것이다.

하지만 이 사실이 단지 우리의 정신만 번쩍 들게 하는 게 아니다. 우리 자녀에 관해 생각할 때에도 정신이 번쩍 들게 한다. 그들은 부모가 이 책을 읽고 있을 만큼 하나님께 관심을 갖는 가정에서 자란다. 그들은 아주 어릴 적부터 하나님에 관해 들어왔다. 그럼에도 그들은 그리스도께 마음을 열지 않은 채 종교적 행위를 하는 방법을 배워왔는지도 모른다.

심판의 날 우리가 하나님 앞에 서게 될 때, 우리와 우리 자녀를 향한 질문은 이러할 것이다. 네가 소유한 계시가 얼마나 많은지 혹은 얼마나 적은지 볼 때, 너는 어떻게 살았느냐? 네가 알고 있는 바에 너는 어떤 마음과 행동으로 반응했느냐? 우리의 마음이 드러나게 될 날이 다가오고 있다. 그러므로 우리는 우리 자녀가 진리를 받아들이는 일에 실패하지 않도록 기도한다.

◆ ◇ ◇ ◆

주님, 표면 아래 숨겨진 것이 드러나게 될 날에 ___ 안에 당신을 향한 깊고 진실한 사랑이 명확해지기를, 그 사랑이 당신을 위해 사는 평생에 걸쳐 증명되기를 기도합니다.

7월 15일 ● 역대상 19:1-21:30 / 로마서 2:25-3:8 / 시편 11:1-7 / 잠언 19:10-12

교만에 이끌림

사탄이 일어나 이스라엘을 대적하고 다윗을 충동하여 이스라엘을 계수하게 하니라 다윗이 요압과 백성의 지도자들에게 이르되 너희는 가서 브엘세바에서부터 단까지 이스라엘을 계수하고 돌아와 내게 보고하여 그 수효를 알게 하라 하니(대상 21:1-2).

다윗이 관리들에게 지시한 인구조사가 무슨 문제인지 금방 이해되지는 않는다. 하지만 사탄이 그 결심의 배후 세력이라면, 그것이 선할 리 없다는 걸 안다. 경건의 수호자라고는 볼 수 없던 요압조차도 다윗에게 그러지 말라고 간구했다. "어찌하여 이스라엘이 범죄하게 하시나이까"(3절). 하지만 다윗은 단념하지 않았다. 사실, 9개월이 흐르는 동안 그는 뒤로 물러선 적이 없고 앞으로 밀어붙일 뿐이었다.

다윗의 마음속에 무슨 생각이 있었는지 기록을 보면 알 수 있다. "이스라엘 중에 칼을 뺄 만한 자가 백십만 명이요 유다 중에 칼을 뺄 만한 자가 사십칠만 명이라"(5절). 물론, 하나님은 다윗의 왕국을 보존하겠다고 약속하셨다. 다윗은 전쟁터에 보낼 만한 사람의 수에 관해서는 염려할 필요가 없었다. 이것은 군대의 규모가 아닌 하나님을 향한 다윗의 신실함에 관한 문제였다. 다윗은 자기 군대의 규모를 뽐내고 싶어서 인구조사를 원했던 게 분명하다. 그는 자기를 과시하기 위해 셈하기를 원했다.

인구조사 자체가 죄는 아니었다. 문제는 동기였다. 다윗은 교만에 이끌렸다. 그것은 하나님이 미워하시는 죄의 목록에서 넘버원이다(잠 6:16-19). 교만은 대단히 교활한 죄인데, 특히 교만이 '필연적인 죄'는 아닌 무언가를 하는 동기의 중심에 있을 때 그렇다. 우리는, 그리고 우리 자녀는, 무엇이 자신을 이끄는지(특히 소셜 미디어의 "좋아요" 숫자나, 운동 경기 승률이나, 자녀의 통지표를 확인할 때) 얼마나 점검해야 하는지! 우리에게 필요한 것은 하나님께서 우리를 겸손케 하시는 데에 필요한 모든 것이다. 그래야 우리가 교만의 죄에 빠지지 않을 것이다.

◆ ◇ ◇ ◆

주님, 우리는 교만에 의해 동기부여를 받은 행동을 쉽게 정당화합니다. 게다가 우리는 성취에 대한 교만한 허풍으로 가득한 세상에서 살기 때문에, 교만이 정상으로, 죄가 아닌 것처럼 보입니다. 그러니 우리에게 교만을 볼 수 있는 눈, 교만을 고백하는 입, 주님의 희생에 의해 변화되고 깨끗해진 마음을 주옵소서.

7월 16일

● 역대상 22:1-23:32 / 로마서 3:9-31 / 시편 12:1-8 / 잠언 19:13-14

선을 행하는 자는 없나니

다 치우쳐 함께 무익하게 되고 선을 행하는 자는 없나니 하나도 없도다(롬 3:12).

우리는 자녀가 변해야 할 것들과 회개해야 할 죄들의 목록을 작성할 수 있다. 하지만 우리 자신의 죄를 하나하나 밝히며 꾸준한 회개가 필요하다고 고백하기란 매우 불편할 것이다. 특히 우리가 얼마나 큰 죄인인지 자녀들이 알기를 원하지 않는다. 일반적인 의미에서 우리가 죄를 지었다는 사실을 인정하기는 아무런 문제가 되지 않지만, 구체적인 죄의 항목으로는 들어가고 싶어 하지 않는다. 우리의 죄를 비밀에 부침으로써 그들을 훈육할 신뢰성을 유지한다고 생각하지만, 바로 그런 행동이 자녀가 우리에게 가장 필요로 하는 것(복음에 비추어 살아가는 본보기)을 박탈하고 있다.

우리 자녀는 그리스도를 위해 단 한 번 이상의 결정을 해야 한다. 그들은 그리스도의 은혜를 매일 경험해야 한다. 우리 모두도 그렇다. 하지만 지속적으로 구원자가 필요하다는 사실을 우리가 인정하려 하지 않는다면, 어떻게 우리 자녀가 그들에게 매일 그리스도가 필요하다는 사실을 이해하며 성장하겠는가?

가정의 모든 구성원이 죄인이기에, 우리가 죄를 짓는다는 것은 자녀에게 뉴스거리가 아니다. 하지만 우리가 죄와 싸우기 위해 얼마나 씨름하는지, 회개의 은혜가 얼마나 필요한지 자녀와 정직하게 나눈다면, 그들이 복음을 이해하는 방식에 실제적인 터닝포인트가 될 수 있다. 우리의 죄가 모두 보도록 드러나는 날에, 우리는 그저 겸손히 우리에게는 다른 모든 사람과 같이 예수님이 필요함을 인정할 수 있다. 우리는 우리 가정의 '수석 회개자'가 됨으로써 자녀를 예수님께로 인도하고 복음의 진리를 가르칠 수 있다. 우리 자녀는 우리가 회개와 순종 안에서 하나님과 친밀하게 동행하는 모습을 관찰함으로써 하나님과 동행하는 삶이 무엇인지를 배울 것이다.

◆ ◇ ◇ ◆

주님, 저는 ___가 저를 실제 모습보다 나은 사람으로, 당신께 더 헌신된 사람으로 생각해 주는 걸 좋아합니다. 왠지 저는 자녀 양육을 잘하려면 자녀에게 제 죄에 관해 알려선 안 된다고 믿었습니다. 그러나 그건 지혜가 아닌 교만입니다. 제가 기독교를 죄인에 대한 환영이 아닌 규율의 체계로 제시할 때, 저는 ___를 주님께 가까이가 아니라 멀어지게 만드는 것입니다. 그러니 저에게 깨끗이 털어놓을 용기를 주옵소서. 연약할 수 있는 힘을 주옵소서.

7월 17일

● 역대상 24:1-26:11 / 로마서 4:1-12 / 시편 13:1-6 / 잠언 19:15-16

의로 여기시나니

성경이 무엇을 말하느냐 아브라함이 하나님을 믿으매 그것이 그에게 의로 여겨진 바 되었느니라 일하는 자에게는 그 삯이 은혜로 여겨지지 아니하고 보수로 여겨지거니와 일을 아니할지라도 경건하지 아니한 자를 의롭다 하시는 이를 믿는 자에게는 그의 믿음을 의로 여기시나니(롬 4:3-5).

어느 시점이 되면 우리는 자녀에게 은행 계좌 사용법을 알려주기 시작한다. 입금과 출금, 차변(借邊)과 대변(貸邊)이 있다. 은행 업무도 자녀가 크리스천이 되는 것의 의미를 이해하도록 돕는 실례가 된다.

바울은 아브라함이 의로 여겨진 바 되었다고 말할 때 회계의 비유를 사용한다. 달리 말하자면, 아브라함이 하나님을 믿었을 때 그의 영적 계좌에 신용으로 입금이 완료되었다는 뜻이다. 하나님은 다만 아브라함의 계좌에 의가 있는 척하신 게 아니었다. 실제적인 입금을 하셨다. 예수님께서 오셔서 의로운 삶을 사시기 한참 전에(그러나 그 의로운 삶을 예기[豫期]하시면서), 하나님은 그리스도의 의를 아브라함의 계좌에 신용으로 입금해주셨다. 하나님은 아브라함에게 그가 수고해서 번 것을 지불하신 게 아니었다. 그리스도의 의는 선물로 그의 계좌에 입금되었다.

이 입금은 우리가 자녀의 계좌에 이루어지기를 간절히 바라는 것이다. 우리는 우리 자녀가 수고해서 얻은 것이 무엇인지를 안다. 그것은 우리가 수고해서 얻은 것과 같고, 모든 사람이 수고해서 얻은 것과 같다. 바로 "죄의 삯은 사망이요"다. 그러므로 우리는 선물을 구한다. 하나님께로부터 오는 선물이요, 하나님의 손으로만 이루어질 수 있는 계좌이체다. 우리는 하나님의 값없는 선물을 구한다. "하나님의 은사는 그리스도 예수 우리 주 안에 있는 영생이니라"(롬 6:23).

◆ ◇ ◇ ◆

주님, 저는 ___가 당신 앞에서 의로 여겨지는 데 꼭 필요한 신용을 ___의 계좌에 넣어줄 만큼 수입도 저금도 없습니다. 필요한 의에 관한 한, 저는 파산입니다. 그러므로 저는 당신 앞에 나아와 당신께서 ___의 계좌에 예수님의 완벽한 의를 입금해주시기를 간구합니다. ___를 예수님의 모든 선하심으로 풍요롭게 하옵소서.

7월 18일   ● 역대상 26:12-27:34 / 로마서 4:13-5:5 / 시편 14:1-7 / 잠언 19:17

인내

다만 이뿐 아니라 우리가 환난 중에도 즐거워하나니 이는 환난은 인내를, 인내는 연단을, 연단은 소망을 이루는 줄 앎이로다 소망이 우리를 부끄럽게 하지 아니함은 우리에게 주신 성령으로 말미암아 하나님의 사랑이 우리 마음에 부은 바 됨이니(롬 5:3-5).

   우리는 자녀 양육의 길을 갈 때 어느 단계에서든 낙담할 수 있다. 초기에는 자녀가 밤새 통잠을 자기까지 얼마나 걸릴까를 알고 싶어 한다. 그 후에는 자녀가 듣고 순종하기까지 얼마나 걸릴까를 알고 싶어 한다. 나중에는 우리 십 대 자녀가 정신을 차리는 데 얼마나 걸릴까를 알고 싶어 한다. 모든 기다림의 기간에, 우리는 소망을 잃기 쉽다. 그것은 자녀 양육을 무거운 짐으로 만들 수 있다.

   자녀 양육에는 인내가 필요하다. 많은 노력과 시간을 들이는 사랑이 필요하다. 하나님이 일하시기까지 기다리려는 의지가 필요하다. 그래서 부모에게 가장 중요한 임무는 상황이 어려울 때에도 절대 포기하지 않는 것이다. 우리에게 인내할 힘이 필요할 때, 성령님은 성경의 진리가 기억나게 해주시고 우리 안에 소망을 주입해주신다. 우리가 자녀와 맞지 않은 잘못된 부모라는 생각이 유혹으로 다가올 때, 성령님은 하나님이 그들을 우리와 함께 있게 하신 것은 하나님을 발견하게 하려 하심임을 상기시키신다(행 17:26-27). 우리 자녀가 결코 하나님께로 돌이키지 않을 거라고 생각하는 유혹이 찾아올 때, 성령님은 하나님이 가정 안에서와 가정을 통해서 일하심을 상기시켜주신다(행 11:14; 16:31). 우리가 자녀의 인생을 망칠 것 같은 일이 일어날까 봐 두려워할 때, 성령님은 아무것도 우리를 하나님의 사랑에서 끊을 수 없음을 상기시키신다(롬 8:35-39). 성령님은 자녀의 인생에서 가장 고된 환경조차도 하나님의 계획 밖에 있지 않고 합력하여 선을 이루시는 그분의 계획의 일부임을 상기시키신다(롬 8:28).

◆ ◇ ◆

   주님, ___와 관련된 문제에 마주칠 때, 그 시련의 한복판에서 당신께서 일하고 계심을 기억하게 하옵소서. 그런 방법이 아니면 얻을 수 없는 어떤 것을 우리 안에서 당신께서 만들고 계심을 기억하게 하옵소서. 구원의 필요성을 느끼지 않는다면 우리는 결코 구원의 소망에서 피난처를 찾지 않을 것입니다. 그러므로 우리는 빠르고 손쉬운 해결책을 찾기를 거부합니다. 대신에, 주님의 방식대로 인내를 키워주시도록 주님이 오시기를 청합니다. 장래 모든 세월 동안 자녀 양육에 필요한 오래 참음과 지혜와 사랑을 우리에게 주옵소서.

7월 19일

● 역대상 28:1-29:30 / 로마서 5:6-21 / 시편 15:1-5 / 잠언 19:18-19

아버지의 훈계

이제 너희는 온 이스라엘 곧 여호와의 회중이 보는 데에서와 우리 하나님이 들으시는 데에서 너희 하나님 여호와의 모든 계명을 구하여 지키기로 하라 그리하면 너희가 이 아름다운 땅을 누리고 너희 후손에게 끼쳐 영원한 기업이 되게 하리라 내 아들 솔로몬아 너는 네 아버지의 하나님을 알고 온전한 마음과 기쁜 뜻으로 섬길지어다 여호와께서는 모든 마음을 감찰하사 모든 의도를 아시나니 네가 만일 그를 찾으면 만날 것이요 만일 네가 그를 버리면 그가 너를 영원히 버리시리라(대상 28:8-9).

역대상 28장에서 우리는 아들 솔로몬을 향한 다윗왕의 지혜롭고 사려 깊은 훈계를 읽는다. 다윗은 여호와의 모든 계명을 주의해서 지키라고 명했다. 그리고 얼마 후, 하나님께서 솔로몬에게 무엇이든지 구하라고 요청하셨을 때 솔로몬은 지혜를 구한다. 이것은 솔로몬의 통치의 매우 전도유망한 시작이었다. 하지만 곧 문제가 발견된다. 우선, 솔로몬이 바로의 딸과 결혼함으로써 애굽과 동맹을 맺었다. 하나님께서 절대로 애굽으로 돌아가지 말라고 명령하셨는데 말이다(신 17:16; 왕상 3:1). 또한 솔로몬은 하나님이 파괴하라고 명하신 산당에서 제사를 드렸다(신 12:2-5; 왕상 3:3).

"솔로몬이 여호와를 사랑"했다(성경에서 다른 누구에게도 사용되지 않은 표현이다)는 열왕기상 3장 3절을 읽을 때에는 그가 옳은 길 위에 있는 것처럼 보인다. 하지만 솔로몬 이야기의 말미에서 우리는 그가 "이방의 많은 여인을 사랑하였"고 "마음이 … 그의 하나님 여호와 앞에 온전하지 못하였"(왕상 11:1, 4)음을 읽는다. 분명, 솔로몬의 감정에 극적인 변화가 있었다. 솔로몬이 아버지의 훈계를 따라 온전한 마음으로 하나님을 섬겼더라면 참 좋았을 텐데.

솔로몬은 매우 지혜로운 사람조차 때로는 어리석게도 부모의 경건한 지침을 무시한다는 사실을 보여준다. 다윗이 모호하고 일관성없거나 불합리한 것을 요구한 것이 아니었다. 다윗의 자녀 양육이 문제가 아니라 솔로몬의 마음이 문제였다.

◆ ◇ ◇ ◆

주님, ___가 우리가 가르친 경건한 지침을 받아들이지 않는 데 대해 우리 자신을 비난하려는 유혹이 찾아올 때, 때로는 부모의 신중한 지시도 주의 깊게 받아들여지지 않음을 기억할 수 있도록 도와주옵소서. 때로는 지혜가 제공될지라도 받아들여지지 않습니다. ___가 반드시 들어야 할 것은 당신의 목소리이며, ___가 반드시 주의를 기울여야 할 것은 당신의 말씀임을 기억하도록 우리를 도와주옵소서.

7월 20일

● 역대하 1:1-3:17 / 로마서 6:1-23 / 시편 16:1-11 / 잠언 19:20-21

너희 자신을 온전히 드리라

너희 지체를 불의의 무기로 죄에게 내주지 말고 오직 너희 자신을 죽은 자 가운데서 다시 살아난 자 같이 하나님께 드리며 너희 지체를 의의 무기로 하나님께 드리라(롬 6:13).

    자녀 양육은 우리가 돌봐야 할 작은 몸(자녀를 가리킨다-역주)을 건져내는 것에서 시작한다. 자녀가 자라감에 따라, 우리는 그들의 모든 지체가 하나님을 기쁘시게 해드리는 데 드려지기를 기도할 수 있다.

◆ ◇ ◇ ◆

    주님, 머리부터 발끝까지, 처음부터 끝까지, ___의 어떤 지체도 죄를 섬기기 위한 악의 도구가 되지 않게 하옵소서. 대신에, ___의 온몸이 당신의 영광을 위해 옳은 일을 하는 도구가 되게 하옵소서! ___의 발이 ___를 어둠이 둘러싸고 유혹하는 곳으로 데려가지 않게 하옵소서. 대신에, ___의 발이 ___가 어둠을 몰아내고 당신의 빛을 비추는 곳으로 데려가게 하옵소서.
    ___의 성(性)과 음식과 음료에 대한 욕구가 ___를 그것들의 노예로 만들지 않게 하옵소서. 대신에, ___의 성과 음식과 음료에 대한 욕구를 거룩하게 하사 그것들로 인해 ___가 당신께서 자신이 갈망하는 만족을 주시리라 기대하게 하옵소서.
    ___의 마음이 당신만을 위한 자리를 대신 차지할 열정들을 좇지 않게 하옵소서. 대신에, 당신의 마음을 아프게 하는 것들로 ___의 마음을 아프게 해주옵소서. ___의 마음을 당신의 복음과 영광을 향한 열정으로 사로잡아주옵소서.
    ___의 입이 거짓된 것, 더러운 것, 헛된 것을 말하는 데에 사용되지 않게 하옵소서. 대신에, ___의 입을 진실한 말, 순결한 말, 의미와 목적이 있는 말로 채워주옵소서. ___의 입이 축복과 격려와 화평으로 가득하게 하옵소서.
    ___의 손이 이 세상을 너무 꽉 붙잡지 않게 하옵소서. 대신에, ___에게 기꺼이 일하려는 손, 크나큰 긍휼로 타인을 만져주는 손을 주옵소서.
    ___의 눈이 부패하고 오염된 것을 추구하지 않게 하옵소서. ___에게 아름답고 순결한 것에 대한 사랑을 주옵소서.
    ___의 귀가 하나님을 의심하고 조롱하는 소리에 맞춰지지 않게 하옵소서. 대신에, ___에게 당신의 말씀과 길에 열린 귀를 주옵소서.
    ___의 지성이 이 세상의 사고방식에 사로잡히지 않게 하옵소서. 대신에, ___의 지성을 당신의 지식과 지혜의 깊이로 채워주옵소서.

7월 21일

● 역대하 4:1-6:11 / 로마서 7:1-13 / 시편 17:1-15 / 잠언 19:22-23

새로운 것으로 하나님을 섬길 것

우리가 육신에 있을 때에는 율법으로 말미암는 죄의 정욕이 우리 지체 중에 역사하여 우리로 사망을 위하여 열매를 맺게 하였더니 이제는 우리가 얽매였던 것에 대하여 죽었으므로 율법에서 벗어났으니 이러므로 우리가 영의 새로운 것으로 섬길 것이요 율법 조문의 묵은 것으로 아니할지니라(롬 7:5-6).

    자녀가 그들의 행위로 우리를 훌륭해 보이게 만들 때, 우리는 정말 좋아한다. 우리는 자녀의 이름을 나머지 공부 명단보다는 우등생 명단에서 보기를 훨씬 더 바란다. 하지만 우리가 오직 자녀의 규율을 지키겠다는 결단이나 지식에 기초해서 그들의 선행을 기대할 때, 우리는 자녀를 실패와 좌절의 함정에 빠뜨리게 된다. 만약 그들이 도덕적 기대나 사회적 심상에 맞춰 살기 위해 계속 분투해야 한다면, 그들의 인생은 고역일 것이다. 화평과 기쁨이 사라질 것이다. 그리고 어느 시점에 이르면, 우리 자녀는 포기하고 말 것이다.

    그러므로 우리가 원하는 것은 규율에 따라 사는 자녀가 아니라 성령님 안에서 사는 자녀다. 우리는 자녀가 로마서 7장 6절의 "[하지만] 이제는"을 경험하기 원한다. 회심의 순간에, 우리는 하나님께서 자녀 안에 그분을 기쁘게 해드리려는 갈망을 심어주시기 원한다. 우리는 자녀가 하나님께서 그들에게 심어주신, 그리스도를 위해 사는 기쁨과 자유를 내적 욕구 깊숙한 곳에서 경험하기 원한다. 규율을 부과하려는 우리의 시도는 이것을 이룰 수 없다. 오직 하나님만이 하실 수 있다.

    이 "영의 새로운 것으로 섬길 것"은 즉시 실현되지 않는다. 평생이 걸린다. 그래서 우리가 자녀에게서 찾는 것은 완벽함이 아니라 성장이다. 우리는 그들이 어느 지점에 '도달하기'를 기대하지 않는다. 우리는 그들이 하나님을 진정으로 섬기고 사랑하면서 계속해서 앞을 향해 나아가기를 기도한다.

◆ ◇ ◇ ◆

주님, ___를 변화의 능력도 없이 홀로 내버려 두지 않으시니 감사합니다. 당신께서 ___의 어깨에서 변화를 창조해야 하는 짐을 덜어주셨습니다. 당신께서 변화시키는 은혜로 계속해서 ___를 만나주옵소서. 외부에서 부과한 의무적인 순종으로부터 ___를 자유케 하옵소서. 내주하시는 성령님의 능력으로써 ___에게 죄악 된 욕구에 대해 '아니오'라고 말할 힘을 주옵소서. ___에게 거룩을 사랑하는 마음을 부여해주옵소서.

7월 22일

● 역대하 6:12-8:10 / 로마서 7:14-8:8 / 시편 18:1-15 / 잠언 19:24-25

결코 정죄함이 없나니

그러므로 이제 그리스도 예수 안에 있는 자에게는 결코 정죄함이 없나니(롬 8:1).

이보다 더 좋은 소식은 없었다. 깊은 숨을 들이쉬고 당신의 모든 두려움과 후회를 떨쳐버릴 이보다 더 좋은 이유는 없었다. 만약 당신이 믿음으로 그리스도와 연합되어 있다면, 당신을 떠나지 않고 위협하며 고소하던 정죄함이 결코 없다. 당신이 심판받을 만한 행동을 한 적이 전혀 없기 때문이 아니다. 모든 부모가 스스로에게 휴식을 줘야 하기 때문도 아니다. 그리스도를 붙잡지 않는 부모는, 하나님의 기준에 맞춰 살지 못한 것을 두려워할 이유가 넘쳐난다. 하지만 그리스도 안에 있는 불완전한 부모를 위한 믿을 수 없이 좋은 소식은, 충분히 인내하지 못한 것, 충분히 배려하지 못한 것, 단순히 충분하지 **못하다**는 것 때문에 우리가 마땅히 받아야 할 모든 정죄가 그리스도께 지워졌다는 것이다. 자녀를 말로써 난도질한 것, 화가 나서 자녀에게 거칠게 군 것, 비현실적인 기대로 자녀의 영혼을 짓이긴 것에 대한 모든 정죄가 예수님께 지워졌다. 그리고 이것은 우리에게 확신을 준다. "너에게 결코 정죄함이 없어. 너는 그렇게 무거운 죄책감과 후회를 계속해서 지고 가지 않아도 돼."

자녀가 씨름할 때, 그것이 우리 잘못 때문이라고 확신할 만한 이유를 찾기 쉽다. 그래서 우리는 어떻게 대처하는가? 아마도 우리는 그런 어려움을 야기한 것이 정확히 무엇인지를 결코 알아낼 수 없을 것이다. 하지만 우리가 그리스도 예수 안에 있는 자에게는 결코 정죄함이 없다는 진리를 확신할 때, 우리는 실패를 거리낌 없이 인정하고 자녀 앞에서 우리를 낮추며 함께 치유를 찾아가기 시작한다.

◆ ◇ ◇ ◆

주님, "결코 정죄함이 없나니"라는 말은 세상에서 가장 아름다운 말입니다. 그럼에도 어떤 날에는 믿기가 참 어렵습니다. 꼭 붙들기가 참 어렵습니다. 한편으로 저는 자녀가 직면한 씨름에 대해 누군가를, 무언가를 비난하기 바쁩니다. 하지만 내면 깊숙한 데서는 제 자신을 정죄합니다. 당신의 은혜로부터 주어지는 자유를 실현하면서 살도록 저를 도와주옵소서. 무엇보다도 제가 이 복음의 진리를 받아들이는 것이 제 자녀가 그들의 평안을 위협하는 정죄에 대처하는 방법을 변화시키게 하옵소서.

7월 23일

● 역대하 8:11-10:1 / 로마서 8:9-25 / 시편 18:16-36 / 잠언 19:26

우리는 기다린다

피조물이 허무한 데 굴복하는 것은 자기 뜻이 아니요 오직 굴복하게 하시는 이로 말미암음이라 그 바라는 것은 피조물도 썩어짐의 종 노릇 한 데서 해방되어 하나님의 자녀들의 영광의 자유에 이르는 것이니라 피조물이 다 이제까지 함께 탄식하며 함께 고통을 겪고 있는 것을 우리가 아느니라 그뿐 아니라 또한 우리 곧 성령의 처음 익은 열매를 받은 우리까지도 속으로 탄식하여 양자 될 것 곧 우리 몸의 속량을 기다리느니라 (롬 8:20-23).

"출산의 고통에 신음하다." 출산이란 극적인 장면이요 생생한 기억이다. 특히 많은 엄마들에게는 그렇다. 출산의 고통은 견딜 수 없어 보였다. 우리는 그것이 가능한 한 빨리 끝나기를 원했다. 하지만 그 고통을 기꺼이 견디려고 했던 이유는 그 고통이 열매를 맺으리란 걸 알았기 때문이다. 그 모든 것을 견딜 가치가 있는 새 생명이 출산 후에 기다리고 있다. 출산의 고통에 의한 신음은 우리의 두 팔과 심장으로 아기를 안는 믿을 수 없는 기쁨으로 대체되었다.

하지만 이 신음은 자녀가 태어난 것으로 끝나지 않았다. 여러 면에서 그것은 시작에 불과하다. 바울은 우리가 열렬한 소망을 가지고 기다리는 중에도 신음, 곧 탄식한다고 말한다. 그렇다면 부모에게는 그것이 무엇을 의미할까? 우리는 고난에 놀라지 않는다는 뜻이다. 우리는 크리스천의 인생이 갈등 없이 펼쳐질 것을 기대하지 않는다. 사망과 썩어짐이 우리가 살고 있는 타락한 피조세계의 현실임을 알기 때문에, 우리는 자녀가 저주의 결과에 의해 영향을 받는다고 해서 하나님을 틀렸다고 고소하지 않는다. 우리는 사고가 발생하고 자연재해가 덮치고 치명적인 바이러스가 전파되어도 놀라지 않는다. 우리는 탄식한다. 하지만 포기하지 않는다. 우리의 슬픔 한복판에는 빛을 발하는 확실한 소망이 있다. 이생에서 겪는 모든 고통을 가치 있게 만들어줄 날이 오리라는 소망이 있다. 우리의 고통이 상대적으로 작아 보일, 위대한 영광의 날 말이다.

◆ ◇ ◇ ◆

주님, 때로 저는 당신께서 세상을 사망과 썩어짐으로부터 해방시켜주시기를 기다리며 탄식합니다. 우리는 세상에 만연한 죄가 우리 가족과 공동체에 미친 결과를 봅니다. 우리의 몸으로도 그 결과를 경험합니다. 하지만 당신은 우리로 하여금 미래의 영광을 예기할 수 있게 하십니다. 장차 올 것을 미리 맛보게 하사 열렬한 소망으로 기다릴 수 있도록 우리를 도와주옵소서.

7월 24일
● 역대하 11:1-13:22 / 로마서 8:26-39 / 시편 18:37-50 / 잠언 19:27-29

모든 것

우리가 알거니와 하나님을 사랑하는 자 곧 그의 뜻대로 부르심을 입은 자들에게는 모든 것이 합력하여 선을 이루느니라 하나님이 미리 아신 자들을 또한 그 아들의 형상을 본받게 하기 위하여 미리 정하셨으니 이는 그로 많은 형제 중에서 맏아들이 되게 하려 하심이니라(롬 8:28-29).

어쩌면 로마서 8장 28절에서 가장 삼키기 어려운 단어는 "**모든 것**"일 것이다. 그 말은 이 약속에 포함되지 않은 것이 단 하나도 없다는 뜻이다. 우리를 거리끼게 할 수도 있고 위로해 줄 수 있는 것이 바로 이 구절의 "모든 것"이다. 그분의 주권 아래, 하나님은 우리와 우리 자녀가 처한 최악의 상황조차도 사용하실 수 있고 또 사용하려고 몰두하신다.

하지만 어쩌면 가장 심하게 빈정거림을 당하는 곳도 바로 여기다. 우리가 하나님께 속했기에 그분이 우리 인생에서 모든 것이 합력하여 선을 이루도록 하신다는 사실은 믿기가 참 힘들지만, 이것이 우리 자녀에게도 적용됨을 믿기란 훨씬 더 어렵다. 상처와 역경이 자녀의 인생에 큰 타격을 주는 것을 볼 때, 하나님께서 이 씨름을 사용하셔서 그들이 더욱 예수님 닮게 하실 것이라고 믿으면서 하나님의 약속 안에서 안식하기란 끔찍이도 어려울 수 있다. 우리는 이것이 사실임을 기꺼이 믿기 전에 그 역경으로부터 오는 특별한 '선'을 볼 수 있기를 원한다.

어떤 증거도 없이, 우리는 걱정에 마음을 졸이기 쉽고 어쩌면 절망에 빠지기도 한다. 하지만 이 진리와 약속을 붙잡는 것은 우리로 하여금 시종일관 자녀의 인생에서 하나님의 목적(그들이 더욱 예수님을 닮아가는 것)에 초점을 맞추게 해준다. 그 목적을 붙잡는 것은 자녀를 위해 안락한 삶을 바라는 우리의 욕망을 내려놓을 것을 요구한다. 비록 거기에 고통이 수반되더라도 목적이 이끄는 삶과 의미를 끌어안을 힘을 준다.

◆ ◇ ◆ ◇ ◆

주님, 저의 믿음 없는 것을 도와주옵소서. 주님께서는 당신께 속한 사람을 위해 모든 것이 합력하여 선을 이루도록 하는 능력과 의지가 있음을 깊고 단단하게 믿을 수 있는 확신을 주옵소서. 이 역경에 대한 주님의 주권은 받아들이기에 참 어렵지만, 당신의 주권은 또한 저에게 가장 큰 위로의 원천이기도 합니다.

7월 25일

● 역대하 14:1–16:14 / 로마서 9:1–24 / 시편 19:1–14 / 잠언 20:1

계시

시편 19편은 성경의 완전함과 하나님 말씀의 영향력을 상세하게 기술한다. 이 시편을 토대로 하나님의 말씀이 자녀의 인생을 이끌어가기를 간구할 수 있다.

"여호와의 율법은 완전하여 영혼을 소성시키며"

주님, ___가 당신의 말씀 안에 담긴 완전한 율법을 받아들이기를 기도합니다. ___의 영혼이 당신의 율법을 받음으로써 무거운 짐을 지는 게 아니라 소성케 되기를 기도합니다.

"여호와의 증거는 확실하여 우둔한 자를 지혜롭게 하며"

주님, ___가 당신의 증거를 온전히 신뢰하기를 기도합니다. ___가 완벽하게 이해하지 못한 진리에 대해서도 당신을 신뢰할 만큼 ___를 지혜롭게 하옵소서.

"여호와의 교훈은 정직하여 마음을 기쁘게 하고"

주님, ___가 당신의 모든 교훈이 선하고 영광스러움을 발견하는 놀라운 기쁨을 주옵소서.

"여호와의 계명은 순결하여 눈을 밝게 하시도다"

주님, ___가 자기 인생을 헤쳐 나가기 위해서는 당신으로부터 오는 통찰력이 필요합니다. ___에게 당신의 순결한 계명에 대한 이해와 순종의 마음을 주옵소서.

"여호와를 경외하는 도는 정결하여 영원까지 이르고"

주님, 당신은 존경과 경외를 받으시기에 합당하십니다. 죄에 대한 무심한 태도를 제거해주시고 당신을 향한 경건한 경외심으로 ___를 채워주옵소서.

"여호와의 법도 진실하여 다 의로우니"

주님, ___의 주변 세상은 거짓을 말하지만, 당신의 말씀은 본질적으로 완벽하게 진실합니다. ___에게 당신의 진리에 경청하는 귀를 주옵소서.

"금 곧 많은 순금보다 더 사모할 것이며 꿀과 송이꿀보다 더 달도다"

주님, ___는 이 최고의 열망을 위협하는 갈망을 참 많이 마주합니다. ___에게 당신의 말씀을 향한 불타오르는 열망을 주시고, 당신의 말씀을 좋아하는 입맛을 주옵소서.

7월 26일 ● 역대하 17:1-18:34 / 로마서 9:25-10:13 / 시편 20:1-9 / 잠언 20:2-3

당신은 무엇을 신뢰할 것인가?

어떤 사람은 병거, 어떤 사람은 말을 의지하나 우리는 여호와 우리 하나님의 이름을 자랑하리로다(시 20:7).

이스라엘 왕이 군대의 규모와 역량을 신뢰하는 것은 너무나도 자연스러운 일일 것이다. 그것은 그 시대의 일하는 방식이었다. 하지만 다윗은 전혀 다른 안전의 원천을 의지하겠다고 결심했다. 인간의 능력이 아닌, 하나님만을 신뢰하기로 결심했다.

이와 유사하게, 오늘날 자녀를 염려하는 부모가 안전을 제공해주는 것처럼 보이는 여타의 많은 것을 신뢰하기란 너무나도 자연스러운 일이다. 부모는 좋은 이웃, 좋은 학교, 좋은 경험, 좋은 본보기, 좋은 건강, 좋은 기회를 신뢰한다. 그중에서도 그들이 가장 의지하는 것은 좋은 자녀 양육이다.

그렇다면 당신은 무엇을 신뢰할 것인가? '하나님을 따르다'는 의미의 중심에는 그분을 우리 안전의 중심이자 원천으로 삼는 것이 있다. 우리는 더 이상 세상의 방어물과 보호 장치를 의지하지 않는다. 자녀의 미래는 우리가 제공할 수 있는 보호나 기회나 감독에 달려 있지 않다. 우리는 여호와 우리 하나님의 이름을 신뢰한다.

우리는 저축 계좌와 보험을 신뢰하지 않고, 자기 백성을 위해 공급하시는 하나님을 신뢰한다. 우리는 건강 식이요법과 안전 예방 조치보다 자기 백성을 보호하시는 하나님을 신뢰한다. 우리는 자기의 계획과 꿈을 신뢰하지 않고, 우리 인생의 하루하루를 예정하신 하나님을 신뢰한다. 우리는 우리가 성취할 수 있는 것을 신뢰하지 않고, 그리스도께서 우리를 위해서 성취하신 것을 신뢰한다.

◆ ◇ ◇ ◆

주님, 참 많은 것이 거짓으로 안전을 약속합니다. 하지만 이 불확실한 세상에서 참되고 영원하며 유일한 안전은 그리스도이십니다. 그러니 주님, 겉으로는 전도유망해보이지만 궁극적으로는 불안정한 것에 저의 소망과 신뢰를 두라는 유혹을 받을 때에, 저를 도와주옵소서. ___의 인생에 관련된 모든 것에 대해서 당신을 신뢰할 수 있도록 계속해서 저를 불러주옵소서.

7월 27일 ● 역대하 19:1-20:37 / 로마서 10:14-11:12 / 시편 21:1-13 / 잠언 20:4-6

내 손을 벌렸노라

이사야는 매우 담대하여 내가 나를 찾지 아니한 자들에게 찾은 바 되고 내게 묻지 아니한 자들에게 나타났노라 말하였고 이스라엘에 대하여 이르되 순종하지 아니하고 거슬러 말하는 백성에게 내가 종일 내 손을 벌렸노라 하였느니라(롬 10:20-21).

    부모의 벌린 두 팔은 피난처와 용납과 안전과 소속감을 제공한다. 자녀를 꼭 안아주기 위해 두 팔을 넓게 벌린 모습은 하나님께서 자신을 묘사하시는 방식이다. 하나님은 우리가 우리와 자녀를 향한 그분의 자세를 이해하도록 돕기 위해 우리 앞에 이 그림을 두신다.

    우리는 하늘 아버지께 전혀 다른 자세를 예상했는지 모르겠다. 분노와 좌절로 인해 팔짱을 낀 자세나, 우리가 먼저 움직이기를 기다리면서 팔을 허리춤에 놓은 자세를 예상했는지 모르겠다. 그분은 우리와 거리를 유지하고 싶어 하신다고 예상했는지 모르겠다. 하지만 아니다. 우리가 가까이 와서 사랑받고 돌봄받기를 바라시면서, 그분은 팔을 벌리고 계신다. 그분은 우리를 향해 "종일" 두 팔을 벌리신다. "종일"은 매우 긴 시간이다. 하나님은 오래 참으시고 끈질기시다. 은혜의 날은 끝나지 않았다. 그래서 그분의 팔은 그분께로 오라고 자녀에게 손짓하면서 여전히 열려 있다.

    이 그림은 정말 아름다워서, 이런 식으로 안기는 것을 왜 거절하는지, 이처럼 사랑이 많으신 아버지에게 왜 반역하고 불순종하기로 선택하는지 이해하기가 참 어렵다. 하지만 그것이 평생 이러한 아버지의 마음에 대해 듣고 또 들어온 많은 유대인의 현실이었다. 그들은 그분의 반가운 환영을 거절했다. 그것은 또한 하나님의 초대라는 복음에 둘러싸여 성장하고도 그분의 품에 들어가기를 거절하는 오늘날 많은 이의 현실이기도 하다. 오, 우리 자녀는 그분의 열린 품 안으로 달려가기를!

◆ ◇ ◇ ◆

    주님, 당신께서 거기에서 두 팔을 벌린 채로 ___를 환영하시는 모습을 봅니다. 당신은 ___가 들었던 많은 설교와 ___가 했던 많은 기도와 ___가 수년 동안 경험한 성경 읽기를 통해 그 제안을 확장해오셨습니다. ___의 남아 있는 모든 저항을 압도해주옵소서. ___가 당신의 임재에서 편안함을 발견하게 하옵소서. 하늘과 땅의 그 무엇도 결코 축소하거나 방해할 수 없는 용납하심으로 ___를 안아주옵소서.

7월 28일 ● 역대하 21:1–23:21 / 로마서 11:13–36 / 시편 22:1–18 / 잠언 20:7

헤아리지 못할 것이며

깊도다 하나님의 지혜와 지식의 풍성함이여, 그의 판단은 헤아리지 못할 것이며 그의 길은 찾지 못할 것이로다(롬 11:33).

바울은 위대한 로마서에서 하나님의 계획과 목적에 관해 그토록 길게 설명한 후에, 흥미롭게도 우리가 하나님의 판단과 길을 전부 이해하는 건 불가능하다고 인정한다. 그는 하나님의 판단이나 명령은 그 밑바닥까지 헤아릴 수 없다고, 그분의 길은 그 끝까지 추적할 수 없다고 말한다. 우리는 결코 그분이 하시는 일을 완벽하게 이해할 수 없고, 그 이유에 대해서도 완전히 명확하게 알 수 없다.

그렇다고 우리가 하나님의 길에 대해 아무것도 알 수 없다는 뜻은 아니다. 다만 우리에게 계시된 것을 이해할 수 있다는 뜻이다. 하나님은 우리에게 참 많은 것을 알려주셨지만, 전부를 알려주신 것은 아니다. 특히 우리의 "왜?"라는 질문에 전부 상세한 설명이나 대답을 하지는 않으셨다. 그분은 우리와 자녀 앞에 놓인 길을 아시지만, 우리는 모른다. 우리의 이해력을 벗어나는 지점은 그분을 신뢰하기를 요구하신다. 하나님은 인간 역사와 우리 인생을 위한 길을 만드시며 우리보다 앞서 가신다. 그분의 길은 우리의 추적을 벗어난다. 그분께서 세상과 우리 인생이 어느 특정한 진로를 취하도록 예정하신 정확한 이유를 우리는 완벽하게 이해할 수 없다.

하나님께서 당신과 당신 자녀를 헤아리기 어려운 길로 데려가시는가? 당신 인생에 그런 길을 의도하셨다는 것을 이해하거나 받아들이기 불가능한가? 하나님은 자신이 하는 일을 아신다. 그분의 지식과 지혜와 자비의 길은 측량할 수 없을 만큼 깊기에, 우리는 그분의 길이 불가해하다는 걸 발견할 때에도 그분을 신뢰할 수 있다. 우리는 그분이 무엇을 하시는지는 알 수 없겠지만, **그분이 하신다**는 것은 확신할 수 있다.

◆ ◇ ◇ ◆

주님, 저는 당신께서 인생에 하시는 일을 기꺼이 받아들이기 전에 전부 이해해야 한다고 주장합니다. 저의 계획이 당신의 계획보다 낫다고 생각하는 어리석음을 용서해주옵소서. 제 문제의 해결책을 당신보다 제가 더 많이 안다고 생각하는 오만함을 용서해주옵소서. 저는 당신의 판단을 이해할 수 없지만 받아들이기 원합니다. 또 당신의 길을 추적할 수 없지만, 그 길로 가기 원합니다. ___도 당신께서 인도하시는 곳이라면 어디든지 가기를 원합니다.

7월 29일

● 역대하 24:1-25:28 / 로마서 12:1-21 / 시편 22:19-31 / 잠언 20:8-10

너희는 알게 될 것이다

너희는 이 세대를 본받지 말고 오직 마음을 새롭게 함으로 변화를 받아 하나님의 선하시고 기뻐하시고 온전하신 뜻이 무엇인지 분별하도록 하라(롬 12:2).

우리가 자녀에게 바라는 것이 있다면, 그들이 하나님의 뜻을 알고 하나님의 뜻대로 사는 것이다. 하지만 그분의 뜻이 무엇인지 그들이 어떻게 알까? 무의식중에 내리는 크고 작은 결정에 대해 그분의 음성을 듣기를 기대해야 할까? 어떤 결정들을 '시도해 보고' 자신에게 '평안'이 있는지 지켜봐야 할까? 환경 속에서 하나님의 음성을 해석하기를 구해야 할까?

우리는 무엇을 하고 어디로 갈지 구체적으로 말해주는 하나님의 메시지를 참 많이 원하지만, 성경은 어디에서도 하나님이 그런 식으로 우리를 인도하신다고 말해주지 않는다. 그럼에도 우리는 하나님께서 우리 자녀를 인도하실 것이라고 확신할 수 있다. 그분은 어디로 가서 무엇을 해야 하는지 정확하게 알려주는 지도를 반드시 공급하지는 않으시지만, 나침반은 공급하신다. 바로 성경이다. 성경은 한 치의 오차 없이 계속해서 우리 자녀에게 그들의 인생을 향한 하나님의 뜻을 가리킬 것이다.

우리는 자녀가 성경 밖에서 하나님의 메시지를 좇다가 우유부단해지기를 원하지 않는다. 우리는 그들이 환경에 대한 해석이나 평안이라는 감정을 통해서만 하나님의 뜻을 분별하기를 원하지 않는다. 그건 애매모호할 수 있다. 우리는 그들이 메시지를 놓칠까 봐 두려워하며 살기를 원하지 않는다. 대신에, 성령님의 사역이 하나님의 말씀을 자녀의 마음에 적용시키고 반응을 일으키고 그들로 하여금 그분을 따르게 해 그들의 마음이 변화되기를 원한다. 우리는 그들이 그리스도의 지성을 품게 되기를, 그래서 하나님의 선하시고 기뻐하시고 온전하신 뜻을 분별할 수 있게 되기를 원한다.

◆ ◇ ◇ ◆

주님, 당신의 변화시키는 사역을 말씀을 통해 ___ 안에 이루어주옵소서. ___가 당신의 마음과 지성과 열망을 알게 되기를 기도합니다. ___에게 그리스도의 지성을 주셔서 당신을 기쁘시게 해드리는 지혜로운 결정을 내릴 수 있게 하옵소서. ___를 당신의 길과 말씀으로 인도하시어 당신의 뜻을 받아들이게 하옵소서.

7월 30일 ● 역대하 26:1-28:27 / 로마서 13:1-14 / 시편 23:1-6 / 잠언 20:11

권위

각 사람은 위에 있는 권세들에게 복종하라 권세는 하나님으로부터 나지 않음이 없나니 모든 권세는 다 하나님께서 정하신 바라 그러므로 권세를 거스르는 자는 하나님의 명을 거스름이니 거스르는 자들은 심판을 자취하리라 (롬 13:1-2).

만약 당시 통치자들이 정말 정의롭고 선해서 그런 복종을 받을 만했다고 주장할 수 있다면, 다스리는 권위에 복종하라는 바울의 지시를 무시하기가 더 쉬울 것이다. 하지만 알다시피 예수님은 반역죄라는 구실로 처형당하셨고, 바울 자신도 반란죄로 고소당했다. 로마에서 크리스천들을 극심하게 박해하는 시기가 코앞에 다가와 있었다. 바울이 그리스도 안에서 하나님의 구원의 은혜를 받은 사람들을 향해 정부에 복종하라고 지시한 것은 현실이었다. 바울은 로마서 13장 4절에 "그는 하나님의 사역자가 되어 네게 선을 베푸는 자니라"라고 썼다. 바울은 부당한 권위일지라도 그 권위가 악의 파도를 억제한다는 것을 인정했다. 그런 권위마저 없다면 악이 세상을 뒤덮을 것이다.

물론, 이 구절에는 우리가 자녀를 키우는 방식의 의미를 함축한 훨씬 더 큰 원칙도 있다. 하나님께서 모든 권위를 제자리에 두셨다는 것이다. 세상을 다스리시는 하나님의 주권을 온전히 인정하며 사는 것은, 모든 권위가 하나님에 의해 그 자리에 있음을 인정하는 것이다. 또 우리 자녀도 그것을 인정하도록 돕는 것이다. 흠모하는 교사, 고마워하는 코치, 우러러보는 상사의 권위를 존중하라고 자녀에게 가르치는 것은 쉬운 일이다. 하지만 자녀가 자격 미달인 교사에 대해 말할 때, 자녀를 부당하게 대우하는 코치를 목격할 때, 자녀의 존경을 받을 만한 행동을 거의 하지 않는 상사에 대해 들을 때, 이런 권위에 올바르게 복종하라고 자녀를 격려하는 것은 훨씬 더 어렵다. 그때야말로 "복종은 기본적으로 우리가 복종하는 대상에 의해 동기부여가 되는 것이 아니다. 그것은 주님께 대한 순종과 복종의 행위다"라는 말을 기억해야 할 때다.

◆ ◇ ◇ ◆

주님, 우리는 ___가 당신의 권위 아래 사는 법을 배우기 원합니다. 그것은 인간 지도자에게 복종하는 것(존경할 수 없는 사람일 경우에라도, 어쩌면 그런 사람이기에 특히)을 의미합니다. 우리는 ___가 당신의 권위에 기쁘게 복종하기를 원합니다. 당신께 하듯 모든 권위에 복종할 수 있는 은혜를 ___에게 주옵소서.

7월 31일

● 역대하 29:1-36 / 로마서 14:1-23 / 시편 24:1-10 / 잠언 20:12

자기 일을 하나님께 직고하리라

네가 어찌하여 네 형제를 비판하느냐 어찌하여 네 형제를 업신여기느냐 우리가 다 하나님의 심판대 앞에 서리라 기록되었으되 주께서 이르시되 내가 살았노니 모든 무릎이 내게 꿇을 것이요 모든 혀가 하나님께 자백하리라 하였느니라 이러므로 우리 각 사람이 자기 일을 하나님께 직고하리라(롬 14:10-12).

  자녀 양육은 정말 우리에게 중요하다. 우리는 이를 바르게 하기를 원한다. 그리고 우리가 택하지 않은 다른 여러 방법도 알고 있다. 그러므로 자녀 양육 부문에서 우리를 받쳐 넘어지지 않게 하려는 필사적인 노력의 일환으로, 우리는 때때로 다른 부모를 판단하고 싶은 유혹에 빠진다. 우리는 그들이 너무 참견하거나 완전히 방임한다고, 너무 느슨하거나 매우 가혹하다고 판단한다. 우리의 관점에서, 우리는 다른 부모의 자녀들이 씨름하는 것은 타협과 일관되지 못함의 결과라고 꽤나 확신한다.

  하지만 바울은 우리에게 형제자매를 깔보는 높은 자리에서 내려오라고 요구한다. 바울은 우리가 모두 심판자(높고 거룩하며 유일한 심판자이신 그분은 우리에게 맡기신 자녀를 어떻게 양육해왔는지 개인적인 보고를 하도록 요구하실 것이다) 앞에 설 운명임을 상기시킨다.

  예수님은 심판날에 우리가 내뱉은 모든 헛된 말에 대해 직고하게 될 거라고 말씀하셨다. 거친 말, 쓸모없는 말, 위선적인 말…. 예수님은 자원을 위탁받은 청지기의 이야기를 해주셨다. 그는 주인이 돌아오는 날에 그 자원을 어떻게 투자했는지 설명하도록 요구받았다. 우리에게는 자녀를 키우기 위한 많은 시간과 재정적·영적·교육적 자원이 주어졌다. 하지만 우리는 영원토록 중요한 일은 무시한 채 중요하지 않은 일에 시간을 낭비하고, 기회를 낭비하고, 노력을 낭비했다는 것을 안다. 우리는 다른 사람을 판단하는 자리에 설 자격이 없다. 우리가 설 곳은 자비를 구하는 자리다.

주님, 다른 부모가 자녀를 양육하는 방식에 대해 깎아내리는 말과 성급한 판단을 했던 것을 회개합니다. 다른 사람의 실패를 지적하는 대신 우리 자신이 당신 앞에 설 준비를 하는 일에 집중할 수 있도록 도와주옵소서. 그토록 큰 자비를 누린 자로서 우리도 그 자비를 나타내게 하옵소서.

8월 1일

● 역대하 30:1-31:21 / 로마서 15:1-22 / 시편 25:1-15 / 잠언 20:13-15

서로 받으라

그러므로 그리스도께서 우리를 받아 하나님께 영광을 돌리심과 같이 너희도 서로 받으라(롬 15:7).

때로 우리는 자녀의 인생에 비치는 우리 자신(우리의 관심, 기질, 신념, 버릇 등)을 본다. 때로 우리 자녀는 우리가 꿈꾸는 방향으로 성장하고 성공하지만, 또 다른 때에는 자녀에 대해 품은 우리의 비전이 그들의 성장 결과와 일치하지 않는다. 우리는 자녀 안에서 우리를 긍정적으로 반영하는 영역을 용납하는 것을 어렵게 생각하지 않는다. 자녀가 우리의 발자취를 따라올 때 우리는 그들에게서 존경과 인정을 받고 있다고 느낀다. 반면 우리와는 다르게 생각하고, 다르게 가치를 평가하고, 다르게 살아가는 자녀를 볼 때 마찰을 빚는다. 그런 경우에 우리는 긍정과 승인과 용납을 보류해도 된다고 합리화하고 싶어 한다.

하지만 그때, 바울의 말씀을 읽는다. 바울은 서로 받으라고 가르친다. 그리스도의 몸 안에서 우리와 다른 지체(우리의 자녀를 포함한다)를 향해, 단순한 인내를 넘어 따뜻한 용납으로 나아가라고 말한다. 때로는 이것이 무리한 요구로 보일 수 있다. 바울은 진정한 용납이 결코 쉽지 않음을 깨달은 것 같다. 그래서 그는 우리에게 다른 사람을 받으라는 동기와 자원을 동시에 공급한다. 우리가 그리스도로부터 받은 용납을 기억하고 즐거워함은 다른 사람을 용납하는 데 필요한 것을 공급한다.

곰곰이 생각해보라. 우리는 대개 우리가 예수님을 받아들여 영접한 것을 이야기한다. 하지만 여기서 진실은, 우리가 그분과는 전혀 다르게 생각하고, 전혀 다르게 가치를 평가하고, 전혀 다르게 살아가던 때에도 예수님이 우리를 받아들이셨다는 것이다. 예수님은 우리더러 먼저 삶을 깨끗이 정리하라고 요구하지 않으셨다. 탕자의 아버지처럼, 그분은 우리에게 달려오셔서 우리을 안으시고 그분의 가족으로 기쁘게 맞아주셨다. 오, 우리도 우리 자녀를 이와 같이 용납하는 은혜를 누리게 하옵소서.

◆ ◇ ◇ ◆

주님, 저에게는 주님이 저를 용납하신 것과 같은 환대와 긍정과 기쁨으로 ___를 용납하는 당신의 은혜가 필요합니다. 저에게는 긍정과 격려의 언어가 필요합니다. 저에게는 기쁨과 너그러움의 표정이 필요합니다. 저에게는 ___를 향한 저의 기대심을 기꺼이 버리려는 결단이 필요합니다. 그래야 ___의 인생을 있는 그대로 용납하고 축하할 수 있습니다.

8월 2일 ● 역대하 32:1–33:13 / 로마서 15:23–16:9 / 시편 25:16–22 / 잠언 20:16–18

망각

그가 환난을 당하여 그의 하나님 여호와께 간구하고 그의 조상들의 하나님 앞에 크게 겸손하여 기도하였으므로 하나님이 그의 기도를 받으시며 그의 간구를 들으시사 그가 예루살렘에 돌아와서 다시 왕위에 앉게 하시매 므낫세가 그제서야 여호와께서 하나님이신 줄을 알았더라(대하 33:12–13).

모세는 이스라엘 백성에게 약속의 땅에 정착할 때 여호와를 기억하라고 경고했다(신 4:23). 하지만 그들은 잊고 말았다. 그들의 망각은 므낫세('망각'이라는 뜻이다)가 유다를 다스리던 시대에 정점을 찍었다. 하나님의 백성을 다스리는 왕은 공의로 다스리게 되어 있었다. 여호와만을 사랑하도록 백성을 이끌어야 했다. 하지만 므낫세는 우상을 숭배하고 여호와를 버리도록 이끌었다. 하나님의 백성을 다스리는 왕은 또한 하나님께서 선지자들을 통해 자기에게 하시는 말씀에 경청해야 했다. 하지만 므낫세는 자기 죄를 지적한 선지자들을 죽였다.

유다가 자기 왕을 따라 하나님을 잊었기 때문에, 하나님은 유다가 결코 잊지 못할 일을 하셨다. "여호와께서 앗수르 왕의 군대 지휘관들이 와서 치게 하시매 그들이 므낫세를 사로잡고 쇠사슬로 결박하여 바벨론으로 끌고 간지라"(대하 33:11). 유다는 자기 왕이 짐승 취급을 당하는 것을 보았다. 하지만 그 멀고먼 땅에서 하나님은 이 망각의 왕에게 그분의 변함없는 사랑을 기억게 하셨고, 므낫세는 하나님 앞에서 신실하고 겸손하게 자신을 낮추었다. 우리는 너무 늦은 게 아니냐고 의아해할지 모른다. 그러나 므낫세는 하나님의 심판을 받아 마땅했음에도 하나님의 자비를 경험했다.

므낫세의 예는 우리가 회개하며 자비를 구할 때 하나님께서 자비를 보여주지 않으실 만큼 큰 악은 없다는 사실을 보여준다. 우리가 이와 같이 자신을 겸손히 낮출 때 우리는 확실히 그분의 풍성한 자비를 경험한다.

◆ ◇ ◇ ◆

주님, 우리는 당신께서 언약의 사랑으로 우리를 묶으셨다는 사실을 너무 쉽게 잊어버립니다. 하지만 우리는 진실로 잊고 싶지 않습니다. ___가 당신의 사랑을 망각하지 않도록 보호해주시기를 기도합니다. ___가 당신께 단단히 매달리기를, 그래서 당신만이 하나님이심을 깨닫게 되는 데 깊은 괴로움이 필요치 않기를 기도합니다. ___가 회개할 때 당신께서 자비를 보이신다는 사실을 ___가 결코 망각하지 않게 하옵소서.

8월 3일 ● 역대하 33:14-34:33 / 로마서 16:10-27 / 시편 26:1-12 / 잠언 20:19

숨길 것이 없나이다

내가 나의 완전함에 행하였사오며 흔들리지 아니하고 여호와를 의지하였사오니 여호와여 나를 판단하소서 여호와여 나를 살피시고 시험하사 내 뜻과 내 양심을 단련하소서 주의 인자하심이 내 목전에 있나이다 내가 주의 진리 중에 행하여(시 26:1-3).

누군가는 이 시편에 담긴 다윗의 확신을 교만으로 오해할 수 있을 것이다. 다윗은 담대하게도 모든 것을 보고 아시는 하나님께 자신의 행위와 동기를 낱낱이 조사해달라고, 그래서 공개적으로 자신을 완전한 신자로 선언해달라고 요청했다. 다윗은 자신이 항상 하나님의 변함없는 사랑에 초점을 맞추어왔으며, 하나님의 성품과 계명에 어울리는 하루하루를 살아왔다고 주장했다. 오만하게 보일 수 있는 또 다른 주장에서 다윗은 자신을 거짓말쟁이, 위선자, 악을 행하는 자들과 구별했다.

하지만 다윗은 교만함으로 말한 게 아니었다. 만약 그가 자신의 기록에 대해 자신감이 가득했다면 그는 하나님께 자기를 구속해달라고, 자비를 보여달라고 간구하지 않았을 것이다. 그러나 다윗은 하나님께 간청하면서 시편을 마무리했다. "나는 나의 완전함에 행하오리니 나를 속량하시고 내게 은혜를 베푸소서 내 발이 평탄한 데에 섰사오니"(시 26:11-12). 다윗은 하나님의 호의를 얻어내기 위해서 자신의 완전함을 의존할 수 없다는 걸 알았다. 대신에 그는 죄인을 향한 하나님의 은혜라는 단단한 땅 위에 섰다. 다윗은 그 제단 위에서 일어난 일이 어떻게 자신의 더러운 손을 깨끗하게 만드는지 정확하게 알지는 못했지만, 흔들림 없이 여호와를 신뢰했다.

우리는 자녀 안에서 그 확실한 믿음이 번창하는 것을 보기 원한다. 그분의 제단에서 모든 것이 해결되었기에, 하나님의 은혜가 그들에게 너무나 실제적이어서 그들이 자기 인생의 창문을 개방할 수 있기를, 하나님의 은혜가 너무나 확실해서 그들이 하나님께 아무것도 숨길 것이 없기를 원한다. 하나님의 성품에 그들의 성품이 점점 더 일치되기를, 죄인을 향한 은혜를 점점 더 확신하기를 갈망한다.

◆ ◇ ◇ ◆

주님, 우리는 당신께서 ___의 인생에서 일해 주셔서 ___가 주님께 확신에 찬 기도, 아무것도 숨길 것 없는 기도, 모든 것을 기대하는 기도를 드리기를 갈망합니다.

8월 4일

● 역대하 35:1-36:23 / 고린도전서 1:1-17 / 시편 27:1-6 / 잠언 20:20-21

끈질긴 긍휼

모든 제사장들의 우두머리들과 백성도 크게 범죄하여 이방 모든 가증한 일을 따라서 여호와께서 예루살렘에 거룩하게 두신 그의 전을 더럽게 하였으며 그 조상들의 하나님 여호와께서 그의 백성과 그 거하시는 곳을 아끼사 부지런히 그의 사신들을 그 백성에게 보내어 이르셨으나 그의 백성이 하나님의 사신들을 비웃고 그의 말씀을 멸시하며 그의 선지자를 욕하여 여호와의 진노를 그의 백성에게 미치게 하여 회복할 수 없게 하였으므로(대하 36:14-16).

  여호와께서는 자녀에게 순종할 모든 기회를 공급하셔서 결국 모든 복을 누리게 하시는, 끈질기고 인내심 많은 아버지시다. 그분은 이스라엘 백성에게 제사장을 주셔서 그들의 염려를 하나님의 존전에 가지고 나아오게 하셨다. 하지만 제사장들은 신실하지 못했고 하나님의 백성을 착취하며 타락의 길로 인도했다. 하나님은 자기 백성 가운데 거하려고 성전을 주셨지만, 그들은 성전의 거룩한 벽 안에서 다른 신들에게 제사하며 하나님의 집을 훼손했다. 하나님은 이스라엘 백성에게 선지자들을 보내 경고하셨지만, 백성은 귀를 기울이지 않고 오히려 선지자들을 조롱했다.

  역대하의 이 마지막 구절은 하나님께서 그들에게 하신 모든 약속과 그들에게 부어 주신 모든 복에 비추어 볼 때 슬픈 결말처럼 보인다. 하지만 그것이 이 책에 기록된 역사의 마지막일지라도, 실제 이야기의 끝과는 전혀 거리가 멀다. 하나님은 그분의 패역한 자녀에게 자신을 확장하기를 지속하실 것이다. 더 나은 제사장을 보내 그들 중에 거하게 하실 날이 올 것이다. 선지자를 통해 그분의 말씀을 보내시기보다는, 말씀이 육신이 되실 것이다.

  하나님은 자기 백성의 거절에 직면하시고도 그들을 포기하지 않으셨다. 하나님은 계속해서 추적하시고 그들을 자기에게로 이끄셨다. 여전히 이것은 하나님의 성품이다. 우리가 자녀에 대해 소망을 두게 하시는 분은 바로 이 하나님이시다. 비록 그들이 이제까지 하나님의 공급하심을 거절하고 하나님의 말씀을 조롱하며 비웃었을지라도, 포기하지 말라. 하나님은 자기 백성을 끈질기게 추적하신다.

◆ ◇ ◇ ◆

주님, 당신은 사랑으로 우리를 추적하시는, 끈질긴 아버지이십니다. 제가 당신의 신실하심과 끈질기심과 긍휼히 여기심을 본받아서 ___를 추적하도록 도와주옵소서.

8월 5일 ● 에스라 1:1-2:70 / 고린도전서 1:18-2:5 / 시편 27:7-14 / 잠언 20:22-23

감동을 받고

이에 유다와 베냐민 족장들과 제사장들과 레위 사람들과 그 마음이 하나님께 감동을 받고 올라가서 예루살렘에 여호와의 성전을 건축하고자 하는 자가 다 일어나니(스 1:5).

그때 하나님의 백성은 하나님께서 그들과 함께 거하겠다고 약속하신 땅으로부터 멀리 떨어져 있었다. 용서를 구하러 가던 성전으로부터, 그들이 있어야 할 모든 곳으로부터 멀리 떨어져 있었다. 그들은 예루살렘으로부터 동쪽으로 805킬로미터나 떨어진 바벨론에 있었고, 그들을 동화시키려고 작정한 이방 문화 속에 살았다. 그러나 그 후에 새로운 정권이 들어섰다. 바사가 바벨론을 넘겨받았다. 하나님은 바사 왕 고레스의 "마음을 감동시키셔서" 예루살렘으로 돌아가기 원하는 모든 유대인은 성전을 건축하러 돌아가도 된다고 선포하게 하셨다. 그래서 누가 갔을까? "그 마음이 하나님께 감동을 받고 … 건축하고자 하는 자가 다"(5절) 갔다.

자기 백성을 고향으로 데려가기 위해 하나님은 이방 왕의 마음을 감동시켜서 그들을 풀어주게 하셨다. 그 후에 그분은 일부 자기 백성들의 마음을 움직이셨고, 바벨론을 떠나 하나님의 땅에서 자기의 집을 찾으려는 열망을 주셨다. 몇 번의 파도를 지나고 몇 십 년의 세월을 보낸 후에, 하나님의 백성 중 남은 자들이 새로운 출발을 위해 고향으로 향했다. 예루살렘으로 돌아가는 것은 단지 지리적 이동만이 아니었다. 개인의 탈바꿈이자 평생의 방향 전환이었다. 그들을 동화시키려는 세상으로부터 떠나서, 하나님께서 그들을 성화시키려고 의도하신 성읍을 향해 가는 것이다.

지금도 하나님은 온갖 익숙함과 편안함을 느끼는 세상을 떠나서 진정한 안전을 발견할 하나님의 도성으로 들어가라고 사람들의 마음을 감동시키신다. 우리는 자녀의 마음에 이런 감동이 일어나서 그들이 하나님 안에 집을 짓도록 이끌림받기를 간절히 원한다.

◆◇◇◆

주님, 당신은 이방 왕들의 마음을 감동시키시고 자기 백성의 마음을 움직이십니다. ___가 이 세상이라는 바벨론을 떠나 당신이 계신 본향으로 돌아오도록 ___의 마음에 불을 붙여주시기를 기도합니다. ___가 움직일 때까지 그 마음을 감동시켜주옵소서.

8월 6일

● 에스라 3:1-4:23 / 고린도전서 2:6-3:4 / 시편 28:1-9 / 잠언 20:24-25

알게 하려 하심

오직 하나님이 성령으로 이것을 우리에게 보이셨으니 성령은 모든 것 곧 하나님의 깊은 것까지도 통달하시느니라 사람의 일을 사람의 속에 있는 영 외에 누가 알리요 이와 같이 하나님의 일도 하나님의 영 외에는 아무도 알지 못하느니라 우리가 세상의 영을 받지 아니하고 오직 하나님으로부터 온 영을 받았으니 이는 우리로 하여금 하나님께서 우리에게 은혜로 주신 것들을 알게 하려 하심이라(고전 2:10-12).

앞서 바울은 "이 세상의 지혜 … 이 세상에서 없어질 통치자들의 지혜"(6절)에 관해 말했다. 바울은 당대의 사상적 지도자들, 문화에 영향력을 행사하는 사람들에게 말하고 있었다. 궁극적으로 무엇이 참이고 중요한지에 대한 그들의 이해에는 커다란 구멍이 있었다. "이 세상 … 통치자들"은 약하고 무능하며 심지어 우습고 경멸스러운 십자가에서 무슨 일이 일어났는지를 보았다. 그러나 전혀 받아들이지 않았다.

오늘날 "이 세상 … 통치자들", 즉 사람들의 사고방식에 지대한 영향을 끼치는 이들이 누구인지 떠올려보면 시사 전문가, 정치 토크쇼의 호스트, 인기 블로거, 칼럼니스트, 연예인, 운동선수 등을 언급할 수 있겠다. 이들의 목소리는 때로는 140자를 통해(트위터가 허용하는 글자 수-역주) 우리 문화의 대화를 지배한다. 하지만 그것은 우리 자녀가 흡수하기를 바라는 지혜가 아니다. 우리 자녀가 경청하기를 바라는 목소리가 아니다. "이 세상의 지혜"는 결코 우리 자녀가 "오직 은밀한 가운데 있는 하나님의 지혜", "곧 감추어졌던 것인데 하나님이 우리의 영광을 위하여 만세 전에 미리 정하신 것"(6-7절)을 이해하도록 도울 수 없다.

우리 자녀는 그리스도를 통한 하나님의 구속 계획에 대해 단순한 지식 그 이상을 알아야 한다. 그들에게는 자기 영혼 안에서 일어나는 또 다른 차원의 계시가 필요하다. 그들이 하나님 계획의 지혜와 풍성한 삶의 본질을 이해하려면 세상의 영이 아닌 하나님의 영이 필요하다. 오직 하나님의 영만이 우리 자녀로 하여금 "하나님께서 우리에게 은혜로 주신 것들을 알게"(12절) 하실 수 있다.

◆ ◇ ◇ ◆

주님, ___의 인생에서 제가 성령님이 되려는 유혹이 참 강합니다. 저는 항상 ___가 듣고 받아들일 방식으로 ___에게 당신의 진리를 말해줄 목소리를 찾고 있습니다. 하지만 ___가 그리스도 안에서 우리에게 값없이 주신 모든 것을 알게 되는 길은 오직 하나입니다. 당신께서 이 놀라운 일들을 당신의 영으로써 계시해주시는 것뿐입니다.

8월 7일 • 에스라 4:24-6:22 / 고린도전서 3:6-23 / 시편 29:1-11 / 잠언 20:26-27

여호와의 소리

여호와의 소리가 물 위에 있도다 영광의 하나님이 우렛소리를 내시니 여호와는 많은 물 위에 계시도다 여호와의 소리가 힘 있음이여 여호와의 소리가 위엄차도다 여호와의 소리가 백향목을 꺾으심이여 여호와께서 레바논 백향목을 꺾어 부수시도다(시편 29:3-5).

시편 29편을 읽다보면, '다윗이 하늘을 바라보고 있구나' 하고 깨닫는다. 그는 지금 폭풍이 온 이스라엘을 휩쓸어버리는 과정을 보고 있다. 하지만 다윗은 그저 바라보고만 있지 않는다. 여호와께서 그것을 통해 그에게 무엇을 말씀하시려는지에 귀를 기울인다. 하늘에서 장면이 펼쳐진다. 하늘은 초자연적인 존재들이 여호와께 경의를 표하는 곳이자 그분의 거룩한 임재의 영광에 둘러싸여 여호와께 경배를 드리는 곳이다. 그런데 그때, 마치 폭풍이 하늘을 가르며 몰아치듯이 여호와의 웅장한 임재가 하늘에서 땅으로 이동한다. 하나님의 임재는 까다로운 지중해 위로 처음 나타난 후에 이스라엘 북쪽에서 우레와 같이 땅으로 돌진한다. 이스라엘 북쪽에서 레바논의 백향목이 그 힘으로 쪼개진다. 아래로 게데스 광야에 이르기까지 가나안 땅 전체를 뒤덮는다. 거기서 하나님의 능력은 상수리나무를 뒤틀고 숲을 벗겨낸다. 바람을 동반한 폭풍과 천둥 번개를 경험해본 사람이라면 누구나 다윗이 묘사하는 바를 이해한다.

여호와의 소리는 고막을 찢는 듯하다. 레바논의 백향목을 쪼갠 그 소리는 우리 자녀가 하나님을 향해 행하는 어떤 저항도 쪼갤 수 있다. 여호와의 소리는 번개처럼 내리치며 파고든다. 그 소리는 우리 자녀에게 부드러운 비처럼 점진적인 이해로 말씀하실 수도 있고, 번개가 내리침같이 삶을 변화시키는 통찰로도 말씀하실 수 있다. 여호와의 소리는 흔든다. 우리 자녀를 정신이 번쩍 들게 해서 무관심과 안이함에서 벗어나게 하신다. 여호와의 소리는 벗겨낸다. 숲을 벌거벗기듯이, 우리 자녀의 마음과 생각에서 부정적인 태도와 주장을 벗겨내신다.

◆ ◇ ◇ ◆

주님, 우리는 ___가 당신의 능력을 감지하고 당신의 음성을 들으면 좋겠습니다. 주님이 이스라엘의 북쪽부터 남쪽까지 휩쓰심을 다윗이 본 것처럼, 우리 가정도 그렇게 휩쓸어주옵소서. 우리 마음에 왕으로 오셔서 영원토록 통치해주옵소서.

8월 8일

● 에스라 7:1-8:20 / 고린도전서 4:1-21 / 시편 30:1-12 / 잠언 20:28-30

판단받는 것

너희에게나 다른 사람에게나 판단받는 것이 내게는 매우 작은 일이라 나도 나를 판단하지 아니하노니 내가 자책할 아무 것도 깨닫지 못하나 이로 말미암아 의롭다 함을 얻지 못하노라 다만 나를 심판하실 이는 주시니라(고전 4:3-4).

　인터넷은 누구에게나 자기 의견을 방송할 수 있는 플랫폼을 준다. 클릭 한 번으로 우리는 꽤나 많은 것에 대해 나무랄 데 없는 관점을 제시하는 아마추어 비평가가 될 수 있다. 공적으로 타인을 판단하는 건 새로운 게 아니다. 분명, 고린도교회에도 바울에 관한 의견을 자유롭게 나누는 사람들이 있었다. 바울은 그들이 자신을 판단하는 기준뿐만 아니라 근거에 대해 도전하기 위해 편지를 썼다. "너희에게나 다른 사람에게나 판단받는 것이 내게는 매우 작은 일이라." 바울은 심지어 자신에 대한 스스로의 평가에도 관심을 기울이지 않았다. "나도 나를 판단하지 아니하노니." 오직 한 분의 평가자와 오직 하나의 평가만 존재한다. 바울에게 중요한 건 주님의 평가뿐이었다.

　우리 자녀가 자신의 가치를 세상에 필사적으로 증명해보이려 할 때 우리가 자녀에게 이와 같은 자유를 전해줄 수 있기를! 다른 사람들의 견해는 자녀가 뛰어나거나 좋은 성과를 낼 때는 큰 행복감을 제공한다. 하지만 그들의 비평이 자녀의 약점과 실패를 겨냥할 때, 그들은 우리 자녀를 으스러뜨린다. 타인의 평가에 맞추어 사는 짐은 너무 무겁다. 자기를 지켜보며 비평하는 세상 앞에서 매일 살아가는 것은 정말 기진맥진하게 만든다.

　우리 자녀가 이런 압박감에 대응하려면 복음의 진리가 필요하다. 거기서는 연약함이 강함이 된다. 가난이 부요가 된다. 영광의 길은 곧 겸손의 길이다. 복음은, 우리가 자신에 대해 어떻게 생각하느냐 혹은 타인이 우리에 대해 어떻게 생각하느냐가 아니라 하나님께서 우리에 대해 어떻게 생각하시는지가 중요하다고 말한다. 최종적으로 하나님은 우리가 예수님에 대해 어떻게 생각하느냐에 기초해서 우리를 평가하신다.

◆ ◇ ◆

　주님, 타인의 평가에 의해 지배당하고 황폐해지는 것으로부터 ___를 구원해주옵소서. 자기 평가로부터도 ___를 구원해주옵소서. 대신에, ___의 시선을 예수님께 고정시켜주옵소서. ___가 당신께서 우리를 바라보시는 그 진리 안에서 안식하게 하옵소서.

8월 9일 ● 에스라 8:21-9:15 / 고린도전서 5:1-13 / 시편 31:1-8 / 잠언 21:1-2

징계의 은혜

밖에 있는 사람들을 판단하는 것이야 내게 무슨 상관이 있으리요마는 교회 안에 있는 사람들이야 너희가 판단하지 아니하랴(고전 5:12).

 장성한 자녀가 성적인 죄의 노예가 되었다거나, 부패한 재정 관습에 연루되었다거나, 자기의 배우자나 고용인을 학대했다거나, 습관적으로 과도하게 술을 마시는 걸 발견한다면, 우리는 어떻게 반응하게 될까? 만약 우리 자녀가 그리스도 안에 있다면, 그들은 우리의 아들딸일 뿐만 아니라 그리스도 안에서 우리의 형제자매이기도 하다. 우리는 부모 대 자녀의 관계일 뿐만 아니라 신자 대 신자의 관계이기도 하다.

 바울은 그리스도에게서 멀어진 자들이 그리스도의 계명을 받아들이고 순종하기를 기대해선 안 된다고 분명히 밝힌다. 그것은 장성한 자녀에게도 적용된다. 장성한 자녀의 계속되는 죄에 직면했을 때 큰 질문은, 행위에 관한 것이라기보다는 그들이 진실로 그리스도께 속했는가에 관한 것이다. 만약 우리 자녀가 진정 믿음으로 예수님과 연합되지 않았다면, 그들이 죄를 짓는 것은 말이 된다. 결국, 불신자에게는 죄와 유혹을 이기는 성령의 능력이 없다.

 하지만 만약 우리 자녀가 그리스도 안에 있다고 주장하면서도, 또 긍휼히 여기는 마음으로 오래 참고 죄를 직면케 했는데도 회개에 저항한다면, 상황은 다르다. 우리 자녀의 죄는 교회 전체에 영향을 준다. 바울이 사용한 단어는 우리를 거칠게 때리고 불편하게 만든다. 그런 사람은 쫓아내야 하고(고전 5:2) 사탄에게 내주어야 한다(고전 5:5). 교회 안에 있는 자들은 신자라고 주장하면서도 (그것이 무슨 종류이든) 죄에 탐닉하는 자들과는 "사귀지 말"(9절)아야 한다. 우리는 이 거친 반응이 의도한 결과(회복)를 가져오는 것을 보아야 한다. 그런 징계는 우리의 불승인을 전달하려는 의도가 아니라, 자녀의 영혼을 위한 두려움을 전달하려는 의도로 행해진다.

◆ ◇ ◇ ◆

주님, 제 자녀가 계속 자행하는 죄 때문에 교회의 징계를 받는 것을 제가 견디며 지켜보아야 한다면, 제게는 당신의 한없는 은혜가 필요할 것입니다. 제가 자녀의 안락함보다 당신의 교회의 순결함을 더 사랑하도록 도와주옵소서. ___의 인생에서 회복을 가져올 징계의 은혜를 제가 신뢰할 수 있도록 도와주옵소서.

8월 10일 ● 에스라 10:1-44 / 고린도전서 6:1-20 / 시편 31:9-18 / 잠언 21:3

알지 못하느냐

음행을 피하라 사람이 범하는 죄마다 몸 밖에 있거니와 음행하는 자는 자기 몸에 죄를 범하느니라 너희 몸은 너희가 하나님께로부터 받은 바 너희 가운데 계신 성령의 전인 줄을 알지 못하느냐 너희는 너희 자신의 것이 아니라 값으로 산 것이 되었으니 그런즉 너희 몸으로 하나님께 영광을 돌리라(고전 6:18-20).

바울은 고린도교회에 보낸 첫 번째 편지를 아버지의 마음으로 썼다. 그는 고린도교회 성도들이 그리스도께 속한 자라는 본질을 자신의 삶과 몸에 반영하도록 도왔다. 바울은 편지 곳곳에서 열한 번이나 "알지 못하느냐?"라는 질문을 던진다. "너희는 너희가 하나님의 성전인 것과 하나님의 성령이 너희 안에 계시는 것을 알지 못하느냐"(3:16). "적은 누룩이 온 덩어리에 퍼지는 것을 알지 못하느냐"(5:6). "성도가 세상을 판단할 것을 너희가 알지 못하느냐"(6:2). "불의한 자가 하나님의 나라를 유업으로 받지 못할 줄을 알지 못하느냐"(6:9). 그리고 바울은 자기 몸을 사용하는 방식과 관련해 세 가지 질문을 한다. "너희 몸이 그리스도의 지체인 줄을 **알지 못하느냐**"(6:15). "창녀와 합하는 자는 그와 한 몸인 줄을 **알지 못하느냐**"(6:16). "너희 몸은 너희가 하나님께로부터 받은 바 너희 가운데 계신 성령의 전인 줄을 **알지 못하느냐**"(6:19).

어쩌면 바울은 우리가 자녀에게, 또는 자녀에 관해 물어야 할 질문들을 대신해서 논증하는지도 모른다. 우리 자녀는, 성적 순결이란 좋은 사람이 되는 것 혹은 질병이나 임신이나 수치를 피하는 그 이상을 의미한다는 걸 알고 있는가? 만약 자기가 그리스도 안에 있다면 자신이 지금 그리스도를 모든 성적 타협의 현장으로 모시고 간다는 것을 알고 있는가? 우리는 자녀에게 성적으로 순결해야 할 수많은 합당한 이유를 댈 수 있다. 하지만 바울은 호소의 무게 중심을 우리의 몸과 영혼 둘 다 그리스도께 연합되어 있다는 복음의 본질에 두도록 도와준다. 복음은 우리를 자극해서 자녀에게 "… 알지 못하느냐?"라고 질문해야 하지 않을까 생각하게 한다.

◆ ◇ ◇ ◆

주님, ___ 안에 거룩과 성관계의 중요성에 대해 깊은 인식을 심어주려 할 때, 우리는 매우 강한 조류를 거슬러 밀고 있는 자신을 발견합니다. 오직 복음의 능력과 ___가 당신께 속했다는 진실만이 이런 흐름을 거스를 수 있는 힘을 줍니다. ___가 자기 몸이 당신께 속했음을 깨닫도록 돕는 싸움을 계속할 수 있도록 우리에게 말과 의지를 주옵소서.

8월 11일

● 느헤미야 1:1-3:14 / 고린도전서 7:1-24 / 시편 31:19-24 / 잠언 21:4

큰 환난과 능욕

… 내가 그 사로잡힘을 면하고 남아 있는 유다와 예루살렘 사람들의 형편을 물은즉 그들이 내게 이르되 사로잡힘을 면하고 남아 있는 자들이 그 지방 거기에서 큰 환난을 당하고 능욕을 받으며 예루살렘 성은 허물어지고 성문들은 불탔다 하는지라 내가 이 말을 듣고 앉아서 울고 수일 동안 슬퍼하며 하늘의 하나님 앞에 금식하며 기도하여(느 1:2-4).

느헤미야는 하나님의 마음을 상하게 한 것들로 인해 마음이 상했다. 하나님을 진실로 알고 사랑하는 자에게는 그런 흔적이 보인다. 느헤미야는 상한 마음을 가지고 무엇을 해야 할지, 어디로 가야 할지 알았다. 그는 자기 백성을 그보다 더 사랑하시는 한 분께로 돌아갔다. 그분은 그보다 더 예루살렘의 미래에 헌신하신, 자기 백성의 "큰 환난과 능욕"을 해결할 능력을 가진 분이셨다. 그는 기도하고 또 기도하기 시작했다.

느헤미야는 "하늘의 하나님 여호와 크고 두려우신 하나님"(5절)께 "큰 환난"을 해결해달라고 간구했다. 그분은 "주를 사랑하고 주의 계명을 지키는 자에게 언약을 지키시며 긍휼을 베푸시는"(느 1:5) 하나님이셨다. "큰 권능과 강한 손으로"(10절) 자기 백성을 구속하신 하나님이셨다. 그들을 보호하고 공급하신 역사가 길고 오랜 하나님이셨다. 느헤미야는 그 백성이 **마땅히** "큰 환난과 능욕"으로부터 건짐을 받아야 한다고 주장하지 않았다. 그들이 받을 자격이 없는 것, 수고하여 얻지 못할 것, 바로 은혜를 간구했다. 그리고 그 백성을 약속의 땅으로 다시 데려오겠다는 약속을 지켜달라고 간구했다.

느헤미야는 자녀가 큰 환난과 능욕 가운데 있을 때 우리가 상한 마음을 가지고 어떻게 기도해야 하는지 보여준다. 우리는 은혜를, 받을 자격이 없는 호의를 구해야 한다. 하나님이 하신 약속을 지켜달라고 간구해야 한다. 기도는 우리 생각에 하나님이 마땅히 하셔야 할 일들을 해달라고 압박하는 것이 아니다. 기도는 결코 변치 않으시는 하나님의 은혜롭고 전능하신 성품을 확증하는 것이다. 그리고 그분께로 나아가, 늘 그렇듯 그분의 말씀을 신실하게 이루어달라고 간구하는 것이다.

◆ ◇ ◇ ◆

주님, 제가 사랑하는 사람이 큰 환난 가운데 있을 때, 제 기도는 당신께 바라는 계획들로 가득 차기 쉽습니다. 주님, 저는 제 기도를 당신의 약속들로 가득 채우고 싶습니다. 당신께서 사랑하는 자를 위해 이루겠다고 맹세하신 그것을 이루어달라고 간구하고 싶습니다. 그러니 주님, 죄를 깨닫게 하옵소서. 구원해주옵소서. 새롭게 변화시켜주옵소서.

8월 12일 ● 느헤미야 3:15-5:13 / 고린도전서 7:25-40 / 시편 32:1-11 / 잠언 21:5-7

의로운 분노

그 때에 백성들이 그들의 아내와 함께 크게 부르짖어 그들의 형제인 유다 사람들을 원망하는데 어떤 사람은 말하기를 우리와 우리 자녀가 많으니 양식을 얻어 먹고 살아야 하겠다 하고 어떤 사람은 말하기를 우리가 밭과 포도원과 집이라도 저당 잡히고 이 흉년에 곡식을 얻자 하고 … 내가 백성의 부르짖음과 이런 말을 듣고 크게 노하였으나(느 5:1-3, 6).

성벽 재건 사역에 동참한 유대인들이 살던 지역에는 기근이 계속되고 있었다. 그래서 음식 공급이 매우 부족했고, 일부 특권층은 그 상황을 이용해서 곡식 가격을 올리고 고리대금을 했다. 어떤 사람들은 빚을 갚기 위해 가족을 노예로 팔아야 했다. 극악무도한 세상에서 사람들이 서로를 이용하는 건 쉽게 예상되는 일이지만, 형제들 사이에서는 이런 일이 결코 일어나서는 안 되었다. 하나님의 백성이 더불어 살아가는 모습은 주변 세상에 하나님의 선하심을 증명한다. 그런데 하나님을 예배하는 이스라엘이 서로를 노예로 삼고 바가지를 씌우고 이용한다면, 세상이 이스라엘의 하나님은 따뜻하고 자비롭고 긍휼이 풍성하시다고 믿으려 하겠는가?

그런 문제가 불거지자 느헤미야는 분노했다. 그러나 통제 불능으로 분노를 분출하지 않고, "깊이 생각하고 귀족들과 민장들을 꾸짖"(7절)었다. 분노가 항상 죄는 아니다. 때때로 불의함이나 하나님의 이름을 오용하는 것에 대한 분노는 적절한 반응이다. 느헤미야가 유대인 형제들이 서로를 대하는 것, 그래서 그 모습이 하나님을 잘못 드러내는 것에 대해 분노한 것은 옳았다. 느헤미야서의 이 장면은 우리의 분노에 대해서, 우리 가정의 갈등을 처리하는 방법에 대해서 깊이 생각하고 자문하게 해준다. 나의 분노는 의로운가 아니면 이기적인가? 나는 좌절감 때문에 소리를 지르고 다투는가 아니면 내 말이 가진 영향력을 인지하기에 말하기 전에 깊이 생각하는가?

◆ ◇ ◇ ◆

주님, 저의 분노를 '의롭다'고 부르기는 참 어렵습니다. 저는 ___가 우리 가정에서 의롭고 적절한 분노의 본보기를 배우기를 간절히 원합니다. 그러니 저로 하여금 당신이 분노하시는 것에 대해 분노하도록 도와주사 이 세상에서 당신의 뜻을 이루게 하옵소서. 또한 저를 도우사 제 뜻대로 하려는 모든 이기적인 분노를 내려놓게 하옵소서.

8월 13일 ● 느헤미야 5:14-7:73 / 고린도전서 8:1-13 / 시편 33:1-11 / 잠언 21:8-10

다투는 여인

다투는 여인과 함께 큰 집에서 사는 것보다 움막에서 사는 것이 나으니라(잠 21:9).

당신의 집에 다투는 사람이 살고 있는가? 타인에 대한 비난에는 빠르고 늘 자기변호에는 전전긍긍한 부모나 자녀가 있는가? 비난이 첫 번째 본능이고 격려가 맨 마지막 본능인 사람이 있는가? 그런 사람은 작은 불꽃에 불과한 잠재적인 갈등에 휘발유를 끼얹는 사람이다.

그런 사람과 같이 사는 삶이 어떤지 묘사하기 위해 솔로몬은 잠언에서 생생한 이미지를 다섯 번 사용한다. 솔로몬에 의하면, 다투는 여인은 "비 오는 날에 이어 떨어지는 물방울"(27:15)처럼 짜증스럽다. 다투는 여인과 같이 사는 것은 "움막에서 [혼자] 사는 것"(21:9)이나 "광야에서 사는 것"(21:19)보다 나쁘다.

어떤 사람은 본성적으로 다투기를 좋아할지 모른다. 그러나 크리스천의 삶의 요점은, 본성을 따르는 옛 자아에 대해 죽었다는 것이다. 본성적으로 행하는 대신에, 우리는 초자연적인 것을 경험한다. 거칠고 날카로운 말 대신에, 우리의 말은 유순하다(15:1). 우리 마음속에 처음으로 떠오르는 유해하고 무익한 것을 말하는 대신에, 우리는 입술의 제어를 연습한다(10:19). 타인의 동기를 섣부르게 판단하기보다는, 가장 선한 것을 추정한다. 불평하기보다는, 서로에게 은혜를 끼친다(약 5:9). 우리는 하나님께 대단히 너그러운 용서를 받았기에 "서로 친절하게 하며 불쌍히 여기며 서로 용서"한다(엡 4:32).

우리 가정이 다툼이 아닌 친절함의 흔적을 가진다면 얼마나 아름답고 얼마나 즐거울까? "오직 성령의 열매는 사랑과 희락과 화평과 오래 참음과 자비와 양선과 충성과 온유와 절제니 이같은 것을 금지할 법이 없느니라"(갈 5:22-23).

◆ ◇ ◇ ◆

주님, 우리 가정의 특징이 원한과 비평과 냉소가 아닌 화평과 격려와 애정이 되게 하려면 당신의 신령한 도우심이 필요합니다. 부모인 우리가 서로에게 짜증이 아닌 친절로 말함으로써 우리 가정의 분위기를 결정하도록 도와주옵소서.

8월 14일 ● 느헤미야 8:1–9:21 / 고린도전서 9:1–18 / 시편 33:12–22 / 잠언 21:11–12

귀를 기울이라

이스라엘 자손이 자기들의 성읍에 거주하였더니 일곱째 달에 이르러 모든 백성이 일제히 수문 앞 광장에 모여 학사 에스라에게 여호와께서 이스라엘에게 명령하신 모세의 율법책을 가져오기를 청하매 일곱째 달 초하루에 제사장 에스라가 율법책을 가지고 회중 앞 곧 남자나 여자나 알아들을 만한 모든 사람 앞에 이르러 수문 앞 광장에서 새벽부터 정오까지 남자나 여자나 알아들을 만한 모든 사람 앞에서 읽으매 뭇 백성이 그 율법책에 귀를 기울였는데(느 8:1–3).

때로 우리에게 성경은 고대의 책처럼 보인다. 흥미롭게도, 성경은 예루살렘 수문 앞에 모인 이 사람들에게도 이미 고대의 책이었다. 모세의 율법책(창세기, 출애굽기, 레위기, 민수기, 신명기)은 당시로부터 일천 년 전의 것이었다. 그럼에도 이스라엘은 율법책을 사모했고, 율법책이 그들에게 말씀하고 도전하며, 그들을 만족시킨다고 확신했다. "뭇 백성이 그 율법책에 귀를 기울였"다. 그들은 하나님의 말씀을 받아들였고, 철저히 따져보았고, 이해하고 적용하려 애썼다.

장면을 그려보라. 에스라가 나무 강단 위에 서 있었다. 그의 측면은 열세 명의 레위인들이 자리를 잡았고, 그의 둘레는 오만 명의 남녀와 어린아이들이 에워쌌다. 새벽 동틀 녘부터 한밤중에 이르기까지 그들은 에스라가 읽어주는 히브리어로 기록된 두루마리의 내용에 귀를 기울였다. 그들은 아람어를 말하는 나라에 포로로 잡혀갔다가 돌아왔기 때문에 통역이 필요했다. 하지만 무엇보다도, 설명이 필요했다. 에스라는 열세 명의 레위인들에게 둘러싸여 있었다. 이 사람들은 "하나님의 율법책을 낭독하고 그 뜻을 해석하여 백성에게 그 낭독하는 것을 다 깨닫게"(8절) 하였다.

그렇다면 거기에 모인 사람들이 어떻게 반응했는가? "모든 백성이 손을 들고 아멘 아멘 하고 응답하고 몸을 굽혀 얼굴을 땅에 대고 여호와께 경배하니라"(6절). 이것은 시늉에 불과한 "아멘"이 아니었다. 그들은 자기의 입술과 온몸으로 들은 바에 대한 복종을 표현했다.

◆ ◇ ◇ ◆

주님, 아무런 갈망 없이 혹은 당신의 말씀에 귀 기울임 없이 매주일 예배에 참석하는 우리 가족을 당신께서 구원해주셔야 합니다. 당신의 말씀을 받아들이는 마음과, 말씀을 숙고하는 지성과, 당신께 올려드리는 손과, 당신 앞에 절하는 머리가 필요합니다. 오직 당신만이 우리를 당신의 말씀에 대해 살아 있는 자로 만드실 수 있습니다.

8월 15일   ● 느헤미야 9:22-10:39 / 고린도전서 9:19-10:13 / 시편 34:1-10 / 잠언 21:13

피할 길을 내사

그런즉 선 줄로 생각하는 자는 넘어질까 조심하라 사람이 감당할 시험 밖에는 너희가 당한 것이 없나니 오직 하나님은 미쁘사 너희가 감당하지 못할 시험 당함을 허락하지 아니하시고 시험 당할 즈음에 또한 피할 길을 내사 너희로 능히 감당하게 하시느니라(고전 10:12-13).

바울은 고린도교회 사람들에게 우상숭배로부터 돌이키라고 독려하기 위해, 이스라엘이 거짓 신들을 숭배한 것이 어떻게 황폐와 파멸만 가져왔는지 숙고해보라고 말했다. 이스라엘 백성이 금송아지를 섬겼던 일을 읽을 때, 혹은 고린도교회 사람들이 이방 신전의 창녀들을 방문함으로써 우상숭배에 동참했던 것을 읽을 때, 우리는 그들의 행위가 우리 생활과는 아주 거리가 멀다고 생각하고픈 유혹에 빠진다. 하지만 우상숭배는 우리와 매우 밀접하다. 우상숭배는 우리가 숨 쉬는 공기 중에 떠다니기에 그것을 실제로 보지 못한다.

우상숭배란 무엇인가? 우상은 파괴적인 요구로 바뀌어버린 합법적인 열망이다. 우리는 선한 것(예를 들어, 우리 가족을 먹여 살리는 것)을 취해서 그것을 궁극적인 목표로 삼고는 거기에 야망과 탐욕을 주입한다. 우리는 중요한 것(예를 들어, 자녀 양육)을 취해서 그것을 궁극적인 목표로 삼고는 자녀의 성공이나 실패로 우리의 정체성이 규정되는 걸 허용한다.

우리 하나님은 우리의 연약함을 아시고, 우상숭배에서 벗어나야 할 우리의 필요를 이해하신다. 그리고 그것이 바로 하나님께서 우리에게 공급하시는 바다. 우리를 완벽하게 만족시키지 못하는 우상의 무능함을 직시할 때, 우리는 은혜의 시작점을 발견한다. 하나님은 한때 견딜 수 없을 것 같던 유혹, 그리스도 아닌 것에서 우리의 의미와 안전과 만족을 찾으려던 유혹에서 벗어나는 길을 제공하신다.

◆◇◆

주님, 우리는 ___를 사랑합니다. 하지만 우리 자녀를 우상으로 삼는 것을 원하지 않습니다. 우리는 당신의 도움이 절실합니다. 우리의 사랑에 질서를 가져오사 우리의 열망이 요구로 변하지 않게 하옵소서. 우리의 우상들을 제거하기 위해서는 그것들을 밝혀내시는 당신의 도우심이 필요합니다. 우리가 당신보다 무엇을 더 사랑하고 의지하는지, 필요한 모든 수단을 사용해 밝혀주옵소서.

8월 16일 ● 느헤미야 11:1-12:26 / 고린도전서 10:14-33 / 시편 34:11-22 / 잠언 21:14-16

경외하는 법을 너희에게 가르치리로다

너희 자녀들아 와서 내 말을 들으라 내가 여호와를 경외하는 법을 너희에게 가르치리로다(시 34:11).

우리가 자녀에게 가르쳐야 할 한 가지는, 여호와를 경외하는 것이 진실로 성공한 인생의 기초라는 것이다. 하지만 우리와 우리 자녀에게는 하나님보다 사람을 더 두려워하고, 하나님을 기쁘시게 하기보다 사람의 칭찬을 좋아하는 것이 더 자연스럽다. 우리 자녀는 또래집단의 압력에 굴복한다. 왜냐하면 그리스도보다는 다른 친구들과 닮기를 더욱 원하기 때문이다. 우리 자녀는 누군가를 실망시키는 것을 견디기 힘들어하는데, 그것은 그리스도보다 사람을 더 기쁘게 하기를 원하기 때문이다.

어쩌면 사람들의 견해가 우리 자녀에게 지나치게 많은 의미를 지니는 이유는 그들이 하나님의 위대하심과 그 성품의 완전함에 충분히 노출되지 않았기 때문이다. 하나님을 경외하면서 자라가려면, 그분은 커지고 우리는 작아져야 한다. 우리 자녀는 하나님께서 생각하시는 것에서는 더 많이, 다른 사람들이 생각하는 것에서는 더 적게 마음을 써야 한다.

시편 34편에서, 하나님을 경외하는 것을 가르치기 위해 다윗은 자녀에게 "들으라"고 요구한다. 우리도 자녀에게 여호와를 경외하는 것을 반드시 가르쳐야 한다. 말로써도 가르쳐야 하지만, 그것을 살아냄으로써 가르쳐야 한다. 자녀는 하나님을 기쁘시게 하는 것이 사람을 기쁘게 하는 것보다 더 중요하고 더 의미 있다는 사실을 배워야 한다. 그들은 그리스도께서 우리가 말세에 직고해야 할 유일한 대상이심을 배워야 한다. 그분의 "잘하였도다"라는 음성을 듣기 위해 사는 삶이 가장 큰 자유와 만족을 누리는 삶이다.

◆ ◇ ◇ ◆

주님, 당신을 더 많이, 타인을 더 적게 두려워해야 할 사람은 ___만이 아님을 깨닫습니다. 저도 그래야 합니다. 저는 타인의 승인과 용납을 받으려는 마음을 이겨내지 못했습니다. 저의 판단 속에서 당신이 더 커져야 합니다. 지금보다 훨씬 더 무거운 짐을 나르기 위해서는 당신의 승인과 용납이 필요합니다. 그러므로 제 안에서 일하여 주옵소서. 당신께서 일하시는 동안 제 안에서 일어난 변화가 ___에게 뚜렷이 보이게 하옵소서. 그래서 ___가 사람을 더 적게, 당신을 더 많이 두려워하게 하옵소서.

8월 17일   • 느헤미야 12:27-13:21 / 고린도전서 11:1-16 / 시편 35:1-16 / 잠언 21:17-18

타협을 막음

그 때에는 내가 예루살렘에 있지 아니하였느니라 바벨론 왕 아닥사스다 삼십이년에 내가 왕에게 나아갔다가 며칠 후에 왕에게 말미를 청하고 예루살렘에 이르러서야 엘리아십이 도비야를 위하여 하나님의 전 뜰에 방을 만든 악한 일을 안지라 내가 심히 근심하여 도비야의 세간을 그 방 밖으로 다 내어 던지고(느 13:6-8).

느헤미야서의 마지막 장은 느헤미야가 아닥사스다왕에게 사역을 보고하기 위해 바사로 갔다가 몇 년이 지나서 다시 예루살렘으로 돌아온 사건에 관해 말한다. 느헤미야가 예루살렘에 돌아왔을 때, 그는 이스라엘 백성이 아닌 이방인 도비야가 성전 안에 일할 공간을 얻은 것을 발견했다. 뿐만 아니라, 백성이 헌금을 내지 않아 레위인들이 먹고살기 위해 성전 밖으로 나가 밭에서 일하는 것을 알았다. 백성은 안식일을 비즈니스를 하는 여느 날과 같이 취급하고 있었다.

수년 전, 백성은 이방 아내들과의 분리라는 값비싼 대가지불에 동의했다. 하지만 느헤미야가 돌아올 무렵, 그는 슬프게도 동족이 아스돗과 암몬과 모압의 여인들을 아내로 삼았다는 것을 발견했다. 그들은 불경건한 문화 및 종교에 얽매이게 되었고 결국 그들의 자녀는 더 이상 유다의 언어를 사용하지 않았다. 느헤미야가 세워놓은 규율과 하나님을 사랑하고 따르라고 만들어놓은 규정들이 모두 잊혔다. 느헤미야가 예루살렘에 돌아왔을 때, 그가 세웠던 성벽이 하나님의 백성을 오염시키는 타협을 막아내지 못했음이 분명해졌다.

마찬가지로, 부모인 우리는 가정과 마음 안으로 침투하려는 타협을 항상 막을 만큼 충분히 높게 혹은 강하게 성벽을 세울 수 없다. 우리는 자녀가 하나님을 기쁘시게 하기를 꾸준히 추구하면서 성장할 에너지를 계속해서 공급할 수 없다. 그들에겐 더 나은, 회복게 하시는 분이 필요하다. 그리고 그들에겐 그리스도가 계시다.

◆ ◇ ◇ ◆

주님, 주님은 ___를 향한 제 마음이 당신을 방해하는 것을 알고 계십니다. 당신은 제 기도를 들어오셨습니다. 당신은 제 수고를 보아오셨습니다. 하지만 ___는 궁극적으로 당신의 자녀입니다. 그리고 ___에게는 경건한 부모 이상이 필요합니다. ___에게는 타협하지 않도록 막아줄 당신이 필요합니다.

8월 18일

● 에스더 1:1-3:15 / 고린도전서 11:17-34 / 시편 35:17-28 / 잠언 21:19-20

자기를 살피고

그러므로 누구든지 주의 떡이나 잔을 합당하지 않게 먹고 마시는 자는 주의 몸과 피에 대하여 죄를 짓는 것이니라 사람이 자기를 살피고 그 후에야 이 떡을 먹고 이 잔을 마실지니 주의 몸을 분별하지 못하고 먹고 마시는 자는 자기의 죄를 먹고 마시는 것이니라(고전 11:27-29).

    예배 시간에 자녀를 훈육하기란 도전일 수 있다. 우리는 자녀와 예배드리기 원하고, 또 경청을 잘하고 기쁘게 예배드리는 자녀를 키우기 원한다. 우리가 출석하는 교회에서 주님의 만찬이 거행될 때 우리의 호기심 많은 어린 자녀에게 그 떡과 잔은 믿음으로써 그리스도와 연합된 자들을 위한 것이고 예배 중에 모든 사람이 누리는 간식이 아니라는 사실을 이해시키는 일은 매우 어려울 수 있다.

    자녀가 성장함에 따라 그 도전은 바뀔 수 있지만, 자녀가 성찬의 의미를 이해하고 주님의 만찬의 복에 들어가기에 앞서 스스로를 점검하도록 어떻게 도울 것이냐 하는 문제는 여전히 존재한다. 고린도전서 11장에서 바울의 교훈을 읽을 때, 우리는 자녀에게 합당하지 않게 떡을 먹고 잔을 마시는 것의 의미를 가르치기를 소홀히 하는 것은 그들 위에 임하는 하나님의 심판에서 그들을 보호하기를 소홀히 하는 것임을 깨닫는다.

    바울이 합당하지 않게 먹고 마시는 것에 관해 쓸 때, 그는 그 사람이 주님의 만찬에 참여하기에 **마땅한지** 여부에는 관심이 없었다. 만약 그게 문제라면, 우리 중 누구도 먹고 마실 수 없을 것이다. 합당하지 않게 성찬에 들어가는 것은 죄에 대해 무관심한 채 혹은 회개를 거부한 채 성찬에 들어가는 것이다. 바울은 신자들에게 성찬에 참여하기 전에 자신을 살피라고 요구한다. 회개하는 마음의 증거를 찾으라고, 은혜가 작동되고 있다는 증거를 찾으라고 요청한다.

◆ ◇ ◇ ◆

    주님, 제가 당신의 부서진 살과 흘린 피를 먹고 마시기 전에 먼저 제 자신을 살피게 하옵소서. 제 마음 상태를 정면으로 쳐다보기란 불편할 때가 많습니다. 그러므로 자신을 살피라고 상기시켜주신 당신의 말씀에 감사합니다. 그리고 주님, ___와 성찬에 참여하기 전에 자기를 살피는 일의 중요성에 관해 이야기 나눌 수 있도록 기회를 주시고 할 말을 주옵소서. 이 부요한 진리로 대화할 때, ___를 당신의 성찬에 가까이, 그 결과 당신께 가까이 이끌도록 도와주옵소서.

8월 19일 ● 에스더 4:1-7:10 / 고린도전서 12:1-26 / 시편 36:1-12 / 잠언 21:21-22

하나님 백성과의 동일시

모르드개가 그를 시켜 에스더에게 회답하되 너는 왕궁에 있으니 모든 유다인 중에 홀로 목숨을 건지리라 생각하지 말라 이 때에 네가 만일 잠잠하여 말이 없으면 유다인은 다른 데로 말미암아 놓임과 구원을 얻으려니와 너와 네 아버지 집은 멸망하리라 네가 왕후의 자리를 얻은 것이 이 때를 위함이 아닌지 누가 알겠느냐 하니(에 4:13-14).

 에스더는 왕후가 되고서 자신이 유대인이라는 정체를 비밀에 부쳤다. 에스더가 그 기밀을 상당히 잘 유지했기에, 아무도 그녀의 민족이 대량 학살을 당하게 되었다는 사실을 그녀에게 전해야겠다고 생각하지 못했다. 그때 모르드개가 그녀를 찾아와 왕의 칙령을 알리고 민족을 위해 왕께 호소하라고 조언했다.

 에스더는 왕의 호출 없이 그 앞에 나아갔는데 왕이 금홀을 내밀지 않으면 죽게 되리라는 걸 알았다. 왕에게 나아가는 것은 그녀의 전부를 거는 일이었다. 그러나 에스더는 그때 실제적인 위험은 물론, 세상 왕국에 동화되어 하나님의 백성이라는 정체성을 잃을 위험에도 처해 있었다. 에스더는 왕에게 깨끗이 털어놓았다. "나와 내 민족이 팔려서 죽임과 도륙함과 진멸함을 당하게 되었나이다"(에 7:4). 자신을 하나님 백성으로 밝힘으로써 에스더는 자기 이름을 그 도륙당할 자들의 목록에 덧붙였다.

 에스더에게처럼, 이 세상 나라의 즐거움이 우리 자녀를 끌어당기는 힘은 강하다. 이 나라는 우리 자녀를 동화시켜 여느 사람과 똑같아 보이게 만들고 여느 사람과 똑같이 생각하게 만들고 여느 사람과 똑같은 가치를 갖게 만들 것이다. 하지만 하나님 나라는 그들에게 세상 나라로부터 멀어지라고 요구한다. 스스로를 하나님의 백성과 동일시하라고 요구한다. 그것은 이 세상에서 미움받고 하찮은 존재가 되는 것을 의미할지 모른다. 하지만 우리는 하나님 나라와의 동맹은 그리스도 우리 왕의 재림 때 어마어마한 보상을 준다는 사실을 확언할 수 있다.

◆ ◇ ◇ ◆

주님, 에스더가 용감하게 당신 및 당신의 백성과 자신을 동일시한 것을 목격하며 제 자신의 삶을 돌아봅니다. 제가 당신 백성의 일부가 되는 일에 이 정도로 담대히 헌신했는지 자문합니다. 공개적으로 당신 및 당신의 사명과 동일시하는 데 필요한 용기를 주옵소서. 그리고 ___에게는, 다름이 당신과의 동일시로 인해 거절당함을 의미할지라도 그것을 받아들일 수 있는 비범한 용기를 주옵소서.

8월 20일 ● 에스더 8:1-10:3 / 고린도전서 12:27-13:13 / 시편 37:1-11 / 잠언 21:23-24

사랑

모든 것을 참으며 모든 것을 믿으며 모든 것을 바라며 모든 것을 견디느니라(고전 13:7).

나의 아이야, 내가 내 생각에 중요한 것들을 몇 시간씩 이야기한다 해도 네게 중요한 것에는 전혀 귀를 기울이지 않는다면, 나는 그저 소음을 만들어낼 뿐이야. 만약 내게 모든 질문에 대한 답이 있고, 온갖 갈등을 겪는 너를 위해 기도할 위대한 믿음이 있다 해도, 내가 네 질문과 갈등을 절대 인정하지 않는다면, 나는 너를 제대로 사랑하는 것이 아니란다. 만약 내가 선행을 하도록 우리 가정을 인도할지라도 뒤에서 남을 험담한다면, 내게 아무 유익이 없을 거야. 너의 존경도 얻을 수 없겠지.

네가 성인이 되기를 기다리는 동안 내 사랑이 오래 참기를 원해. 세상은 잔인하겠지만 내 사랑이 온유하기를 원해. 네가 다른 사람과 함께하기를 즐거워할 때 내가 시기하지 않기를 원해. 나를 돋보이게 하도록 너의 성취를 자랑하지 않기를 원해. 내가 너와 네 친구들을 무례하게 대하지 않기를 원해. 내 방식을 요구하지 않고 때로는 네 방식대로 일을 하기를 원해. 나의 불만 때문에 네게 분풀이하거나 네 고통이 내 기분이 되기를 원하지 않는단다. 나는 네 잘못들을 마음에 담아두기를 거절해. 네 상황이 어려울 때 나는 결코 행복할 수 없겠지만, 그럼에도 네가 어려운 상황 속에서 옳은 일을 한다면 나는 언제나 행복할 거야. 나는 너를 사랑하기 때문에 너를 결코 포기하지 않을 거야. 너를 위한 최선을 결코 포기하지 않고 기대할 거야. 하나님께서 네 인생에서 일하고 계신다는 소망을 결코 잃지 않을 거야. 최악의 상황이 벌어져서 네가 물러서야 할 때도 내 사랑은 늘 거기에 있을 거야. 이 한 가지는 확신해도 돼.

나는 상황을 명확하게 혹은 완벽하게 볼 수 없단다. 너에 관한 일들도 마찬가지지. 하지만 우리가 서로를 완벽하게 알 날이 올 거야. 우리 사이에 아무것도 없고, 우리와 하나님 사이에도 아무것도 없는 날이 말이야. 그날이 상상되니? 미래를 기대하다보면 무엇이 중요한지 알게 돼. 바로 그리스도에 대한 믿음이 중요하단다. 믿음이 우리를 그분과 이어줄 거야. 또 그리스도에 대한 소망이 중요해. 소망은 우리에게 그분과 함께하는 미래를 우리에게 보장해주지. 하지만 무엇보다도 중요한 것은 서로를 향한 사랑과 그리스도를 향한 사랑이야. 그 사랑은 영원할 것이기 때문이란다.

8월 21일　● 욥기 1:1-3:26 / 고린도전서 14:1-17 / 시편 37:12-29 / 잠언 21:25-26

마음으로 하나님을 욕되게 하였을까

그의 아들들이 자기 생일에 각각 자기의 집에서 잔치를 베풀고 그의 누이 세 명도 청하여 함께 먹고 마시더라 그들이 차례대로 잔치를 끝내면 욥이 그들을 불러다가 성결하게 하되 아침에 일어나서 그들의 명수대로 번제를 드렸으니 이는 욥이 말하기를 혹시 내 아들들이 죄를 범하여 마음으로 하나님을 욕되게 하였을까 함이라 욥의 행위가 항상 이러하였더라(욥 1:4-5).

　욥은 위대하고 경건한 사람이었다. 욥은 많은 재산과 완벽해 보이는 가정을 꾸렸다. 하지만 그의 마음에는 깊은 근심이 있었다. 자녀의 마음에 사악한 일이 생길까 하는 염려였다. 열 자녀의 생일 파티가 끝날 때마다, 그는 자녀들과 함께 제사를 드렸다. 욥이 "아침에 일어나서" 가족의 제단에 모여 자녀 수대로 번제를 드리는 것을 상상해 보라. 긴박함이 느껴지지 않는가? 제물이 될 짐승 한 마리를 온전히 불에 태우는 번제는 하나님의 뜨거운 진노가 욥의 자녀 대신 짐승을 태우는 그림을 보여준다. 아마도 욥은 한 번에 한 마리씩 번제를 올리면서 각 아들과 딸에게 "이건 너를 위한 거란다. 네가 마음으로 하나님을 욕되게 했을까 해서 말이야"라고 말해주었을 것이다.

　욥의 자녀들은 입으로 하나님을 욕되게 하는 삶을 살지는 않았다. 하지만 욥은 독실함의 겉치장이나 선행이 아닌 하나님을 사랑하는 내면의 삶이 중요하다는 사실을 이해했다. 또한 욥은 제물이 가진 구속의 능력을 믿었다. 그래서 그는 자녀들의 죄에 대한 두려움을 죄가 해결되는 제단 위로 던졌다.

　욥과 마찬가지로, 우리는 자녀의 마음속을 들여다볼 수 없다. 하지만 우리 자녀의 죄를 해결할 효력이 있는 제물을 볼 수 있다. 우리는 욥이 본 것보다 훨씬 선명하게 볼 수 있다. 욥은 그가 온전히 이해할 수 없던 제물 안에서 미래에 오실 구속자에게 소망을 두었다. 우리는 과거에 오셨고 십자가 위에서 제물이 되신 구속자에게 우리 자녀의 죄를 용서해주시리라는 소망을 둔다.

◆ ◇ ◆

　주님, 우리는 ___를 위하여 외적인 순종과 선행 이상을 갈망합니다. 우리는 ___가 마음의 죄에 민감하기를 갈망합니다. ___가 당신을 향한 분노가 아니라 당신을 향한 깊은 사랑을 갖기를 갈망합니다. ___가 자기 인생의 한 해 한 해에 영단번의 제물이신 예수님을 바라보고, 그리스도께서 자기를 대신하여 죽으셨기에 자신이 당신 안에서 살 수 있음을 인정하게 하옵소서.

8월 22일   ● 욥기 4:1-7:21 / 고린도전서 14:18-40 / 시편 37:30-40 / 잠언 21:27

경건한 부모

의인의 입은 지혜로우며 그의 혀는 정의를 말하며 그의 마음에는 하나님의 법이 있으니 그의 걸음은 실족함이 없으리로다(시 37:30-31).

장래에 우리 자녀가 인생 이야기를 들려줄 때 듣기 바라는 것이 있다면, 경건한 부모 아래서 자랐다는 이야기일 것이다. 우리는 교회에 데려갔다거나 크리스천이 되라고 요구했다는 말 이상을 원한다. 부모가 진정으로 그리스도께 헌신했다고 간증하기를 원한다. 시편 37편에 따른다면 그것은 무엇과 같을까?

"의인의 입은 지혜로우며 그의 혀는 정의를 말하며." 이는 경건한 부모가 늘 좋은 충고를 해준다는 뜻이 아니다. 그들이 자녀에게 제공하는 지침이 하나님의 지혜와 정의에 뿌리를 둔다는 뜻이다. 하나님의 말씀이 그들 존재의 일부가 되었다. "그의 마음에는 하나님의 법이 있으니." 하나님의 법을 내면화했기에 그것이 그들 존재의 날실과 씨실이 되었다. 성경은 그들을 하나님 안에 두어서 그들이 불안정하지 않게 한다.

그런 부모 아래서 자란 자녀는 부모가 꾸준히 주님을 사랑하고, 서로를 사랑하고, 하나님의 말씀대로 사는 것을 본다. 자녀는 이 불완전한 세상에서 부모와 하나님과의 연결성이 결코 변하지 않으리라는 사실에 안정감을 느낀다. 그들은 확신에 차서 이렇게 말할 수 있다. "엄마 아빠는 항상 다른 어떤 것보다 그리스도께 우선순위를 두실 거야. 성경은 항상 엄마 아빠의 견해, 판단, 조언을 빚어줄 거야. 고난이 닥쳐올 때, 엄마 아빠는 하나님께로 돌아가 그분을 신뢰하실 거야. 엄마 아빠가 돌아가시면, 나는 소망 없는 자들처럼 슬퍼하지 않을 거야. 나는 부모님이 "모든 화평한 자의 미래는 평안이로다"(37절)라고 약속된 미래를 누리실 것을 알기에 평안할 거야."

◆ ◇ ◇ ◆

주님, ___는 결코 완벽한 부모를 갖지 못할 것입니다. 하지만 우리는 ___가 경건한 부모를 갖기를 원합니다. 당신의 말씀이 우리 존재의 일부가 되어서 ___가 항상 우리의 조언은 성경적이고 경건한 조언임을 확신할 수 있기를 원합니다. 우리는 당신과 꾸준하고 친밀하게 동행하기를 원합니다. 그래서 ___가 우리가 죽을 때에 당신 안에서 영원한 피난처를 찾았음을 알고 평안하기를 원합니다.

8월 23일

● 욥기 8:1–11:20 / 고린도전서 15:1–28 / 시편 38:1–22 / 잠언 21:28–29

하나님께서 당신을 벌하고 계시는가?

네 말에 의하면 내 도는 정결하고 나는 주께서 보시기에 깨끗하다 하는구나 … 하나님께서 너로 하여금 너의 죄를 잊게 하여 주셨음을 알라(욥 11:4, 6).

우리는 욥기를 읽을 때 첫 장부터 욥이 악에서 떠난 자이며, 하나님께서도 욥이 온전하다고 말씀하셨다는 사실을 안다. 독자로서 우리는 사탄이 하나님께 내기를 걸었다는 사실도 안다. 그러나 욥의 친구들은 이 모든 정보를 이용하지 못하고 있다.

그렇다 해도, 그들은 시련을 겪는 욥의 주변을 돌면서 그의 믿기 힘든 고난의 원인을 자신들은 알고 있다고 상당히 확신했다. 욥은 은밀한 죄 때문에 벌을 받고 있다는 것이다. 욥기 11장의 소발의 말에 의하면, 욥은 받아 마땅한 벌이 아니라 그보다 훨씬 적은 벌을 받고 있었다! 욥의 친구들은 그런 극도의 고난은 하나님께서 반드시 벌하기로 결정하신 극악무도한 죄를 지은 사람에게만 찾아온다고 추측했다.

우리도 그런 추측을 받아들인다. 우리는 우리와 자녀가 고난을 맞닥뜨리면 하나님께서 우리를 벌하고 계신다고 추측한다. 하지만 그것이 하나님의 일하시는 방법인가? 하나님은 우리가 한 일이나 하지 못한 일 때문에 우리를 벌하시는가?

만약 당신이 그리스도께 속했다면, 당신이나 자녀의 고난이 죄에 대한 벌이 아님을 확신해도 좋다. 누군가가 이미 당신의 죄에 대한 벌을 받았기 때문에 당신은 벌을 받을 필요가 없다. 당신의 죄(하나님께 대한 명백한 반역이나 하나님을 향한 철저한 무관심, 마음과 목숨과 뜻과 힘을 다하여 하나님 사랑하기를 거부한 것, 당신의 가장 추잡하고 수치스런 말과 행동)로 인해 당신이 받아 마땅한 모든 벌이 예수님에게 지워졌다. 예수님은 당신의 죄 때문에 벌을 받으셨고, 그래서 당신은 벌을 받을 필요가 없다.

◆◇◆◇◆

주님, 당신의 복음이 저의 본능과 충돌합니다. 너무 좋아서 사실이 아닌 것처럼 보입니다. 제가 저의 죗값을 치르고 있다거나 ___가 저의 죗값을 치르고 있다는 결론으로 비약할 때, 당신의 복음이 참이라는 사실을 깊이 믿도록 도와주옵소서. 당신께서 저에게 분노를 퍼부으시면 어쩌나 하는 두려움에 빠질 필요가 없게 해주시니 감사합니다. 그 대신, 저는 당신께서 저와 ___에게 당신의 사랑과 자비와 은혜와 용서를 부어주실 것을 기대합니다.

8월 24일

● 욥기 12:1–15:35 / 고린도전서 15:29–58 / 시편 39:1–13 / 잠언 21:30–31

흔들리지 말고

그러므로 내 사랑하는 형제들아 견실하며 흔들리지 말고 항상 주의 일에 더욱 힘쓰는 자들이 되라 이는 너희 수고가 주 안에서 헛되지 않은 줄 앎이라(고전 15:58).

바울은 다가올 부활의 실체를 설명하는 데 15장 전체를 사용했다. 부활은 그저 종교적이고 비현실적인 것이 아니라, 우리에게 "가장 중요한"(3절, 개역개정에는 없음-역주) 문제다. 예수님께서 죽으셨으나 무덤에서 부활하셨기 때문에 그리스도와 연합된 모든 자는 언젠가 같은 경험을 하게 될 것이다. 사망은 신자의 삶에서 끝이 아니다.

그 후에 바울은 부활에 대한 믿음과 확신이 신자의 삶에서 만들어내는 차이점을 지적한다. 부활은 우리를 견실하며 변함없게 만든다. 부활에 대한 확신은 우리의 사역이 끝날 때까지 우리를 전진하게 한다. 그것은 우리를 흔들리지 않게 한다. 우리가 쉽게 균형을 잃거나 압도당하지 않는다는 뜻이다. 고난, 질병, 재정적 압박, 관계적 갈등, 불경건한 세계관 등이 우리 가정을 휩쓸고 갈 때마다, 우리는 궤도를 벗어나지 않는다. 우리는 참인 것과 신뢰할 만한 것과 영원한 것에 대해 단호하다.

우리가 타인에게 귀 기울이려 하지 않는다거나 다른 관점에 적대적이거나 편협하다는 게 아니다. 그저 우리는 복음이 참이고 그리스도께서 만물(심지어 사망까지도)에 대하여 궁극적인 권위를 가지신다는 사실을 매우 확신하기 때문에 그리스도에 대한 우리의 믿음은 흔들리지 않는다. 우리가 자녀 양육을 꿋꿋이 감당하는 동안, 우리는 이 일이 현재의 삶 이후까지 중요하다는 것을 확신한다. 우리는 지금 여기에서 완벽한 가정을 만들어내기 위해 수고하는 게 아니다. 우리는 자녀의 영혼을 위해 수고한다. 육체가 부활하여 영혼과 연합될 날이 오고 있음을 알기 때문이다. 그날에 우리가 우리 자녀들에게 둘러싸이게 되기를 갈망하기 때문이다. 그러므로 우리는 주님을 사랑함에 견실하며 흔들리지 않는다. 그분의 말씀에 관하여 이야기를 나누고 부활의 날이 오고 있음을 진정으로 믿는 삶을 산다.

◆ ◇ ◇ ◆

주님, 예수님의 부활이 참인 것과 모든 신자의 부활이 확실하다는 것이 자녀 양육을 감당하는 우리를 견실하며 변함없게 해주기를 기도합니다. 그것이 우리가 당신을 유일한 소망으로 흔들림 없이 바라보게 해주기를 기도합니다.

8월 25일   ● 욥기 16:1-19:29 / 고린도전서 16:1-24 / 시편 40:1-10 / 잠언 22:1

재난을 주는 위로자

너희는 다 재난을 주는 위로자들이로구나 헛된 말이 어찌 끝이 있으랴 네가 무엇에 자극을 받아 이같이 대답하는가 나도 너희처럼 말할 수 있나니 가령 너희 마음이 내 마음 자리에 있다 하자 나도 그럴 듯한 말로 너희를 치며 너희를 향하여 머리를 흔들 수 있느니 그래도 입으로 너희를 강하게 하며 입술의 위로로 너희의 근심을 풀었으리라(욥 16:2-5).

    욥이 극심한 고난과 절망을 겪고 있을 때 그의 주변에 몰려든 친구들의 문제는, 그들의 말이 틀렸다는 데 있지 않다. 분명 그들의 말에는 옳고 선하고 참인 부분이 많지만, 그 말의 상당 부분은 잘못 적용되었고 잘못된 때에 발설되었다. 그들은 자기들이 아는 영역을 벗어나는 신념에 기초해서 추측했고 그 과정에서 욥을 으스러뜨렸다. 그들은 하나님께서 하고 계신 일을 안다고 결론지었고 하나님의 방법을 부적절하고 단순한 공식으로 압축해버렸다.

    분명, 우리는 우리 자녀의 고난이 결코 욥과 같은 수준으로는 발생하지 않기를 소망한다. 하지만 우리는 때로 고난이 그들에게 그 정도 수준으로 보이리란 걸 확신할 수 있다. 고통은 정녕 비교될 수 없다. 고통은 항상 당사자에게 상처가 된다. 우리가 원하는 바는 훌륭한 위로자가 되는 것이다. 쓸모없는 위로자가 되고 싶지 않다. 듣는 데는 빠르고 말하는 데는 더디고 싶다. 그들의 상처 안으로 들어가고, 그들의 마음을 경청하며, 그들의 진짜 고통을 감소시키도록 매우 더디게 말해주고 싶다.

    분명, 욥의 친구들은 좋은 의도를 가지고 있었지만 욥의 기분을 상하게 하는 것은 멈추지 않았다. 그들은 욥을 돕기 원했지만, 오히려 그의 고통을 가중시켰다. 마찬가지로 우리도 우리 자녀에게 좋은 의도를 갖는다. 그들을 돕기 원한다. 그러므로 우리는 말을 조심해야 한다. 높은 데서 지시하기보다는 그들 곁으로 와야 한다. 우리는 손쉬운 답을 제공하는 대신, 그들의 실망과 좌절 안으로 들어가려 애써야 한다.

◆ ◇ ◆

    주님, 저는 인생의 역경을 겪는 곳에서 ___에게 진정한 격려자가 되고 싶습니다. 재난을 주는 위로자가 되고 싶지 않습니다. 침묵해야 할 때 저를 잠잠하게 하옵소서. 제가 옳다고 확신하지만 제 말은 도움이 되지 않을 때 저를 낮추어 주옵소서. 때에 맞는 말을 적절히 건네도록 저를 도와주옵소서.

8월 26일 ● 욥기 20:1–22:30 / 고린도후서 1:1–11 / 시편 40:11–17 / 잠언 22:2–4

자기를 의지하지 말고 하나님만 의지하게

형제들아 우리가 아시아에서 당한 환난을 너희가 모르기를 원하지 아니하노니 힘에 겹도록 심한 고난을 당하여 살 소망까지 끊어지고 우리는 우리 자신이 사형 선고를 받은 줄 알았으니 이는 우리로 자기를 의지하지 말고 오직 죽은 자를 다시 살리시는 하나님만 의지하게 하심이라(고후 1:8–9).

　인터넷을 검색해보면, 자녀의 자립심을 기르는 "7가지 규칙", "10가지 방법", "4가지 단계" 등 기사들이 수없이 뜬다. 자립은 분명 우리 시대의 가치다. 우리도 어느 정도는 자립심의 유익을 이해한다. 우리는 계속해서 그들의 칫솔에 치약을 짜주기를 원치 않는다. 성인이 된 그들에게 입을 옷을 정해주기를 원치 않는다. 우리가 곁에 없을 때 그들이 좋은 결정을 내리고 행동하기를 원한다. 자녀가 하나님의 영광을 위해 하나님의 형상대로 지음받은 사람으로서 스스로를 건강하게 인식하기를 원한다. 그 인식이 그들에게 세상에 발을 내딛고 그리스도를 위해 구별되겠다는 확신을 심어주기를 원한다. 하지만 자립을 가르치는 것보다 훨씬 더 중요한 게 있다.

　바울도 이 중요한 것을 배워야 했다. 그 배움은 결코 수월하지 않았다. 고린도교회에 쓴 두 번째 편지에서 바울은 자신이 최근 죽을 만큼 지독하고 끔찍한 경험을 했다고 썼다. 그를 욕하던 사람들이 에베소에서 폭동을 일으켰고, 처형될 위기에 직면했고, 생명을 위협하는 질병에 걸리기도 했다. 그것이 무엇이건 바울은 이 시련에는 하나님의 목적이 있음을 분명히 알았다. 하나님은 바울의 자립심을 기르는 데에는 관심이 없으셨다. 하나님은 바울이 그분을 더욱 온전히 의지하기를 배우기 원하셨다. 하나님은 바울에게 남아 있는, 자기 힘으로 고난을 견디고 자기 힘으로 고난과 싸우는 능력을 없애고 계셨다. 하나님은 바울이 보다 더 깊이 자신의 연약함을 인식하도록 인도하셨다. 그 인식 덕분에 바울은 "내 능력이 약한 데서 온전하여짐이라"(고후 12:9)라는 하나님의 설득을 훨씬 더 잘 받아들일 수 있었다.

◆ ◇ ◇ ◆

주님, 당신을 더욱 온전히 의지하도록 가르쳐주시는 당신의 방법은, 우리가 의지할 대상이 오직 당신뿐인 상태로 작아지는 것임을 깨닫습니다. 그것은 우리에게는 지독히 불편하게 들리지만 당신께 간구합니다. 우리가 자신이 아닌 주님을 더욱 온전히 의지하는 것의 의미를 우리와 ＿＿에게 가르쳐주옵소서.

8월 27일 ● 욥기 23:1-27:23 / 고린도후서 1:12-2:11 / 시편 41:1-13 / 잠언 22:5-6

마땅히 행할 길

마땅히 행할 길을 아이에게 가르치라 그리하면 늙어도 그것을 떠나지 아니하리라(잠 22:6).

이 잠언은 우리가 약속의 말씀으로 읽고 싶은 그런 구절이다. 우리는 만약 우리가 자녀를 마땅히 행할 길(그리스도 안에서 생명으로 인도하는 길)에 올려놓으면 그들이 집을 떠난 후에도 결코 그 행로에서 벗어나지 않을 것이라는 사실을 확신하기를 원한다. 이는 일반적인 원칙이지만 항상 일어나는 일은 아니다. 물론 그리스도께 열렬히 헌신하는 부모는 그리스도께 열렬히 헌신하는 자녀를 키우는 경우가 많다. 하지만 경건한 부모의 신실한 노력이 항상 경건한 자녀를 낳는다는 보장을 해주지는 않는다.

우리가 자녀를 키우는 방식과 그들이 성장한 결과 사이에 아무 연관성이 없다는 게 아니다. 성경은 우리에게 자녀를 "오직 주의 교훈과 훈계로 양육하라"(엡 6:4)는 책임을 지운다. 우리에게는 영향력이 있지만 통제권은 없다. 정말이지 우리에게는 자녀의 회개와 믿음을 끌어낼 능력이 없다. 그것은 우리가 짊어지도록 의도된 적이 없는 짐이요, 하늘 아버지만이 지실 수 있는 짐이다.

위의 잠언이 격언이지 약속은 아님을 깨달을 때, 우리는 그리스도의 길로부터 벗어난 것 같은 자녀를 키우는 다른 부모에 대한 판단을 멈출 수 있다. 우리 자녀가 마땅히 행할 길에 저항하는 것처럼 보일 때 스스로에 대한 비난으로부터도 벗어날 수 있다. 우리가 더 열심히 노력했다면, 더 분명하게 소통했다면, 더 꾸준했다면, 더 자주 자녀를 교회에 데려갔다면, 홈스쿨링을 했다면, 기독학교에 보냈다면, 공립학교에 보냈다면, 그러면 상황이 달라졌을지 모른다고 말하는 머릿속 목소리를 향해 되받아칠 수 있다. 우리는 하나님의 주권 안에서 안식할 수 있다. 우리 자녀가 주님 안에서 취하는 길에 관한 우리의 모든 염려를 던져버릴 수 있다. 주님께서 우리와 우리 자녀를 돌보신다는 사실을 알 수 있다.

◆ ◇ ◇ ◆

주님, ___가 마땅히 행할 길 위에서 당신을 향하게 만드는 일이 모두 저에게 달렸다면, 그렇다면 그 짐은 제가 감당할 수 없습니다. 저는 ___를 당신의 방향으로 지시하고 인도하고 재촉하면서 지혜롭게 걷기를 참으로 원하지만, 당신께서 ___를 부르시고, ___를 확신케 해주시고, ___의 마음을 사로잡아주셔야 합니다.

8월 28일

● 욥기 28:1-30:31 / 고린도후서 2:12-17 / 시편 42:1-11 / 잠언 22:7

하나님께 소망을 두라

내 영혼아 네가 어찌하여 낙심하며 어찌하여 내 속에서 불안해 하는가 너는 하나님께 소망을 두라 그가 나타나 도우심으로 말미암아 내가 여전히 찬송하리로다(시 42:5).

자녀 양육에는 참으로 큰 기쁨이 있다. 하지만 깊은 낙심도 찾아온다. 자녀를 양육할 지혜와 은혜가 부족한 듯 느껴질 때 우리는 낙심할 수 있다. 우리 자녀가 택한 인생의 방향 때문에 불안해할 수 있다. 우리가 자녀를 너무 깊이 사랑하기 때문에, 그런 낙심은 쉽게 극복되지 않는다. 우리에겐 하나님의 도우심이 필요하다. 그것이 바로 시편 42편이 우리에게 주는 바다.

시편 기자는 자기 주변의 생생한 이미지를 사용한다. 첫 번째 이미지는 헐떡이는 사슴이다. 그는 물이 있어야 할 자리에 머리를 담가보지만 메마른 강바닥을 발견할 뿐이다. 그의 내면은 해갈되지 못한 간절함이 가득하다. 시편 기자는 이어서 또 하나의 생생한 이미지를 준다. 그는 우리를 헤르몬산에서 흘러나오는 강줄기와 폭포가 요단강의 상류를 형성하는 곳으로 데려간다. "주의 폭포 소리에 깊은 바다가 서로 부르며 주의 모든 파도와 물결이 나를 휩쓸었나이다"(시 42:7). 두 이미지에서 우리는, 물을 찾을 수 없는 사슴처럼 갈증을 느끼는 동시에 하나님의 사랑이 급류처럼 휩쓸고 지나가는 느낌을 이해하게 된다.

시편 기자는 자신에게 복음(일반적인 의미의 복음이 아니라 그에게 개인적으로 적용된 복음이다)을 선포한다. "너는 하나님께 소망을 두라 그가 나타나 도우심으로 말미암아 내가 여전히 찬송하리로다." 시편 기자는 하나님께 자기의 불평을 쏟아놓지만, 그럼에도 하나님께 가까이 있는 것이 얼마나 좋은지를 의도적으로 기억하고 암송한다. 그는 자기 영혼과 대화하면서 하나님께 소망을 두라고 말한다.

◆ ◇ ◇ ◆

주님, 이 시편에서 당신은 저에게 말씀을 주십니다. 당신께 드릴 말씀이나 당신에 관한 말씀뿐만 아니라 제 자신에게 설교할 말씀을 주십니다. 제가 깊이 낙심할 때, 앞으로 나아갈 길이 보이지 않아서 제 감정이 저에게 좋은 일은 없을 거라고 말할 때, 저는 제 영혼에게 이 말씀을 선포하겠습니다. "하나님께 소망을 두라!"

8월 29일　● 욥기 31:1-33:33 / 고린도후서 3:1-18 / 시편 43:1-5 / 잠언 22:8-9

내 눈과의 언약

내가 내 눈과 약속하였나니 어찌 처녀에게 주목하랴 그리하면 위에 계신 하나님께서 내리시는 분깃이 무엇이겠으며 높은 곳의 전능자께서 주시는 기업이 무엇이겠느냐 불의한 자에게는 환난이 아니겠느냐 행악자에게는 불행이 아니겠느냐 그가 내 길을 살피지 아니하시느냐 내 걸음을 다 세지 아니하시느냐(욥 31:1-4).

　욥은 성적 유혹에 관해 현실주의자가 분명하다. 그는 그런 강력한 욕망에 접근할 때에는 평범할 수 없다는 걸 깨달았다. 그것은 그를 패망으로 이끌고, 그가 사랑하는 하나님의 마음을 아프게 하기 때문이다. 그래서 욥은 젊은 여인을 욕망의 눈으로 보지 않기로 자신과 엄격하고도 구속력 있는 언약을 맺었다. 그는 간음이나 성적인 부도덕으로 이끄는 공상에 빠지지 않기로 결심했다.

　그가 진심으로 노력하겠노라 말만 하지 않은 것에 주목하라. 그는 **언약**(개역개정은 '약속'으로 번역함-역주)을 맺었다. 언약을 맺는 것은 종종 짐승을 반으로 쪼개는 것과 관련되는데, 곧 "내가 만약 나의 언약을 지키지 않으면, 나는 이 짐승처럼 반으로 쪼개질 것이다"라는 의미다. 욥이 한 헌신은 외부에서 부과한 규제나 스스로가 부과한 의무보다 더 깊었다. 그것은 철저하고 내적인 헌신이었다. 성경은 우리가 이러한 눈의 언약을 체결해야 한다고 요구하지는 않는다. 하지만 성경은 완전한 순결을 명령한다(골 3:5). 욥은 자신의 순결을 지지하는 수단으로 눈의 언약을 세웠다.

　욥의 언약처럼 사려 깊게 심사숙고된 언약은, 당신의 가정과 가족 안에(자녀만이 아니라 부모에게도) 순결의 능력을 공급하는 수단일 수 있다. 이러한 헌신을 독려할 때 우리는 완벽함을 기대하는 게 아니다. 싸우겠다는 약속과 빠져나오겠다는 계획과 피하겠다는 전략을 끌어내기를 기대한다. 또한 우리는 누군가가 순전한 의지력으로 이 언약을 지킬 것을 기대하는 게 아니다. 오직 하나님께서 약속하신 도움을 의지하는 믿음으로 말미암아, 은혜로써 지킬 것을 기대한다.

◆ ◇ ◇ ◆

주님, 우리 집에서 일어나는 순결을 위한 전쟁을 이끌어주옵소서. 예기치 못하게 성적으로 유혹하는 사람이나 이미지를 만날 때, 저는 얼굴을 돌리거나 화면을 끄거나 그 자리를 떠나겠습니다. 당신의 자비와 능력에 제 자신을 맡기니 제게 그럴 수 있는 은혜를 주옵소서.

8월 30일　● 욥기 34:1-36:33 / 고린도후서 4:1-12 / 시편 44:1-8 / 잠언 22:10-12

하나님께서 그 빛을 비추셨다

그 중에 이 세상의 신이 믿지 아니하는 자들의 마음을 혼미하게 하여 그리스도의 영광의 복음의 광채가 비치지 못하게 함이니 그리스도는 하나님의 형상이니라 … 어두운 데에 빛이 비치라 말씀하셨던 그 하나님께서 예수 그리스도의 얼굴에 있는 하나님의 영광을 아는 빛을 우리 마음에 비추셨느니라(고후 4:4, 6).

　사탄은 자녀의 마음을 혼미하게 하여 "그리스도의 영광의 복음의 광채가 비치지 못하게" 한다. 어떻게 그것을 하려 할까? "그가 거짓말쟁이요 거짓의 아비가 되었음이라"(요 8:44). 사탄은 항상 우리와 자녀에게 거짓말을 한다. 그 거짓말은 각 세대마다 다른 모양을 취하지만, 모든 것에 마수를 뻗치는 전략은 에덴동산 이래로 본질적으로 같다. 사탄은 하나님의 말씀과 하나님의 선하심을 의심하게 만들고, 그럴 듯한 인물이 되고 자신의 인생을 스스로 책임지려는 우리의 타오르는 욕망에 땔감을 던져넣는다.

　사탄은 우리 자녀가 진짜 중요한 것들에 대해 깊이 생각하지 못하게 막으려 한다. 그래서 재미있고 흥미롭지만 결국 사소하고 의미 없는 것들로 그들을 덮어버린다. 사탄은 자녀가 스스로에게 몰두하고 타인이 그들에 대해 어떻게 생각하고 무엇이라고 말하는지에 완전히 사로잡히는 것이 정상인 듯 보이게 한다. 사탄은 우리 자녀에게 스스로가 자기 운명의 선장이며 스스로를 훌륭하게 만들어야 한다고 주장하는 세상의 목소리를 크게 확대한다.

　그렇다면 이토록 강력하게 거스르는 힘이 작동하는 세상에서 성장하는 우리 자녀에게 도대체 무슨 소망이 있는가? 답은 여기 있다. "어두운 데에 빛이 비치라 말씀하셨던 그 하나님께서 예수 그리스도의 얼굴에 있는 하나님의 영광을 아는 빛을 우리 마음에 비추셨느니라." 우리가 하나님의 말씀을 자녀에게 읽어주고 가르쳐주고 노출시킬 때, 빛이 비치고 "어둠이 그 빛을 이기지 못"(요 1:5, 새번역)한다.

주님, 회심으로 이끄는 유일한 길은 당신께서 어두워진 영혼으로 하여금 당신의 복음 안에 있는 그리스도의 아름다움을 보게 하시는 것입니다. 누군가를 회심시키는 데 필요한 빛을, 저는 만들어낼 수 없습니다. 하지만 당신은 하실 수 있습니다. 그러므로 당신께 간구합니다. 당신의 빛을 우리 가정 안에 밝게 비추어주사 우리가 당신의 영광을 보게 하옵소서!

8월 31일
● 욥기 37:1-39:30 / 고린도후서 4:13-5:10 / 시편 44:9-26 / 잠언 22:13

우리가 절대 낙심하지 않는 이유

그러므로 우리가 낙심하지 아니하노니 우리의 겉사람은 낡아지나 우리의 속사람은 날로 새로워지도다 우리가 잠시 받는 환난의 경한 것이 지극히 크고 영원한 영광의 중한 것을 우리에게 이루게 함이니 우리가 주목하는 것은 보이는 것이 아니요 보이지 않는 것이니 보이는 것은 잠깐이요 보이지 않는 것은 영원함이라(고후 4:16-18).

바울이 자신의 현재의 환난을 "경한 것"이라고 묘사하는 성경 구절을 읽을 때면, 우리는 그의 인생이 우리보다 훨씬 편안했을 거라고, 혹은 그가 자기의 어려운 현실을 경시했음에 틀림없다고 생각하고 싶어진다. 그가 현재의 환난은 "잠시"라고 말할 때, 우리는 그가 만성질환의 고통이나 반복되는 문제나 평생의 씨름에 빠진 적이 없다고 생각하고픈 시험에 든다. 하지만 전혀 사실이 아니다. 바울은 낙심하지 않는 비결을 발견하고는 환난 한복판에서 내적으로 새로워지는 경험을 했다. 우리는 바울이 고린도 교인들에게 보낸 편지의 후반부에서 천국을 보았다는 사실을 읽는다. 하나님의 영광을 뚜렷하게 본 경험이 바울에게는 이 세상에서의 삶에 균형감을 형성해주었다. 바울은 다가올 영광의 무게를 보았기 때문에 이생의 환난을 "경한 것"으로 묘사할 수 있었다. 짧게나마 시간을 벗어나 영원으로 들어갔기 때문에 이생의 고통을 "잠시 받는 것"으로 묘사할 수 있었다(17절).

자녀 양육은 어렵다. 우리의 예상보다 훨씬 더 어렵고 훨씬 많은 과제가 있다. 때로는 너무 어려워서 포기하고 싶은 유혹에 빠진다. 자녀와 의미 있는 관계를 추구하는 것과 그들을 훈육하는 것과 하나님께서 그들에게 일하시기를 기대하는 것을 포기하고 싶어진다. 하지만 바울은 우리가 더 큰 그림을 보기 원한다. 우리가 그 관점을 얻는 방법이 여기 있다. 우리의 환난에 초점을 맞추기를 멈추고, 가장 무거운 짐을 "경한 것"으로 보이게 하는 영광과, 평생의 씨름을 잠시 받는 것으로 보이게 하는 영원한 미래에 우리의 눈을 고정시키는 것이다.

◆ ◇ ◇ ◆

주님, 현재의 고난에 초점을 맞추지 않으려면 당신의 도움이 진실로 필요합니다. 고난은 너무 크게 보이고 수그러들지 않을 것 같습니다. 때때로 저는 포기하고 싶어집니다. 제가 육안으로는 보지 못하는 진실에 시선을 고정할 수 있도록 저를 도와주옵소서. 날로 새로워지게 하옵소서.

9월 1일

● 욥기 40:1−42:17 / 고린도후서 5:11−21 / 시편 45:1−17 / 잠언 22:14

하나님께 돌아오라!

모든 것이 하나님께로서 났으며 그가 그리스도로 말미암아 우리를 자기와 화목하게 하시고 또 우리에게 화목하게 하는 직분을 주셨으니 곧 하나님께서 그리스도 안에 계시사 세상을 자기와 화목하게 하시며 그들의 죄를 그들에게 돌리지 아니하시고 화목하게 하는 말씀을 우리에게 부탁하셨느니라 그러므로 우리가 그리스도를 대신하여 사신이 되어 하나님이 우리를 통하여 너희를 권면하시는 것 같이 그리스도를 대신하여 간청하노니 너희는 하나님과 화목하라(고후 5:18−20).

   자녀를 훈계할 때마다 우리는 그것을 우리의 좌절과 분노를 터뜨리는 기회로, 시키는 대로 따르도록 자녀에게 강요하는 기회로, 자녀를 수치에 빠뜨려 고통스럽게 후회하게 만드는 기회로, 행동을 변화시키도록 그들을 조종하는 기회로 이용할 수 있다. 아니면, 하나님께로부터 부여받은 임무(우리 자녀를 포함해서 사람들을 하나님과 화목하게 하는 임무)를 통해 우리 자신을 돌아볼 수도 있다.

   우리는 한때 하나님의 원수였다. 그분이 사랑하는 모든 것에 반대했고 그가 명하신 것에 정반대로 행했다. 하지만 하나님은 우리에게 소리를 지르거나, 우리를 수치스럽게 하거나 조종하지 않으시고, 우리를 환대하셨다. 하나님은 분노를 그 아들에게 쏟으심으로써 자신과 우리가 화목하게 하셨다. 이와 같이 하나님은 우리를 그분께로 가까이 이끄셨다. 그분의 자비가 우리를 회개로 이끌었다. 우리가 그런 대우를 받을 만한 일을 전혀 하지 않았을 때, 사실상 그의 진노를 받을 모든 것을 행했을 때 말이다. 그분과 우리 사이의 모든 장애물이 그분의 위대한 사랑으로 무너졌다.

   그러므로 이제, 하나님과 화목하게 된 우리는 화목하게 하는 자로서 살고 사랑하고 훈계할 수 있다. 우리 자녀에게 그들의 죄가 해결된 장소로 십자가를 알려줄 수 있다. 성난 언어나 냉정한 태도로 그들을 밀어붙이기보다는, 우리를 회개로 이끈 하나님의 자비를 기억하면서 우리 자녀를 이끌 수 있다. 우리는 우리가 받은 사랑처럼 사랑할 수 있고 우리가 받은 용서처럼 용서할 수 있다.

◆ ◇ ◆

   주님, 당신의 팔은 우리가 잘못했을 때에도 언제나 우리에게 열려 있습니다. 그 자비가 우리와 ___의 관계에도 흔적을 남기기 원합니다. 우리가 받아 마땅한 비난이 아닌 화목을 말하는 복음에 감사드립니다. 우리가 겸손히 자신을 낮추고 화목하게 하는 자로서 살 수 있도록 도와주옵소서.

9월 2일 ● 전도서 1:1-3:22 / 고린도후서 6:1-13 / 시편 46:1-11 / 잠언 22:15

영원히 의미 있는 인생

전도자가 이르되 헛되고 헛되며 헛되고 헛되니 모든 것이 헛되도다(전 1:2).

전도서에서 우리는 전도자의 목소리를 듣는다. 그는 인생을 다방면에서 들여다보았고 우리 인생에는 지속적인 의미나 중요성이 없다고 확신한다. 그는 "해 아래에서" 모든 것(제한된 세상의 관점에서 볼 수 있는 모든 것)을 보았는데 전부 다 헛되다고 평가한다. 그에 의하면 우리 인생은 얼마간 있다가 사라지는, 추운 밤 입김과 같다. 그럼에도 그는 하나님께서 "사람들에게는 영원을 사모하는 마음을 주셨느니라"(3:11)라고 말한다. 인간의 영혼 안에, 하나님은 우리 인생의 제한된 수명 너머를 바라는 갈망을 주셨다.

전도자는 사람이 일평생 일하다가 죽는 것을 본다. 그토록 열심히 일하던 모든 것을 두고 가는 것처럼 보인다. 우리가 "다 흙으로 말미암았으므로 다 흙으로 돌아가나니"(3:20)라는 것을 깨달은 그는 먹고, 마시고, 수고의 열매를 누리라고 조언한다. 죽은 후에는 누가 장담하는가? 전도자는 해 아래에서의 삶이 끝날 때 무슨 일이 일어날지에 대해 분명하게 인지하지 못한다.

운이 좋게도 우리는 전도자가 볼 수 없던 것을 볼 수 있다. 이는 우리 자녀에게 바라는 것이기도 하다. 우리는 그리스도의 인격과 사역에 관한 하나님의 더 온전한 계시에 비추어 살기 때문에, 해 아래에서 사는 짧은 세월 너머 삶이 있다는 것을 안다. 우리는 무덤 너머 부활의 삶에 대한 확실한 소망 안에서 산다. 이생이 때때로 헛되어 보일지라도, 예수님은 온 창조세계가 헛됨에서 놓임 받는 데에 필요한 모든 것을 성취하셨다.

우리가 그리스도 안에서, 그리스도를 위하여, 그리스도를 통하여 행한 것만이 영원한 의미가 있다. 해 아래에서의 삶은 무의미하지 않다. 우리가 그리스도와 연합되었기 때문에, 우리 인생은 영원히 의미 있다.

◆ ◇ ◇ ◆

예수님, 지금 이 순간에도 당신은 믿음으로써 당신과 연합된 모든 인생을 의미와 목적으로 채우십니다. ___가 견고하고 흔들리지 않기를, 항상 열심히 당신을 섬기기를, 당신을 위해 한 어떤 일도 쓸모없게 되지 않음을 알기를 기도합니다.

9월 3일 ● 전도서 4:1-6:12 / 고린도후서 6:14-7:7 / 시편 47:1-9 / 잠언 22:16

온전한 거룩함

그런즉 사랑하는 자들아 이 약속을 가진 우리는 하나님을 두려워하는 가운데서 거룩함을 온전히 이루어 육과 영의 온갖 더러운 것에서 자신을 깨끗하게 하자(고후 7:1).

우리 자녀를 어떻게 양육해야 하는지 말하는 전문가들은 많다. 하지만 '어떻게'의 상당 부분은 '왜'를 무시한다. 바울은 고린도후서 7장 1절에서 "하나님을 두려워하는 가운데서"라며 우리에게 매우 분명하게 자녀 양육의 '이유'를 알려준다. 우리는 하나님을 경외하기 때문에 죄를 무시하거나 합리화하지 않고 꾸준히 죄에 맞선다. 또한 우리는 같은 이유로 자녀 양육이 그저 자녀의 육체적 성장에 국한된 것이 아니라, 하나님께서 그 과정을 사용하셔서 해결해야 할 죄를 드러내신다는 것을 깨닫는다.

우리는 자신의 몸과 영혼을 더럽히는 것들에 대해서는 무관심한 반면, 자녀의 몸과 영혼을 더럽히는 모든 것으로부터 그들을 지키려는 노력에만 집중하기 쉽다. 우리는 우리가 보고 듣는 것에 의해 오염되지 않는다고 확신하는 반면, 자녀들이 스크린에서 무엇을 보는지 엄격해지기 쉽다. 우리는 도움이 필요한 사람들과 나누려 하지 않으면서, 그들에게는 나누라고 말할 수 있다.

하나님은 자녀 양육을 사용하셔서 우리 자녀를 정결케 하시는 동시에, 우리도 정결케 하신다. 우리가 전에는 결코 보지 못했던 죄(하나님에 대한 미묘한 불순종, 재정적 안정이나 개인의 안전에 대한 우상숭배, 교만이나 질투나 권리 의식과 같은 마음)가 수면 위로 떠오른다. 우리가 "거룩함을 온전히 이루"지 않는다면, 우리는 더욱 까다롭고 더욱 통제적이며 더욱 분노하는 부모가 되기 쉽다. 하지만 우리가 온전한 거룩함을 이루는 목표에 있어서 자녀의 참여를 허락한다면, 우리는 하나님께서 단순히 자녀를 키우는 것 이상을 우리에게 의도하셨음을 발견하게 된다. 하나님은 자녀를 사용하셔서 우리가 영적 성장을 향해 나아가게 하신다.

◆ ◇ ◇ ◆

주님, 제가 당신을 경외하기에, 제 인생에서 거룩함의 흔적이 점점 더 늘어나기를 원합니다. 그것은 해결되어야 할 죄가 수면 위로 올라오는 것을 의미합니다. 게다가 자녀 양육은 저의 내면세계의 실체를 계속해서 드러냅니다. 그러니 주님, 당신께서 제 안에서 일하실 때, 제가 점점 더 당신을 기쁘게 해드리는 방향으로 성장하기를 원합니다.

9월 4일
● 전도서 7:1-9:18 / 고린도후서 7:8-16 / 시편 48:1-14 / 잠언 22:17-19

하나님의 뜻대로 하는 근심

그러므로 내가 편지로 너희를 근심하게 한 것을 후회하였으나 지금은 후회하지 아니함은 그 편지가 너희로 잠시만 근심하게 한 줄을 앎이라 내가 지금 기뻐함은 너희로 근심하게 한 까닭이 아니요 도리어 너희가 근심함으로 회개함에 이른 까닭이라 너희가 하나님의 뜻대로 근심하게 된 것은 우리에게서 아무 해도 받지 않게 하려 함이라 하나님의 뜻대로 하는 근심은 후회할 것이 없는 구원에 이르게 하는 회개를 이루는 것이요 세상 근심은 사망을 이루는 것이니라 (고후 7:8-10).

고린도 교인들의 죄를 지적하고 그들에게 회개를 요구하는 것은 바울에게 하나도 즐거운 일이 아니었다. 바울은 그들을 사랑했고, 자신이 죄인 중에 "괴수"(딤전 1:15)임을 알고 있었다. 그들에게 엄격한 것이 자신을 불편하게 만들지라도 바울이 기꺼이 그 일을 한 것은, 그들의 구원이 위기에 처했기 때문이다. 바울은 그들을 생명으로 인도하는 회개의 길로 데려와야 할 하나님의 대언자였다.

우리 자녀가 스스로 신자라고 주장하면서도 회개하지 않고 반복적으로 죄를 짓는 것을 볼 때, 우리는 자녀를 사랑하기 때문에 그 죄를 무시하지 않고, 그들이 죄를 있는 그대로 깨닫고 그들이 죄를 버리게끔 도우려 한다. 어떤 부모도 자녀를 근심하게 하기를 원치 않는다. 하지만 경건한 근심은 우리 자녀의 영원한 행복을 보장하는 구원의 고뇌다.

예수님께서 "애통하는 자는 복이 있나니 그들이 위로를 받을 것임이요"(마 5:4)라고 말씀하신 것은, 우리가 일상에서 경험하는 상실이나 실망, 실패 때문에 느끼는 슬픔을 의미하는 게 아니다. 예수님은 하나님의 마음을 아프게 하는 죄 때문에 느끼는 깊은 슬픔에 대해 말씀하시는 것이다. 그것이 경건한 근심이다.

우리는 우리 눈의 들보를 제거한 후에야 자녀 눈의 티를 지적할 수 있다. 뿐만 아니라, 경건한 근심이 그들을 회개에 이르게 하고 그들의 길을 바꾸기를 기도할 수 있다.

◆ ◇ ◇ ◆

주님, 제가 지금 ___를 불편하고 근심하게 하는 것을 기꺼이 감당하게 하셔서, 영원히 당신에게서 멀어지는 것으로부터 돌이킬 수 있게 하옵소서. 제가 솔직하면서도 사랑을 담아 말할 때 ___에게 들을 수 있는 귀를 허락하셔서, 경건한 근심을 통해 습관적인 죄를 극복할 수 있도록 도와주옵소서.

9월 5일 ● 전도서 10:1-12:14 / 고린도후서 8:1-15 / 시편 49:1-20 / 잠언 22:20-21

더 큰 지혜의 필요성

일의 결국을 다 들었으니 하나님을 경외하고 그의 명령들을 지킬지어다 이것이 모든 사람의 본분이니라 하나님은 모든 행위와 모든 은밀한 일을 선악 간에 심판하시리라(전 12:13-14).

전도서의 마지막에 이르면, 서두에서 전도자를 소개했던 화자가 다시 등장한다. 그리고 이제껏 선포된 전도자의 모든 말에서 결론을 도출하면서, "내 아들아" 하고 부른다. 비로소 우리는 한 남자가 아들 혹은 제자와 함께 앉아있는 장면을 상상할 수 있다. 화자는 인생이 무엇인지, 진정으로 중요한 것이 무엇인지에 관해 그에게 가르쳐주고 있다. 전도자는 많은 지혜와 통찰력을 제공하고 세상에 관한 진리들을 말했지만, 그의 지혜는 제한적이었다. 그는 "해 아래에서"의 관점에서만 인생을 보았다.

그 후에 우리는 화자가 자기 아들의 눈을 바라보며 책 전체가 향하는 결론을 언급하는 장면을 그려볼 수 있다. "하나님을 경외하고 그의 명령들을 지킬지어다 이것이 모든 사람의 본분이니라 하나님은 모든 행위와 모든 은밀한 일을 선악 간에 심판하시리라." 이는 구약의 지혜가 우리에게 줄 수 있는 최대이자 한계다. 전도자의 시대에 필요했던 것은 새로운 계시였다. 해 아래에서의 지혜가 아니라 하늘로부터 오는 지혜였다.

마찬가지로, 이 세상에서 지혜롭게 사는 법에 관한 성경적 원리를 가르치는 일은 우리 자녀를 그 정도까지만 데려갈 수 있다. 헛되어 보이는 이 세상을 극복하기 위해서는 더 큰 무언가가 필요하다. 그것은 성육신하신 지혜, 곧 예수 그리스도와 믿음으로 연합하는 것이다. 만약 하나님께 의무를 다하고 순종하는 것이 우리에게 달렸다면, 우리는 모두 곤경에 빠진다. 만약 우리가 행한 모든 은밀한 일에 대해서 그리스도와는 별개로 심판받는다면, 우리는 가망이 없다. 하지만 우리는 곤경에서 건짐 받았고, 우리에겐 소망이 있다. 우리에겐 해 아래의 이 세상에 오셔서 우리 인생에 의미를 불어넣어 주신 지혜, 곧 예수님이 계시다.

◆ ◇ ◇ ◆

주님, 우리는 ___에게 세상에서 잘 먹고 잘사는 온갖 원칙들을 가르쳐서 결과적으로 세상의 관점에서는 도덕적이고 성공적으로 살면서, 당신에 대한 필요는 보지 못하는 사는 것을 원하지 않습니다. 우리는 ___가 복음을 믿고 복음에 비추어 살아감으로써 당신을 경외하고 당신의 명령들을 지키기를 원합니다.

9월 6일　　● 아가 1:1-4:16 / 고린도후서 8:16-24 / 시편 50:1-23 / 잠언 22:22-23

때가 이르기 전에는

예루살렘 딸들아 내가 노루와 들사슴을 두고 너희에게 부탁한다 내 사랑이 원하기 전에는 흔들지 말고 깨우지 말지니라(아 2:7).

　성경에서 내내 성(性)에 관하여 말하는 책을 발견한다면 조금 놀랍고 불편할 수 있다. 하지만 우리는 아가서로부터 성이 본래 더럽거나 수치스러운 게 아님을 배우게 된다. 아가서의 저자가 그리는 성생활의 아름다움은 아담과 하와가 벌거벗고도 부끄러워하지 않는 경이로움을 누리던 에덴동산을 떠올리게 한다.

　아가서는 성생활을 결혼에 의해 허용되는 악한 것이 아니라 결혼에 의해 보호받는 좋은 선물로 소개한다. 세상은 크리스천들이 성에 대해서 매우 고상한 체하거나 억압적이라고 본다. 하지만 성경은 성이 "나는 영원토록 오직 당신께만 온전히 속합니다"라고 상대방에게 말해주는, 하나님께서 축복하신 소통 방법임을 분명히 한다. 성은 두 사람 간에 깊은 친밀감과 하나됨과 교감을 창조한다. 하나님은 인간의 감정이 들쑥날쑥하기 때문에 서로를 묶어줄 무언가가 필요하다는 것을 아시고, 친밀함의 기초로서 공적이고 합법적인 언약을 요구하신다. 공적인 언약에 의한 성적 사랑의 보호 장치는 아가서에서 세 번이나 반복된다(2:7; 3:5; 8:4). "예루살렘 딸들아 내가 노루와 들사슴을 두고 너희에게 부탁한다 내 사랑이 원하기 전에는 흔들지 말고 깨우지 말지니라."

　이 후렴구에서 우리는 우리 문화를 향한 충격적인 메시지를 발견한다. 성적인 욕망이 잠들 수 있다는 것이다. 당신은 성관계를 갖지 않고도 온전한 인간일 수 있다. 온갖 종류의 성적인 표현을 환영하는 문화에 살고 있는 우리는 부모로서, 오로지 결혼관계 안에서만 즐거운 성관계를 축하해주고, 자녀에게 "때가 이르기 전에는 사랑을 깨우지 말라"고 독려해야 한다.

◆ ◇ ◆

주님, 당신께서 성적인 사랑을 좋은 선물로 의도하셨고 뿐만 아니라 거기에는 경계선이 있음을 ___에게 신실하게 전해주려면 당신의 도움이 진실로 필요합니다. 우리는 자녀에게 이 좋은 선물을 건강하고 거룩하게 누리라고 가르쳐주지만, 세상의 모든 것이 우리와는 반대로 움직이는 것처럼 보입니다. 주변 세상의 목소리를 극복하기 위해서는 당신의 은혜가 우리 안에서 또 우리를 통해서 일하시는 것이 절대적으로 필요합니다.

9월 7일

● 아가 5:1-8:14 / 고린도후서 9:1-15 / 시편 51:1-19 / 잠언 22:24-25

사랑은 불길 같이 일어나니

너는 나를 도장 같이 마음에 품고 도장 같이 팔에 두라 사랑은 죽음 같이 강하고 질투는 스올 같이 잔인하며 불길 같이 일어나니 그 기세가 여호와의 불과 같으니라 많은 물도 이 사랑을 끄지 못하겠고 홍수라도 삼키지 못하나니 사람이 그의 온 가산을 다 주고 사랑과 바꾸려 할지라도 오히려 멸시를 받으리라(아 8:6-7).

대중음악은 사랑을 감상적이고 단순하고 안전한 것으로 보이게 만든다. 시트콤은 일상의 성관계가 대수롭지 않고 자유로운 것처럼 보이게 만든다. 하지만 아가서의 연인은 사랑이 한낱 감상주의보다 훨씬 더 강렬하고, 한낱 말보다 훨씬 더 복잡하며, 상처 입은 감정보다 훨씬 더 위험하다는 것을 알고 있다. 성적인 욕망을 잘못 쏟으면 심각한 해를 입을 수 있다. 그렇게 큰 힘을 가진 무언가를 안전하게 다루는 유일한 방법은 평생의 헌신을 통해 밀봉된 안전한 관계 안에서 그것을 경험하는 것이다.

우리가 연합하고 동침하는 사람은 우리의 일부를 취하는 것이고 우리는 결코 그것을 온전히 되돌려받을 수 없다. 그 경험은 우리의 영혼에 깊은 자국을 남긴다. 성적인 친밀함을 혼외관계에서 갖는 것은 불을 가지고 노는 것과 같다. 어쩌면 당신의 자녀는 이미 불에 데었는지 모른다. 만약 그렇다 해도, 복음 안에 좋은 소식이 있다. 성관계의 흉터를 치유하는 약이 있다는 것이다. 우리는 그분의 상함으로 나음을 받는다.

예수님 시대의 종교지도자들은 예수님이 부도덕하고 성적으로 망가진 사람들과 식사하는 것을 보고 불쾌하게 여겼다. 하지만 예수님은 말씀하셨다. "건강한 자에게는 의사가 쓸 데 없고 병든 자에게라야 쓸 데 있나니 내가 의인을 부르러 온 것이 아니요 죄인을 불러 회개시키러 왔노라"(눅 5:31-32). 예수님은 성적으로 완벽하게 깨끗한 사람들을 위해 오신 게 아니다. 만약 그런 사람이 있다면 말이다. 예수님은 병든 자(성적인 죄에 덴 사람들)를 위해 오셨다. 지금도 그분은 죄의 흉터를 지닌 사람들에게 등을 돌리지 않으신다. 설령 그 상처가 스스로 자초한 것이라 해도 말이다.

주님, 당신은 제가 결코 알 수 없는 방법으로 ___가 성관계의 오용에 어떻게 데었을 수 있는지를 아십니다. ___가 자기 영혼의 연인의 품 안에 안기도록 도와주옵소서. 오직 당신만이 그 영혼의 감추어진 상처를 치유하실 수 있습니다.

9월 8일

● 이사야 1:1-2:22 / 고린도후서 10:1-18 / 시편 52:1-9 / 잠언 22:26-27

영적 전쟁터

우리가 육신으로 행하나 육신에 따라 싸우지 아니하노니 우리의 싸우는 무기는 육신에 속한 것이 아니요 오직 어떤 견고한 진도 무너뜨리는 하나님의 능력이라 모든 이론을 무너뜨리며 하나님 아는 것을 대적하여 높아진 것을 다 무너뜨리고 모든 생각을 사로잡아 그리스도에게 복종하게 하니(고후 10:3-5).

우리는 가정이 전쟁터임을 잊고 지내는 경향이 있다. 그럼에도 원수로부터의 공격을 감지할 때가 있는데, 그는 "도둑질하고 죽이고 멸망시키려"(요 10:10)고 우리 집 문 앞에 나타난다.

원수는 우리 자녀의 마음에 심긴 하나님의 말씀이라는 진리를 도둑질하고, 오직 인간의 이성과 거짓 주장만을 남기려 한다. 원수는 우리 자녀의 인생에 맺어지는 겸손의 열매를 죽이고, 교만하게도 하나님이 필요 없다고 생각하게 만든다. 원수는 그리스도께 순종하는 것이 진실로 영원한 행복에 이르는 길이라는 자녀의 생각을 멸망시키고, 인생을 제멋대로 살겠다는 패역한 생각만을 남기려 한다.

우리 가정이 사실상 영적 전쟁터(이곳에 거하는 모든 이의 영혼에 대해 맹렬한 전투가 진행되는 장소)임을 깨닫게 되면, 원수를 무찌를 능력이 우리 자신에게는 없다는 사실도 깨닫게 된다. 우리에게는 하나님의 능력이 필요하다. 그래서 우리는 그냥 TV만 보는 것이 아니라 함께 하나님의 말씀을 읽어야 한다. 우리는 자신의 뛰어난 실력이나 고된 수고가 아니라 믿음으로 살아야 한다. 우리는 자신의 선한 의도가 아니라 성령님의 능력에 의존해야 한다. 그리고 우리는 염려하며 시간을 보내지 않고 함께 기도해야 한다.

◆ ◇ ◇ ◆

하나님, 우리 가족에게는 서로와 당신과 주변 세상과 관계 맺는 뿌리 깊은 방식이 있다는 것을 깨닫습니다. 그리고 당신께서 신령한 능력을 공급해주지 않으시면 우리에게는 변화의 능력이 없음을 깨닫습니다. 우리에게는 당신의 말씀에 반하는 뿌리 깊은 신념이 있습니다. 뿌리 뽑아 없애야 할 패역한 사고방식과 교만한 태도가 있습니다. 그러니 주님의 무기를 들고 싸우는 방법을 우리에게 보여주옵소서. 우리는 ___의 영혼을 위해 당신께서 공급해주신 무기를 사용하기 원합니다.

9월 9일   ● 이사야 3:1-5:30 / 고린도후서 11:1-15 / 시편 53:1-6 / 잠언 22:28-29

들 포도

내가 사랑하는 자에게 포도원이 있음이여 심히 기름진 산에로다 땅을 파서 돌을 제하고 극상품 포도나무를 심었었다 그 중에 망대를 세웠고 또 그 안에 술틀을 팠도다 좋은 포도 맺기를 바랐더니 들포도를 맺었도다(사 5:1-2).

우리가 부모로서 바닥을 칠 때, 성공보다 실패를 훨씬 더 절감할 때, 우리는 온전하신 하늘 아버지조차 까다로운 자녀를 기르셨다는 사실을 기억해야 한다. 사실상, 그분의 **모든** 자녀는 그릇된 방향으로 갔다. 이사야 1장 2절에서 여호와께서 말씀하시기를, "내가 자식을 양육하였거늘 그들이 나를 거역하였도다." 그래서 하나님은 반역하는 자녀를 키우는 부모의 씨름과 실망을 이해하신다.

이사야 5장에서, 하나님은 자기 자녀를 포도원에 비유하시면서 하나님께서 준비하시고 보호하시고 열매 맺기를 기대하셨다고 말씀하신다. 하지만 포도나무는 쓰디쓴 들 포도를 맺었다. 어쩌면 하나님처럼 당신도 자녀를 기르고 보호하면서 풍성하고 경건한 삶을 기대했는지 모르겠다. 달콤한 포도를 기대하며 기다려왔다. 그러나 자녀는 쓴 포도만 맺었다. 우리는 자녀가 구원자가 필요한 죄인임을 머리로는 알지 모른다. 하지만 자녀가 나쁜 선택을 하고 자신과 타인에게 상처 주는 행동하는 것을 볼 때, 우리는 여전히 좌절감과 두려움과 죄책감과 실망감과 낙심과 씨름한다.

이사야 5장 4절에서 여호와께서 "내가 내 포도원을 위하여 행한 것 외에 무엇을 더할 것이 있으랴?"라고 물으시는 것을 들을 때, 우리는 그분께서 더 하실 일이 무엇인지 안다. 하나님은 그분의 사랑하는 아들을 보내실 것이다. 그 아들은 자신을 "참 포도나무"(요 15:1)라고 부른다. 참 포도나무는 부러질 것이고 열매를 맺을 것이다. 그 아들은 "그가 내 안에, 내가 그 안에 거하면 사람이 열매를 많이 맺나니"(요 15:5)라고 말씀하신다.

◆ ◇ ◇ ◆

주님, ___에게 가장 필요한 것은 참 포도나무이신 그리스도 안에 거하는 것입니다. 가지는 포도나무에 붙어있지 않으면 열매를 맺을 수 없습니다. 그러니 ___를 결코 끊어지지 않도록 당신의 포도나무에 접붙여 주옵소서. 당신께서 ___의 인생에 열매 맺으실 것을 신뢰하도록 저를 도와주옵소서.

9월 10일   ● 이사야 6:1-7:25 / 고린도후서 11:16-33 / 시편 54:1-7 / 잠언 23:1-3

산산조각이 나다

그 때에 내가 말하되 화로다 나여 망하게 되었도다 나는 입술이 부정한 사람이요 나는 입술이 부정한 백성 중에 거주하면서 만군의 여호와이신 왕을 뵈었음이로다 하였더라 그 때에 그 스랍 중의 하나가 부젓가락으로 제단에서 집은 바 핀 숯을 손에 가지고 내게로 날아와서 그것을 내 입술에 대며 이르되 보라 이것이 네 입에 닿았으니 네 악이 제하여졌고 네 죄가 사하여졌느니라 하더라(사 6:5-7).

선지자는 하나님을 대신해서 말하는 사람이다. 때문에, 선지자 이사야는 자신의 말하는 능력에 대해서 자부심을 가졌을 게 틀림없다. 만약 그가 오늘날에 존재했다면, 그는 최대 규모의 강연장에서 연설했을 것이고 SNS 팔로워 수도 엄청났을 것이다. 외과의가 자기 손가락에 대해 느끼는 자부심, 혹은 축구선수가 자기 다리에 대해 갖는 자부심을, 이사야도 자기 입술에 대해 느꼈을 것이다.

하지만 이사야가 하나님의 거룩함을 보았을 때, 그는 자기 입술이 사실 하나님을 대언하기에 부적합하다는 것을 깨달았다. 이사야는 이렇게 반응했다. "화로다 나여! 나는 망하게(undone) 되었도다." 완전무결하신 하나님의 존전에서, 이사야의 자기 자신과 자신의 선함에 대한 인식이 완전히 산산조각 났다.

부모인 우리는 자녀가 잘하는 것을 격려하기 원한다. 하지만 이런 능력과 태도는 그들을 한껏 교만하게 만들 수 있다. 우리 자녀의 강점은 그들의 정체성과 너무나 밀접하게 엮여 있어서 그들이 부적합하다고 판명될 때 우리 자녀는 '산산조각'이 나고 말 것이다. 그것은 특별한 달란트, 외모, 혹은 또래 집단에서의 지위일 수 있다. 만약 그들이 확신과 소망을 하나님의 은혜 이외의 것에 둔다면, 그것은 절대 '접착제' 역할을 하지 못할 것이다.

◆◇◆

주님, 우리는 ___에게 강점과 능력을 칭찬해주는 최고의 격려자가 되고 싶습니다. 우리는 ___가 당신의 영광에 참여할 수 있는, 가치 있는 사람이라는 자부심을 가지기를 원합니다. 하지만 ___의 정체성이 자기의 강점에 닻을 내리기를 원하지는 않습니다. 당신의 능력이 ___의 약한 데서 드러나기를 원합니다. ___가 당신 안에서 자기의 정체성을 발견할 수 있도록 도우면서도, ___의 강점을 칭찬하고 격려하는 지혜를 우리에게 주옵소서.

9월 11일 ● 이사야 8:1-9:21 / 고린도후서 12:1-10 / 시편 55:1-23 / 잠언 23:4-5

그리스도의 능력이 내게 머물게 하려 함이라

여러 계시를 받은 것이 지극히 크므로 너무 자만하지 않게 하시려고 내 육체에 가시 곧 사탄의 사자를 주셨으니 이는 나를 쳐서 너무 자만하지 않게 하려 하심이라 이것이 내게서 떠나가게 하기 위하여 내가 세 번 주께 간구하였더니 나에게 이르시기를 내 은혜가 네게 족하도다 이는 내 능력이 약한 데서 온전하여짐이라 하신지라 그러므로 도리어 크게 기뻐함으로 나의 여러 약한 것들에 대하여 자랑하리니 이는 그리스도의 능력이 내게 머물게 하려 함이라 그러므로 내가 그리스도를 위하여 약한 것들과 능욕과 궁핍과 박해와 곤고를 기뻐하노니 이는 내가 약한 그 때에 강함이라(고후 12:7-10).

바울의 "가시"가 무엇이었는지 우리는 모른다. 우리가 아는 바는 단순한 불편함보다는 훨씬 큰 문제였고, 계속해서 고통을 가져왔다는 것이다. 바울은 그 가시가 하나님께서 그를 영적으로 교만하지 않게 하시려고 예비하신 것임을 알았다. 바울이 낫기를 간절히 바라며 기도드렸지만 하나님은 치유를 허락하지 않으셨다. 오히려 바울에게 "내 은혜가 네게 족하도다 이는 내 능력이 약한 데서 온전하여짐이라"고 말씀하시며 하나님 자신을 주겠다고 약속하셨다.

하나님은 우리에게도 바울에게 하신 약속과 공급을 베푸신다. 하나님은 그분이 거두어가지 않으신 그 고통, 풀어주지 않으신 그 문제를 우리가 신실하게 견뎌낼 수 있도록 필요한 은혜를 주실 것이다. **난 이것을 다룰 수 있어**라고 생각하는 사람들에게는 인내하게 하시는 그분의 신령한 능력이 진정으로 역사하지 않는다. 오히려 자기 힘으로는 다룰 수 없는 일에 직면했다고 깨닫는 사람들(부모들)에게 역사한다.

우리 시대에 기독교는 인생을 형통하게 만들어주는 방법으로 축소될 때가 많다. 하지만 영적인 힘이란, 환경을 바꾸어달라는 우리의 요구에 그분이 '예스'라고 말할 거라는 확신이 아니다. 우리가 상상할 수 있는 최악의 일이 우리에게 혹은 우리가 사랑하는 누군가에게 일어날 때, 그리스도의 능력이 내려와 우리에게 머물 것이라는 약속이다. 그분은 우리의 고통의 원인을 제거하지 않고도 우리를 만족게 하실 수 있다.

◆ ◇ ◇ ◆

주님, 우리는 족한 은혜에 관한 당신의 약속을 붙들기 원합니다. 우리는 당신께서 은혜 베푸실 것을 믿습니다. 무슨 일이 닥쳐오건 그것을 직면하는 데 필요한 만큼의 은혜를, 알맞은 방법과 타이밍의 은혜를 주실 것을 믿습니다. 우리의 바람은 당신의 영광과 선하심이 우리 인생에서 드러나는 것입니다. 당신의 신령한 능력이 우리에게 고난 중의 평안을 공급하기에 충분하다는 것을 보기를 원합니다.

9월 12일 • 이사야 10:1–11:16 / 고린도후서 12:11–21 / 시편 56:1–13 / 잠언 23:6–8

내 자신까지도 내어 주리니

보라 내가 이제 세 번째 너희에게 가기를 준비하였으나 너희에게 폐를 끼치지 아니하리라 내가 구하는 것은 너희의 재물이 아니요 오직 너희니라 어린 아이가 부모를 위하여 재물을 저축하는 것이 아니요 부모가 어린 아이를 위하여 하느니라 내가 너희 영혼을 위하여 크게 기뻐하므로 재물을 사용하고 또 내 자신까지도 내어 주리니 너희를 더욱 사랑할수록 나는 사랑을 덜 받겠느냐(고후 12:14–15).

바울은 자신이 고린도 교인들의 영적 부모라고 생각했다. 바울은 그들이 자기를 돌보는 데 돈을 다 써버리는 것을 원하지 않았다. 그보다는, 자신과 자기가 가진 모든 것을 고린도의 성도들이 하나님이 의도하신 데까지 자라가는 일에 기쁘게 쓰고 싶다고 말했다. 바울은 그의 자녀들이 믿음 안에서 성장하는 것을 보기 위해 기꺼이 닳아 없어지고 싶어 했다. 바울이 자신을 부요하게 하기 위해서 "자녀"를 이용하기를 거부했듯이, 우리도 자신을 타인의 눈에 잘나 보이게 하기 위해서 자녀를 이용하지 않아야 한다. 하지만 자녀가 우리를 형편없이 보이게 만든다고 느낄 때 어떻게 반응하는지를 보면 우리가 어떤 사람인지 알 수 있다. 우리의 분노나 당황이 진실을 드러낸다.

바울이 스스로 짐 지고 그 짐을 "자녀" 위에 지우지 않겠다고 결정한 것처럼, 우리도 부모로서 스스로 짐을 져야 한다. 그리고 바울이 자기를 비방했던 자들을 세우려는 목적으로 이 편지를 무례한 고린도 교인들에게 쓰고 있는 것처럼, 우리도 부모로서 우리 자녀를 세울 방법을 계속해서 찾아야 한다. 그들이 우리에게 눈을 흘기고 존중으로 우리를 대하지 않을 때도 말이다. 바울이 고린도 교인들을 이렇게 대할 수 있었던 이유는, 그리스도께서 그를 그렇게 다루셨기 때문이다. 그리스도는 그분의 자녀인 우리에게 "내가 너를 더 많이 사랑할수록 네가 나를 덜 사랑하는 것처럼 보인다 해도, 나는 기쁘게 나 자신과 내가 가진 모든 것을 너를 위해 쓸 거란다"라고 말씀하신다.

그리스도는 우리가 그분을 사랑하기 한참 전에 우리를 위해 자신을 다 쓰셨다. 우리 자녀가 우리에게 사랑으로 보답하지 않는 순간에도 그들을 위해 우리 자신을 다 쓸 수 있게 하시는 분은 성령님이다.

◆ ◇ ◇ ◆

주님, 때때로 우리는 자녀를 위해 우리 자신을 다 쓰는 데에 지칩니다. 특히 우리가 그에 대한 보답으로 사랑과 존경을 받지 못하는 것처럼 보일 때는 더욱 그렇습니다. 자신을 다 쓰고 주고 섬기는 데는 성령님이 필요합니다.

9월 13일 ● 이사야 12:1-14:32 / 고린도후서 13:1-14 / 시편 57:1-11 / 잠언 23:9-11

너희 자신을 시험하라

너희는 믿음 안에 있는가 너희 자신을 시험하고 너희 자신을 확증하라 예수 그리스도께서 너희 안에 계신 줄을 너희가 스스로 알지 못하느냐 그렇지 않으면 너희는 버림 받은 자니라(고후 13:5).

바울이 고린도 교회에 이 편지를 쓴 것은 그의 사도적 권위의 진정성에 대한 그들의 의심을 다루기 위해서였다. 거짓 교사들이 바울의 권위를 의심했던 것은, 그가 감동적인 설교자가 아니고 계속되는 고통을 겪고 있기 때문이라는 이유에서였다. 거짓 교사들은 바울이 진짜가 아니라고 주장했다.

바울은 그의 편지에서 신자의 삶에서 진정한 믿음이란 무엇인지에 관한 오해를 풀어주었다. 그것은 질그릇에 담긴 보배다. 인간의 연약함을 통해 빛나는 그리스도의 영광이다. 그는 편지를 마무리하면서 과연 그들이 진정한 믿음 안에 있는지 자신을 시험하라고 도전했다. 그는 그들이 삶을 돌아보면서 그리스도를 향한 참 사랑과 거룩의 증거가 있는지 스스로 시험하기를 원했다. 거짓 교사들과 부도덕한 생활에 한눈팔았던 그들은 자신의 영적인 상태에 대해 물음표를 그렸을 것이다.

때로는 우리 자녀가 보여주는 믿음과 죄는 그들의 영적인 상태에 대해 물음표를 그리게 만든다. 그들이 우리 가정과 교회 안에서 성장했다는 이유로, 혹은 "결심을 했다"거나 감정적으로 영적인 경험을 했다는 이유로, 그들이 영적 사망에서 생명으로 옮겨졌다고 당연하게 받아들여선 안 된다. 크리스천 가정에서 자란 자녀 중에는 진정한 회개와 믿음에서 우러나와서라기보다는 단순히 부모를 기쁘게 하려는 마음으로 복음에 반응하는 경우도 있다.

우리가 자녀를 시험해서 그들의 믿음의 진위를 알 수는 없다. 하지만 그들의 삶을 하나님의 말씀이라는 렌즈 아래에 놓고 거기에 정녕 무엇이 있는지를 봄으로써 자신을 시험하라고 독려할 수 있다.

◆ ◇ ◇ ◆

주님, 바울이 고린도 교회에 있는 그의 "자녀들"이 시험을 통과하여 보다 성숙해지기를 기도했던 것처럼, 우리도 ___를 위해 기도합니다. ___에게 자신을 시험하는 용기와, 진짜를 가려내는 통찰력을 주시옵소서. 그 시험 가운데서 구원의 확신과 주님과의 연합을 발견하는 기쁨을 주시기를 기도합니다.

9월 14일 ● 이사야 15:1-18:7 / 갈라디아서 1:1-24 / 시편 58:1-11 / 잠언 23:12

진짜 중요한 인정

그러나 우리나 혹은 하늘로부터 온 천사라도 우리가 너희에게 전한 복음 외에 다른 복음을 전하면 저주를 받을지어다 우리가 전에 말하였거니와 내가 지금 다시 말하노니 만일 누구든지 너희가 받은 것 외에 다른 복음을 전하면 저주를 받을지어다 이제 내가 사람들에게 좋게 하랴 하나님께 좋게 하랴 사람들에게 기쁨을 구하랴 내가 지금까지 사람들의 기쁨을 구하였다면 그리스도의 종이 아니니라(갈 1:8-10).

바울은 인기를 전혀 신경 쓰지 않는 듯 하다. 대부분 사람은 저주를 퍼붓는 사람을 좋아하지 않는다. 바울은 그저 사람들 괴롭히기를 즐기는 것일까? 아니면 오만한 것일까? 그리스도와는 상관없는 미래를 맞이하게 될 사람들을 사랑하지 않았던 걸까? 아니다. 바울은 사람을 기쁘게 하는 것보다 하나님을 기쁘시게 하려는 열망이 훨씬 컸다. 그래서 그리스도의 완성된 사역에 대한 믿음 외에 하나님의 선하신 은혜로 들어갈 수 있는 길이 있다고 설교하는 사람들에 대해 이런 식으로 말하기를 꺼리지 않았다.

이것이 복음의 진리에 대한 헌신이요, 우리가 모두 원하는 바, 사람을 기쁘게 하는 데서 벗어나는 자유다. 그리고 우리가 자녀를 위해서 원하는 바이기도 하다.

인정에 대한 욕구는 우리 자신과 깊이 연관되어 있다. 예수님이 꾸짖으시는 것은, 인정을 추구하는 것 혹은 그것이 제공하는 개인의 만족이 아니다. 잘못된 것에서 인정을 추구하는 것이다. 우리가 만약 다른 사람에게서 인정받기를 바란다면, 그 만족은 결코 충분하지도, 오래 가지도 못할 것이다. 그리스도 안에서 우리는 이미 필요한 인정을 모두 받았다. 하나님은 사랑하시는 아들인 예수님 안에서 기뻐하셨다. 우리가 그리스도와 연합하면, 그 인정이 우리에게도 흘러온다. 우리는 그리스도와 연합함으로 용납되고 인정받는다. 이게 진짜 우리에게 중요한 인정이다.

우리 자녀가 타인에게 인정받지 못한 채 실망해서 집에 돌아올 때마다 우리는 계속해서 한 분을 가리켜야 한다. 그분의 인정이 진짜로 중요하다. 뿐만 아니라 우리는 그들이 이미 그리스도 안에서 하나님의 인정을 받았다고 확신시켜주어야 한다.

◆ ◇ ◇ ◆

주님, ___를 타인의 칭찬이 아니라 당신의 인정을 받기 위해 사는 사람으로 만들어주옵소서. 당신의 크고도 충분하신 은혜로 ___를 만족시켜주옵소서. 그리고 성령님의 능력으로, ___가 당신 안에서 이미 하나님의 온전한 용납과 영원한 인정을 받았음을 더욱더 확신하게 하옵소서.

9월 15일   ● 이사야 19:1–21:17 / 갈라디아서 2:1–16 / 시편 59:1–17 / 잠언 23:13–14

자녀 징계하기를 주저하지 말라

아이를 훈계하지 아니하려고 하지 말라 채찍으로 그를 때릴지라도 그가 죽지 아니하리라 네가 그를 채찍으로 때리면 그의 영혼을 스올에서 구원하리라 (잠 23:13–14).

주님은 우리의 죄를 드러내시고 우리가 올바르게 살도록 훈련하시기 위해 징계를 사용하신다. 히브리서의 저자는 "그들은 잠시 자기의 뜻대로 우리를 징계하였거니와 오직 하나님은 우리의 유익을 위하여 그의 거룩하심에 참여하게 하시느니라 무릇 징계가 당시에는 즐거워 보이지 않고 슬퍼 보이나 후에 그로 말미암아 연단 받은 자들은 의와 평강의 열매를 맺느니라"(히 12:10–11)라고 말한다. 하나님의 징계에는 분명한 목적이 있다. 그분의 거룩함에 참여하게 하시기 위함이다.

마찬가지로 우리는 자녀를 징계해야 한다. 죄의 심각성과 올바르게 사는 것의 중요성을 그들에게 심어주기 위해서다. 우리의 징계 역시 하나님의 징계와 같은 목적을 가진다. 우리 자녀가 그분의 거룩함에 참여함으로써 영원한 사망으로부터 구원받기 위함이다. 자녀가 자기 죄의 결과를 느끼지 못한다면, 죄가 벌을 요구한다는 사실을 이해하지 못할 것이다. 그리고 만약 그들이 벌에 대해 이해하지 못한다면, 도대체 어떻게 그들이 하나님께 불순종한 자기를 대신해서 벌을 받으신 분에 대한 필요를 이해하겠는가?

우리가 자녀를 징계해야 할 책임이 얼마나 큰지. 게다가 그 책임을 경건하고 은혜롭게 해내야 할 도전은 얼마나 어려운지. 두려움이나 당황스러움이나 분노나 좌절에서 비롯해서 행동할 때는 또 얼마나 많은지. 우리는 이성적이고 목적이 이끄는 방식이 아니라, 성급하고 통제되지 않은 방식으로 징계한다. 우리는 자녀를 회개와 회복으로 돌이키려는 바람보다, 수치에 빠뜨리거나 조종하려는 욕망에서 비롯한 말을 한다. 우리에게 필요한 것은 그리스도의 은혜가 우리 삶에 흘러넘치는 것이다. 그래야 우리는 그 은혜 안에서 우리 자녀를 바르게 징계할 수 있다.

◆ ◇ ◇ ◆

주님, ___에게 저의 분노나 좌절감을 터뜨리고는 그것을 '징계'라고 부르는 죄로부터 저를 구원하옵소서. 아버지 되신 당신이 누구신지를 드러내고 ___에게 경건을 훈련시킬 목적으로 징계하는 방법을 제게 보여주옵소서.

9월 16일
● 이사야 22:1-24:23 / 갈라디아서 2:17-3:9 / 시편 60:1-12 / 잠언 23:15-16

새로운 정체성

내가 그리스도와 함께 십자가에 못 박혔나니 그런즉 이제는 내가 사는 것이 아니요 오직 내 안에 그리스도께서 사시는 것이라 이제 내가 육체 가운데 사는 것은 나를 사랑하사 나를 위하여 자기 자신을 버리신 하나님의 아들을 믿는 믿음 안에서 사는 것이라 내가 하나님의 은혜를 폐하지 아니하노니 만일 의롭게 되는 것이 율법으로 말미암으면 그리스도께서 헛되이 죽으셨느니라(갈 2:20-21).

자신이 누구인지 아는 것은 성장 과정의 일부다. 우리 자녀는 자기 정체성을 발견하는 과정에 있다. 좋은 소식은, 그리스도께서 우리 자녀의 키에 맞는 새로운 모습을 제공하실 뿐만 아니라 새로운 정체성도 주신다는 것이다. 만약 그들이 그리스도를 꽉 붙들지 않는다면, 그들은 자신이 한 일이나 자신과 연결된 관계에 근거해서 인싸이더, 운동 잘하는 애, 공부 잘하는 애, 괴짜, 예쁜 애, 반항아, 모범생, 웃기는 애, 냉소적인 애, 희생양, 음악 잘하는 애 등의 열등한 정체성으로 살게 될 것이다. 하지만 그들이 스스로 그리스도와 연합한 자로 여길 때, 그들은 기쁨과 평안의 삶을 살게 될 것이다.

우리는 주변 세상이 우리 자녀를 세상의 관점으로 규정하는 것을 허용하지 않고, 하나님의 말씀 안에서 발견되는, 그리스도 안에서의 정체성으로 자녀가 자기 인식을 형성하기 원한다. 성경에 기초해서, 그리스도 안에 있는 우리 자녀는 스스로에 대해 다음과 같이 말할 수 있다.

"나는 예수님의 친구다. 나는 더 이상 죄의 노예가 아니다. 나는 그리스도에 의해 용납되었다. 내 몸은 내 안에 거하시는 성령님의 성전이다. 나는 그리스도 안에서 새로운 피조물이다. 나는 하늘에 속한 모든 신령한 복을 받았다. 나는 하나님 앞에서 택함 받은 거룩하고 흠이 없는 자다. 나는 선한 일을 위하여 지으심을 받은 하나님의 만드신 바다. 나는 그리스도의 몸의 지체이자 그분의 약속에 참예하는 자다. 나는 하늘의 시민권자다. 나의 생명은 그리스도와 함께 하나님 안에 감추어졌다."

◆ ◇ ◇ ◆

주님, ___가 자신을 위와 같이 생각하려면 마음이 새롭게 함으로 변화를 받아야 합니다. 오직 성령님께서 말씀을 통해 ___에게 이러한 참되고 영원한 정체성을 확신시켜주셔야만 가능합니다. ___가 그리스도 안에서 자신의 참된 정체성을 확신하고 기쁨과 평강으로 충만하도록 도와주옵소서.

9월 17일 ● 이사야 25:1-28:13 / 갈라디아서 3:10-22 / 시편 61:1-8 / 잠언 23:17-18

믿음의 길이냐 율법의 길이냐

무릇 율법 행위에 속한 자들은 저주 아래에 있나니 기록된 바 누구든지 율법 책에 기록된 대로 모든 일을 항상 행하지 아니하는 자는 저주 아래에 있는 자라 하였음이라 또 하나님 앞에서 아무도 율법으로 말미암아 의롭게 되지 못할 것이 분명하니 이는 의인은 믿음으로 살리라 하였음이라 율법은 믿음에서 난 것이 아니니 율법을 행하는 자는 그 가운데서 살리라 하였느니라(갈 3:10-12).

우리 자녀에게는 끊임없이 그들을 유혹하는 원수가 있다. 그들이 하나님에 관해서 이야기하고, 교회에 가고, 성경을 읽는 가정 안에서 자랐기 때문에 하나님의 복 아래 있다고 생각하고 느끼게 만드는 유혹이다. 그런데 갈라디아서는 그런 모든 일을 하고도 하나님의 저주 아래 있게 된 사람들에 관해 말한다.

갈라디아서의 이슈는 갈라디아 교인들이 하나님의 복을 경험할 것이냐 저주를 경험할 것이냐를 결정하는 것이 무엇인가였다. 그에 대한 답은 그들이 교회에 다니느냐 다니지 않느냐에 달리지 않았다. 그것은 그들이 하나님의 율법을 지키고자 할 때 자신의 전적인 무능력을 보았는지, 그 결과로 그들을 대신해서 율법을 완벽하게 지키셨던 그리스도를 붙잡게 되었는지에 달려 있었다. 불행히도, 그들은 여전히 종교 활동과 선행을 통해서 신령한 복을 얻어내려고 애쓰고 있었다.

지역사회 식료품 저장고를 채우고, 아프리카에 우물을 파고, 혼전순결을 지키고, 복권구매를 거부하는 노력은 하나님의 호의를 얻기 위해 인간의 힘으로 율법을 지키는 것일 수 있다. 아니면 그리스도를 사랑하는 마음과 그분께 영광을 돌리려는 열망에서 그리스도의 힘에 의지하여 행할 수도 있다. 저주냐 복이냐의 문제는 우리가 **어떻게** 순종하느냐와 **누가** 공로를 인정받느냐에 달려 있다.

◆ ◇ ◇ ◆

주님, 우리는 ___가 당신의 말씀에 순종하고 거룩한 삶을 살기를 원합니다. ___가 당신의 저주가 아닌 신령한 복을 기대하고 경험하기를 원합니다. ___가 율법대로 살 능력이 없는데도 그것에 얽매여서 당신께서 베푸시는 용서를 알지도 못한 채 그저 율법을 지키는 삶에 몰두하지 않도록 하옵소서. 율법의 완성으로 오신 그리스도를 의지하게 하시고, 모든 공로와 영광 또한 주님께만 올려드리는 은혜의 삶을 살게 하옵소서.

9월 18일 • 이사야 28:14-30:11 / 갈라디아서 3:23-4:31 / 시편 62:1-12 / 잠언 23:19-21

아빠 아버지

때가 차매 하나님이 그 아들을 보내사 여자에게서 나게 하시고 율법 아래에 나게 하신 것은 율법 아래에 있는 자들을 속량하시고 우리로 아들의 명분을 얻게 하려 하심이라 너희가 아들이므로 하나님이 그 아들의 영을 우리 마음 가운데 보내사 아빠 아버지라 부르게 하셨느니라 그러므로 네가 이 후로는 종이 아니요 아들이니 아들이면 하나님으로 말미암아 유업을 받을 자니라(갈 4:4-7).

부모인 우리는 자녀에 관해서 누구보다 잘 알고 누구보다 더 사랑하며 누구보다 잘 이끌고 돌본다는 자부심이 있다. 우리 자녀를 베이비시터나 할머니 할아버지에게 하룻밤 맡기는 첫 경험이 얼마나 어려운지. 우리는 환경을 통제하고 위험을 피하고 올바른 자녀 양육 전략을 따르기만 한다면 자녀가 안전하고 행복한 어린 시절을 보낼 것이며, 성공적인 성인기에 접어들 것이라고 확신한다. 달리 말하자면, 우리가 자녀에게 하나님이 될 수 있다고 생각한다.

하지만 이는 우리가 하나님의 아버지 되심을 대단히 과소평가하고 자신은 엄청나게 과대평가한 것이다. 자녀가 우리가 볼 수 없는 곳에 있다고 해서 하나님이 보실 수 없는 것은 아니다. 지금도 하나님은 우리 자녀를 돌보고 계시다.

이러한 진리는 자녀 양육에 실패하고 어떻게 손써야 할 지 막막해하는 엄마와 아빠에게 자유를 준다. 당신은 완벽한 부모일 필요가 없다. 사실 당신은 결코 완벽한 부모가 될 수 없다. 하지만 당신의 자녀에게는 완벽한 부모가 계시다. 그분은 그 아이들에 대해, 그리고 그들에게 무엇이 필요한지 당신보다 더 잘 아신다. 그분은 그 아이들을 당신이 사랑하는 것보다 더 사랑하신다. 그분은 당신이 그들을 위해서 한 것보다 더 많은 희생을 하셨고, 당신의 제한된 일생 너머까지도 그들을 돌보실 수 있다.

◆◇◇◆

아바 아버지, 주님은 저를 자녀로 양자 삼으시기 위해 당신의 아들을 보내셔서 저의 자유를 대신 값 주고 사셨습니다. 그로써 저는 주님께서 자녀들에게 주시는 모든 것을 상속받을 자격을 얻었습니다. 주님은 어쩜 이렇게 사랑이 많으시고 구원을 베푸시고 돌보시고 아낌없이 주시는 아버지이신지요! 주님은 저의 짧은 일생 동안 ___를 저에게 맡기셔서 양육하도록 하셨지만, ___의 영원토록 진정한 아버지는 주님이십니다.

9월 19일

● 이사야 30:12-33:9 / 갈라디아서 5:1-12 / 시편 63:1-11 / 잠언 23:22

하나님을 갈망함

하나님이여 주는 나의 하나님이시라 내가 간절히 주를 찾되 물이 없어 마르고 황폐한 땅에서 내 영혼이 주를 갈망하며 내 육체가 주를 앙모하나이다(시 63:1).

다윗은 유다의 왕이지만, 예루살렘 궁전에 있지 않다. 그는 "[그]의 영혼을 찾아 멸하려 하는 그들"(9절)로부터 도망을 다니며 광야의 동굴에서 잠을 청하고 있다. 진짜 상처가 되는 것은 자신을 죽이려는 무리를 그의 친아들이 이끌고 있다는 사실이다. 그가 사랑하는 아들은 그에게서 멀어졌을 뿐만 아니라 그를 대적하고 있다.

이때 다윗은 기도한다. 시편 63편은 "나의 하나님"께 올려드리는 다윗의 기도다. 흥미롭게도, 다윗이 자기의 하나님께 구하는 것은 아들 압살롬으로부터의 보호도, 그에 대한 승리도, 그와의 화해도 아니다. 다윗이 갈망하는 것은 하나님의 임재, 하나님 안에서의 만족이다. 다윗은 성막의 지성소에 자기 백성 중에 거하시기 위해 내려오셨던 하나님의 임재에 관해 생각한다. 그것이 바로 이곳 광야에서 다윗이 갈망한 임재다.

믿을 수 없는 고난의 한복판에서 다윗의 눈은 상황이 아니라 그가 성막에서 보았던 하나님의 영광에 고정되어 있다. 그의 생명이 위협당하는 상황에서 그는 생존을 움켜쥐지 않는다. 오히려 그는 "주의 인자하심이 생명보다 나으므로"(3절)라고 확신했다. 그는 공수전략을 세우느라 바쁘지 않다. 오히려 하나님께 손을 들어 기도하고 있다. 그는 무슨 일이 일어날지 염려하며 밤을 새우지 않는다. 오히려 잠자리에서 하나님과 그분께 속한 모든 은혜에 관해 생각한다. 그는 자기의 지위나 특권이나 계획에 연연하지 않고, 오히려 하나님께 매달린다. 여호와께서 그를 붙드시고 안전하게 지키실 것을 확신한다.

우리가 자녀와 불화하거나 자녀에 대해 염려할 때, 마치 메마르고 황폐한 땅에 있는 것처럼 느껴질 수 있다. 다윗은 우리가 어디로 돌이켜야 하는지, 무엇을 해야 하는지, 누구를 갈망해야 하는지를 보여준다. 우리는 우리의 하나님께로 돌이키고, 그분께 손을 들어 기도하며, 우리에게 그분이 얼마나 필요한지를 말씀드려야 한다.

◆ ◇ ◆ ◇ ◆

나의 하나님, 저를 도우시는 주님의 날개 그늘 아래에서 저는 기쁨으로 노래합니다. 강하신 오른손으로 저를 안전하게 붙드시는 주님을 의지합니다.

9월 20일 • 이사야 33:10-36:22 / 갈라디아서 5:13-25 / 시편 64:1-10 / 잠언 23:23

성령의 열매

오직 성령의 열매는 사랑과 희락과 화평과 오래 참음과 자비와 양선과 충성과 온유와 절제니 이같은 것을 금지할 법이 없느니라(갈 5:22-23).

우리는 성령님께서 신자의 삶에 맺으시는 열매의 목록을 읽고는 그것을 자신이나 자녀를 위해 해야 할 일 목록으로 바꾸기가 쉽다. 하지만 바울은 성령의 **열매들**이 아닌 **열매**에 대해 말하고 있다. 성령의 열매는 체크리스트가 아니다. 이 모든 열매는 성령님이 거하시는 사람들의 삶에서 자연스럽게 맺어진다.

죽은 나무는 열매를 맺지 못하는 것과 마찬가지로 삶의 내면에서 성령님께서 일하시게 하지 않는 사람들은 성령님이 맺으시는 열매를 기대할 수 없다. 하지만 성령님께서 거하시고 일하시면, 반드시 열매를 맺는다. 물론 열매가 자라는 데에는 시간이 걸린다. 때로는 감지할 수 없을 정도로 더디 자라지만, 우리 자녀의 삶에 내주하시는 성령님의 임재는 성장을 보장한다.

부모의 임무는 성령의 열매 목록에 맞게 행동하는 자녀를 키워내는 것이 아니다. 우리는 그저 성령님께서 우리 자녀의 삶에서 지속적으로 일하시게 하는 도구일 뿐이다. 장기적인 관점을 가지고 열매를 생산하시는 분은 성령님이시다.

이 사실을 깨달을 때 우리의 자녀 양육 우선순위가 바뀐다. 우리는 자녀에게 그들의 의지로 이런 미덕을 생산하라고 강요하는 대신, 자녀들이 자기 안에 내주하셔서 성령님의 능력으로 이 열매를 맺으실 그리스도를 향하도록 돕게 된다. 이 진리는 또한 우리 어깨에서 무거운 짐을 없애준다. 그래서 우리는 자녀를 우리 자신의 투영물이나 훌륭한 혹은 미비한 양육의 결과물이 아닌, 성령님의 방법과 시간에 따라 적합한 열매를 맺는 고유한 인간으로 여길 수 있게 된다.

◆ ◇ ◇ ◆

성령님, 당신은 최고의 정원지기이십니다. 당신은 저와 ___의 인생에서 무엇을 하셔야 할지를 아십니다. ___를 향한 사랑, ___로 인한 희락, ___와의 화평, ___에 대한 오래 참음, ___를 향한 자비, ___ 앞에 베푸는 양선, ___와의 약속에 대한 충성, ___에 대한 표정의 온유, ___에 대한 반응의 절제라는 열매를 거두기 원합니다. 제 안에 먼저 성령의 열매를 풍성히 맺어주시고, 제가 ___ 안에서 일하실 성령님의 사역을 확신하고 기다리게 도우소서.

9월 21일

● 이사야 37:1–38:22 / 갈라디아서 6:1–18 / 시편 65:1–13 / 잠언 23:24

포기하지 아니하면

<u>스스로 속이지 말라 하나님은 업신여김을 받지 아니하시나니 사람이 무엇으로 심든지 그대로 거두리라 자기의 육체를 위하여 심는 자는 육체로부터 썩어질 것을 거두고 성령을 위하여 심는 자는 성령으로부터 영생을 거두리라 우리가 선을 행하되 낙심하지 말지니 포기하지 아니하면 때가 이르매 거두리라</u>(갈 6:7–9).

바울은 갈라디아서를 마무리하면서 교인들에게 냉철하게 경고한다. 성령님과 상충하는 죄를 탐닉하는 삶이나 차가운 율법주의를 "심는" 자는 성령님에게서 비롯된 풍성하고 영원한 생명을 "거두리라"고 기대할 수 없다. 진정으로 "그리스도와 함께 십자가에 못 박혔"다는 증거는, 그리스도의 은혜에 의지하여 그리스도의 순결함을 반영하는 삶을 지속적으로 추구하는 것이다. 그래서 바울은 그들이 자신을 기쁘게 하기 위해 살면 썩어질 것과 사망을 거두리라는 경고와 함께, 성령님을 기쁘시게 하기 위해 살면 복을 거두리라는 약속을 말한다.

심고 거두는 이미지는 다음의 질문으로 우리를 이끈다. 우리 자녀의 삶에 무엇이 심기고 있는가? 그들은 누구를 기쁘게 하기 위해 살고 있는가? 우리는 어떻게 경고와 격려(그들이 자기의 죄악 된 본성을 만족시키기 위해서만 살 때 거두게 될 것에 대한 경고, 그리고 성령님을 기쁘시게 하기 위해 살 때 기대할 수 있는 것에 대한 격려)를 하고 있는가?

누구에게나 포기하지 말고 계속하라는 격려가 필요하다. 우리 자녀가 그들 내면에 꿈틀대는 죄악 된 본성이 아니라 성령님을 기쁘시게 하기 위한 선택을 하는 것을 볼 때, 우리는 계속해나가라고, 성장해가라고, 그들의 인생을 바라보시는 하나님의 미소를 누리라고 격려해야 한다. 우리는 그들이 언젠가 풍성하고 아름답고 영원한 복을 거두리라는 것을 그들에게 확신시켜주어야 한다.

◆ ◇ ◇ ◆

주님, 저는 성령님과 동행하는 삶, 성령님에 의해 능력을 부여받는 삶을 추구하면서도 얼마나 자주 포기하고 싶어집니다. 때로는 옳고 선한 일을 하는 데에 지칩니다. 그러니 제가 ___에게 성령님을 기쁘시게 하는 삶의 씨앗을 심는 데 필요한 격려를 해줄 수 있도록 도와주옵소서. 제가 ___에게 당신께서 약속하신 보상인 행복과 거룩의 추수를 계속해서 보여주어야 함을 생각나게 하옵소서.

9월 22일

• 이사야 39:1–41:16 / 에베소서 1:1–23 / 시편 66:1–20 / 잠언 23:25–28

모든 신령한 복

[그리스도는] … 만물 안에서 만물을 충만하게 하시는 이 …(엡 1:23).

◆ ◇ ◇ ◆

할렐루야! 하나님 곧 우리 주 예수 그리스도의 아버지께서, 그리스도와 연합된 ___에게 하늘에 속한 모든 신령한 복을 주십니다. 창세 전에 하나님께서 그리스도 안에서 ___를 사랑하시고 ___를 택하셔서 그 앞에서 거룩하고 흠 없는 자가 되게 하셨습니다. 하나님께서 예수 그리스도를 통해 ___를 양자 삼으시기로 미리 정하신 것은, 하나님이 뜻하시고 기뻐하시는 일이었습니다. 그러므로 우리는 ___에게 부어주신 그 영광스러운 은혜를 찬송합니다. ___는 하나님의 사랑하시는 아들에게 속한 자입니다. 자비와 은혜가 풍성하신 하나님은 그 아들의 피 값으로 ___의 자유를 사셨고, ___의 죄를 용서하셨습니다. 하나님은 ___에게 모든 지혜와 총명과 더불어 자비를 넘치도록 부어주셨습니다.

이제 하나님은 자신의 기뻐하시는 뜻대로 그리스도와 관련된 비밀한 계획을 ___에게 알려주십니다. 그 계획은, 때가 차면 그분께서 모든 것(하늘에 있는 것이나 땅에 있는 것이나 다)을 그리스도의 권위 아래 통일되게 하시는 것입니다. 그리스도와 연합된 ___는 하나님으로부터 기업을 이미 받았습니다. 이는 모든 일을 자신의 뜻하신 대로 이루시는 하나님께서 계획을 따라 ___를 미리 택하셨기 때문입니다.

하나님의 목적은, 그리스도를 가장 먼저 믿은 유대인들이 하나님께 찬송과 영광을 돌리는 것입니다. 그리고 이제는 이방인인 우리 역시 그 진리, 곧 하나님께서 우리를 구원하신다는 기쁜 소식을 들었습니다. ___가 그리스도를 믿었을 때, 하나님은 ___에게 약속하신 성령을 주심으로써 ___를 그분의 것으로 인치셨습니다. 성령님은 하나님의 보증이십니다. 그분께서 ___에게 약속하신 기업을 주실 것이라는 보증이고, 그분께서 ___를 값을 주고 사서 자기 소유로 삼으셨다는 보증입니다. 하나님께서 그렇게 하신 것은 우리가 그분을 찬송하고 영광 돌리게 하려 하심입니다.

저는 ___를 위해 그치지 아니하고 기도합니다. 우리 주 예수 그리스도의 하나님, 영광의 아버지께서 ___에게 지혜와 계시의 영을 주사 ___가 하나님을 아는 지식에서 자라가기를 기도합니다. ___의 마음의 눈을 밝히사 ___가 하나님의 부르심을 받은 자들의 확실한 소망, 곧 그분의 거룩한 백성이 그분의 풍요롭고 영광스런 기업임을 알게 하시기를 기도합니다.

_ 에베소서 1장 3–18절에서 인용함

9월 23일

● 이사야 41:17-43:13 / 에베소서 2:1-22 / 시편 67:1-7 / 잠언 23:29-35

그러나 하나님께서는

그는 허물과 죄로 죽었던 너희를 살리셨도다 그 때에 너희는 그 가운데서 행하여 이 세상 풍조를 따르고 공중의 권세 잡은 자를 따랐으니 곧 지금 불순종의 아들들 가운데서 역사하는 영이라 전에는 우리도 다 그 가운데서 우리 육체의 욕심을 따라 지내며 육체와 마음의 원하는 것을 하여 다른 이들과 같이 본질상 진노의 자녀이었더니 긍휼이 풍성하신 하나님이 우리를 사랑하신 그 큰 사랑을 인하여 허물로 죽은 우리를 그리스도와 함께 살리셨고 (너희는 은혜로 구원을 받은 것이라)또 함께 일으키사 그리스도 예수 안에서 함께 하늘에 앉히시니 이는 그리스도 예수 안에서 우리에게 자비하심으로써 그 은혜의 지극히 풍성함을 오는 여러 세대에 나타내려 하심이라(엡 2:1-7).

현대 기독교는 크리스천 및 누군가를 크리스천으로 만드는 것을 묘사하는 여러 용어를 발전시켜왔다. 우리는 이를 '구원받는 것' 혹은 '그리스도를 받아들이는 것' 혹은 '그리스도를 당신 마음에 모시는 것'이라고 말한다. 하지만 에베소서 2장은 그 실체를 묘사하는 단어들을 알려준다. "너희는 … 죽어있었다 … 그러나 하나님께서는 … 너희를 죽은 자 가운데서 살리셨다."

이 명료함은 우리가 자녀를 더 잘 이해하도록 돕는다. 그들은 육체적으로는 살아서 태어났지만 영적으로는 죽어있었다. 병든 게 아니었다. **죽어있었다.** 하나님께 전혀 반응할 수 없었다. 그들의 거듭남은 성령님에 의해 말씀으로 말미암아 이루어져야만 했다. 그것이 바로 우리가 자녀를 하나님의 말씀을 선포하고 가르치는 곳인 교회로 데려와야 하는 이유다. 우리는 자녀를 영적으로 살릴 수 없지만, **하나님께서는** 그분의 말씀을 통해 그 일을 하실 수 있고 또 하신다.

하나님은 자비가 풍성하시다. 달리 말하자면, 하나님은 자비에 인색하지 않으시다. 그분께 자비를 구하는 자들에게 자비를 부어주신다. 또한, 죄로 인해 죽어있는 자들을 살리시기 위해 그들의 인생에서 일하기를 기뻐하신다.

◆ ◇ ◇ ◆

주님, 장차 올 주님의 때에 당신께서 그리스도와 연합됨으로 살아난 자들을 가리키시는 장면을 생각하며, ___가 죄인들을 향한 당신의 은혜와 자비의 지극히 풍성함의 영광스러운 본보기가 되기를 바랍니다. 우리는 자녀 안에 영적인 생명을 만들어낼 능력이 없습니다. 하지만 당신께서는 하실 수 있습니다! 그러니 ___를 그리스도와 연합되게 하옵소서. ___를 죽은 자 가운데서 살려주옵소서. 하늘나라에서 ___를 그리스도와 함께 앉혀주옵소서.

9월 24일

• 이사야 43:14-45:10 / 에베소서 3:1-21 / 시편 68:1-18 / 잠언 24:1-2

뿌리가 박히고 터가 굳어져서

그의 영광의 풍성함을 따라 그의 성령으로 말미암아 너희 속사람을 능력으로 강건하게 하시오며 믿음으로 말미암아 그리스도께서 너희 마음에 계시게 하시옵고 너희가 사랑 가운데서 뿌리가 박히고 터가 굳어져서(엡 3:16-17).

바울은 에베소에 있는 신자들을 향해 부모(기도하는 부모)의 마음을 가졌다. 바울의 서신에는 그들을 향한 기도가 이어진다. 바울이 에베소에 있는 그의 영적 자녀에게 원한 것을, 우리도 우리 자녀에게 간절히 바란다.

우리는 자녀가 성령님으로 말미암아 속사람이 능력으로 강건하기를 원한다. 특히 이런 신령한 능력이 없이는 이해할 수 없는 그리스도의 사랑을 알게 되길 바란다. 우리는 자녀의 인생이 그리스도의 사랑 안에 뿌리가 박히고 터가 굳어지기를 원한다. 그들이 아무 감흥 없이 "예수 사랑하심은"을 노래하지 않길 바란다. 우리는 그들이 그 영혼 깊숙이 그리스도에 의해 사랑받고 있음을 믿기를 원한다. 그리스도의 사랑 안에 깊이 뿌리내릴수록, 그들은 험한 세상의 충격을 버텨낼 수 있을 것이다. 그리스도의 사랑 가운데서 점점 더 터가 굳어질수록, 그들은 거짓 약속들에 속지 않을 것이다.

예수님을 죽은 자 가운데서 살리신 바로 능력이 우리 자녀 안에서 역사할 것이다. 그러므로 우리가 그들을 위해 기도할 때, 우리는 기도를 받으시는 분이 우리가 구하고 생각하는 것보다 훨씬 더 많은 일을 해낼 능력을 갖고 계심을 알아야 한다.

◆◇◆

하늘과 땅의 모든 것을 지으신 창조주 아버지께 무릎을 꿇고 기도합니다. 은혜가 풍성하신 영광의 아버지께서, 성령님으로 말미암아 ___의 속사람을 능력으로 강건하게 하시기를 기도합니다. ___의 믿음으로 말미암아 그리스도께서 ___의 마음에 계시게 하옵소서. 하나님의 사랑 가운데서 ___의 뿌리가 박히고 ___의 터가 굳어지게 하옵소서. 모든 하나님의 백성과 함께 ___가 하나님의 사랑의 너비와 길이와 높이와 깊이를 깨닫게 하옵소서. 비록 그 사랑이 너무나 커서 온전히 이해할 수 없을지라도 ___가 그리스도의 사랑을 경험하게 하옵소서. 그리하여 ___가 하나님으로부터 오는 능력과 생명의 충만하심으로 온전케 되게 하옵소서. ___ 가운데서 역사하시는 능력대로 우리가 구하거나 생각하는 모든 것에 더 넘치도록 주실 하나님께 모든 영광을 올려드립니다. 교회 안에서와 그리스도 예수 안에서 영광이 대대로 영원무궁하기를 원합니다. 아멘!

_ 에베소서 3장 14-21절에서 인용함

9월 25일　　● 이사야 45:11-48:11 / 에베소서 4:1-16 / 시편 68:19-35 / 잠언 24:3-4

내게로 돌이켜

땅의 모든 끝이여 내게로 돌이켜 구원을 받으라 나는 하나님이라 다른 이가 없느니라 … 내게 대한 어떤 자의 말에 공의와 힘은 여호와께만 있나니(사 45:22, 24).

　하나님은 유일한 하나님이시다. 다른 이가 없다. 때때로 우리는 마치 자녀의 구원과 성화가 전부 우리에게 달린 것처럼 행동한다. 하나님께서 의도하신 존재로 그들을 빚어가는 것이 우리의 규율과 우리의 부지런함과 우리의 지혜인 것처럼 말이다. 하지만 우리가 아무리 그래도 우리는 자녀에게 하나님일 수 없다. 그들을 구원할 수 없고, 그들이 필요로 하는 모든 것을 공급할 수도 없다. 우리는 결코 그들을 실망시키거나 떠나지 않을 거라고 약속할 수 없다. 현재 그들의 내면에서 일어나는 일이나 미래에 그들 앞에 놓인 일을 볼 능력도 없다. 우리는 그들의 모든 공의와 힘의 근원일 수 없다.

　하지만 우리는 그들에게 하나님께로 돌이키는 게 무엇인지를 보여줄 수는 있다. 과거에 한 번 돌이킨 기억이 아닌 날마다 돌이키는 삶을 말이다. 자녀가 듣는 가운데도 우리는 하나님께 욕망, 탐욕, 이기심과 같은 죄로부터 구원해달라고 부르짖을 수 있어야 한다. 자녀가 볼 때도 우리는 하나님께 우리의 의가 무관심과 속임수와 위선으로 더럽혀졌다고, 그러니 주님의 의로 덮어 달라고 고백할 수 있어야 한다.

　이처럼, 우리는 스스로 하나님이 되거나 자녀가 하나님께로 돌이키도록 강요할 순 없지만, 부모로서 완벽하고 의로운 척하지 않고 그들에게 하나님을 근본적으로 의지하며 사는 방법을 보여줄 수 있다.

◆ ◇ ◇ ◆

주님, 당신은 우리의 모든 공의와 힘의 근원이십니다. 당신은 구원하시는 하나님이십니다. 그러므로 주님, 저의 구원을 위해서 뿐만 아니라 ＿＿의 구원을 위해서 오늘도 당신께로 돌이킵니다. 당신이 유일하신 하나님이심을 기억하도록 도와주옵소서. 저는 절대로 ＿＿의 인생에서 하나님일 수 없습니다. 다만, ＿＿가 당신께로 돌이키게 하옵소서. ＿＿에게 오직 당신만이 주실 수 있는 공의와 당신만이 공급하시는 힘을 갈망하는 마음을 주옵소서.

9월 26일 • 이사야 48:12-50:11 / 에베소서 4:17-32 / 시편 69:1-18 / 잠언 24:5-6

새 사람을 입으라

오직 너희의 심령이 새롭게 되어(엡 4:23).

◆ ◇ ◆ ◇ ◆

주님, 저는 당신께서 ___에게 영적인 생명을 주실 뿐만 아니라 성령님께서 ___에게 새로운 방식으로 살아갈 힘을 주시기를 기도합니다. 영적으로 여전히 죽어있는 또래들과 같은 삶의 방식으로 살지 않게 하옵소서. 그들은 헛된 생각으로 무가치한 생활을 하며, 그들의 지각은 어두워졌고, 무지함과 굳어진 마음으로 말미암아 당신께서 주신 생명에서 멀리 떠나 방황하고 있습니다. 그들에겐 수치심이 없습니다. 그들은 자신을 방탕에 방임하고 온갖 더러운 것을 욕심으로 행합니다.

하지만 ___는 예수님에 관해 들었고 당신으로부터 온 진리를 배웠으므로, ___가 지난날의 생활 방식대로 사는 거짓된 욕망으로 인해 썩어 가는 옛사람을 벗어 버리게 하옵소서. 대신에, 성령님께서 ___의 생각과 태도를 새롭게 해주시기를 기도합니다. ___가 하나님의 형상을 따라 의와 진리의 거룩함으로 지으심을 받은 새사람을 입기를 기도합니다.

___가 거짓말하기를 멈추고 대가를 지불하더라도 진리를 말하기를 기도합니다. ___가 화가 나더라도 죄를 짓는 데까지 이르지 않고 해가 지도록 분을 품지 않기를, 그래서 마귀에게 틈을 주지 않기를 기도합니다.

___가 도둑질하지 않기를, 자기 손으로 수고하여 선한 일을 하기를, 그래서 가난한 자에게 넉넉히 베풀 수 있기를 기도합니다. ___가 더러운 말을 입에 담지 않기를, 오직 기회가 되는 대로 선한 말을 하여 듣는 자들에게 은혜를 끼치기를 기도합니다.

___가 성령님을 근심하시게 하지 않기를 기도합니다.

___가 모든 악독과 격정과 분노와 거친 말과 비방을 모든 악의와 함께 버리기를 기도합니다. 대신에, ___가 친절하게 하며 불쌍히 여기며 용서하기를 하나님께서 자신을 용서하심과 같게 하옵소서.

_ 에베소서 4장 17-32절에서 인용함

9월 27일　　● 이사야 51:1–53:12 / 에베소서 5:1–33 / 시편 69:19–36 / 잠언 24:7

사랑을 받는 자녀같이

그러므로 사랑을 받는 자녀 같이 너희는 하나님을 본받는 자가 되고 … 너희가 전에는 어둠이더니 이제는 주 안에서 빛이라 빛의 자녀들처럼 행하라(엡 5:1, 8).

　하나님의 자녀에게 합당한 삶의 방식이 있다. 만약 우리가 진실로 그분의 자녀라면, 그 외의 방식대로 사는 것은 정말이지 어불성설이다. 에베소서 5장에서 바울은 에베소 교인들에게 이전의 모습대로 살지 말고 그리스도 안에서 빛의 자녀답게 살라고 요구한다. 그들은 전에는 어둠이었지만 이제는 빛이다. 어둠 가운데 살았다거나 어둠을 좋아했다는 뜻이 아니다. 그들은 어둠**이었다**. 어둠이 그들의 정체성이었다. 하지만 이제 그리스도의 빛이 그들의 정체성이 되었다. 그리스도께서 그들의 삶의 중심에서 일하고 계셨다. 바울은 그들이 자기를 위해서 살면서 그리스도께 속했다고 주장하는 모순과 비참함 가운데 살지 않고 이 새로운 정체성에 걸맞게 살기를 원했다.

　만약 우리가 여전히 어둠이라면, 어둠의 행위가 전적으로 자연스럽게 느껴지고 거리낌이 없을 것이다. 하지만 우리가 진실로 빛이라면, 어둠의 행위가 잠깐은 흥미로울지 몰라도 결국엔 매우 잘못되었다고 느낄 것이다. 비록 돌이키는 데에 약간의 시간이 걸릴 수는 있지만, **나는 이런 식으로 사는 것을 반드시 멈춰야 해**라고 느끼는 것이다.

　우리가 자녀에게 생물학적 가족 정체성을 뛰어넘어 바라는 것이 바로 하나님의 가족 정체성이다. 그리스도 안에서 주어지는 이 확고한 정체성은, 우리 자녀가 자신을 기쁘게 하는 대신에 주님을 기쁘시게 해드리기를 원하게 한다. 우리 자녀들은 어둠의 사람들이 하는 행동에 동참하는 대신에 그것이 어디로 인도하는지를 분명하게 보게 될 것이고, 어리석은 자의 삶을 사는 대신에 하나님의 지혜를 따라 살게 될 것이다. 그들은 포도주에 취하는 대신에 성령으로 충만하게 될 것이다.

◆ ◇ ◇ ◆

주님, 우리는 당신께서 우리와 ___를 안팎으로 전혀 새로운 사람으로 만들려 하심을 압니다. 그러니 주님, ___가 어둠에 속한 삶의 비참함과 어리석음을 보게 하시는 한편, 빛의 삶에 아름다움을 느끼고 사모하게 하옵소서. 당신의 자녀로서의 정체성이 아닌 세상에서의 정체성을 찾으려는 ___의 구부러진 경향성을 회복해 주옵소서.

9월 28일 ● 이사야 54:1-57:14 / 에베소서 6:1-24 / 시편 70:1-5 / 잠언 24:8

주의 교훈과 훈계로

또 아비들아 너희 자녀를 노엽게 하지 말고 오직 주의 교훈과 훈계로 양육하라(엡 6:4).

에베소서의 위 구절은 골로새서의 "아비들아 너희 자녀를 노엽게 하지 말지니 낙심할까 함이라"(골 3:21)는 구절과 아주 흡사하다. 이들은 사실상 신약을 통틀어 부모에게 주는 유일한 명령이다.

우리는 기본적으로 무엇이 우리 자녀를 낙심케 하고 노엽게 하는지 알고 있다. 조롱하기, 소리 지르기, 부당하고 과한 벌, 위선 등이다. 하지만 이런 패턴을 끊어내기가 쉽지 않다. 다행히도, 위 성경 구절은 우리에게 자녀와 소통하는 대안을 제공해준다. "오직 주의 교훈과 훈계로 양육하라." 그렇다면 우리의 하늘 아버지께서는 그분의 자녀를 어떻게 교훈하고 훈계하실까?

우리의 죄를 따라 우리를 처벌하지는 아니하시며 우리의 죄악을 따라 우리에게 그대로 갚지는 아니하셨으니 … 아버지가 자식을 긍휼히 여김 같이 여호와께서는 자기를 경외하는 자를 긍휼히 여기시나니(시편 103:10, 13).

여인이 어찌 그 젖 먹는 자식을 잊겠으며 자기 태에서 난 아들을 긍휼히 여기지 않겠느냐 그들은 혹시 잊을지라도 나는 너를 잊지 아니할 것이라(이사야 49:15).

자기 아들을 아끼지 아니하시고 우리 모든 사람을 위하여 내주신 이가 어찌 그 아들과 함께 모든 것을 우리에게 주시지 아니하겠느냐(로마서 8:32).

우리 자녀를 주님의 교훈과 훈계로 기르는 것은, 그들을 교회에서 키우는 것 혹은 '성경적 원칙들'을 적용하는 것 이상이다. 그들을 아버지께서 우리에게 하신 것과 동일한 명확함과 긍휼, 동일한 엄격함과 용서, 동일한 단단함과 부드러움, 동일한 주도권과 진실함을 가지고 교훈하고 훈계하는 것이다.

◆ ◇ ◇ ◆

주님, 저의 자녀 양육에서 모든 악독과 노함과 분냄과 거친 말을 제거하기 원합니다. 오히려, 저는 ___를 친절하게 하며 불쌍히 여기며 용서하기를 원합니다. 당신께서 저에게 진실로 그리하셨듯이 말입니다.

9월 29일 ● 이사야 57:15-59:21 / 빌립보서 1:1-26 / 시편 71:1-24 / 잠언 24:9-10

시작하신 이가 마치실 것

내가 너희를 생각할 때마다 나의 하나님께 감사하며 간구할 때마다 너희 무리를 위하여 기쁨으로 항상 간구함은 너희가 첫날부터 이제까지 복음을 위한 일에 참여하고 있기 때문이라 너희 안에서 착한 일을 시작하신 이가 그리스도 예수의 날까지 이루실 줄을 우리는 확신하노라(빌 1:3-6).

바울은 옥에 갇혀 처형될 위기에 처해있었다. 하지만 그가 빌립보의 신자들을 생각할 때, 그는 감사와 기쁨이 넘쳤다. 무엇이 그를 그토록 행복하게 만들었을까? 첫째, 바울은 그들이 처음 그리스도를 믿은 때부터 지금까지 복음 전하는 일에 함께함을 알았다. 둘째, 그는 하나님께서 그들 안에서 일하고 계시며 그 무엇도(자신의 죽음까지도) 하나님께서 그들의 삶을 영광스러운 결론으로 이끄시는 것을 막을 수 없음을 확신했다. 하나님께서 그 일을 시작하셨고, 하나님께서 그 일을 마치실 것이었다.

당신은 자녀를 위해 기도할 때마다 기쁨으로 간청하는가? 만약 당신의 자녀가 그리스도 안에 있다면 당신에겐 기뻐할 이유가 확실하다. 자녀의 가장 큰 필요가 충족되었음을 알기 때문이다. 그리고 만약 당신의 자녀가 그리스도 안에 있지 않다면, 당신은 자녀의 가장 큰 필요가 그리스도 안에서만 충족될 수 있다는 것을 알기에 소망의 이유가 확실하다. 하나님께서 당신의 자녀 안에서 착한 일을 시작하셨다. 지금까지 그 일이 얼마나 제한적이었든 잘 진행되어왔든, 당신이 자녀를 위해 기도하기에 하나님께서 그분의 일을 완성하실 것이다. 더딜지도 모른다. 당신이 예상치 못했던 방향으로 갈지도 모른다. 확신할 수 있는 것은 갑자기 중단되지는 않으리라는 점이다. 어중간하거나 미지근하게 끝나지는 않을 것이다. 하나님께서 당신의 자녀를 부르시고 시작하신 일이 완성될 날이 오고 있다. 죄의 모든 흔적이 사라질 것이다. 당신 자녀의 육체와 영혼이 온전하게 될 것이다. 그러므로 하나님의 방법과 하나님의 때를 인내하며 기다리라. 그분께서 착한 일을 이루실 줄을 확신하라.

◆ ◇ ◇ ◆

___의 사랑이 더욱더 풍성해지기를, ___가 지식과 총명에서 계속해서 자라가기를 기도합니다. ___가 지극히 중요한 것을 분별하기를, 그래서 ___가 그리스도께서 다시 오실 날까지 순결하고 흠이 없는 삶을 살기를 기도합니다. ___가 늘 구원의 열매, 곧 예수 그리스도로 말미암은 의의 열매가 가득하여 하나님께 영광과 찬송이 되기를 기도합니다.

9월 30일

● 이사야 60:1-62:5 / 빌립보서 1:27-2:18 / 시편 72:1-20 / 잠언 24:11-12

그리스도를 닮은 마음

아무 일에든지 다툼이나 허영으로 하지 말고 오직 겸손한 마음으로 각각 자기보다 남을 낫게 여기고 각각 자기 일을 돌볼뿐더러 또한 각각 다른 사람들의 일을 돌보아 나의 기쁨을 충만하게 하라 너희 안에 이 마음을 품으라 곧 그리스도 예수의 마음이니 그는 근본 하나님의 본체시나 하나님과 동등됨을 취할 것으로 여기지 아니하시고 오히려 자기를 비워 종의 형체를 가지사 사람들과 같이 되셨고 사람의 모양으로 나타나사 자기를 낮추시고 죽기까지 복종하셨으니 곧 십자가에 죽으심이라(빌 2:3-8).

크리스천이든 아니든, 부모라면 대개 자녀가 이기적이지 않기를, 타인에게 좋은 인상을 주기를, 타인과 겸손하게 교류하기를, 타인의 필요를 기쁘게 섬겨주기를 원한다. 여기서 질문이 있다. 우리는 그리스도 없이, 순수하고 공평하게 깊은 겸손과 종의 태도를 가질 수 있는가?

이런 종류의 마음가짐을 갖는 것이 크리스천에게는 도전이 되는 한편, 불신자에게는 불가능하다. 왜냐하면 그것은 그리스도와의 연합에서 나오기 때문이다. 누구도 자신의 노력으로 이런 마음가짐을 가질 수 없다. 오직 그리스도와의 연합과 교제로 받을 수 있는 것이다. 하나님께서 우리 안에 착한 일을 시작하실 때 우리 안에 창조해내시는 것이다.

만약 당신이 그리스도와 연합되어 있지 않다면, 크리스천의 삶을 살려고 노력해봐야 아무 소용이 없다. 그러므로 우리는 아직 그리스도와 연합되지 않은 자녀가 그리스도께 순종하며 살기를 기대할 수 없다. 그리스도를 닮은 마음을 갖는 것은 우리가 그리스도를 소유할 때 가능하다. 더 중요한 건, 그분이 우리를 소유하셔야 가능하다.

◆◇◇◆

주님, ___가 당신을 닮은 마음, 곧 타인을 보살피는 겸손한 종의 마음을 갖기를 소원합니다. 주님의 마음을 갖기 위해, ___에게 당신이 필요합니다! 그러므로 ___를 당신 것으로 삼아주옵소서. ___가 매일 당신을 더욱 닮게 하옵소서. ___ 안에 그리스도 예수를 닮기 원하는 열망과 헌신을 심어주옵소서.

10월 1일 • 이사야 62:6-65:25 / 빌립보서 2:19-3:3 / 시편 73:1-28 / 잠언 24:13-14

관점

하나님이 참으로 이스라엘 중 마음이 정결한 자에게 선을 행하시나 나는 거의 넘어질 뻔하였고 나의 걸음이 미끄러질 뻔하였으니 이는 내가 악인의 형통함을 보고 오만한 자를 질투하였음이로다(시 73:1-3).

아삽은 시편 73편을 그가 도출해낸 결론(하나님은 자기 백성에게 선을 행하신다)으로 시작한다. 그리고 우리를 그 결론에 도달하는 여정으로 데려간다. 아삽은 주변 세상을 돌아보니 하나님을 생각하지 않는 사람들이 마치 형통한 것처럼 보였기 때문에 자기가 "거의 넘어질 뻔하였"다고 인정한다. 그는 "내가 내 마음을 깨끗하게 하며 내 손을 씻어 무죄하다 한 것이 실로 헛되도다"(13절)라고 의심했다. 하지만 그 후에 그는 눈을 들어 하나님을 바라보고 경배하였고, 하나님으로부터 멀어진 채 허비된 삶이 어떤 결말에 이르는지를 분명히 보게 되었다. "하나님의 성소에 들어갈 때에야 그들의 종말을 내가 깨달았나이다"(17절). 그는 그들의 길이 패망으로 인도되는 것을 보았고, 겉모습만으론 현실의 전체 그림을 보지 못한다는 것을 깨달았다.

경배는 하나님을 우리 시야의 중심에 둔다. 그 결과 우리는 마침내 상황을 정확하게 보기 시작할 수 있다. 경배는 우리를 왜곡으로부터 건져낸다. 그것이 바로 우리 자녀가 진리와 진실과 영원한 것으로 빚어진 관점을 갖기 원한다면, 우리 가족이 매주 교회에 가서 예배드리는 일을 가장 우선으로 삼아야 하는 이유다. 평일 동안 세상은 우리 자녀의 관점을 근시안적으로 만들어 이 땅에 집중시키고자 한다. 그래서 우리는 매주 하나님의 백성들과 함께 모여서 하나님을 바라보면서 이 땅의 삶 너머의 영원한 삶을 보기 위해 우리의 관점을 재조정해야 한다.

◆ ◇ ◇ ◆

주님, 진실로 당신은 우리에게 자비하십니다. 당신 가까이에 있는 것이 얼마나 좋은지요! 주권자이신 하나님, 당신은 우리의 피난처가 되십니다. 우리는 만나는 모든 사람에게 당신이 하신 놀라운 일들을 전하기 원합니다. 당신께서 우리를 지켜주사 이 땅의 삶이 전부라고 믿는 자리로 미끄러지지 않게 하옵소서. 당신께서 ___를 지켜주사 당신을 위해 구별된 삶을 사는 것이 무익하다고 생각하는 자리에 빠지지 않게 하옵소서. 그런 어리석음으로부터 ___를 건져주옵소서. 당신의 말씀으로 ___를 이끌어주옵소서. 땅의 모든 것보다 크신 당신을 향한 열망을 ___에게 주옵소서. 영광스러운 본향으로 ___를 인도하옵소서.

10월 2일   ● 이사야 66:1-24 / 빌립보서 3:4-21 / 시편 74:1-23 / 잠언 24:15-16

경주의 끝

형제들아 나는 아직 내가 잡은 줄로 여기지 아니하고 오직 한 일 즉 뒤에 있는 것은 잊어버리고 앞에 있는 것을 잡으려고 푯대를 향하여 그리스도 예수 안에서 하나님이 위에서 부르신 부름의 상을 위하여 달려가노라(빌 3:13-14).

소셜 미디어에서 다른 가정의 자녀의 활동과 업적에 관한 멋진 사진들을 보게 될 때, 우리는 자신이 과연 부모로서 **충분히 했는지** 혹은 **충분한지**를 의심한다. 그럴 때면 우리는 인생과 더불어 자녀 양육의 궁극적인 목표, 곧 이 경주의 끝에 이르러서 받을 하늘의 상급을 상기해야 한다. 우리가 자녀를 양육하는 것은 단순히 지금 여기서 '성공적인' 삶을 위해서가 아니라, 그 너머에 놓인 것을 위해 자녀를 준비시키는 것이다. 바울은 이 한 가지(천국에서 우리 앞에 놓인 것)에 집중하라고 독려하며 우리의 관점을 재조정해준다.

우리 아이가 파티에 초대받지 못한 것, 팀에서 뛰지 못한 것, 학교에 들어가지 못한 것은 그 파괴력을 잃었다. 천국에 집중하는 것과 거기서 우리를 기다리는 것에 대한 기대는 우리와 자녀 안에 영원한 관점을 형성하는 진리를 심어준다. 이 땅에서의 가장 멋진 경험과 가장 큰 즐거움도 결코 우리를 온전히 만족시킬 수 없으며, 장차 우리의 본향이 줄 궁극적인 만족을 미리 맛보게 해주는 것일 뿐이라는 사실이다.

장차 올 것에 집중하는 것은 자녀를 양육하며 보내는 우리의 평범한 하루하루를 영원한 목적으로 채운다. 우리의 목표는 우리 자녀와 함께 새로운 피조물이 되는 것이다. 우리는 "오직 내가 그리스도 예수께 잡힌 바 된 그것을 잡으려고 달려"(빌 3:12)간다. 이러한 관점은 우리가 자녀에게 완벽함을 요구하는 것으로부터, 그리고 자녀의 불완전함에 무너지는 것으로부터도 지켜준다. 뿐만 아니라 완벽한 부모라는 무거운 짐으로부터도 건져준다. 오히려, 우리는 우리의 실패를 자녀에게 고백할 수 있고 예수님의 용서를 구할 수 있게 된다.

◆ ◇ ◆

주님, 우리를 부르셔서 주님과 함께하는 천국의 삶으로 인도하는 이 경주를 계속하라고 하시는 음성을 듣습니다. 지금 여기서 천국의 기쁨과 완전함을 온전히 누릴 수 있다고 기대하는 우리의 근시안적인 모습을 용서해주옵소서. 우리의 기쁨에 겨운 소망이 ___에게로 흘러갈 수 있도록 장차 올 하나님 나라에 대한 더 큰 기대로 우리를 채워주옵소서.

10월 3일

● 예레미야 1:1-2:30 / 빌립보서 4:1-23 / 시편 75:1-10 / 잠언 24:17-20

염려하지 말라

아무 것도 염려하지 말고 다만 모든 일에 기도와 간구로, 너희 구할 것을 감사함으로 하나님께 아뢰라 그리하면 모든 지각에 뛰어난 하나님의 평강이 그리스도 예수 안에서 너희 마음과 생각을 지키시리라(빌 4:6-7).

부모인 우리는 많은 것을 염려한다. 자녀가 언제 어디서나 안전하기를 염려한다. 자녀의 육체적·정서적·영적 건강을 염려하고, 자녀의 현재와 미래의 인간관계, 성취, 경쟁을 염려한다. 뿐만 아니라 우리가 부모의 역할을 잘하고 있는지를 염려한다. 심지어 자녀가 나중에 우리의 양육 방식을 극복하기 위해 얼마나 많은 시간 상담을 받아야 할지를 염려한다! 우리는 그것이 마치 우리가 자녀를 얼마나 사랑하는지 보여주는 지표인 것처럼 여기며 우리의 염려를 정당화하는 경향이 있다. 하지만 사실 그것은 우리가 하나님을 얼마나 신뢰하지 못하는지에 대한 지표이다.

다행히도, 하나님은 우리에게 그저 염려하지 말라고 명령하시지 않는다. 우리에게 대안을 주시는데, 바로 기도다. 한밤중에 깨어 온갖 '만약 …라면 어떡하지'를 반복하며 최악의 결과를 상상할 때마다, 우리는 그런 염려를 기도로 바꿔야 한다. 우리는 두려움을 우리와 우리 자녀를 손수 돌보시는 하나님 아버지 앞에 내려놓아야 한다. 그분의 선하심과 신실하심과 전능하심을 기도 중에 반복해서 읊조리다 보면, 우리는 염려가 소망에게 밀려나는 것을 발견할 수 있다.

빌립보서 4장 역시 우리에게 염려를 낳는 생각에 대한 대안을 준다. "무엇에든지 참되며 무엇에든지 경건하며 무엇에든지 옳으며 무엇에든지 정결하며 무엇에든지 사랑받을 만하며 무엇에든지 칭찬받을 만하며 무슨 덕이 있든지 무슨 기림이 있든지 이것들을 생각하라"(8절). 상상 속의 두려움들로 우리 생각을 채우지 말라. 일어날지도 모르는 것보다는 참된 것, 더럽힐지도 모르는 것보다는 정결한 것, 애를 먹일지도 모르는 것보다는 칭찬받을만한 것에 우리의 생각을 고정해야 한다.

◆◇◆

하나님, 저는 진심으로 ___에 대한 염려를 키우고 싶지 않습니다. ___를 위해 신실하게 기도하고 싶습니다. ___ 인생의 모든 일이 제 바람대로 되지 않을 때에도 당신께서는 저에게 평안을 주실 수 있음을 믿습니다. 제가 당신 안에 살면서 기도할 때, 당신의 평안이 제 마음과 생각을 두려움과 염려로부터 지켜주시기를 원합니다.

10월 4일

● 예레미야 2:31-4:18 / 골로새서 1:1-17 / 시편 76:1-12 / 잠언 24:21-22

기도하기를 그치지 아니하고

이로써 우리도 듣던 날부터 너희를 위하여 기도하기를 그치지 아니하고 구하노니 너희로 하여금 모든 신령한 지혜와 총명에 하나님의 뜻을 아는 것으로 채우게 하시고 주께 합당하게 행하여 범사에 기쁘시게 하고 모든 선한 일에 열매를 맺게 하시며 하나님을 아는 것에 자라게 하시고(골 1:9-10).

    바울은 골로새교회를 극찬하는 보고서를 받았다. 그들을 개인적으로 만나본 적도 없지만 바울은 그들을 위해 신실하게 기도했다. 그들은 신실하고 서로를 사랑하며 (이 땅의 것이 아닌) 천국에 대한 확실한 소망이 있다고 평가받았다. 이 보고서에 바울은 어떻게 반응했을까? 분명한 것은, 이로 인해 바울이 그들을 위한 기도를 줄이지 않았다는 것이다. 오히려 이전보다 더 열렬히 기도했다.

    상황이 우리 자녀에게 좋지 않을 때, 우리는 헌신적으로 꾸준히 기도한다. 절박함이 우리가 무릎 꿇게 만드는 것이다. 그건 매우 좋은 일이다! 우리 자녀가 어려움에 처했을 때, 그들을 위해 기도하는 것보다 더 좋은 방법은 없다. 하지만 바울이 아무런 위기가 없음에도 골로새교회를 위한 기도를 중단하지 않았던 것처럼, 우리도 모든 게 형통할 때 자녀를 위한 뜨거운 기도가 식어서는 안 된다.

    바울은 하나님께서 일하시는 걸 볼 때 오히려 더 많이 기도했다. 신자들의 인생에서 계속해서 더욱 일하여 달라고 주님께 간구했다. 우리도 마찬가지로 하나님께서 자녀의 인생에서 일하시는 걸 명확히 볼 때 계속 기도해야 한다. 그들이 하나님의 진정한 뜻을 더욱 알게 해주시길, 하나님의 길에 대한 지혜와 총명을 더해주시길 간구해야 한다. 뿐만 아니라 우리 자녀가 계속해서 주님을 기쁘시게 하고 모든 선한 일에 열매를 맺으며 살도록 간구해야 한다.

◆ ◇ ◇ ◆

주님, 우리는 ___를 위한 기도를 앞으로도 절대 멈추지 않겠습니다. ___에게는 오직 당신만이 공급하실 수 있는 것이 필요하기 때문입니다. ___에게 당신의 뜻에 대한 완전한 앎을 주시고 신령한 지혜와 총명을 주옵소서. 당신을 영화롭게 하고 기쁘시게 하며 살기 위해 필요한 모든 것을 ___에게 주옵소서. ___ 안에서 역사하사 ___가 모든 선한 일에 열매를 맺게 하옵소서. ___를 당신의 말씀으로 공급하사 ___가 당신을 알아감에 있어서 더욱더 성장하게 하옵소서.

10월 5일 ● 예레미야 4:19-6:15 / 골로새서 1:18-2:7 / 시편 77:1-20 / 잠언 24:23-25

교훈을 받은 대로

그러므로 너희가 그리스도 예수를 주로 받았으니 그 안에서 행하되 그 안에 뿌리를 박으며 세움을 받아 교훈을 받은 대로 믿음에 굳게 서서 감사함을 넘치게 하라(골 2:6-7).

　나무가 흙 속으로 깊이 뿌리내리려면 오랜 시간이 걸린다. 우리 자녀가 가정 안에서 지내는 세월을 통해, 우리는 성경의 진리와 하나님 안에서의 기쁨을 그들에게 부어줌으로써 그들의 마음 밭에 양분을 준다. 나무뿌리가 땅 속으로 자라나듯이, 우리는 자녀의 "뿌리"가 그리스도 안으로 자라기를 원한다. 우리는 그들이 그리스도 안에 깊이 뿌리내려서 이 세상을 사는 동안 역경의 무게를 견딜 수 있기를 원한다.

　우리는 자녀의 믿음이 깊어지고 강해지기를 기도하며 그들에게 진리를 가르친다. 이때 우리는 선포된 하나님의 말씀은 언제나 열매를 맺는다는 약속을 붙들어야 한다.

　이는 비와 눈이 하늘로부터 내려서 그리로 되돌아가지 아니하고 땅을 적셔서 소출이 나게 하며 싹이 나게 하여 파종하는 자에게는 종자를 주며 먹는 자에게는 양식을 줌과 같이 내 입에서 나가는 말도 이와 같이 헛되이 내게로 되돌아오지 아니하고 나의 기뻐하는 뜻을 이루며 내가 보낸 일에 형통함이니라(이사야 55:10-11).

　주님, 우리는 ___가 얕은 믿음을 갖기를 원하지 않습니다. ___의 뿌리가 당신 안에 깊이 내리기를 원합니다. 우리가 당신의 말씀을 가정에서 선포하고 읽고 나눌 때 ___의 마음 밭이 그 약속의 말씀을 받기를 기도합니다. 우리는 ___가 그리스도 안에 내린 뿌리와 자라며 배운 진리에 의해 견고해진 기초에 서서 감사를 넘치게 하는 날이 오기를 기도합니다.

10월 6일

● 예레미야 6:16-8:7 / 골로새서 2:8-23 / 시편 78:1-31 / 잠언 24:26

모든 세대가 자기의 소망을 하나님께 두어야 한다

여호와께서 증거를 야곱에게 세우시며 법도를 이스라엘에게 정하시고 우리 조상들에게 명령하사 그들의 자손에게 알리라 하셨으니 이는 그들로 후대 곧 태어날 자손에게 이를 알게 하고 그들은 일어나 그들의 자손에게 일러서 그들로 그들의 소망을 하나님께 두며 하나님께서 행하신 일을 잊지 아니하고 오직 그의 계명을 지켜서 그들의 조상들 곧 완고하고 패역하여 그들의 마음이 정직하지 못하며 그 심령이 하나님께 충성하지 아니하는 세대와 같이 되지 아니하게 하려 하심이로다 (시 78:5-8).

하나님은 자기 백성에서 말씀을 주셨다. 그분의 의도는 모든 세대가 그 말씀을 다음 세대에게 가르치게 하는 것이었다. 다음 세대를 위한 새로운 계시는 없다. 하나님께서 주신 옛 말씀이 다음 세대와 그 다음 세대가 알아야 할 말씀으로 남았다.

부모는 자녀에게 하나님의 말씀을 가르쳐야 하는 책임이 있다. 성경은 우리 가정의 중심이 되고 모든 면에 스며있는 책이어야 한다. 또한 우리 자녀도 새롭게 하나님께 소망을 두어야 하는 책임이 있다. 그들의 믿음은 자기의 것이어야 한다. 자녀는 하나님께서 행하신 일을 성경에 계시된 대로 잊어서는 안 된다. 그리고 하나님께 순종하는 삶을 추구하겠다고 스스로 결정해야 한다.

우리가 자녀를 가르칠 수는 있지만, 깨닫게 만들 수는 없다. 그들이 암기하고 암송하는지 확인할 수는 있지만, 그들 안에 진리에 대한 수용과 반응을 창조할 수는 없다. 우리의 가르침과 그들의 깨달음 사이에, 우리가 하나님께 소망을 두는 것과 우리 자녀가 하나님께 소망을 두는 것 사이에, 거리가 있다. 우리에게 필요한 것은 우리 자녀가 그들의 마음을 하나님께 드릴 수 있도록, 하나님께서 오직 그분만이 하실 수 있는 일을 해주시기를 구하는 것이다.

◆ ◇ ◇ ◆

주님, 당신께 대한 믿음, 당신을 향한 사랑, 당신께 대한 순종은 다 우리 자신의 것입니다. 우리가 당신의 말씀을 ___에게 가르칠 때, ___가 진실로 당신이 누구신지와 당신이 베푸신 일을 깨닫게 하옵소서. ___가 오직 주님께 소망을 두게 하옵소서.

10월 7일

● 예레미야 8:8-9:26 / 골로새서 3:1-17 / 시편 78:32-55 / 잠언 24:27

옷 입으라

그러므로 너희는 하나님이 택하사 거룩하고 사랑 받는 자처럼 긍휼과 자비와 겸손과 온유와 오래 참음을 옷 입고 누가 누구에게 불만이 있거든 서로 용납하여 피차 용서하되 주께서 너희를 용서하신 것 같이 너희도 그리하고 이 모든 것 위에 사랑을 더하라 이는 온전하게 매는 띠니라 그리스도의 평강이 너희 마음을 주장하게 하라 너희는 평강을 위하여 한 몸으로 부르심을 받았나니 너희는 또한 감사하는 자가 되라 (골 3:12-15).

우리 자녀가 성품이나 온전함이 부족함을 드러내는 것과, 노골적인 죄를 짓는 것과, 단순히 우리의 신경을 거스르는 것 사이에는 큰 차이가 있다. 성장 과정에서 아이들은 종종 우리를 짜증 나고 좌절하고 당황스럽게 한다. 때로 우리는 사소한 문제를 큰 갈등으로 치닫게 하는 유혹에 빠진다. 하지만 자녀의 영혼을 위해, 우리를 자극해 갈등으로 만드는 모든 것을 바꾸려면 너무나 많은 실제적인 전투가 치러져야 한다.

우리가 치러야 할 그 전투는 긍휼히 여기지 않고, 자비롭지 않고, 오래 참지 못하는 우리의 내적 자아와의 전투다. 우리가 믿음으로 복음을 통해 기도 가운데 반드시 싸워야 하는 씨름이다. 우리는 하나님의 긍휼과 자비와 온유와 오래 참음을 받은 자로서 그와 같은 긍휼과 자비와 온유와 오래 참음을 자녀를 향한 우리의 말과 행동에까지 확장시키기 원한다.

우리는 우리 마음에서 통치하시는 그리스도의 화합과 평강으로 우리 가족이 함께 묶이기를 원한다. 우리는 하늘 아버지의 풍성한 은혜를 경험한 부모로서 자녀에게 그 은혜를 확장시켜야 한다. 자녀의 잘못을 용납하고 우리에게 지은 죄를 용서해야 한다. 우리는 "그들의 호기심, 불안, 흥분, 무력감, 태평함, 건망증 때문에 그들에게 사소하게 트집 잡는 비난이나 무시하는 말"을 쏟아놓지 말아야 한다.

우리는 우리 자녀가 확실히 사랑받고 있다고 느끼기 원한다. 그래서 하늘 아버지의 극진한 사랑을 받은 자녀로서 우리는 그분의 사랑의 옷을 입는다.

◆ ◇ ◇ ◆

주님, 우리 가정이 긍휼과 자비와 관대함과 용서와 화합과 평강이 넘치게 될 어느 날을 준비합니다. 그때에 당신께서 이 모든 면에서 우리에게 얼마나 관대하셨는지를 기억하게 하옵소서. 무엇을 대면하고 교정해주어야 할지, 무엇을 사랑으로 내버려 두어야 할지를 깨닫도록 우리를 도와주옵소서.

10월 8일 ● 예레미야 10:1-11:23 / 골로새서 3:18-4:18 / 시편 78:56-72 / 잠언 24:28-29

너희 자녀를 노엽게 하지 말지니

아내들아 남편에게 복종하라 이는 주 안에서 마땅하니라 남편들아 아내를 사랑하며 괴롭게 하지 말라 자녀들아 모든 일에 부모에게 순종하라 이는 주 안에서 기쁘게 하는 것이니라 아비들아 너희 자녀를 노엽게 하지 말지니 낙심할까 함이라(골 3:18-21).

누구도 작정하고 자녀를 노엽게 하지는 않는다. 그러나 자녀의 깊은 한숨, 쾅 닫힌 문, 언짢은 표정은 방금 우리가 한 행동을 정확하게 보여준다. 우리가 폭언을 퍼부으며 분노할 때, 필요 이상으로 통제하려 들 때, 자녀를 무시하거나 모욕할 때, 그들은 결국 우리가 원하는 대로 할지는 모르지만, 가르침이나 훈련을 받는 게 아니라 지배당하고 있다고 느끼고 낙심하게 될 것이다.

우리가 때때로 저런 식으로 양육하는 이유는 죄인으로서 다른 죄인을 양육하기 때문이다. 제시간에 외출한다거나 할 일을 제대로 마친다거나 등 우리에게는 자녀가 협조해주기 원하는 계획이 있다. 우리는 올바르기를 원하고 존경받기를 원한다. 하지만 우리의 동기가 늘 뒤섞여 있다. 우리의 자녀를 향한 이타적인 사랑은 자기중심성에 의해 오염되어 있기 때문이다. 우리의 이기적인 욕망이 자녀의 이기적인 욕망과 만날 때, 그것은 거친 말들과 다친 감정들의 집합체가 된다.

바울은 "너희 말을 항상 은혜 가운데서 소금으로 맛을 냄과 같이 하라 그리하면 각 사람에게 마땅히 대답할 것을 알리라"(골 4:6)라고 말한다. 바울은 우리에게 자녀와의 대화를 은혜에 잠기게 하라고 독려할 뿐만 아니라 우리의 말이 그들에게 어떤 영향을 줄지 조심스럽게 헤아려보라고 권면한다. 우리는 노하기를 더디 하고 말하기도 더디 해야 한다. 우리가 받은 은혜가 우리를 통해 흘러가게 해야 한다. 또한 위로부터 온 지혜가 우리를 통해 일하시게 해야 한다. 그래야 우리 자녀를 노엽게 하거나 멀어지게 만들지 않고 그들을 격려하고 긍정할 수 있다.

◆ ◇ ◆

주님, 저는 저의 그릇된 행동은 잘도 인내하면서, ___의 행동을 너무 자주 지적합니다. 그래서 당신의 은혜와 사랑을 반영하지 못하고 맙니다. 제가 거칠고 무자비하고 일관되지 못했던 것에 대해 ___에게 용서를 구할 수 있도록 제 안에 겸손을 일으켜주옵소서. ___에게 성장과 변화가 필요하다고 느끼고 관심을 기울이는 것만큼이나 저 자신도 주님의 자비가 필요함을 느낄 수 있도록 저를 도와주옵소서.

10월 9일 ● 예레미야 12:1–14:10 / 데살로니가전서 1:1–2:8 / 시편 79:1–13 / 잠언 24:30–34

주의 이름을 위해 우리를 도우소서

여호와여 우리의 죄악이 우리에게 대하여 증언할지라도 주는 주의 이름을 위하여 일하소서 우리의 타락함이 많으니이다 우리가 주께 범죄하였나이다 … 우리는 주의 이름으로 일컬음을 받는 자이오니 우리를 버리지 마옵소서(렘 14:7, 9).

    이스라엘 백성은 젖과 꿀이 흐르는 땅을 기업으로 받았다. 그것은 에덴동산의 비옥함을 상기시키는 기름진 땅이었다. 하지만 이제는 그 모든 것이 과거가 되어버렸다. 우리는 예레미야 14장에서 우물과 땅이 메말라 모두가 계속되는 기근으로 혼란과 절망에 빠진 것을 읽는다. 모든 피조세계가 이스라엘 백성의 죄의 무게 아래서 신음하고, 하나님이 "이 땅에서 거류하는 자"(8절), 즉 나그네가 되신 것처럼 보였다.

    예레미야는 그들이 지금 받아 마땅한 결과를 당하고 있다는 걸 잘 알면서도 하나님께 간청하고 있었다. 유다 백성에게는 하나님의 자비를 받을 만하다고 예레미야가 언급할 만한 것이 하나도 없었다. 그러나 하나님께는 예레미야가 자비를 간청하며 언급할만한 특별한 것이 있었다. 바로 하나님 이름의 신뢰성, 하나님 보좌의 명예, 하나님 언약의 불변함이었다. 만일 하나님께서 자기 백성을 용서하고 회복하지 않으신다면, 그분의 이름은 수치에 빠지게 될 것이다. 하나님이 자기 백성을 구원하지 않으신다면 하나님은 하나님이 되실 수가 없다. 하나님의 영광은 그분의 은혜 베푸심에 의해 나타난다. 그러므로 예레미야는 이 백성을 불러 자기 백성으로 삼으신 하나님께 간청했고 하나님의 명성을 위해 그 백성을 구원해달라고 애원했다.

    예레미야는 우리에게 인생의 모든 것이 황폐해지고 절망에 빠진 것처럼 보이는 자녀를 위해 기도하는 법을 가르쳐준다. 그들이 받을 만한 것에 기초해서 그들을 위해 일해주시기를 하나님께 간구하는 대신에, 우리는 그분의 존재에 기초해서 그분을 위해 일하시기를 간구해야 한다. 우리는 기도를 하나님의 영광에 고정해야 한다.

◆ ◇ ◇ ◆

주님, 우리는 당신의 도우심을 구합니다. 우리가 그것을 받을 만한 자격이 있기 때문이 아닙니다. 우리가 당신의 도우심을 구할 수 있는 이유는, 당신은 우리를 즐거이 구원하시는 하나님이시기 때문입니다. 당신은 자격이 없는 자들에게 은혜를 부어주시는 하나님이십니다. 그러므로 당신의 은혜의 빗줄기를 우리 인생과 ___의 인생에 내려주옵소서. 당신의 이름의 영광을 위해 자격 없는 우리를 주님의 은혜로 흠뻑 적셔주옵소서.

10월 10일
● 예레미야 14:11-16:15 / 데살로니가전서 2:9-3:13 / 시편 80:1-9 / 잠언 25:1-5

이 말씀이 너희 가운데서 역사하느니라

이러므로 우리가 하나님께 끊임없이 감사함은 너희가 우리에게 들은 바 하나님의 말씀을 받을 때에 사람의 말로 받지 아니하고 하나님의 말씀으로 받음이니 진실로 그러하도다 이 말씀이 또한 너희 믿는 자 가운데에서 역사하느니라(살전 2:13).

바울과 실라와 디모데는 데살로니가에 와서 복음을 전했다. 바울은 데살로니가 1장 5절에 "이는 우리 복음이 너희에게 말로만 이른 것이 아니라 또한 능력과 성령과 큰 확신으로 된 것임이라"고 썼다. 이제 그들은 가는 곳마다 데살로니가교회의 믿음에 관해 말해주는 사람들을 자주 만났고, 그래서 하나님께 감사하기를 멈출 수가 없었다. 그들이 데살로니가에 복음을 전했을 때 거기 사람들은 그것을 인간의 견해 중 한 가지로 간주하지 않았다. 대신 복음을 듣고 유일하신 참 하나님의 말씀으로 받았다. 바울을 더욱 감사하게 만든 것은 하나님의 말씀이 믿는 자들 안에 지속해서 역사하고 있음을 확인했기 때문이었다. 말씀이 그들 안에서 살아 있고 활력이 있었다. 박해에도 불구하고 말씀은 데살로니가 성도들 안에서 기쁨을 주는 인내를 낳고 있었다.

바울은 하나님의 말씀이 강력하다는 사실을 진실로 믿었다. 사람들이 성경을 하나님의 말씀으로 받을 때, 말씀의 권위 아래 들어와 죄 씻음과 능력 주심의 사역을 기쁘게 받을 때, 그들은 변화되기 시작했다.

하나님의 말씀이 자녀의 인생에서 하나님의 역사를 완성하신다는 사실을 믿는다는 건 무슨 의미일까? 자녀를 하나님의 말씀에 노출시키기 위한 우리의 역할이 있다는 뜻인 건 분명하다. 또한, 하나님의 말씀이 그들 안에서 역사하심을 신뢰한다는 뜻이기도 하다. 말씀이 자녀에게 죄를 깨우쳐주고, 그들을 확신케 하고, 그들을 도전한다고 믿는 것이다. 우리가 원하는 때와 방법으로 일어나지는 않을 수 있지만, 말씀이 역사하리라고 믿는 것이다. 그러므로 우리는 조작하고 회유하는 일을 멈추고, 하나님이 우리 자녀의 인생에서 말씀을 통해 역사해주시기를 기도하고 신뢰하고 기다려야 한다.

◆ ◇ ◆

주님, ___의 인생에서 마치 제 말이 가장 필요한 것인 양, 제 말이 깊은 성장과 변화를 가져올 능력을 갖춘 양, 제가 일하였던 것을 용서해주옵소서. ___에게 가장 필요한 것은 당신의 말씀이며, 당신의 말씀은 실제적이고 지속적인 변화를 일으키실 능력이 있습니다.

10월 11일　● 예레미야 16:16-18:23 / 데살로니가전서 4:1-5:3 / 시편 81:1-16 / 잠언 25:6-8

인간의 마음

만물보다 거짓되고 심히 부패한 것은 마음이라 누가 능히 이를 알리요마는(렘 17:9).

"네 마음을 따르라." 이 말은 우리 자녀가 반항할 때마다 듣는 말이다. 이 말은 감상적인 영화와 소셜 미디어에서 중요한 결정을 앞둔 사람에게 (특히 사랑 문제에 관해서) 선의로 해주는 조언이다. 진짜 그럴듯하게 들린다. 이 말은, 우리가 마음이 하는 말을 듣고 행동으로 옮길 용기만 있다면, 그것이 우리를 최선의 결과로 인도해줄 것처럼 암시한다.

하지만 저 주문은 우리 마음의 실체를 무시한다. 성경은 우리 마음은 신뢰할 만한 게 아니라고 밝히 말한다. "만물보다 거짓되고 심히 부패한 것은 마음이라 누가 능히 이를 알리요마는." 마태복음 15장 19절에서 예수님은 우리가 마음에 귀를 기울이고 따르면 무슨 소리를 듣게 되는지를 정확하게 말씀해주신다. "마음에서 나오는 것은 악한 생각과 살인과 간음과 음란과 도둑질과 거짓 증언과 비방이니." 그것은 곧 우리가 마음에 귀를 기울인 결과로 결국 우리의 욕망에 관해 밝히 알게 될 뿐이라는 뜻이다. 우리는 그 욕망들을 점검하고 간구나 죄 고백으로 예수님께 가지고 나와야 한다.

우리가 반드시 이해해야 할 점은, 그리고 자녀가 이해하도록 반드시 도와야 할 점은, "우리의 마음은 따르라고 있는 게 아니라 인도받기 위해 있다"는 점이다. 그러므로 우리가 좋은 대로 하게끔 우리를 인도하는 마음을 따르지 말고, 우리의 마음이 하나님을 기쁘시게 해드리는 바를 따르도록 지시해야 한다.

◆ ◇ ◇ ◆

주님, ___가 전심으로 주님을 신뢰하고 자기의 총명이나 욕망을 의지하지 않기를 기도합니다. ___가 자기의 모든 일에서 당신의 뜻을 추구하게 하옵소서. ___가 자신의 마음을 따르는 것이 아닌, 당신이 가라고 지시하시는 길을 따르게 하옵소서.

10월 12일 ● 예레미야 19:1-21:14 / 데살로니가전서 5:4-28 / 시편 82:1-8 / 잠언 25:9-10

쉬지 말고 기도하라

쉬지 말고 기도하라(살전 5:17).

부모인 우리는 상황을 고치기를 좋아한다. 자녀의 삶에서 문제를 발견하면, 우리는 멋진 조언, 배후 간섭, 새로운 규칙 등으로 가득한 도구 상자를 가져와 그 일을 해낼 물건을 끄집어내려 한다. 물론, 저 도구들은 잘못된 게 하나도 없다. 우리가 자녀의 필요를 하나님의 손에 올려드리기보다는 우리 손에 쥐는 저 방법들에 너무 쉽게 의존하는 게 문제일 뿐이다.

성경은 우리에게 기도로써 하나님을 의지하라고 격려한다. "기도에 항상 힘쓰며"(롬 12:12). "기도를 계속하고"(골 4:2). "모든 기도와 간구를 하되 항상 성령 안에서 기도하고"(엡 6:18). 예수님에 의하면, 우리는 "항상 기도하고 낙심하지 말아야"(눅 18:1) 한다. 달리 말하자면, 우리의 필요와 우리 가정의 필요, 그리고 세상의 필요는 우리가 기도로 표현되는 영적 의존성 안에 늘 거하게 하는 것들이다.

"쉬지 말고 기도하라"는 말씀은 또한 기도를 포기하지 말라는 도전을 준다. 당신의 자녀가 진정한 방식으로 하나님을 진실로 알게 되기까지 기도를 포기하지 말라. 당신의 자녀가 하나님의 말씀을 스스로 펼치기까지 기도를 포기하지 말라. 하나님께서 당신의 자녀에게 경건을 추구하는 친구를 주실 때까지 기도를 포기하지 말라. 하나님께서 당신의 자녀에게 독신이나 결혼의 은혜를 주실 때까지 기도를 포기하지 말라. 하나님께서 당신의 자녀에게 죄를 깨닫게 하시고 죄를 극복할 능력을 공급하실 때까지 기도를 포기하지 말라. 하나님께서 당신의 자녀 안에 교회에 대한 사랑과 복음을 가지고 잃어버린 세상에 닿으려는 열정을 키우시기까지 기도를 포기하지 말라.

고치려는 노력은 포기하라. 하지만 기도는 결코 포기하지 말라. 염려는 포기하라. 하지만 기도는 결코 포기하지 말라. 좌절은 포기하라. 하지만 기도는 결코 포기하지 말라.

◆ ◇ ◆

주님, ___를 양육하는 일이 전부 제게 달린 일인 양 행동한 것을 용서해주옵소서. 저는 온전히 당신을 의지합니다. ___를 지혜롭게 잘 양육하는 데에 필요한 모든 것을 저에게 허락하옵소서. 포기해야 할 것은 과감히 포기하는 가운데 기도는 절대 포기하지 않도록 하소서.

10월 13일 ● 예레미야 22:1-23:20 / 데살로니가후서 1:1-12 / 시편 83:1-18 / 잠언 25:11-14

항상 너희를 위하여 기도함은

이러므로 우리도 항상 너희를 위하여 기도함은 우리 하나님이 너희를 그 부르심에 합당한 자로 여기시고 모든 선을 기뻐함과 믿음의 역사를 능력으로 이루게 하시고 우리 하나님과 주 예수 그리스도의 은혜대로 우리 주 예수의 이름이 너희 가운데서 영광을 받으시고 너희도 그 안에서 영광을 받게 하려 함이라(살후 1:11-12).

바울은 하나님을 친밀하게 알았다. 그리고 성경에 계시된 하나님의 뜻을 이해했다. 이 점 때문에, 그는 사랑하는 사람들을 위해 기도할 때 하나님께서 행하시고자 하는 일과 공급하시고자 하는 바를 위해 기도했다. 그의 기도는 결코 일반적이거나 포괄적이지 않았다. 이기적이거나 근시안적이지도 않았다. 외적이거나 일시적이지도 않았다. 사랑하는 사람들을 위한 바울의 기도를 듣다 보면, 부모가 사랑하는 자녀를 위해 어떻게 기도해야 할지를 배울 수 있다.

바울은 데살로니가 신자들이 자기가 품고 있는 이름(그리스도의 이름)에 걸맞게 살 수 있는 능력을 달라고 하나님께 간구했다. 다시 말해, 바울은 그들이 위선적으로 살기를 원치 않았고, 오직 그리스도를 닮은 삶을 사는 크리스천이라 불리기를 원했다. 그는 하나님께서 그들에게 성경이 하라고 지시한 일들(신령한 은사를 활용하고, 박해를 견디고, 궁핍한 자들의 필요를 채우는 일)을 하는 데에 필요한 영적인 능력을 주시기를 간구했다. 그들이 이렇게 살고 사랑하고 헌신할 때, 바울의 가장 큰 열망(그를 무릎 꿇게 만든 열망)이 성취되었다. "주 예수의 이름이 … 영광을 받으시고." 그러나 그게 전부가 아니다. 그리고 "너희도 그 안에서 영광을 받게 하려 함이라." 바울이 사랑하는 사람들은 예수님께서 받으셨던 그 영광을 공유하게 될 것이다.

◆ ◇ ◇ ◆

주님, ___를 위한 기도에서 일시적인 문제들에 초점을 맞추는 우리를 용서해주옵소서. 당신께서 우리 삶의 모든 영역을 돌보신다는 것을 알지만, 우리는 당신께 가장 중요한 일들, ___에게 영원한 기쁨과 영광을 가져다줄 일들을 위해 기도하기를 놓치고 싶지 않습니다. 그러므로 ___가 당신의 부르심에 합당한 삶을 살게 해주시기를 간구합니다. ___에게 믿음의 역사를 따라 모든 선한 일을 성취하는 능력을 주시기를 간구합니다. 주 예수님의 이름이 ___의 삶을 통해 영광을 받으시고, ___도 예수님과 함께 영광을 받게 하옵소서. 이 모든 것을 당신의 은혜로 가능케 하실 줄 믿습니다.

10월 14일 ● 예레미야 23:21-25:38 / 데살로니가후서 2:1-17 / 시편 84:1-12 / 잠언 25:15

너는 내 손에서 이 술잔을 받으라

이스라엘의 하나님 여호와께서 이같이 내게 이르시되 너는 내 손에서 이 진노의 술잔을 받아가지고 내가 너를 보내는 바 그 모든 나라로 하여금 마시게 하라 그들이 마시고 비틀거리며 미친 듯이 행동하리니 이는 내가 그들 중에 칼을 보냈기 때문이니라 하시기로(렘 25:15-16).

   선지자 예레미야의 환상 중에, 여호와께서 그에게 하나님의 진노가 입구까지 찰랑거리는 술잔을 건네셨다. 예레미야는 그 술잔을 하나님의 성 예루살렘에게, 그 후에는 세상의 모든 왕국에게 주었고, 그들로 하여금 그 술잔을 마시게 했다. 그것은 하나님의 나라에 반대하고 악을 행하는 모든 나라에 대한 두려운 심판의 그림이었다. 또한 그것은 하나님과 그 아들 예수 그리스도를 거절하는 모든 죄인에게 준비된 심판의 그림이기도 하다.

   모든 악을 벌하시는 하나님의 뜨거운 진노로 가득한 이 술잔이 예수님 앞에 놓여있을 때, 예수님은 기도하셨다. "내 아버지여 만일 할 만하시거든 이 잔을 내게서 지나가게 하옵소서 그러나 나의 원대로 마시옵고 아버지의 원대로 하옵소서"(마 26:39). 예수님은 고뇌하셨다. 심판의 잔을 마실 때의 괴로움, 그 결과로 성부 하나님과의 관계가 단절되는 괴로움을 예기하시고는 고뇌하셨다. 그러나 그분은 그 잔을 마지막 한 방울까지 다 드셨다.

   우리는 모두 그 잔을 마셔야 마땅한 사람들이다. 하지만 복음의 좋은 소식은 하나님의 아들이 이 심판의 잔을 남김없이 드셨고 그 결과, 그를 믿는 자는 누구나 그 심판의 잔을 마실 필요가 없다는 것이다. 그분이 하나님의 진노의 잔을 받으셨기에, 우리와 우리 자녀는 다른 잔을 건네받았다. 심판이 아닌 구원의 잔이다. "내가 구원의 잔을 들고 여호와의 이름을 부르며"(시 116:13).

◆ ◇ ◇ ◆

주님, 우리는 쓰디쓴 진노의 잔을 마셔야 마땅하지만 그리스도께서 우리를 대신하여 그 잔을 비우셨습니다. 이제 당신은 우리에게 구원의 잔을 건네십니다. ___가 이 잔을 들고 크나큰 감사로 남김없이 마시기를 기도합니다.

10월 15일　● 예레미야 26:1–27:22 / 데살로니가후서 3:1–18 / 시편 85:1–13 / 잠언 25:16

의와 화평의 입맞춤

인애와 진리가 같이 만나고 의와 화평이 서로 입맞추었으며(시 85:10).

　에덴동산에서 화평은 의와 손에 손을 잡고 걸었다. 하지만 화평과 의가 절연한 날이 왔다. 죄가 그들 사이를 갈라놓았고 화평과 의는 분리되었다. 화평은 의가 충족되지 않는 한 돌아올 수가 없었고, 의는 죄 값이 치러지지 않는 한 충족될 수가 없었다. 그런데 갈보리의 십자가에서 의로운 한 사람이 처형되었다. 의는 죄를 그분 위에 지웠고 화평은 제자리로 돌아올 수 있었다. 의와 화평이 서로 입맞추었다.

　진리에 대한 하나님의 굽히지 않으시는 요구가 십자가에서 그분의 자비와 서로 얼굴을 맞대었다. 완벽한 의에 대한 하나님의 불변하시는 요구가 예수 그리스도의 속죄의 희생으로 화평과 함께하게 되었다. "우리 주 예수 그리스도로 말미암아 하나님과 화평을 누리자"(롬 5:1). 이 화평은 영원하다. 왜냐하면 하나님께서 우리의 죄와 허물을 그냥 넘어가지 않으신 대신에, 그리스도께서 우리의 죄와 허물을 온전히 그리고 영원히 해결하셨기 때문이다. 우리의 죄에 관한 진리는 그리스도 안에서 하나님의 넘치는 자비와 만났다.

　우리 자녀가 지금까지 누린 그리고 앞으로 누릴 모든 사랑의 입맞춤 중에, 그들에게 가장 영속적인 기쁨을 가져다줄 것은 이 신령한 입맞춤이 확실하다. 이 입맞춤은 우리 자녀가 하나님께 여전히 사랑받고 있다는 확신과 함께 자신에 관한 진리를 마주하게 할 것이다. 이 입맞춤은 하나님의 의의 기준에 미치지 못한 그들의 여러 면을 원수가 끊임없이 상기시킬 때도 그들에게 화평을 가져다줄 것이다.

◆ ◇ ◇ ◆

　오, 주님, 이 신령한 입맞춤에 감사드립니다! 우리는 장차 자비와 만나리란 걸 알기에 당신 앞에서 우리의 실패에 대해서 정직할 수 있는 자유를 누립니다. 우리가 받은 그리스도의 의로 가능케 된 화평 안에서 안식합니다. ___가 그 아름다움을 보고 이 신령한 입맞춤을 통해 받는 사랑과 용납을 누리게 하옵소서.

10월 16일

● 예레미야 28:1-29:32 / 디모데전서 1:1-20 / 시편 86:1-17 / 잠언 25:17

일체 오래 참으심

나를 능하게 하신 그리스도 예수 우리 주께 내가 감사함은 나를 충성되이 여겨 내게 직분을 맡기심이니 내가 전에는 비방자요 박해자요 폭행자였으나 도리어 긍휼을 입은 것은 내가 믿지 아니할 때에 알지 못하고 행하였음이라 우리 주의 은혜가 그리스도 예수 안에 있는 믿음과 사랑과 함께 넘치도록 풍성하였도다(딤전 1:12-14).

바울은 당대 최고의 구약학자인 가말리엘의 문하생으로 자랐다. 우리는 사도행전에서 바울이 "나는 유대인으로 길리기아 다소에서 났고 이 성에서 자라 가말리엘의 문하에서 우리 조상들의 율법의 엄한 교훈을 받았고 오늘 너희 모든 사람처럼 하나님께 대하여 열심이 있는 자라 내가 이 도를 박해하여 사람을 죽이기까지 하고 남녀를 결박하여 옥에 넘겼노니"(행 22:3-4)라고 말한 것을 읽는다.

그렇다. 바울은 매우 종교적인 가정에서 자라서 우수한 선생으로부터 수준 높은 성경 교육을 받았다. 그런데 그는 그 모든 성경이 가리키는 그리스도를 믿기는커녕, 그리스도를 받아들인 사람들에게 가장 폭력적인 박해자가 되었다. 그래서 나중에 그는 스스로 죄인 중의 괴수라고 묘사했다. 만약 우리가 그리스도를 따르는 자들을 박해하던 당시 바울을 알았다면, 우리는 그가 주님을 따르게 될 뿐만 아니라 그리스도를 섬기고 자기 동족을 그와 같이 이끌게 되리라고는 믿지 못했을 것이다.

바울의 이야기는 성경에 흠뻑 잠긴 가정에서 자라고도 그리스도에게 폭력적이었던 사람조차도 하나님의 오래 참으심 바깥에 있지 않음을 증명해준다. 그에 대해 바울은 이렇게 썼다. "그러나 내가 긍휼을 입은 까닭은 예수 그리스도께서 내게 먼저 일체 오래 참으심을 보이사 후에 주를 믿어 영생 얻는 자들에게 본이 되게 하려 하심이라"(딤전 1:16).

◆ ◇ ◆ ◇ ◆

주님, 당신은 저에게 그토록 오래 참으심에도 불구하고 저는 ___의 인생에서 변화를 보기까지 오래 참지 못할 때가 많음을 고백합니다! 당신은 당신의 사람을 당신께로 이끄는 데에 참 많은 시간을 들이시는 것 같습니다. 당신께 속한 자가 최종적으로 당신 앞에 절하기 전에 당신께 몹시 화를 내는 것도 허락해주십니다. 당신께서 오래 참으사 의도하신 모습대로 ___를 빚으실 때까지 제가 당신의 타이밍을 신뢰할 수 있도록 도와주옵소서.

10월 17일

● 예레미야 30:1-31:26 / 디모데전서 2:1-15 / 시편 87:1-7 / 잠언 25:18-19

너의 자녀가 네게로 돌아오리라

여호와께서 이와 같이 말씀하시니라 네 울음 소리와 네 눈물을 멈추어라 네 일에 삯을 받을 것인즉 그들이 그의 대적의 땅에서 돌아오리라 여호와의 말씀이니라 너의 장래에 소망이 있을 것이라 너의 자녀가 자기들의 지경으로 돌아오리라 여호와의 말씀이니라 에브라임이 스스로 탄식함을 내가 분명히 들었노니 주께서 나를 징벌하시매 멍에에 익숙하지 못한 송아지 같은 내가 징벌을 받았나이다 주는 나의 하나님 여호와이시니 나를 이끌어 돌이키소서 그리하시면 내가 돌아오겠나이다(렘 31:16-18).

  예레미야서에서 우리는 한 아버지가 어느 버릇없는 자녀를 오랜 세월이 지난 후에 집으로 맞아들이는 장면을 보게 된다. 그건 마치 구약판 탕자 이야기 같다. 여호와께서는 선지자를 통해 그의 패역한 자녀에게 돌이킴이 있을 것이라는 사실을 계시하신다. 그 아들 이스라엘은 자기 아버지의 징계에 대해 감사를, 아버지를 멀리 떠났던 것에 대해 탄식을, 젊은 날 자신의 과오에 치욕을 표현한다(18-19절).

  그 후에 우리는 그 아버지가 아들에게 하는 말을 듣는다. 하지만 우리가 기대하는 것처럼 퇴짜를 놓지 않는다. "내가 그렇게 말했잖니" 혹은 "왜 그렇게 오래 걸렸니?"라고 하지 않는다. 오히려 아버지 하나님은 그분의 "사랑하는 아들"(20절)인 이스라엘에게 자비를 보여주고 싶은 간절함, 집으로 돌아온 것에 대한 환영, 은혜에 대한 확신을 표현하신다. 아버지는 "여호와가 새 일을 세상에 창조하였나니"(22절)라고 말씀하시며 이스라엘이 하나님을 받아들일 거라고 약속하신다.

  패역한 자녀를 향한 아버지 하나님의 마음이 얼마나 아름다운가! "내가 그를 책망하여 말할 때마다 깊이 생각하노라 그러므로 그를 위하여 내 창자가 들끓으니 내가 반드시 그를 불쌍히 여기리라"(20절).

◆ ◇ ◇ ◆

아버지 하나님, 우리 자녀가 우리에게 불순종할 때, 그들을 향한 우리 마음이 당신과 같이 사랑과 자비가 넘치기를 간절히 바랍니다. 당신은 징계하시지만, 여전히 사랑하십니다. 당신은 자비를 보여주기를 간절히 원하십니다. 우리를 훈계의 지혜와 의지로 채워주실 뿐만 아니라, 사랑의 마음과 인애의 말로도 채워주옵소서.

10월 18일 ● 예레미야 31:27-32:44 / 디모데전서 3:1-16 / 시편 88:1-18 / 잠언 25:20-22

마음에 기록하신 법

그러나 그 날 후에 내가 이스라엘 집과 맺을 언약은 이러하니 곧 내가 나의 법을 그들의 속에 두며 그들의 마음에 기록하여 나는 그들의 하나님이 되고 그들은 내 백성이 될 것이라 여호와의 말씀이니라(렘 31:33).

하나님께서 시내산에서 자기 백성과 언약을 맺으시며 십계명과 나머지 율법을 주셨고, 그것은 옛 언약이라 불린다. 그날 거기에 있던 이스라엘 백성은 순종을 다짐했다. 세월이 흐르고 다음 세대도 그것을 지키겠다고 헌신했다. 하지만 그들은 지키지 않았다. 아니, 지킬 수 없었다. 훨씬 많은 세월이 흐른 후 예레미야에게 이 예언이 주어질 때, 하나님은 자기 백성과 새 언약을 맺겠다고 약속하셨다. 새 언약은 시내산에서 그들의 선조와 맺은 것과는 전혀 다른 것이다.

새 언약에서 죄는 전혀 다르게 해결된다. 더 이상 하나님의 백성이 양이나 염소나 새 등 속죄 제물을 가지고 성전까지 여행할 필요가 없다. 단번에 드려진 제물로, 그들의 과거 현재 미래의 모든 죄가 온전히 그리고 최종적으로 해결된다. 옛 언약 아래서는 성전에서 하나님의 임재 안에 들어갈 수 있는 건 제사장뿐이었다. 하지만 새 언약 아래서 예수님은 자신의 완벽한 거룩의 기록에 근거하여, 그를 믿는 모두를 가까이 초대하셨다. 하나님은 자기 백성에게 그분을 알고 그분께 순종하는 새로운 능력을 주셨다.

우리는 자신과 자녀의 변화를 간절히 원하지만, 우리 힘으로는 필요한 변화를 이룰 수 없다. 오직 하나님께서 우리 안에 그 일을 이루셔야 한다. 하나님께서 우리의 마음 안에 기적을 일으키실 때, 우리는 과거에는 관심도 없던 방식으로 그분을 알기 원한다는 것을 발견한다. 성경이 지루한 게 아니라 흥미진진해진다. 그리스도와 멀찍이 거리를 두지 않고 그리스도께 가까이 끌린다. 죄를 깨닫는 것에 대해 저항하는 마음이 아니라 감사하는 마음을 갖게 된다.

◆ ◇ ◆

주님, 제 영혼의 근본적인 경향성을 바꾸기엔 제가 무력하다는 것을 발견합니다. 저에게는 기적이 필요할 뿐입니다. 당신께서 새로운 마음을 제 안에 창조해주셔야 합니다. 그래야 더는 제가 오랜 세월에 걸친 습관적인 죄 때문에 제 마음에 새겨진 깊은 홈을 따라 걷지 않을 것입니다.

10월 19일 ● 예레미야 33:1-34:22 / 디모데전서 4:1-16 / 시편 89:1-13 / 잠언 25:23-24

경건의 훈련

육체의 연단은 약간의 유익이 있으나 경건은 범사에 유익하니 금생과 내생에 약속이 있느니라 미쁘다 이 말이여 모든 사람들이 받을 만하도다 이를 위하여 우리가 수고하고 힘쓰는 것은 우리 소망을 살아 계신 하나님께 둠이니 곧 모든 사람 특히 믿는 자들의 구주시라(딤전 4:8-10).

우리는 튼튼한 체력을 가지려면, 공을 더 잘 맞히려면, 공을 더 멀리 차려면, 혹은 더 빨리 달리려면 열심히 노력하고 훈련해야 한다는 게 각인되어있다. 바울이 디모데에게 편지를 쓰던 시대에도 그와 같은 생각이 공유되던 게 분명하다. 하지만 바울은 신자들에게 지금 이 땅에서 건강한 육체나 승자의 트로피보다 훨씬 더 많은 유익을 얻을 수 있는 무언가를 위해 훈련하라고 독려한다. 육체의 연단은 단기적이고 제한적인 유익이 있지만, 경건의 훈련은 지금과 앞으로도 영원히 중요하다.

그래서 우리는 자녀에게 튼튼한 체력을 기르라고 장려하는 한편, 그들을 위해 그 이상을 바라야 한다. 그들에게 경건의 훈련을 권면해서 나이 듦에 따라 늘어질 수 있는 영적인 근육이 탄력있게 성장하도록 해야 한다. 우리는 그들이 하나님이 누구신지를 꾸준히 이해하고, 그들의 삶을 그분의 성품에 일치시키고, 때론 심한 운동으로 근육통을 느껴도 노력을 멈추지 말라고 격려해야 한다. 경건을 훈련하면 자녀의 내면의 힘이 자란다. 그래서 최신 영적 유행에 쉽게 휩쓸리지 않고, 인생에 고난의 바람이 불어올 때 쉽게 흔들리지 않게 될 것이다. 그들은 하나님의 약속을 더욱 붙잡을 것이고, 자신에게 귀 기울이기보다는 자신에게 진리를 선포하게 될 것이다.

주님, ___가 성실히 경건을 훈련하기를 기도합니다. ___가 열심히 노력하고 때로는 계속해서 싸워, 그 노력으로부터 열매 보기를 기도합니다. ___가 이전보다 더 오래 참기를, 더 자기희생적이기를, 죄를 깨닫는 것에 더 수용적이기를, 나쁜 태도를 버리는 데 더 빠르기를, 쉽게 화내는 것을 덜 하기를, 누군가를 깎아내리는 이야기를 전하는 데에 덜 관심 두기를 기도합니다. 내생에 대한 약속을 이루실 살아 계신 하나님 안에 ___의 소망을 든든히 심어 주옵소서.

10월 20일
● 예레미야 35:1-36:32 / 디모데전서 5:1-25 / 시편 89:14-37 / 잠언 25:25-27

하나님의 말씀에 대한 냉담함

왕이 여후디를 보내어 두루마리를 가져오게 하매 여후디가 서기관 엘리사마의 방에서 가져다가 왕과 왕의 곁에 선 모든 고관의 귀에 낭독하니 그 때는 아홉째 달이라 왕이 겨울 궁전에 앉았고 그 앞에는 불 피운 화로가 있더라 여후디가 서너 쪽을 낭독하면 왕이 면도칼로 그것을 연하여 베어 화로 불에 던져서 두루마리를 모두 태웠더라 왕과 그의 신하들이 이 모든 말을 듣고도 두려워하거나 자기들의 옷을 찢지 아니하였고(렘 36:21-24).

   여호와의 말씀이 예레미야에게 임했을 때, 그는 "너는 두루마리 책을 가져다가 … 이스라엘과 유다와 모든 나라에 대하여 내가 네게 일러 준 모든 말을 거기에 기록하라"(2절) 하시는 말을 들었다. "유다 가문이 내가 그들에게 내리려 한 모든 재난을 듣고 각기 악한 길에서 돌이키리니 그리하면 내가 그 악과 죄를 용서하리라"(3절)라는 것이 하나님의 바람이셨다.

   그것을 기록한 지 일 년이 지나, 바룩은 두루마리를 가지고 가서 그것을 성전에서 읽었다. 대부분의 사람이 너무 바빠서 듣고 반응하지 못했던 반면, 한 사람 미가야는 예레미야의 예언 한 마디 한 마디를 귀 기울여 들었고 믿었다. 하지만 그 두루마리가 왕 앞에서 읽혔을 때, 왕은 전혀 다른 반응을 보였다. 왕은 칼을 가져다가 그 부분을 잘라서 불에 던졌고 결국 두루마리를 모두 태웠다. 마치 왕과 그의 신하들이 하나님의 말씀을 잘라내 불에 던지면서 비웃던 소리가 들리는 것만 같다. 방 안의 냉기 속에서 하나님의 말씀에 대한 온기는 전혀 찾아볼 수 없었다. 죄에 대한 애통함도, 경건한 두려움도, 들을 귀도, 순종할 마음도 없었다.

   하나님의 말씀을 거부하는 이 장면이 세월을 두고 우리와 떨어져 있을지 몰라도, 실제로는 우리에게서 멀지 않다. 죄에 대한 심판과 회개하는 죄인들에 대한 자비의 약속이 임하는 어느 곳에서나 그리고 어느 때나, 이 장면은 본질적으로 반복된다. 하지만 우리에게는 절대 반복되지 않기를 기도한다. 우리는 항상 하나님의 모든 말씀을 우리의 마음과 가정에서 환대하기를 기도한다.

◆ ◇ ◆

주님, 우리가 당신의 말씀을 취사선택하거나 거절하기를 원치 않습니다. 우리 가정이 항상 당신의 말씀에 마음과 귀를 열고 받아들이기를 원합니다.

10월 21일

● 예레미야 37:1-38:28 / 디모데전서 6:1-21 / 시편 89:38-52 / 잠언 25:28

큰 부

그러나 자족하는 마음이 있으면 경건은 큰 이익이 되느니라 우리가 세상에 아무 것도 가지고 온 것이 없으매 또한 아무 것도 가지고 가지 못하리니 우리가 먹을 것과 입을 것이 있은즉 족한 줄로 알 것이니라 (딤전 6:6-8).

바울은 디모데에게 이 세상이 알고 있는 것과는 전혀 다른 종류의 부를 권했다. 더 많은 돈을 추구하는 삶이 아니라 하나님과 그분이 주신 것을 누리는 질서 잡힌 삶이었다. 바울은 물질적인 부에 대한 욕망을 이겨내는 경건은 큰 영적인 부를 낳는다는 사실을 디모데와 우리가 알기 원했다.

바울은 자기가 관찰한 바에 비추어 참된 경건이란 '자족'이라고 주장했다. "돈을 사랑함이 일만 악의 뿌리가 되나니 이것을 탐내는 자들은 미혹을 받아 믿음에서 떠나 많은 근심으로써 자기를 찔렀도다"(10절). 어떤 사람들이 자기 마음을 돈에 두는 것을 보았는데 결국 돈이 그들의 마음을 상하게 하고 말았다는 것이다. 그런 사람들은 현실에 대해 눈이 멀었다고 할 수 있다. 사실 이생을 떠날 때 아무도 자기 소유를 들고 갈 수 없기에 결국 그들은 자기가 모은 것을 지킬 수 없다. 돈은 그들을 유혹에 취약하게 만들고 패망으로 이끄는 해로운 욕망으로 그들을 채운다. 무엇보다도, 돈에 대한 욕망과 돈을 추구하는 것에 대한 합리화는 그들을 참된 믿음으로부터 멀어지게 한다.

성공에 대한 압박을 가하고 더 많고 더 좋은 물건을 소유하는 것을 영광스럽게 여기는 이 세상에서 우리가 자녀를 양육할 때, 주어진 것에 자족하는 참된 기쁨을 자녀에게 심어줄 유일한 길이 있다. 부모인 우리가 먹을 음식과 입을 옷에 점점 더 자족하는 방식으로 경건에서 자라가는 것이다. 우리는 항상 최고의 음식과 최신 유행의 옷을 가질 필요가 없다. 우리는 충분히 만족할 수 있고, 그 결과 우리의 큰 부를 영원히 누릴 수 있다.

◆ ◇ ◇ ◆

모든 선한 것을 주시는 하나님, ___ 안에 경건에 대한 갈망과 당신께서 주신 모든 것에 대한 자족을 창조해주옵소서. ___가 더 많은 돈을 사랑하기보다 그리스도 안에 있는 모든 신령한 복을 사모하게 해주옵소서. 돈을 사랑함이 가져오는 비통함에서 ___를 건져주옵소서.

10월 22일   ● 예레미야 39:1-41:18 / 디모데후서 1:1-18 / 시편 90:1-91:16 / 잠언 26:1-2

두려워하지 말라

하나님이 우리에게 주신 것은 두려워하는 마음이 아니요 오직 능력과 사랑과 절제하는 마음이니(딤후 1:7).

자녀를 키우느라 보낸 세월 동안, 우리는 두려워할 것들을 수없이 발견한다. 세균이 득실대는 쇼핑카트, 선정적인 만화, 트램펄린, 외박, 인터넷, 공립학교 시스템, 술과 마약, 의심스러운 친구들의 영향력, 야외 모험에⋯ 게다가 대학도 있다. 하지만 우리의 두려움은 우리 자녀에게 무슨 일이 생길까에 국한되지 않는다. 우리는 그 와중에 자녀의 존경심과 자녀에 대한 통제력을 잃으면 어쩌나 두려워한다. 우리의 약점이 자녀가 극복할 수 없는 방식으로 자녀에게 영향을 미칠까 봐 두려워한다.

이 모든 매우 실제적인 두려움을 우리는 어떻게 처리할 것인가? 우리는 정말로 나쁜 일들이 일어나고 있는 깨어진 세상에 살고 있는 게 현실이다. 죄가 이 세상을 깨뜨렸고 왜곡시켰다. 많은 것을 우리의 통제 밖에 두었다. 우리는 두려운 감정을 피할 수 없다. 하지만 두려움에 항복하는 것, 두려움에 사로잡히는 것, 두려움에 통제당하는 것은 피할 수 있을까?

미래를 응시하며 염려에 사로잡히기 시작할 때, 우리는 그리스도께 시선을 돌려야 한다. 그리고 그분의 사랑과 자비, 주권과 충족함을 붙잡아야 한다. 두려움에 항복하는 대신, 우리는 하나님께 믿음을 구해야 한다. 우리가 현재에 직면하고 있는 것이 무엇이든, 미래에 찾아올 것이 무엇이든, 하나님께서 필요한 은혜를 공급해주실 거라 믿어야 한다.

◆◇◆

주님, 두려움이 우리에게서 믿음을 밀어내려 할 때, 우리의 두려움이 당신께로부터 온 것이 아님을 볼 수 있도록 도와주옵소서. 성령님이 우리 인생과 우리 가족 안에서 일하시기 때문에 우리는 두려움에 지지 않고 당신을 신뢰할 수 있는 영적인 능력이 있습니다. 우리는 조작이나 통제 없이 사랑할 수 있습니다. ___와 우리를 향한 당신의 주권적인 구원의 은혜를 소망하며 ___를 양육하도록 우리를 훈련시켜주옵소서.

10월 23일
● 예레미야 42:1–44:23 / 디모데후서 2:1–21 / 시편 92:1–93:5 / 잠언 26:3–5

병사, 경기하는 자, 농부

너는 그리스도 예수의 좋은 병사로 나와 함께 고난을 받으라 병사로 복무하는 자는 자기 생활에 얽매이는 자가 하나도 없나니 이는 병사로 모집한 자를 기쁘게 하려 함이라 경기하는 자가 법대로 경기하지 아니하면 승리자의 관을 얻지 못할 것이며 수고하는 농부가 곡식을 먼저 받는 것이 마땅하니라(딤후 2:3–6).

오늘날 교회에서 자라는 많은 자녀가 기독교를 현재의 삶에 대한 죽음과 그리스도 안에서의 새로운 삶에 대한 거듭남이 아니라 그들의 삶에 무언가를 덧붙이거나 향상시킬 수단으로 본다. 젊은 디모데가 그런 오해 속에서 수고로이 애썼을 리가 없다. 감옥에서 쓴 편지에서 바울은 디모데에게 그리스도를 섬기는 것의 대가에 대해 경고하지 않았다. 자기가 겪고 있는 감옥을 피하는 전략을 주지도 않았다. 오히려 그는 디모데에게 자기와 함께 복음을 위하여 고난을 견디라고 말한다. 그는 자기 후배가 그리스도를 섬기는 것이 무엇인지를 알 수 있도록 돕기 위해 디모데가 익숙했을 법한 세 가지 이미지를 사용했다. 병사, 경기하는 자, 농부의 이미지였다.

병사는 안전하고 편안한 삶을 기대하지 않는다. 오히려 역경, 위험, 고난을 직업의 일부로 받아들인다. 병사는 자기의 의무에 집중하고 상급명령자의 뜻에 따른다. 디모데와 그리스도를 섬기고자 하는 모든 사람도 그래야 한다. 운동선수는 상을 받기 위해서 규칙대로 경기해야 한다. 마찬가지로 우리도 언젠가 받을 면류관을 기대하기 위해서는 하나님의 법을 어겨선 안 된다. 농부의 삶은 흥미나 특권이나 인정으로 채워지지 않는다. 하지만 기쁨이 넘친다. 바울은 그리스도의 이름을 위해 수고한 크리스천은 삶에서 열매를 맺는 아주 특별한 기쁨을 예기할 수 있다고 약속한다. 또한, 타인의 삶에 복음을 심는 역할을 감당하고 그 열매가 성장하는 것을 보는 기쁨도 기대할 수 있다.

우리 자녀에게 그리스도 안에서의 삶을 이해시키는 것은 마치 조류를 거슬러 헤엄치는 것과 같다. 하지만 우리는 자녀를 가르치기 위해 바울의 훌륭한 보기를 인용할 수 있다.

◆ ◇ ◇ ◆

주님, ___ 안에 신실한 병사의 순종, 훌륭한 운동선수의 훈련, 좋은 농부의 의지를 키워주시기를 원합니다. 우리가 그리스도의 병사로서 승리하게 하시고, 우리의 경기를 마치고 상을 받게 하시며, 당신의 밭에서 수고하여 열매를 거두는 기쁨을 ___와 함께 누리게 하소서.

10월 24일 ● 예레미야 44:24-47:7 / 디모데후서 2:22-3:17 / 시편 94:1-23 / 잠언 26:6-8

모든 성경은 유익하니

그러나 너는 배우고 확신한 일에 거하라 너는 네가 누구에게서 배운 것을 알며 또 어려서부터 성경을 알았나니 성경은 능히 너로 하여금 그리스도 예수 안에 있는 믿음으로 말미암아 구원에 이르는 지혜가 있게 하느니라 모든 성경은 하나님의 감동으로 된 것으로 교훈과 책망과 바르게 함과 의로 교육하기에 유익하니 이는 하나님의 사람으로 온전하게 하며 모든 선한 일을 행할 능력을 갖추게 하려 함이라(딤후 3:14-17).

모든 성경은 하나님의 감동으로 된 것이다. 하나님께서 "빛이 있으라" 하시자 빛이 있었던 것을 생각해보라. 시편 기자는 이렇게 썼다. "여호와의 말씀으로 하늘이 지음이 되었으며 그 만상을 그의 입 기운으로 이루었도다"(시 33:6). 그분이 말씀하시자 그대로 되었다. 하나님의 말씀은 강력하시다. 그러면 그 능력은 어떻게 역사하는가? 우리가 자녀에게 성경을 가르칠 때 그들 안에 어떤 일이 일어나는가?

디모데에게 쓴 바울의 편지에 의하면, 성경은 우리 자녀를 지혜롭게 한다. 특히 그리스도 예수를 믿는 믿음을 통해 구원에 있어서 지혜롭게 된다. 그들은 자기의 모든 소망을 그리스도 안에 두는 지혜를 알게 될 것이고, 그야말로 우리가 자녀에게 가장 바라는 바 아닌가. 성경은 우리 자녀의 믿는 바를 변화시킨다. 성경은 그들이 믿어야 할 바를 가르치고 그들의 잘못된 신념에 도전하거나 그것을 고칠 것이다. 성경을 읽고 가르치고 듣고 수용할 때, 성경은 우리 자녀의 고장 난 삶을 고친다. 성령님께서 하나님의 말씀을 통해 그들이 탈선했던 장소를 보여주시고, 그 후에 믿음으로써 그들은 하나님을 기쁘시게 하기 위해 자기의 길을 바꾸는 능력과 열망을 얻게 될 것이다. 성경은 우리 자녀에게 필요한 것을 공급한다. 필요한 모든 것이 있지 않을 때에도 그들에게 힘주시는 그리스도 안에서 모든 것을 할 수 있음을 깨닫고 만족하게 할 것이다. 성경은 그들이 그리스도의 고난에 참여하고 있음을 상기시킴으로써 고난에 대비하게 한다. 성경은 타인을 자신보다 더 중요하게 여기라고 요구함으로써 그들이 타인과 잘 소통할 수 있게 한다.

◆ ◇ ◆

주님, ___에게는 저의 모든 선한 조언과 지시보다 더 필요한 게 있습니다. ___에게는 당신의 말씀이 필요합니다! 당신의 감동으로 된 말씀을 사용하셔서 ___를 구원에 있어서 지혜롭게 하시고, ___의 믿음을 빚으시고, ___의 길을 바꾸시고, ___의 필요를 공급하옵소서.

10월 25일
● 예레미야 48:1-49:22 / 디모데후서 4:1-22 / 시편 95:1-96:13 / 잠언 26:9-12

믿음을 지키라

전제와 같이 내가 벌써 부어지고 나의 떠날 시각이 가까웠도다 나는 선한 싸움을 싸우고 나의 달려갈 길을 마치고 믿음을 지켰으니 이제 후로는 나를 위하여 의의 면류관이 예비되었으므로 주 곧 의로우신 재판장이 그 날에 내게 주실 것이며 내게만 아니라 주의 나타나심을 사모하는 모든 자에게도니라(딤후 4:6-8).

    자녀 양육의 극심한 고통 가운데서, 우리가 임무를 완수하고 이 땅에서 천국으로 떠날 준비를 하게 될 날을 상상하는 건 어려울 수 있다. 하지만 분명 그날은 온다. 어떤 부모에게는 자녀에게 하는 임종 인사가 후회와 두려움으로 가득한 반면, 어떤 부모에게는 그 인사가 사랑과 평안으로 가득할 것이다.

    믿음의 아들 디모데에게 쓰는 바울의 편지 말미에서, 우리는 우리가 생을 마무리할 때 본받고 싶은 작별인사이자 성취를 발견한다. 바울에게는 죽음에 대한 두려움이 없었다. 그는 자기 인생을 삼십 년 동안 전제와 같이, 산 제물과 같이 부어 드렸다. 바울은 자기의 죽음을 끝으로 보지 않았기 때문에 평안했다. "내가 그 둘 사이에 끼었으니 차라리 세상을 떠나서 그리스도와 함께 있는 것이 훨씬 더 좋은 일이라"(빌 1:23)라고 바울은 오래전에 빌립보교회에게 썼다. 이제 그의 바람은 성취될 것이다.

    바울은 계속해서 싸워왔다. 상황이 어려워도 포기하지 않았다. 믿음을 지켰다. 그리스도의 말씀을 그대로 믿었고, 그분의 완성된 사역을 의지했고, 복음을 사수했다.

    당신의 생이 끝날 때 당신의 자녀는 당신이 세상의 압력에 굴복하기보다는 믿음의 선한 싸움을 싸웠다고, 끊임없이 따라다니는 죄에 항복하기보다는 믿음의 경주를 완수했다고 말할 수 있을까? 그들은 당신이 성공과 실패, 좋은 때와 나쁜 때를 지나는 수십 년간의 인생길에서 끝까지 신실했다고 말할 수 있을까?

◆◇◇◆

    주님, 주님을 얼굴로 대면할 수 있는 날을 얼마나 갈망하는지요. 저의 마지막 때에 ___에게 후회와 두려움 없는 평안과 사랑의 인사를 건넬 수 있기를 바랍니다. ___도 그 인생 트랙 끝에 계시는 주님을 바라며 믿음의 경주를 끝까지 달리기를 기도합니다. 그리고 그날에 ___의 곁에 나란히 서서 함께 상 받게 되기를 사모합니다.

10월 26일

● 예레미야 49:23-50:46 / 디도서 1:1-16 / 시편 97:1-98:9 / 잠언 26:13-16

여호와께서 다스리시나니

여호와께서 다스리시나니 땅은 즐거워하며 허다한 섬은 기뻐할지어다(시 97:1).

시편이라는 방대한 책에서 한 개의 중심 메시지를 찾는다면, '여호와는 왕이시고 보좌에서 만물을 다스리신다'일 것이다. 우리가 시편 93-99편에 이르면, 시편 기자는 그 핵심을 반복해서 각인시키고자 하는 것 같다.

여호와께서 다스리시니 스스로 권위를 입으셨도다(시편 93:1).
여호와는 크신 하나님이시요 모든 신들보다 크신 왕이시기 때문이로다(시편 95:3).
모든 나라 가운데서 이르기를 여호와께서 다스리시니(시편 96:10).
여호와께서 다스리시니 만민이 떨 것이요 여호와께서 그룹 사이에 좌정하시니 땅이 흔들릴 것이로다(시편 99:1).

여호와께서 다스리신다니, 부모로서는 얼마나 좋은 소식인가! 그분이 당신의 가족의 말다툼과 자녀의 갈등을 다스리신다. 그분이 당신의 건강 위기와 재정적 곤경을 다스리신다. 그분이 당신의 소망과 좌절감까지도 다스리신다. 하나님은 여전히 왕이시다. 세상을, 당신의 가정을 다스리신다.

여호와께서 다스리신다는 게 좋은 소식이라면, 질문이 있다. 우리는 그분의 권위에 복종하기 원하는가? 그분의 말씀이 우리의 삶을 지배하기 원하는가? 다스리시는 여호와는 선한 왕이시다. 우리는 인생을 그분께 맡길 수 있다. 그분은 섬김을 받기 위해 오시지 않았다. 오히려 섬기기 위해, 많은 사람을 위해 자기 목숨을 속전으로 주기 위해 오셨다. 그분에게는 우리를 이용하려는 의도가 전혀 없으시다. 다만 우리에게 그분께 속하는 유익을 전부 다 주기를 원하신다. 그분의 인정은 우리가 하는 일에 달리지 않는다. 그분은 우리를 그분의 나라, 본향으로 데려가는 데 필요한 모든 일을 하셨다.

◆ ◇ ◇ ◆

만왕의 왕이시여, 이 세상과 우리 인생과 우리 가정에 대한 당신의 통치는 우리의 큰 기쁨의 이유이자 안전의 원천입니다. 우리는 감사하게도 당신의 백성이 되는 것에서 정체성을 찾습니다. 오셔서 우리 가정을, 우리 마음을 다스려주옵소서.

10월 27일 ● 예레미야 51:1-53 / 디도서 2:1-15 / 시편 99:1-9 / 잠언 26:17

복음의 아름다움을 드러내라

오직 너는 바른 교훈에 합당한 것을 말하여 늙은 남자로는 절제하며 경건하며 신중하며 믿음과 사랑과 인내함에 온전하게 하고 늙은 여자로는 이와 같이 행실이 거룩하며 모함하지 말며 많은 술의 종이 되지 아니하며 선한 것을 가르치는 자들이 되고(딛 2:1-3).

바울은 디도를 그레데 섬에 남겨두면서 새로 설립된 교회들의 질서를 세우는 책임을 맡겼다. 그곳은 사역하기에 편한 곳이 아니었다. 그레데 사람들은 "항상 거짓말쟁이며 악한 짐승이며 배만 위하는 게으름뱅이"(1:12)로 유명했다. 하지만 지금 성령님께서 그리스도를 믿는 자들 가운데 일하고 계셨고, 그들의 인생은 주변의 믿지 않는 세상에 그리스도의 아름다움을 드러내야 했다. 이 말은 곧 모든 연령대의 사람들이 성별이나 교회 안에서의 지위를 불문하고 단순함, 온전함, 복종, 술 취하지 않음, 지혜, 믿음 등 자기절제의 삶을 살아야 함을 의미했다. 이렇게 그들은 무리로부터 두드러지고 그들의 변화된 삶을 지켜보는 모든 사람에게 복음을 매력적인 것으로 보이게 할 것이었다.

디도가 바울의 지시를 따라 그레데 섬의 여러 세대의 신자들에게 가르친 것을, 우리도 배워야 한다. 그 지시들은 부모인 우리를 자기 점검으로 인도한다.

아빠들에게, 나는 자기통제를 하는가 아니면 자기탐닉을 하는가? 나는 아내와 아이들의 존경을 받을만하게 가족 그리고 주변 세상과 소통하는가? 나는 사랑과 인내로 채워져 있는가 아니면 걸핏하면 화를 내는가?

엄마들에게, 나는 내 삶으로 하나님께 영광을 돌리고 나의 대화에서 다른 사람들을 높이는가? 나는 술 취하지 않고 분별력을 잃지 않는가 아니면 포도주에 너무 많이 취해있는가? 나는 지속적인 배움의 자리에 있음으로써 타인을 가르치고 훈련할 준비가 되어있는가? 나는 잘 순종하는가 아니면 완고하고 독단적인가?

◆ ◇ ◇ ◆

주님, 우리의 자기통제의 상실, 어리석은 행동, 술에 사로잡힘, 사랑의 부족 때문에 하나님의 말씀에 수치를 가져오기를 원하지 않습니다. 근본적인 변화에 마음을 열 수 있도록 도와주옵소서. 그래서 우리가 주변 세상에 복음의 소망을 드러내게 하옵소서.

10월 28일　●예레미야 51:54-52:34 | 디도서 3:1-15 | 시편 100:1-5 | 잠언 26:18-19

모든 선한 일을 행하기를 준비하라

너는 그들로 하여금 통치자들과 권세 잡은 자들에게 복종하며 순종하며 모든 선한 일 행하기를 준비하게 하며 아무도 비방하지 말며 다투지 말며 관용하며 범사에 온유함을 모든 사람에게 나타낼 것을 기억하게 하라 (딛 3:1-2).

　그레데의 교회를 인도하도록 디도를 준비시키는 바울의 편지에서 내내 그의 목표는 디도가 "하나님이 택하신 자들의 믿음과 경건함에 속한 진리의 지식"(1:1)을 가르치는 것이었다. 그레데 섬에 사는 사람들에게 찾아온 은혜는 경건을 낳아야 했다. 그것은 "우리를 양육하시되 경건하지 않은 것과 이 세상 정욕을 다 버리고 신중함과 의로움과 경건함으로 이 세상에 [사는]"(2:12)것을 의미한다. 우리도 마찬가지로 우리 자녀에게 우리가 믿는 바와 일치하는 삶을 사는 것이 무엇을 의미하는지 분명히 가르치기를 원한다면 그들에게 경건한 삶을 담대히 요구해야 한다.

　경건한 삶의 특징을 나열하는 첫머리는 통치자들의 권위에 대한 복종이다. 이는 "아무도 비방하지 말며 다투지 말며 관용하며 범사에 온유함을 모든 사람에게 나타낼 것을 기억하게 하라"는 바울의 지시에 의해 더 심도 있게 규정된다. 이것이 디도의 시대에 더 쉬웠을 거라고 생각하지 않기 위해서, 우리는 이 시대가 케이블 뉴스와 논쟁을 좋아하는 정치 기후가 발생하기 이전인 "직업군인과 콜로세움이 있던 시저의 시대였음"을 기억해야 한다.

　우리 가정에서 경건이 어떠해야 하는지를 결정하고자 할 때, 만약 우리가 "통치자들과 권세 잡은 자들에게 복종하"라는 바울의 지시에 순종한다면, 우리가 법률과 정부의 이슈 및 공직자에 대해 논쟁하기 위해 소셜 미디어나 대화(교회, 일터, 식탁)에서 사용하는 언어가 달라질 것이다. 그것은 우리가 다른 사람의 기록이나 동기를 잘못 전하지 않을 것임을 의미한다. 우리는 옥신각신하는 거칠고 오만한 품행을 피하고 모든 사람에게 진정한 겸손을 보여줄 것이다.

◆◇◆◇◆

　주님, 주님의 은혜로 우리가 주님께서 세우신 권위에 순종하게 하시고, 타인에 대해 진실하게 말하게 하소서. 우리가 부모로서 사람들을 온유와 겸손으로 대하는 길을 인도하도록 도와주옵소서.

10월 29일

● 예레미야애가 1:1–2:22 / 빌레몬서 1:1–25 / 시편 101:1–8 / 잠언 26:20

완전한 마음으로 행하리이다

내가 인자와 정의를 노래하겠나이다 여호와여 내가 주께 찬양하리이다 내가 완전한 길을 주목하오리니 주께서 어느 때나 내게 임하시겠나이까 내가 완전한 마음으로 내 집 안에서 행하리이다 나는 비천한 것을 내 눈 앞에 두지 아니할 것이요 배교자들의 행위를 내가 미워하오리니 나는 그 어느 것도 붙들지 아니하리이다 사악한 마음이 내게서 떠날 것이니 악한 일을 내가 알지 아니하리로다 자기의 이웃을 은근히 헐뜯는 자를 내가 멸할 것이요 눈이 높고 마음이 교만한 자를 내가 용납하지 아니하리로다(시 101:1–5).

다윗왕은 이 노래에서 하나님의 백성을 완전함으로 다스리겠다고 결심했다. 물론, 다윗(그리고 그의 뒤를 이은 많은 왕)은 이런 이상에는 한참 못 미쳤다. 다윗의 자손인 예수님을 제외하고는.

그분은 이 시편을 노래하고 완벽하게 살아낸 유일한 왕이시다. 시편 101편은 왕뿐만 아니라 그의 통치 아래 사는 모든 이에게 유익을 끼치는 완전한 삶을 제시한다. 다윗처럼 우리에게도 하나님의 은혜가 우리 인생의 모든 영역마다 역사하시게 초청하는 결단이 필요하다.

주님, ___에게 당신을 향한 찬양이 가득한 마음을 주옵소서. 그래서 ___가 당신의 사랑과 공의를 노래하게 하옵소서. ___가 흠 없는 삶(죄를 고백하고 회개하는 데에 빨라 아무런 고소가 남지 않는 삶)을 살고자 할 때 ___를 속히 도와주옵소서. ___ 안에 자기 집에서 온전한 마음으로 행하려는 헌신을 불어넣어 주옵소서. ___가 공적인 곳에서나 사적인 곳에서나 동일한 사람되게 하옵소서. 그래서 감출 것이 없게, 비밀이나 수치가 없게 하옵소서. ___가 어디서나 흔하게 접할 수 있는, 불쾌하고 상스러운 이미지를 보기를 거절하게 하옵소서. 관계와 직장에 온전하게 헌신하는 친구와 동료로 ___를 둘러주옵소서. ___가 악을 미워하게 하시고, ___ 안에 정직과 진정한 겸손을 사랑하는 마음을 키워주옵소서.

10월 30일 ● 예레미야애가 3:1-66 / 히브리서 1:1-14 / 시편 102:1-28 / 잠언 26:21-22

오히려 나의 소망이 됨

내 마음이 그것을 기억하고 내가 낙심이 되오나 이것을 내가 내 마음에 담아 두었더니 그것이 오히려 나의 소망이 되었사옴은 여호와의 인자와 긍휼이 무궁하시므로 우리가 진멸되지 아니함이니이다 이것들이 아침마다 새로우니 주의 성실하심이 크시도소이다 내 심령에 이르기를 여호와는 나의 기업이시니 그러므로 내가 그를 바라리라 하도다(애 3:20-24).

예레미야애가는 견딜 수 없는 고통과 잃어버린 소망에 대해 성령의 감동으로 쓰였다. 이 책은 하나님께서 자기 백성에게 기대하는 반응은, 마치 우리가 입은 상처가 아무렇지 않고 우리가 깊은 상실과 절망에 대해 이미 면역력을 갖춘 것 같은, 금욕주의적인 반응이 아니라는 사실을 확인시켜준다. 하지만 애가의 아름다움은 그것이 단순히 좌절을 쏟아내기만 하지 않는다는 데에 있다. 애가의 저자는 하나님께 울부짖으며 자기 고통에 대한 균형감을 구한다. 그리고 분명, 그런 일이 일어난다.

하나님의 이름에 대한 단순한 언급이 그로 하여금 하나님의 완전하심(결코 끝나지 않는 그분의 신실하신 사랑, 결코 멈추지 않는 그분의 자비)을 생각하게 만든 것 같다. 그래서 절망에 빠뜨리는 생각들에 더 이상 귀를 기울이지 않고, 그는 독백을 시작한다. 마치 이렇게 말하는 것 같다. **자아야, 네게 필요한 모든 것을 너는 영원히 가졌잖니. 그러니 절망에서 돌이켜서 하나님 안에 있는 소망을 붙잡으렴!**

우리의 하늘 아버지께서는 자녀의 애가에 대해 잠잠하라고 하지 않으신다. 우리도 자녀가 경험하는 매우 실제적인 상실에 대한 애가를 평가절하해서는 안 된다. 대신에 우리는 그들에게 하나님으로부터 등을 돌리지 말고 그들의 슬픔을 가지고 하나님께로 향하라고 격려할 수 있다.

◆ ◇ ◇ ◆

주님, 이생의 슬픔이 ___를 압도할 때, ___가 당신에게 등을 돌리고 비통해하기보다는 당신께로 돌이켜 애가를 쏟아놓고 균형감을 얻게 하옵소서. 당신의 신실한 사랑의 약속(당신의 풍성한 자비와 장차 올 기업에 대한 약속)에서만 오는 소망으로 ___를 채워주옵소서.

10월 31일

● 예레미야애가 4:1−5:22 / 히브리서 2:1−18 / 시편 103:1−22 / 잠언 26:23

그가 능히 도우실 수 있느니라

그러므로 그가 범사에 형제들과 같이 되심이 마땅하도다 이는 하나님의 일에 자비하고 신실한 대제사장이 되어 백성의 죄를 속량하려 하심이라 그가 시험을 받아 고난을 당하셨은즉 시험 받는 자들을 능히 도우실 수 있느니라(히 2:17−18).

　자녀가 태어나면 처음엔 전적으로 우리에게 의존한다. 그들은 성장하면서 스스로 무언가를 하는 법을 배우고 점점 자립해간다. 하지만 자녀 양육의 목표는 더 이상 부모를 필요로 하지 않는 자녀나 완벽하게 자립한 자녀를 키우는 게 아니다. 자녀 양육의 목표는 어디서 돌이킬지를 아는 자녀, 도움을 얻기 위한 올바른 곳을 향하는 자녀를 키우는 것이다. 여기 히브리서에서 우리는 자녀가 유혹에 직면할 때 그들에게 필요한 자원을 발견한다. 그들에게 필요한 건 부모가 아니다 그들의 형제, 예수님이시다.
　"거룩하게 하시는 이와 거룩하게 함을 입은 자들이 다 한 근원에서 난지라 그러므로 형제라 부르시기를 부끄러워하지 아니하시고"(11절). 예수님께서 우리를 그분의 형제와 자매라고 부르신다는 것은, 친밀함과 공유된 경험과 충성심의 확증이다. 그분은 모든 면에서 우리와 같이 되셨다. 그것은 유혹에 대한 취약함도 포함한다.
　우리는 예수님께서 사탄이 던진 유혹에 저항하시기란 우리가 사탄의 유혹에 저항하는 것보다 훨씬 쉬웠을 게 틀림없다고 생각하는 경향이 있다. 하지만 예수님은 유혹을 이기기 위해 본래의 신성을 사용하지 않으셨다. 그분은 자신의 모든 인성을 동원해서 유혹에 직면하셨다. 우리가 우리 뜻대로 사용할 수 있는 무기들(하나님의 말씀, 성령님, 하늘 아버지에 대한 신뢰)만을 사용하셨다. 우리 자녀가 유혹의 한복판에서 그들의 형제인 예수님께로 갈 때, 그분은 그들에게 동일한 자원을 주신다. 예수님은 오직 그분만이 하실 수 있는 방법으로 그들이 유혹과 싸우도록 도우신다.

　주님, ___가 옳은 일보다 쉬운 일을 하려는 유혹을 느낄 때, 예수님도 ___의 마음을 아신다는 사실을 상기시켜주옵소서. ___가 자기의 시간과 에너지에 대한 요구에 의해 압도당한다고 느낄 때, 예수님도 ___의 느낌을 아신다는 사실을 상기시켜주옵소서. ___가 이 망가진 세상이 주는 슬픔으로 인해 무너진다고 느낄 때, 예수님도 ___의 심정을 아시고 능히 도우신다는 사실을 상기시켜주옵소서.

11월 1일

● 에스겔 1:1-3:15 / 히브리서 3:1-19 / 시편 104:1-23 / 잠언 26:24-26

패역한 자녀

내게 이르시되 인자야 내가 너를 이스라엘 자손 곧 패역한 백성, 나를 배반하는 자에게 보내노라 그들과 그 조상들이 내게 범죄하여 오늘까지 이르렀나니(겔 2:3).

"내가 자식을 양육하였거늘 그들이 나를 거역하였도다"(사 1:2). 누가 이렇게 말씀하시는가? 하나님이시다. 어쩌면 당신은 자녀의 삶을 보면서 자신이 나쁜 부모임이 틀림없다고 생각할지 모르겠다. 당신이 실패했다고 생각할지 모르겠다. 이 말을 들어보라. "아무도 하나님보다 더 나은 부모가 될 수 없었겠지만, 그분의 자녀는 반역했다." 그분의 자녀는 놀라울 정도로 어리석고 자기파괴적이며 사악한 짓을 저질렀다. 만약 당신의 마음이 자녀의 패역으로 인해 깨어지고 있다면, 하나님은 그 감정을 정확하게 알고 계신다.

하나님의 첫 번째 아들인 아담은 선악을 알게 하는 나무의 열매를 먹지 말라는 하나님의 명령을 들었다. 하지만 하나님께 반역했고 그 열매를 먹었다. 하나님의 두 번째 아들인 이스라엘 나라는 시내산에서 모세에게 주어진 하나님의 말씀을 들었다. 하지만 이 아들 역시도 반역했고 하나님의 법에 순종하기를 거부했다.

이스라엘이라는 자녀에게 필요한 것은 더 완벽한 부모가 아니었다. 그들에게 필요한 것은 범죄한 인간의 가정에 태어난 형제, 반역하지 않을 자녀였다. 이 형제는 형제자매의 모든 추한 패역을 자신에게 지운 채 십자가에서 못 박히게 될 것이었다.

◆ ◇ ◇ ◆

주님, 당신께서 패역한 자녀를 가진 부모의 비통함을 이해하신다는 사실을 기억하는 게 제게 큰 도움이 됩니다. 바로 이 순간, 저는 그 경험을 당신과 공유하며 당신과의 깊은 유대감을 발견합니다. ___에게는 완벽한 부모 그 이상이 필요합니다. 패역한 자녀인 저와 ___의 유일한 소망은, 주님과 연합하는 것입니다. 예수님의 완벽한 순종이 우리에게로 옮겨지는 것이 필요합니다. 주님의 그 순종이 우리의 인생에서 점점 실현되는 것이 필요합니다. 아버지, 우리를 패역한 자녀에서 순종하는 아들딸로 변화시키기 위해, 오직 당신만이 하실 수 있는 변화의 역사를 일으켜주옵소서.

11월 2일

● 에스겔 3:16-6:14 / 히브리서 4:1-16 / 시편 104:24-35 / 잠언 26:27

하나님의 말씀은 강력하다

하나님의 말씀은 살아 있고 활력이 있어 좌우에 날선 어떤 검보다도 예리하여 혼과 영과 및 관절과 골수를 찔러 쪼개기까지 하며 또 마음의 생각과 뜻을 판단하나니 지으신 것이 하나도 그 앞에 나타나지 않음이 없고 우리의 결산을 받으실 이의 눈 앞에 만물이 벌거벗은 것 같이 드러나느니라(히 4:12-13).

우리의 말이 자녀의 인생에 끼치는 능력에는 한계가 있다. 우리가 자녀를 들여다보고 그들 안에서 실제로 무슨 일이 일어나는지를 아는 데도 한계가 있다. 심지어는 그들에 대한 우리의 책임에도 한계가 있다. 하나님의 말씀만이 그들의 인생에서 그들의 생각과 동기를 꿰뚫는 능력이 있다.

부모인 우리의 도전은 하나님의 말씀이 실제적으로 우리 자녀 안에서 역사하시기를 신뢰하는 것이다. 우리가 말씀의 역사를 신뢰할 때, 우리는 그들을 설득하거나 강압하는 것을 멈출 수 있다. 우리는 기도의 응답을 보지 못할 때에도 마치 우리가 실패한 것처럼 느낄 필요가 없다. 대신 하나님의 말씀이 우리가 볼 수 없는 방식으로, 볼 수 없는 장소에서 역사하시기를 기대할 수 있다.

하나님의 말씀이 우리 자녀의 인생에서 일하기 시작할 때, 그들의 얕은 믿음과 거짓된 기대가 드러날 것이다. 그림자 뒤에 있던 우상들을 더 이상 애지중지될 수 없고 전면으로 드러날 것이다. 하나님을 이용하려 했던 그들의 태도를 볼 수 있게 하며 표면적인 독실함과 축적된 성경 지식을 돌파하여 그들 영혼의 상태와 행동의 모순을 드러낼 것이다.

우리 자녀 안에 변화를 창조하는 것은 우리 몫이 아니다. 그들을 하나님의 말씀 아래로 데려와 그분께서 하실 일을 신뢰하는 것이 우리 몫이다. 우리는 그분께서 그렇게 하시리라는 것을 안다. 그분의 말씀이 살아 있기 때문이다.

◆ ◇ ◇ ◆

주님, ___ 안에서 역사하사 ___의 인생을 당신의 말씀의 영향력과 권위 아래 두옵소서. ___가 말씀에 대한 기대감을 갖게 하옵소서. 말씀의 요구에 스스로를 복종시키게 하옵소서. 말씀의 진리를 수용하게 하옵소서. ___를 겸손히 낮추사 ___가 하나님의 말씀이 자신의 생각과 동기를 판단하는 것을 허락하게 하옵소서. 당신의 말씀을 사용하사 ___의 관점을 형성해주시고, ___의 우선순위를 세워주시고, ___에게 무엇이 진실로 가치 있고 아름다운지를 보여주옵소서.

11월 3일 ● 에스겔 7:1-9:11 / 히브리서 5:1-14 / 시편 105:1-15 / 잠언 26:28

그가 받으신 고난으로 순종함을 배워서

그는 육체에 계실 때에 자기를 죽음에서 능히 구원하실 이에게 심한 통곡과 눈물로 간구와 소원을 올렸고 그의 경건하심으로 말미암아 들으심을 얻었느니라 그가 아들이시면서도 받으신 고난으로 순종함을 배워서 온전하게 되셨은즉 자기에게 순종하는 모든 자에게 영원한 구원의 근원이 되시고(히 5:7-9).

심한 통곡과 눈물로 간구와 소원을 올린다는 게 무엇인지 아는가? 예수님은 아신다. 그것이 당신에게 고통을 가져오는데도 하나님의 계획에 복종할 힘을 달라고 간구하는 것이 무엇인지 아는가? 예수님은 아신다. 그것이 바로 우리가 한창 순종의 전쟁을 치를 때 예수님께서 긍휼함으로 우리를 대하실 수 있는 이유다. 예수님은 우리처럼 하나님께 울부짖어보셨기 때문에 우리에게 온유하시다.

그런데 예수님께서 받으신 고난으로 "순종함을 배우셨다"는 말의 의미가 무엇일까? 그분이 이전에는 어느 정도 불순종하셨다는 뜻일까? 아니다. 그 말은 그분의 순종이 시험대에 올랐고 증명되었음을 의미한다. 그분의 순종은 자동적인 순종이 아니었다. 기도로, 간구로, 통곡으로, 눈물로 얻은 진정한 순종이었다. 예수님은 하나님을 따르는 일에 대가가 따를 때 그게 어떤 느낌인지를 몸소 경험을 통해 배우셨다.

성부 하나님도 성자의 고난을 지켜보는 고통을 경험하셨다. 어떤 아버지도 우리의 하늘 아버지가 예수님을 사랑하신 것처럼 완벽하게 자기 아들을 사랑하지 못한다. 그럼에도 그분의 사랑은 아들의 고통을 위한 자리를 마련하셨다. 만약 성부 하나님께서 성자의 고난을 허락하지 않으셨다면, "자기에게 순종하는 모든 자에게 영원한 구원의 근원이 되시"는 영광스런 선은 성취되지 않았을 것이다.

◆ ◇ ◆

하늘에 계신 아버지, 당신의 아들 예수님은 고난으로 순종을 배우셨습니다. 그러므로 저는 ___가 고난 중에 순종을 배우고 순종을 살아내기를 간구합니다. 제가 ___를 고난에서 벗어나게 하기 위해 눈물로 간구하지 않게 하옵소서. 당신께서 고난 안에서 그리고 고난을 통해서 의도하신 선을 성취하여 주옵소서.

11월 4일

● 에스겔 10:1–11:25 / 히브리서 6:1–20 / 시편 105:16–36 / 잠언 27:1–2

맛보고도 타락한 자

한 번 빛을 받고 하늘의 은사를 맛보고 성령에 참여한 바 되고 하나님의 선한 말씀과 내세의 능력을 맛보고도 타락한 자들은 다시 새롭게 하여 회개하게 할 수 없나니 이는 그들이 하나님의 아들을 다시 십자가에 못 박아 드러내 놓고 욕되게 함이라(히 6:4-6).

이 말씀은 상당히 당황스러울 수 있다. 한때 그리스도를 사랑하는 것처럼 보였지만 이제는 믿음에서 멀어진 자녀를 둔 부모에게는 특히 그렇다. 위 구절은 마치 참된 믿음을 가졌던 한 사람이 그것을 잃어버릴 수 있고, 그 경우 회복의 길이 막힌 것처럼 보일 수 있다. 하지만 그것은 이 구절이 말하는 바가 아니다. 그리스도와 진정으로 연합된 자들은 결코 그리스도로부터 분리될 수 없다. 그분이 양자 삼으신 자들은 결코 다시 파양될 수 없다. 그리스도 안에서 살아난 자들은 결코 그 생명을 잃을 수 없다.

"하늘의 은사를 맛보고"(4절), "하나님의 선한 말씀"을 맛보고, 누군가의 삶으로 흘러 들어온 그리스도의 빛에 의해 "새롭게" 되는 것은 가능하다. 그러나 그리스도 안에서의 삶을 조금 맛보고 다음과 같이 결심하는 이들이 있다. **난 정말이지 이 삶이 싫어. 나를 위한 게 아니야. 받을 가치가 없어. 난 원하지 않아.** 이 사람이 바로 위 구절이 말하는 자들이다. 성령님은 우리에게 그리스도의 부요하심을 맛보게 하시지만 억지로 먹게 하시지는 않는다.

위 구절은 구원을 잃어버릴 위험에 처한 신자들을 묘사한 말씀이 아니다. 구원을 받아들일 기회를 놓칠 위험에 처한 불신자들에 관한 말씀이다. 예수님이 누구신지, 그분이 무엇을 제안하시는지를 가까이서 본 사람들, 그분이 주시는 기쁨, 소망, 복을 개인적으로 조금 경험하고는 그리스도를 원하지 않는다고 결정한 사람들에 관한 이야기다. 구원은 영원히 그들이 닿을 수 없는 곳에 있다. 하나님께서 그 제안을 거둬들이시기 때문이 아니라 그들이 자기 마음을 완고하게 한 채 구원을 거절했기 때문이다.

주님, ___는 당신이 누구신지, 무엇을 제안하시는지를 가까이서 보았습니다. 당신께서는 ___가 당신이 주시는 기쁨과 복과 소망을 경험하도록 허락하셨습니다. ___가 구원을 맛보았으니 당신을 온전히 붙잡기를 선택하게 하옵소서. ___가 당신의 너그러운 제안을 거절하지 않게 하옵소서.

11월 5일

● 에스겔 12:1-14:11 / 히브리서 7:1-17 / 시편 105:37-45 / 잠언 27:3

불멸의 생명의 능력

그는 육신에 속한 한 계명의 법을 따르지 아니하고 오직 불멸의 생명의 능력을 따라 되었으니(히 7:16).

레위 지파 출신이 아니라면 제사장이 될 수 없다는 건 모두가 안다. 하지만 이 편지의 저자는 히브리인들에게 아론의 후손이 아닌 누군가(예수님)가 완벽한 대제사장이라는 사실을 설득한다. 히브리서의 저자는 아론보다 일천 년 전에 하나님이 임명하시고 아브라함이 존경했던 하나님의 제사장(멜기세덱)을 상기시킴으로써 자기의 주장을 펼친다. 예수님은 아론의 제사장들처럼 혈통에 의한 제사장은 아니시다. 멜기세덱처럼 임명에 의한 제사장이시다. 예수님이 제사장이신 이유는, 그분의 출신 가문 때문이 아니라 그분의 존재, 성취, 사역 때문이다.

하나님 앞에서 우리의 중보자이신 예수님은 불멸의 생명을 가지셨기 때문에, 우리를 위해 간구하시며 하나님의 보좌 앞에 계시지 않는 날이 단 하루도 없다. 우리의 필요에 대해 하나님께 탄원하시지 않는 날이 단 하루도 없다. 그분의 의로움에 대한 완벽한 기록이 우리를 덮지 못하는 날이 단 하루도 없다.

예수님께서 불멸의 생명을 가지셨기 때문에, 그분께 연합된 자는 누구나 불멸의 생명을 갖는다. 얼마나 든든한지! 얼마나 두려움을 해소해주는지! 만약 당신의 자녀가 그리스도와 연합되어 있다면, 예수님께서 하늘 아버지 앞에서 그들을 위해 간구하시기 때문에 그들은 얻어야 할 전부를 가졌을 뿐만 아니라, 아무것도 두려워할 게 없다. 당신도 마찬가지다. 당신의 자녀가 예수님과 연합되어 있으면 그들은 멸망하지 않는다. 예수님처럼, 당신의 자녀도 육체의 죽음을 통과하겠지만, 예수님처럼, 그들도 다시 부활할 것을 당신은 확신할 수 있다.

◆ ◇ ◆

주님, 당신의 보좌 앞에서 ___를 위해 간구하는 것이 제 몫이 아님을 감사드립니다. ___를 위해 탄원하시고, 지키시고, 보존하시고, 중보하시는 예수님이 계시기에 저는 안식할 수 있습니다. 불멸의 생명의 능력이 ___의 생명을 보호하고 보존하십니다.

11월 6일

● 에스겔 14:12-16:41 / 히브리서 7:18-28 / 시편 106:1-12 / 잠언 27:4-6

살아 있으라!

이르기를 주 여호와께서 예루살렘에 관하여 이같이 말씀하시되 네 근본과 난 땅은 가나안이요 네 아버지는 아모리 사람이요 네 어머니는 헷 사람이라 네가 난 것을 말하건대 네가 날 때에 네 배꼽 줄을 자르지 아니하였고 너를 물로 씻어 정결하게 하지 아니하였고 네게 소금을 뿌리지 아니하였고 너를 강보로 싸지도 아니하였나니 아무도 너를 돌보아 이 중에 한 가지라도 네게 행하여 너를 불쌍히 여긴 자가 없었으므로 네가 나던 날에 네 몸이 천하게 여겨져 네가 들에 버려졌느니라 내가 네 곁으로 지나갈 때에 네가 피투성이가 되어 발짓하는 것을 보고 네게 이르기를 너는 피투성이라도 살아 있으라 다시 이르기를 너는 피투성이라도 살아 있으라 하고 내가 너를 들의 풀 같이 많게 하였더니 네가 크게 자라고 심히 아름다우며(겔 16:3-7).

    에스겔은 예루살렘에서 바벨론으로 사로잡혀 끌려온 유다 포로들에게 하나님을 대언했다. 하나님은 선지자를 통해 자기 백성을 위해 하신 모든 일과 그들이 하나님의 선하심에 반하여 지었던 죄를 각인시켜주셨다. 에스겔 16장에서 여호와는 자기 백성에게 말씀하신다. 그들을 길가에 던져져서 원하는 이도 없고 돌보는 이도 없이 죽게 내버려진 아기로 묘사하신다. 그들이 알지 못하던 성부 하나님께서 그들에게 찾아오실 때까지 그들은 버림받고 죽어가고 있었다. 하나님이 오셔서 아무도 원하지 않던 이 버려진 아이를 보시고는 말씀하셨다. "살아 있으라!" 얼마나 은혜로우신지! 하나님은 자기 백성이 살아 있게 하셨다. 그분은 그들이 잘 자라게 도우셨다. 그분은 그들이 성장하도록 영양분을 공급하셨다.

    이것은 하나님의 모든 자녀에게 해당한다. 우리는 무력하고 죽을 운명에 처해 있었다. 하나님께서 우리를 사랑하기로 하시고 우리에게 생명을 주실 때까지는 말이다. 우리는 죽었고 쓸모없었기 때문에 멸망당했어야 함에도 구원받았다. 성부 하나님께서 지나가시며 거기 누워 있는 우리를 보시고 말씀하셨다. "살아 있으라!"

◆ ◇ ◇ ◆

당신은 버려진 아이들을 택하셔서 자녀로 삼으신 아버지 하나님이십니다. 우리를 당신의 자녀로 삼아주시고, 생명으로 불러주옵소서. 당신은 당신이 원하시는 곳, 원하시는 때, 원하시는 사람을 부르시고 일으키십니다. 생명을 주는 능력은 우리의 계획이나 전략이 아니라 성령님으로만 가능합니다. 그러므로 당신께서 오셔서 저와 ___를 보시기를 간구합니다. 우리를 생명으로 불러주옵소서. 오직 당신만이 하실 수 있습니다! 우리가 자랄 수 있도록 도와주옵소서! 우리가 당신의 아름다운 보배로 성장하도록 영양분을 공급해주옵소서.

11월 7일

● 에스겔 16:42-17:24 / 히브리서 8:1-13 / 시편 106:13-31 / 잠언 27:7-9

더 좋은 언약, 더 좋은 약속

그러나 이제 그는 더 아름다운 직분을 얻으셨으니 그는 더 좋은 약속으로 세우신 더 좋은 언약의 중보자시라 (히 8:6).

하나님은 모세 시대에 이스라엘과 언약을 맺으셨다. 은혜 위에 세워진 언약이었다. "나는 너를 애굽 땅, 종 되었던 집에서 인도하여 낸 네 하나님 여호와니라"(출 20:2). 하나님은 이 언약에 조건을 다셨다. "세계가 다 내게 속하였나니 [만약] 너희가 내 말을 잘 듣고 내 언약을 지키면 너희는 모든 민족 중에서 내 소유가 되겠고"(출 19:5). 본질적으로 하나님은 "만약 너희가 나에게 순종하면, 내가 너희에게 복 주겠다. 만약 너희가 나에게 불순종하면, 내가 너희를 저주하겠다"라고 말씀하신 것이다.

그들은 불순종했다. 하지만 하나님은 자기 백성을 포기하지 않으셨다. 하나님은 선지자 예레미야를 통해 새로운 약속을 주셨다. "내가 나의 법을 그들의 속에 두며 그들의 마음에 기록하여 나는 그들의 하나님이 되고 그들은 내 백성이 될 것이라"(렘 31:33). 새 언약은 예수님에 의해 제정되었다. 예수님은 하나님과 우리의 관계의 본질을 "만약 … 그러면"에서 "내가 하리라"로 바꾸셨다. 옛 언약은 그리스도의 위격 안에서 온전히 공급되는 새 언약으로 대체되었다. 새 언약은 율법을 폐기하지 않으면서, 율법을 우리 마음 안에 내면화한다. 행동 교정을 통해 거룩을 추구하는 사람들을, 성령님으로 가득한 마음에서 우러나는 참된 내적 거룩을 갈망하는 사람들로 변화시킨다.

성령님이 우리를 각성시켜 그리스도의 아름다움을 보게 하실 때에야 비로소, 우리는 마침내 율법이 우리를 데려가려 했던 곳이 여기(더 나은 행동이 아니라 그리스도)임을 알게 된다. 그리고 이것은 부모인 우리에게 주는 도전이다. 우리 자녀를 더 나은 행동으로 인도할 것인가 아니면 그리스도께 인도할 것인가.

◆ ◇ ◆

주님, 당신은 옛 언약보다 더 좋은 약속으로 세우신 새 언약을 우리에게 주셨습니다. 우리는 더 이상 "만약 … 그러면"의 두려움으로 살지 않고 "다 이루었다!"의 자유로 삽니다. 그러므로 우리가 자녀에게 닿을 수 없는 기준에 맞추기 위해 고된 수고를 하게 만드는 옛 언약을 심지 않게 하옵소서. 대신에, 새 언약의 자유함을 분명히 전하게 하소서.

11월 8일

● 에스겔 18:1-19:14 / 히브리서 9:1-10 / 시편 106:32-48 / 잠언 27:10

부모의 죄

범죄하는 그 영혼은 죽을지라 아들은 아버지의 죄악을 담당하지 아니할 것이요 아버지는 아들의 죄악을 담당하지 아니하리니 의인의 공의도 자기에게로 돌아가고 악인의 악도 자기에게로 돌아가리라 그러나 악인이 만일 그가 행한 모든 죄에서 돌이켜 떠나 내 모든 율례를 지키고 정의와 공의를 행하면 반드시 살고 죽지 아니할 것이라 그 범죄한 것이 하나도 기억함이 되지 아니하리니 그가 행한 공의로 살리라(겔 18:20-22).

이스라엘 백성이 포로로 고생할 때, 그들은 "아버지가 신 포도를 먹었으므로 그의 아들의 이가 시다"(렘 31:29; 겔 18:2)라는 속담을 되풀이해서 말했다. 그들은 이 속담을 되풀이할 때마다 자기 부모의 죄 때문에 벌을 받고 있다고 불평했다. 달리 말하자면, 그들은 하나님이 불의하다고 고소하고 있었다.

그들을 바로잡기 위해 하나님은 그들의 부모와 조부모는 죄를 지었고 벌을 받아 마땅한 한편, 이 젊은 세대 또한 사실상 무죄하지 않다고 말씀하셨다. 실제로 그들은 그들 부모의 죄를 훨씬 더 심각한 수준으로 되풀이해왔다. 그러므로 그들 위에 부어진 벌은 의심할 여지없이 마땅했다. 부모의 본을 따라가면서, 자녀 역시 죄라는 신 포도를 먹고 있었다.

문제는 하나님의 불공정이 아니었다. 그들의 죄였다. 단지 그들이 그것을 부인했을 뿐이다. 하지만 에스겔은 그들의 변명을 제거해버리는 한편, 그들이 받아 마땅한 실체의 무게 아래 으스러지도록 내버려두지도 않았다. 그는 은혜와 자비를 약속했다. 그는 그들에게 돌이켜 살라고 호소했다. 그들의 과거의 죄가 그들이 죄를 지은 분께 "기억되지 아니한다"고 약속했다.

◆ ◇ ◇ ◆

의로우신 아버지, 부모인 우리는 우리가 마땅히 받아야 할 것이 무엇인지 정확히 압니다. 우리는 우리가 섬긴 온갖 우상과 우리가 어긴 율법에 대한 심판의 신 포도를 먹어야 마땅합니다. 하지만 당신은 그 대신 우리에게 최상의 음식을 먹이십니다. 당신은 우리를 저주하는 대신 복을 주십니다. 주님, 당신께서 이 복을 ___에게도 베풀어주시기를 간구합니다. ___를 죄로부터 돌이키셔서 당신께로 향하도록 이끌어주옵소서. 과거의 죄가 기억되지 않으며 미래가 생명으로 가득할 것이라는 좋은 소식으로 ___의 인생을 새롭게 하소서.

11월 9일

● 에스겔 20:1-49 / 히브리서 9:11-28 / 시편 107:1-43 / 잠언 27:11

깨끗하게 된 양심

염소와 황소의 피와 및 암송아지의 재를 부정한 자에게 뿌려 그 육체를 정결하게 하여 거룩하게 하거든 하물며 영원하신 성령으로 말미암아 흠 없는 자기를 하나님께 드린 그리스도의 피가 어찌 너희 양심을 죽은 행실에서 깨끗하게 하고 살아 계신 하나님을 섬기게 하지 못하겠느냐(히 9:13-14).

오늘날 개인적인 죄책감으로 고통스러워하는 사람들은 대개 상담을 받아야 한다는 얘기를 듣는다. 죄책감은 비생산적이고 불필요한 것으로 여겨진다. 하지만 이는 하나님께서 우리에게 양심이라는 형태로 주신 선물의 실체를 무시하는 것이다. 우리의 양심은 우리의 의지를 심판하는 자리에 앉은 내적 음성이다. 우리가 기준을 어길 때 고발하고, 우리가 기준을 충족시킬 때 인정해준다.

양심이 우리를 괴롭힐 때, 우리에겐 두 가지 선택만이 있다. 한 가지는, 명상이나 자기합리화를 통해 양심을 죽이거나 잠재우는 것이다. 이것은 세상의 방법이다. 다른 한 가지 선택은, 잘못된 죄책감을 진리로 바로잡거나 은혜로우신 하나님께 우리의 죄를 고백하는 것이다. 하나님의 말씀이라는 진리에 비추어 우리의 죄책감을 시험해보고 말씀을 적용하는 것이다. 하나님께 속한 자는 누구나 용서 받음과 양심이 깨끗게 됨을 기대할 수 있다.

우리 자녀가 성경에 하나님을 노엽게 하는 것으로 명백히 계시된 말씀을 어김으로써 합법적인 죄책감을 경험할 때, 그것은 어떤 면에서 축하할 일이다. 죄에 민감한 양심은 위대한 선물이자 죄를 깨닫게 하시는 성령님의 사역의 표지다. 우리 자녀가 깨끗한 양심을 위한 유효한 치료책(그리스도의 보혈)을 확신하는 것도 중요하다. (특히 죄에 직면해야 하는 어렵고 어두운 시기에) 우리가 자녀와 되풀이해서 나눠야 할 복음의 좋은 소식은, 그리스도께서 우리의 죄를 제거하셨고, 우리 안에서 그분의 영인 성령님이 일하시며, 그분을 기쁘시게 해드리려는 새로운 열망으로 우리를 채우신다는 것이다.

◆ ◇ ◇ ◆

주님, 당신께서 ___에게 양심을 주심에 감사드립니다. 세상이 아니라 당신의 말씀에 의해 양심이 빚어지게 하옵소서. ___가 당신 앞에 서게 될 것을 의심하지 않게 하시고 죄에 민감하게 하옵소서. ___ 안에 양심을 키워주옵소서. 그 양심은 믿을 만한 피드백을 주고, 죄를 속히 고백하게 하며, 죄에 대해 기꺼이 애통하게 하고, 그리스도 안에서 받는 죄 씻음과 용서를 깊이 자각하게 합니다.

11월 10일   ● 에스겔 21:1–22:31 / 히브리서 10:1–17 / 시편 108:1–13 / 잠언 27:12

거룩하게 됨

그가 거룩하게 된 자들을 한 번의 제사로 영원히 온전하게 하셨느니라(히 10:14).

다음의 일들이 일어났다는 것에 주목하라. 그분은 "온전하게 **하셨다**." 이미 완성된 일이다. 그들은 "거룩**해진다**." 바로 지금 일어나고 있는 일이다. 온전함은 과거에 완성된 일이고, 거룩은 현재 진행형이다.

그렇다면 우리는 어떤 방식으로 온전해지는가? 우리는 완벽하게 용서받았다. 우리의 빚은 탕감받았다. 우리가 그리스도 안에 있기 때문에, 합법적으로 우리는 어떠한 정죄함 없이 하나님 앞에 선다. 하나님은 우리의 죄를 세지 않으신다. 우리는 더 이상 실패와 실수에 의한 점과 흠으로 덮여 있지 않다. 우리는 죄로 얼룩진 누더기 대신 그리스도에 의해 주어진 의의 옷으로 덮여 있다.

그런데 만약 우리가 이미 온전하다면, 우리는 왜 지속적으로 거룩해져야 하는가? 우리가 하나님 앞에 죄 없이 서는 것이 그리스도의 의에 의해 보장된 반면, 그것이 우리의 삶에서는 현실이 아니기 때문이다. 거룩이 매일 우리의 성품이 되기까지 우리가 가야 할 길은 여전히 멀다.

하지만 복음의 좋은 소식이 있다. 오래된 죄로 인해 반복해서 넘어지는 동안에도 우리는 거룩하게 된다는 것이다. 성령님은 그분의 말씀으로 우리 안에서 역사하고 계시다. 그래서 우리는 천국 법정에서 선포될 존재에 가까워지고 있는 중이다. 죄가 드러나고 고백되고 용서받음에 따라, 그리스도 안에서의 우리 모습과 육신으로서의 우리 모습 사이의 간격은 점점 좁아지고 있다.

우리는 자녀 안에 자라는 거룩한 성품을 보며 축하하고 있는가? 정말이지 우리가 자녀에게 일어나기를 바라는 그 변화가 아주 자연스럽게 완성되고 있다. 우리 자녀 안에서 역사하시는 하나님을 공적으로 찬양하고 우리 자녀의 변화를 확증하는 것이야말로 거룩하게 하시는 하나님의 목적을 환영하고 축하하는 것이다.

◆ ◇ ◇ ◆

주님, 당신은 거룩을 위해 쉬지 않고 일하시는 하나님이시기에 당신을 찬양합니다. 당신은 거룩하십니다. 우리가 당신께 복종할 때 당신은 우리를 거룩하게 만들어 가십니다.

11월 11일

● 에스겔 23:1-49 / 히브리서 10:18-39 / 시편 109:1-31 / 잠언 27:13

기쁘게 당한 것

전날에 너희가 빛을 받은 후에 고난의 큰 싸움을 견디어 낸 것을 생각하라 혹은 비방과 환난으로써 사람에게 구경거리가 되고 혹은 이런 형편에 있는 자들과 사귀는 자가 되었으니 너희가 갇힌 자를 동정하고 너희 소유를 빼앗기는 것도 기쁘게 당한 것은 더 낫고 영구한 소유가 있는 줄 앎이라(히 10:32-34).

히브리서에서 언급된 초기 크리스천들이 그리스도를 따르는 것은 쉽지 않았다. 그들은 비즈니스 공동체에서 추방당했고, 가족들에게 거절당했으며, 성전에서도 환영받지 못했고, 재산을 몰수당하기도 했다. 그럼에도 신자들은 자기의 모든 소유를 빼앗길 때 "기쁘게 당했다." 이 일들을 신중하게 살펴보다 보면, 그들이 어떻게 그렇게 할 수 있었는지에 놀란다. 더 중요하게는, 우리도 그렇게 할 수 있다는 사실에 놀란다.

히브리서 저자는 어떻게 초기 신자들이 박해로 인한 손실에 이와 같이 반응할 수 있었는지를 말해준다. "더 낫고 영구한 소유가 있는 줄 앎이라." 그들이 세상의 소유를 손에서 놓을 수 있었던 이유는, 천국에서 그들을 기다리는 것이 더 나음을 알았기 때문이다.

우리 자녀는 본능적으로 우리를 진실로 행복하게 만드는 것이 무엇인지, 우리에게서 기쁨을 빼앗아갈 힘을 가진 것이 무엇인지를 안다. 그래서 그들은 그리스도께서 우리의 진정한 만족이신지, 아니면 그저 부모로부터 물려받은 전통에 불과한지를 안다. 그들은 그리스도가 부모인 우리 인생의 열정이신지, 아니면 우리가 그저 그런 시늉을 할 뿐인지를 안다. 그리스도에 대한 헌신이 우리에게 대가(우리의 시간을 좋아하는 스포츠 이벤트 대신 섬김 프로젝트에 투자하는 것, 우리가 휴가에 쓰려고 했던 재정을 선교를 위해 헌금하는 것 등)를 요구할 때 그것은 더욱 명백해진다. 우리가 기쁨으로 여러 기회나 자유의 손실을 받아들일 때, 우리 자녀에게는 우리가 이 세상에 의지하지 않고 있다는 사실이 명백해진다. 우리의 기쁨은 장차 올 천국에 닻을 내린다.

◆ ◇ ◆

주님, 당신은 전부이십니다. 당신께서 현재 그리고 장차 공급하실 모든 것은 제게 필요한 전부이자 제가 간구하는 것 이상입니다. 당신께서 저를 위해 예비하신 것에 대한 확신이 점점 더 커지게 하옵소서. 그래서 제가 이 세상에서의 손실에 대해 기쁨과 만족으로 반응하게 하옵소서.

11월 12일

● 에스겔 24:1-26:21 / 히브리서 11:1-16 / 시편 110:1-7 / 잠언 27:14

믿음

믿음은 바라는 것들의 실상이요 보이지 않는 것들의 증거니(히 11:1).

우리가 무언가를 "소망한다"라고 말할 때의 전형적인 의미는, 우리는 무슨 일이 일어날지 확신할 수 없지만 그렇게 되기를 원한다는 뜻이다. 그것은 성경의 소망이 아니라 희망사항이다. 성경의 소망에는 불확실한 것이 없다. 성경이 약속하는 바는 아직 실현되지 않았을지는 몰라도 매우 확실하다.

우리가 어떻게 아는가? 무슨 근거로 우리는 소망을 갖는가? 하나님께서 약속하셨기 때문이다. 믿음을 갖는다는 의미는 하나님께서 약속하신 것은 무엇이든지 완전히 믿는 일에 전부를 거는 삶이다. 노아는 하나님께서 홍수를 경고하실 때 그 말씀을 믿었다. 그래서 방주를 지었다. 아브라함은 하나님께서 복을 주시겠다고 약속하실 때 그 말씀을 믿었다. 그래서 하나님의 지시를 따라 말씀하신 곳으로 갔다.

그럼에도 히브리서 11장은 "이 사람들은 다 믿음을 따라 죽었으며 약속을 받지 못하였으되 그것들을 멀리서 보고 환영하"(13절)였다고 말한다. 그들은 약속된 메시아를 기다리면서 죽었다. 그들은 이 땅에서 하나님께서 그들에게 약속하신 모든 것을 받지 못하였다. 그러나 그들이 천국에서 받은 것은 그들이 상상할 수 있는 것보다 훨씬 더 좋았다.

현대 기독교는 하나님의 능력을 이용해 지금 여기에서 우리가 원하는 것을 얻는 삶, 지금 여기에서 더 나은 사람이 되는 방법에 관한 것이 되어버렸다. 하지만 우리 믿음의 본질은 전혀 그런 것이 아니다. 우리는 우리 자녀가 그들의 눈으로 전혀 본 적이 없는 하나님을 따르고 그들의 귀로 전혀 들어본 적이 없는 하나님의 음성을 따르기 위해 기꺼이 발을 내딛기를 원한다. 우리는 그들이 오직 하나님 안에서만 발견할 수 있는 것, 그것이 이 세상 어떤 것보다 더 오래가고 의지할 만하며 큰 기쁨을 준다는 믿음을 소유하기를 원한다. 그래서 그런 확신 가운데 살기를 원한다.

◆ ◇ ◇ ◆

주님, ___가 길들여진 믿음에 만족하지 않게 하옵소서. 당신께서 약속하신 모든 것을 지금 여기에서가 아니라 하늘의 본향에서 기대하는 반문화적 확신으로 ___를 채워주옵소서.

11월 13일 ● 에스겔 27:1-28:26 / 히브리서 11:17-31 / 시편 111:1-10 / 잠언 27:15-16

그리스도를 위하여 수모를 받는 게 낫다

믿음으로 모세는 장성하여 바로의 공주의 아들이라 칭함 받기를 거절하고 도리어 하나님의 백성과 함께 고난 받기를 잠시 죄악의 낙을 누리는 것보다 더 좋아하고 그리스도를 위하여 받는 수모를 애굽의 모든 보화보다 더 큰 재물로 여겼으니 이는 상 주심을 바라봄이라(히 11:24-26).

모세는 자라면서 "애굽 사람의 모든 지혜를 배웠"(행 7:22)다. 그는 언어학, 수학, 천문학, 건축학, 음악학, 약학, 법학, 외교학을 배웠을 거다. 아이러니하게도, 모세가 자기 백성을 애굽에서 인도하고 광야에서 목양하는 데 필요했을 훈련이 바로의 집에서 제공되었다. 출애굽기는 그 시기에 모세의 인생이 어떻게 지나갔는지 우리에게 말해주지 않지만, 히브리서 저자는 무엇이 모세를 움직였는지, 모세가 무엇에 가치를 두었는지, 그리고 무엇을 신뢰하기로 했는지를 알 수 있게 해준다. 모세는 "그리스도를 위하여 받는 수모를 애굽의 모든 보화보다 더 큰 재물로 여겼"다.

모세는 바로의 궁전에서 수업을 받기 전, 히브리 가정의 믿는 부모 밑에서 수년을 살았다. 그래서 하나님께서 약속하신 여자의 후손인 그리스도께서 태어나 이 세상의 고통과 학대를 끝내시리라는 것을 알았다. 모세는 이 약속을 붙잡았다. 그로 하여금 세속적인 부와 권력과 특권을 이기게 한 것은 바로 그리스도에 대한 확신이었다. 그는 애굽의 모든 보화보다 더 좋은 것(모든 소망을 그리스도께 투자할 때 그를 기다릴 천국의 상급)에 눈과 마음을 고정시킬 수 있었다. 모세는 영원히 그의 소유가 될 즐거움을 위해 잠시의 낙을 기꺼이 거절했다.

모세는 어떻게 그렇게 했는가? "믿음으로…." 그의 부모는 모세에게 하나님의 약속에 관해 말해주었고, 모세는 그것을 붙잡고 그것에 비추어 살았다.

◆ ◇ ◇ ◆

주님, 우리는 ___에게 당신과 당신의 약속에 관해 말해주었습니다. ___에게 그 약속을 붙잡고 그것에 비추어 사는 믿음을 주옵소서. ___에게 잠시 죄악의 낙을 누리는 것보다 하나님의 백성과 함께 고난받기를 선택하는 믿음을 주옵소서. 세상의 모든 보화를 소유하는 것보다 당신을 위해 고난당하는 것이 나음을 볼 수 있도록 ___의 관점을 빚어주시기를 기도합니다. ___에게 장차 받을 큰 상급을 미리 볼 수 있는 눈을 허락해주소서.

11월 14일
● 에스겔 29:1-30:26 / 히브리서 11:32-12:13 / 시편 112:1-10 / 잠언 27:17

의와 평강의 열매

그들은 잠시 자기의 뜻대로 우리를 징계하였거니와 오직 하나님은 우리의 유익을 위하여 그의 거룩하심에 참여하게 하시느니라 무릇 징계가 당시에는 즐거워 보이지 않고 슬퍼 보이나 후에 그로 말미암아 연단받은 자들은 의와 평강의 열매를 맺느니라(히 12:10-11).

저자는 우리의 자녀 양육과 우리 하늘 아버지의 자녀 양육을 대조한다. "오직 하나님은 우리의 유익을 위하여 [징계하신다.]" 하나님은 완벽한 부모시다. 그분의 징계는 결코 거칠거나 부적절하지 않다. 우리는 어떻게 해야 자녀를 가장 잘 징계하는 것인지를 항상 알지는 못하지만 하나님은 아신다. 하나님은 항상 무엇이 옳은지를 아시고 행하신다.

하나님께서 우리를 징계하시는 의도는 우리가 "그의 거룩하심에 참여하게" 하기 위해서다. 하나님은 그분의 자녀가 가족으로서 닮기를 원하신다. 그분은 우리가 우리 아버지의 열정과 우선순위를 공유하고 있음을 증명하는 방식으로 살기를 원하신다.

물론, 우리도 저자가 "무릇 징계가 당시에는 즐거워 보이지 않고 슬퍼 보이나"라고 쓸 때의 솔직함을 높이 평가한다. 당연히 징계는 당시에는 좋게 느껴지지 않는다. 고난이나 손해인 것처럼 느껴진다. 하지만 그분의 자녀로서 우리는 징계를 견딜 수 있다. 그것에 **목적이 있음**을 우리가 확신하기 때문이다. 하나님의 징계는 결코 징벌적이지 않다. 결코 임의적이지도, 가혹하지도 않다. 항상 사랑으로 행해진다. 하나님의 목적은 "후에 그로 말미암아 연단받은 자들은 의와 평강의 열매를 맺"는 것이다. 우리가 그분의 징계를 통해 기꺼이 연단 받을 때, 즉 그분의 징계로 만들어지고 빚어질 때, 아름다운 일이 일어난다. 우리 인생에 열매가 맺힌다. 의와 평강의 열매다.

◆ ◇ ◇ ◆

하늘에 계신 아버지, 저에게는 당신의 사랑이 담긴 징계가 필요합니다. 당신께서 저를 빚으시기 위해 자녀 양육까지도 사용하실 수 있다는 사실이 저는 놀랍습니다. 자녀를 양육하는 일은 저의 우상을 드러내 의의 열매가 필요한 곳으로까지 가져옵니다. 그러므로 오직 당신만이 하실 수 있는 방식으로 저를 징계해주심으로 저를 사랑해주옵소서.

11월 15일 • 에스겔 31:1-32:32 / 히브리서 12:14-29 / 시편 113:1-114:8 / 잠언 27:18-20

흔들리지 않는

너희는 삼가 말씀하신 이를 거역하지 말라 … 그 때에는 그 소리가 땅을 진동하였거니와 이제는 약속하여 이르시되 내가 또 한 번 땅만 아니라 하늘도 진동하리라 하셨느니라 이 또 한 번이라 하심은 진동하지 아니하는 것을 영존하게 하기 위하여 진동할 것들 곧 만드신 것들이 변동될 것을 나타내심이라 그러므로 우리가 흔들리지 않는 나라를 받았은즉 은혜를 받자 이로 말미암아 경건함과 두려움으로 하나님을 기쁘시게 섬길지니(히 12:25-28).

하나님께서 시내산에서 말씀하셨을 때, 하나님은 문자 그대로 율법을 내려놓으셨다. 그 힘이 땅을 진동하였다. 출애굽기 19장 18절은 "시내 산에 연기가 자욱하니 여호와께서 불 가운데서 거기 강림하심이라 그 연기가 옹기 가마 연기 같이 떠오르고 온 산이 크게 진동하며"라고 말한다. 하지만 땅이 진동한 건 그때가 마지막이 아니었다. "예수께서 다시 크게 소리 지르시고 영혼이 떠나시니라 이에 성소 휘장이 위로부터 아래까지 찢어져 둘이 되고 땅이 진동하며 바위가 터지고"(마 27:50-51). 땅이 왜 진동했는가? 하나님의 심판이 임하셨기 때문이다.

여기 히브리서 12장에서 저자는 미래에 또 한 번의 진동이 있을 거라고 계시한다. 그리스도께서 죄 된 이 세상을 영원히 제거하기 위해 재림하실 때다. 그는 "진동하지 아니하는 것을 영존하게 하기 위하여"라고 쓰고 있다.

저자가 "우리가 흔들리지 않는 나라를 받았"다고 말한다는 사실에 주목하라. 우리가 자녀를 위해 완벽히 보장된 생명을 창조할 수 없다는 건 명백하다. 그 생명은 받아야만 한다. 우리는 자녀에게 본질적으로 영원히 보장되는 그 생명을 받는 비밀을 가르쳐줄 수 있다. 우리는 히브리서 저자가 준 경고, "너희는 삼가 말씀하신 이를 거역하지 말라"를 자녀에게 전달할 수 있다. 우리는 하나님께서 우리 자녀를 흔들리지 않게 해 주시기를 기도할 수 있다.

◆ ◇ ◇ ◆

주님, 당신은 ___에게 필요한 안전을 제공하실 수 있는 유일한 분이십니다. 그러므로 우리는 당신께서 과거에도 말씀하셨고 지금도 성경을 통해 지속적으로 말씀하고 계심에 감사드립니다. ___를 당신께로 불러주시고 ___에게 미래에 올 진동에 대해 경고해주옵소서. ___가 거룩한 두려움과 경외심으로 당신을 예배하게 하옵소서. 그래서 하늘과 땅이 진동할 그 날에 안전을 보장받게 하옵소서.

11월 16일

● 에스겔 33:1-34:31 / 히브리서 13:1-25 / 시편 115:1-18 / 잠언 27:21-22

너희의 리더들을 기억하라

하나님의 말씀을 너희에게 일러 주고 너희를 인도하던 자들을 생각하며 그들의 행실의 결말을 주의하여 보고 그들의 믿음을 본받으라(히 13:7).

우리 자녀는 그들에게 하나님의 말씀을 전해주고 믿음의 본을 보여주는 다른 사람들에게서 크나큰 유익을 얻는다. 그래서 우리는 우리 자녀에게 성경 이야기를 흥미롭게 들려줄 주일학교 교사를, 세상을 멀리하고 말씀은 가까이하는 지혜를 함께 나눌 청년 리더를, 탄탄한 믿음을 토대로 서로의 거룩한 삶을 격려할 영향력 있는 친구를 보내주시기를 기도한다. 우리 자녀가 매주 선포되는 말씀을 삶의 현실과는 동떨어진 것으로 여기지 않고 자기 삶에 연결시키기를 기도한다.

히브리서의 저자는 하나님의 말씀을 일러주는 리더들과 관련해 우리에게 몇 가지를 지시했다. 우리는 그들을 **생각하고**, 그들 삶의 선한 것을 **주의하여 보고**, 그들의 믿음의 예시를 **본받아야** 한다. 뿐만 아니라 우리는 "너희를 인도하는 자들에게 순종하고 복종하라 그들은 너희 영혼을 위하여 경성하기를 자신들이 청산할 자인 것 같이 하느니라 그들로 하여금 즐거움으로 이것을 하게 하고 근심으로 하게 하지 말라 그렇지 않으면 너희에게 유익이 없느니라"(17절)라는 말을 듣는다. 생각하라, 주의하여 보라, 본받으라, 순종하라, 너희 영혼을 위하여 즐거움으로 경성하게(警醒하게, 정신을 차려 그릇된 행동을 하지 않도록 타일러 깨우치게-역주) 하라. 이런 태도는 우리가 교회 지도자들과 소통할 때에 갖추어야 한다. 우리 자녀는 우리가 말한 대로 행동하기보다는 우리가 행동한 대로 행동한다. 우리가 하나님의 말씀을 가르쳐주는 자들에 대해 불평하고 비난할 때도, 긍정하고 존경할 때도 우리 자녀는 귀를 기울인다.

◆ ◇ ◇ ◆

주님, 당신의 말씀을 가르치시기 위해 우리 인생과 영혼에 두신 사람들로 인해 감사드립니다. 당신을 사랑하고 당신을 위해 사는 리더들로 우리를 축복하셨습니다. ___의 인생에서도 그렇게 해주시기를 간구합니다. 모든 나이와 단계마다, ___의 영혼을 위하여 경성하는 일을 책임감 있게 수행해줄 영적인 리더들을 만나는 복을 누리게 하옵소서.

11월 17일

● 에스겔 35:1-36:28 / 야고보서 1:1-18 / 시편 116:1-19 / 잠언 27:23-27

자기 욕심에 끌려 미혹됨

사람이 시험을 받을 때에 내가 하나님께 시험을 받는다 하지 말지니 하나님은 악에게 시험을 받지도 아니하시고 친히 아무도 시험하지 아니하시느니라 오직 각 사람이 시험을 받는 것은 자기 욕심에 끌려 미혹됨이니 욕심이 잉태한즉 죄를 낳고 죄가 장성한즉 사망을 낳느니라(약 1:13-15).

부모로서 우리의 본능은 우리 자녀를 죄짓게 하는 모든 시험으로부터 보호하는 것이다. 할 수 있다면, 우리는 우리 집과 나머지 세상 사이에 울타리를 치려 할 것이다. 하지만 그것은 중요한 현실을 무시하는 처사다. 죄는 이미 우리 자녀를 감염시켰다. 그들은 원죄를 가지고 태어났다. 그들에게 미친 가장 큰 죄의 영향력은 그들 자신의 부패함이다. 우리가 그들을 양육할 때 뚫고 지나가야 할 것은 그들 밖에 있는 죄라기보다는 그들 안에 있는 죄다.

이 말은 우리 자녀를 안전한 영적 보호막 안에서 키우려는 우리의 모든 시도가 쓸모없다는 뜻이다. 왜냐하면 시험이 그 보호막 안에서, 우리 자녀의 마음 안에서, 그들의 욕심에서부터 작동되기 때문이다.

우리 자녀 주변에 세우는 벽이 그들을 죄로부터 보호하지 못한다면, 그들이 자기 욕심에 따라 죄 된 행동을 하지 않도록 우리가 할 수 있는 일이 무엇일까? 우리는 "무엇에든지 참되며 무엇에든지 경건하며 무엇에든지 옳으며 무엇에든지 정결하며 무엇에든지 사랑받을 만하며 무엇에든지 칭찬받을 만한"(빌 4:8) 것에 자녀의 감정을 지속적으로 노출시키는 가정 분위기를 만들 수 있다. 이 선한 것이 자녀의 마음에 들어오면, 자녀의 감정을 빚어갈 것이다. 그 선함이 자녀의 내면을 강하게 하고 자녀의 욕심에 영향을 끼쳐서 우리 자녀는 쉽게 죄에 사로잡히거나 끌려다니지 않게 될 것이다.

◆ ◇ ◇ ◆

주님, 우리는 주로 두려움에서 비롯된 자녀 양육을 하기 쉽습니다. 시작하신 착한 일을 끝까지 이루시는 당신의 신실하심을 확신하기보다는 ___에게 손을 대는 사탄과 세상을 점점 더 두려워하게 됩니다. 그러니 주님, ___의 생각과 욕심을 거룩하게 하는 작업을 ___ 안에서 계속해주옵소서. ___에게 죄에 대항하여 싸울 기회를 주옵소서.

11월 18일
● 에스겔 37:1-38:23 / 야고보서 1:19-2:17 / 시편 117:1-2 / 잠언 28:1

성내기도 더디하라

내 사랑하는 형제들아 너희가 알지니 사람마다 듣기는 속히 하고 말하기는 더디 하며 성내기도 더디 하라 사람이 성내는 것이 하나님의 의를 이루지 못함이라(약 1:19-20).

분명, 모든 부모는 화가 나서 무례하고 참을성 없이 자녀를 대한 적이 있을 것이다. 우리가 불만인 이유는 늦기 때문이다. 태도, 상황, 무대책, 엉망인 상태로 인해 짜증이 난다. 그래서 우리의 불만을 자녀에게 터뜨리고는 그들에게 존경과 질서와 시간표를 가르치기 위해 필요한 것이었다고 정당화한다. 하지만 야고보는 자녀에게 분노를 터뜨리는 우리를 불러세운다. 우리의 분노가 정당한지, 효과적인지 재고해보라고 도전한다. 분노의 힘이 자녀의 주의를 집중시켜서 그들을 변화로 이끌 것이라는 가정에 대해 되묻는다.

우리의 분노가 사실상 하나님이 바라시는 의를 이루지 못하고 현실적으로 해를 끼칠 뿐이라면 어떻게 될까? 우리의 본능적인 분노의 리듬과 패턴을 기꺼이 변화시켜서 경청하려는 마음으로 대체한다면 어떻게 될까? 비난과 불평을 쏟아놓는 대신에, 우리가 반응하는 속도를 줄이고 말을 친절하고 부드럽게 한다면 무슨 일이 일어날까? 우리가 말하기는 더디 하고, 듣고 보고 사랑하기에는 시간을 들이면서 은혜롭게 반응한다면 어떻게 될까?

본질적으로, 야고보는 우리가 하나님에 의해 양육된 방법대로 자녀를 양육하라고 요구하고 있다. "여호와는 긍휼이 많으시고 은혜로우시며 노하기를 더디 하시고 인자하심이 풍부하시도다 … 아버지가 자식을 긍휼히 여김 같이 여호와께서는 자기를 경외하는 자를 긍휼히 여기시나니 이는 그가 우리의 체질을 아시며 우리가 단지 먼지뿐임을 기억하심이로다"(시 103:8, 13-14).

주님, 당신은 우리의 자녀 양육의 본보기가 되십니다. 우리가 최악일 때조차 당신은 결코 우리에게 짜증을 내시지 않습니다. 당신은 노하기를 더디 하시고, 사랑과 자비로 가득하십니다. 우리를 당신의 사랑과 자비와 오래 참음으로 채워주옵소서. 그래서 우리가 ___위에 그 사랑과 자비와 오래 참음을 아낌없이 부을 수 있게 하옵소서.

11월 19일 ● 에스겔 39:1-40:27 / 야고보서 2:18-3:18 / 시편 118:1-18 / 잠언 28:2

혀

이와 같이 혀도 작은 지체로되 큰 것을 자랑하도다 보라 얼마나 작은 불이 얼마나 많은 나무를 태우는가 혀는 곧 불이요 불의의 세계라 혀는 우리 지체 중에서 온 몸을 더럽히고 삶의 수레바퀴를 불사르나니 그 사르는 것이 지옥 불에서 나느니라(약 3:5-6).

부모라면 대개 '웅장한 연설'을 한두 번은 한 적이 있다. 나누어 쓰는 것, 진실을 말하는 것, 서로 친절하게 구는 것, 자기 할 일을 마치는 것에 관한 고결한 강의들이다. 이 웅장한 연설을 참 많이도 했다. 가장 선한 의도였다 해도, 우리는 부모의 권위를 이용해서 우리의 강의로 자녀를 녹초가 되게 만들기 쉽다. 또한 우리는 우리의 혀가 타오르는 불꽃이었다는 것을 안다. 좌절감에 의해 점화된 불꽃은 거친 말과 상처 주는 평가의 말을 연료 삼아 불타올라 자녀의 영혼 깊숙이 상처를 남긴다. 우리의 말은, 어쩌면 더 중요하게도, 우리의 거들먹거리거나 깔보는 어투는, 자녀 내면의 연약한 부분을 태우고 말았다.

우리의 표정과 몸짓은 자녀에게 그들이 성가시고 하찮으며 까다롭고 실망스러운 명칭이라는 의미를 전달할 수 있다. 때때로 우리는 빈정거리고 깔아뭉개는 말을 사용하는데, 우리 자녀는 그것을 자신에 대한 진짜 평가로 마음에 담는다.

예수님은 말씀하셨다. "마음에 가득한 것을 입으로 말함이라"(마 12:34). 우리가 자녀에게 말하고 반응하는 방식, 우리가 하는 말과 그 말의 어투는 모두 우리 마음의 상태를 드러낸다. 이런 식으로 하나님은 자녀 양육이라는 과업을 사용하셔서 우리 마음에 성령님에 의한 깊은 변화가 필요함을 드러내신다. 그 변화는 우리가 자녀와 그리고 자녀에 대해 말하는 방식을 새롭게 만드는 그런 마음의 변화다.

◆◇◆◇◆

주님, 저는 부정한 입술을 가진 부모입니다. 저는 부정한 입술을 가진 사람들 가운데 삽니다. 제 혀를 깨끗하게 하고 제 마음을 부드럽게 하고 제 생각을 새롭게 하는 예수님이 없다면, 저는 제 혀가 ___를 저주하지 않고 축복하는 근원이 되는 소망을 갖지 못할 것입니다. 하나님, 제 속에 정한 마음을 창조하시고 제 안에 정직한 영을 새롭게 하옵소서. 그리고 이 정한 마음과 정직한 영으로부터 ___의 인생에 말할 수 있는 특권을 주옵소서.

11월 20일　● 에스겔 40:28-41:26 / 야고보서 4:1-17 / 시편 118:19-20 / 잠언 28:3-5

너희는 남이 가진 것을 시기한다

너희는 욕심을 내어도 얻지 못하여 살인하며 시기하여도 능히 취하지 못하므로 다투고 싸우는도다 너희가 얻지 못함은 구하지 아니하기 때문이요 구하여도 받지 못함은 정욕으로 쓰려고 잘못 구하기 때문이라 (약 4:2-3).

　인정하기는 참 당황스럽지만, 우리는 대부분 한두 가지 점에서 다른 가정의 부모와 자녀를 시기한다. 우리가 임신하려고 고군분투할 때는 서로 쳐다만 봤는데 임신이 된 것 같은 부부를 향해 시기심을 느낄 수 있다. 초저녁부터 밤새도록 잘 자는 아기, 벌써 읽을 줄 아는 유아, 우리 자녀보다 더 많은 친구를 가진 듯한 초등학생 또래, 학교 경기에서 주도권을 쥐거나 선발 선수로 뛰는 십 대, 교육이나 진로를 향해 우리 자녀보다 매끄럽게 전진하는 듯 보이는 청년 자녀를 가진 부부를 부러워할 수 있다.

　늘 그래왔듯, 야고보는 문제의 중심으로 파고든다. 우리의 동기다. 우리는 우리 자녀가 우리를 멋져 보이게 만들기를 원한다. 하지만 하나님은 우리의 자녀 양육에 관해 전혀 다른 의도를 갖고 계시다. 그분의 목표는 우리를 멋져 보이게 만드는 것이 아니라 우리를 거룩하게 만드는 것이다. 우리에게 영광을 가져오는 대신, 하나님은 우리의 자녀 양육이 그분께 영광을 가져오도록 의도하신다. 그래서 시기와 질투를 극복하는 데에 필요한 것을 우리에게 공급하신다. "그러나 더욱 큰 은혜를 주시나니 그러므로 일렀으되 하나님이 교만한 자를 물리치시고 겸손한 자에게 은혜를 주신다 하였느니라"(약 4:6).

　하나님, 시기라는 죄를 밝히고 고백하면서 당신 앞에 우리를 겸손히 낮춥니다. 자녀 양육을 성공시킴으로써 다른 사람들 앞에서 멋져 보이려 했던 우리를 용서해주옵소서. 우리의 자녀 양육을 왜곡하고 일그러뜨려 다른 부모와 자녀를 시기하게 만듦으로써 관계를 망가뜨리려는 사탄의 시도에 저항하기 위해, 우리에겐 당신의 능력이 필요합니다. 당신의 영광과 선하심을 드러내기 위해 당신의 은혜가 필요합니다. 당신께서 우리에게 가까이 오실 것을 믿으며, 우리는 당신께로 가까이 나아갑니다.

11월 21일

● 에스겔 42:1–43:27 / 야고보서 5:1–20 / 시편 119:1–16 / 잠언 28:6–7

죄 고백

그러므로 너희 죄를 서로 고백하며 병이 낫기를 위하여 서로 기도하라 의인의 간구는 역사하는 힘이 큼 이니라 (약 5:16).

자녀 앞에서 우리가 일반적인 의미에서 죄인임을 인정하거나 우리에게 하나님의 용서가 필요하다고 말하는 것은 어렵지 않다. 오래전에 지은 죄를 고백하는 것도 끔찍하게 어렵지는 않다. 어려운 것은, 자녀 앞에서 현재의 죄를 정기적으로 고백하는 습관을 갖는 것이다. 다른 사람에 대한 우리의 험담, 우리의 최근 비즈니스 거래를 형성한 탐욕, 채널을 돌리지 않았던 타협, 이웃에게 복음은 전하지도 않으면서 그들에 대해 불평하고 비난한 무관심 등 죄를 고백할 만큼 연약해지기란 어렵다.

우리는 우리 자녀에게 죄 고백과 회개의 리더가 되는 것보다 권위와 미덕의 목소리가 되는 것을 선호한다. 하지만 우리가 전혀 죄를 고백하지 않는다면, 어떻게 그들이 죄로부터의 치유를 경험하는 수단으로서 죄를 고백하고 서로를 위해 기도하기를 기대할 수 있겠는가?

우리가 자녀에게 회개의 본을 보일 때, 우리는 예수님의 제자가 자기 삶에서 죄를 어떻게 다루는지를 보여주는 것이다. 부모가 하나님께 죄를 고백하는 것을 듣는 것, 아빠가 용서를 구하는 기도를 드리고 가족들이 특정한 죄를 물리치기를 간구하는 소리를 듣는 것, 엄마가 하나님과 교제가 회복된 기쁨과 깨끗해진 양심을 경험하는 것을 보는 것, 분명 이것은 우리 자녀로 하여금 그들이 완벽할 필요가 없고 공동체 안에서 죄를 극복할 수 있음을 확신하게 한다.

◆ ◇ ◇ ◆

주님, 제가 죄를 고백하기에 더디었음을 인정하며 당신과 저 사이에 죄 고백이 있기를 원합니다. 솔직히, 저는 제 인생에 진짜 변화를 눈치챌 사람들에게 죄를 고백할 때 따라올 당황스러움과 책임감을 싫어합니다. 하지만 저는 제 프라이버시보다 주님을 사랑하기에 순종하기를 원합니다. 주님, ___ 앞에서 저의 죄를 고백할 때, 그것을 사용하시어 ___로 하여금 죄는 빛으로 인도될 수 있고 제게로부터 그리고 당신께로부터 은혜와 자비를 얻을 수 있다는 것을 알게 하옵소서.

11월 22일
● 에스겔 44:1-45:12 / 베드로전서 1:1-12 / 시편 119:17-32 / 잠언 28:8-10

귀중한 유업

우리 주 예수 그리스도의 아버지 하나님을 찬송하리로다 그의 많으신 긍휼대로 예수 그리스도를 죽은 자 가운데서 부활하게 하심으로 말미암아 우리를 거듭나게 하사 산 소망이 있게 하시며 썩지 않고 더럽지 않고 쇠하지 아니하는 유업을 잇게 하시나니 곧 너희를 위하여 하늘에 간직하신 것이라 너희는 말세에 나타내기로 예비하신 구원을 얻기 위하여 믿음으로 말미암아 하나님의 능력으로 보호하심을 받았느니라 (벧전 1:3-5).

당신은 자녀에게 금전적인 유산을 남길 수도, 남기지 못할 수도 있다. 하지만 만약 당신이 그리스도와 연합된 자라면, 당신의 자녀는 당신이 제공할 수 있는 것보다 훨씬 더 위대한 유업의 상속자임을 확신한다. 우리가 자녀에게 남길 부는 오남용, 시장의 불안정성, 절도, 가치 상실 등에 취약하다. 하지만 그리스도와 연합된 우리 자녀를 기다리는 유업에는 손상시키거나 더럽히는 힘이 닿지 못한다.

거듭남은 우리 자녀를 새로운 가족에게로 안내한다. 그 가족 안에서 우리 자녀는 모든 유업의 가장 큰 부분을 공유한다. 그것은 금고가 아니라 천국에 보관된다. 궁극의 안전과 부가 보장된 장소다. 믿을 수 없는 기쁨과 만족의 장소다. 말세에 유업이 주어질 때 하나님의 가족 중 누구도 실망하지 않을 것이다. 우리는 하나님께서 우리를 위해 준비하신 모든 것을 받는 기쁨과 하나님께서 우리에게 모든 것이 되신다는 기쁨으로 가득할 것이다.

하지만 하나님은 우리와 우리 자녀를 위해 유업을 지키는 것 이상을 하신다. 하나님은 유업을 위해 우리를 지키기도 하신다. 우리는 믿음으로 말미암아 "하나님의 능력으로 보호하심을 받았"다. 당신 자녀의 구원은 그리스도를 붙잡는 그들의 능력에 달려 있지 않다. 그들을 붙잡으시는 그리스도의 능력에 달려 있다. 그리스도는 당신의 자녀를 위해 유업을 지키시고, 유업을 위해 당신의 자녀를 지키신다.

◆ ◇ ◇ ◆

주님, 저는 당신께서 뻗으신 손을 봅니다. ___에게 뻗으신 손입니다. 한 손으로는 유업을 붙드시고, 다른 한 손으로는 ___를 붙드십니다. 둘 다 당신으로 인해 안전합니다. 당신께서 오실 때, 당신은 그 둘을 함께 데려오실 것입니다. 그 유업은 영원히 누릴 ___의 소유가 될 것입니다.

11월 23일 • 에스겔 45:13-46:24 / 베드로전서 1:13-2:10 / 시편 119:33-48 / 잠언 28:11

은혜를 온전히 바랄지어다

그러므로 너희 마음의 허리를 동이고 근신하여 예수 그리스도께서 나타나실 때에 너희에게 가져다 주실 은혜를 온전히 바랄지어다 너희가 순종하는 자식처럼 전에 알지 못할 때에 따르던 너희 사욕을 본받지 말고 오직 너희를 부르신 거룩한 이처럼 너희도 모든 행실에 거룩한 자가 되라 기록되었으되 내가 거룩하니 너희도 거룩할지어다 하셨느니라 (벧전 1:13-16).

베드로는 첫 번째 서신 1장 전체를 할애해서 "거듭나게 하사 산 소망이 있게 하신" 사람들을 기다리는 미래에 관해 이야기한다. 그는 예수님의 부활의 생명으로 말미암아 하나님 앞에서 부활의 생명을 기대하는 사람들에게 말한다. 베드로는 이 산 소망에 대해 "멋지지 않아?"라는 반응을 구하고 있지 않다. 오히려, 그는 우리가 진지하게 생각해보기를 원한다. 그는 우리가 "예수 그리스도께서 나타나실 때에 … 가져다 주실 은혜"를 온전히 바라기를 원한다. 그는 우리의 현재 삶과 앞으로의 영원한 삶이 추진력과 지속력을 지니기를 원한다.

이 산 소망은 우리가 자녀에게 원하는 바의 핵심을 건드린다. 우리는 우리 자녀가 자라서 교회에 출석만 하거나 영성에 대해 희미한 감각만 가진 성인이 되기를 원치 않는다. 그들이 믿음은 그저 성장하면서 갖게 된 것, 당연한 것으로 받아들이기를 원하지 않는다.

이 땅의 고통에서 건져주시고 미래의 유업으로 보상해주실 은혜를 "온전히 바랄" 때, 그것은 자녀가 지금 여기서 사는 방식을 변화시킬 것이다. 이 새로운 열정은 거룩한 삶에 기름을 부을 것이다. 예수 그리스도께서 나타나실 때에 그들에게 가져다 주실 은혜를 온전히 바라는 젊은이들은 이 세상의 다른 이들과는 전혀 다를 것이다. 그들은 하나님이 부르신 모습 그대로, 즉 흔들리지 않는 소망과 거룩에 대한 열정으로 가득한 존재가 될 것이다.

◆ ◇ ◇ ◆

거룩하신 주님, 우리는 ___ 앞에 그리스도의 소망에 관한 영광스런 진리를 펼칠 수 있습니다. 하지만 오직 당신만이 ___ 안에서 역사하사 장차 당신께서 재림하실 때 올 은혜를 온전히 바라게 하실 수 있습니다. 오직 당신만이 세상의 열정의 무가치함을 드러내시고 그것을 거룩에 대한 열정으로 바꾸실 수 있습니다. 그러니 ___를 이 소망과 거룩으로 부르시고 ___의 영혼 깊숙이 이 확실한 기대감과 열망을 창조해주옵소서.

11월 24일 ● 에스겔 47:1-48:35 / 베드로전서 2:11-3:7 / 시편 119:49-64 / 잠언 28:12-13

썩지 아니할 아름다움

너희의 단장은 머리를 꾸미고 금을 차고 아름다운 옷을 입는 외모로 하지 말고 오직 마음에 숨은 사람을 온유하고 안정한 심령의 썩지 아니할 것으로 하라 이는 하나님 앞에 값진 것이니라(벧전 3:3-4).

여자들에게 헤어스타일, 장신구, 옷 등에 관심을 갖지 말라는 베드로의 글을 읽다보면, 그가 진짜 결혼했는지 혹은 주변에 여자가 있기나 했는지 궁금해진다. 외모에 대한 관심은 여성이라는 존재에 내재되어 있는 것 같다. 육체의 아름다움에 집중하는 문화에서 성장한 젊은 여성들에게는 특히 그렇다. 우리 문화가 육체의 매력을 숭배하기 때문에, "마음에 숨은 사람"을 아름답게 하라는 권면은 대부분의 여성에게 결사반대를 받을 내용이다. 그건 마치 "못생겼다"의 암호문처럼 들린다.

베드로는 하나님께서 가치 있게 보시는 것을 세상이 가치 있게 보는 것보다 높이 보도록 우리를 돕는다. 하나님께서 높은 가격표를 붙이시는 것, 하나님께 소중한 것, 하나님의 눈을 사로잡는 것을 우리에게 말해준다. 온유하고 안정한 심령이라는 이 자질은 내면으로부터 온다. 그리고 시간이 흐를수록 퇴색되기보다는 나이가 들수록 더욱 아름다워질 수 있는 잠재력을 갖는다.

베드로는 무엇이 아름다운지를 결정할 때 반문화적이 되라고 우리에게 요구한다. 그의 말은 엄마인 우리에게 도전이 된다. 최신 유행을 유지하는 데 관심을 갖기 보다는 온유하고 안정한 심령, 하나님께 대한 깊고 견고한 신뢰로 자신을 옷 입히는 것에 더욱 관심을 갖게 만든다. 우리가 그렇게 할 때, 우리의 딸들도 이러한 아름다움을 가치 있게 여기게 될 것이다.

주님, 우리의 외모와 옷차림을 매력적으로 만드는 것보다 마음에 숨은 사람을 아름답게 하는 것에 관심을 기울이는 것은, 이미지에 집착하는 우리 문화에서 매우 터무니없는 주문처럼 보입니다. 그것은 고운 모양도 없고 풍채도 없어 우리가 보기에 흠모할 만한 아름다운 것이 없으신 그리스도와 연합될 때만 우리 삶에 실현될 것입니다. 우리를 그리스도의 영으로 채워주옵소서. 그분은 우리가 하나님께 아름다운 자가 되게 하기 위해 기꺼이 우리의 추함을 지셨습니다.

11월 25일

• 다니엘 1:1-2:23 / 베드로전서 3:8-4:6 / 시편 119:65-80 / 잠언 28:14

자기를 더럽히지 아니하리라 하고

왕이 환관장 아스부나스에게 말하여 이스라엘 자손 중에서 왕족과 귀족 몇 사람 곧 흠이 없고 용모가 아름다우며 모든 지혜를 통찰하며 지식에 통달하며 학문에 익숙하여 왕궁에 설 만한 소년을 데려오게 하였고 그들에게 갈대아 사람의 학문과 언어를 가르치게 하였고(단 1:3-4).

바벨론 왕은 예루살렘에 병사들을 보내어 가장 똑똑한 최고의 젊은이들을 모았다. 그는 소년들이 아직 예루살렘의 방식이 몸에 배어 있지 않을 만큼 충분히 어리기를, 그래서 바벨론의 방식에 저항하는 일이 없기를 바랐다. 그 소년들이 왕의 궁전에 오자, 바벨론 사람이 되라는 전면적인 압박 공세가 퍼부어졌다. 그들의 이름은 사실상 하나님에 대한 유대인들의 신앙고백이었기 때문에 바벨론의 신들을 언급하는 이름으로 대체되었다. 다니엘과 친구들은 기꺼이 새로운 이름을 받아들였고 언어를 배웠고 바벨론의 문헌을 읽었다. 하지만 "다니엘은 뜻을 정하여 왕의 음식과 그가 마시는 포도주로 자기를 더럽히지 아니하리라"(8절) 결심했다.

우리는 다니엘이 왜 음식에 관해서 선을 그었는지 정확하게 알지 못한다. 하지만 어쩌면 그는 상류층 생활에 맛을 들이게 되면 그 생활을 잃을 위험에 처하게 만드는 어떤 행동도 하기 어려우리란 것을 알았을지 모르겠다. 어쩌면 다니엘은 매 끼니때마다 제공되는 메시지를 깨달았을지 모르겠다. **왕의 궁전이 네가 있을 곳이다. 기회의 문이 열린 곳이다. 성공을 맛보아라. 이것이 빠른 길이다. 누려라.** 어쩌면 다니엘은 이 모든 것을 받아들이면 머지않아 자기 영혼이 그것들에 먹히고 그것들을 소유해야 한다고 생각하게 되리란 것을 알았을지 모르겠다. 어쩌면 다니엘은 바벨론은 자기 본향이 아니며, 자신은 전혀 다른 나라와 전혀 다른 왕께 속했음을 매일 깨우쳐줄 것이 필요함을 깨달았을지 모르겠다.

◆ ◇ ◇ ◆

주님, 이 세상은 ___에게 기회의 문을 열어줍니다. 세상 나라의 화려한 생활로 ___를 앗아가려 합니다. ___가 세상이 제공하는 좋은 것들에 잠식당하지 않게 하옵소서. 자신이 하나님을 위해 구별된 거룩한 나라의 시민권자라는 정체성을 잃지 않게 하옵소서. ___가 자기 마음에 파수꾼을 세우도록 도와주옵소서. 그래서 매일 무언가에 대해 '노'라고 선포할 때마다, 자신이 전혀 다른 나라와 전혀 다른 왕께 속했음이 생각나게 하옵소서.

11월 26일 ● 다니엘 2:24-3:30 / 베드로전서 4:7-5:14 / 시편 119:81-96 / 잠언 28:15-16

우리가 왕의 신들을 섬기지 않을 것입니다

사드락과 메삭과 아벳느고가 왕에게 대답하여 이르되 느부갓네살이여 우리가 이 일에 대하여 왕에게 대답할 필요가 없나이다 왕이여 우리가 섬기는 하나님이 계시다면 우리를 맹렬히 타는 풀무불 가운데에서 능히 건져내시겠고 왕의 손에서도 건져내시리이다 그렇게 하지 아니하실지라도 왕이여 우리가 왕의 신들을 섬기지도 아니하고 왕이 세우신 금 신상에게 절하지도 아니할 줄을 아옵소서(단 3:16-18).

장면을 그려보라. 바벨론 방방곡곡에서 수많은 사람이 느부갓네살왕이 세운 27미터짜리 금 신상에 봉헌하려고 모였다. 느부갓네살은 다양한 지역에서 온 모든 피정복민 앞에 하나의 숭배 대상(자기 자신의 위대함)을 세움으로써 그들을 통합하려는 의도를 가지고 있었다. 사람들이 신상을 섬기기 위해 엎드려 절하자 세계적인 수준의 오케스트라가 배경 음악을 연주했다. 사드락과 메삭과 아벳느고에게 상식이 소리쳤을 게 분명하다. **낮은 자세를 취하고, 살아서 다른 날에 싸워. 지금 네가 가진 지위는 영향력이 미미하다고. 지금 죽어서는 얻을 게 없어. 중요한 건 네 마음에 무엇이 있느냐잖아. 그러니 절하는 건 문제가 되지 않을 거라고.** 그럼에도 세 사람은 땅에 얼굴을 댄 사람들의 인파 가운데 선 채로 있었다. 절하기를 거부하는 모든 자에게 풀무불이 준비되어 있다는 걸 잘 알면서 말이다.

이 세 사람은 다니엘이 왕의 꿈을 해석했다는 소식을 들었다. 온 세상의 권세들이 먼지가 되어 바람에 사라질 것이라는 하나님의 계시였다. 이 말씀은 사람이 세운 신상 앞에 그들을 흔들리지 않게 했을 것이다. 그들은 자신이 풀무불로도 멸망하지 않을, 장차 올 하나님 나라의 일부인 것을 알았기에 불꽃을 두려워하지 않았다. 참된 왕과 그분의 구원의 능력에 대한 확신은 인간 왕과 그의 파괴력에 대한 두려움보다 훨씬 컸다.

◆ ◇ ◆

주님, ___를 자신이 결코 멸망할 수 없는 나라에 속했다는 깊은 인식으로 채워주옵소서. ___에게 박해의 풀무불에 맞설 용기를 주옵소서. 인생의 풀무불 속에서 ___가 이전과는 전혀 다르게 당신의 임재를 경험하게 하옵소서.

11월 27일

● 다니엘 4:1-37 / 베드로후서 1:1-21 / 시편 119:97-112 / 잠언 28:17-18

모든 것

그의 신기한 능력으로 생명과 경건에 속한 모든 것을 우리에게 주셨으니 이는 자기의 영광과 덕으로써 우리를 부르신 이를 앎으로 말미암음이라 이로써 그 보배롭고 지극히 큰 약속을 우리에게 주사 이 약속으로 말미암아 너희가 정욕 때문에 세상에서 썩어질 것을 피하여 신성한 성품에 참여하는 자가 되게 하려 하셨느니라(벧후 1:3-4).

'우리에게 필요한 모든 것.' 이건 특별한 주장이다. 사람들은 대개 하나님께서 그리스도 안에서 우리 인생의 믿음 칸을 채우기 위해 필요한 모든 것을 주셨다는 데 동의한다. 하지만 여기서 베드로가 주장하는 바는 그게 아니다. 베드로에 의하면, 우리는 그리스도 안에서 믿음에 필요한 모든 것을 가졌을 뿐 아니라, 모든 영역에서 우리 인생을 하나님께 집중하는 데 필요한 전부를 가졌다.

그분의 신성한 성품에 참여한 우리는 부모로서 언제 '예스'라고 할지 언제 '노'라고 할지를 결정하는 데 필요한 지혜를 갖고 있다. 압박을 받을 때에도 오래 참음과 자비를 보일 수 있다. 어려운 진단에 직면할 때 필요한 용기가 있으며, 상실의 한복판에서 필요한 위로, 과거의 상처에 필요한 치유가 있다. 격정에 휩싸일 때 필요한 강함을 지닌다.

마찬가지로, 우리 자녀가 자기를 불러 신성한 성품에 참여하게 하신 분을 알게 될 때, 하나님은 경건한 삶을 사는 데 필요한 모든 것을 주신다. 그들은 복음을 붙잡고 그것에 비추어 사는 데 필요한 총명을 갖게 된다. 그들은 싹틔우고 자라기 시작한 성령의 열매를 갖게 된다. 그들은 성공과 인기뿐만 아니라 조롱, 실망, 외로움, 변하는 기분, 실패, 거절에 직면하는 데 필요한 영적인 자원을 갖게 된다.

◆ ◇ ◇ ◆

주님, ___에게 필요한 모든 것을 공급하는 것이 제게 달린 일이 아님을 기억하며 안심합니다. 저는 정말이지 그 임무에 부적합합니다. 하지만 당신은 ___에게 경건한 삶을 사는 데 필요한 모든 것을 공급하실 만큼 선하고 강하십니다. ___에게 당신의 약속을 붙잡는 믿음, 당신의 신성한 성품에 참여할 믿음, 그래서 인간의 정욕으로 야기된 세상의 썩어질 것을 피하는 믿음을 주옵소서.

11월 28일

● 다니엘 5:1-31 / 베드로후서 2:1-22 / 시편 119:113-128 / 잠언 28:19-20

부족함이 보였다

기록된 글자는 이것이니 곧 메네 메네 데겔 우바르신이라 … 데겔은 왕을 저울에 달아 보니 부족함이 보였다 함이요(단 5:25, 27).

다니엘서는 느부갓네살이 "하나님의 전 그릇 얼마"를 "그 신들의 보물 창고에"(단 1:2) 두었다고 말하는 것으로 시작한다. 다니엘 5장 2절에서 우리는 많은 세월이 흐른 후에 벨사살왕이 큰 잔치를 베풀고 "그의 부친 느부갓네살이 예루살렘 성전에서 탈취하여 온 금, 은 그릇을 가져오라고 명하였으니"를 읽는다. 그와 그의 친구들은 그 신들을 위해 건배하며 이 이국적인 공예품에 술을 부어 마셨다.

하지만 그때, 이 성전 잔들의 참 주인께서 그 잔치에 극도의 침묵을 가져오셨다. 사람의 손가락들이 나타나서 벽에 아무도 이해하지 못한 글자를 쓰기 시작했다. **메네 메네 데겔 우바르신**. 왕의 다리가 두려움으로 인해 후들거렸다. 다니엘은 그 글의 의미를 왕에게 말해주기 위해 소환되었다.

다니엘은 벽에 쓰인 글자를 해석했다. 하나님께서 벨사살의 통치의 날수를 세셨다는 것과 그를 하나님의 공의의 저울에 달아보았더니 부족함이 보였다는 의미라고 설명했다. 그의 나라는 나뉘게 될 것이다.

벨사살왕은 벽에 쓰인 글씨를 보았다. "저울에 달아 보니 부족함이 보였다"(단 5:27). 그리고 그의 시대는 계수되었다. 우리도 우리 인생의 벽에서 "저울에 달아 보니 부족함이 보였다", "실패한 나라", "날수가 세어졌다"라고 쓰인 글을 보아야 마땅하다. 그러나 그리스도께 속한 우리는 정반대의 글을 본다. "그리스도의 가치에 의해 존귀하게 되었다", "영원한 나라의 공동상속자", "그 생명이 영원토록 중요할 자들."

◆ ◇ ◆

주님, 우리는 부모로서 모든 기준에 부족합니다. 그리고 ___도 당신의 거룩한 기준에 미치지 못합니다. 우리에게는 부족함 없는 유일한 분이 부어주시는 은혜가 필요합니다. 당신의 은혜의 이야기를 ___의 인생에 써주옵소서.

11월 29일

● 다니엘 6:1-28 / 베드로후서 3:1-18 / 시편 119:129-152 / 잠언 28:21-22

오래 참으사

주의 약속은 어떤 이들이 더디다고 생각하는 것 같이 더딘 것이 아니라 오직 주께서는 너희를 대하여 오래 참으사 아무도 멸망하지 아니하고 다 회개하기에 이르기를 원하시느니라(벧후 3:9).

우리가 사랑하는 자들이 회개의 자리로 나아오거나 은혜 안에서 성장하기를 기다릴 때, 마치 하나님께서 매우 더디신 것같이 보일 때가 있다. 하지만 하나님은 언제나 그분의 목적을 이루시기 위해 서서히 일하시지 않았는가?

아담과 하와가 에덴동산에서 불순종한 이후, 하나님은 수 세기에 걸쳐 서서히 일을 시작하셨다. 타락이라는 재앙을 해결하시기 위해 "그 아들을 보내"실 "때가 차"기까지(갈 4:4) 기다리셨다. 이는 그 모든 세월 동안 하나님께서 구주의 오심을 위해 세상을 준비시키셨다는 뜻이다. 하나님은 자기 자녀를 향해 오래 참으셨다. 경고에 경고를 거듭하며 선지자들을 연이어 보내셨고, 그들에게 그분의 자비에 반응할 시간을 주셨다. 예수님의 오래 참으심을 숙고해보라. 사람들은 선지자들이 말한 모든 것과 예수님이 가르치신 모든 것을 마음에 더디 믿었다. 가장 가까운 사람들도 더디 이해했다. 하지만 예수님은 포기하지 않으셨다. 그분은 오래 참으심으로 일하셨고, 혼란에 빠진 사람들을 사도로 변화시키기 위해 성령님을 보내셨다. 그러자 그들이 담대하게 복음의 진리를 선포했다.

하나님은 자녀에게 즉각적인 깨달음, 즉각적인 회개, 즉각적인 성숙을 요구하지 않으신다. 그러므로 우리도 자녀에게 우리의 시간표에 맞춰 그분의 은혜에 반응하라고 요구해선 안 된다. 하나님은 기꺼이 같은 일을 반복하신다. 그분의 주권적인 은혜에 의해 예정된 상황을 반복하신다. 우리는 하나님께 우리 자녀의 인생에서 일하실 시간을 드려야 한다. 우리는 그분께서 그들의 순종을 통해 일하시는 것처럼 그들의 실패를 통해서도 일하실 것을 기대해야 한다. 결국, 그것이 그분께서 우리에게 일하시는 방법 아닌가?

◆◇◇◆

하나님, 저와 ___를 향한 인내에 감사드립니다. 제가 ___의 인생에서 당신께서 의도하신 모든 것을 완성하실 은혜를 기다리는 동안, 저를 당신의 인내로 채워주옵소서.

11월 30일
● 다니엘 7:1–28 / 요한일서 1:1–10 / 시편 119:153–176 / 잠언 28:23–24

우리의 기쁨이 충만하게 하려 함이라

태초부터 있는 생명의 말씀에 관하여는 우리가 들은 바요 눈으로 본 바요 자세히 보고 우리의 손으로 만진 바라 이 생명이 나타내신 바 된지라 이 영원한 생명을 우리가 보았고 증언하여 너희에게 전하노니 이는 아버지와 함께 계시다가 우리에게 나타내신 바 된 이시니라 우리가 보고 들은 바를 너희에게도 전함은 너희로 우리와 사귐이 있게 하려 함이니 우리의 사귐은 아버지와 그의 아들 예수 그리스도와 더불어 누림이라 우리가 이것을 씀은 우리의 기쁨이 충만하게 하려 함이라(요일 1:1–4).

    요한과 다른 사도들은 태초부터 계시다가 육체가 되신 하나님의 아들 예수 그리스도와 일대일 교제를 누렸다. 믿음으로 그분과 연합됨으로써, 그들은 예수님께서 성부 하나님과 가지셨던 교제로 들어갔다. 그것은 요한이 그의 사랑하는 신자들도 들어가기 원했던 교제였다.

    교제란 다른 사람들과 중요한 것을 공유하는 경험이다. 그것은 공동체 안에 있는 즐거움으로, 그 안에서 당신은 가장 중요한 것에 대해 의견을 같이하고 같은 감정으로 반응하고 유사한 가치를 갖는 것이다. 그러므로 우리가 성부 하나님과 성자 예수님과 교제한다고 말하는 것은 우리가 그분들의 가치를 공유하고 그분들의 임재를 즐거워한다는 뜻이다.

    요한과 다른 사도들이 성자 예수님을 통해 성부 하나님과 누렸던 관계는, 비록 그들 모두 가혹한 박해에 직면했지만 그들의 삶에 멈출 수 없고 말로 표현할 수 없는 기쁨을 가져왔다. 하지만 요한에게는 더 큰 기쁨이 있었다. 요한은 이 편지의 수신자, 그가 서신서 내내 "내 자녀"라고 부르는 사람들이 자기가 성부 성자와 공유했던 교제 안으로 들어가기를 간절히 바랐다. 그런 식으로 그의 기쁨은 충만케 되었다.

    기쁨은 공유할 때 강화된다. 예수님께서 우리 인생의 기쁨이실 때, 우리의 기쁨은 그 기쁨을 사랑하는 자들과 공유할 때 증가한다. 이것이야말로 성자를 통해 성부와 누리는 교제의 기쁨을 우리 자녀와 온전히 공유하기를 바라는 이유다.

주님, 성부 성자와 누리는 교제의 기쁨을 ___와 공유하는 것, 그것이야말로 우리가 간절히 바라는 기쁨입니다. ___에게 새롭고 신선한 방법으로 당신을 계시해주옵소서. ___를 당신과의 더욱 친밀한 교제로 이끌어주옵소서.

12월 1일 ● 다니엘 8:1-27 / 요한일서 2:1-17 / 시편 120:1-7 / 잠언 28:25-26

이 세상을 사랑하지 말라

이 세상이나 세상에 있는 것들을 사랑하지 말라 누구든지 세상을 사랑하면 아버지의 사랑이 그 안에 있지 아니하니 이는 세상에 있는 모든 것이 육신의 정욕과 안목의 정욕과 이생의 자랑이니 다 아버지께로부터 온 것이 아니요 세상으로부터 온 것이라 이 세상도, 그 정욕도 지나가되 오직 하나님의 뜻을 행하는 자는 영원히 거하느니라(요일 2:15-17).

요한이 사랑하지 말라고 말한 "세상"은 무엇일까? 요한은 "하나님이 세상을 이처럼 사랑하사 독생자를 주셨으니 이는 그를 믿는 자마다 멸망하지 않고 영생을 얻게 하려 하심이라"(요 3:16)라고 썼던 바로 그 제자다. 요한의 글에서 **세상**이라는 단어는 폭넓은 의미를 가지는 게 분명하다. 요한은 세상을 사랑하지 말라고 쓸 때, 창조주를 버리고 그분의 통치와는 무관하게 사는 세상에 대해 말한다. 이 세상을 사랑한다는 것은 하나님께 반하는 세상의 가치와 추구를 사랑함을 가리킨다.

요한은 우리가 이 세상과 "세상에 있는 것들"을 사랑하지 말라고 말한다. 이것은 유행하는 옷을 사지 말고 디즈니월드에 가지 말라는 뜻일까? 사실, 요한은 우리 바깥이 아니라 우리 내면에 더 많은 관심을 갖는 것 같다. 육신의 정욕, 물질의 소유, 개인의 영광에 대한 우리의 내적 갈망에 관해 경고한다. 요한은 우리가 정말이지 하나님께서 제공하실 것들을 사랑할 수 없고 여전히 이 세상과 세상이 제공하는 것들을 사랑한다는 점을 자각하기 원한다.

세상은 우리와 우리 자녀에게 큰 호소력을 갖는다. 세상은 끊임없이 세상과 사랑 관계로 우리를 꾀고 우리에게 여러 모양의 쾌락을 제공한다. 하지만 세상은 우리에게 거짓말도 한다. 우리에게 세상이 영원하지 않을 거라고 말해주기를 거부한다. 진실은 이렇다. 세상에 있는 모든 것은 다 사라지되 "하나님의 뜻을 행하는 자는 영원히" 살 것이다.

◆◇◆

주님, 우리 가정에서 치러지는 세상과의 전쟁에서 지혜가 필요합니다. 오직 당신만이 진실로 만족시키실 수 있는 ___의 갈망을 세상이 만족시키려 할 때, ___ 안에서 내면의 전쟁이 진행되고 있음을 우리가 깨닫도록 도와주옵소서. 평생에 걸친 이 세속과의 전쟁은 우리의 의지력이나 결단으로 승리할 수 없습니다. 세상을 향한 우리의 사랑이 오직 홀로 영원하신 하나님의 사랑으로 대체될 때에만 승리할 수 있습니다.

12월 2일

● 다니엘 9:1-11:1 / 요한일서 2:18-3:6 / 시편 121:1-8 / 잠언 28:27-28

하나님의 자녀

너희가 그가 의로우신 줄을 알면 의를 행하는 자마다 그에게서 난 줄을 알리라 보라 아버지께서 어떠한 사랑을 우리에게 베푸사 하나님의 자녀라 일컬음을 받게 하셨는가, 우리가 그러하도다 그러므로 세상이 우리를 알지 못함은 그를 알지 못함이라(요일 2:29-3:1).

"하나님의 자녀라 일컬음을 받게" 하신다. 얼마나 아름다운 그림인가. 하나님께서 우리를 가리키며 말씀하신다. "그들은 나의 소유다. 저들은 내 자녀다." 이것은 깜짝 놀랄 만한 사랑과 은혜다. 왜냐하면 우리는 온전히 의로우신 그리스도와 그렇지 못한 우리 사이의 행실의 차이를 잘 알고 있기 때문이다.

진실로 하나님의 자녀인 자들은 전적으로 불의하지는 않다. "하나님께로부터 난 자마다 죄를 짓지 아니하나니 이는 하나님의 씨가 그의 속에 거함이요"(요일 3:9). 달리 말하자면, 우리의 성향과 목적이 변화되었다. 여전히 우리에겐 죄의 패턴(이것의 일부는 우리의 삶을 전염시키겠지만 결국 정복되고 통제될 것이다)이 있지만, 거룩이라는 새로운 습관이 우리의 지배적인 생활 양식이다. 내적으로나 외적으로나 실제적이고 근본적인 변화가 일어났고, 지속적으로 일어나고 있다.

우리 아버지는 그분을 기쁘시게 하는 삶을 살려는 우리의 노력에 그저 하늘 위에서 즐거워하시거나 실망하시는 게 아니다. 자녀가 학교에서 만들어 선물한 필통을 아끼는 아버지처럼, 어버이날에 자녀가 준비해준 타버린 토스트를 기특해하는 엄마처럼, 하나님은 우리가 순종하려는 모든 노력을 기뻐하신다. 설령 우리가 실패할지라도 말이다. 우리는 그분의 자녀이고 그분은 우리를 무조건적으로 사랑하신다.

우리는 우리가 하늘 아버지의 사랑을 받는 방식을 거울처럼 반영해서 우리 자녀의 거룩한 삶을 향한 노력을 사랑하고 긍정하고 격려할 기회가 있다. 자녀의 인생을 향한 우리의 미소는, 그분의 미소를 희미하지만 여전히 의미 있게 반영한다.

◆ ◇ ◇ ◆

주님, ___는 당신의 자녀입니다. ___가 당신의 가족 구성원의 삶과는 어울리지 않는 큰 죄들과 단절하도록 도와주옵소서. ___가 당신을 반영하지 못하게 막는 소소한 세속성, 타협, 모순, 몰지각 등의 작은 죄들을 근절하도록 도와주옵소서.

12월 3일

● 다니엘 11:2-35 / 요한일서 3:7-24 / 시편 122:1-9 / 잠언 29:1

참 사랑

그가 우리를 위하여 목숨을 버리셨으니 우리가 이로써 사랑을 알고 우리도 형제들을 위하여 목숨을 버리는 것이 마땅하니라(요일 3:16).

자녀가 어릴 때는 "사랑해"라는 말이 편안하게 나온다. 그들이 어떠하거나 상관없이 우리는 어린 아가들에게 사랑한다고 거듭해서 말해준다. 하지만 아이가 자라감에 따라 "사랑해"는 너무 쉽게 "방이 엉망이잖니!"와 "성적이 이게 뭐니?"라는 말로 대체된다.

반대 입장에서도 마찬가지다. 색연필로 삐뚤빼뚤 쓴 "엄마 아빠, 사랑해요"는 대부분 반항심 가득한 눈, 짜증 섞인 한숨, 쾅 하고 닫히는 문으로 대체된다. 그런 순간에 우리는 좌절감을 터뜨린다. 우리가 그토록 열심히 거절하라고 가르친 것들을 너무 쉽게 받아들인 채 자녀가 집에 돌아오면, 우리의 말과 표정은 애정보다는 꾸짖음이나 비난을 전달할 때가 많다.

자녀의 무질서가 우리의 질서 잡힌 세계에 침투할 때, 자녀가 듣고 수용할 수 있는 방식으로 "사랑해"라고 말해주는 것은 어려울 수 있다. 하지만 그때야말로 그들에게 그 말이 필요한 때다. 그때야말로 그 말이 마음의 가장 단단한 곳을 관통할 힘을 갖는 때다. 다정하고 진심어린 사랑 표현에는 그들의 마음을 부드럽게 만드는 힘이 있다.

이것이 우리가 사랑받은 방식이기에, 우리는 그들에게 사랑을 전해줄 수 있다. 예수님은 우리가 어둠 가운데 있을 때, 우리 인생이 엉망일 때, 패역으로 가득할 때 우리를 사랑하셨다. 그분의 "사랑해"는 십자가에서 표현되었고, 우리의 마음을 관통하고 부드럽게 만들었다. 우리를 향한 그분의 사랑은 우리 자녀에게 반응하며 이렇게 말하게 해준다. "사랑해. 네가 아무리 세게 밀어붙여도, 네가 무엇을 하거나 하지 않아도, 나는 너를 언제나 사랑할 거야."

◆ ◇ ◇ ◆

주님, ___를 사랑하는 일이 어렵게 느껴질 때, 당신께서 최악의 상태였던 저를 사랑하시기 위해 지불하신 대가를 상기시켜주옵소서. 당신의 끝없는 사랑이 저를 통해 ___에게 흘러가게 하옵소서.

12월 4일

● 다니엘 11:36-12:13 / 요한일서 4:1-21 / 시편 123:1-4 / 잠언 29:2-4

분별하라

사랑하는 자들아 영을 다 믿지 말고 오직 영들이 하나님께 속하였나 분별하라 많은 거짓 선지자가 세상에 나왔음이라 이로써 너희가 하나님의 영을 알지니 곧 예수 그리스도께서 육체로 오신 것을 시인하는 영마다 하나님께 속한 것이요(요일 4:1-2).

사도 요한은 당시에 예수님이 단지 육체를 입은 것처럼 보였을 뿐이라고 가르치는 이단과 싸우는 데 헌신했다. 그는 예수님이 누구신지에 관한 진리(예수님은 영원 전에 하나님의 아들로 존재하셨고 그리스도로 오셨을 때는 육체로 존재하셨다)를 규정했다. 요한은 그의 영적 자녀들이 예수님의 위격과 사역에 대해 희미하고 감상적인 이해를 갖는 데 만족하지 않았다. 그는 유행하는 목소리를 따르는 것에 대해 경고하면서 사도들이 예수님에 대해 가르치고 쓴 바를 굳게 지키라고 말한다.

우리 시대에도 어떤 사람들은 예수님에 관해 말할 때, 매우 영적으로 들리지만 정작 예수님이 누구신지, 무엇을 성취하러 오셨는지는 축소하거나 왜곡하며 말한다. 노래 경연 전에 기도를 드리는 대상, 시상식과 선수권 대회에서 영광을 돌리는 대상인 예수님 등 대중문화 속의 예수님과 더불어, 사회운동가 예수님, 위대한 스승 예수님, 평화주의자 예수님, 저항자 예수님 등 여러 예수님으로 국한하기도 한다.

우리 자녀가 예수님을 알고 사랑하도록 양육하는 일에는 자녀의 인생에서 그리스도의 위격과 사역에 관해 말해주는 사람들의 정통성 여부를 주의 깊게 살피는 것이 포함된다. 요한은 어떤 사람들은 "세상에 속한 고로 세상에 속한 말을 하매 세상이 그들의 말을 듣느니라"(요일 4:5)라고 쓴다. 그리고 "우리는 하나님께 속하였으니 하나님을 아는 자는 우리의 말을 듣"(4:6)는다고 이어간다. "우리"는 누구인가? 사도들이다. 달리 말해, 누가 예수님에 관해 진리를 말하고 있는지 분별하는 방법은 그들의 가르침과 사도들이 성경에서 예수님에 대해 가르치고 쓴 바와 일치하는지를 보는 것이다.

◆ ◇ ◇ ◆

주님, 당신이 누구신지에 관한 보다 분명한 이해가 필요합니다. ___가 듣고 있는 목소리에 관심을 기울여야 할 때를 분별하도록 도와주시고, ___에게 어떻게 성경의 진리를 가르칠지 아는 지혜를 주옵소서.

12월 5일 ● 호세아 1:1-3:5 / 요한일서 5:1-21 / 시편 124:1-8 / 잠언 29:5-8

지키시매

하나님께로부터 난 자는 다 범죄하지 아니하는 줄을 우리가 아노라 하나님께로부터 나신 자가 그를 지키시매 악한 자가 그를 만지지도 못하느니라(요일 5:18).

 우리는 모두 자녀를 안전하게 지키기 원한다. 그리고 매우 위협적으로 보이는 세상에서, 그들에게 안전을 확인시켜주기 원한다. 하지만 이 세상에서 우리가 자녀에게 무슨 안전을 진실로 약속할 수 있단 말인가? 크리스천도 여느 사람처럼 암에 걸리고 재난을 경험한다. 게다가 세계 곳곳에서 많은 크리스천이 공격의 대상이 되고 박해를 당한다. 예수님은 제자들에게 "곳곳에 큰 지진과 기근과 전염병이 있겠고 또 무서운 일과 하늘로부터 큰 징조들이 있으리라 이 모든 일 전에 내 이름으로 말미암아 너희에게 손을 대어 박해하며 회당과 옥에 넘겨 주며 임금들과 집권자들 앞에 끌어 가려니와 … 심지어 부모와 형제와 친척과 벗이 너희를 넘겨 주어 너희 중의 몇을 죽이게 하겠고"(눅 21:11-12, 16)라고 말씀하셨다. 그러고는 이상해 보일 수 있는 말을 덧붙이셨다. "너희 머리털 하나도 상하지 아니하리라"(눅 21:18).

 이 둘을 우리 생각 속에서 어떻게 조화시킬 수 있을까? 이것을 자녀에게 어떻게 전해줄 수 있을까? 요한은 말한다. "하나님께로부터 나신 자가 그를 지키시매 악한 자가 그를 만지지도 못하느니라." 사탄은 우리와 우리 자녀에게 해를 끼치기 원하나, 그리스도께서 악한 자의 손아귀에서 우리를 데려오셨다. 일단 그리스도께서 우리를 붙드시면, 그분의 생명이 우리 안에 흘러오면, 그 무엇도 그 누구도 그 생명을 가져갈 수 없다. 우리 자녀가 그분의 손안에 있으면, 그들은 사탄의 손아귀 밖에 있다.

 우리는 자녀에게 이 세상에서의 신체적 안전조차 완벽하게 약속할 수 없다. 그럼에도 우리는 그들이 그리스도 안에 있으면 영원토록 완벽하게 안전하다는 확신을 심어줄 수 있다. 그리스도께서 그들을 위해 죽으셨고 그들을 위해 사셨다. 그리스도께서 성부 하나님의 우편에서 그들을 위해 중보하신다. 예수님은 보혈로 그들을 사셨고 결코 그들을 떠나보내지 않으신다.

◆ ◇ ◇ ◆

주님, 당신께 속한 자는 누구나 영원토록 완벽하게 안전합니다. ＿＿를 당신께로 데려가 주옵소서. ＿＿를 안전하게 붙들어주옵소서.

12월 6일

● 호세아 4:1–5:15 / 요한이서 1:1–13 / 시편 125:1–5 / 잠언 29:9–11

여호와를 의지하는 자

여호와를 의지하는 자는 시온 산이 흔들리지 아니하고 영원히 있음 같도다 산들이 예루살렘을 두름과 같이 여호와께서 그의 백성을 지금부터 영원까지 두르시리로다(시 125:1–2).

"여호와를 의지하는 자." 당신인가? 정말인가? 여호와를 의지하는 것은 믿음과 그리스도와의 관계의 기초다. 하지만 꾸준히 이렇게 사는 것은 매우 어려울 수 있다. 자녀와 관련해서는 특히 그렇다.

시편 125편은 하나님 아닌 다른 것을 의지하려는 유혹을 받을 때 부모인 우리에게 몇 가지 깨달음을 준다. 시편 125편은 우리 인생이 시온산만큼 안전하다고 말한다. 달리 말하자면, 우리 인생은 시온산이 무너지는 만큼 허물어지고 부서진다. 우리 인생은 시온산의 안정성을 가졌을 뿐만 아니라 산들을 만드신 분의 보호도 받는다. 우리를 보호하심은 그분의 계획이자 과업이다. 여호와는 자기 백성을 두르신다. 그분의 보호는 간헐적이거나 일시적이지 않다. 지금으로부터 영원하다.

시온산(하나님의 백성이 거하는 곳)이 흔들릴 수 없는 이유는 골고다 언덕에서 있었던 일 때문이다. 그리스도께서 죽으시던 그 오후에 "땅이 진동하며 바위가 터"(마 27:51)졌다. 삼 일 후에 그 돌이 무덤에서 굴려질 때 땅이 다시 한번 흔들렸다. 주님께서 "자기 백성을 지금부터 영원까지 두르시"는 유일한 이유는, 성부 하나님께서 자기 아들을 두르지 않으셨던 그 금요일 때문이다.

하나님을 의지한다는 뜻은 영원히 인내하실 그분께 우리 자신을 연결시키고 우리 자녀를 의탁하는 것을 의미한다. 우리는 정말이지 이런 종류의 안전을 자녀에게 제공할 수 없다. 우리가 그들을 참 많이 사랑하지만, 이런 종류의 단단한 보호로 그들을 두를 수 없다. 그러므로 우리는 그들의 안전과 보호가 되어주실 여호와를 의지한다.

◆ ◇ ◇ ◆

주님, 당신을 의지한다는 입술의 고백 그 이상을 원합니다. 깊이, 꾸준히, 곳곳에서 제 삶과 ___의 삶을 당신께 의탁하기 원합니다.

12월 7일

● 호세아 6:1-9:17 / 요한삼서 1:1-15 / 시편 126:1-6 / 잠언 29:12-14

네 영혼이 잘됨같이

장로인 나는 사랑하는 가이오 곧 내가 참으로 사랑하는 자에게 편지하노라 사랑하는 자여 네 영혼이 잘됨 같이 네가 범사에 잘되고 강건하기를 내가 간구하노라 형제들이 와서 네게 있는 진리를 증언하되 네가 진리 안에서 행한다 하니 내가 심히 기뻐하노라 내가 내 자녀들이 진리 안에서 행한다 함을 듣는 것보다 더 기쁜 일이 없도다(요삼 1:1-4).

요한삼서라는 짧은 서신서에서, 우리는 사도 요한과 가이오라는 이름을 가진 남자 사이의 사적인 편지를 읽는다. 가이오는 요한이 사랑하는 영적 자녀였고, 믿음을 지키면서 복음 전파를 후원하던 자였다. 요한은 이 친구를 "사랑하는 자"라고 부르면서 그를 위해 기도한 내용을 공개한다. "사랑하는 자여 네 영혼이 잘됨 같이 네가 범사에 잘되고 강건하기를 내가 간구하노라." 가이오를 위한 요한의 기도는 가이오가 영적으로 건강한 것처럼 육체적으로도 건강하기를 바란다는 내용이다.

전형적인 교회에서 우리는 건강 문제에 관한 기도 부탁을 많이 한다. 우리는 건강 문제에 관해 서로 연락한다. 하지만 영혼의 질병에 관해서는 그만큼 하지 않는다. 우리 영혼이 아플 때 기도 부탁 하기를 꺼려한다. 우리 가족 안에서도 마찬가지이기 쉽다. 우리는 자녀의 육체적 건강에 매우 주의를 기울이면서도 영혼의 상태에 관해서는 좀처럼 그들과 연락하지 않는다.

영혼을 병들게 하는 것은 그리스도에 관한 진리를 알고도 그 진리에 저항하거나 거부하는 것이다. 세상에 속한 자로 살면서 그리스도께 속했다고 주장하는 부조화가 영혼에게서 생명력을 앗아간다. 요한은 그의 영적 자녀인 가이오가 복음의 진리대로 살고 있다는 소식을 듣고 크게 기뻐했다. 마찬가지로, 우리의 큰 기쁨은 우리 자녀가 영혼의 질병과 씨름하지 않고 진리를 따르는 모습을 듣고 보는 데서 온다.

◆ ◇ ◆

주님, 저에게 이런 특권을 주옵소서! ___가 진리를 따르고 있다는 소식을 듣는 기쁨을 주옵소서. ___를 위선과 감춤으로 야기된 영혼의 질병으로부터 구원해주옵소서. ___가 당신의 말씀을 따라 사는 삶에서 비롯된 '영혼의 잘됨'을 경험하게 하옵소서.

12월 8일

● 호세아 10:1-14:9 / 유다서 1:1-25 / 시편 127:1-5 / 잠언 29:15-17

능히 너희를 보호하사

능히 너희를 보호하사 거침이 없게 하시고 너희로 그 영광 앞에 흠이 없이 기쁨으로 서게 하실 이 곧 우리 구주 홀로 하나이신 하나님께 우리 주 예수 그리스도로 말미암아 영광과 위엄과 권력과 권세가 영원 전부터 이제와 영원토록 있을지어다 아멘(유 1:24-25).

유다의 편지는 우리가 하늘 아버지에 의해 **부르심**을 받았고 **사랑**을 받았으며 "예수 그리스도를 위하여 **지키심**을 받"(1절)았다는 말로 시작한다. 그 후 유다는 하나님께서 우리를 거침이 없게 지키신다는 확신과, 죄에 대한 어떤 고발도 없을 그분의 영광스런 임재 앞에 우리를 서게 하신다는 확신으로 짧은 편지를 마친다.

하나님께서 신자들을 안전하게 지키신다는 이 두 가지 확신 사이에서 유다는 몇 가지를 상기시켜주는 이야기를 배치한다. 애굽에서 건짐받고도 신실하지 못함 때문에 지키심을 받지 못하고 멸망당한 이스라엘(5절), 반역했다가 구원이 아닌 심판을 위해 지킴을 받은 천사들(6절), 유다의 시대에 그리스도 안에 있다고 주장하지만 부도덕하고 패역한 삶을 사는 사람들(10절)의 이야기다. 그들은 지키심을 받지 못했고 스스로 멸망을 초래했다.

그리스도는 생명을 주는 분이시고 이 생명을 순간마다 유지하신다. 그럼에도 우리의 자녀에게도 해야 할 역할이 있다. 유다가 분명히 밝히듯이, "지극히 거룩한 믿음 위에 자신을 세우며 성령으로 기도하며 하나님의 사랑 안에서 **자신을 지키며** 영생에 이르도록 우리 주 예수 그리스도의 긍휼을 기다리"(20-21절)는 것이다. 우리의 자녀가 하나님에 의해 지키심을 받을지라도, 하나님의 백성 사이에 머무름으로써 그 사랑 안에서 자신을 지켜야 한다. 신자인 우리는 성령님의 능력으로 기도함으로써, 하나님께서 우리를 그분의 영광스런 임재 앞에 서게 하실 때를 열렬히 기다림으로써 믿음 안에서 서로를 세운다.

◆ ◇ ◇ ◆

하나님, 모든 영광을 당신께 올려드립니다. 당신은 ___를 거침이 없게 지키시는 분이고 ___를 영광스러운 임재 앞에 흠 없이 기쁨으로 서게 하실 분입니다. 홀로 하나이신 하나님, 모든 영광과 존귀와 능력과 위엄이 영원 전부터 이제와 영원토록 당신의 것입니다! 아멘.

12월 9일

● 요엘 1:1–3:21 / 요한계시록 1:1–20 / 시편 128:1–6 / 잠언 29:18

잃어버린 세월

마당에는 밀이 가득하고 독에는 새 포도주와 기름이 넘치리로다 내가 전에 너희에게 보낸 큰 군대 곧 메뚜기와 느치와 황충과 팥중이가 먹은 햇수대로 너희에게 갚아 주리니(욜 2:24-25).

기근이 한창일 때, 여호와께서 선지자 요엘을 통해 믿을 수 없는 약속으로 그들에게 돌아오라고 호소하셨다. "내가 전에 너희에게 보낸 큰 군대 곧 메뚜기와 느치와 황충과 팥중이가 먹은 햇수대로 너희에게 갚아 주리니." 여호와께로 돌이킨다면 역전시키시겠다는, 믿기 어려운 약속이 황폐함의 한복판에 들어왔다. "[그는] 뜻을 돌이켜 재앙을 내리지 아니하시나니"(13절)라고 요엘은 여호와에 대해 말한다.

이 자비로우시며 긍휼이 많으신 여호와께서 죄의 결과가 우리에게서 앗아간 것을 회복시키신다. 그리스도를 기꺼이 섬겼으나 어느덧 무관심과 분주함으로 점철된 모든 세월, 비통함과 분노로 무정하게 보낸 모든 세월, 공허함을 술로 채우려 했던 모든 탐닉의 세월, 구주께서 이끌어주시는 사랑에 저항하며 그리스도 없이 보낸 모든 세월을 회복시키신다. 여호와께서는 당신이 자녀에게 필요한 관심을 보여주지 못했던 어수선한 세월을 회복시키신다. 그분은 경청하고 사랑해주지 못한 채 소리 지르고 때리기 바빴던 분노의 세월을 회복시키신다. 그분은 당신의 엄격한 기준이 자녀를 내몰았던 까다로운 세월을 회복시키신다.

힘내라. 소망이 있다. 하나님은 죄의 패턴과 잘못된 우선순위가 삼켜버린 세월을 회복시키실 수 있다. 그분은 당신과 관계를 깊이 맺으실 수 있다. 그분은 당신의 신실함을 배가시키시며 그리스도를 향한 당신의 마음이 이전보다 더 커지게 하실 수 있다. 그분은 당신과 당신 자녀 사이의 장벽을 허무시고 서로를 향한 사랑이 당신이 상상했던 것보다 더 강해지게 하실 수 있다.

◆ ◇ ◇ ◆

주님, 저는 당신께서 약속하신 회복을 받을 자격이 없습니다. 하지만 저는 당신이 은혜의 하나님이시고, 받을 자격이 없고 노력으로는 결코 얻을 수 없는 것을 우리에게 주심을 압니다. 제가 당신께로 돌이킬 때, 죄의 패턴이 제게로부터 앗아간 세월을 회복시켜주옵소서.

12월 10일

● 아모스 1:1-3:15 / 요한계시록 2:1-17 / 시편 129:1-8 / 잠언 29:19-20

너의 처음 사랑을 버렸느니라

내가 네 행위와 수고와 네 인내를 알고 또 악한 자들을 용납하지 아니한 것과 자칭 사도라 하되 아닌 자들을 시험하여 그의 거짓된 것을 네가 드러낸 것과 또 네가 참고 내 이름을 위하여 견디고 게으르지 아니한 것을 아노라 그러나 너를 책망할 것이 있나니 너의 처음 사랑을 버렸느니라 그러므로 어디서 떨어졌는지를 생각하고 회개하여 처음 행위를 가지라 만일 그리하지 아니하고 회개하지 아니하면 내가 네게 가서 네 촛대를 그 자리에서 옮기리라 (계 2:2-5).

요한은 아시아에 있는 일곱 교회에 쓴 각 편지에서, 그들이 이방 문화 한복판의 위협에서 그리스도께 얼마나 신실한지를 언급했다. 예수님은 (에베소교회를 포함한) 네 교회에 책망할 것이 있다고 말씀하셨다. 에베소교회는 고된 수고와 끈질긴 인내를 칭찬받았다. 하지만 중요한 문제가 있었다. 그들은 예전만큼 예수님을 사랑하지 않았다. 그래서 예수님은 그들에게 돌이키라고 요구하셨다. 그들이 처음 예수님께 왔을 때처럼 복음을 담대히 선포하라고 요구하셨다.

때때로 부모인 우리는 자녀에게서 이런 종류의 깨우침을 얻을 수 있다. 우리는 그들이 그리스도를 붙잡고 그분께 열정을 품기를 갈망하고 기도한다. 그러고는 그들이 정말 그렇게 성장하는 모습을 본다! 우리 자녀가 성경을 읽는 데 흥미를 느끼고 다른 신자들과 더불어 예배를 드린다. 자녀의 열정이 오히려 우리를 도전해서 그리스도를 향한 우리의 열정을 평가해보게 만든다. 그들은 우리가 예수님을 섬기는 일에 그들만큼 열정을 품기 원한다. 설령 그것이 우리로 하여금 안전지대를 벗어나게 만들지라도 말이다.

어쩌면 이것은 주님께서 우리 자녀를 사용하시어 우리를 거룩하게 만들어 가시는 여러 방법 중 하나일 것이다. 때때로 예수님을 향한 그들의 신선하고도 열렬한 사랑은 한때 우리도 가졌으나 시간이 지나면서 시들어버린 신선하고 열렬한 사랑을 우리에게 상기시켜준다.

◆ ◇ ◇ ◆

주님, 제가 주님을 처음 만났을 때의 마음으로 당신을 사랑하기를 원합니다. 제 안에 처음 사랑을 회복시키시고 ___ 또한 그리스도를 뜨겁게 사랑하게 하옵소서. 제가 당신 안에서 삶을 처음 시작했을 때 했던 일들을 할 때, 제 안에 당신을 향한 신선한 열정을 일깨워주옵소서.

12월 11일 ● 아모스 4:1–6:14 / 요한계시록 2:18–3:6 / 시편 130:1–8 / 잠언 29:21–22

여호와의 날

화 있을진저 여호와의 날을 사모하는 자여 너희가 어찌하여 여호와의 날을 사모하느냐 그 날은 어둠이요 빛이 아니라(암 5:18).

때때로 우리는 인생의 많은 시간을 미래의 어느 한 날을 위해 집중한 채 보내는 것처럼 보인다. 어린 시절 우리는 재미와 자유의 시대를 개시해줄 방학 날을 고대했다. 지금은 부모로서 개학 날을 손꼽아 기다린다!

성경에서 계속해서 말하는 날이 있다. 하나님께서 인간 역사에 개입하시는 날로서 "여호와의 날" 혹은 간단히 "그날"이라고 불린다. 짐이 벗겨지는 날, 영광이 수여되는 날, 구원이 성취되는 날, 구속이 완성되는 날, 풍성함을 누리는 날, 만족감이 충족되는 날, 치유가 넘치는 날이다. 간절히 바라던 날이다. 하지만 성경이 우리에게 그날에 대해 말해주는 것은 이것이 전부가 아니다.

우리는 여호와의 날이 수치, 파괴, 잔인, 파멸, 암흑, 응징, 고통, 고뇌, 황폐의 날일 것임을 성경에서 발견한다. 우리가 이런 설명을 읽을 때, 이날은 몹시 두려워할 날인 것처럼 보인다. 그렇다면 둘 중 무엇일까? 여호와의 날, 그리스도께서 재림하시는 그날은 애통의 날일까 아니면 기쁨의 날일까? 믿을 수 없는 손실의 날일까 아니면 설명할 수 없는 유익의 날일까?

진실은, 둘 다라는 거다. 여호와를 경외하고 복음을 받아들이며 믿음으로써 그리스도와 연합한 자들은, 오늘이 하나님께서 인간 역사에 개입하실 날인지 궁금해하며 매일 아침 간절함으로 눈뜰 것이다. 하지만 하나님의 자비를 거절하고 안전한 양우리로 들어오라는 은혜로운 초대를 무시했던 자들은 그분의 오심에 대해 생각하며 매일 아침 끔찍한 두려움으로 눈뜰 것이다.

◆ ◇ ◇ ◆

주님, 그날(주님이 오셔서 악을 벌하고 제거해 세상의 모든 것을 바로잡으실 날)을 기대할 때, 우리는 가족 모두에게 그날이 기쁨과 승리로 채워지기를 간절히 바랍니다. 우리는 ___ 와 나란히 서서 당신께서 오시는 영광을 경험하기를 간절히 바랍니다. 우리를 당신의 날에 대한 기쁜 기대감으로 채워주옵소서.

12월 12일

● 아모스 7:1-9:15 / 요한계시록 3:7-22 / 시편 131:1-3 / 잠언 29:23

다림줄

또 내게 보이신 것이 이러하니라 다림줄을 가지고 쌓은 담 곁에 주께서 손에 다림줄을 잡고 서셨더니 여호와께서 내게 이르시되 아모스야 네가 무엇을 보느냐 내가 대답하되 다림줄이니이다 주께서 이르시되 내가 다림줄을 내 백성 이스라엘 가운데 두고 다시는 용서하지 아니하리니(암 7:7-8).

"할 가치가 있는 일은 잘할 가치가 있다." 이것은 우리가 종종 자녀에게 세워놓는 기준 같은 것이다. 우리는 자녀가 모든 단계마다 탁월함을 위해 분투하고, 임무를 끝마치는 태도를 배우기를 원한다. 이러한 습관은 평생 그들에게 유익할 것이다. 하지만 우리의 엄격한 기준이 자녀에게 큰 낙심의 근원이 되고, 자신은 부모를 결코 만족시킬 수 없다는 생각을 줄 수 있다는 것도 안다. 우리 자녀에게는 이상적인 목표가 필요하지만, 목표에 미치지 못했을 때를 위한 은혜도 필요하다.

그것은 우리 모두가 하나님의 자녀로서 받은 은혜다. 선지자 아모스는 하나님의 자녀 이스라엘이 하나님의 엄격한 기준에 맞게 살지 못했다는 다림줄 환상을 받았다. 다림줄은 끝에 추를 묶어둔 줄로서, 건축자가 수평이나 수직을 똑바로 유지하도록 돕는 도구다. 이 다림줄에 의하면, 이스라엘 나라는 완전히 구부러졌고 무너질 운명이었다.

현실에서 우리 또한 무력하게 구부러졌다. 하지만 복음의 좋은 소식은 예수님의 말씀이다. "그래서 네가 기준에 못 미친다고? 내가 하마. 나는 완벽하게 하나님의 기준에 맞추어 살았단다. 은혜에 의해 믿음으로 말미암아, 나는 너에게 내 완벽한 기록을 줄 것이란다. 하나님께서 너를 그분의 다림줄로 시험하실 때, 너의 구부러짐으로 인해 너를 저주하시는 대신, 그분은 나의 거룩함으로 인해 너에게 복 주실 것이란다." 그런 너그러운 사랑이 우리를 감동시켜 자녀가 부족할 때 그들에게 은혜를 확장시키기를 기도한다.

주님, ___가 제 기준대로 살지 못할 때에도, 당신이 제게 베푸신 은혜를 기억하도록 저를 도와주옵소서. 십자가의 다림줄로 제 인생은 판단을 받습니다. 당신은 제 구부러짐에 대한 저주를 가져가셨고, 저를 당신의 거룩에 일치시켜주시는 은혜를 베푸십니다.

12월 13일

● 오바댜 1:1-21 / 요한계시록 4:1-11 / 시편 132:1-18 / 잠언 29:24-25

하늘 보좌

이 일 후에 내가 보니 하늘에 열린 문이 있는데 내가 들은 바 처음에 내게 말하던 나팔 소리 같은 그 음성이 이르되 이리로 올라오라 이 후에 마땅히 일어날 일들을 내가 네게 보이리라 하시더라 내가 곧 성령에 감동되었더니 보라 하늘에 보좌를 베풀었고 그 보좌 위에 앉으신 이가 있는데(계 4:1-2).

예수님을 담대히 증거하다가 밧모섬에서 고난을 당한 요한은 천국을 들여다보고 그 본 것을 기록했다. 요한의 계시록을 읽을 때, 우리는 1세기의 고난당하는 크리스천들과 모든 시대의 씨름하는 신자들이 보아야 했던 대상을 목격하게 된다. 우리는 우리가 자녀와 함께 보아야 할 궁극의 존재, 곧 보좌에 앉으신 하나님을 본다.

우리가 천국에서 주목할 분, 다스리고 통치하시는 하나님, 그 영광을 완벽하게 비추는 유리 바다에 둘러싸인 하나님은 우주의 중심이시다.

현대 서구 문화가 제시하는 자녀 사랑이란 자녀가 얼마나 특별하고 독특한지, 자녀가 한 모든 일이 얼마나 놀라운지를 끊임없이 말하게 한다. 우리는 자녀가 만든 미술 작품을 버리지 않는다. 그 아이는 참가만해도 상을 받는다. 이런 문화는 우리 자녀에게 세상이 자신을 중심으로 돌아간다는 인상을 심어주기 쉽다. 하지만 정말이지 그건 사실이 아니다. 자녀는 우리 가족의 소중한 일원이지만, 중심은 아니다.

우리가 우주의 중심이라고, 하나님은 우리의 행복을 위해 여기 계시다고 가르치는 것은 번영 신학의 복음이다. 하나님의 사랑이 그분의 백성에게 흘러넘칠지라도 우리가 창조된 이유는 그분을 위해서라는 것이 성경적 복음이다. 하나님이 우주의 중심이시다. 우리가 아니다. 자녀도 아니다.

◆ ◇ ◇ ◆

주님, 당신께서는 우리를 향한 사랑을, 우주의 중심에 우리를 두심으로써가 아니라 십자가에 가심으로써 증명하셨습니다. 그래서 우리는 영원토록 당신을 우리 인생의 중심과 기쁨의 원천으로 삼는 것을 즐거워할 수 있습니다. 우리는 당신을 올바른 장소, 우리 가정의 중심이요 우리 인생의 보좌에 모시기 원합니다.

12월 14일

● 요나 1:1-4:11 / 요한계시록 5:1-14 / 시편 133:1-3 / 잠언 29:26-27

구원의 근원

구원은 여호와께 속하였나이다 (욘 2:9).

요나서는 선지자 요나에게 무슨 일이 일어났는지 말해주지 않고 끝난다. 그는 하나님께서 악한 성읍을 구원하셨다는 사실에 분노하며 니느웨 바깥에 자리를 잡고 앉았다. 하지만 요나의 도망과 부활과 분노에 대한 솔직한 고백을 자세히 기록한 이 책을 우리가 갖고 있다는 사실은, 요나의 인생에서 하나님의 일하심이 끝나지 않았다는 증거다. 사실, 요나가 이 메시지를 자기 이야기의 중심 무대에 두고 싶어 했기 때문에, 우리는 이 책의 정중앙에서 요나의 안정된 결론을 발견한다. "구원은 여호와께 속하였나이다." 요나의 인생과 경험에서 내내 반향을 일으켰던 이 진리가, 우리 인생의 중심에 있을 때 우리와 우리 자녀에게도 중요한 영향을 미친다.

구원은 여호와와 더불어 시작하고 끝난다. 처음부터 끝까지 그분의 사역이다. 그분은 구원을 시작하고 성취하시는 분이다. 그분은 우리 죄를 그리스도께, 그리스도의 의를 우리에게 전가하심으로써 우리를 **구원하셨다**. 그분은 말씀과 성령으로 거룩하게 하심으로써 우리를 **구원하고 계신다**. 그리고 그분은 부활 때 우리를 영화롭게 하심으로써 **구원하실 것이다**.

우리와 자녀의 구원은 우리 손에도, 자녀의 손에도 있지 않다. 주님을 찾고 이해하고 믿는 것은 우리의 능력으로 결정되지 않는다. 변화는 우리의 능력에 달린 게 아니다. 우리의 구원은 다른 분의 희생과 순종으로 온다. 구원은 여호와께 속하였으니, 하나님을 찬양하라!

주님, 당신께서 우리와 우리 자녀를 구원해주시는 것보다 더 큰 필요도 없고 더 절박한 기도도 없습니다. 우리는 자신을, 우리 자녀를 구원할 능력이 없습니다. 오직 당신만이 우리를 구원하십니다! 우리는 당신을 이용해서 이 구원을 얻어내기를 거부합니다. 오히려 당신의 이름을 부르며 우리를 구원해주시기를 간구합니다. 요나의 이야기는 우리를 소망으로 채워줍니다. 그 이야기 속에서 당신은 구원을 얻을 만한 일은 전혀 하지 않았지만 어떻든 당신의 구원을 간절히 바라는 자들을 반복적으로 건지시기 때문입니다.

12월 15일 ● 미가 1:1-4:13 / 요한계시록 6:1-17 / 시편 134:1-3 / 잠언 30:1-4

그 어린양의 진노

땅의 임금들과 왕족들과 장군들과 부자들과 강한 자들과 모든 종과 자유인이 굴과 산들의 바위 틈에 숨어 산들과 바위에게 말하되 우리 위에 떨어져 보좌에 앉으신 이의 얼굴에서와 그 어린 양의 진노에서 우리를 가리라 그들의 진노의 큰 날이 이르렀으니 누가 능히 서리요 하더라(계 6:15-17).

"성경은 처음부터 끝까지 어린양의 이야기다"라는 말이 지나친 과장은 아닐 것이다. 구약을 통틀어, 하나님은 그분과 관계를 바르게 맺고 싶은 사람은 누구나 하나님의 어린양에 기초해서만 그렇게 할 수 있다는 점을 분명히 하신다.

하나님께서 이 세상의 역사를 끝맺으실 때도, 하나님의 어린양은 여전히 하나님의 목적의 중심에 있을 것이다. 요한이 밧모섬에서 궁극의 존재를 보게 되었을 때, 그는 모든 것의 중심으로서 보좌 위의 어린양을 보았다. "한 어린양이 서 있는데 일찍이 죽임을 당한 것 같더라"(계 5:6). 이 어린양 앞에는 옷을 그의 피로 씻어 희게 만들었던 자들이 있다. 이 사람들은 두려울 게 없다. 반면 어린양의 피로 씻기거나 덮일 필요를 보지 못했던 자들이 있는데, 그들은 모든 것이 두렵다. 어린양 안에 숨은 자들과 어린양으로부터 숨으려 하는 자들이 있다.

자기의 죄를 고집했던 자들, 죄 고백이나 죄 씻음의 필요를 보지 못했던 자들은 하나님의 보좌 앞에 설 능력이 없다. 그래서 바위와 산이 자기 위로 무너지기를 바라면서 공포에 떨 것이다. 하지만 어린양 앞에 머리를 숙이고 그분의 죄 씻음의 사역에 복종했던 자들은 공포에 떨지 않을 것이다. 오히려 어린양을 찬양하며 경배할 것이다.

주님, 우리는 당신의 보좌 앞에 설 날을 갈망합니다. 그날에 우리는 더 이상 어린양의 보호를 바라지 않을 것입니다. 어린양에 의해 영원히 보호받을 것이기 때문입니다. 우리가 처음 믿을 때 시작된 죄 씻음이 온전케 될 것입니다. 우리는 정결한 환경에서 정결한 백성으로 설 것입니다. 하지만 주님, 우리는 거기에 홀로 서기를 원하지 않습니다. ___가 우리와 함께 있기를 간절히 원합니다. ___를 당신께로 불러주옵소서. ___를 어린양의 보혈로 덮으시고 깨끗게 하옵소서.

12월 16일

● 미가 5:1-7:20 / 요한계시록 7:1-17 / 시편 135:1-21 / 잠언 30:5-6

하나님은 무엇을 원하실까?

내가 무엇을 가지고 여호와 앞에 나아가며 높으신 하나님께 경배할까 내가 번제물로 일 년 된 송아지를 가지고 그 앞에 나아갈까 여호와께서 천천의 숫양이나 만만의 강물 같은 기름을 기뻐하실까 내 허물을 위하여 내 맏아들을, 내 영혼의 죄로 말미암아 내 몸의 열매를 드릴까(미 6:6-7).

미가서 6장은 마치 유다 백성이 하나님께 "당신은 우리에게서 무엇을 원하세요?"라고 말하는 것 같다. 하나님께서 그들이 가져온 제물에 만족하지 않으신다는 걸 알게 되자, 그들은 하나님을 기쁘시게 해드리기란 불가능하다고 전제하면서 하나님을 만족시키기에 충분한 한 가지를 도출해내기 위해 여러 답을 고심하기 시작했다. 그들은 일 년 된 송아지에서 천천의 숫양으로 확대했고, 우습게도 만만의 강물 같은 기름을 이끌어냈다. 그러고는 터무니없게도 맏아들을 드리는 것을 제안했다. 하지만 미가가 개입해 여호와께서 요구하시는 바를 간단명료하게 밝혔다. 그것은 마음에서 우러난 단순한 순종이었다. "사람아 주께서 선한 것이 무엇임을 네게 보이셨나니 여호와께서 네게 구하시는 것은 오직 정의를 행하며 인자를 사랑하며 겸손하게 네 하나님과 함께 행하는 것이 아니냐"(미 6:8).

이것이 바로 하나님께서 자기 백성에게 진정으로 원하시는 바다. 하나님은 우리가 정의롭게 행하기를, 대가를 지불하면서도 옳은 바를 행하기를, 자비를 사랑하기를 원하신다. 하나님은 우리가 그분과 함께 겸손히 동행하기를 원하신다. 우리 자녀는 이 모습이 우리를 묘사하는 것인지 아닌지를 가장 잘 안다. 배우자, 친구, 가족이 당신에게 상처를 주거나 당신을 실망시킬 때, 당신의 자녀는 당신이 분노에 차서 부글거리는 것을 보는가? 그들은 당신이 친구와 통화하며 불평하는 것을 듣는가? 아니면 그들은 당신이 자비를 베풀기를 좋아한다는 것을 아는가? 그들은 당신 안에서 사랑이 허다한 죄를 덮는 것을 보는가?

◆◇◇◆

주님, 우리가 "정의를 행하며 인자를 사랑하며 겸손하게" 행하는 것을 완벽하게 하지는 못합니다. 하지만 예수님께서 우리를 대신해서 이러한 삶을 사셨고, 그분과 연합한 모든 자에게 허락하신다는 사실을 압니다. 우리 안에 내주하실 때, 우리는 당신 앞에서 그리고 ___ 앞에서 선한 일을 하는 데 필요한 능력을 발견할 것입니다.

12월 17일

● 나훔 1:1-3:19 / 요한계시록 8:1-13 / 시편 136:1-26 / 잠언 30:7-9

충분합니다

내가 두 가지 일을 주께 구하였사오니 내가 죽기 전에 내게 거절하지 마시옵소서 곧 헛된 것과 거짓말을 내게서 멀리 하옵시며 나를 가난하게도 마옵시고 부하게도 마옵시고 오직 필요한 양식으로 나를 먹이시옵소서 혹 내가 배불러서 하나님을 모른다 여호와가 누구냐 할까 하오며 혹 내가 가난하여 도둑질하고 내 하나님의 이름을 욕되게 할까 두려워함이니이다 (잠 30:7-9).

잠언 30장은 잠언서를 통틀어 유일하게 기도로만 구성된다. 또한 "야게의 아들 아굴의 잠언"이라는 제목이 붙는다. 아굴의 기도는 자녀의 미래를 위해 지혜롭게 기도하는 법을 보여준다. 비록 그것이 아메리칸 드림과는 사뭇 결이 다를지라도 말이다.

아굴의 인생 목표는 가난하지도 부유하지도 않은 것이다. 그 이유는 둘 다 그를 유혹(하나님에 대한 필요에 눈먼 자가 될 유혹, 하나님께서 돌보지 않으실 거라는 두려움에 남의 물건을 훔쳐 하나님을 욕되게 할 유혹)에 취약하게 만들기 때문이다. 아굴은 하나님을 꾸준히 의지하는 삶을 살기 원했다.

우리의 물질주의 문화는 손쉬운 신용 구매 제공, 현재 소유에 불만족을 만들어낼 목적의 광고, 더 새롭고 더 낫고 더 큰 것에 대한 집중 공세 등으로 자녀의 재정 결정을 더욱 지혜롭지 못하게 만든다. 그러므로 우리 자녀는 돈에 관한 성경의 관점에 맞춰 자신의 재정 생활을 형성해 갈 필요가 있다. 그들은 엄마와 아빠가 더 큰 저금과 지출을 지속적으로 추구하기보다는 기쁘게 하나님을 의존하며 사는 것을 보아야 한다. 바울이 "부하려 하는 자들은 시험과 올무와 여러 가지 어리석고 해로운 욕심에 떨어지나니 곧 사람으로 파멸과 멸망에 빠지게 하는 것이라"(딤전 6:9)라고 말한 데는 이유가 있다. 부는 하나님의 선물이다. 하지만 동시에 영혼에게 위험할 수 있다.

◆ ◇ ◆

제가 두 가지 일을 당신께 구합니다. ___가 죽기 전에 그것들을 허락하옵소서. 곧 헛된 것과 거짓말을 ___에게서 멀리 하옵시며 ___를 가난하게도 마옵시고 부하게도 마옵시고 오직 필요한 양식으로 ___를 먹이시옵소서. ___가 하나님을 모른다, 여호와가 누구냐 하지 않게 하옵소서. ___가 당신의 거룩하신 이름을 영화롭게 하게 하옵소서.

12월 18일 ● 하박국 1:1-3:19 / 요한계시록 9:1-21 / 시편 137:1-9 / 잠언 30:10

없을지라도

내가 들었으므로 내 창자가 흔들렸고 그 목소리로 말미암아 내 입술이 떨렸도다 무리가 우리를 치러 올라오는 환난 날을 내가 기다리므로 썩이는 것이 내 뼈에 들어왔으며 내 몸은 내 처소에서 떨리는도다 비록 무화과나무가 무성하지 못하며 포도나무에 열매가 없으며 감람나무에 소출이 없으며 밭에 먹을 것이 없으며 우리에 양이 없으며 외양간에 소가 없을지라도 나는 여호와로 말미암아 즐거워하며 나의 구원의 하나님으로 말미암아 기뻐하리로다(합 3:16-18).

여호와께서 선지자 하박국에게 바벨론을 일으켜 그분의 백성을 포로로 데려가게 하셔서 그 백성 가운데 정결케 하는 사역을 하겠다고 계시하셨다. 하박국은 하나님의 백성 중에 살았다. 하나님께로부터 온 이 말씀은 그와 그의 가족이 공격을 당하게 될 것을 의미했다. 하박국은 바벨론 침략자들이 문간에 나타났을 때 무슨 일이 생길지 두려워했던 게 분명하다. 하지만 그는 그 두려움이 자기를 지배하게 내버려 두지 않았다.

닥쳐올 일을 피하게 해달라고 기도하는 대신 하박국은 자기 생명을, 어쩌면 그의 죽음까지도 하나님께 의탁했다. 그는 자기 가족의 미래를 하나님께 의탁했다. 그는 믿음으로 살기로 선택했다. 하나님께서 기적적으로 나타나셔서 그들을 해(害)로부터 지켜주시리라는 믿음이 아니었다. 해를 지나는 동안에도 그들을 보존하시리라는 믿음이었다. 하박국은 믿음으로 사는 삶이란 현세에서 무슨 일이 일어나도 우리의 소망을 하나님께 두는 것을 의미함을 보여준다. 그는 기쁨으로 가는 문을 발견했다. 그것은 환경에 달린 게 아니다. 하나님께서 과정과 결과 모두를 다스리고 계심을 신뢰하는 것이다.

◆ ◇ ◇ ◆

주님, 때로는 닥쳐올 재난의 가능성이 우리 가족을 끔찍이도 두렵게 만들 수 있습니다. 우리는 고난으로부터 보호해달라고만 구하고 싶은 유혹에 빠집니다. 하지만 우리가 진정 원하는 것은 최악의 상황에서도 믿음으로 사는 가정이 되는 것입니다. 우리는 당신을 향해 잠잠히 확신하여 미래의 불확실성에 직면하는 가정이 되기를 원합니다. 당신은 현세에서 일어나는 최악의 상황에도 우리를 보존하실 만큼 충분히 강하십니다.

12월 19일 ● 스바냐 1:1-3:20 / 요한계시록 10:1-11 / 시편 138:1-8 / 잠언 30:11-14

구원을 베푸실 전능자

그 날에 사람이 예루살렘에 이르기를 두려워하지 말라 시온아 네 손을 늘어뜨리지 말라 너의 하나님 여호와가 너의 가운데에 계시니 그는 구원을 베푸실 전능자이시라 그가 너로 말미암아 기쁨을 이기지 못하시며 너를 잠잠히 사랑하시며 너로 말미암아 즐거이 부르며 기뻐하시리라 (습 3:16-17).

요시야가 여덟 살에 왕이 되었을 때, 그는 오래도록 하나님께 패역했던 나라를 물려받았다. 요시야가 열여섯 살 되던 해 성전에서 율법 두루마리가 발견됐을 때, 그는 백성이 돌이켜 하나님의 율법을 신실하게 따르도록 전국에 걸쳐 대대적인 개혁을 시작했다. 스바냐는 요시야의 개혁 노력에 일부 참여한 선지자다. 그는 백성에게 종교 다원주의, 기도를 소홀히 함, 영적인 침체로 인해 마땅히 받아야 할 심판을 설명했다. 그는 그들에게 "여호와의 규례를 지키는 세상의 모든 겸손한 자들아 너희는 여호와를 찾으며 공의와 겸손을 구하라"(습 2:3)라고 요구했다. 스바냐가 묘사한 여호와는, 심판을 가져오시지만 그분을 왕으로 삼는 남은 자들에게 구원을 베푸실 전능자이다.

그분을 찾는 자들에게는 소망이 있다. 스바냐의 예언서는 여호와께서 몸소 자기 백성에 대해서 부르시는 소망과 승리의 노래로 끝난다. 여호와의 노래는 여호와께서 자기를 위해 선택하신 백성이 그분께로 회복될 때, 그들의 수치가 제거될 때 축제가 벌어질 것을 내다본다. 여호와께서 그들 중에 거하실 것이고, 그들의 압제자는 처리될 것이며, 버림받은 자들에게 구원이 임할 것이다.

여호와께서 함께 노래하자고 우리를 부르신다. "시온의 딸아 노래할지어다 이스라엘아 기쁘게 부를지어다 예루살렘 딸아 전심으로 기뻐하며 즐거워할지어다 여호와가 네 형벌을 제거하였고 네 원수를 쫓아냈으며 이스라엘 왕 여호와가 네 가운데 계시니 네가 다시는 화를 당할까 두려워하지 아니할 것이라"(습 3:14-15).

◆ ◇ ◆ ◇ ◆

주님, 당신께서 우리에 대해 구원의 노래를 부르시기 때문에, 우리도 우리 자녀에 대해 구원의 노래를 부를 수 있습니다. 당신께서 심판의 손을 거두시고 그 손을 당신의 아들 위에 두셨습니다. 당신은 ___를 기뻐하시는 전능하신 구원자입니다. 당신의 사랑은 미래에 대한 우리의 두려움을 잠잠케 하고 과거의 수치를 제거합니다.

12월 20일 ● 학개 1:1-2:23 / 요한계시록 11:1-19 / 시편 139:1-24 / 잠언 30:15-16

우선순위

만군의 여호와가 이같이 말하여 이르노라 이 백성이 말하기를 여호와의 전을 건축할 시기가 이르지 아니하였다 하느니라 여호와의 말씀이 선지자 학개에게 임하여 이르시되 이 성전이 황폐하였거늘 너희가 이 때에 판벽한 집에 거주하는 것이 옳으냐(학 1:2-4).

바벨론에 사로잡혀 70년 긴 세월을 보낸 후 다시 예루살렘으로 향할 때, 하나님의 백성은 회복된 예루살렘에서 사는 것, 재건된 성전에서 예배하는 것, 이스라엘 나라의 이전 영광을 탈환하는 것에 대한 기대감이 가득했다. 하지만 새까맣게 타서 돌무더기로 변해버린 예루살렘에 도착했을 때, 그들은 순식간에 낙심에 빠졌다. 그리고 얼마 지나지 않아 성전 재건의 노력을 유보했다. 하나님의 집을 재건하는 일은 16년 동안이나 아무런 진척도 보이지 않았다.

하나님께서 선지자 학개를 이러한 상황 속으로 보내셨다. 그는 백성에게 하나님의 집을 재건하는 그들의 노력을 점검해보라고 도전했다. 그들은 "지금은 적절한 때가 아니에요!"라고 저항하면서 여호와의 섭리가 어느 정도 그들의 사역을 막았다고 말했다. 하지만 실상은 그들이 자기 생활의 수준을 향상시키는 데 너무 몰두한 나머지 하나님의 집 재건 사역에는 투자할 겨를이 없었던 것이다. 그래서 학개는 그들에게 우선순위를 점검할 것을 요구했다.

분명, 이런 영적 선조 안에서 우리 자신을 보는 것은 과장이 아니다. 교통 정체, 심야 근무, 스포츠 일정, 재택근무 등 현대 생활의 요구는 우리에게 수많은 핑곗거리를 제공한다. 세상에서 하나님 나라를 세우기 위해, 하나님께서 쓰시도록 자신을 드리라는 요구에 "지금은 적절한 때가 아니에요!"라고 말한다. 그래서 학개는 우리에게도 우선순위를 점검하고 세상을 위한 복음 사역에 자신을 드리라고 요구한다.

◆ ◇ ◇ ◆

주님, 우리가 당신의 일에는 매우 적은 에너지를 들이는 반면 우리 집을 세우고 우리 자산을 관리하는 데는 너무 많은 에너지를 쏟는 것을 용서해주옵소서. 가족으로서 우리는 당신에게 쓰임 받기를 원합니다. 우리 자신의 나라를 세우는 데 너무 골몰한 나머지 당신의 나라를 세우는 데는 소홀히 한 지점이 어디인지 보여주옵소서.

12월 21일 ● 스가랴 1:1-21 / 요한계시록 12:1-17 / 시편 140:1-13 / 잠언 30:17

참소하던 자

내가 또 들으니 하늘에 큰 음성이 있어 이르되 이제 우리 하나님의 구원과 능력과 나라와 또 그의 그리스도의 권세가 나타났으니 우리 형제들을 참소하던 자 곧 우리 하나님 앞에서 밤낮 참소하던 자가 쫓겨났고 또 우리 형제들이 어린 양의 피와 자기들이 증언하는 말씀으로써 그를 이겼으니 그들은 죽기까지 자기들의 생명을 아끼지 아니하였도다(계 12:10-11).

매우 실제적인 원수가 우리 집에 거주하는 모든 사람의 마음에 말할 기회를 엿보면서 우리 집 복도에 도사리고 있다. 베드로는 "근신하라 깨어라 너희 대적 마귀가 우는 사자 같이 두루 다니며 삼킬 자를 찾나니"(벧전 5:8)라고 말한다. 그가 삼키는 방법은 무엇일까?

그리스도 밖에 있는 자들을 다루는 원수의 전략은 계속해서 자기 죄에는 무지하게 하고 죄 이외의 것만 생각하게 하는 방법이다. 하지만 그리스도 안에 있는 자들을 다루는 원수의 전략은 전혀 다르다. 원수는 신자들을 낙심케 하려는 목적으로 그들에게 죄와 실패를 상기시킴으로써 방해한다. 그는 신자들이 구주와 그분의 구원, 죄 씻음, 용서의 능력에 대해 묵상하기보다 자신의 죄를 더 많이 생각하기 원한다.

사탄이 우리를 참소하러 올 때, 우리는 지금 영적 전쟁터에 있고 진리와 함께 싸운다는 것을 깨달아야 한다. "그러므로 이제 그리스도 예수 안에 있는 자에게는 결코 정죄함이 없나니"(롬 8:1). "누가 능히 하나님께서 택하신 자들을 고발하리요 의롭다 하신 이는 하나님이시니 누가 정죄하리요 … 권세자들이나 … 다른 어떤 피조물이라도 우리를 … 하나님의 사랑에서 끊을 수 없으리라"(롬 8:33-34, 38-39).

◆ ◇ ◇ ◆

주님, 참소하는 자가 부모로서 그리고 인간으로서 과거의 온갖 실패를 상기시키고 그 경험에 저를 묶으려 할 때 참소하는 자의 목소리를 깨닫고 거부할 수 있도록 도와주옵소서. 참소하는 자가 ___를 삼키고 거짓 죄책감으로 ___를 사로잡으려 할 때 제가 깨달을 수 있도록 도와주옵소서. 그래서 제가 ___를 진리로 격려할 수 있게 하옵소서.

12월 22일 ● 스가랴 2:1-3:10 / 요한계시록 12:18-13:18 / 시편 141:1-10 / 잠언 30:18-20

하루에

대제사장 여호수아야 너와 네 앞에 앉은 네 동료들은 내 말을 들을 것이니라 이들은 예표의 사람이라 내가 내 종 싹을 나게 하리라 만군의 여호와가 말하노라 내가 너 여호수아 앞에 세운 돌을 보라 한 돌에 일곱 눈이 있느니라 내가 거기에 새길 것을 새기며 이 땅의 죄악을 하루에 제거하리라(슥 3:8-9).

스가랴 시대에 하나님의 백성은 새날을 시작하고 있었다. 그들은 고향에 돌아왔고 자유를 얻었다. 하지만 그들의 미래는 불투명했다. 그들은 다른 여러 염려 중에서도 조상들이 포로가 되게 만든 옛 죄들에 빠질까 염려했다. 여호와는 선지자 스가랴에게 환상을 주셔서 여호와께서 자기 백성의 구속을 위해 여러 면에서 일하고 계심을 확신케 하셨다.

스가랴는 여러 환상 중 여호수아라는 이름의 대제사장이 복직되는 환상을 보았다. 물론, 여호수아라는 히브리 이름은 헬라어로 "예수"다. 우리는 즉각적으로 스가랴가 장차 오실 위대한 대제사장에 관해 보여주고 있다는 것을 감지한다. 사실, 그 환상에서 여호수아는 그와 구약의 다른 모든 제사장이 "예표의 사람들"이라는 말씀을 듣는다. 그래서 스가랴의 환상에 등장한 제사장 여호수아는 장차 올 더 위대한 제사장을 가리킨다. 하지만 중요한 차이가 있다.

여호수아의 옷은 죄로 인해 더러웠다. 그래서 하나님께서 그에게 아름다운 옷을 입히셨다. 예수님은 우리 죄를 지셨을 때 옷이 벗겨지셨다. "여호와께 성결"(출 28:36)이라는 정결한 관이 여호수아의 머리에 씌워진 반면, 예수님의 머리에는 가시관이 씌워졌다. 여호와께서는 여호수아에 대한 사탄의 참소를 거절하신 반면, 예수님에게는 인류의 죄책을 기꺼이 지우셨다. 이런 식으로 하나님께서는 "이 땅의 죄악을 하루에 제거"하셨다.

◆ ◇ ◇ ◆

주님, 우리 가족은 당신 아들의 탄생일을 축하할 준비를 하면서 그분이 태어나신 이유를 마음에 새깁니다. 그분은 이 날을 위해 이 땅에 오셨습니다. 이 날은 바로 당신께서 자기 백성의 죄를 아들에게 지게 하심으로써 우리의 죄악을 제거하신 날입니다. 우리와 ___와 모든 백성의 죄악을 영단번의 제물로 말미암아 하루에 제거하신 당신께 찬양과 감사를 올려드립니다.

12월 23일

● 스가랴 4:1-5:11 / 요한계시록 14:1-20 / 시편 142:1-7 / 잠언 30:21-23

그들의 이마에 쓰인 이름

또 내가 보니 보라 어린 양이 시온 산에 섰고 그와 함께 십사만 사천이 서 있는데 그들의 이마에는 어린 양의 이름과 그 아버지의 이름을 쓴 것이 있더라(계 14:1).

    예수님의 탄생을 축하할 준비를 하면서, 우리는 마리아의 어린양이신 그분을 본다. 구유에 누인 약하고 궁핍한 어린양이시다. 하지만 우리는 예수님께서 연약함 가운데 오셨지만 다시 오실 때에는 권능으로 임하실 것을 안다. 예수님은 그분께 소망을 둔 모든 자들, 그분의 구원의 피 흔적을 가진 모든 자들, 온전히 그분을 닮도록 변화된 모든 자들에게 둘러싸이신, 보좌 위의 어린양이 되실 것이다.

    구약의 제사장 제도에서, 제사장은 전면에 "여호와께 성결"이라 새겨진 순금 패를 붙인 세마포 관을 썼다. 이것은 그와 그가 대표하는 백성은 거룩한 나라가 되도록 하나님에 의해, 하나님을 향해 구별되었음을 의미했다. 요한계시록에 이르면 하나님은 그분의 백성이 제사장 나라가 되어 그분의 영광을 온 창조 세계에 널리 알리기를 의도하셨다. 미래에 대한 요한의 환상에서, 우리는 "각 족속과 방언과 백성과 나라"에서 온 사람들이 "우리 하나님 앞에서 나라와 제사장들"(계 5:9-10)이 되었음을 본다.

    요한계시록 내내, 선택된 소수가 아니라 모든 하나님의 백성이 제사장으로서 흰 세마포 옷을 입는다. 죄악 된 자아 위에 옷 입혀진 게 아니다. 그들의 내면은 온전하고 진실하다. 어린양의 피로 씻겼기 때문이다. 이제 이 제사장들은 오직 일 년에 한 번 들어가던 지성소에 들어가지 않는다. 대신에 온 땅이 하나님의 보좌가 되어 거기서 모든 사람이 "그의 얼굴을 볼 터이요 그의 이름도 그들의 이마에 있"(계 22:4)을 것이다.

    우리가 어린양의 임재 안에 들어갈 때, "여호와께 성결"은 단지 쓰고 벗는 관의 장식이 아니다. 우리의 존재 자체에 우리가 그분께 속하였음이 적힐 것이다.

◆ ◇ ◇ ◆

주님, 이번 크리스마스에 우리가 상상 속에서 구유 주위에 모일 때, 우리 마음은 당신의 보좌 주위로 모여 사랑하는 모든 사람과 더불어 있고 싶다는 갈망으로 신이 납니다. ___가 당신께 속하였음을 ___의 존재 자체에 써주옵소서. 이 세상을 다스리는 짐승의 표로부터 ___를 보호해주옵소서. 그리고 ___가 당신의 보좌 앞에서 새 노래를 부르는 위대한 합창단의 일원이 되도록 보존해주옵소서.

12월 24일

● 스가랴 6:1–7:14 / 요한계시록 15:1–8 / 시편 143:1–12 / 잠언 30:24–28

다닐 길을 알게 하소서

아침에 나로 하여금 주의 인자한 말씀을 듣게 하소서 내가 주를 의뢰함이니이다 내가 다닐 길을 알게 하소서 내가 내 영혼을 주께 드림이니이다(시 143:8).

다윗은 캄캄하고 어려운 상황에 처해 있었다. "원수가 내 영혼을 핍박하며 내 생명을 땅에 엎어서 나로 죽은 지 오랜 자 같이 나를 암흑 속에 두었나이다"(3절). 그는 암흑 속에서 기다렸다. 다음에 무슨 일이 일어날지 알지 못했다. 그래서 그는 어떻게 했을까? 그는 "주를 향하여 손을 [폅니다]"(6절)라고 하나님께 말씀드렸다.

강림절(크리스마스 전의 4주간—역주)은 예기(豫期)의 시간, 어둠 속으로 빛이 오기를 기다리는 시간이다. 부모인 우리는 기다림을 잘 안다. 우리의 과업은 즉각적인 결과를 낳은 적이 거의 없다. 우리는 자녀를 잘 양육하려는 모든 노력이 자녀에게 과연 지속적인 영향력을 끼칠지 의아해한다. 우리의 투자는 미래지향적이다. 아직 보지 못한 그들의 성인기를 지향하는 예금이다. 다윗처럼 우리는 암흑 속에서 기다린다. 무슨 일이 일어날지 궁금해한다. 하지만 홀로 기다리는 게 아니며, 아무 자원도 없이 기다리는 것도 아니다. 우리에겐 우리를 향해 귀 기울이시는 주님이 계시다. 우리는 앞길을 볼 수 없을 때 어디로 갈지 보여주겠다고 약속하신 주님께 소리 내어 부르짖는다.

여호와여, 당신의 아들이 탄생한 것을 축하할 준비를 하는 오늘 아침을 포함해, 아침마다 제가 당신의 인자한 말씀을 듣게 하소서. 당신을 의뢰합니다. 제가 ___를 양육하기 위해 다닐 길을 알게 하소서. 제가 제 영혼을 당신께 드립니다. 여호와여, ___의 미래에 대해 실망하고 두려워하게 만드는 제 원수들에게서 저를 건지소서. 제가 당신께 피하여 숨었나이다. 당신은 제 하나님이시니, 저를 가르쳐 당신의 뜻을 행하게 하소서. 당신의 영은 선하시니. 저를 공평한 땅에 인도하소서. 여호와여, 저의 이름이 아닌 당신의 이름을 위하여 ___를 살리시고, 당신의 의로 제 영혼을 환난에서 끌어내소서. 저는 당신의 종이니이다.

_ 시편 143편 8–12절에서 인용함

12월 25일 ● 스가랴 8:1-23 / 요한계시록 16:1-21 / 시편 144:1-15 / 잠언 30:29-31

하나님이 너희와 함께하심을 들었나니

유다 족속아, 이스라엘 족속아, 너희가 이방인 가운데에서 저주가 되었었으나 이제는 내가 너희를 구원하여 너희가 복이 되게 하리니 두려워하지 말지니라 손을 견고히 할지니라(슥 8:13).

한 아기가 태어날 것인데 그가 뱀의 머리를 상하게 하리라고 말씀하신 약속이 예수님의 탄생으로 성취되었다. 그 약속은 아브라함에게서도 찾을 수 있다. 하나님은 그에게 복을 주시면서 말씀하셨다. "땅의 모든 족속이 너로 말미암아 복을 얻을 것이라"(창 12:2). 복과 복이 됨의 약속은 스가랴서에서, 하나님의 땅(하나님께서 여러 세기 전에 그들의 선조에게 주셨던 땅)으로 귀환한 아브라함의 자손에게 다시 한번 주어진다. 그 소식은 그들이 믿기엔 참 어려웠을 게 틀림없다. 주변의 모든 환경이, 그들이 하나님의 복의 수혜자 혹은 전달자라기보다는 하나님의 저주 아래 있는 것처럼 보이게 만들었기 때문이다. 스가랴는 하나님께서 그들을 복의 상징이자 근원으로 삼으실 것이라고 말한다.

어떻게 이런 일이 일어날까? 하나님께서 그들에게 오실 것이다. 그분께서 "이 성읍 주민이 저 성읍에 가서 이르기를 우리가 속히 가서 만군의 여호와를 찾고 여호와께 은혜를 구하자 하면 나도 가겠노라 하겠으며 … 그 날에는 말이 다른 이방 백성 열 명이 유다 사람 하나의 옷자락을 잡을 것이라 곧 잡고 말하기를 하나님이 너희와 함께 하심을 들었나니 우리가 너희와 함께 가려 하노라 하리라"(슥 8:21, 23)라는 방식으로 그들 안에서 일하실 것이다.

오늘, 에덴동산에서 약속받은 분, 아브라함을 통해 땅의 모든 민족이 복을 받을 것이라고 약속받은 분, 우리와 함께하시는 하나님 곧 임마누엘 하나님의 오심을 축하하면서, 우리는 하나님께서 스가랴를 통해 주신 약속을 성취하시기를 간절히 바란다. 우리는 사람들(그리스도 밖에 있는 이웃, 동료, 가족)이 우리를 붙잡고 "하나님이 너희와 함께 하심을 들었어. 우리가 너희와 함께 가려 해"라고 말하는, 기쁘고 평화로운 삶을 살기를 간절히 바란다.

◆◇◇◆

주님, 오늘 우리 가족 안에서 역사하사 우리를 오직 그리스도로만 말미암는 복의 상징이자 근원으로 삼아주옵소서. 우리를 강하게 하사 우리 시대에 당신의 영적인 성전(교회)을 세우는 일에 계속해서 쓰임 받게 하옵소서.

12월 26일

● 스가랴 9:1-17 / 요한계시록 17:1-18 / 시편 145:1-21 / 잠언 30:32

너의 왕

시온의 딸아 크게 기뻐할지어다 예루살렘의 딸아 즐거이 부를지어다 보라 네 왕이 네게 임하시나니 그는 공의로우시며 구원을 베푸시며 겸손하여서 나귀를 타시나니 나귀의 작은 것 곧 나귀 새끼니라(슥 9:9).

천사가 마리아에게 알린 수태고지에서 "주 하나님께서 그 조상 다윗의 왕위를 그에게 주시리니"(눅 1:32)라고 말했다. 물론 예수님은 궁전이 아닌 가축이 머무는 곳에서 태어나셨고 구유에 누이셨다. 그럼에도 박사들이 와서 "유대인의 왕으로 나신 이"(마 2:2)를 찾았다.

예수님께서 사역을 시작하실 때, 사람들은 그분이 진정 하나님께서 약속하신 왕인지 궁금해했다. 어느 지점에 이르러 우리는 "예수께서 그들이 와서 자기를 억지로 붙들어 임금으로 삼으려는 줄 아시고 다시 혼자 산으로 떠나 가시니라"(요 6:15)를 읽는다. 예수님께서 자신을 백성의 왕으로 내어줄 준비를 마치신 날이 왔다. 하지만 그분은 고대 세계의 여느 왕과는 다르게 행동하셨다. 고대 왕들은 자기의 권세와 화려함을 내보이기 위해 그들이 통치하는 성읍에 들어갈 때 튼튼한 백마를 타곤 했다. 하지만 예수님은 예루살렘이라는 왕의 성읍에 들어가실 때 나귀를 타셨다.

스가랴의 예언에도 불구하고, 동료 유대인들은 예수님께서 이렇게 예루살렘에 들어가실 때 깨닫지 못했다. 어쩌면 깨닫고 싶지 않았는지도 모르겠다. 말 대신 나귀를 타고 오심으로써 예수님은 말씀하셨다. "나는 너희를 죽이기 위해서가 아니라 너희를 섬기기 위해서 온다. 나는 칼을 가지고 가 아니라 구원을 가지고 온다." 이 왕이 바로 우리에게 오신 왕이다. 우리와 우리 자녀를 그분의 애정 어린 통치 아래로 들어오라고 초청하시는 왕이다. 그분은 공의로우시다. 항상 옳은 일을 하신다. 그분은 사망과 지옥의 권세를 이기신다. 그럼에도 그분은 겸손하시다.

◆ ◇ ◇ ◆

주님, 당신은 온유하고 겸손하게 우리에게 오셨으나 세상은 당신께 절하는 대신 당신을 십자가에서 죽였습니다. 우리를 용서하옵소서. ___에게 당신이 선하신 왕임을 볼 수 있는 눈을 주옵소서. 모든 저항과 반역을 이기시옵소서. ___를 당신의 애정 어린 통치 아래로 데려와주옵소서.

12월 27일

● 스가랴 10:1-11:17 / 요한계시록 18:1-24 / 시편 146:1-10 / 잠언 30:33

휘파람을 불어 그들을 모을 것

내가 유다 족속을 견고하게 하며 요셉 족속을 구원할지라 내가 그들을 긍휼히 여김으로 그들이 돌아오게 하리니 그들은 내가 내버린 일이 없었음 같이 되리라 나는 그들의 하나님 여호와라 내가 그들에게 들으리라 에브라임이 용사 같아서 포도주를 마심 같이 마음이 즐거울 것이요 그들의 자손은 보고 기뻐하며 여호와로 말미암아 마음에 즐거워하리라 내가 그들을 향하여 휘파람을 불어 그들을 모을 것은 내가 그들을 구속하였음이라(슥 10:6-8).

 성경 시대의 목자는 휘파람을 불거나 피리를 불어서 양 떼를 모았다. 그것은 스가랴가 하나님께서 자기 백성을 인도하시는 방식을 묘사하기 위해 사용한 이미지다. 하나님의 백성 가운데 있는 목자들은 그들을 하나님의 방식으로 인도하는 데 실패해왔다. 하지만 하나님은 참된 목자를 보내겠다고 약속하셨다.

 어떤 부모는 엄마나 아빠가 문을 열고 휘파람을 불면 어린 자녀들이 집으로 달려오게끔 훈련시켰다. 오, 우리 자녀가 하나님에게서 멀어져 방황할 때 그들을 하나님께로 모으는 일이 그렇게 쉽다면 얼마나 좋을까! 우리에게는 휘파람으로 자녀 안에 하나님을 향한 기쁨과 민감함을 창조할 능력이 없는 반면, 그분에겐 있으시다. 사실 그것이 바로 하나님께서 그분의 백성과 자녀의 인생 가운데서 하겠다고 약속하신 바다. "내가 그들을 향하여 휘파람을 불어 그들을 모을 것은 내가 그들을 구속하였음이라"라고 그분은 말씀하신다.

 잃어버린 양을 위한 소망이 여기 있다. 우리의 확신은 하나님께로 가는 길을 찾아내는 능력에 기초하지 않는다. 홀로 남은 우리 중 누구도 자기 힘으로 그분을 향해 달려갈 수 없고 달려가려고도 하지 않을 것이다. 우리의 소망은 그 참된 목자께서 잃어버린 양을 찾아가셔서 그들을 위험에서 건지시고 어깨에 맨 채 안전한 양우리 안으로 데려오시는 것이다. 그분이 휘파람을 부실 때, 그들은 달려올 것이다.

◆ ◇ ◇ ◆

위대한 목자시여, 우리는 당신께서 회복해주시기를 기다립니다. 당신의 휘파람 소리를 들으며 ___가 당신을 향해서 달려오기를 가만히 기다립니다.

12월 28일

● 스가랴 12:1-13:9 / 요한계시록 19:1-21 / 시편 147:1-20 / 잠언 31:1-7

샘이 열리리라

그 날에 죄와 더러움을 씻는 샘이 다윗의 족속과 예루살렘 주민을 위하여 열리리라(슥 13:1).

스가랴의 예언 곳곳에서 하나님은, 사로잡힌 데서 돌아와 예루살렘 안에 혹은 주변에 살고 있는 자들을 위해 선한 일을 하시겠다고 다양한 방법으로 거듭 말씀하셨다. 이들은 사회적으로 또 도덕적으로 죄를 지은 사람들이었다. 그들은 수동적으로 반역했고 영적으로 무관심했다. 스가랴는 미래에 관한 믿을 수 없는 환상으로 그들에게 호소했다. 하나님께서 평화와 회복을 가져오실 미래였다. 이것은 메시아에 의해 성취되며, 메시아는 "다윗의 집과 예루살렘 주민에게 은총과 간구하는 심령을 부어 주"(슥 12:10)실 것이다. 하지만 메시아가 오셔서 은혜를 선포하실 때, 백성은 그를 찌를 것이다. 그분이 찔림으로 정결하게 하는 샘이 열리고, 그분께서 그들의 죄를 씻는 도구가 되실 것이다.

스가랴가 사역하는 동안, 백성은 성전을 재건해 그곳에서 죄에 대한 희생제물로서 짐승을 드리는 일을 다시 시작하려 했다. 하지만 스가랴는 재건된 성전에서 흘러나오는 짐승의 피의 샘보다 훨씬 더 좋은 것을 약속했다. 이 샘은 짐승의 목이 아니라 하나님 아들의 찔린 옆구리에서 흘러나올 것이다. 이 샘에서 흘러나오는 피는 그들의 죄를 덮을 뿐만 아니라 그들의 죄를 깨끗이 씻고 그들에게 죄를 짓지 않는 능력을 줄 것이다.

주님, 당신은 정결하게 하는 샘을 여시고 죄를 없애라고 우리를 안으로 초대하셨습니다. ___가 그 샘에 와서 씻음을 받으라는 당신의 초대를 거절하거나 저항하지 않게 하옵소서. ___의 인생의 내면에 수치스런 얼룩으로 남아 있는 죄를 깨끗이 씻어주옵소서. 오직 당신만이 하실 수 있는 방법으로 ___를 정결케 하옵소서.

12월 29일 • 스가랴 14:1–21 / 요한계시록 20:1–15 / 시편 148:1–14 / 잠언 31:8–9

생명책

또 내가 보니 죽은 자들이 큰 자나 작은 자나 그 보좌 앞에 서 있는데 책들이 펴 있고 또 다른 책이 펴졌으니 곧 생명책이라 죽은 자들이 자기 행위를 따라 책들에 기록된 대로 심판을 받으니 … 누구든지 생명책에 기록되지 못한 자는 불못에 던져지더라(계 20:12, 15).

우리도 알다시피, 사도 요한이 인간 역사의 마지막에 올 일에 대한 환상을 받았을 때, 그는 "크고 흰 보좌와 그 위에 앉으신 이를 보"(11절)았다. 모든 인간은 그 보좌 앞에 섰고 책들이 펴 있었다. 요한이 본 첫 번째 책은 생명책으로, 거기에는 하나님께서 그분의 것으로 부른 자들의 이름이 기록되었다. 하나님께서 "그리스도 안에서 … 거룩하고 흠이 없게 하시려고" 선택하시고 "예정하사 예수 그리스도로 말미암아 자기의 아들들이 되게 하셨"(엡 1:4–5)던 모든 사람의 목록이다.

이 생명책은 성경 곳곳에 등장한다. 첫 번째로 발견되는 곳은 모세가 그 백성을 용서해주시는 대신 여호와의 책에서 자기 이름을 지워달라고 간청했던 출애굽기다(출 32:33). 시편 기자는 "의인들과 함께 기록"된 자들의 이름이 적힌 여호와의 책에 대해서 썼다(시 69:28). 선지자 다니엘은 하나님의 백성이 건짐받을 것이라고 썼다. 그 백성은 누구일까? "책에 기록된 모든 자"다(단 12:1).

하지만 요한계시록 20장 12절에 언급된 "책들"은 생명책과는 전혀 다르다. 이 책들은 모든 사람이 행했던, 그리고 행하지 못했던 기록이다. 아무도 그 "책들"에 기록된 내용에 기초해서만 심판받기를 원하지 않는다. 우리 행동 중에 어떤 것도 우리를 구원하기에 충분할 만큼 선하다고 기록될 수 없다. 우리가 원하는 것은 생명책에 기초해서 심판받는 것이다. 결코 지워지지 않는 방식으로 하나님의 손에 의해 적힌 이름으로 말이다. 우리는 자녀가 우리 가족의 일원임에 참 감사하지만, 이 생명책에 기록된 가족이야말로 우리 자녀가 영원히 속하길 간절히 바라는 가족이다.

◆ ◇ ◇ ◆

주님, 당신께서 책들을 펴실 때 ___가 당신의 것이라는 확증을 발견하시기를 믿음으로 기도합니다. 저는 그것이 ___의 미미한 육신의 일들이 아니라 그리스도의 의에 관한 기록이기를 기도합니다. 그 기록은 은혜에 의해 수여되고 성령님의 거룩하게 하시는 능력의 은혜로 말미암아 분여(分與)됩니다.

12월 30일

● 말라기 1:1-2:17 / 요한계시록 21:1-27 / 시편 149:1-9 / 잠언 31:10-24

거룩한 성

성령으로 나를 데리고 크고 높은 산으로 올라가 하나님께로부터 하늘에서 내려오는 거룩한 성 예루살렘을 보이니 … 크고 높은 성곽이 있고 열두 문이 있는데 문에 열두 천사가 있고 그 문들 위에 이름을 썼으니 이스라엘 자손 열두 지파의 이름들이라 동쪽에 세 문, 북쪽에 세 문, 남쪽에 세 문, 서쪽에 세 문이니 그 성의 성곽에는 열두 기초석이 있고 그 위에는 어린 양의 열두 사도의 열두 이름이 있더라(계 21:10, 12-14).

사도 요한은 새 예루살렘이 하나님으로부터 하늘에서 어떻게 내려오는지 묘사했다. 그 의미를 충분히 이해하기 위해, 우리는 잠시 옛 예루살렘에 관해 생각해야 한다. 다윗이 간음과 살인으로 예루살렘을 더럽히기 전, 그는 이방 여부스족에게서 이곳을 획득했다. 예루살렘은 자녀 인신제사와 불법적인 마술로 악명 높았던 성읍이다. 예레미야의 온전함을 조롱하고, 이사야의 설교에 귀를 닫았던 성읍이다. 예수님을 거절하고 십자가에서 죽였던 성읍이다. 이곳은 우리의 영원한 본향의 본보기가 되기엔 가장 안 어울리는 장소가 아닐까? 이곳은 천국의 본질에 대해 우리에게 어떤 통찰력을 줄까?

예루살렘은 하나님께서 우상을 좋아하고 하나님을 더럽히고 그리스도를 거절하는 우리 인간의 성읍으로부터 거룩한 성을 만들어내고 계심을 말해준다. 하나님은 쾌락과 교만의 우상을 숭배하는 엄마 아빠들, 하나님을 싫어하기를 즐겨하는 아들딸들, 세상의 값싼 장신구를 위해 지속적으로 그리스도의 부요하심을 거부하는 가족들을 취하셔서, 우리를 그분이 거하시려는 성읍으로 다시 만들어내고 계신다.

이 성읍의 기초는 이스라엘의 열두 아들과 열두 사도 위에 세워졌다. 하나님의 이 거룩한 성읍은 평범하고 두려움 많고 신실하지 못하고 일관성 없는 인간의 인생에서 일하시는 하나님의 은혜의 기초 위에 지어지는 중이다. 그 말은 곧, 지금도 하늘에서 내려온 새 성읍의 초석으로 변화될 수 없을 만큼 악하고 구제 불능인 것, 모호하고 무가치한 것은 우리 인생에 없다는 뜻이다.

◆ ◇ ◇ ◆

주님, 당신은 참으로 만물을 새롭게 하십니다! 당신의 거룩한 성은 용서받은 죄인들로 채워질 것입니다. 그것이 우리에게 소망을 줍니다.

12월 31일 ● 말라기 3:1-4:6 / 요한계시록 22:1-21 / 시편 150:1-6 / 잠언 31:25-31

마음을 돌이키게 하고

보라 여호와의 크고 두려운 날이 이르기 전에 내가 선지자 엘리야를 너희에게 보내리니 그가 아버지의 마음을 자녀에게로 돌이키게 하고 자녀들의 마음을 그들의 아버지에게로 돌이키게 하리라 돌이키지 아니하면 두렵건대 내가 와서 저주로 그 땅을 칠까 하노라 하시니라(말 4:5-6).

창세기 1장에서 하나님께서 만드신 모든 것을 거듭 축복하며 시작된 이야기는 여기 말라기 4장에서 하나님께서 "내가 와서 저주로 그 땅을 칠까 하노라"며 위협하시는 것으로 마친다. 그런데 위협으로 표현된 것은 약속이다. 구약의 맨 마지막 책의 맨 마지막 구절에서, 우리는 엄청나게 많은 양의 복음, 특히 부모를 위한 복음을 발견한다.

하나님은 자기 백성에게 메시아가 오기 전, 그분의 말씀을 설교할 누군가를 보내겠다고 약속하셨다. 이 선지자의 사역의 결과로 많은 부모와 자녀가 하나님께로 돌이킬 것이다. 그들의 믿음이 새로워지자 그들은 서로를 향해서도 돌이킬 것이다. 하나님과의 화해가 세대 간의 화해로 귀결될 것이다. 회개는 온 가족의 치유를 이끌 것이다.

400년 후에 한 천사가 예루살렘의 성전에 있던 스가랴라는 이름의 제사장에게 나타나서는, 그의 아내가 아들을 낳을 것인데 그 이름은 요한이어야 한다고 말했다. "그가 또 엘리야의 심령과 능력으로 주 앞에 먼저 와서 아버지의 마음을 자식에게, 거스르는 자를 의인의 슬기에 돌아오게 하고 주를 위하여 세운 백성을 준비하리라"(눅 1:17).

성령님께서 부모와 자녀의 마음 안에서 역사하시기 위해 선지자 세례 요한을 통해 일하셨던 것처럼, 여전히 성령님은 마음이 완고한 부모와 마음이 완고한 자녀를 부드럽게 해서 서로에게로 돌이키도록 그들의 인생에서 일하고 계신다. 하나님의 은혜의 능력은 화해와 유대를 간절히 바라는 모든 부모와 자녀의 소망이시다.

◆ ◇ ◇ ◆

아버지, 당신은 예수 그리스도 안에서 당신의 마음을 저를 향해 돌이키셨습니다. 제 안에서 작동되는 당신의 은혜는 제 마음을 제 부모님께로 돌이키고 있습니다. 그래서 당신께서 명령하신 대로 그들을 공경하려는 마음이 자라나게 하십니다. 또한 당신의 은혜는 제 마음을 ___에게로 돌이키십니다. 당신의 은혜가 ___의 마음에서도 작동되고 있음을 믿습니다.

주

1월 4일: 부분인용 Nancy Guthrie, *The Wisdom of God: Seeing Jesus in the Psalms and Wisdom Books* (Wheaton, IL: Crossway, 2012), 195.

1월 9일: 부분인용 Nancy Guthrie, "Is Anything Too Hard for the Lord?" in the *ESV Women's Devotional Bible* (Wheaton, IL: Crossway, 2014), 19.

1월 10일: 부분인용 Nancy Guthrie, *Hearing Jesus Speak into Your Sorrow* (Carol Stream, IL: Tyndale House, 2009), 24–25.

1월 16일: 부분인용 Nancy Guthrie, *The Promised One: Seeing Jesus in Genesis* (Wheaton, IL: Crossway, 2011), 221–222.

1월 17일: 부분인용 Nancy Guthrie, *The Promised One: Seeing Jesus in Genesis* (Wheaton, IL: Crossway, 2011), 264.

1월 31일: 부분인용 Nancy Guthrie, *The Lamb of God: Seeing Jesus in Exodus, Leviticus, Numbers, and Deuteronomy* (Wheaton, IL: Crossway, 2012), 80–81.

2월 2일: 부분인용 Nancy Guthrie, "Gumbling and Grace in the Wilderness," in the *ESV Women's Devotional Bible* (Wheaton, IL: Crossway, 2014), 86.

2월 6일: 부분인용 Nancy Guthrie, *The Lamb of God: Seeing Jesus in Exodus, Leviticus, Numbers, and Deuteronomy* (Wheaton, IL: Crossway, 2012), 126–127.

2월 9일: 부분인용 Nancy Guthrie, *Hearing Jesus Speak into Your Sorrow* (Carol Stream, IL: Tyndale House, 2009), 17.

2월 12일: 오늘의 구절에 대한 이해에서 도움을 받음 John Piper, "The Lord, a God Merciful and Gracious" (설교, Bethlehem Baptist Church, Minneapolis, 1984년 10월 7일).

2월 15일: 부분인용 Nancy Guthrie, *The Lamb of God: Seeing Jesus in Exodus, Leviticus, Numbers, and Deuteronomy* (Wheaton, IL: Crossway, 2012), 175.

2월 17일: 부분인용 Nancy Guthrie, *The Lamb of God: Seeing Jesus in Exodus, Leviticus, Numbers, and Deuteronomy* (Wheaton, IL: Crossway, 2012), 202.

2월 18일: 부분인용 Nancy Guthrie, *One Year Dinner Table Devotions and Discussion Starters* (Carol Stream, IL: Tyndale House, 2008), 1월 8일.

2월 21일: 부분인용 Nancy Guthrie, *The Lamb of God: Seeing Jesus in Exodus, Leviticus, Numbers, and Deuteronomy* (Wheaton, IL: Crossway, 2012), 204–205, 208.

3월 5일: 오늘의 구절의 명령에 대한 이해에서 도움을 받음 John Piper, "Love Your Neighbor as Yourself, Part 2" (설교, Bethlehem Baptist Church, Minneapolis, 1995년 5월 7일).

3월 8일: 부분인용 Nancy Guthrie, *The Lamb of God: Seeing Jesus in Exodus, Leviticus, Numbers, and Deuteronomy* (Wheaton, IL: Crossway, 2012), 223-224.

3월 11일: 부분인용 Nancy Guthrie, *The Wisdom of God: Seeing Jesus in the Psalms and Wisdom Books* (Wheaton, IL: Crossway, 2012), 173-174.

3월 13일: 오늘의 구절에 대한 이해에서 도움을 받음 John Piper, "He Will Turn the Hearts of the Fathers to the Children" (설교, Bethlehem Baptist Church, Minneapolis, 1987년 12월 27일).

3월 14일: 부분인용 Nancy Guthrie, *The Lamb of God: Seeing Jesus in Exodus, Leviticus, Numbers, and Deuteronomy* (Wheaton, IL: Crossway, 2012), 230-231.

3월 23일: 인용부호 인용함 Paul Tripp, *New Morning Mercies: A Gospel Devotional* (Wheaton, IL: Crossway, 2014)(『폴 트립의 복음 묵상』, 생명의말씀사), 2월 23일.

3월 30일: 부분인용 Nancy Guthrie, *One Year Book of Hope* (Carol Stream, IL: Tyndale House, 2005), 378.

4월 2일: 오늘의 구절에서 도움을 받음 Christopher Wright, *Deuteronomy*. New International Biblical Commentary (Peabody, MA: Hendrickson Publishers, 1996)(『신명기』, 성서유니온), 235-236.

4월 13일: 오늘의 이야기에 대한 이해에서 도움을 받음 Chad Bird, "When Valleys of Trouble Become Doorway of Hope," *Flying Scroll*(블로그), 2015년 9월 30일.

4월 14일: 부분인용 Nancy Guthrie, *Hearing Jesus Speak into Your Sorrow* (Carol Stream, IL: Tyndale House, 2009), 103.

4월 15일: 오늘의 시편에 대한 이해에서 도움을 받음 Derek Kidner, *Psalms 73-150*. Kidner Classic Commentaries (Downers Grove, IL: InterVarsity, 2008)(『시편주석』, 다산글방), 302-303.

4월 21일: 오늘의 주제에서 도움을 받음 Kathy Keller, "Don't Take It From Me: Reasons You Should Not Mary un Unbeliever," *The Gospel Coalition*(블로그), 2012년 1월 22일.

4월 22일: 오늘의 구절에서 도움을 받음 Kim Riddlebarger, "We Will Serve the Lord" (설교, Christ Reformed Church, Anaheim, CA, 2007년 11월 11일).

4월 24일: 부분인용 Nancy Guthrie, *The Son of David: Seeing Jesus in the Historical Books* (Wheaton,

IL: Crossway, 2013), 71-72.

5월 5일: 부분인용 Nancy Guthrie, *The Son of David: Seeing Jesus in the Historical Books* (Wheaton, IL: Crossway, 2013), 97.

5월 11일: 부분인용 Nancy Guthrie, *The Lamb of God: Seeing Jesus in Exodus, Leviticus, Numbers, and Deuteronomy* (Wheaton, IL: Crossway, 2012), 105.

5월 14일: 부분인용 Nancy Guthrie, *The Son of David: Seeing Jesus in the Historical Books* (Wheaton, IL: Crossway, 2013), 127.

5월 15일: 부분인용 Nancy Guthrie, *The Son of David: Seeing Jesus in the Historical Books* (Wheaton, IL: Crossway, 2013), 129-134.

5월 17일: 부분인용 Nancy Guthrie, *Hearing Jesus Speak into Your Sorrow* (Carol Stream, IL: Tyndale House, 2009), 73-74.

5월 20일: 부분인용 Nancy Guthrie, *Hearing Jesus Speak into Your Sorrow* (Carol Stream, IL: Tyndale House, 2009), 126.

5월 25일: 부분인용 Nancy Guthrie, *The Son of David: Seeing Jesus in the Historical Books* (Wheaton, IL: Crossway, 2013), 157.

6월 9일: 오늘의 구절에서 및 일반적인 방식으로 책 전반에서 도움을 받음 Rose Marie Miller, Deborah Harrell, Jack Klumpenhower, *The Gospel-Centered Parent* (Greensboro, NC: New Growth Press, 2015), 10-12.

6월 24일: 오늘의 구절에서 도움을 받음 Bob Deffinbaugh, "Wisdom and Child-Rearing(Part 1)," Bible.org.

6월 28일: 오늘의 구절에서 도움을 받음 Peter J. Leithart, *1 and 2 Kings*. Brazos Theological Commentary on the Bible (Grand Rapids, MI: Brazos Press, 2006), 233-234.

6월 29일: 오늘의 구절에서 도움을 받음 Peter J. Leithart, *1 and 2 Kings*. Brazos Theological Commentary on the Bible (Grand Rapids, MI: Brazos Press, 2006), 246-247.

7월 3일: 부분인용 Nancy Guthrie, *The Wisdom of God: Seeing Jesus in the Psalms and Wisdom Books* (Wheaton, IL: Crossway, 2012), 89, 97-98.

7월 13일: 오늘의 구절에서 도움을 받음 Colin Smith, "Wrath" (설교, The Orchard Evangelical Free Church, Arlington Heights, IL, 2001년 7월 15일).

7월 14일: 오늘의 구절에서 도움을 받음 John Murray, *The Epistle to the Romans*. The New International Commentary on the New Testament (Grands Rapids, MI: Eerdmans, 1968) (『존 머리 로마서 주석』, 아바서원), 77.

7월 29일: 성경을 나침반으로 설명하는 부분에서 도움을 받음 Phillip D. Jensen and Tony Payne, *Guidance and the Voice of God* (Sydney, Australia: Matthias Media, 1997), 97.

8월 2일: 부분인용 Nancy Guthrie, "Forgetting the God Who Does Not Forget His People" in the *ESV Women's Devotional Bible* (Wheaton, IL: Crossway, 2014), 452.

8월 5일: 부분인용 Nancy Guthrie, *The Son of David: Seeing Jesus in the Historical Books* (Wheaton, IL: Crossway, 2013), 230-231.

8월 9일: 오늘의 어려운 구절에서 도움을 받음 Stephen T. Um, *1 Corinthians: The Word of the Cross*. Preaching the Word (Wheaton, IL: Crossway, 2015), 91-101.

8월 14일: 나의 챕터에서 부분인용 "Coming Together around God's Word," in *God's Word, Our Story: Learning From the Book of Nehemiah* (Wheaton, IL: Crossway, 2016), 97-98.

8월 19일: 부분인용 Nancy Guthrie, *The Son of David: Seeing Jesus in the Historical Books* (Wheaton, IL: Crossway, 2013), 263-264.

8월 21일: 오늘의 구절에서 도움을 받음 Christopher Ash, *Job: The Wisdom of the Cross*. Preaching the Word (Wheaton, IL: Crossway, 2014), 34-35.

8월 23일: 부분인용 Nancy Guthrie, *The Wisdom of God: Seeing Jesus in the Psalms and Wisdom Books* (Wheaton, IL: Crossway, 2012), 50.

8월 28일: 부분인용 Nancy Guthrie, *The Wisdom of God: Seeing Jesus in the Psalms and Wisdom Books* (Wheaton, IL: Crossway, 2012), 75-77.

8월 29일: 오늘의 구절에서 도움을 받음 Bob Sorge, "Why You Should Make a Covenant with Your Eyes," *Charisma* magazine, 2013년 8월 8일.

9월 2일: 부분인용 Nancy Guthrie, *The Wisdom of God: Seeing Jesus in the Psalms and Wisdom Books* (Wheaton, IL: Crossway, 2012), 218-230.

9월 3일: 오늘의 구절에서 도움을 받음 Gary Thomas, *Sacred Parenting* (Grand Rapids, MI: Zondervan, 2004), 20-21.

9월 5일: 부분인용 Nancy Guthrie, *The Wisdom of God: Seeing Jesus in the Psalms and Wisdom Books*

(Wheaton, IL: Crossway, 2012), 228-229.

9월 6일: 부분인용 Nancy Guthrie, *The Wisdom of God: Seeing Jesus in the Psalms and Wisdom Books* (Wheaton, IL: Crossway, 2012), 250-251.

9월 7일: 부분인용 Nancy Guthrie, *The Wisdom of God: Seeing Jesus in the Psalms and Wisdom Books* (Wheaton, IL: Crossway, 2012), 252.

9월 10일: 오늘의 구절에서 도움을 받음 J. D. Greear, "3 Reasons God's Holiness Terrifies Us," J.D.Greear.com(블로그), 2015년 9월 7일.

9월 28일: 오늘의 구절에 대한 이해에서 도움을 받음 John Piper, "Marriage Is Meant for Making Children … Disciples of Jesus, Part 2" (설교, Bethlehem Baptist Church, Minneapolis, 2007년 6월 17일).

10월 2일: 오늘의 구절에서 도움을 받음 Stephen Witmer, "Parents, You Can't Build Heaven Here," *Desiring God*(블로그), 2015년 10월 28일.

10월 6일: 오늘의 구절에 대한 이해에서 도움을 받음 John Piper, "Raising Children Who Are Confident in God" (설교, Bethlehem Baptist Church, Minneapolis, 1996년 2월 25일).

10월 7일: 인용부호 인용함 Tim Kimmel, *Grace-Based Parenting* (Nashville: Thomas Nelson, 2004)(『은혜 양육』, 사랑플러스), 61.

10월 8일: 오늘의 구절에서 도움을 받음 Tim Kimmel, *Grace-Based Parenting* (Nashville: Thomas Nelson, 2004)(『은혜 양육』, 사랑플러스), 39.

10월 11일: 인용부호 인용함 John Bloom, "Don't Follow Your Heart," *Desiring God*(블로그), 2015년 3월 9일.

10월 18일: 부분인용 Nancy Guthrie, *The Word of the Lord: Seeing Jesus in the Prophets* (Wheaton, IL: Crossway, 2014), 178-179.

10월 20일: 부분인용 Nancy Guthrie, *The Word of the Lord: Seeing Jesus in the Prophets* (Wheaton, IL: Crossway, 2014), 174.

10월 23일: 도움을 받음 John R. W. Stott, *Guard the Gospel: The Message of 2 Timothy* (Downers Grove, IL: InterVarsity, 1973)(『디모데후서 강해』복음을 지키라』, 엠마오), 52-58.

10월 28일: 인용부호 인용함 Bryan Chapell, *1-2 Timothy and Titus: To Guard the Deposit*. Preaching the Word (Wheaton, IL: Crossway, 2012), 389.

11월 3일: 부분인용 Nancy Guthrie, *Hoping for Something Better* (Carol Stream, IL: Tyndale House, 2007), 64.

11월 4일: 부분인용 Nancy Guthrie, *Hoping for Something Better* (Carol Stream, IL: Tyndale House, 2007), 83.

11월 5일: 부분인용 Nancy Guthrie, *Hoping for Something Better* (Carol Stream, IL: Tyndale House, 2007), 68.

11월 7일: 부분인용 Nancy Guthrie, *One Year Book of Discovering Jesus in the Old Testament* (Carol Stream, IL: Tyndale House, 2010), 10월 31일.

11월 8일: 오늘의 구절에서 도움을 받음 Iain Duguid, *Ezekiel*. The NIV Application Commentary (Grand Rapids, MI: Zondervan, 1999)(『에스겔』, 한국성서유니온선교회), 234-244.

11월 10일: 부분인용 Nancy Guthrie, *Hoping for Something Better* (Carol Stream, IL: Tyndale House, 2007), 104-105.

11월 12일: 부분인용 Nancy Guthrie, *Hoping for Something Better* (Carol Stream, IL: Tyndale House, 2007), 124-125.

11월 13일: 부분인용 Nancy Guthrie, *The Lamb of God: Seeing Jesus in Exodus, Leviticus, Numbers, and Deuteronomy* (Wheaton, IL: Crossway, 2012), 49-50.

11월 14일: 부분인용 Nancy Guthrie, *Hearing Jesus Speak into Your Sorrow* (Carol Stream, IL: Tyndale House, 2009), 77.

11월 15일: 부분인용 Nancy Guthrie, *The Lamb of God: Seeing Jesus in Exodus, Leviticus, Numbers, and Deuteronomy* (Wheaton, IL: Crossway, 2012), 133.

11월 17일: 오늘의 구절에서 도움을 받음 Tim Kimmel, *Grace-Based Parenting* (Nashville: Thomas Nelson, 2004)(『은혜 양육』, 사랑플러스), 24, 215-216.

11월 25일: 부분인용 Nancy Guthrie, *The Word of the Lord: Seeing Jesus in the Prophets* (Wheaton, IL: Crossway, 2014), 196-198.

11월 26일: 부분인용 Nancy Guthrie, *The Word of the Lord: Seeing Jesus in the Prophets* (Wheaton, IL: Crossway, 2014), 200-201.

11월 30일: 오늘의 구절에서 도움을 받음 John Piper, "Eternal Life Has Appeared in Christ" (설교, Bethlehem Baptist Church, Minneapolis, 1985년 1월 27일).

12월 11일: 나의 챕터에서 부분인용 "Ultimate Goals: Heading for That Day," in *Word-Filled Women's Ministry: Loving and Serving the Church* (Wheaton, IL: Crossway, 2015), 227–228.

12월 12일: 인용 Nancy Guthrie, *One Year Book of Discovering Jesus in the Old Testament* (Carol Stream, IL: Tyndale House, 2010), 12월 3일.

12월 16일: 부분인용 Nancy Guthrie, *The Word of the Lord: Seeing Jesus in the Prophets* (Wheaton, IL: Crossway, 2014), 102.

12월 18일: 부분인용 Nancy Guthrie, *The Word of the Lord: Seeing Jesus in the Prophets* (Wheaton, IL: Crossway, 2014), 153–154.

12월 28일: 부분인용 Nancy Guthrie, *One Year Book of Discovering Jesus in the Old Testament* (Carol Stream, IL: Tyndale House, 2010), 12월 19일.

12월 29일: 인용 Nancy Guthrie, *One Year Book of Discovering Jesus in the Old Testament* (Carol Stream, IL: Tyndale House, 2010), 11월 17일.

12월 30일: 인용 Nancy Guthrie, *One Year Book of Discovering Jesus in the Old Testament* (Carol Stream, IL: Tyndale House, 2010), 6월 30일.

12월 31일: 오늘의 구절에서 도움을 받음 John Piper, "He Will Turn the Hearts of the Fathers to the Children" (설교, Bethlehem Baptist Church, Minneapolis, 1987년 12월 27일).

사명선언문

너희가 흠이 없고 순전하여……세상에서 그들 가운데 빛들로
나타내며 생명의 말씀을 밝혀 _ 빌 2:15-16

1. 생명을 담겠습니다
만드는 책에 주님 주신 생명을 담겠습니다.
그 책으로 복음을 선포하겠습니다.

2. 말씀을 밝히겠습니다
생명의 근본은 말씀입니다.
말씀을 밝혀 성도와 교회의 성장을 돕겠습니다.

3. 빛이 되겠습니다
시대와 영혼의 어두움을 밝혀 주님 앞으로 이끄는
빛이 되는 책을 만들겠습니다.

4. 순전히 행하겠습니다
책을 만들고 전하는 일과 경영하는 일에 부끄러움이 없는
정직함으로 행하겠습니다.

5. 끝까지 전파하겠습니다
모든 사람에게, 땅 끝까지, 주님 오시는 그날까지
복음을 전하는 사명을 다하겠습니다.

서점 안내

광화문점 서울시 종로구 새문안로 69 구세군회관 1층
02)737-2288 / 02)737-4623(F)

강남점 서울시 서초구 신반포로 177 반포쇼핑타운 3동 2층
02)595-1211 / 02)595-3549(F)

구로점 서울시 동작구 시흥대로 602, 3층 302호
02)858-8744 / 02)838-0653(F)

노원점 서울시 노원구 동일로 1366 삼봉빌딩 지하 1층
02)938-7979 / 02)3391-6169(F)

분당점 경기도 성남시 분당구 황새울로 315 대현빌딩 3층
031)707-5566 / 031)707-4999(F)

일산점 경기도 고양시 일산서구 중앙로 1391 레이크타운 지하 1층
031)916-8787 / 031)916-8788(F)

의정부점 경기도 의정부시 청사로47번길 12 성산타워 3층
031)845-0600 / 031)852-6930(F)

인터넷서점 www.lifebook.co.kr